2021

中国粮食和物资储备年鉴

Yearbook on Food and Strategic Reserves in China 2021

国家粮食和物资储备局 主编

人 民 出 版 社

★ 2020 年 7 月 29 日，全国粮食和物资储备垂管系统党建和党风廉政建设工作会在北京召开，国家发展和改革委员会党组成员、中央纪委国家监委驻国家发展改革委纪检监察组组长孙怀新，国家发展和改革委员会党组成员，国家粮食和物资储备局党组书记、局长张务锋出席会议并讲话。

★ 2020 年 9 月 26 日至 27 日，国家发展和改革委员会党组成员，国家粮食和物资储备局党组书记、局长张务锋在浙江省湖州市出席全国深入推进优质粮食工程加快粮食产业高质量发展第一次现场经验交流会并调研。

★ 2020 年 6 月 11 日至 13 日，国家粮食和物资储备局党组成员、副局长卢景波在河南省许昌市开展夏粮收购工作督导调研。

★2020年12月1日至4日，国家粮食和物资储备局党组成员、副局长黄炜在贵州省，就深入贯彻党的十九届五中全会精神，科学谋划粮食和物资储备改革发展工作开展调研。

★2020 年 12 月 1 日至 4 日，国家粮食和物资储备局党组成员、副局长梁彦在河北省，就深入贯彻党的十九届五中全会精神，科学谋划粮食和物资储备改革发展工作开展调研。

★2020 年 6 月 11 日至 13 日，国家粮食和物资储备局党组成员、副局长贾骞在四川省开展安全生产专项督导检查。

编委会

统筹编辑

刘珊珊　高丹桂

编　辑

崔菲菲　张慧杰　胡耀芳

编写说明

《中国粮食和物资储备年鉴》是国家粮食和物资储备局主编，经国家新闻出版管理部门批准出版，逐年编撰，连续出版的资料性年刊，主要汇集粮食和物资储备系统重要时事、文献和统计资料，全面客观记述年度工作，完整记录中国粮食和物资储备发展历史足迹，为科学决策和理论研究提供参考，为社会了解粮食和物资储备发展状况提供帮助。

《2021 中国粮食和物资储备年鉴》由综述、专文、全国粮食和物资储备工作、各地粮食和物资储备工作、各垂直管理局工作、政策与法规文件、附录七部分组成，记录了全国与地方粮食和物资储备工作及各垂直管理局相关工作。收集的数据和资料未包括我国香港特别行政区、澳门特别行政区和台湾地区。各省（自治区、直辖市）的排列顺序按照全国行政区划的统一规定排列。

本期年鉴在编辑出版过程中得到了国家发展和改革委员会、农业农村部、国家统计局，以及国家粮食和物资储备局各司局单位、各垂直管理局，各省、自治区、直辖市、计划单列市及新疆生产建设兵团粮食和物资储备局（粮食局）等部门单位的大力支持，在此，我们表示衷心的感谢！不足和疏漏之处，敬请读者批评指正。

《中国粮食和物资储备年鉴》编辑部

中国粮食研究培训中心

2021 年 11 月 18 日

目　录

1

第一篇

综　述

2020 年全国粮食和物资储备工作综述

2020 年，在以习近平同志为核心的党中央坚强领导下，在国家发展和改革委员会的指导支持下，全国粮食和物资储备系统坚持以习近平新时代中国特色社会主义思想为指导，深入贯彻党的十九大和十九届二中、三中、四中、五中全会精神，围绕统筹疫情防控和经济社会发展，立足职能扎实做好“六稳”工作、全面落实“六保”任务，大力推动“深化改革、转型发展”，切实保障国家粮食安全和战略应急物资储备安全，各项工作取得积极成效。

2020 年 1 月 9 日至 10 日，全国粮食和物资储备工作会议在北京召开。国家发展和改革委员会党组书记、主任何立峰（左四）出席会议并讲话。国家发展和改革委员会党组成员，国家粮食和物资储备局党组书记、局长张务锋（右四）作工作报告。

一　闻令而动抗击疫情，全力做好粮食保供稳市

坚决执行中央应对疫情工作领导小组和国务院联防联控机制各项部署，全力做好湖北等重点区域联保、粮源组织调度、粮食企业复工复产、粮食产销衔接等工作，加强调度分析，稳定市场预期，全力保障粮油供应；紧急调运中央救灾物资，满足疫情防控急需。疫情发生以来，我国粮食储备充裕，

粮食市场供应充足，有效保障了群众生活。完善粮食“产购储加销”协同保障机制，健全粮食市场监测预警体系；相机合理安排粮源投放，分品种、分区域精准施策，充分发挥储备吞吐调节作用，有效满足市场需求；多次召开新闻通气会，持续释放正面信号，保证了粮食市场运行总体平稳。多措并举抓好市场化收购和政策性收购，延长东北地区中晚稻最低收购价预案执行期，适当提前早籼稻最低收购价预案执行起始时间，守住农民“种粮卖得出”的底线，全年累计收购粮食 4 亿吨。

二　加快推动体制改革和立法修规，提高粮食安全依法治理水平

大力推进《关于改革完善体制机制加强粮食储备安全管理的若干意见》任务落地落细，先后 3 次调度通报各地进展情况，多项配套文件已经印发实施。积极谋划推动战略和应急物资储备安全管理改革。加快推动粮食领域“一法两条例”立法修规进程，粮食安全保障法立法进展顺利，粮食储备安全管理条例已正式向社会公开征求意见；修订后的《粮食流通管理条例》提请国务院常务会议审议，着重在政策性粮食管理、粮食流通市场监管和质量安全管理等方面，作出了系统化的制度完善，明确地方和部门职责，丰富了监管手段，加大惩处力度，为维护流通秩序、保障粮食安全提供强力支撑。

三　强化“两项考核”和监管执法，切实守住管好“天下粮仓”

认真落实习近平总书记和李克强总理关于压实粮食安全省长责任制重要指示要求，11 个部委单位联合印发《关于 2020 年度认真落实粮食安全省长责任制的通知》，召开全国粮食安全省长责任制考核工作动员部署视频会，考核机制不断强化，进一步压实了地方政府主体责任，调动了各地重农抓粮积极性。扎实开展中央储备粮棉管理和中央事权粮食政策执行情况考核，直面突出问题，严格“业务体检”，敦促承储企业规范管理、加强内控。召开全国粮食和物资储备执法督查工作会议，印发《关于创新方式强化监管与时俱进做好执法督查工作的指导意见》，完善监管长效机制。优化升级 12325 粮食监管热线，加快建设中央储备粮库存动态监管系统，强化信息化监管，严肃查处涉粮案件，监管执法效能进一步提升。

四　深入推进优质粮食工程，加快粮食产业高质量发展

总结优质粮食工程三年成效，在浙江召开现场经验交流会和专家论证会、主题报告会，重点推广从仓储环节入手、向两端发力的“湖州模式”，实施粮食绿色仓储提升等“六大行动”，全面推进优粮优产、优购、优储、优加、优销“五优联动”。成功举办第三届中国粮食交易大会，实现采购和销售意向金额 360 亿元，成交量和影响力显著增加。全国贫困地区优质特色粮油产品展销会成为消费扶贫的重要平台。在定点扶贫的安徽省阜南县，引进龙头企业，建立技术服务中心和深加工产业基地，带动发展 30 万亩优质订单小麦，探索出了一二三产业融合发展、粮食产业助力脱贫攻坚和服务乡村振兴的“阜南样板”，并在全国 64 个原国家级贫困产粮县推广。

五 加强规划编制和设施建设，不断增强国家储备实力

配合做好粮食安全中长期规划和国家储备发展规划编制，组织编制5个专项规划文本初稿。统筹疫情防控和项目建设，能源储备能力建设、粮食安全保障调控和应急设施专项、储备仓库安全综合整治行动建设扎实推进。组织实施垂管系统民生工程三年行动，年度项目全部完成，突出解决垂管系统供水、供暖等急迫问题，成为深受广大职工欢迎的“暖心工程”。扎实稳妥做好战略应急物资储备收储轮换。及时增储中央应急救灾物资，调运33批次、2.2亿元物资，调运量是2019年的5倍，有力支援了疫情防控、抗洪抢险和抗震救灾。

六 坚持党的政治建设统领，全面落实从严治党主体责任

学懂弄通做实习近平新时代中国特色社会主义思想，组织开展党组理论学习中心组集体学习，及时跟进学习《习近平谈治国理政》第三卷等著作，深入学习党的十九届五中全会精神。精心组织“让党中央放心、让人民群众满意”模范机关创建活动，强化政治机关意识教育，国家粮食和物资储备局党组主要负责同志以“坚持政治统领，创建模范机关”和“认真学习贯彻党的十九届五中全会精神”为主题，两次向全系统讲党课。深入开展支部标准化规范化建设，全面提高党的建设质量。高质量开展两轮局党组巡视。召开垂管系统党风廉政建设工作会，建立到岗到人的廉政风险防控机制，从严监督执纪问责。制定加快提升干部综合素质和专业能力的实施方案，明确了37项任务举措。首次组织机构改革后全系统表彰，会同人力资源和社会保障部表彰全国粮食和物资储备系统先进集体100个、先进个人149名；表彰国家粮食和物资储备局抗击疫情先进集体20个、先进个人47个，表彰“担当作为好干部”89名、“干事创业好团队”47个，进一步激发干事创业的热情和动力。

（撰稿单位：国家粮食和物资储备局办公室；撰稿人：张宇阳；审稿人：方进）

切实端牢十四亿中国人的饭碗
——写在二〇二〇年世界粮食日之际

国家发展和改革委员会党组成员
国家粮食和物资储备局党组书记、局长 张务锋

今年 10 月 16 日是第四十个“世界粮食日”，联合国粮农组织确定的活动主题是“齐成长、同繁荣、共持续。行动造就未来”。“全国粮食安全宣传周”活动于“世界粮食日”所在的周深入开展，今年的主题是“端牢中国饭碗，共筑全球粮安”。作为世界性的重大课题，粮食安全是世界和平与发展的重要保障，是构建人类命运共同体的重要基础。对我们国家而言，14 亿人口要吃饭是最大的国情，解决好吃饭问题是治国理政的头等大事。

党的十八大以来，以习近平同志为核心的党中央把粮食安全作为治国理政的头等大事，提出了“确保谷物基本自给、口粮绝对安全”的新粮食安全观，确立了“以我为主、立足国内、确保产能、适度进口、科技支撑”的国家粮食安全战略，引领推动了粮食安全理论创新、制度创新和实践创新，走出了一条中国特色粮食安全之路。中国用全球 9%的耕地、6%的淡水资源生产的粮食，养活了近 20%的人口，实现了由“吃不饱”到“吃得饱”进而“吃得好”的历史性转变。这是一个了不起的成就，对世界也是一个巨大贡献。面对突如其来的新冠肺炎疫情，各级各有关部门和企业闻令而动、担当尽责，在统筹疫情防控和经济社会发展背景下，我国社会始终保持稳定，粮食和重要农副产品稳定供给功不可没。实践证明，党中央、国务院关于国家粮食安全战略的决策部署是完全正确的，确定的保供稳价政策举措是科学有效的。

居安思危，安不忘危。在坚定信心的同时，应当清醒认识到，受新冠肺炎疫情影响，全球粮食安全面临诸多挑战，给人们上了一堂生动的“警示课”；我国粮食中长期供求仍呈紧平衡态势，当前结构性矛盾突出，任何时候粮食安全这根弦都不能松。要深入贯彻新发展理念，积极融入新发展格局，认真落实总体国家安全观和国家粮食安全战略、乡村振兴战略，加快构建更高层次、更高质量、更有效率、更可持续的粮食安全保障体系。

坚决扛稳粮食安全重任，着力夯实粮食安全的基础。粮食稳，全局稳。充分发挥粮食安全省长责任制考核导向作用，调动各地重农抓粮积极性，实施“藏粮于地、藏粮于技”战略，稳步提升粮食产能，为保持粮食供需总量平衡增添后劲。加强储备能力建设，严格政府储备管理，优化储备粮品种结构和区域布局，强化中央储备和地方储备协同运作，发挥好“压舱石”和“稳定器”作用。建立健全粮食“产购储加销”协同联动机制，建设完善一批粮食应急保障中心，修订粮食应急保障预案，加强粮食市场监测预警，增强应对突发事件的能力。

深入推进优质粮食工程，加快粮食产业高质量发展。产业强，粮食安。围绕抓好“粮头食尾”和“农头工尾”，延伸粮食产业链、提升价值链、打造供应链，加快建设现代化粮食产业体系。深入实施优质粮食工程，重点推进粮食绿色仓储提升、粮食品种品质品牌提升、粮食质量追溯提升、粮食机械

装备提升、粮食应急保障能力提升、粮食节约减损健康消费提升等“六大行动”，推动优粮优产、优购、优储、优加、优销“五优联动”，增加绿色优质粮油产品供给，满足广大人民群众对粮油消费升级的需求，在更高层次上保障国家粮食安全。

厉行节约反对浪费，切实增强节粮减损工作实效。习近平总书记多次强调高度重视节约粮食。要统筹抓好粮食收获、仓储、运输、加工、消费等各环节减损工作，支持节粮减损技术和装备研发推广应用，优化原粮散粮物流运输体系；研究探索社会多元储粮新机制，指导帮助农民实施农户科学储粮项目。积极开展世界粮食日和全国粮食安全宣传周、科技活动周等主题活动，发挥好粮食安全宣传教育基地作用，营造爱粮节粮的浓厚社会氛围。

运用改革办法和法治思维，推动粮食安全治理体系和治理能力现代化。改革完善粮食储备安全管理体制机制，强化政府储备公共产品属性，坚持政策性职能和经营性职能彻底分开；厘清承储主体职能定位，压实承储企业主体责任和政府部门监管责任。加快粮食安全保障立法修规进程，加快推动《粮食安全保障法》立法；制修订《粮食流通管理条例》和《粮食储备安全管理条例》；积极做好相关地方立法工作。创新强化粮食执法监管督查，加快建设储备粮库智能信息化动态监管系统，统筹运用综合交叉执法检查和信用监管、12325 粮食监管热线等方式，依法守住管好“天下粮仓”。

加强粮食领域国际合作，积极维护世界粮食安全。作为世界上最大的发展中国家和负责任大国，中国始终是维护世界粮食安全的积极力量。认真落实与联合国世界粮食计划署等国际组织签署的谅解备忘录，继续推进粮食领域南南合作，深化与共建“一带一路”国家的粮食经贸合作关系。积极支持粮食企业“走出去”和“引进来”开展国际合作，合理利用两个市场、两种资源。探索国际粮食合作新模式，促进形成更加安全、稳定、合理的国际粮食安全新局面。

（《人民日报》2020 年 10 月 16 日）

2

第二篇

专　文

在国家粮食和物资储备局抗击新冠肺炎疫情表彰大会上的讲话（2020 年 9 月 22 日）

国家发展和改革委员会党组成员
国家粮食和物资储备局党组书记、局长 张务锋

今年新冠肺炎疫情发生以来，以习近平同志为核心的党中央统揽全局、果断决策，坚决打赢疫情防控的人民战争、总体战、阻击战，抗疫斗争取得重大战略成果，统筹推进疫情防控和经济社会发展工作取得显著成效。9 月 8 日，全国抗击新冠肺炎疫情表彰大会召开，习近平总书记出席大会并作重要讲话。国家局党组随即认真学习，研究贯彻意见。刚才，黄炜同志传达了大会精神。我们要用心领会、抓好落实。

大家知道，习近平总书记在看望参加全国政协会议的经济界委员时强调指出，“这次新冠肺炎疫情如此严重，但我国社会始终保持稳定，粮食和重要农副产品稳定供给功不可没”。这是对我国粮食安全保障特别是保供稳价工作的高度评价，对全国粮食和物资储备系统是莫大的鼓励和鞭策。

在疫情防控中，全系统广大党员干部职工积极履职尽责，出色完成任务，涌现出一批先进典型。刚才，梁彦同志宣读了表扬表彰决定。受到党中央、国务院、中央军委表彰的安全仓储与科技司党支部应急管理处党小组和湖北局三三七处胡钢同志，国家粮食和物资储备局表扬表彰的 105 个先进集体和 148 名先进个人，都是抗疫战线上奋斗者的优秀代表。5 位同志在大会上介绍的先进事迹，感人至深，令人鼓舞。在此，我谨代表国家粮食和物资储备局党组，对受到表扬表彰的先进集体和先进个人表示热烈的祝贺，向为抗疫工作付出辛劳、贡献力量的全系统各级党组织、广大党员干部职工及家属致以真诚的谢意和崇高的敬意！

当前，疫情给经济社会发展带来严峻挑战，对保粮食能源安全提出了更高要求。我们要大力弘扬生命至上、举国同心、舍生忘死、尊重科学、命运与共的伟大抗疫精神，不断开创粮食和物资储备工作新局面，为统筹疫情防控和经济社会发展提供坚强保障。

一 闻令而动、担当尽责，全系统在大战大考中取得突出成效

过去的 8 个多月，国家粮食和物资储备局与全系统坚决贯彻习近平总书记重要指示批示精神，认真落实党中央决策部署，根据国务院联防联控机制和国家发展改革委党组的要求，扎实做好粮油保供稳价、企业复工复产、应急物资调运等各项工作，保持了全国粮油市场平稳运行，有力服务了改革发展稳定大局。

（一）全力以赴保供稳价，坚决扛稳粮食安全重任

今年以来，习近平总书记多次强调粮食安全的极端重要性，对加强粮食市场价格监测和监管，保障市场供应和价格基本稳定等，提出了明确要求。国家粮食和物资储备局会同各地各有关部门，迅速

建立健全湖北与周边四省粮油供应联动机制、全国粮油市场日监测日报告机制、重点粮油市场快速调度机制、重点加工企业保供协作机制，着力强化央地协同、区域协同、产销协同、企业协同；各级粮食和物资储备部门、粮油企业积极响应号召，捐资捐物、千里驰援，鼎力支持湖北省和武汉市等重点地区粮油供应。36 个大中城市及价格易波动地区，短时间内将成品粮油库存充实到 20 天以上供应量。合理安排政策性玉米公开拍卖和小麦、稻谷竞价销售，增加投放储存在湖北省的最低收购价中晚稻，发挥了政策性粮食“调节器”功能。强化监测预警，快速应对处置，并采取新闻发布、访谈等方式，及时回应关切，在稳预期、稳人心方面达到良好效果。

（二）迎难而上精心组织，协力打好物资保障战

各中央救灾物资储备库特别是湖北及周边仓库，克服人手不足、运力紧张等困难，累计调运近 24 万件中央救灾物资。湖北局 11 个储备仓库接发中转应急保供物资 267 万箱、116 万吨。国家储备油库完成 17.5 万吨成品油临时储存，帮助石油企业缓解库存压力。相关省份粮食和物资储备部门积极开展医疗物资储备，精准调度，紧急调拨，满足疫情防控急需。

（三）围绕“六稳”和“六保”任务，服务经济社会发展大局

我们根据形势变化，及时调整工作重点，将抗疫情、稳经济的重大决策落到实处。千方百计支持 5388 家粮食应急加工企业复工复产，帮助 245 家企业获得优惠贷款 108 亿元，保持了粮油产业链供应链稳定。针对疫情对农户售粮的影响，会同有关部门延长东北三省中晚稻最低收购价预案执行期；多措并举解决部分省份仓容不足等问题，没有发生大范围“卖粮难”。各地积极开展产业扶贫，帮助群众解决实际困难，减轻疫情影响，助力脱贫攻坚。

（四）严格落实防控要求，有力保障机关运转

国家粮食和物资储备局第一时间成立应对疫情工作领导小组，适时调整完善防控措施，加强关键部位和环节管控。各级粮食和物资储备部门守土尽责，强化联防联控，坚决守住不发生问题的底线。全系统广大党员干部职工严格遵守相关规定，踊跃投身抗疫斗争，展现出应有的大局观念和良好的精神状态。

二　提高站位、把握规律，深刻认识抗疫斗争的宝贵经验

习近平总书记在表彰大会重要讲话中，深入总结了抗疫斗争伟大实践的经验和启示。粮食和物资储备系统在疫情中经受了压力测试和实战检验，付出了艰苦努力，收获了宝贵经验。我们要认真梳理和运用好疫情防控以来行之有效的做法，守正创新、与时俱进，使各项工作更好体现时代性、把握规律性、富于创造性。

（一）做到“两个维护”，敢于担当，善作善成

正是有习近平总书记的领航掌舵，有党中央的集中统一领导，动员全社会力量、调动各方面资源，凝聚起抗击疫情的强大合力，才取得了抗疫斗争的重大战略成果。从粮食和物资储备系统看，各级党组织和广大党员干部职工自觉与习近平总书记重要指示精神对标看齐，听从号令、步调一致，迅速把思想和行动高度统一到党中央的形势判断和工作要求上来。在疫情防控最吃紧的时候，把粮油保供稳价作为最重要、最紧迫的重大政治任务来抓，做到不负重托、不辱使命。在抗疫过程中，认真落实请示报告制度，党中央、国务院领导同志多次在国家粮食和物资储备局呈报的专报信息上作出重要

批示，给予肯定，提出要求。今后，我们要进一步学懂弄通做实习近平新时代中国特色社会主义思想，不断增强理性认同和情感认同，以坚决有力的实际行动做到“两个维护”。

（二）坚持聚焦发力，抓住重点，带动全局

党中央审时度势、当机立断，将武汉和湖北作为主战场，实现了“武汉胜则湖北胜、湖北胜则全国胜”。根据疫情防控形势的积极变化，明确提出统筹推进疫情防控和经济社会发展的重点任务，我国成为疫情发生以来第一个恢复增长的主要经济体。从粮食和物资储备系统看，疫情之初即提出“一个目标、三条原则、六项措施”，全力保障湖北武汉等重点地区，牢牢抓住粮源组织等重点环节，着重发挥应急加工重点企业作用，做到有的放矢、精准发力。今后，我们要坚持抓重点、出亮点，既加强总体谋划，又牵住“牛鼻子”，在完善管理体制、创新运行机制、深度融合发展、增强应急能力等方面，抓好一批打起“定盘星”的大事实事，达到“落一子而满盘活”的效果。

（三）充分发挥优势，锐意创新，赢得主动

在团结带领全国人民进行抗疫斗争的过程中，党的政治优势、组织优势、群众优势不断转化为强大治理效能，为共克时艰、战“疫”攻坚提供了坚强保证。从粮食和物资储备系统看，我们立足党和国家机构改革带来的体制机制优势，统筹调度各类储备，上下联动、密切协作，整体效能得到提高；着力强化积极增创粮食市场监测调控优势，把握力度节奏，及早发声、精准施策；积极发挥储备基础设施、人才队伍、专业装备优势，在应急救灾等物资调运中，争当先锋队、主力军。今后，我们要坚持因势而谋、主动作为，树立大粮食、大储备和大统筹、大融合的理念，做好优化协同高效的文章，加快构建更高层次、更高质量、更有效率、更可持续的国家粮食安全和战略应急物资储备安全保障体系。

（四）打基础谋长远，未雨绸缪，增强定力

习近平总书记深刻指出，我们长期积累的雄厚物质基础、建立的完整产业体系、形成的强大科技实力、储备的丰富医疗资源为疫情防控提供了坚强支撑；抗疫斗争伟大实践再次证明，新中国成立以来所积累的坚实国力，是从容应对惊涛骇浪的深厚底气。从粮食和物资储备系统看，近年来通过深入实施国家粮食安全战略，及早开展全国政策性粮食库存大清查，推进粮食储备安全管理体制机制改革，建立中央储备在地监管体制，创新强化“两项考核”和执法监管，发表中国的粮食安全白皮书，夯实了防范风险的基础，增强了应对挑战的底气。今后，要牢固树立底线思维和忧患意识，坚持问题导向、目标导向和结果导向相统一，在危机中育新机、于变局中开新局，努力筑牢为国管粮、为国管储的坚实防线。

（五）锤炼过硬作风，同心合力，敢打必胜

面对突如其来的严重疫情，全国人民风雨同舟、众志成城，体现了敢于压倒一切困难而不被任何困难所压倒的顽强意志，绘就了团结就是力量的时代画卷。从粮食和物资储备系统看，广大党员干部职工忠诚尽责，忘我奉献，展现了老系统的好传统、新机构的新风貌。有的同志主动申请提前返岗，夜以继日奋斗在一线；有的同志叫响“我是党员我先上”，不畏艰险、冲锋在前，彰显了先锋模范作用；有的同志默默无闻，认真细致做好本职工作，为服务抗疫大局付出了艰辛努力。今后，我们要更加坚决地落实新时代党的组织路线，注重在重大考验面前历练培养和考察识别干部，激励广大党员干部职工在完成重大任务、应对重大挑战、抵御重大风险中建功立业。

三 鼓足干劲、奋发进取，为统筹疫情防控和经济社会发展提供坚强保障

当前，世界百年未有之大变局加速演进，国内改革发展稳定任务艰巨繁重。我们要认真贯彻落实习近平总书记重要讲话精神，坚持稳中求进工作总基调，坚定不移贯彻新发展理念，扎实做好“六稳”工作、全面落实“六保”任务，抓重点、补短板、强弱项，切实提高保障国家粮食安全和战略应急物资储备安全的能力和水平。

第一，加强党对粮食和物资储备工作的全面领导。要认真学习贯彻习近平新时代中国特色社会主义思想，往深里走、往实里走、往心里走。要将落实习近平总书记重要指示和党中央重大决策体现到工作各方面，聚焦国家粮食和物资储备安全核心职能，突出“深化改革、转型发展”时代主题，坚守安全稳定廉政“三条底线”。在国家发展改革委抗疫表彰大会上，何立峰主任就发展改革系统服务发展大局，特别强调保障粮食安全、能源安全、产业链供应链安全。这三个安全与我们的工作都密切相关，对“国之大者”要心中有数，善谋大势、善抓大事。要认真落实新时代党的建设总要求，积极争创模范机关，建设政治过硬、本领高强的高素质专业化干部队伍。

第二，持续做好粮油保供稳价，防范化解粮食领域风险挑战。要始终绷紧粮食安全这根弦，健全新型粮食市场监测预警体系，推动粮食“产购储加销”协同发力，保证口粮和饲料粮稳定供应。要认真抓好市场化收购和政策性收购，坚决守住“农民种粮卖得出”的底线。要加快国家粮食和物资储备应急指挥平台建设，修订出台粮食应急预案，完善应急保障机制。要深入推进优质粮食工程，加快粮食产业高质量发展，抓好“三链协同”，促进“五优联动”，把粮食安全建立在坚实的产业基础之上。

第三，依靠深化改革健全法治，增强粮食和物资储备治理能力。要不折不扣落实中办 48 号文件提出的各项任务，精心谋划推进战略应急物资储备安全管理体制机制改革，加快构建统一的国家物资储备体系。要大力推动《粮食安全保障法》和《粮食流通管理条例》、《粮食储备安全管理条例》、《战略物资储备安全管理条例》等立法修规进程，积极做好相关地方立法工作。要创新完善“两项考核”，突出重点、优化指标、强化导向、注重实效，进一步压实各方责任。要全面开展涉粮问题整改“回头看”专项行动，创新强化粮食监管执法，切实守住管好“天下粮仓”。

第四，健全国家储备体系，加快提升储备效能。要深入开展国家储备重大问题研究，高标准做好“十四五”相关规划编制工作。要周密组织战略物资储备大清查，务必摸清“家底”，健全长效机制。要加快涉粮涉储重点项目进度，全力推进国家石油储备基地和成品油储备能力建设，谋划一批综合性储备基地。要严格执行收储轮换计划，优化储备结构布局，规范精细管理，及时高效调运，确保关键时刻拿得出、调得快、用得上。

同志们，在统筹疫情防控和经济社会发展的大局中，做好粮食和物资储备工作，意义重大，使命光荣。我们要更加紧密地团结在以习近平同志为核心的党中央周围，在学习先进中汲取精神力量，在砥砺前行中积极担当作为，为实现决胜全面建成小康社会，开启全面建设社会主义现代化国家新征程做出新的更大贡献！

在构建新型粮食市场监测预警体系视频工作会议上的讲话（2020 年 5 月 7 日）

国家粮食和物资储备局党组成员、副局长 卢景波

做好粮食市场监测预警工作，是实施粮食宏观调控的基本前提，是各级粮食和物资储备部门的重要职能。对此，国家粮食和物资储备局党组高度重视，年前列入大粮食、大储备重点课题作了深入研究，确定了构建新型监测预警体系的思路举措，形成了工作方案。今天这次会议，主要任务就是统一思想、凝聚共识，对做好监测预警工作进行动员部署，举全系统之力，加快构建系统全面、专业权威、及时高效的粮食市场监测预警体系。会前，张务锋局长专门作出批示，提出明确要求，刚才会上作了传达，大家要深刻学习领会，用心抓好落实。北京、江苏、浙江、河南四省市作了发言，分别介绍了应对疫情保供稳价、“满意苏粮”为农服务、开展供需平衡调查、落实统计监测责任等方面的经验做法，听了后很受启发，各地要相互借鉴、共同提高。下面，我再讲两点意见。

一 坚决贯彻落实习近平总书记重要指示批示精神，深刻认识新形势下做好粮食市场监测预警工作的重大意义

近年来，特别是新冠肺炎疫情发生以来，习近平总书记多次就做好粮食保供稳价工作、确保“米袋子”“菜篮子”货足价稳作出重要指示批示。4 月 8 日，习近平总书记在中央政治局常委会议上强调，要加强粮食市场价格监测和监管，保障市场供应和价格基本稳定，为我们做好粮食市场监测预警工作提供了根本遵循。在国内外经济发展严峻复杂、粮食市场形势深刻变化的大背景下，加快构建新型粮食市场监测预警体系，具有十分重要的现实意义。

第一，这是坚决贯彻总体国家安全观、防范化解粮食领域风险挑战的必然选择。习近平总书记深刻指出，贯彻落实总体国家安全观，必须积极主动、未雨绸缪，见微知著、防微杜渐，下好先手棋，打好主动仗，做好应对任何形式矛盾风险挑战的准备。经过多年努力，我国正处于历史上粮食安全水平最高、保障能力最强的时期；但同时，也面临中长期紧平衡、结构性矛盾突出、发展质量不高等诸多问题，稍有疏忽就可能影响粮食安全。要想掌握主动、提前应对，就必须强化粮食市场监测预警，持续提高监测预警的质量和效率，及时发现、及早化解各种风险隐患。大家一定要从讲政治、顾大局的高度，充分认识监测预警工作的重大意义，增强使命感和自豪感，扎扎实实做好统计调查、市场跟踪、形势研判、措施应对等各项工作。

第二，这是主动顺应形势变化、健全完善粮食宏观调控的现实需要。当前，粮食流通领域正在发生深刻变化，对做好监测预警工作提出新的更高要求。比如，随着粮食收储制度改革的深入推进，市场活力增强，农业合作社、经纪人、种粮大户等各类市场主体蓬勃发展，传统的统计监测渠道难以有效覆盖，全面准确掌握市场变化的难度加大。比如，市场化条件下，销区企业直接到产区收粮、产区

种粮大户直接卖粮到销区的行为日益增多，这种跃过传统中间环节的购销行为，与之前农户卖到粮站、再由贸易企业组织跨省流通的方式完全不同；加上电子商务和新型零售业态发展迅速，监测预警的内容范围亟需拓宽，方式方法亟需创新。再比如，国际国内两个市场加快融合，粮食的金融属性和能源属性进一步显化，影响粮食市场的各类关联因素更加错综复杂。前一段，部分国家限制粮食出口引发担忧和恐慌，国内个别地方出现集中采购现象，虽然短时间内得到平息，但也提醒我们要更加注重监测预警，更加及时地发现和解决问题。类似变化在粮食流通领域普遍存在，我们必须顺势而变、主动求变，构建一套适应市场形势和流通方式变化的新型监测预警体系，增强监测预警工作的针对性和精准性。

第三，这是粮食和物资储备系统履职尽责、深化改革转型发展的客观要求。这两年，国家粮食和物资储备局党组确定“深化改革、转型发展”作为时代主题，总的要求是坚持问题导向和目标导向，直面形势变化和实际问题，转观念、转职能、转方式，增强落实工作、推动发展的能力。就监测预警工作来说，深化改革、转型发展的任务十分迫切。国家粮食和物资储备局“三定”规定专门对转型发展提出明确要求，强调要充分运用大数据等科技手段，加强市场分析和预测预警，增强在保障安全、防范风险、稳定预期方面的作用。同时，目前各级粮食行政管理部门机构、人员变化较大，一直以来逐级审核上报的工作机制受到很大冲击，这是我们必须要积极应对、妥善解决的现实问题。履行好党中央、国务院赋予我们的重要职责，就必须守正创新、改革转型，一方面，加强人员配备和培训，确保基层工作质量；另一方面，建立专业团队，更好借助社会力量，加快构建新型监测预警体系。

二 坚定信心决心，加大工作力度，全面提升粮食市场监测预警能力和水平

近年来，各级粮食和物资储备部门高度重视粮食市场监测预警工作，作了许多有益探索，涌现了一批好经验好做法。2016 年，实行东北地区玉米收购进度日报和价格监测周报，为玉米收储制度改革顺利推进提供了重要参考。2018—2019 年，实行大豆市场监测周报，为妥善应对中美经贸摩擦提供了决策依据。新冠肺炎疫情发生以来，建立了粮食市场运行日监测日报告制度和全国 540 多家重点企业保供协作机制，为应对疫情保供稳价提供了重要保障。刚才四个省市作了典型发言，其他省份也积累了很多先进经验。这些成功实践，为我们构建新型粮食市场监测预警体系奠定了坚实基础，这次国家粮食和物资储备局研究制定的工作方案也作了充分吸收。

下一步，国家粮食和物资储备局还将拟定下发任务清单，各地要结合实际抓好贯彻落实。下面，我再强调三个方面。

（一）进一步提高政治站位，切实把粮食市场监测预警工作摆在突出位置

工欲善其事，必先利其器。粮食市场监测预警，是粮食宏观调控的关键基础和重要前提，是我们的“千里眼”和“顺风耳”。作为粮食行政管理部门，做好监测预警工作，为各级党委、政府提供决策参考，既是我们义不容辞的使命担当，也是我们干事创业的价值体现。大家要进一步提高站位、深化认识，从贯彻落实总体国家安全观、防范化解重大风险隐患的高度理解把握，从保障国家和区域粮食安全、助推经济社会发展的大局谋划推进，切实把监测预警工作抓严抓实抓细。国家粮食和物资储备局成立了粮食监测预警委员会，负责顶层设计、统筹协调、整体推进。各地要围绕构建新型监测预警体系，健全相应工作机制，细化工作方案，抓好工作落实。同时，“加强粮情监测预警”是粮食安

全省长责任制的重点考核事项之一。要明确各环节工作任务，压实各方责任，形成一级抓一级、层层抓落实的良好局面。

（二）紧紧围绕服务决策、服务行业、服务社会的目标要求，突出做好“早快准精”四字文章

服务决策，就是要开展高水平形势分析和趋势研判，为各级党委、政府谋划工作、推动发展提供重要依据和参考；服务行业，就是要为粮食经营企业提供全面准确的市场信息，为粮食行业改革转型、实现高质量发展提供有力支撑；服务社会，就是要强化政策解读和预期引导，及时回应社会关切，促进粮食市场平稳运行。具体工作中，要准确定位、分清主次，抓住重要节点和关键环节，重点把握好四个方面：一是在“早”上下功夫，增强前瞻性。大家要在做好粮油市场信息采集、风险判断、原因分析、趋势预测等日常工作的基础上，对任何可能的苗头性、倾向性、潜在性问题，加强研判分析，及时发出预警，做好应对预案，做到早发现、早预防、早处置，防患于未然、处置于未萌，始终掌握工作主动。二是在“快”上下功夫，增强时效性。粮食问题非常敏感，社会关注度高、燃点低，稍不注意就可能扩散放大，甚至引发公共事件、造成不良影响。我们决不能掉以轻心，要时刻保持高度警惕，多做一些小快灵的研究，多报一些短平快的信息，确保第一时间妥善处置、第一时间请示报告。三是在“准”上下功夫，增强准确性。准确性是监测预警的“生命线”，数据不准、信息不实，研究决策就会偏离方向。要努力克服人手不足等实际困难，加强对企业报送基础数据的审核把关，定期组织开展专项检查，依法严肃处理虚报、瞒报、拒报等违规行为，努力提高源头数据质量，真正做到统计数据“清在原始、准在基层”。四是在“精”上下功夫，增强针对性。在不同地区、不同时段，保障粮食安全的具体内容各有侧重，开展监测预警工作也要因时因地制宜，做到对症下药、有的放矢。比如，疫情期间保供稳价，我们重点关注市场价格、成品粮油加工和库存等情况，重点关注湖北省、武汉市、北京市等地区；下一步，夏粮收购启动后，要重点监测收购进度，尤其是存在仓容缺口的地区，要监测到点、落实到库，避免发生“卖粮难”。

（三）强化组织保障，为构建新型粮食市场监测预警体系提供有力支撑

构建监测预警体系是一项系统工程，各地粮食和物资储备部门要集中力量、多措并举，扎实做好监测预警各项工作，确保落在实处、取得实效。一要加强组织领导。各级粮食和储备部门要切实承担起粮食市场监测预警工作重任，主要负责同志要亲自研究、亲自部署；要对监测预警工作作出专门安排，明确专人负责，狠抓督导落实，心往一处使、劲往一处使，凝聚强大工作合力。二要注重协同联动。主动向党委、政府汇报请示，积极与兄弟部门沟通，争取各方面有力支持，强化协作联动，建立数据信息共享机制；有条件的省份可以推动建立本省粮食数据资源中心，将各部门的数据进行汇聚整合，形成“数据合力”。三要充实专业力量。根据工作方案要求，国家粮食和物资储备局将与各省局共建共享监测预警团队。事业成败，关键在人。请各地优选专业素质高、责任心强的人员承担此项工作，确保“常有人、不断档”。同时，要做好资金、技术等服务保障工作，为推进监测预警工作提供有利条件。

同志们，做好新形势下粮食市场监测预警工作使命光荣、任务艰巨。大家要认真贯彻落实国家粮食和物资储备局党组“两决定一意见”和“五句话”总体要求，主动担当、积极作为，加快构建新型粮食市场监测预警体系，奋力开拓粮食流通改革发展新局面。

在全国粮食和物资储备系统办公室工作会议暨信访工作经验交流会上的讲话（2020 年 11 月 15 日）

国家粮食和物资储备局党组成员、副局长　黄炜

经国家粮食和物资储备局党组批准，今天我们在这里召开会议，主要任务是，以习近平新时代中国特色社会主义思想为指导，深入贯彻党的十九大和十九届二中、三中、四中、五中全会精神，坚持以习近平总书记关于办公厅工作的“五个坚持”要求为根本遵循，总结交流经验、全面分析形势、凝聚共识行动、提升能力水平，推动办公室工作、信访工作和期刊宣传工作取得新的更大进步，为全系统深化改革、转型发展提供坚强保障。

习近平总书记一直高度重视办公厅工作，2014 年 5 月 8 日，在视察中央办公厅时，对中办工作提出了“五个坚持”的明确要求，即坚持绝对忠诚的政治品格、坚持高度自觉的大局意识、坚持极端负责的工作作风、坚持无怨无悔的奉献精神、坚持廉洁自律的道德操守。这“五个坚持”要求是我们做好办公室工作的根本指导思想和具体行动指南。今天，我们在这里召开全系统办公室工作会议，最重要的就是认真学习领会“五个坚持”要求，从讲政治的高度，努力做到政治过硬、本领高强、勇于担当、作风优良，把办公室各项工作做得更好。

国家粮食和物资储备局党组高度重视这次会议，国家发展改革委党组成员，国家粮食和物资储备局党组书记、局长张务锋同志专门作出重要批示，对全系统办公室工作成绩给予充分肯定，提出了“四个更加”的明确要求。我们要深入学习领会，认真抓好落实。这里，我跟大家交流一些想法，重点讲三个方面。

一　近年来全系统办公室工作取得积极成效

党和国家机构改革以来，全系统认真贯彻落实党中央、国务院决策部署，履职担当、积极作为，各项工作扎实推进，干成了不少新事大事难事。在这个过程中，全系统办公室围绕中心、服务大局，强化协调、狠抓落实，发挥了积极作用，作出了重要贡献。这里我简要概括为“六个聚焦”。

第一，聚焦贯彻落实党中央、国务院决策部署，在抓早抓细抓实上下功夫、见实效。一直以来，全系统办公室都自觉地把贯彻落实习近平总书记重要指示批示精神和党中央、国务院决策部署，作为头等大事和首要政治任务，按照各单位党组具体工作部署，细化任务分工，强化督查督办，确保落地见效。一是在传达部署上突出一个“早”字。党中央、国务院最新重要会议，习近平总书记最新重要讲话，特别是关于粮食和储备方面的重要讲话，全系统办公室第一时间按照各单位党组部署要求，牵头组织会议，传达相关精神，研究落实举措，及时印发贯彻落实文件。二是在任务分解上突出一个“实”字。制定贯彻落实习近平总书记重要指示批示精神、中央经济工作会议、中央一号文件、政府工作报告等的局内分工方案，以及年度重点工作任务分解落实方案等，细化目标任务，压实压紧责

任，提出具体举措。三是在督查督办上突出一个“严”字。综合运用定期督办、专项督办等方式，持续跟踪督办习近平总书记重要指示批示落实情况，认真做好全系统工作会议贯彻落实情况、全局重点工作等办理情况的调度督办，定期向局党组汇报。

第二，聚焦贯彻落实“两决定一意见”，凝聚起改革争先、干事创业的正能量。全系统办公室认真抓好“两决定一意见”学习宣传和贯彻落实，不断创新思路举措，取得较好成效。一是深化学习宣传。紧跟形势任务发展变化，先后三次发出通知，两次编印学习手册，举办“牢记初心使命、推动改革发展”知识竞赛，开展演讲比赛和巡回演讲，推出系列宣传报道，在全系统营造了比学赶帮超的浓厚氛围。二是注重典型选树。组织召开“双先”表彰暨先进经验交流视频会议，隆重表彰 400 多个先进集体和个人，交流先进经验，充分激发广大干部职工奋发争先、担当作为的干劲热情。三是全面整体推动。通过制作宣传栏、举办演讲比赛和知识竞赛、撰写心得体会等方式，认真组织干部职工学习领会“两决定一意见”精神，积极投身改革发展实践，形成上下联动、全面推进的良好局面。

第三，聚焦粮食和物资储备安全核心职能，较好发挥了建言献策、参谋辅政作用。全系统办公室紧紧围绕粮食和物资储备中心工作，开展调查研究，加强信息报送，为领导同志决策提供了重要参考。一是调查研究更加深入。扎实推进“大学习、深调研、真落实”，国家粮食和物资储备局确定 35 项全局重点调研课题和 13 项“大粮食”“大储备”研究课题，全系统办公室积极做好牵头组织、协调推进和成果转化各项工作。二是认真做好请示报告。严格执行重大事项请示报告制度，认真做好向党中央、国务院和国家发展改革委党组请示报告工作。开展粮食和物资储备形势分析和政策建议研究，定期向国务院报送有关情况。全系统办公室及时总结报送重点工作情况和政策建议，为国家粮食和物资储备局党组、地方党委政府决策提供重要参考。三是专报和信息工作成效显著。着力加强专报和信息报送，数量和质量不断提升，多次获得习近平总书记、李克强总理、韩正副总理、胡春华副总理等中央领导同志重要批示。特别是今年以来，国家粮食和物资储备局有 3 份专报和 1 期信息获得习近平总书记重要批示，为落实党中央、国务院决策部署提供了关键支撑。

第四，聚焦重大活动和重要会议，创新会议组织，加强新闻宣传。全系统办公室坚持系统谋划，创新重大活动和重要会议筹办方式，打好“组合拳”，扩大影响力。一是会议组织有序高效。每年全国粮食和物资储备工作会议、半年会和各类专题性会议组织越来越高效、效果越来越好。精心组织党组会、办公会、专题会等各类会议，标准化、精细化水平不断提升。创新会务组织，采取合并开会、套开会议、视频会议等形式，大幅节约经费，减轻基层负担。二是活动筹办效果良好。全系统“庆祝改革开放 40 周年图片展”“庆祝新中国成立 70 周年粮食和物资储备成就展”成功举办，一年一度的世界粮食日和全国粮食安全宣传周活动不断创新，连续举办三届的粮食交易大会越办越好，全国粮食和物资储备科技活动周等活动打出品牌，粮食产业经济发展、优质粮食工程、执法督查工作现场会等活动效果良好。三是新闻宣传影响扩大。准确把握新闻宣传“时效度”，有序组织发声，及时引导舆论，形成了部门权威发声，记者观点、专家访谈、专题节目引导的“组合式”宣传新模式。保供稳价、粮食收购、优质粮食工程、节粮减损等主题宣传层出不穷；主动召开新闻发布会回应社会关切的频率越来越高；媒体专访、重点报道在中央电视台等中央主流媒体高频出现；在《人民日报》《求是》等权威媒体发表的署名文章越来越多；各界群众对粮食和物资储备工作的关注越来越多、认识越来越深、信心越来越足。四是期刊水平不断提升。目前全系统共有各类报刊二十余家。机构改革以来，各办刊单位积极适应新职能要求，调整办刊思路和栏目划分，丰富形式内容，导向性、政策性、对工作的指导性稳步提升。各刊物围绕宣传党中央、国务院关于粮食和物资储备工作的决策部署，展示发展成就，开展理论研究，交流工作经验，宣传先进典型，办刊水平和影响力不断提升。

第五，聚焦政务高效运转，完善制度机制，做好服务保障。全系统办公室抓制度、优服务、提效率，畅通沟通渠道，强化融合联动，较好保障了中心工作顺利开展。一是规章制度不断完善。国家粮食和物资储备局办公室修订局工作规则等多项规章制度，梳理优化办文办会办事的工作流程、时限和标准。全系统办公室认真清理规范和完善各类管理措施、规章制度，工作效率和服务水平进一步提高。二是公文“减量提质增效”效果良好。国家粮食和物资储备局实施合并发文、减少篇幅等 9 项压减文件措施，重点精简范围内公文数量连续两年下降。编印公文处理实用手册，不定期通报公文办理质量情况，开展公文培训，举办首届公文展，加快推动网上办文，公文质量和流转效率不断提高。三是信访、保密等工作扎实有效开展。编印信访工作手册，完善信访工作机制，着力做好“两会”和重大节日期间信访工作。健全保密和密码工作机构，举办保密培训，强化涉密人员、涉密文件和涉密会议活动管理。编发政务公开实用手册，做好主动公开和依申请公开工作。此外，机关财务、档案管理、机要通信、值班值守、建议提案办理等各项工作，也都取得了新的成绩。

第六，聚焦急难险重任务，敢于迎难而上，彰显勇气担当。面对全局性的大事要事难事，全系统办公室总是冲在最前面，按照各级党组部署要求，推动工作开展，抓好任务落实。特别是新冠肺炎疫情发生后，办公室同志勇于担当、坚守岗位，在协调各方、新闻宣传、疫情防控等方面做了大量卓有成效的工作。一方面，全力配合做好粮油保供稳价工作。做好文件制发、会议召开、情况调度和梳理上报等，推动举措落实，宣传做法成效，展现抗疫事迹。组织召开新闻发布会、联系权威媒体发布专题报道，稳定社会预期。另一方面，全力做好机关疫情防控。全系统办公室认真履行机关防疫牵头单位职责，严格执行相关规定，建立防控台账，统筹保障经费，协调物资采购发放，落实人员集中隔离要求，组织开展核酸检测，抓紧抓细各项工作，确保了全系统疫情防控不出问题。

实践证明，全系统办公室干部队伍是一支敬业担当、务实肯干、团结协作的队伍。长期以来，全系统办公室干部职工默默无闻、埋头苦干，兢兢业业、无私付出。利用这个机会，我代表国家粮食和物资储备局党组向全系统办公室干部职工的辛勤付出，表示衷心的感谢！

二　准确把握全系统办公室工作面临的新形势新任务新要求

面对统筹“两个大局”、防范化解重大风险的现实要求，粮食和物资储备“稳定器”和“压舱石”作用更加凸显。办公室作为各单位党组的参谋助手，对扛稳维护国家粮食安全和战略应急物资储备安全重任的重要意义，以及全系统当前面临的新形势新任务新要求，尤其需要清醒认识、准确把握。主要有以下三个方面。

一是，粮食和物资储备工作在党和国家事业发展全局中的地位作用更加凸显。党的十八大以来，习近平总书记多次对扛稳粮食安全重任、健全国家储备体系提升储备效能、加强粮食监管、制止餐饮浪费等作出重要指示批示。中央把“保粮食能源安全”作为“六保”任务之一，指出要推动落实全球疫情影响下确保我国粮食安全的应对方案。这些都充分体现了党中央、国务院对粮食和物资储备工作的高度重视。全系统办公室要认真学习领会，把握粮食和物资储备工作地位和作用的深刻变化，自觉在大局中找定位、在全局中谋发展，确保全系统工作始终沿着党和国家事业发展的正确方向前进。

二是，粮食和物资储备系统肩负的职责使命更加重大。随着机构改革不断深入，全系统机构更加强化，职能不断优化，队伍不断壮大。大部分省份将粮食职能和物资储备职能进行整合优化，省级及以下层面也大多实现了统一归口管理；垂管局原来只管战略物资储备，现在也开始履行包括粮食在内的各类中央储备在地监管职责。大家要认识到，这不仅仅是机构和职责的简单调整，更深刻反映了全系统职责定位向国家安全高度聚焦提升，反映党中央、国务院赋予我们的职责使命更加重大。全系统办公室要站在履行国家粮食和物资储备安全核心职能、确保国家粮食能源安全的高度去思考和定位我们的工作，立足新职能，认清新使命，主动而为、担当进取，在维护国家安全、服务经济社会发展中再立新功。

三是，粮食和物资储备的改革发展任务更加繁重。当前，粮食和物资储备领域仍旧存在许多困难和矛盾，这些困难和矛盾的解决，需要我们付出更多更大的努力。比如，我国粮食中长期供求仍是紧平衡，消费需求刚性增长和资源环境"硬约束"并存，保障粮食稳定供给的压力较大。比如，粮食品种结构性矛盾突出，大豆对外依存度保持高位，粮食生产向主产区集中、主销区和平衡区自给率下降趋势明显，"产购储加销"协同联动不够，粮食产业高质量发展还需加力。比如，国家储备的品类、规模、布局亟待优化，应对极端风险和紧急事态的物资准备仍有不足，收储动用轮换等体制机制还不健全，储备基础设施仍有很多短板，垂管系统改革任务十分艰巨。全系统办公室要深刻认识这些涉及粮食和物资储备工作背后的深层次矛盾和问题，以坐不住的责任感、慢不得的紧迫感、等不起的危机感，用心谋划、着力推动粮食和物资储备改革发展。

面对形势变化和艰巨繁重的改革发展任务，全系统办公室工作与"五个坚持"的要求相比，与国家粮食和物资储备局党组的期望相比，与全系统深化改革、转型发展的需要相比，还存在一些差距，需要我们清醒认识。做好新形势下办公室工作，要求更高、难度更大、责任更重，需要我们共同努力。

一是，政治站位要求更高。讲政治是办公室工作最根本的要求。全系统办公室的同志要牢记政治机关这一根本属性，始终把讲政治放在首要位置，增强"四个意识"、坚定"四个自信"、做到"两个维护"，始终在思想上政治上行动上同党中央保持高度一致。要提高政治敏锐性和政治鉴别力，在工作上始终把握正确政治方向，在大是大非面前保持头脑清醒、旗帜鲜明。要不断提高党性修养，在以文辅政、综合协调、督查督办等各方面体现政治责任和政治标准，做到知行合一。

二是，大局意识要求更高。粮食和物资储备工作在党和国家事业发展全局中的地位和作用更加凸显，这就要求全系统办公室从服务党和国家工作全局的高度去思考和研究问题、谋划和推动工作。要全面吃透党中央、国务院政策文件精神，准确把握国内外形势变化，提高观大势、顾大局、谋大事的本领。要正确认识大局、自觉服从大局、坚决维护大局，做到中央的指示就是工作方向、中央的需要就是工作重心、中央的要求就是工作任务、中央的满意就是工作标准。

三是，业务能力要求更高。机构改革后，全系统的使命职能发生了变化，能力也要随之跟上。相比其他部门，办公室岗位对干部能力素质的要求更高，既要熟悉粮食和物资储备业务知识，又要了解经济、法律、科技、信息化等领域知识。全系统办公室要抓好干部常态化培训，搭建学习平台，加大轮岗交流力度，促进干部素质能力提升。

四是，统筹协调要求更高。近年来，全系统大事要事难事越来越多，很多综合性工作的牵头任务都落在办公室。其中，不少重点工作都需要协调多个部门，处理各方不同意见，协调工作多、推动难度大、工作要求高。全系统办公室要自觉用"一盘棋"的全局定位去思考和谋划工作，讲究协调艺术，注重协调效果，坚持原则性与灵活性的统一，回应各方关切，配置各方资源，调动各方力量，形成整体合力。

五是，攻坚克难要求更高。习近平总书记指出，敢于担当是好干部的一个重要标准，有多大担当才能干多大事业。我们的有些工作，几年前就开始说，也做了一些安排部署，但就是看不到效果、出不来成效。这往往是因为在某些关键环节，迟迟难以取得突破。办公室的同志要敢于直面问题、不避矛盾、不惧挑战，培养斗争精神，锻造过硬作风，推动局党组决策部署不折不扣地落到实处、取得实效。

三 推动全系统办公室工作不断取得新进步

明年是"十四五"开局之年，开好局、起好步至关重要。全系统办公室要深入贯彻习近平总书记关于"五个坚持"和李克强总理关于政府办公厅系统工作的重要指示精神，聚焦明年重点任务，按照张务锋局长"四个更加"要求，着力在出谋划策、综合协调、推动落实、夯实基础、自身建设等方面下功夫，全力保障中心工作顺利开展。

第一，在出谋划策上下功夫。要充分发挥参谋助手作用，将办公室工作融入政策制定、政策执行、重点业务工作中去，积极谋划工作思路，认真研提政策建议。一要谋划"十四五"时期的大思路。认真贯彻落实党的十九届五中全会关于粮食和物资储备领域重大决策部署，围绕落实国家粮食安全战略、健全国家储备体系等，认真谋划新形势下粮食和物资储备改革发展的大思路，研究"十四五"时期改革发展的大举措。二要研究解决行业痛点难点的好政策。要围绕粮食收购、产业发展、粮油供应等人民群众关注的热点问题，深入研究提出"为耕者谋利、为食者造福、为业者护航"的务实政策建议。三要研提应对潜在风险的新举措。新形势下，粮食和物资储备领域面临的不确定性和风险挑战增加，全系统办公室要加强对粮食和物资储备走势态势的跟踪分析，研判苗头性倾向性潜在性问题，及早提出政策建议。四要提出推动系统可持续发展的新办法。聚焦全系统体制机制、安全生产、政策保障、管理运行、队伍建设等方面问题，深入开展调研，摸清摸透情况，找准症结所在，提出有针对性、可操作的对策建议。围绕创新粮食执法监管、强化"两项考核"、加快推动《粮食安全保障法》立法进程等，积极扩宽思路，创新方式方法，不断推进治理体系和治理能力现代化。

第二，在综合协调上下功夫。办公室工作处在沟通上下、联系左右的枢纽位置。要紧紧围绕全局重点工作任务，发挥好牵头抓总的职能优势，创造性地做好组织协调工作。一要紧盯重点工作。要善于确定并抓好一个时期的重点工作，把办公室工作置于全系统改革发展稳定大局来谋划，把重要决策、关键环节、主要矛盾等作为协调的着力点。二要细化任务分工。要树立全局意识，站在全局的高度，通盘考虑、综合平衡，对重点工作提出合理的分工方案，充分调动各方面积极性，促进协同高效，推动工作落实。三要协调各方职责。要着力搞好部门之间的衔接沟通，把承上启下、沟通内外、联系前后的协调作用贯穿于每项工作中。要善于协调各方不同意见，特别是对重大工作、重大问题，要及时沟通、统一步调，明确职责界限，达成统一意志，形成整体合力。

第三，在推动落实上下功夫。要完善制度机制，创新思路办法，狠抓督查督办，确保全局重点工作落实。一要推动重大决策部署落实。要认真贯彻习近平总书记关于粮食和物资储备工作的重要指示批示精神，全面落实五中全会《建议》、中央经济工作会议、中央农村工作会议、政府工作报告等关于粮食和物资储备的部署安排，逐一制定分工落实方案，建立工作台账，狠抓督查督办，确保落实落地。要配合相关业务司局（处室）持续抓好"六稳""六保"相关任务落实。二要推动两项改革任务落地。中央办公厅、国务院办公厅《关于改革完善体制机制加强粮食储备安全管理的若干意见》确定的改革任务，要在明年全部完成。当前，国家粮食和物资储备局正在加紧代拟起草关于加强战略和应急物资储备安全管理的若干意见，明年也将出台实施。全系统办公室要将贯彻落实这两个文件作为重中之重，分解细化目标任务，扎实有序推进落实。三要推动重大项目加快进度。明年将启动实施新一轮优质粮食工程，还要继续推进石油储备基地、成品油储备能力建设等各类项目建设。全系统办公室要加强对这些重大项目进展情况的跟踪，及时了解掌握项目进度和遇到的困难，及时向局党组反映情况、提出建议。

第四，在夯实基础上下功夫。办公室基础工作扎实与否直接影响全系统整体工作质量和效率，“一好带百好”，只有基础工作做扎实了，才能够有力保障全系统顺畅、高效运转。一要持续强化建章立制。把制度建设作为基础性、根本性工作，及时制修订相关制度，形成一整套办事效率高、运转灵活的管理机制。要坚持用制度管人、管事，切实增强制度的执行力和约束力。二要切实提高公文质效。要本着高度负责的态度，严格公文审核，严控发文数量，严把公文报送关、质量关和效率关，持续推动改作风、转文风。三要扎实做好疫情防控等工作。从严从实做好疫情防控、值班值守、保密密码、信息公开、档案管理、财务管理、来访接待、后勤保障等各项工作，确保机关安全有序运转。四要深度融合联动。深化国家粮食和物资储备局、地方粮食和储备局、垂管局办公室之间的沟通联络，建立完善信息联通、督查督办、联合调研、工作交流、信访协同办理和新闻宣传协同机制，搭建联动平台，创新联动方式，拓展联动内容，带动系统深度融合。

第五，在自身建设上下功夫。不断加强全系统办公室自身建设，是提升办公室整体工作水平的现实需要。一要坚持党建引领。切实树牢政治机关意识，坚持以政治建设为统领，着力加强基层组织建设，落实党建工作责任制，推动党建工作创新，在机关党建和模范机关创建中做表率、当示范。二要力戒形式主义。要持之以恒改进文风会风，带头转变工作作风。要强化厉行节约意识，杜绝奢侈浪费行为，加强公务用车、公务接待、会议等管理。要严守纪律规矩，严格制度执行，强化干部监督管理，共同营造清正廉洁的工作氛围。三要加强理论和业务学习。要持续深入学习习近平新时代中国特色社会主义思想，抓好十九届五中全会精神学习，吃透弄通党中央、国务院政策和文件精神，扎实学习粮食和物资储备各项业务知识，主动学习经济、法律、科技、信息化等领域知识，不断拓宽知识面，优化思维结构，提高解决复杂问题的能力。四要增强服务意识。要将服务意识贯穿办公室工作始终，增强服务主动性，提高服务质量和效率，推动机关高效运转。

这里，我还要强调一下新闻宣传和信访工作。新闻宣传工作不能为了宣传而宣传，要突出围绕新闻宣传所要达到的目标，不断扩大传播效果和影响力。重点可以从以下几个方面把握：一要围绕全局重点工作、重要会议、重要文件等，主动策划一批宣传主题；二要提炼宣传基调和口径，把握好宣传的重点和方向；三要创新宣传形式，用好大平台和自媒体，不断增强传播效果。信访工作总的目标是定纷止争，关键是要抓早抓小、把矛盾化解在基层一线。一要抓责任，重点是健全信访工作责任制，把每一级该负的责任负起来，坚决杜绝矛盾层层上交；二要抓预防，坚持抓早抓小，加强信访矛盾的源头治理防控，全力将矛盾纠纷化解在基层、化解在萌芽状态；三要抓法制，不断健全完善信访工作机制，推动信访工作依法规范运行。

办公室是政务枢纽，要认真梳理谋划办公室各项工作，研究改进思路，提升工作质效，充分发挥参谋助手、综合协调、督查督办、服务保障等职能作用，为推动粮食和物资储备改革发展作出更大贡献。

我就讲这些，谢谢大家。

以优质粮食工程助推阜南脱贫攻坚与乡村振兴（2020 年 9 月 21 日）

国家粮食和物资储备局党组成员、副局长 梁彦

党的十八大以来，习近平总书记站在全面建成小康社会、实现中华民族伟大复兴中国梦的战略高度，把脱贫攻坚纳入国家“五位一体”总体布局和“四个全面”战略布局，作为实现第一个百年奋斗目标的重点任务，提出了一系列新思想新观点，做出了一系列新决策新部署，全面打响了脱贫攻坚战，推动中国减贫事业取得举世瞩目的巨大成绩。进一步深入学习习近平总书记有关脱贫攻坚的重要论述，对打好脱贫攻坚战的重大意义有了再认识，对深化阜南县粮食产业脱贫攻坚目标、举措有了再明确，对以优质粮食工程和粮食产业高质量发展为抓手统筹推进脱贫攻坚、乡村振兴的站位有了再提高。

一 深入学习，全面领会脱贫攻坚的重大意义

党的十八大以来，习近平总书记对脱贫攻坚的重大意义、组织领导、目标标准、体制机制、策略方法、突出问题、干部人才、作风建设、扶智扶志等等，做出了一系列论述，这些重要论述，突出为人民服务的初心宗旨，突出发挥政治、组织和制度的优势，突出精准扶贫、脱贫的基本方略，突出新发展理念的引领，突出“志智双扶”的内生式扶贫，内涵丰富，既是扶贫理论的创新，更是扶贫实践的行动纲领，是指导打赢脱贫攻坚战的根本遵循。

今年脱贫攻坚任务完成后，我国将有一亿左右贫困人口实现脱贫，提前 10 年实现联合国 2030 年可持续发展议程的减贫目标。能在这么短的时间帮助这么多人脱贫，能在新中国成立 70 周年、改革开放 40 多年时间里，14 亿人就共同迈向全面小康，使多少代中国人摆脱贫困的梦想成为现实，这是人类减贫发展史上的典范，是集中力量办大事制度优势的典范，是政府领导人民走向共同富裕的典范。脱贫攻坚中的“三个注重”，注重产业扶贫，为稳固脱贫成果和乡村振兴打下了坚实的产业基础；注重消费扶贫，用市场化手段促进了贫困地区的可持续发展；注重“志智双扶”，带动了贫困地区农民内生动力和素质的全面提升，这种造血式、内源式、可持续的扶贫对中国和世界减贫事业都具有重大意义。

反贫困是古今中外治国理政的一件大事，消除贫困、共同富裕也是社会主义本质要求，是中国共产党人的初心使命。中国的脱贫攻坚谱写了人类反贫困历史的新篇章，总书记总结了“六个坚持”的脱贫攻坚宝贵经验，即坚持党的领导，强化组织保证；坚持精准方略，提高脱贫实效；坚持加大投入，强化资金支持；坚持社会动员，凝聚各方力量；坚持从严要求，促进真抓实干；坚持群众主体，激发内生动力。我们不仅要在现在的脱贫攻坚工作中很好地坚守，也要在今后的巩固脱贫成果工作中一以贯之，指导我局脱贫工作取得更大成绩。

习近平总书记在梁家河度过他的青春岁月，对贫困有切身之感、切肤之痛，对改变贫困有深层之思、坚定之志，有着崇高的改变贫困的境界与情怀。总书记讲“如期打赢脱贫攻坚战，中华民族千百年来存在的绝对贫困问题，将在我们这一代人的手里历史性地得到解决，这是我们人生之大幸。让我们共同努力，一起来完成这项对中华民族、对整个人类都具有重大意义的伟业”，这是对所有从事脱贫攻坚事业的人的极大鼓舞与鞭策！总书记对全面打好脱贫攻坚战，做了八方面部署：加强组织领导，坚持目标标准，强化体制机制，牢牢把握精准，完善资金管理，加强作风建设，组织干部轮训，激发内生动力，我们要聚焦聚力八方面内容，更精准做好我局脱贫攻坚工作，进一步提升脱贫攻坚的使命感、责任感，强化不辱使命的担当作为，理出精准脱贫的有效措施，深化用心扶贫的浓厚感情，按照国家粮食和物资储备局党组部署要求，在以优质粮食工程、粮食产业高质量发展助推脱贫攻坚和乡村产业振兴方面，迈出更坚实的步伐，取得更突出的成效。

二 精准施策，全力推进阜南粮食产业脱贫攻坚的探索

总书记强调“产业增收是脱贫攻坚的主要途径和长久之策，现在贫困地区群众吃穿不愁，农业产业要注重长期培育和发展，防止急功近利”。按照总书记要求，国家粮食和物资储备局对定点帮扶的安徽阜南县，立足其产粮大县的实际，以优质粮食工程为抓手，聚焦“五优联动”，探索粮食产业脱贫攻坚的路子。针对阜南县小麦品种杂乱、种植粗放的情况，提出优质小麦“示范种植——规模化种植——就地加工转化”三步走的粮食产业扶贫思路。从 2018 年起，国家粮食和物资储备局与县委县政府一道，请国家粮食科学院、安徽省的专家多番论证，从本地种植的 100 多个小麦品种中筛选出 6 个优质品种，种植 1.5 万亩进行试点，结果大获丰收，农民增加了收入，尝到了甜头。第二年，引入中化农业、中粮贸易等龙头企业，参与到阜南粮食产业脱贫攻坚的探索中来。进一步优化小麦品种，扩大种植面积到 30 万亩，通过实施整村推进和大户连片种植，形成 3 万亩以上的连片种植示范区 3 个，集中连片 1000 亩以上的村 101 个，在推进优质粮食集中化、规模化、标准化种植上迈出了坚实的一步。中化农业专门建立技术服务中心，开发 MAP 智慧系统，配备专业农艺师，提供种植、施肥、农药等技术指导，用现代农业科技指导农户开展标准化田间管理，提高科学种植水平。今年 30 万亩优质小麦各项指标均达到国标二等以上，国标一等的达 60%，亩产量高出当地普通小麦 100 斤左右，实现品质和产量双提升。通过优惠供种、科学种田、农资集中供应，优质小麦种植成本降低约 60 元 / 亩，每亩可助农增收约 200 元，使 6400 多个贫困户 21000 多人受益。在推进优粮优产的同时，做好优质粮食优储、优购、优销、优加工作。县里统筹协调基层粮站和粮食产后服务中心帮助企业收粮食、便于农户就近售粮、安全储存。国家粮食和物资储备局牵线搭桥，引入粮食加工龙头企业中裕集团 30 万吨小麦加工生产线落户阜南，帮助阜南县优质小麦就地加工转化。通过优质粮食工程与脱贫攻坚有效对接，中化农业、中粮贸易等大企业示范带动，阜南县在优质粮食产购储加销“五优联动”方面取得重大进展。经过三年的持续扎实推进，阜南县通过优质小麦“示范种植——规模化种植——就地加工转化”三步走，扩大了优质粮食种植规模，初步探索出了龙头企业带动，优质品种规模化种植，粮食提质增产，农民增收，企业和消费者受益的粮食产业脱贫攻坚路子。

阜南县粮食产业脱贫攻坚的探索，不仅对两百多个国家级贫困产粮县有着重要的意义，对产粮县如何推进现代农业和粮食产业发展也是有益尝试。更重要的是通过龙头企业带动分散的小农户，用现

代农业生产方式进行优质粮食规模化种植，在解决小农大国的规模化粮食生产和粮食安全保障问题上迈出了一大步。为使更多的贫困县多种粮、种好粮、卖好粮，农民增收得到实惠，粮食产业得到发展，我们又与中化集团联手，在 64 个国家级贫困产粮县，加快复制推广优质粮食工程助推粮食产业脱贫攻坚的阜南模式，努力打通粮食“产购储加销”全产业链，使粮食产业发展与脱贫攻坚产业扶贫、乡村振兴有机衔接，巩固脱贫成果，助力乡村振兴。

安徽是四十多年前农村改革的发源地，当年穷则思变，凤阳小岗村红手印拉开了中国农村改革的序幕，经过一系列有效的农业改革和政策，解决了中国人吃上饭、吃饱饭问题。四十多年后改革再出发，希望还是在安徽，贫困县阜南以优质粮食工程牵引，通过拥有现代农业技术的龙头大企业引领，开启优质粮食工程和现代粮食产业“五优联动”助推脱贫攻坚、促进乡村粮食产业振兴的新篇章。我们将做好扎实细致的工作，加强精准施策，让阜南县和更多的贫困县从多种粮食、发展粮食产业中得到实惠，让农民不离土不离乡，在家种粮奔小康。

三 提高站位，全局统筹优质粮食工程，加快粮食产业高质量发展

粮食事关国家安全和社会稳定，是最大的民生工程。这次疫情引发全世界对粮食问题的高度关注。有人统计，目前全球 206 个国家和地区中，只有 33 个国家粮食自给自足，只有中国、美国、澳大利亚等 6 个国家有对外援助能力。由此可看出保障粮食生产、维护国家粮食安全的重要性。由于粮食生产比较效益低，产粮县往往又是贫困县，解决产粮县的脱贫攻坚必须防止急功近利，必须立足粮食发展，必须抓住粮食种植这个根本，按照习近平总书记深入推进优质粮食工程的指示，以“五优联动”带动优质粮食规模化种植，促进粮食增产、农民增收；必须以发展粮食产业为核心，按照总书记讲的抓好农头工尾、粮头食尾，在产业链、供应链、价值链“三链协同”，一、二、三产业融合发展上发力，促进粮食产业兴旺和乡村振兴。优质粮食工程是农业大国进入高质量发展时期，推进粮食领域高质量发展的重要抓手，粮食产业是化解粮食安全风险的强有力产业支撑。我们要进一步提高站位，从保证国家粮食安全、建设粮食产业强国的高度，举全局之力、下更大功夫，统筹抓好优质粮食工程与脱贫攻坚、发展粮食产业与乡村产业振兴的有机结合，走出中国特色的粮食产业助推脱贫攻坚、乡村振兴之路，这对历史上曾以农耕文明领先世界经济的中华民族意义重大。

加快粮食产业发展，在当今还有着极为重要的现实意义。一是可形成超大规模的消费市场，14 亿人一日三餐是无可替代的刚需，是最强劲的可持续消费需求。二是推进供给侧结构性改革的有效手段，中国是农业大国，第一粮食生产国和消费国，粮食产业安全的主动权就掌握在供给侧，保供给就是保安全，这也是总书记要求重要领域控制力主导权掌握在自己手中的具体体现。三是大力发展农村就业岗位的最好形式。粮食产业特点是粮头食尾、农头工尾，是一、二、三产业的最好融合点，也是乡村振兴、解决大量农村劳动力就地就近就业的最适宜产业。四是防范化解粮食风险的治本之策。国际粮食市场高度垄断，ABCD 四大跨国粮商控制着世界 80% 的粮食交易量，有人称发达国家正把发展中国家的胃袋子捆在他们的战车上。保障小农大国的粮食安全，一是从粮食种植端入手，稳定粮食产量；一是从粮食产出端深化，发展粮食产业。我们要通过优质粮食工程，充分调动广大农民种粮的积极性，做大做强粮食产业，形成“四个一批”：发展一批有活力的小粮户、小粮仓、小粮商，培育一批国家的大粮企、大粮仓、大粮商，扶持一批优质粮食生产示范县，形成一批“中国好粮油”品

牌，使粮食产业成为继纺织、汽车、住房等传统产业后，又一拉动国内经济增长的主导产业，成为国内大循环的支柱产业，有效化解粮食领域的风险，切实满足人民群众由吃得饱向吃得好消费升级转化的需求。

优质粮食工程及粮食产业强国建设，是关系14亿人乃至世界人民福祉的事业。解决产粮县普遍是贫困县的现实问题，解决小农大国的粮食安全问题，是历史赋予粮食行业的重大使命。三年来，为完成好党中央部署的脱贫攻坚政治任务，国家粮食和物资储备局与阜南县一道，创新方式，引入中化农业、中粮贸易等大企业，聚焦粮食产业的脱贫攻坚，以现代生产方式及信息化手段，解决互联网时代分散农户粮食种植规模化问题，其探索不仅对贫困县的粮食产业脱贫攻坚有着指导借鉴意义，对带领分散的小农户走向现代农业也有着积极示范意义，这本身就是在重塑新时代中国农民的生产方式、农业组织形式和农业技术服务体系。下步工作中，我们将继续按照习近平总书记全面打好脱贫攻坚战、巩固脱贫成果的指示精神，一是要在精准施策确保成效方面有新进展。全力做好阜南粮食产业脱贫攻坚的探索，在扩大优质粮食规模化种植面积、加快粮食加工项目建成投产、优化产后收购收储等方面，进一步提升组织和服务效率。二是在优质粮食工程推进粮食产业扶贫方面取得新成效。加快推进64个贫困县优质粮食工程助力脱贫攻坚、粮食产业助力乡村产业振兴的探索，力争取得更大实效。三是在线上线下、实体网络消费扶贫方面取得新突破。办好第二届全国贫困地区优质特色粮油产品展销会，已有22个省区市336个贫困县近700家合作社和企业参展，71家中央和国家机关单位的113个定点扶贫县开展农副产品产销对接。在此基础上开通网上扶贫馆，形成线上消费扶贫平台。四是在产粮大县产后服务方面迈上新台阶。实施优质粮食工程支持产粮大县建成的4000多个粮食产后服务中心、粮食质量安全检验监测机构，要扎实做好为种粮农户提供清理、干燥、收储、加工以及减损、质量追溯等产后综合服务，加大中国好粮油品牌推进力度。五是在扶志扶智方面做出新成绩。进一步强化专项培训，提高农户科学种田、标准化田间管理等知识技能，激发贫困地区农民内生动力，提升整体素质。

在垂管系统防汛救灾和汛期安全生产视频调度会议上的讲话（2020 年 7 月 21 日）

国家粮食和物资储备局党组成员、副局长 贾骞

当前，全国防汛进入“七下八上”的关键时刻。今天我们召开这次会议就是为认真贯彻落实习近平总书记关于做好防汛救灾工作的重要指示、批示，对垂管系统防汛救灾工作动员部署，压实责任、强化措施，坚决打好防汛救灾这场硬仗，确保安全度汛，尽最大努力保障人民生命财产安全。会议认真传达学习了中共中央政治局常务委员会会议精神和习近平总书记关于做好防汛救灾工作的重要指示、批示精神，安全仓储与科技司通报了垂管系统上半年安全生产形势和防汛抗旱救灾工作，黑龙江、安徽、江西、湖北、湖南、广东、广西等垂管局汇报了近期灾情和防灾减灾、汛期安全生产工作，会议开得很好。下面，围绕抓好抓实抓细防汛救灾及安全生产两方面的工作，我讲三点意见。

一 提高政治站位，清醒认识安全形势

党中央、国务院高度重视防汛救灾工作。在我国多地进入主汛期的关键时刻，习近平总书记对防汛救灾工作多次作出重要指示，7 月 17 日主持中共中央政治局常务委员会会议，研究部署防汛救灾工作，强调防汛救灾关系人民生命财产安全，关系粮食安全、经济安全、社会安全、国家安全。今年是决胜全面建成小康社会、决战脱贫攻坚之年，也是“十三五”规划收官之年，做好防汛救灾工作十分重要。各有关地区、部门和单位要始终把保障人民生命财产安全放在第一位，采取更加有力的措施，切实做好防汛救灾各项工作。李克强总理在 7 月 8 日国务院常务会议上强调，各地各有关部门要贯彻党中央、国务院部署，坚持生命至上，全力做好防汛救灾工作，切实保障人民群众的生命安全。

7 月 16 日，国家粮食和物资储备局专门召开党组会议，对认真贯彻落实习近平总书记关于防汛救灾工作的重要指示、批示精神和落实国务院部署作出安排。务锋局长在会上强调，习近平总书记的重要指示，既统揽全局又细致入微，为进一步做好防汛救灾工作指明了方向、明确了重点、提供了根本遵循。各垂管局要进一步把思想统一到习近平总书记重要指示、批示精神上来，按照李克强总理批示要求，立足防大汛、抗大洪、抢大险、救大灾，切实做好防汛抗洪救灾各项工作。要进一步与国家防总、应急管理部等部门紧密衔接，完善应急工作预案，强化责任措施，做到闻令而动、科学调配，及时高效调运中央防汛救灾物资，全力保障受灾群众基本生活，确保物资保障到位。要进一步强化粮食和储备系统风险隐患排查整治，细化责任，落实防汛措施，切实做好防汛工作，强化应急处突、应急抢险能力和灾后救助能力。我们要认真贯彻落实党中央、国务院决策部署，按照局党组的要求，采取更加有力有效措施抓好贯彻落实，坚持底线思维、强化风险意识，坚决克服麻痹、侥幸心理，尽最大努力保证全系统人员生命财产安全。

入汛以来，全国 27 个省份都不同程度地遭受洪涝和地质灾害。根据有关部门对近期全国自然灾

害风险形势分析研判，我国七大江河流域将全面进入主汛期，汛情将逐步北移，南北多条河流都可能发生超警洪水或区域性暴雨洪水。目前，国家防总防汛应急响应已经提升至Ⅱ级。国家粮食和物资储备系统积极履行职责使命，按照务锋局长“闻令而动，保障到位”的批示要求，及时启动应急机制，组织协调，上下联动，日夜奋战，累计调运5批次、5.79万件中央防汛物资，5批次、11万件中央救灾物资，有力支援了地方防汛抗洪抢险工作。

上半年，垂管系统安全生产总体较好，保持了平稳态势。但入汛以来，有17个垂管局的57座仓库不同程度受灾，个别垂管局受灾比较严重，管辖范围内的全部仓库几乎都遭受了灾害。灾害发生后，各垂管局积极应对、有效处置，特别是主要领导同志带头，各负责同志都能及时赶赴现场，亲自组织，靠前指挥，经过共同努力，没有因灾情和次生灾害导致人员伤亡和造成国储物资重大损失。我们要戒骄戒躁、保持定力，立足防大洪、救大灾，坚决克服麻痹、侥幸心理，更加自觉地扛起防范化解重大安全风险的政治责任。

张务锋局长多次强调，“安全发展永远在路上，安全工作只有起点没有终点。昨天好不等于今天好，今天好不等于明天好。”做好安全生产工作，事关“保粮食能源安全”大局，事关“深化改革、转型发展”。今年全系统重大改革事项多、收储任务重、轮换作业频繁，加之受疫情影响，面临的安全压力有增无减。在安全问题上，只要有松口气、歇歇脚的想法，一脚踏空就可能出现滑坡反弹，切不可掉以轻心、疏忽大意。我们要务必强化红线意识和底线思维，增强忧患意识，驰而不息，久久为功，以更大的决心和力度做好各项安全工作。

二 抓紧抓细抓实，做好防汛救灾各项工作

当前已进入防汛的关键时刻，各单位要进一步强化责任措施，毫不放松抓紧抓实防汛救灾和抢险救援各项工作，确保责任落实到位。要发扬连续作战精神，靠前指挥，确保各项措施落实到位，以实际行动和实际效果做到“两个维护”。

（一）盯紧盯住重要环节和重要部位

各垂管局要督促指导储备仓库，结合实际加强重点部位、关键环节和重要设备的安全管控。一是，加强对仓库库区、转运站、行政区、生活区和武警营区等重点部位的安全管控，尤其要对排水坡道、排洪沟等进行重点巡查，确保排水畅通，发现问题及时解决，及早消除隐患。要密切关注库区周边地质变化，特别是对山区易发生山洪、泥石流等重点区域加大巡查力度、增加巡查频次，必要时派专人盯守，发现险情立即上报。对有灾害发生迹象的险点部位，要设置警示标志，采取加固或临时封闭等措施，确保人员安全。二是，扎实做好施工区域防灾准备，及时疏通工地水道、配备排水设备，全面排查基础开挖、土石方施工、工地临建等部位和塔吊、承重支模架、基坑支护等设备安全风险，确保在排除风险隐患的基础上开展施工任务。三是，加强防护设施的检修维护。要按照有关规定要求及时检测各类建筑物和储油罐的防雷、防静电设施设备，对易损的设施设备要加固防护，确保功能完好。四是，加强作业期间动态监控，遇有雷雨、大风等极端天气时，停止生产作业、停止使用相关设施设备，及时撤离人员、转移物资，确保人员、物资安全。

另外，我这里特别强调，防汛救灾工作要坚持人民至上、生命至上，把人员生命安全放在首位，这点来不得半点含糊，要强化责任、严格措施，确保防汛救灾各个环节中，不发生或者尽量避免不该

发生的人员伤亡事故。根据刚才 7 个垂管局的汇报，部分单位遭受汛情和洪涝灾害，造成一些风险隐患，需要抓紧修复，有关司局要及时调度受灾情况，积极向财政部、国家发展改革委等部门争取资金支持，这一点也要抓好抓实。

（二）切实加强统筹协调

各垂管局要强化与相关部门横向会商和有关地方的纵向会商，上情下达、下情上传，统筹加强会商研判和监测预警，统筹加强风险隐患排查，统筹人员、物资调配，协调各方抓实抓细防汛抢险救灾措施，筑牢防灾减灾救灾的合力。各储备仓库要积极主动与当地水利、气象、应急、消防等部门以及驻库武警中队联系沟通，及时掌握气象和地质信息，加强预测预报，健全完善应急协调联动机制，采取多种形式和手段，构建高效有序的安全屏障。各垂管局要强化监管职能，对各地中央应急救灾和防汛抗旱物资的数质量管理、出入库情况等做到心中有数，切实发挥好国家储备“稳定器”和“压舱石”的作用。

（三）做好应急处置准备

汛情就是命令，责任重于泰山。各垂管局要督促指导所属储备仓库做好汛期应急处置准备。要细化完善汛期应急预案，落实应急组织和人员的职责分工，健全全员岗位责任措施。要加强应急队伍建设，合理调配人员，成立抢险救灾队伍，组织专业技能培训，进一步完善防汛、抢险等应急预案，有针对性地开展应急演练，提高对险情、灾情的快速处置能力。要准备好必需的救灾物资，提前对防汛物资和设备进行全面检查和保养，做好补充和更新工作，确保防汛物资存放在便于随时调用的场所，并对相关机械设备进行全面保养，确保各类抢险设备随时调得出、用得上。

三　切实担当尽责，确保汛期安全生产

汛期也是各类生产安全事故的多发期。在扎实做好防汛救灾工作的同时，要统筹安全生产各项工作，坚决遏制其他生产安全事故，需要重点做好五方面工作。

（一）严格落实各级责任

各单位要牢固树立人民至上、生命至上的理念，切实担当尽职，狠抓各级责任落实。一是，严格落实领导责任。各级领导干部要落实“一岗双责”，主要领导同志要亲自抓，分管领导同志要靠前抓，坚持关口前移，既挂帅又出征，下沉一级担起责任，切实解决问题、有效防范风险。二是，全面夯实主体责任。储备仓库要牢固树立安全意识，健全建立全员安全生产岗位责任制，完善责任考核措施，强化安全生产投入，做实做细各项工作。三是，主动履行督导责任。国家粮食和物资储备局有关司局，特别是物资储备司、能源储备司等要加强灾情汛情调度，及时掌握储备仓库受灾情况。同时，按照“管业务必须管安全”的要求，在各自业务范围内将业务工作与安全生产工作统筹推进，加强督导，形成共保安全的合力。

（二）强化“116 专项”安全保障

今年“116 专项”任务启动晚于去年，作业规模仍然较大，前期大面积停工停产，导致作业黄金期缩短，平均工作量加重，加之各地汛情和疫情的双重影响，安全保障压力较大。各单位要始终以如履薄冰、如临深渊的自觉，坚持不懈打好这场硬仗。各任务执行单位要加强作业前风险隐患排查，坚持把问题想得更复杂一些，把风险评估得更充分一些，认真做好会商协调、安全排查、完善方案预案

等前期工作，强化现场管理和实地督导，最大限度降低安全风险。受灾害影响的仓库，要在确保人员安全的前提下，根据气象条件，集中力量想办法，尽快修复受损道路、场地、设施设备等，确保"116专项"任务不受影响。对于库区道路或铁路专用线毁损、作业场地受损、电力系统中断等，不能及时修复，确实无法保证作业安全的，要及时向国家局报告，申请调整作业计划，确保安全万无一失。

（三）扎实开展专项整治

经习近平总书记亲自批准，国务院安委会在全国范围内部署开展安全生产专项整治三年行动，从根本上解决重大安全的短板，加快推动安全生产治理体系和治理能力现代化，这是安全生产领域的一项重大政治任务。务锋局长在今年 4 月 29 日全系统安全生产视频会议上，对整治工作提出了要求，作出了部署。前期，国家粮食和物资储备局开展了危险化学品重大危险源专项督导检查和"安全生产月"活动，近期将印发《安全生产专项整治三年行动计划》。各垂管局要扎实推动安全生产专项整治工作，全面彻底治理改善系统安全现状，有效解决安全发展理念还不够牢、安全责任落实还不够到位、本质安全水平还不够高、安全预防控制体系还不够完善等根源性、本质性问题。尤其要加大力度、持续抓好危险化学品安全综合整治，加强危险化学品仓库专业人员培养。以落实国务院安委会《行动计划》为契机，沟通协调地方政府及有关部门，明确整改责任，推动解决部分储备仓库安全距离重大风险隐患问题。

（四）深入排查治理安全隐患

隐患排查治理是安全生产工作的主要内容，要牢固树立"隐患就是事故"的理念，对待安全隐患就要反复查、查反复，反复抓、抓反复。近日，国家粮食和物资储备局印发《生产安全事故隐患排查治理暂行办法》，强化事故隐患排查治理责任，建立健全事故隐患全流程全方位治理和管控机制，着力固底板、补短板、强弱项、建机制，实现超前预防、关口前移、防微杜渐，力争将隐患控制在可控范围，将事故消灭在萌芽状态。各垂管局要抓好宣贯落实，按照《暂行办法》要求，扎实开展隐患排查治理工作，对储备仓库上报的事故隐患等级对照有关法律法规要求，结合实际认真核定，组织、协助、指导储备仓库制定重大事故隐患治理方案，尤其要加强承租单位和作业现场隐患排查和监管，坚决杜绝"三违"现象发生。要紧盯隐患整改落实，制定工作方案、明确工作责任、细化工作措施，对发现的安全隐患纳入整改清单，按照"五落实"原则组织整改，努力实现"全覆盖、无死角、重实效"。

（五）加强值班值守

各垂管局及所属储备仓库要着眼今年自然灾害可能出现的并发齐发连发态势，严格执行 24 小时专人值班和领导带班制度，加强信息收集工作，及时准确掌握本单位情况。值班人员要坚守岗位，尽职尽责，主动及时调度收集信息，加强分析研判，遇有紧急重要情况或重大险情灾情，要边处置边报告，及时启动应急预案，组织应急救援队伍进行先期处置。灾情严重时，要及时疏散群众，设置警示标志和警戒区域，严防次生事故发生，在确保安全的前提下积极恢复生产，尽可能减少灾害带来的损失。

同志们，安全责任重于泰山。我们要认真落实党中央、国务院决策部署，担当作为，真抓实干，全力做好防汛救灾和安全生产工作，为推进粮食和物资储备改革发展营造良好环境！

3

第三篇

全国粮食和物资储备工作

粮油生产

2020 年，各级农业农村部门认真学习贯彻习近平总书记关于农业生产和粮食安全工作的重要批示指示要求，全面落实党中央、国务院决策部署，积极应对新冠肺炎疫情对农业生产的不利影响，加强对粮食等重要农产品供求形势研判，加大政策支持力度，采取超常规措施，全力组织推进农业生产各项工作，努力夺取小康之年粮食和农业丰收。

一　粮食生产

（一）粮食生产概述

1. 粮食面积稳中有增。2020 年粮食播种面积 11676.8 万公顷，比上年增加 70.4 万公顷，增幅 0.6%，扭转了粮食面积连续下降势头。

2. 单产保持基本稳定。2020 年粮食平均单产每公顷 5734.0 公斤，比上年略增 13.5 公斤，增幅 0.2%。

3. 全国粮食产量实现十七连丰。2020 年粮食总产 66949.0 万吨，比上年增加 565.0 万吨，增幅 0.9%，粮食产量连续 6 年稳定在 65000 万吨以上。

（二）粮食生产品种结构

1. 三季粮食产量均实现增加。夏粮面积略减、产量增加：2020 年夏粮播种面积 2617.2 万公顷，比上年减少 18.2 万公顷，减幅 0.7%；产量 14286.2 万吨，比上年增加 129.0 万吨，增幅 0.9%；单产每公顷 5456.5 公斤，比上年增加 83.5 公斤，增幅 1.6%。

早稻面积、产量均增：2020 年早稻播种面积 475.1 万公顷，比上年增加 30.1 万公顷，增幅 6.8%，为近 7 年来首次增加；产量 2729.0 万吨，比上年增加 102.0 万吨，增幅 3.9%；单产每公顷 5745.0 公斤，比上年减少 157.1 公斤，减幅 2.7%。

秋粮面积、产量略增：2020 年秋粮播种面积 8584.5 万公顷，比上年增加 58.6 万公顷，增幅 0.7%；产量 49934.0 万吨，比上年增加 337.0 万吨，增幅 0.7%；单产每公顷 5817.3 公斤，比上年增加 0.1 公斤，基本持平。

2. 主要粮食品种产量“三增一平”。稻谷面积、产量均略增：2020 年稻谷播种面积 3007.6 万公顷，比上年增加 38.2 万公顷，增幅 1.3%；产量 21186.0 万吨，比上年增加 225.0 万吨，增幅 1.1%；单产每公顷 7044.0 公斤，比上年减少 15.0 公斤，减幅 0.2%。

小麦面积略减、产量略增：2020 年小麦播种面积 2338.0 万公顷，比上年减少 34.8 万公顷，减幅 1.5%；产量 13425.0 万吨，比上年增加 66.0 万吨，增幅 0.5%；单产每公顷 5742.5 公斤，比上年增加 112.5 公斤，增幅 2.0%。

玉米面积、产量基本持平：2020 年玉米播种面积 4126.4 万公顷，比上年减少 2.0 万公顷，基本持平；产量 26067.0 万吨，比上年减少 10.0 万吨，基本持平；单产每公顷 6315.0 公斤，比上年减少 1.0 公斤，基本持平。

大豆面积、产量均继续增加：2020 年大豆播种面积 988.4 万公顷，比上年增加 55.0 万公顷，增幅 5.9%；产量 1960.0 万吨，比上年增加 150.0 万吨，增幅 8.3%；单产每公顷 1984.1 公斤，比上年增加 45.0 公斤，增幅 2.3%。全国大豆产量和单产水平均创历史新高。

（撰稿单位：农业农村部种植业管理司；撰稿人：项宇、冯宇鹏；审稿人：潘文博）

二　绿色高质高效行动

（一）绿色高质高效模式更加成熟

围绕整地、播种、管理、收获等各环节，坚持把绿色、优质、高效要求贯穿于行动实施全过程，提升科技含量、生产效率和种植效益，优化绿色高质高效模式。一是集成示范新技术新模式。据统计，各项目省共集成推广 100 多套粮食作物绿色高质高效技术模式。黑龙江农垦水稻主推“三化二管”栽培技术模式，玉米主推“四精二管”栽培技术模式，大豆主推“大垄密植”为主的栽培技术模式，马铃薯主推“四优一管”栽培模式。江苏通过绿色高质高效行动带动，小麦优质高产品种普及率达 90%以上，优良食味稻米品种种植面积达 1450 万亩以上、比上年增 200 多万亩。二是大力推广绿色生产技术。各地大力推广科学肥水管理、绿色综合防控等高质高效生产技术，推进绿色高质量发展。吉林省落实“绿色高质高效行动”县落实混合赤眼蜂防治水稻二化螟示范面积 56 万亩，落实性信息素防控水稻二化螟示范面积 59 万亩，应用高效植保器械替代原有跑冒滴漏器械，减少农药使用量，提高农药利用率。广西平桂区紧紧围绕“控肥增效、控药减害、控水降耗、控膜减污”，推行绿色防控、测土配方施肥、秸秆还田等技术。三是促进全程农机农艺融合。上海积极探索以自走式机械为重点的机械化施肥和机械化植保防治等技术，全程应用自走式机械进行施肥和植保防治面积约 14.5 万亩，占全部创建面积的 61.8%。

（二）全程社会化服务水平不断提升

各项目省创新社会化服务方式，推动社会化服务组织规模化、标准化建设，服务水平和能力不断提升。一是强化服务体系构建。黑龙江依托 26 个新型经营主体推进规模化种植，集中采购投入品，统一种植品种、统一肥水管理、统一病虫防控、统一技术指导、统一机械作业，实现了良田、良种、良法、良机、良制配套。二是创新农业服务方式。湖南加大对种粮大户、家庭农场、合作社、龙头企业、社会化服务组织等新型农业生产主体的扶持力度，推动粮食生产规模化、集约化水平进一步提升，全省共培育带动新型农业生产经营主体 2.19 万个，社会化服务面积 350 万亩。三是探索应用“互联网 +”手段。新疆开发品种溯源平台及籽棉包二维码溯源 APP，利用大数据采集 6 万亩棉田各项指标数据，为筛选优质机采棉品种提供依据。

（三）全产业链融合程度不断加深

各项目省大力推广“龙头企业 + 创建区”“合作社 + 创建区”等经营模式，推广优质专用品种，推进订单种植和产销衔接，促进全产业链深度融合，显著提高了综合效益。一是推广优质专用品种。河南立足满足市场多元化、专用化需求，积极发展优质强筋、弱筋小麦，建设 40 个优质专用小麦生产基地县，2020年优质专用小麦1350万亩，占全省小麦面积的15.9%。二是推进企业订单生产。江西组织加工企业与种子企业、种植主体开展对接，以高于市场价5%以上的价格签订三方合同，确定订单面积和产品品质，签订水稻订单面积52.3万亩。安徽重点打造优质专用粮食“四单”生产核心基地，其中“含山大米”生产企业9家，实行创建区订单全覆盖，订单面积3.5万亩。三是强化优势品牌打造。浙江推动粮食生产主体建立以订单、合同、股份等为纽带的利益联结机制，推进优质稻产加销一体化经营，推进稻米品牌建设。福建打造“浦城大米（贡米）”“河龙贡米”“尤溪再生稻”等公共品牌，提高产业附加值。四是促进一二三产业融合发展。天津吸引游客发展认领农业模式，将1000多亩水稻认领种植，收获后按照顾客要求个性化加工并配送，创新订单种植和产销衔接模式。宁夏打造内容丰富、不同模式的稻田画观赏区和农业公园，利用小杂粮梯田种植，形成了“七彩梯田”产业融合发展模式。

（四）绿色生态种养模式持续优化

各地依托绿色高质高效行动，坚持以生态优先、绿色发展为引领，转变农业发展方式，创新发展多种多样的绿色生态种养模式。一是推进种植养殖结合。四川大力发展“稻田+”种植模式，“稻渔”“稻鸭”“稻虾”生态循环种植模式，一水双收，节肥节药，每亩综合效益平均增加3000元以上。二是推进用地养地结合。上海224个示范点中，以“绿肥—稻”或“冬耕养护地—稻”为主要茬口模式的休养轮作型示范点196个，实施面积20.3万亩，占86.7%。山东省推进绿色高质高效创建与耕地轮作休耕制度试点工作有机结合，全省优质高蛋白大豆、高油酸花生面积迅速扩大。

（撰稿单位：农业农村部种植业管理司；撰稿人：刘武、刘效谦；审稿人：潘文博）

三　基层农技推广体系改革与建设

（一）聚焦脱贫攻坚，全面实施农技推广服务特聘计划

以基层农技推广体系为抓手，实现贫困地区特聘农技员计划实施全覆盖和贫困村农技服务全覆盖。强化贫困村农技指导服务，充分发挥基层农技推广体系贴近产业扶贫一线的优势，动员全国51万基层农技人员为贫困地区产业发展提供技术服务，组织10.3万名农技人员结对帮扶2.5万个贫困村，实现贫困村农技服务全覆盖。针对贫困地区特色产业发展的关键瓶颈问题，在贫困地区、生猪大县及其他有需求地区，从“土专家”、“田秀才”和种养能手中累计招募4200多名特聘农技员和8800多名特聘防疫员，依托他们专业的科技素质、丰富的农业生产实践经验和良好的服务意识，为贫困农户和养殖户提供了大量精准实用农技服务供给，有效满足当地特色产业发展的技术需求，为产业扶贫提供了有力支持。

（二）激发活力效能，推进农技推广体系改革创新

一方面，推动建立公益性与经营性农技推广融合发展机制。支持农技人员提供增值技术服务合理取酬，引导农业科研院校开展农技推广工作，鼓励农业科研教学人员以兼职、合作、交流等多种形式开展农技推广服务；通过公开招标、定向委托等方式，支持社会化服务组织开展产前、产中、产后全程农业技术服务，提供个性化、精准化和全方位指导服务。山西绛县农技中心与横水镇东录建中大棚樱桃合作社签订增值服务协议，农技人员为合作社制定技术方案、提供智能温控设备应用平衡配方施

肥等技术指导与推广服务，助推合作社 70 亩樱桃大棚实现节本增效 21 万元以上。另一方面，继续完善农业重大技术协同推广计划工作机制。构建科技推广的需求关联机制和利益联结机制，让产业急需的引领性技术“补”起来，让成果转化应用“快”起来，让推广服务力量“合”起来，让科技推广新动能“放”出来，把科技优势更好地转化为产业优势和经济优势。江西的协同团队根据农事季节和产业布局，制定巡回指导计划，深入田间地头、生产一线开展技术指导和培训累计 216 期，培训指导农民和技术人员 2.55 万人次，制定印发各类技术资料 7.25 万份，制定生产操作技术规程 20 个，重点推广了 27 项农业重大技术。

（三）加强农技推广队伍建设，提升业务能力和服务水平

加大培训力度，完善农技人员分级分类培训机制，采取异地研修、集中办班、现场实训、网络培训等方式，提升基层农技推广队伍知识技能，全年培训基层农技推广人员 20.03 万人，遴选 2.01 万业务能力较强、带动影响力较大的基层农技推广骨干人才，由省级农业农村部门统一组织培训。鼓励各地创造条件出台“定向招生、定向培养、定向就业”的“三定向”政策，提升基层农技推广队伍学历层次，补齐专业知识短板。湖南按照“三定向”的方式，招录了 731 名基层农技特岗人员定向生，覆盖 89 个县市区，本科招录 75 人，专科招生 656 人，涉及种植业、养殖业、农机等行业的 7 个专业。

（四）强化技术示范推广，促进先进适用技术落实落地

各项目县聚焦主导（特色）产业需求，遴选了 1 万项以上优质绿色、先进适用的主推技术，组建技术指导团队，形成易懂好用的技术操作规范，构建“专家 + 农技人员 + 示范基地 + 示范主体 + 辐射带动户”的链式推广模式，多途径多形式推进技术进村入户到田。加强重大引领性技术集成示范，组织开展遴选征集，确定北斗导航支持下的智慧麦作、秸秆炭基肥利用增效等 10 项作为 2020 年农业农村部重大引领性技术，通过组建优势专家团队，打造示范展示样板、广泛宣传发动，发挥了良好的引领带动效应。全年农业农村主推技术到位率超过 95%。

（五）不断优化功能，提升农技服务信息化水平

全面推进农技推广信息化建设工作，发挥信息化和互联网便捷高效的优势，建设 APP、Web 端、公众号三位一体、运行高效、功能完善的中国农技推广信息平台，6000 多位专家、54 万多名农技人员线上解答疑难问题、进行指导服务、提供远程诊断等，全年在中国农技推广 APP 上发布 2.3 万项主推技术，面向 6817 个基地和 44 万个主体推广。开展寻找第二届“最美农技员”活动，通过电视、报纸、网站、简报等渠道，多形式全方位多角度开展宣传，强化典型示范引领作用，为农技推广队伍建设营造良好氛围。

（撰稿单位：农业农村部种植业管理司；撰稿人：崔江浩、王馨；审稿人：潘文博）

四　农机购置补贴

（一）助力粮食等主要农产品有效供给

全国补贴机具种类范围达到 15 大类 43 个小类 153 个品目，基本涵盖了粮食等主要农产品全程机械化生产所需的主要机具。全年累计补贴购置拖拉机、水稻插秧机、谷物收获机、玉米收获机 64 万多台，登记使用补贴资金 192 亿元，资金占比近 70%，为全年粮食丰收提供了坚实的物质技术支撑。

（二）促进生猪产能加快恢复

各地积极将自动饲喂、环境控制、疫病防控、废弃物处理等 19 个品目的生猪生产机具装备纳入补贴范围，基本涵盖了生猪生产所需的主要农机装备，并优化分类分档，实行优先补贴，持续加大政策支持力度。全年登记使用补贴资金 6 亿元，支持 14 万个养殖场（户）购置机具 14 万台（套），促进了生猪生产机械化水平稳步提升。

（三）着力支持脱贫地区产业发展

在补贴资金安排上，将脱贫县数量作为资金分配测算重要因素，较好满足了相关省份补贴资金需求。在补贴范围调整上，新增了脱贫地区特色产业发展急需的茶叶、林果、食用菌等 7 个品目机具，充分发挥机械化在产业扶贫中的重要作用。在重点地区倾斜上，继续推进西藏和新疆南疆五地州（含南疆垦区）差别化农机购置补贴试点，使试点地区补贴标准比试点前提高 5 个百分点以上。

（四）稳步推进各项创新试点

继续按规定开展农机新产品购置补贴试点，鼓励各地将通过农机专项鉴定的创新产品纳入补贴范围，全年共备案农机新产品购置补贴试点品目 13 个，农机专项鉴定品目 18 个，加快推进成套设施装备和农机创新产品推广应用。全国共补贴支持 2 万个农户和农业生产经营组织购置新产品试点机具 4 万多台（套），使用补贴资金额度 6 亿多元。继续在北京、上海、江西等省（市）开展农机购置综合补贴试点，在四川省开展农机化发展综合奖补试点。全年共办理补贴试点机具 2.5 万台（套），使用补贴资金额度近 7 亿元，监测作业轨迹面 935 万亩次。江西省投入中央财政贴息 386 万元，为农民购置的 1800 台农机具办理贷款 1.14 亿元，增强了农民筹款能力。

（五）持续优化政策实施管理

各地全面实行补贴辅助管理系统常年连续开放，首次实现补贴政策实施年度间无缝衔接，确保购机者可随时提交补贴申请。全面上线运行补贴机具信息化自主投档平台，农机生产企业可通过平台常年向各省投送补贴机具信息，确保实现“一网通办”。全面实行补贴受益信息和资金使用进度实时公开，确保补贴政策在阳光下实施。全面推行补贴申请受理和资金兑付限时办理，将补贴受益信息公示时间压缩至 20 天，进一步缩短了补贴资金到卡时间。大力推广使用手机 APP 申请补贴，简化程序，提高效率，全国通过手机 APP 提交补贴申请的比例达 38%，其中北京、西藏超过 99%。

（六）严厉查处违规行为

进一步落实政策实施风险防控属地管理责任，强化农机企业规范参与补贴政策实施承诺践诺管理，组织开展轮式拖拉机、打（压）捆机、植保无人飞机等重点补贴机具第三方抽查核验，对农机企业违规投档行为加大处理力度，对严重违规企业实行全国联查联动，有效维护了政策实施的良好秩序。

2020 年，全年共登记农机购置补贴资金额度 277 亿元，支持 251 万个农户和农业生产经营组织补贴购置各类农机具 293 万台（套），全国农机总动力预计达到 10.3 亿千瓦，全国农作物耕种收综合机械化率 71%，小麦、水稻、玉米等主要农作物耕种收综合机械化率均已超过 80%，畜牧、水产、设施农业、农产品初加工机械化率分别预计达到 36%、31%、40%和 39%。

（撰稿单位：农业农村部种植业管理司；撰稿人：李伟；审稿人：潘文博）

五 化肥减量增效

（一）工作成效

2020 年，首次实现了粮食总产单产双提高的同时化肥用量和施肥强度双下降。一是化肥用量显著减少。据国家统计局统计，全国农作物化肥使用量从 2015 年 6023 万吨减少到 2019 年 5404 万吨(折纯)、减幅 10.3%；二是化肥利用率明显提升。经科学布点监测，2020 年我国水稻、小麦、玉米三大粮食作物化肥利用率 40.2%，比 2015 年提高 5 个百分点；三是减量增效技术广泛应用。全国测土配方施肥智能化配肥服务网点达 3000 余个，测土配方施肥技术应用面积 19.3 亿亩次、机械施肥超过 7 亿亩次、水肥一体化 1.4 亿亩次、有机肥施用面积超过 5.5 亿亩次。

（二）主要做法

印发《关于做好 2020 年化肥减量增效工作通知》，组织开展化肥使用量零增长行动。一是化肥减量增效试点。选择 300 个粮棉油生产大县开展化肥减量增效试点，每个县建设 1 个以上化肥减量增效示范区，累计示范面积不少于 1 万亩；二是测土配方施肥基础性工作。继续抓好田间调查、取土化验、田间试验、配方发布、数据开发等测土配方施肥基础工作，在全国开展土壤植株测试 22 万个以上，田间试验 1.6 万个以上，强化测土配方施肥数据管理与应用，切实保障数据质量，服务配方肥下地；三是肥料包装废弃物回收处理试点。落实肥料生产者、销售者和使用者主体责任，探索肥料包装废弃物适宜回收处理方式，鼓励引导企业实现源头减量，大力推行肥料统配统施社会化服务，探索建立有效的肥料包装废弃物回收处理组织方式和工作机制；四是科学施肥技术指导服务。系统总结国内外研究和十五年测土配方施肥成果，制定春季、秋冬季主要农作物科学施肥指导意见，制定全国小麦、玉米、油菜产区氮肥定额用量（试行），指导各地进一步提高科学施肥水平。

（撰稿单位：农业农村部种植业管理司；撰稿人：徐晶莹、张振；审稿人：潘文博）

六 病虫害绿色防控

（一）强化绿色防控技术推广应用

组织创建第二批全国农作物病虫害“绿色防控示范县”106 个，整县推动应用生态调控、生物防治、物理防治、免疫诱抗等绿色防控技术。巩固 150 个县果菜茶全程绿色防控试点成果，在全国集成推广果菜茶全程绿色防控技术模式 20 个，推广面积 100 万亩以上。继续在 600 个基地开展绿色防控与统防统治融合推进，鼓励专业化病虫害防治服务组织在开展统防统治服务时使用绿色防控技术。开展蜜蜂授粉与绿色防控技术集成示范，推动各省建设示范区 50 个以上，促进蜜蜂授粉与绿色防控技术进一步结合。加强绿色防控技术示范推广，推动全国共建立各级绿色防控技术示范区 1.37 万个，示范面积 7697 万亩。据测算，2020 年，病虫害绿色防控覆盖率达到 41.5%，比上年提高 4.4 个百分点，比 2015 年提高 18.5 个百分点。

（二）推进统防统治与绿色防控融合发展

扶持植保服务组织集中连片开展统防统治，推广全程承包等服务模式，组织建设第二批“统防统治百县”46个，认定256个星级服务组织，促进统防统治提档升级。据统计，2020年，全国农作物病虫害专业化服务组织超过9.3万个，其中经注册的规范化组织4.1万个，从业人员126.7万人，装备大中型高效植保机械66.2万台（套），三大粮食作物病虫害统防统治覆盖率达到41.9%，比上年提高1.8个百分点，比2015年提高8.9个百分点。

（三）进一步提升科学用药水平

我国微毒、低毒产品占比84.8%，高毒、剧毒产品占比不足1%，农药品种结构更加合理，并对高毒农药实行专柜销售、实名购买、购销台账、溯源管理，实现从生产、流通到使用的全程监管，要求不得用于果菜茶等作物生产，并逐步扩大到所有食用农产品生产。同时，禁止通过互联网销售高毒农药，稳步推进高毒高风险农药淘汰工作。编发30万张《农药科学安全使用挂图》，张贴到每个农业村屯和农药经营门店，加强技术指导，推广精准高效施药技术，着力提升科学安全用药水平。开展新农药、新技术集成展示示范，推进高效施药机械替代，提高农药利用效率。据测算，2020年，水稻、小麦、玉米三大粮食作物农药利用率为40.6%，比上年提高0.8个百分点，比2015年提高4.0个百分点。

（四）加强绿色防控技术培训

受气候条件、菌源基数和外来虫源入侵等因素影响，2020年草地贪夜蛾、小麦条锈病、赤霉病、水稻“两迁”害虫等重大病虫害严重发生，对粮食和农业生产构成威胁。根据不同作物病虫害防控特点，分别举办果菜茶、水稻、小麦等绿色防控技术培训班，以及生物食诱剂、害虫性信息素应用等专项培训。组织制定“百万农民科学安全用药活动”实施方案，会同推广机构、行业协会、农药企业等相关责任主体，开展“百万”农民培训推进科学用药，广大农民群众科学安全用药意识与水平不断提升。山西、辽宁、黑龙江、广西、云南、重庆、四川、陕西等省（区、市）印发科学安全用药方案，设立科学安全用药大讲堂，重点对小麦等粮食作物和经济作物病虫害防控进行用药技术指导和培训。

（撰稿单位：农业农村部种植业管理司；撰稿人：常雪艳、任彬元；审稿人：潘文博）

七 农业防灾减灾

（一）灾情及影响

2020年农作物受灾3.08亿亩，比上年增加3220多万亩，其中成灾1.31亿亩、增加2760多万亩，绝收2660多万亩、增加520多万亩。粮食受灾2.35亿亩，其中成灾1.02亿亩、绝收2050多万亩。

一是干旱轻于上年，轻于常年，灾情集中在东北。2020年以来，全国农作物因旱受灾累计1.21亿亩，同比减少920多万亩，其中成灾5230多万亩、增加1370多万亩，绝收800多万亩、增加340多万亩。内蒙古、辽宁、吉林和黑龙江4省（区）因旱受灾面积5630多万亩，占全国农作物因旱受灾面积的近5成。

二是洪涝灾害重于上年，南方洪灾重于常年。2020年全国农作物因洪涝受灾9310多万亩，较上年同期增加1820多万亩，其中成灾4520多万亩、绝收1430多万亩，分别增加980多万亩和460多万亩。洪涝主要集中在南方地区，湖北、安徽、江西、黑龙江、湖南、内蒙古、河南、四川和江苏9

省（区）受灾面积 8060 多万亩，占全国农作物因洪涝受灾面积的 87%。

三是台风登陆集中，影响区域重叠，东北等地灾情严重。2020 年西北太平洋和南海共有 23 个台风生成，其中有 8 个登陆我国，造成农作物受灾 2700 多万亩、较上年增加 340 多万亩，其中成灾 770 多万亩、绝收 50 多万亩，分别较上年减少 240 多万亩和 260 多万亩。东北地区受台风"三连击"，影响较大，农作物因台风受灾面积占全国的九成。

四是低温冻害、风雹灾情重于上年，轻于常年。2020 年全国农作物因风雹受灾累计 3260 多万亩，同比增加 660 多万亩，其中成灾 1710 多万亩、绝收 260 多万亩，分别同比增加 510 多万亩和 11 万亩。2020 年全国农作物因低温冻害受灾累计 3450 多万亩，同比增加 1310 多万亩。其中成灾 880 多万亩、同比增加 130 多万亩，绝收 103 万亩、同比减少 25 万亩，低温冻害为近 10 年较轻水平。

（二）防灾减灾措施

一是及时安排部署。农业农村部多次召开部党组会、常务会、防汛抗旱领导小组专题会议，传达学习习近平总书记重要指示精神和李克强总理批示要求，全面部署安排农业防汛抗洪救灾工作。召开全国农业灾后恢复生产夺取秋粮丰收视频调度会，胡春华副总理到会并讲话，对农业灾后恢复生产进行再动员、再部署。开展汛前检查，4 月下旬，召开部防汛抗旱领导小组会议，安排汛前检查。深入农业生产一线，督导检查农业防汛抗旱措施落实情况，确保责任到位、预案到位、物资到位。

二是加强监测预警。密切关注天气变化，完善与气象、应急、水利等相关部门沟通会商机制。联合气象局印发《关于进一步做好农业气象防灾减灾工作的通知》。年初制定下发《科学应对气象灾害确保农业丰收预案》，分区落实灾害防御措施。下发灾害防御紧急通知 10 个，防灾减灾及灾后恢复生产通知 17 个，预警信息 100 多期。坚持灾情日调度和应急值班制度，编发反映农业灾情和农业农村系统抗灾救灾情况的值班信息、农业农村部信息 27 期、快报 35 期、要情 22 期，并以信息专报等多种形式向中央领导同志和国办反映抗灾救灾情况。

三是提早做好准备。加强队伍建设，11 月中旬，在广东举办全国省级农情信息员培训班，提高农业灾情信息采集规范性、时效性和准确性。加强垦区抢险队伍建设，黑龙江农垦集团公司组建了 339 个应急抢险队和应急救生队。救灾备荒种子储备足，落实国家救灾备荒种子储备任务 5100 多万公斤。其中，杂交水稻种子及其亲本 1410 多万公斤，常规水稻种子 480 多万公斤，杂交玉米种子 2310 多万公斤。抗灾机具装备充足，全国拥有拖拉机 2220 多万台，农用水泵 2300 多万台，节水灌溉类机具 249 万台（套）。

四是推进科学抗灾。结合灾区实际，多措并举、精准发力，千方百计落实科学抗灾自救恢复生产措施。适时改种补种，全年完成改补种面积 1820 多万亩，占因灾需要改补种面积的 78%，其中改补种粮食面积 1330 多万亩，挽回粮食损失 180 多亿斤。科学抗旱播种，投入滴灌、喷水、水泵、水车等设备以及地膜、水管等物资抗旱，保障农业生产安全，减少灾害损失。山西、陕西因地制宜，充分利用现有水源，加强管网维修管理，保证水流畅通，提高用水效率，同时组织专家指导农户选用抗旱品种进行雨后抢墒或引水灌溉后覆膜播种，确保及时播种。及时恢复生产，东北地区针对台风造成玉米、水稻倒伏，收获困难的问题，及时改装玉米、水稻收割机械，仅黑龙江省就改装 27911 台收割机，及时抢收倒伏作物，减少收获损失。

五是强化指导服务。组织农业农村部小麦、水稻、玉米等专家组分作物制定抗灾救灾技术指导意见 30 多个。派出 30 多个由部领导和司局级干部带队的救灾工作组，指导各地及早落实科学抗灾救灾和灾后生产恢复工作。积极商财政部下达农业生产救灾资金 31 亿元，支持灾区农业抗灾救灾，尽快恢复灾后生产。先后分 12 批调剂调运国家救灾备荒种子 711.6 万公斤，支持各地因地制宜改种补种生育期短、有市场需求的作物。

（撰稿单位：农业农村部种植业管理司；撰稿人：秦兴国、陈明权；审稿人：潘文博）

粮食生产扶持政策

一 加强粮食生产能力建设

（一）全面加强耕地保护

落实最严格的耕地保护制度，严守 18 亿亩耕地红线，规范耕地占补平衡，稳定粮食生产基础。按照国务院办公厅印发的《关于坚决制止耕地“非农化”行为的通知》《关于防止耕地“非粮化”稳定粮食生产的意见》等要求，强化监督管理，坚决守住耕地红线，对耕地尤其是粮食生产功能区种植作物进行引导，坚决制止耕地“非农化”、防止“非粮化”，切实稳定粮食生产，保障粮食种植面积不减少，确保谷物基本自给、口粮绝对安全。

（二）持续加强农田水利建设

优先在“两区”地块建设高标准农田，着力提升粮食综合生产能力，重点加强以灌排渠道为主的小型农田水利、机耕路等基础设施建设。初步统计，全年累计安排中央预算内投资 300 亿元左右，支持高标准农田建设、大型灌区续建配套和节水改造、新建大型灌区建设等。其中，中央预算内投资共安排 165 亿元，支持建设高产稳产粮田 1600 万亩；大型灌区续建配套和节水改造、新建大型灌区投资约 130 亿元。此外，财政部继续安排中央财政资金支持约 6400 万亩高标准农田建设。2020 年全年共建成高标准农田 8391 万亩、高效节水灌溉面积 2395 万亩，有效改善了农田灌排条件，进一步提升了粮食综合生产能力。与此同时，有关部门组织地方对 9 万多个高标准农田建设项目的数量、质量、空间位置和利用情况进行核实，摸清了自 2011 年以来已建成的高标准农田家底。

（三）加强粮食生产科技创新

安排中央预算内投资约 20 亿元，支持各地加快推进现代种业提升工程、植物保护能力提升工程等项目建设。以主产区、优势区域和种业大省为重点，着力提高种质资源保护、育种创新、品种测试和良种繁育能力，建立健全现代种业体系。加强在草地贪夜蛾等病虫害防控重点地区相关设施设备建设，提升对重大病虫害的监测、诊断、预警和防治能力。

二 粮食生产补贴和价格政策

（一）耕地地力保护补贴

补贴对象原则上为拥有耕地承包权的种地农民，补贴资金通过“一卡（折）通”等形式直接兑现到户。享受补贴的农民须保证耕地不撂荒、地力不下降。补贴资金重点向种粮大户、家庭农场、农民合作社、农业社会化服务组织等新型经营主体倾斜，支持粮食适度规模经营，体现谁多种粮食、优先支持谁的政策导向。

（二）农机购置补贴

补贴对象为直接从事农业生产的个人和农业生产经营组织，包括农村集体经济组织、农民合作经济组织、农业企业和其他从事农业生产经营的组织。按照《2018—2020 年农机购置补贴实施指导意见》，中央财政资金补贴机具为 15 大类 42 个小类 137 个品类，各省可结合实际确定具体补贴机具种类，补贴标准由省级农机化主管部门按规定确定，优先保证粮食等主要农产品生产所需机具和支持农业绿色发展机具的补贴需要，增加畜禽粪污资源化利用机具品目。补贴额依据同档产品上年市场销售均价测算，原则上测算比例不超过 30%。一般机具单机补贴额不超过 5 万元，挤奶机械、烘干机械单机补贴额不超过 12 万元，大型联合收割机、拖拉机、甘蔗收获机、棉花采摘机等单机补贴额 15 万—60 万元。同时，实施农机报废更新补贴政策，对报废老旧农机给予适当补助。

（三）产粮大县奖励

对符合规定的常规产粮大县、超级产粮大县、产油大县、商品粮大省、制种大县、“优质粮食工程”实施省份给予奖励。常规产粮大县奖励资金作为财力补助，由县级人民政府统筹安排；其他奖励资金按照有关规定用于扶持粮油产业发展。

（四）小麦、稻谷最低收购价政策

2020 年，国家继续在小麦主产区实行最低收购价政策。为保护农民种粮积极性，稳定小麦生产，发挥价格调节信号作用，鼓励发展优质小麦生产，综合考虑小麦生产成本、市场供求、比较效益、国际市场价格和粮食产业发展等各方面因素，2020 年小麦（国标三等）最低收购价为每斤 1.12 元，保持 2019 年水平不变。国家继续在稻谷主产区实行最低收购价政策。综合考虑粮食生产成本、市场供求、国外市场价格和产业发展等因素，2020 年生产的早籼稻（国标三等）、中晚籼稻最低收购价分别为每斤 1.21 元、1.27 元，比 2019 年提高 1 分钱，粳稻最低收购价为每斤 1.30 元，保持 2019 年水平不变。

（五）玉米、大豆生产者补贴和稻谷补贴

在玉米和大豆价格由市场形成的基础上，国家继续在东北三省和内蒙古自治区实施玉米和大豆生产者补贴政策。中央财政对有关省（区）玉米补贴不超过 2014 年基期播种面积，大豆补贴面积不超过 2019 年基期播种面积，2020—2022 年保持不变。为支持深化稻谷收储制度和价格形成机制改革，国家在有关稻谷主产省份继续实施稻谷补贴政策。中央财政对稻谷补贴数量上限为基期（2016—2018 年）稻谷年平均产量的 85%。

（撰稿单位：国家发展改革委农村经济司；撰稿人：陈曦；审稿人：吴晓）

粮食流通

一　粮食收购与销售

（一）粮食收购平稳有序

2020 年粮食收购工作进展顺利，价格总体平稳，市场秩序良好。入统粮食企业全年收购粮食 39029 万吨(原粮，下同)，其中小麦 10010 万吨，稻谷 10751 万吨，玉米 17470 万吨，大豆 430 万吨；国有粮食企业收购粮食 13854 万吨。粮食收储制度改革激活了市场，各类主体积极入市，市场化收购比重进一步提高。

2020 年 5 月 19 日，国家粮食和物资储备局召开全国夏粮收购工作视频会议，分析研判夏粮收购形势，安排部署收购工作。国家发展和改革委员会党组成员，国家粮食和物资储备局党组书记、局长张务锋主持会议并讲话（主席台中），局党组成员、副局长卢景波（主席台右）出席会议。

（二）国有粮食企业销售量增加

2020 年，国有粮食企业销售粮食 45055 万吨，比上年增加 10365 万吨。分品种看，小麦销售 8887 万吨，同比增加 2191 万吨；稻谷 9674 万吨，同比增加 1116 万吨；玉米 20074 万吨，同比减少 5421 万吨；大豆 5628 万吨，同比增加 845 万吨。

（三）粮食库存总量继续回落

2020 年末粮食库存稳中略降，分性质看，中央和地方储备粮基本持平，国家政策性粮食库存下降较快，企业自营商品库存有所增加；分品种看，除大豆库存有所增加以外，其他主要粮食品种库存均下降；分储存年限看，2013 年及以前年度政策性粮食全部消化完毕；分区域看，主产区库存下降较多，主销区、平衡区库存有所增加。总体看，当前我国粮食库存充裕，结构日趋合理。

（撰稿单位：国家粮食和物资储备局粮食储备司；
撰稿人：李洵、耿晓頔、董琦琦、胡兵、孟凡璠、毕一卓；审稿人：秦玉云、唐成）

二 全力做好保供稳市

（一）建立机制，加强调度，确保各项工作运转协同高效

1. 加强组织领导，抓好贯彻落实。2020 年 1 月 27 日，国家粮食和物资储备局成立应对新冠肺炎疫情工作领导小组，国家发展和改革委员会党组成员，国家粮食和物资储备局党组书记、局长张务锋同志担任组长，局负责同志担任副组长，各司局和直属联系单位主要负责同志为成员，下设应急保供组、局内防控组。应急保供组由卢景波、梁彦、贾骞同志负责，成员单位包括办公室、粮食储备司、物资储备司、能源储备司、安全仓储与科技司、执法督查局、军粮供应服务中心、国家石油储备

2020 年 1 月 30 日，国家粮食和物资储备局召开视频会议，对认真落实粮食安全省长责任制、进一步做好粮油市场保供稳价工作作出安排部署。国家发展和改革委员会党组成员，国家粮食和物资储备局党组书记、局长张务锋（主席台左二）出席会议并讲话，局党组成员、副局长卢景波（主席台右二）、韩卫江（主席台左一）、梁彦（主席台右一）出席会议。

中心，由安全仓储与科技司牵头负责日常工作。应急保供组建立工作机制，明确职责分工，抓好工作落实。先后组织召开29次应急保供组工作例会，传达上级指示要求，研究协调问题，调度工作进展，部署当前工作，着力抓紧抓实抓细粮油保供稳价工作。

2. 统筹部署安排，压实地方责任。疫情发生后，及时印发《关于落实党中央疫情防控决策部署切实做好粮油保供稳市工作的紧急通知》《关于认真落实粮食安全省长责任制切实做好应对新型肺炎疫情期间粮油供应保障工作的紧急通知》《关于进一步落实党中央疫情防控决策部署切实发挥全国粮食应急保障体系作用的通知》等电报、通知，要求各地压紧压实主体责任，集中力量保重点，强化调度支持，充分发挥粮食应急保障体系在保供稳价中的作用，确保粮油市场总体平稳。

3. 每日市场监测，实时了解动态。建立粮油市场日监测日报告制度，每天调度各地市场运行情况，异常情况随时报告。建立全国540多家重点粮油加工企业保供协作机制，随时调度企业生产、销售和库存等情况。特别是2月8日起，每天调度湖北省、北京市及周边省份共110多家重点企业，及时掌握相关信息，两个月来累计销售大米152万吨、面粉574万吨、食用油132万吨，有力保障了市场供应。突出重点地区和重点企业，建立骨干龙头企业联系制度，联系12家企业总部，重点保湖北省和武汉市供应。设立军粮应急保供工作小组，与军委后勤保障部、联勤保障部队形成定期沟通联系机制，加强值守，做好应急保供预案，确保军粮不断供、不漏供、不误供。

（二）多措并举，精准施策，确保粮油供应充足、市场运行平稳

1. 加强粮油供应，保障重点地区。因时因势调整工作着力点和应对举措，根据消费需求变化，分析研判，统筹调度，及时指导督促湖北省和武汉市有针对性地做好重点地区粮油保供工作。印发《关于疫情防控期间湖北省和武汉市粮油及军粮应急保供工作方案》，建立联动保障机制，加强安徽、江西、湖南、河南等毗邻省份和在地央企的协同联动，每天调度湖北及周边四省近百家保供协作企业加工、销售、库存等情况，确保湖北和武汉粮油供应充足。指导湖北省综合运用建立成品粮油临时储备、原粮储备紧急加工为成品粮、给予补贴扩大加工、支持企业增加商品库存以及外省购入等多种方式，充实成品粮油库存。

2. 坚持底线思维，增加成品粮库存。按照粮食安全省长责任制要求，督促地方切实承担起粮油保供稳价的首责，统筹抓好粮源筹措、加工、运输、商超配送等重点环节，支持引导粮油加工企业加快复工，增强成品粮油保障能力，进一步夯实保供稳价物质基础。

3. 压实各方责任，抓好秋粮收购。统筹考虑疫情防控对粮食收购的实际影响，顺应农民售粮诉求，会同有关部门将东北三省中晚稻最低收购价预案执行期延长1个月；督促中储粮集团公司增设收购网点，发挥好政策托底作用；要求各地落实粮食安全省长责任制，组织各类市场主体尽快复工复产，积极开展市场化收购。

（三）密切监测，组织协调，确保粮油企业复工复产有力有序

1. 加强监测统计，实时掌握动态。第一时间建立粮食应急工作日报告制度，了解是否出现群众集聚性购粮及启动粮食应急预案情况，实时掌握全国粮食应急加工企业复工复产情况。

2. 加强组织调度，压实地方责任。结合疫情发展形势和粮油市场保供情况，系统上下联动，发挥粮食应急保障体系作用，统筹推进疫情防控和复工复产。2月21日，印发《关于加快推进全国粮油企业复工复产工作的通知》，要求各地要切实处理好疫情防控和复工复产的关系，做到“两不误、两促进”，既要切实做好复工复产后疫情防控工作，确保人员生命安全和身体健康；又要及时协调解决复工复产中存在的困难和问题，尽早恢复正常生产，为疫情防控提供充足的粮油保障。

3. 加强粮源保障，助力企业生产。有序组织粮食收储、贸易企业复工，保障粮油加工、饲料生产企业原粮供应。增强成品粮油储备库存保障能力，根据供求形势和销售情况，指导各地引导企业及时投放商品库存，适时组织储备粮投放，补充超市货源，确保市场成品粮油不脱销、不断档。积极协调粮食包装材料生产、谷壳回收等辅助性企业复工，切实解决粮油加工企业生产原料、辅料、包装等问题。协调解决中粮集团、益海嘉里及北京、河北、河南等省市提出的部分粮食加工企业原料需求；协助粮油企业解决物流运输、用工不足、港口通关等问题，帮助企业迅速复工复产。

疫情防控期间，国家粮食和物资储备局加强指挥调度，把握重点企业，建立国家级重点粮食应急保障企业联系制度，充分发挥大型骨干粮油企业的市场主渠道和应急保障作用，确保全国粮油市场供应充足，价格稳定。

4. 加强金融支持，保障资金需求。为进一步加大粮油企业信贷和贴息资金支持力度，保障企业合理资金需求，解决企业实际困难，做好疫情重点保障企业名单审核工作，制定《国家粮食和物资储备局规范疫情重点保障粮油企业审核标准》，明确支持企业范围、审核标准和审核程序。审核报送 2315 个粮油重点企业，申请贷款资金总额 1273.61 亿元，共有 245 家企业获得优惠贷款 108.52 亿元；审核报送 77 家享受税收政策的重点保障物资生产企业名单。

（四）及时上报，宣传引导，确保舆论环境良好、稳定社会预期

1. 加强信息报送，及时反映情况。梳理工作开展落实情况，及时上报信息，反映进展成效。报送应对疫情保供稳价相关专报 19 件，全部得到领导批示或圈阅；报送信息 41 期，中办采用 4 期，国办采用 15 期；报送应对疫情粮油应急保供工作简报 88 期；编发“全国粮食和物资储备系统抗击疫情专刊”32 期；报送国家粮食和物资储备局值班信息 8 期。

2. 密切关注舆情，加强宣传引导。启动实施专项舆情监测，编报舆情专报 53 期。组织协调新华社、广电总局、经济日报等媒体及时发声，有效处置了“部分国家限制粮食出口”“湖北粮食到底够不够吃”等热点舆情。向国家发展和改革委员会报送粮油企业积极复工复产典型案例 38 个，全部被

采纳，作为疫情防控重点物资保障企业复工复产监测日报呈送委领导；围绕防疫期间粮油保供稳价、全国重点粮油加工企业复工复产、中央救灾物资调运、抗疫期间粮食收购等重点工作，商请中央主流媒体及时宣传报道。

3. 紧盯市场供应，稳定社会预期。针对湖北、甘肃、山西、浙江、福建等地个别网点出现短暂集聚性购粮情况，会同地方政府和粮食部门及时采取有效措施，维护粮食流通秩序，加强供应保障，稳定消费者情绪。

2020 年 9 月 22 日，国家粮食和物资储备局召开抗击新冠肺炎疫情表彰大会，对抗击新冠肺炎疫情表现突出的全国粮食和物资储备系统先进集体和先进个人予以通报表扬，对国家粮食和物资储备局先进集体和先进个人予以表彰。国家发展和改革委员会党组成员，国家粮食和物资储备局党组书记、局长张务锋（主席台后排中）出席会议并讲话，局党组成员、副局长卢景波（主席台后排右四）、黄炜（主席台后排左四）、梁彦（主席台后排右三）、贾骞（主席台后排左三），局领导宋红旭（主席台后排右二）、翟江临（主席台后排左二）、颜波（主席台后排右一）、李成毅（主席台后排左一）出席会议。

（撰稿单位：国家粮食和物资储备局安全仓储与科技司；撰稿人：崔韫慧、李燕博；审稿人：王宏、邱永峰、陈林）

三 粮油竞价交易

（一）国家政策性粮食交易情况

2020 年，国家有关部门进一步加大库存粮食消化力度，全年共组织政策性粮食竞价销售交易 247

场，成交粮食11545.9万吨，同比增加7269.5万吨，是上年的2.7倍，成交金额2285亿元。分品种看，小麦成交2762.3万吨，同比增加2400.5万吨，是上年的7.6倍；稻谷成交2791.4万吨（早籼稻401.6万吨、中晚籼稻1329万吨、粳稻1060.8万吨），同比增加1163.2万吨，是上年的1.7倍；玉米成交5992.2万吨，同比增加3779.2万吨，是上年的2.7倍。

全年国家政策性粮食成交量增长170%，各品种粮食均有不同程度增加。一是市场需求旺盛，企业竞拍意愿强烈。受饲料需求恢复性增长、玉米产需缺口扩大、货币环境宽松等因素影响，玉米市场价格高位运行，国家临时存储玉米竞拍激烈火爆，成交呈现连续维持或接近100%的罕见场面，成交均价1915.2元/吨，平均溢价243.5元/吨，均创近年新高，当年国家临时存储玉米基本消化完毕。二是小麦和稻谷饲用替代效应显现。为满足饲料养殖企业用粮需求，国家加大超期储存粮食销售力度，与往年相比，超期储存饲用稻谷和小麦成交量超过前三年成交总和，对饲料市场形成了有效补充。三是强化政策性粮食销售出库协调督导。聚焦粮食履约出库存在重点难点问题，严格交易各环节的管理，落实相关方的责任，积极采取有效措施，为政策性粮食顺利销售出库营造良好的氛围，全年粮食销售出库率超过90%。

“十三五”时期，国内粮食形势复杂多变，为保证市场粮食供应和价格基本稳定，国家有关部门利用可调控的粮源，通过国家粮食交易平台累计竞价销售国家政策性粮油达4亿吨，其中，2018年、2020年成交量高达1亿吨以上。

表1 2016—2020年国家政策性粮食成交情况

单位：万吨

年份	小麦	稻谷	玉米	大豆	油脂油料	小计
2016	459.1	701.3	2157.9	164.8	339	3822.1
2017	1021	1031.3	5654.4	21.6	89	7817.3
2018	1066.6	1232.5	10013.1	200.7	41.6	12554.5
2019	361.8	1628.2	2213	58.1	15.3	4276.4
2020	2762.3	2791.4	5992.2	0	0	11545.9
合计	5670.8	7384.7	26030.6	445.2	484.9	40016.2

（二）地方政策性粮食交易情况

地方政府及粮食行政管理部门认真贯彻执行党中央、国务院有关粮食方针政策，落实粮食安全省长责任制，严格储备粮轮换管理相关规定，按照公开、公平、公正的原则，全力推进地方储备粮油进场交易，全年共组织地方储备粮油竞价销售和采购3975场，成交1334.4万吨，成交金额343.4亿元。“十三五”时期，地方政策性粮食通过国家粮食交易平台竞价交易量基本呈现逐年增加态势。

表2 2016—2020年地方政策性粮食成交情况

单位：万吨

年份	2016	2017	2018	2019	2020
成交量	515.9	557.5	1068.0	1629.1	1334.4

（三）社会贸易粮交易情况

2020年，国家粮食交易平台依托供应链资源，不断开拓社会贸易粮交易，丰富平台成品粮、杂粮、特色优质粮等交易品类，满足会员个性化需求，全年共成交社会贸易粮1806万吨，同比增加

970.1 万吨，增幅 116.1%。“十三五”时期，随着粮食收储制度改革深化，为适应粮食流通发展形势，国家粮食交易平台不断优化升级，吸引并推进社会贸易粮进场交易，5 年间社会贸易粮进场交易量变化显著。

表 3 2016—2020 年社会贸易粮成交情况

单位：万吨

年份	2016	2017	2018	2019	2020
成交量	5.1	3.6	697.7	835.9	1806.0

四 2020 年第三届中国粮食交易大会

2020 年 10 月 19 日至 21 日，国家粮食和物资储备局、福建省人民政府在福州市共同举办了第三届中国粮食交易大会。本届大会以“聚优质、强产业、增活力、畅流通——建设粮食产业强国，扛稳粮食安全重任”为主题，举办优质粮油产品暨相关技术设备展览、产品和项目推介会、专场交易会、粮食政策和市场形势分析会、消费扶贫展销会以及洽谈签约等多项活动。同期，为深入贯彻落实习近平总书记关于保障粮食安全的重要指示批示精神，特别举办全国粮食安全宣传教育主题展，推动学习宣传贯彻走深走实。大会内容丰富、交易活跃、成果丰硕，市场影响力和社会关注度显著提升。

2020 年 10 月 19 日，第三届中国粮食交易大会在福州开幕。福建省委书记、省人大常委会主任于伟国（中），福建省委副书记、省长王宁（左），国家发展和改革委员会党组成员，国家粮食和物资储备局党组书记、局长张务锋（右）出席开幕式并共同为交易大会启动开幕。

（一）产销合作成果丰硕，更好服务构建新发展格局

大会展览面积7.5万平方米，来自31个省（自治区、直辖市）的2600余家企业参会，专业观众注册参会1.5万人，规模超过前两届。参会企业达成采购和销售意向金额362亿元；其中，线上成交各类粮油产品1035万吨，金额292亿元，线下成交金额69亿元。

（二）优质粮油产品集聚，更好满足人民美好生活需要

近年来，随着优质粮食工程深入推进，各地充分发挥地域优势，大力培育粮食产业品牌和企业群体，涌现出众多知名度高、公众喜爱的粮油品牌。本届大会，“中国好粮油”示范企业踊跃参会，一大批品种丰富、琳琅满目、特色鲜明的区域公共品牌、企业名优产品集中亮相，为消费者提供更多高品质、个性化、多方面的选择，受到当地市民热烈欢迎，现场展示产品被采购一空。

2020年10月19日至21日，第三届粮食交易大会在福州举行，福建省委书记、省人大常委会主任于伟国（前排左二），福建省委副书记、省长王宁（后排左一），国家发展和改革委员会党组成员，国家粮食和物资储备局党组书记、局长张务锋（前排右二）参观了解阜南县优质特色粮油产品情况。

（三）交易平台不断拓展，更好服务粮食流通现代化

大会顺应数字化、网络化、智能化的大趋势，搭建了中国好粮油电子交易平台，共有1565家企业、1630个品牌、4290种粮油产品进行线上展示，实现线下交易大会和国家粮食交易平台、中国好粮油电子交易平台“三位一体”，集中展示优质粮食工程建设和粮食产业发展成果。此外，进一步创新方式，拓展交易平台，在主展馆推出多省区专场推介和直播带货活动，助力各地、各企业品牌宣传和线上营销，企业直播宣传带货在线观看人次超百万。

（四）社会反响热烈，市场影响力显著提升

中央及地方的100多家媒体、近300名记者到会采访；央视《新闻联播》对大会盛况进行了播报；

央广网对开幕式进行了网络直播；行业主流媒体对各省粮油产品推介和消费扶贫进行专题采访和报道；“第三届中国粮食交易大会”相关话题登上微博热搜第 3 名，关注人次超过 500 万。

（五）全国公益性饲料粮专场交易会

在一系列扶持生猪生产利好政策的推动下，生猪生产恢复较快，饲用玉米消费逐步增加。为确保南方饲料养殖大省原料供应，促进销区与产区企业精准对接，保障北粮南运顺畅运行，提高流通效率，降低流通成本，国家粮食和物资储备局会同有关部门，通过国家粮食交易平台于 2020 年 1 月 6—7 日在吉林长春举办了全国公益性饲料粮专场交易会，组织粮源 2045 万吨，240 多家饲料用粮企业参与招标采购，成交玉米 871.2 万吨，成交金额 155.4 亿元，有效促进了粮食产销衔接农企对接。

2020 年 1 月 6 日，全国公益性饲料粮专场交易会在长春举行。国家粮食和物资储备局党组成员、副局长卢景波（后排左三）出席交易会签约仪式。

一方面，交易会为种粮农民和用粮企业提供直接对接平台。在生猪生产各项政策落实和市场行情拉动下，饲料企业购粮意愿明显回升，公益性饲料粮专场交易会恰逢其时采取线上线下相结合的方式，为种粮大户和饲料养殖企业提供了充分交流、购销对接的机会，最终促成 86 家饲料养殖企业达成交易。另一方面，多方联动组织保障措施有力有效。东北产区粮食和物资储备等有关部门积极组织协调落实粮源，南方销区提供市场需求，通过信息引导供需见面，帮助饲料养殖企业锁定优质粮源，参与专场交易免收买卖双方交易费用，国铁集团为“北粮南运”保障运输需求，农业发展银行为成交粮食提供融资贷款服务。

（撰稿单位：国家粮食交易协调中心；撰稿人：姜青志、毕一卓、陈鹏；审稿人：张云）

粮食流通体制改革

一 改革进展总体情况

（一）全面部署粮食流通和物资储备改革工作

2020 年 1 月，全国粮食和物资储备工作会议在北京召开。会议强调，全国粮食和物资储备系统要以习近平新时代中国特色社会主义思想为指导，坚持稳中求进工作总基调，坚持新发展理念，坚持以改革开放为动力、以供给侧结构性改革为主线、以高质量发展为目标，认真落实总体国家安全观和国家粮食安全战略、乡村振兴战略，突出“深化改革、转型发展”时代主题，坚守安全稳定廉政“三条底线”，加快构建更高层次、更高质量、更有效率、更可持续的国家粮食安全和战略物资储备安全保障体系，着力推动粮食和物资储备治理能力现代化。这次会议在收官“十三五”、谋划“十四五”、决胜全面建成小康社会的关键时刻召开，对加快推动粮食和物资储备改革发展具有重要的现实意义。

（二）深入推进粮食流通领域改革

加快推进粮食储备安全管理改革。坚决贯彻落实中央全面深化改革委员会第八次会议审议通过的《关于改革完善体制机制加强粮食储备安全管理的若干意见》，以服务宏观调控、调节稳定市场、应对突发事件和提升国家安全能力为目标，科学确定粮食储备功能和规模，改革完善粮食储备管理体制，健全粮食储备运行机制，强化内控管理和外部监督，加快构建更高层次、更高质量、更有效率、更可持续的粮食安全保障体系。改革配套文件陆续印发实施，粮食储备安全管理制度逐渐完善，粮食储备安全管理改革取得积极进展。以深入推进农业供给侧结构性改革为主线，坚持市场化改革取向和保护农民利益并重，持续深入推进粮食收储制度改革，继续实施稻谷和小麦最低收购价政策，合理调整稻谷小麦价格水平，积极释放市场信号，调动农民种粮积极性。认真落实党中央、国务院关于压实粮食安全省长责任制的决策部署，不断完善考核方案和指标体系，充分发挥考核“指挥棒”作用，各级政府保障粮食安全的责任意识显著提高，领导重视、政策支持和推动力度明显加大，压实粮食安全重任新机制逐步建立。开展中央储备粮棉管理和中央事权粮食政策执行情况考核，充分发挥垂直管理局的职能作用，敦促中储粮集团公司规范管理、加强内控。

（撰稿单位：国家粮食和物资储备局法规体改司；撰稿人：张亚奇、王镭；审稿人：周海佳）

二 粮食储备安全管理改革

2020 年，全国粮食和物资储备系统坚决贯彻党中央、国务院决策部署，着眼保障国家粮食安全，切实提高政治站位，迅速传达学习领会，确保粮食储备安全管理改革任务扎实推进，着力推动粮食储备治理能力现代化。国家层面精心谋划安排，加强督促指导，强化协调会商，粮食储备结构布局不断调整优化，安全管理体制机制逐步完善，配套文件有序出台，夯实了粮食储备安全管理的制度基础。各地深入学习贯彻落实《若干意见》精神，凝聚思想共识，担当职责使命，积极应对疫情影响，抓紧抓实粮油保供稳价，因地制宜制定出台实施意见，持续抓好试点探索和典型示范，推动改革举措落地落细落实，地方储备规模不断充实，粮食安全管理责任压紧压实，粮食储备安全区域保障水平和应对突发事件能力显著提升。

（撰稿单位：国家粮食和物资储备局法规体改司；撰稿人：张亚奇、王镭；审稿人：周海佳）

三 粮食安全省长责任制考核

（一）圆满完成 2019 年度考核

2020 年，国家考核工作组各成员单位按照第五次联席会议部署，努力克服疫情影响，加强组织领导，认真做好上一年度考核工作，指导各地开展自评，组织开展部门评审和部门抽查，进行综合评价。考核结果经国务院审定后，考核工作组向各省级人民政府发出通报，对落实粮食安全省长责任制工作成绩突出的省（区）给予表扬，并且分省下发重点问题清单，督促问题整改。

（二）扎实开展 2020 年度考核工作

2020 年 7 月 27 日，国家粮食安全省长责任制考核工作组高规格组织召开全国粮食安全省长责任制考核工作动员部署视频会议，中共中央政治局委员、国务院副总理、中央农村工作领导小组组长胡春华同志出席会议并作重要讲话，各省（区、市）人民政府主要负责同志和分管负责同志在分会场参加会议。会议对深入贯彻落实习近平总书记重要指示精神，全面促进粮食安全省长责任制落实作出部署。8 月，国家粮食安全省长责任制考核工作组成员单位联合向各省级人民政府印发了《关于认真开展 2020 年度粮食安全省长责任制考核工作的通知》，在总结借鉴往年考核工作经验的基础上，结合粮食安全形势和任务，强化对《关于 2020 年度认真落实粮食安全省长责任制的通知》确定的五个方面重点任务的考核。

为坚决贯彻落实国务院关于加大对粮食播种面积和产量考核力度的要求，突出加大对相关指标的评分权重，严格修订考核评分标准，进一步突出重点。围绕做好“六稳”工作、完成“六保”任务，加大对年度重点工作的考核力度，以考核明导向、促落实。对各地创新做法、突出成效及时进行宣传，印发国家粮食安全省长责任制考核工作组简报 130 期，有效发挥了先进典型的示范引领作用，促进相互借鉴、提高，营造“比学赶帮超”的浓厚氛围。各地认真开展考核自评工作，及时制定考核工作方案，梳理和分解考核事项，明确责任部门和具体要求，确保自评工作扎实有序推进。

在 2020 年底召开的中央农村工作会议上，习近平总书记对“牢牢把住粮食安全主动权”进行系统阐述，特别强调：“地方各级党委和政府要扛起粮食安全的政治责任”“粮食安全要实行党政同责，‘米袋子’省长要负责，书记也要负责。”习近平总书记的重要讲话将各级党委政府重视粮食安全工作的要求提到了前所未有的新高度。实行粮食安全党政同责，是习近平总书记统筹“两个大局”、牢牢把住粮食安全主动权的重要部署，进一步体现了党中央对粮食安全的高度重视。习近平总书记关于粮食安全党政同责的重要指示，第一次明确提出各级党委和政府要共同扛起粮食安全的政治责任，对进一步完善粮食安全责任长效机制、强化落实粮食安全省长责任制的实践效果、切实保障国家粮食安全必将产生深远影响。

（撰稿单位：国家粮食和物资储备局执法督查局；撰稿人：展飞、闫飞，审稿人：唐茂）

四　粮食收储制度改革

经国务院批准，国家有关部门公布了 2020 年稻谷和 2021 年小麦最低收购价格水平，其中 2020 年粳稻保持上年水平不变，早籼稻、中晚籼稻每斤提高 1 分钱，2021 年小麦每斤提高 1 分钱，积极释放市场信号，调动农民种粮积极性。督促指导各地不断增强市场化意识，优化营商环境，加强市场研判和监测，提高运力和仓容保障水平，充分发挥中央企业和地方大型骨干企业引领带动作用，引导多元主体积极入市，多措并举抓好市场化收购。

（撰稿单位：国家粮食和物资储备局粮食储备司；撰稿人：李洵、耿晓頔、董琦琦、胡兵、孟凡璠、毕一卓；审稿人：秦玉云、唐成）

五　国有粮食企业经营管理情况

（一）基本情况

一是，企业户数和人员继续精简，结构进一步优化。2020 年末，纳入汇总范围的国有粮食企业 1.1 万户，从业人员 34 万人。随着国有粮食企业深化改革、转型发展的深入推进，企业结构不断优化，改革发展质量效率不断提升。二是，职工收入连年增加，切身利益得到保障。2020 年，国有粮食企业职工年平均工资收入 8.5 万元，增幅 3.5%。绝大部分职工都参加了基本养老保险、基本医疗保险等，职工切身利益得到较好保障。

（二）资产情况

一是，资产和负债“双减少”，负债减幅大于资产减幅，净资产增加，盈利水平提高，企业实力不断增强。截至 2020 年末，全国国有粮食企业资产总额 2.3 万亿元；净资产 0.4 万亿元，同比增长 10%。二是，仓储物流设施等固定资产和土地资产“双增加”，保障国家粮食安全的能力持续增强。各地国有粮食企业克服新冠肺炎疫情影响，加大投资力度，深入实施优质粮食工程、粮食等重要农产品仓储设施中央预算内投资专项等行业重大项目建设，2020 年末固定资产净额和在建工程之和达到 2894.6 亿元，增幅 1%。固定资产中，2020 年末土地、房屋及构筑物等合计 2453.2 亿元。

（三）经营情况

实现连续十四年统算盈利，继续保持良好发展态势。2020 年，全国国有粮食企业主营业务收入 10456.4 亿元，实现利润总额 175.4 亿元，同比增长 33.2%。分地区看，27 个省（区、市）实现统算盈利，其中广东、黑龙江、北京、江苏、上海、安徽、浙江、天津、甘肃、陕西、新疆、云南、河北等 13 省（区、市）盈利超亿元。

（撰稿单位：国家粮食和物资储备局财务审计司；撰稿人：张雷；审稿人：刘翔宜）

粮食流通监管

一 粮食流通监督检查

（一）以推动“三项制度”改革为切入点，事中事后监管制度规则不断健全

印发粮食行政执法“三项制度”，聚焦执法督查源头、过程、结果，全面落实国务院依法行政要求。修订《粮食和物资储备执法督查工作规程》，进一步严格执法程序，规范执法行为。起草储备信用监管和联合惩戒办法，为构建粮食企业信用监管体系提供制度依据。

（二）以厘清监管事权为重点，粮食和物资储备执法督查体制机制得到健全

2020 年 8 月，在江西省南昌市举办全国粮食和物资储备执法督查工作会议，对执法督查改革发展作出部署。印发《国家粮食和物资储备局关于创新方式强化监管与时俱进做好执法督查工作的指导意见》，厘清中央事权粮食监管事权边界，对建立执法督查长效机制等改革作出顶层设计，为执法督查 5 年发展规划提供了遵循。

（三）以 12325 热线为利剑，切实维护粮食和物资储备领域良好市场秩序

从案件数据上看，全年通过电话、网站、信访、微信等渠道接收来电来信上万次，受理有效投诉举报 227 件。按被举报地域划分，主产区 204 件，占比 89.9%；主销区 13 件，占比 5.7%；产销平衡区 10 件，占比 4.4%。按举报接收渠道划分，电话 137 件，占比 60.4%；网络平台 35 件，占比 15.4%；微信 26 件，占比 11.4%；由“局长信箱”、局信访办、机关纪委等转来的信访 29 件，占比 12.8%。按举报类型划分，粮食收购 119 件，占比 52.4%；粮食销售 62 件，占比 27.3%；粮食储存 23 件，占比 10.1%；储备粮管理 7 件，占比 3.1%；其他 16 件，占比 7.1%。通过各级粮食和储备部门、相关单位和垂直管理局积极查办，全年共帮助兑现拖欠农民售粮款 1200 余万元，协调出库粮食约 6.1 万吨，避免了 5000 多吨食品安全指标不合格粮食流向口粮市场，为确保粮食和物资储备安全、维护种粮农民和国家利益、强化行业监管发挥了良好的保障作用。

一是进一步做好热线运维管理工作，确保热线顺畅运转。特别是新冠肺炎疫情期间，强化责任意识、主动担当作为，确保热线“不断线”。高度关注疫情相关线索，对反映个别省份的个别地区发生疯抢大米，及个别粮库出库纠纷、拖欠售粮款等问题，即收即办、迅速分办、及时督办，确保每件举报都能及时办理、及时反馈，为打赢疫情防控阻击战提供有效保障。对受疫情影响严重的湖北、黑龙江等地区，结合工作实际情况，适当延长承办单位案件核查时限，确保核查标准不降、节奏不乱、工作不断。

二是建立通报、回访、查审分离制度。实行定期通报制度，2020 年起每季度就线索查办质量、时效等情况予以通报，紧盯影响办案质量的难点和共性问题，以通报促进问题整改，倒逼质量提升。同时，对重点案件的查处情况，进行实时跟踪，重点通报，进一步落实责任，传导压力。全面落实抽查制度，随机抽取已办结的实名举报线索进行电话回访，请举报人对核查过程、结果作出评价。通过

回访，查漏洞、补短板，进一步规范核查程序，提高查办质量。从回访情况看，举报人对案件核查均表示满意。实行查审分离制度，建立监督机制，强化审核力度，通过会签、会商等措施，实现案件审核程序化、标准化，不断提升案件办理质量。

三是进一步强化热线平台建设。认真总结热线运行 3 年的实践经验，立足机构改革后粮食和物资储备监管新形势新要求，在充分调研论证的基础上，以技术创新为手段、以深化服务为导向、以提质增效为目的，建设全新的热线系统平台。新系统平台与原系统无缝对接，系统数据由外部云平台全部导入国家粮食和物资储备局云平台，大幅提升了数据的可控性、完整性、规范性和有效性。在原有功能基础上，新增四大功能模块，包括物资储备案件线索处理功能，将 26 个垂直管理局、中石油等 10 余家央企，纳入热线系统处理范围，更好履行中央储备物资监管职责；智能督办功能，实现线索督办手段多元化、流程化，大幅提升案件查处工作效率；实时共享功能，与国务院办公厅“互联网 + 监管”等系统共享和交换数据；查询统计功能，通过提取关键词，设置时间段等简易操作，及时调取查询相关业务数据。

四是持续加强热线宣传。各级粮食和物资储备部门通过新闻发布会、广播电视台等方式宣传讲解 12325 热线，在社会引起强烈反响，取得良好成效。

五是加强案件抽查审核。对收到的案件线索，统一登记、分办、督办、审核，建立案件审核“四个是否”标准，即“事实是否查清、定性是否准确、处理是否恰当、证据是否确凿”，坚持“严”字当头，树立“铁案”意识。通过涉粮涉储案件查办，切实维护种粮农民利益和国家利益，为粮食和物资储备安全提供有效支撑。

（四）以深入推进“互联网 + 监管”为契机，监管精准化、智能化水平较快提升

研发了粮食行业“双随机”抽查应用系统，建立检查对象和执法队伍名录库，全面推进“双随机、一公开”，采取“四不两直”方式，创新监管方式。截至 2020 年 12 月底，各地已有 4.5 万家粮食经营者、1.4 万名检查人员分别纳入检查对象和执法队伍名录库，通过粮食行业“双随机”抽查应用系统开展检查活动 450 余次。完成中央储备粮库存动态监管系统建设招标，项目建设取得实质性进展，将尽快实现动态远程监管、在线监控，充分发挥信息技术在确保库存真实、防止管理失职和腐败犯罪等方面的重要作用。

（五）以提升监管效能为目标，以信用为核心的新型监管机制加快推进

以统一社会信用代码为标识，积极推动粮食企业信用监管体系建设。开展《粮食企业信用监管体制机制》课题研究，探索建立失信企业“黑名单”，实现联合惩戒的理论和路径。制定《粮食企业信用监管平台（一期）需求方案》，完成招投标，信用监管步伐加快推进。

（六）以堵塞监管漏洞、化解风险隐患为重点，粮食收购和政策性粮食销售出库监管成效彰显

适应监管新形势，印发夏粮、秋粮收购监管文件，实现对参与收购企业全覆盖督导，坚持政策性粮收购和市场化收购监督检查并重，特别是把利用计量设备非法获利的违法违规问题作为重点检查内容，督促地方粮食部门从速从快依法查处江西、湖南、湖北等省扰乱市场秩序案件，维护种粮农民利益。首次开展了政策性粮食入库质量抽检复核，严格把控质量源头关口。会同国家发展改革委等六家部门联合印发进一步强化政策性粮食销售出库和加工转化监管督查工作的通知，首次建立了定向销售粮食全过程、全链条的闭环监管机制，首次确定了销售出库质量检验的具体操作方法，为强化政策性粮食销售出库和加工转化监管，确保口粮绝对安全提供了政策支撑。

（七）以提升监管能力、有效履行监管职责为重点，执法督查能力建设稳步推动

组织推荐国家粮食和物资储备执法督查专业人才库，建立规模 500 人的国家级执法督查专业人才库，加快建设高素质、职业化、专业化的执法督查监管执法队伍。优化完善粮食和物资储备执法督查示范单位工作，遴选出 100 家示范单位，充分发挥示范引领作用，进一步强化执法督查体系建设，推动监管重心下移。

（撰稿单位：国家粮食和物资储备局执法督查局；
撰稿人：李昭、杨焕成、王福东、李阳、吕冰；审稿人：廖小平、杨卫辰、张永刚）

二 中央储备粮棉管理和中央事权粮食政策执行情况年度考核

开展中央储备粮棉管理和中央事权粮食政策执行情况年度考核，是坚决贯彻习近平总书记“越是面对风险挑战，越要确保粮食安全”重要指示精神的具体行动，是认真落实党中央、国务院决策部署的重要举措，是扎实做好“六稳”工作、全面落实“六保”任务的重要抓手。2019 年度考核进一步优化了考核方案，统筹考虑疫情防控要求和粮食安全形势，全面压实各方责任，稳步推进各阶段工作，在“首考”基础上再度向前迈出了重要的一步。

2020 年 6 月 3 日，国家粮食和物资储备局召开动员视频会议，对 2019 年度考核工作作出安排部署。国家发展和改革委员会党组成员，国家粮食和物资储备局党组书记、局长张务锋（主席台左二），局党组成员、副局长卢景波（主席台右一）和中储粮集团公司负责同志出席会议。

（一）靶向精准，周密制定方案，年度考核目标明确

2020 年 4 月 27 日，印发《国家粮食和物资储备局关于印发 2019 年度中央储备粮棉管理和中央事权粮食政策执行情况考核方案的通知》。考核方案提出了“确保安全、直面问题、突出重点、压实责任”的总体要求，督促中储粮集团公司切实履行中央储备粮棉管理和中央事权粮食政策执行主体责任，堵塞管理漏洞，守住管好中央储备。5 月，国家粮食和物资储备局成立中储粮年度考核工作组。6 月，国家粮食和物资储备局在中储粮集团公司组织召开动员视频会议，对 2019 年度考核工作作出安排部署。

（二）统筹协调，压茬安排工作，年度考核稳步推进

2020 年 7 月，考核工作组办公室举办 2019 年度考核视频培训，克服疫情影响，采用线上方式，组织相关业务专家进行授课。8 月，中储粮集团公司按照考核方案要求，组织各分（子）公司和直属企业，全面对标考核内容和评价细则，扎实完成集团公司自评工作。9 月，由考核工作组成员单位相关负责同志带队对黑龙江、湖北、广东、四川、浙江 5 个垂管局实地考核工作进展情况进行了督导。督导组通过听取垂管局和省粮食部门情况汇报、查阅考核相关资料、到中储粮（棉）直属企业实地督查等多种方式，实地了解掌握考核工作落实推进情况。由考核工作组成员单位相关负责同志带队，抽调部分垂管局、地方粮食部门的业务骨干组成抽查组，对山西、福建、广西、兰州、中储棉等 5 个中储粮分（子）公司进行了随机抽查。各抽查组深入直属库和储粮（棉）库点，以《关于完善体制机制加强粮食储备安全管理的若干意见》落实和问题整改情况为重点，采取查阅考核自评报告和整改材料、核对账簿凭证、与相关人员进行谈话、入库现场查验等方式，对重点问题进行核查。各垂管局如期完成实地考核工作，报送了考核评价报告，实地考核中储粮分公司直属企业数量均在 30%以上，对辖区内包括社会承储库点在内的所有中央储备棉承储企业实施考核；同时还对油脂公司、储运公司直属企业进行了首次实地考核，范围涵盖了中储粮 26 个分（子）公司。

（三）开拓创新，务求实事求是，年度考核实现新突破

2019 年度考核工作在“首考”的经验基础上，创新方式，首次开展集团公司层面“总体情况考核”。2020 年 9 月，组织对中储粮集团公司总体情况进行了考核。考核组以查阅资料、问询谈话、核实问题等方式，重点从集团公司层面落实《关于完善体制机制加强粮食储备安全管理的若干意见》、中央储备粮棉管理政策、健全内控规章制度、政策性粮食库存大清查和 2018 年度考核发现问题整改等方面查找了短板弱项。

（四）久久为功，两年接续发力，年度考核成效明显

中储粮集团公司 2019 年聚焦中央储备粮棉和中央事权粮食管理主责主业，紧扣储备轮换、政策性粮食收储等核心工作，着力保障国家粮食储备安全，在服务宏观调控、应对国内外风险、维护市场稳定等方面发挥出重要作用。中央储备粮数量真实、质量良好；其他中央事权粮食数量基本真实、质量总体安全；储备棉保管情况总体良好。中储粮集团公司较好贯彻落实了中央储备粮棉和中央事权粮食相关政策管理规定，“两个安全”形势稳定向好；将问题整改“回头看”作为重点工作，切实开展专项治理、巡查及检查，问题整改取得明显成效。实践证明，年度考核已经成为夯实中央储备管理“两个责任”的有力手段和推动粮食储备领域治理能力现代化的重要举措。

（撰稿单位：国家粮食和物资储备局执法督查局；撰稿人：段岫、温朝晖；审稿人：廖小平）

三 全国涉粮问题整改回头看专项行动

2020年9月起，国家粮食和物资储备局在全国范围开展了为期三个月的涉粮问题整改“回头看”专项行动。针对2019年全国政策性粮食库存大清查、粮食安全省长责任制考核、中央储备粮管理和中央事权粮食政策执行情况年度考核、“三阳”涉粮事件等发现的问题，专项行动结合中央纪委国家监委对国有粮库摸排调查工作，对全国1.9万多个政策性粮食储存库点、6万多个问题整改情况进行了拉网式大排查，达到了提升国有粮库管理水平，进一步夯实粮食安全基础的目的。

（一）提高政治站位，强化使命担当，坚决贯彻落实习近平总书记等中央领导同志重要批示精神

国家粮食和物资储备局党组认真学习领会中央领导同志批示精神，切实把思想和行动自觉统一到中央领导同志重要批示精神上来，以“零容忍”的态度，坚决消除国有粮库存在的问题隐患，以有力举措和扎实成效更好体现“四个意识”、践行“两个维护”。多次召开专题会议，研究工作举措，制定专项行动方案；召开全国粮食和物资储备执法督查工作会议进行动员部署；约谈中储粮集团公司主要负责同志，敦促深刻汲取教训，全面整改问题；采取召开会议调度研判、专项督导检查和重点抽查等措施，督促各地各单位全面落实专项行动要求，确保问题整改取得扎实成效。

（二）坚持问题导向，加强组织领导，坚决打赢“回头看”专项行动攻坚战

各省（区、市）和中储粮集团公司高度重视，25个省份党委政府主要负责同志或分管负责同志作出批示，9个省份召开专题会议进行研究部署，4个省份党委政府负责同志赴基层国有粮库督导调研，落实落细各项工作要求。各省（区、市）粮食和物资储备部门坚持应查尽查、改必彻底，细化工作方案，明确职责分工，扎实开展工作，始终坚持问题导向，明责加压，在不折不扣完成“规定动作”基础上，结合实际增加“自选动作”，做到工作内容上只增不减、工作方法上从严从实、工作组织上精心精准，确保问题整改落地落实。

（三）坚持最严标准，严肃执纪问责，坚决抓好涉粮问题整改措施落实

各地各单位层层传导压力，以“钉钉子”精神狠抓问题整改落实。同时，强化执纪问责，对检查不认真、走过场，整改问题不彻底的，依法依规严肃处理。一是严标准。坚持严字当头，动真碰硬，严格对照法律法规制度规定，明确整改措施要求，确保问题真改实改。二是严质量。对问题整改完成情况、质量和取得成效实事求是进行评价分析，对整改不到位的，要求“返工补课”，整改不达标坚决不放过。三是严查处。对工作进度偏慢、思想不重视、敷衍了事的企业和单位进行重点督办约谈；对整改后仍未达到要求的企业，下达责令整改书；对发现的违规违法问题依法立案核查并作出行政处罚。

（四）全面以查促改，筑牢底线思维，专项行动成效明显

通过专项行动，各级党委政府对粮食安全重视程度进一步提高，组织领导进一步加强，支持保障力度进一步加大。持续排查整治风险隐患，释放了守底线、强监管、严问责的强烈信号，依法严厉打击涉粮违法违规行为的高压态势得到进一步巩固。一批涉及中央储备轮换、质量安全管理、租仓收储、销售出库等重点敏感问题得到整改，一些长期想解决的难点问题得到解决，收储企业执行粮食收储政策的主动性、自觉性进一步增强。在持续推动问题整改的同时，深刻剖析问题产生的根源，找准难点盲点，不断健全完善制度措施，全面推动管理和监管提档升级。

（撰稿单位：国家粮食和物资储备局执法督查局；撰稿人：安佳宁、邓立；审稿人：朱之光）

四　粮食市场监测预警

（一）健全完善粮食市场监测预警体系

国家粮食和储备局研究制定了《构建新型粮食市场监测预警体系工作方案》《任务清单》和《工作规则》，成立了粮食监测预警委员会，扎实推进重大问题研究、市场监测分析、社会预期引导等各项工作，指导各地有序启动监测预警体系建设。各级粮食和物资储备部门协同联动，建立重点粮油品种首席分析师团队，及时研判供求形势，准确把握市场运行趋势。

（二）持续完善粮食市场监测布局

根据粮食市场形势变化，不断健全粮油市场监测网络，整合优化现有市场监测点数量和布局，完善以粮食购销存统计、社会粮油供需平衡调查、粮食市场价格监测为主要内容的数据信息采集、分析和发布体系，增强了监测的灵敏度和准确性。截至 2020 年末，入统涉粮企业 5 万多家，城乡居民固定调查点 15 万个，粮油市场信息直报点 1072 个。

（三）强化粮食市场监测预警工作

密切跟踪粮食市场动态，紧盯重点品种、重点时段、重点地区、重点环节，及时发现并妥善处置苗头性、倾向性、潜在性问题，多次召开监测预警委员会全体会议会商研判。同时，加大政策宣传解读，及时发布粮食收购进度、价格等信息，明确传递调控导向和信号，服务市场主体。

（四）优化粮食市场监测预警考核机制

进一步优化粮食流通统计工作考核评分标准中监测预警工作相关指标，引导各地强化监测预警工作。按照《粮食流通统计工作考核评分标准》，完成年度考核并公布结果，充分发挥考核的激励、引导作用。认真做好粮食安全省长责任制“加强粮情监测预警”年度考核，聚焦工作重点难点，科学设置 2020 年度考核指标。

（撰稿单位：国家粮食和物资储备局粮食储备司；
撰稿人：袁海波、赵泽林、邢文煦、沈洁；审稿人：秦玉云、唐成）

五　粮食质量安全监管

（一）加强制度建设，夯实粮食质量安全监管法制基础

一是建立健全粮食流通质量安全风险监测体系，卫生健康、市场监督管理、粮食和储备等部门按照职责组织实施粮食流通质量安全风险监测。二是严把粮食收购质量安全关，粮食收购者收购粮食应当按照国家有关规定进行质量安全检验，确保粮食质量安全。对不符合食品安全标准的粮食，应当作为非食用用途单独储存。三是严把粮食储存质量安全关，粮食不得与可能对粮食产生污染的有毒有害物质混存，储存粮食不得使用国家禁止使用的化学药剂或者超量使用化学药剂；储存期间应当定期进行粮食品质检验，粮食品质达到轻度不宜存时应当及时出库。四是严把粮食运输质量安全关，不得使用被污染的运输工具或者包装材料运输粮食，不得与有毒有害物质混装运输。五是严把粮食销售出库质量安全关，出库前应当按照要求进行质量安全检验，未经质量安全检验的粮食不得销售出库。六是

加强区域性粮食污染监控，县级以上地方人民政府应当建立健全被污染粮食收购处置长效机制，发现区域性粮食污染的，应当及时采取处置措施。七是认真落实中共中央、国务院关于加强粮食储备安全管理的政策要求，国家粮食和物资储备局组织制定了《政府储备粮食质量安全管理办法》，明确细化了政府储备粮食入库、储存和出库质量管控，检验机构要求，监督检查等内容，进一步健全政府储备粮食质量管控制度，强化外部监管，确保政府储备粮食质量安全。

（二）粮食质量安全检验监测体系初步建立

截至2020年底，全国隶属于粮食和储备部门的粮食质量安全检验机构764个，其中国家级1个、省级27个、市级234个、县级502个。通过市场监管总局认证认可部门资质认定的311个，其中国家级1个、省级27个、市级177个、县级106个。在职人员5720人，其中检验人员3428人、省级一般20人左右、市级10人左右、县级5人左右。粮食质检体系积极发挥技术服务作用，开展粮食质量调查、品质测报、质量安全监测，最低收购价粮食、地方事权粮食等政策性粮食验收和库存粮食检验监测，军粮、放心粮油、好粮油等成品粮油监测，市场监管等部门以及粮食企业委托的检验业务等，2020年累计检验样品58.2万份，为把好粮食质量安全关、确保人民群众“舌尖上的安全”提供了技术支撑。

（三）粮食质量安全监测拓展新领域

首次开展新收获花生等油料质量安全监测，初步掌握全国花生质量安全风险状况，为保障食用油料、油脂供给提供技术支撑。2011年之后首次在全国范围内开展储备食用植物油质量安全监测，确保库存食用植物油质量良好、食用安全。持续规范开展收购、储存环节粮食质量安全监测，完成新收获粮食及油料监测样品约1.4万份和库存粮食监测样品7000余份，获得检验数据近20万个。检测结果信息及时报送国家有关部门，为相关部门及时掌握粮食质量安全状况，开展监督抽检和宏观调控提供参考；及时通报相关省份，督促抓好问题整改和跟踪防范工作，指导企业加强粮食收购质量安全把关，严禁不符合食品安全标准的粮食流入口粮市场和食品生产企业。

（四）粮食质量安全考核工作取得新成效

各地继续健全粮食质量安全管理制度，切实落实党中央、国务院关于粮食质量安全相关部署，制定当地超标粮食收购处置办法，研究完善当地粮食收购入库、销售出库必检项目，强化粮食质量安全检验监测体系，进一步压实属地管理责任。国家粮食和物资储备局评选了2019年度全国粮食质量安全工作优秀单位和优秀个人，其中黑龙江省粮食局等15个单位被评为优秀单位，38名各省粮食质量安全工作者被评为优秀个人，推动各地区、各单位以优秀单位和优秀个人为榜样，进一步提升粮食质量安全治理能力和保障水平。

六 主要粮食品种收获质量与品质状况分析

2020年继续在全国20个省份开展国家级新收获粮食质量调查工作，采集监测样品13917份（其中：小麦2367份、早籼稻597份、中晚籼稻3425份、粳稻4413份、玉米2616份、大豆270份、油菜籽229份）。按照粮食的收获季节，完成油菜籽、小麦、早籼稻、中晚籼稻、粳稻、大豆、玉米主产区的质量调查工作，基本掌握了2020年新收获粮食质量总体情况，并及时反馈和发布粮食质量和品质信息，为完善粮食收购政策，指导粮食收购提供了重要依据。15个省（区、市）粮食和储备行政管理部门组织开展了品质测报工作，共采集样品 4200 余份，获得检验数据 6 万余个。

（一）早籼稻

安徽、江西、湖北、湖南、广东、广西 6 个省份共采集检验 59 个市的 597 份样品，主要检验国家标准规定的质量指标。部分产区受洪涝灾害及倒春寒等不利因素影响，较往年相比，早籼稻整体质量水平较低。全部样品检测结果为：出糙率平均值 76.5%，近十年来首次降到三等，较正常年景下降一个等级；一等至五等的比例分别为 14%、28%、43%、11%、2%，等外品为 2%；中等以上的占 85%，中等以上比例、一等品比例较正常年景分别下降 10 个和 30 个百分点。整精米率平均值 52.9%，为近年来最低水平；其中不低于 44%（对应三等以上）的比例为 89%，与往年基本持平；但不低于 50%（一等）的比例为 53%，较正常年景下降 15 个百分点。不完善粒平均值 5.9%，为近年来最多，主要是病斑粒、未熟粒、生芽粒。

（二）中晚籼稻

安徽、江西、河南、湖北、湖南、广东、广西、四川 8 个省份共采集检验 104 个地市的 3425 份样品，主要检验国家标准规定的质量指标。从调查结果来看，中等以上比例处于正常水平，但整精米率较正常年景略有下降。全部样品检测结果为：出糙率平均值 77.6%，中等（即三等，出糙率不低于 75%）以上的占 92.1%；整精米率平均值 57.7%，不低于 44%（对应三等以上）的比例为 93.4%；不完善粒平均值 4.2%。分省份看，河南、广东、广西质量较好；湖北、四川属于正常水平；安徽、江西等级比例下降但整精米率有所提高；湖南质量明显下降。

（三）粳稻

辽宁、吉林、黑龙江、江苏、安徽、宁夏等 6 个省份共采集检验粳稻质量调查样品 4413 份，涉及 58 市 210 县（区）。从调查结果来看，6 个省份粳稻整体上质量良好，出糙率和整精米率较高。分省份看，黑龙江、江苏、宁夏属于近年来较好水平；吉林基本持平；辽宁有所下降；安徽中等以上比例明显下降。全部样品检测结果为：出糙率平均值 79.8%，中等（即三等，出糙率不低于 75%）以上的占 92.9%。整精米率平均值 64.3%，不低于 55%（对应三等以上）的比例为 95.8%。不完善粒平均值 4.2%。

（四）小麦

河北、山西、江苏、安徽、山东、河南、湖北、四川、陕西等 9 个小麦主产省份粮食质量调查和品质测报工作，共采集 2367 份样品。

2020 年新收获小麦整体质量安全水平为近十年来最好。一等比例、三等以上比例均为近十年来最高水平；容重、千粒重、降落数值均处于近十年来较高水平；不完善粒率为近十年来最低。全部样品检测结果为：容重平均值 795g/L，较上年增加 2g/L，变幅 641g/L—848g/L。一等至五等比例分别为 65.5%、21.8%、8.9%、2.6%、0.8%，等外品为 0.4%；三等以上的小麦占 96.2%，一等比例、三等以上比例均为近十年来最高水平。千粒重，平均值 44.4g，较上年增加 1.3g，变幅 20.4g—69.0g。不完善粒率，平均值 3.0%，较上年降低 0.9 个百分点。其中，符合国标要求（不超过 8%）的比例为 97.0%。降落数值，平均值 356 秒，较上年增加 17 秒。

（五）玉米

河北、山西、内蒙古、辽宁、吉林、黑龙江、山东、河南、陕西 9 个省份共采集检验 111 个市的 2616 份样品，主要检验国家标准规定的质量指标。总体上看，质量不如上年，一等比例有所下降，不完善粒有所增加，但整体质量仍属于正常水平。分省份看，河北、山西、陕西玉米质量处于近年来较好水平；内蒙古、山东、河南属于正常水平；内蒙古较上年有所下降；辽宁、吉林处于近年来较低水平；黑龙江为近十年来最低。全部样品检测结果为：容重平均值728g/L，较上年下降10g/L，一等至五等玉米比例分别为71.4%、15.9%、8.6%、3.6%，0.5%，中等（即三等）以上比例为95.9%，较上年略有下降，一等比例较上年下降7.8个百分点。不完善粒含量平均值3.7%，较上年增加0.7个百分点；不超过8%（对应三等以上）的比例为92.3%，较上年下降1.8个百分点。霉变粒含量平均值0.2%，达标（不超过2.0%）比例为97.9%。

（六）大豆

内蒙古、吉林、黑龙江3个省份共采集大豆样品270份，样品覆盖17个市，全部为农户样品。2020年3个省份大豆整体质量正常，完整粒率平均值88.6%，国标中等（即三等，完整粒率不低于85%）以上的占83.0%。损伤粒率平均值5.2%，符合等内品（不高于8%）的比例为83.7%。黑龙江大豆整体质量较好；内蒙古大豆整体质量正常；吉林大豆整体质量为近年来较低水平，中等以上比例较上年当地调查结果下降约10个百分点。3个省份大豆粗蛋白质含量平均值40.4%，符合高蛋白质大豆标准（粗蛋白质含量不低于40%）的比例为56.3%，均为近年来较好水平。粗脂肪含量平均值20.2%，符合高油大豆标准（粗脂肪含量不低于20%）的比例为44.4%，属于正常年景。黑龙江大豆粗蛋白质平均值含量较上年增加0.5个百分点；吉林大豆粗脂肪含量平均值较上年增加近2个百分点；内蒙古大豆粗蛋白质含量平均值含量较上年增加0.5个百分点，但粗脂肪含量平均值含量较上年下降0.7个百分点。

（七）油菜籽

江苏、安徽、江西、河南、湖北、湖南、四川等7个省份共采集油菜籽样品229份，样品覆盖7省41市，全部为农户样品。2020年大部分主产省份在油菜籽生长收获期间，气候适宜，油菜籽整体质量较好。其中，三等以上比例明显高于上年，7个省份三等以上比例平均为82.1%，较上年增加12.7个百分点；未熟粒、热损伤粒较上年略有增加，生霉粒、生芽粒较上年略有下降。江苏省由于油菜籽生长和收获受不良气候影响较大，导致三等以上比例大幅下降，仅占52%，较上年下降48个百分点。全部样品检测结果为：含油量平均值40.6%，较上年增加1.4个百分点，变幅29.2%—49.1%。一等至五等油菜籽比例分别为34.9%、21.4%、25.8%、10.5%、5.7%，等外为1.7%；三等以上的占82.1%，较上年增加12.7个百分点。未熟粒平均值0.7%，符合标准要求（不超过15.0%）比例为99.6%。生芽粒平均值0.4%，符合标准要求（不超过2.0%）比例为98.3%。生霉粒平均值0.3%，符合标准要求（不超过2.0%）比例为98.7%。热损伤粒平均值0.1%，全部符合标准要求（不超过2.0%）。芥酸含量平均值15.8%，变幅0.0%—57.8%；符合低芥酸油菜籽标准（芥酸含量不超过3.0%）的比例为32.8%。

七 粮食标准化

（一）完善粮食和物资储备标准化工作管理制度

为发挥标准引领作用，加强粮食和物资储备标准化工作，推动粮食和物资储备事业高质量发展，研究制定了《粮食和物资储备标准化工作管理办法》《粮食和物资储备行业标准化技术委员会管理办法》。两个管理办法的出台，为粮食和物资储备部门依法依规开展粮食和物资储备标准化管理工作提供了基础性制度保障。一方面，进一步完善了粮食和物资储备领域标准的制修订管理以及标准实施与监督检查等相关规定；另一方面，规范了粮食和物资储备行业标准化技术委员会的构成、组建、换届、调整和监督管理等，为下一步成立相关行业标准化技术委员会奠定基础。截至 2020 年底，国家粮食和物资储备局负责管理的标准共 680 项，包括粮食国家标准 363 项、行业标准 317 项，形成覆盖粮食收购、储存、加工、销售等环节衔接配套的标准体系。

（二）持续推进粮食标准制修订工作

一是抓好粮食行业标准立项工作。为进一步完善粮食标准体系，国家粮食和物资储备局办公室下达了 2020 年第一批粮食行业标准制修订计划，共计 48 项行业标准制修订计划，主要包括“中国好粮油”系列标准，绿色储藏、检验方法和信息化等相关标准。二是持续推动粮食标准制修订工作。发布《磷化氢熏蒸技术规程》《储粮害虫防治技术规范》等 33 项粮食标准，面向社会公开征求《粮食和物资储备标准制定、修订程序和要求》《优质小麦》《中国好粮油稻谷》等 46 项标准的意见。三是组织完成重点标准审查工作。2020 年 6 月，完成《小麦》《大豆》2 项强制性国家标准的审查，并按程序完成报批工作。9 月，完成《青稞》《菜籽油》等 11 项标准和《起酥油》标准修改单的审查。11 月，完成《小麦粉》《食用调和油》《牡丹籽油》等 3 项国家标准的审查。四是优化粮食行业标准结构。10 月，为解决目前粮食标准中结构不合理、标准之间重复交叉，以及标准时效性和适用性较差等问题，按照程序废止 39 项行业标准。

（三）开展粮油产品企业标准“领跑者”活动

为进一步激发市场活力和行业企业创新能力，不断提高粮油产品质量，释放企业标准公开效应，在小麦粉、大米、杂粮、食用植物油等领域组织开展粮油产品企业标准“领跑者”活动。经征集评估机构、遴选评估机构、检测机构复核、评估结果公示等环节，确定了 30 家企业的 48 项企业标准为 2020 年粮油产品企业标准“领跑者”。2020 年 10 月 16 日，在世界粮食日和全国粮食安全宣传周主会场活动上正式发布了 2020 年粮油产品企业标准“领跑者”名单。10 月 19 日，在第三届中国粮食交易大会上专门布置展台，展示粮油产品企业标准“领跑者”相关粮油产品。12 月 22 日，派员参加 2020 年企业标准“领跑者”大会并作重点发言。

（四）加强标准化相关知识培训宣贯

2020 年 6 月 4 日至 5 日，采用视频在线直播的方式举办了两期标准质量云讲堂。云讲堂紧跟标准化改革重点，邀请权威专家对《地方标准管理办法》《关于进一步加强行业标准管理的指导意见》和企业标准化改革与趋势、企业和评估机构如何参与企业标准“领跑者”评价等内容进行了细致讲解。各省粮食和物资储备局（粮食局）、各垂直管理局，以及部分粮油企业、科研院所、高校等 1000 余人报名参加培训。

（五）开展粮食标准国际化工作

1. 持续推进谷物与豆类国际标准制修订。一是认真组织国际标准制定。2020 年，国际标准化组织（ISO）谷物与豆类分委员会组织发布《大米直链淀粉测定》等 5 项国际标准，开展《小麦粉—面团的物理特性》等 10 项标准制修订项目，复审《谷物—术语》等 5 项标准，为粮食国际贸易和质量管理提供准确、可靠、适用的检测方法。二是提升分委员会影响力。ISO 谷物与豆类分委员会秘书处代表 ISO 参加了国际食品法典标准《推荐的分析和抽样方法》（Codex 234）修订工作，推动粮食领域两大国际组织标准协调衔接。ISO 在世界粮食日发布主题新闻“Ensuring no one goes hungry on World Food Day（成就一个没有饥饿的世界粮食日）”，介绍了 ISO 6322 粮食储藏系列标准，该标准提出了粮食安全储藏的技术要求，对于共享知识、减少粮食产后损失具有重要意义。

2. 为粮食国际标准体系贡献中国方案。积极推进我国特色粮油产品、粮食储藏、检测新方法等技术纳入国际标准体系。组织国内专家牵头制定《植物油中黄曲霉毒素的测定》国际标准，这是我国在食用油领域开展的第一项国际标准，有 7 个国家提名 11 名专家参与该标准制定。《谷物储存的一般建议》《高粱中单宁含量的测定》《谷物中镉含量的测定》等 3 个项目推进至委员会草案阶段。向国际食品法典委员会提交《油茶籽油》标准建议，提高国际市场对油茶籽油认知度，推动我国高端食用油出口。

3. 推动粮油内外贸质量标准协调衔接。开展粮油国家标准外文版编译，组织《小麦》等 4 项强制性国家标准编译工作，提交 9 项推荐性国家标准外文版立项申请。根据粮食加工机械出口需求，完成 19 项推荐性国家标准版翻译报批稿，这是粮食行业首次开展外文版审定。瞄准国际提高水平，向国家标准委提交《植物油中 3- 氯丙醇脂肪酸酯和缩水甘油脂肪酸酯》等 7 项国际标准采标建议。

4. 加大粮食国际标准化人才培养力度。注重通过业务工作加强国际标准化人才队伍建设，推荐我国专家担任 ISO/TC34/SC4 术语和词汇工作组召集人，注册 2 名专家为豆类工作组成员，提名 8 人次专家参与油脂国际标准制定，推荐 6 家实验室参与《高效液相色谱法测定植物油中抗氧化剂》等 4 项国际标准协同验证实验，向国家标准委推荐 28 名国家标准外文版专家。

（撰稿单位：国家粮食和物资储备局标准质量中心；撰稿人：祁潇哲、尹诗文、袁强、汪啸天；审稿人：王耀鹏、王正友、孙长坡）

粮食流通体系建设

一 深入推进优质粮食工程

自 2017 年优质粮食工程实施以来，中央财政连续四年累计安排补助资金近 215 亿元，带动地方各级财政和社会投资 600 多亿元，统筹推进粮食产后服务体系、粮食质量安全检验监测体系、“中国好粮油”行动计划三个子项建设，各地聚焦目标任务，精心谋划实施，有力推动了优质粮食工程落地见效。截至 2020 年底，各地重点实施 9238 个项目，其中已开工建设 8888 个、完工 7798 个，开工率 96.2%、完工率 84.4%。

2020 年 9 月 26 日至 27 日，国家粮食和物资储备局在浙江省湖州市召开全国深入推进优质粮食工程加快粮食产业高质量发展第一次现场经验交流会。国家发展和改革委员会党组成员，国家粮食和物资储备局党组书记、局长张务锋出席会议并讲话；浙江省副省长彭佳学出席会议并致辞；国家粮食和物资储备局党组成员、副局长梁彦主持会议，总工程师翟江临出席会议。

（撰稿单位：国家粮食和物资储备局规划建设司；撰稿人：樊利楠；审稿人：钱毅、张保国、晁铭波）

（一）粮食产后服务体系建设

科学布点建设5000多个粮食产后服务中心，实现了全国产粮大县粮食产后服务体系全覆盖。2020年3月，研究粮食烘干用电优惠政策，指导各省粮食和物资储备局（粮食局）主动对接地方有关部门，细化政策执行，确保政策落地。7月，印发紧急通知，针对部分地区夏粮收购期恰逢连阴雨天气，粮食烘干需求可能大幅增加的形势，指导各地高度重视，有序组织开展粮食产后服务。9月，在浙江湖州召开的“深入推进优质粮食工程加快粮食产业高质量发展”专家咨询会上，组织专家对粮食产后服务体系建设相关问题和文件进行专题咨询论证，实地考察在湖州的建设成果。研究起草《粮食产后服务中心运营指南》，组织开展《粮食产后服务体系建设相关问题研究》课题研究，对粮食产后服务体系的建设成效进行分析，为绩效考核提供依据和参照。各地加快粮食产后服务体系建设进度，确保建设质量，更好地发挥粮食产后服务体系的作用。

（撰稿单位：国家粮食和物资储备局安全仓储与科技司；撰稿人：杨道兵、夏丹萍；
审稿人：王宏、张成志、王旭）

（二）粮食质检体系建设

粮食质检体系建设项目总投资逾60亿元，健全国家、省、市、县四级质检机构网络，30个省份（天津未申报项目）和新疆生产建设兵团新建和改造提升粮食质量安全检验机构和粮食企业检化验室1500余个，粮食质量安全检验监测覆盖面提升了60%。

一是强化项目督导。印发《关于加快推进优质粮食工程粮食质量安全检验监测体系建设的通知》，实行项目进度月报制度，及时掌握项目进展情况。组织召开视频推进会，通报项目进展情况，现场督导粮食质检体系建设及运行。

二是研究制定新一轮建设方案。研究起草《关于开展“粮食质量追溯提升行动”的指导意见》，提出加强国家粮食质量安全监测平台以及“好粮油”产品追溯体系、检验监测体系、粮油标准体系、培训体系“一平台四体系”建设思路。

三是挖掘培树先进典型经验。挖掘吉林、黑龙江、河南、湖北、湖南、重庆、青岛、武汉、贵阳、辉县等典型单位经验做法，加大宣传力度，突出项目实施成效。各项目建设单位累计增加检验参数2.9万个，月均检验样品数量增加2.6万个，实验室用房建筑面积增加22.4万平方米，配置仪器设备3.5万台套。多数项目建设单位在检验场所、仪器设备、配套设施等方面实现全面改造升级，基本满足了当地粮食质量安全检验需要。项目建设单位不断完善运行机制，积极拓展服务范围，2020年累计检验样品81.0万份，对守住管好“天下粮仓”的质量安全发挥了重要技术支撑作用。涌现了一批以青岛市站为代表“加强入市把关，保障‘米袋子’质量安全”，以湖北省中心为代表“推进品质测报，服务种粮农户”，以宜宾市站为代表“服务龙头企业，促进产业发展”等形式多样、各具特色的典型单位，为粮食质量安全检验机构完善运行机制、创新改革发展提供了可复制、可推广的多种模式。

（撰稿单位：国家粮食和物资储备局标准质量中心；撰稿人：尹诗文、窦幽璇；
审稿人：王耀鹏、齐朝富）

（三）“中国好粮油”行动计划

“中国好粮油”行动计划扶持 389 个示范县和 1200 多个示范企业，推动粮食产购储加销“五优联动”。各省（区、市）高度重视，天津、河北、山西、内蒙、辽宁、吉林、黑龙江、江苏、浙江、安徽、福建、江西、山东、河南、湖北、湖南、广东、广西、海南、重庆、四川、贵州、云南、西藏、陕西、甘肃、青海、宁夏、新疆等 29 省（区、市）积极推进“中国好粮油”行动计划，下发正式文件，制定明确的目标、具体的政策措施和三年实施方案，扎实开展各项项目建设。

一是优质优价机制逐步形成。示范县和示范企业立足本地优势，突出区域特色，加大优选和推广优质粮种力度，积极推行连片种植、规模化经营和订单收购，粮食种植结构进一步优化，优质优价机制逐步形成。全国优质粮食累计增加超过 4700 万吨，促进农民增收近 200 亿元，农民种植优质粮食的积极性明显增强。

二是优质粮油产品供给明显增加。在“中国好粮油”行动支持引导下，许多粮食经营企业实行仓储规范化管理，按照粮食品种及等级分仓储存，提升精细化作业水平，有力地保障了优质粮食的储存品质。同时，部分示范企业大力推广粮油产品适度加工，加大生产设施技改力度，提高粮食加工智能化水平，提升了生产效率和产品品质，在满足群众粮油消费由“吃得饱”向“吃得好”转变的同时，在更高层次上促进节粮减损，助力保障粮食安全。

2021 年 2 月 26 日，国家粮食和物资储备局在央视网举行了 2020 年度“中国好粮油”产品发布会。在发布会现场，同期举办“中国好粮油”产品展，获得 2020 年度“中国好粮油”称号的产品悉数亮相，共同保障百姓餐桌粮油产品品质。

三是优质粮油标准体系更加健全。各级粮食和储备部门、示范县（市）和示范企业，根据区域特点，结合品牌建设，积极研究建立优质粮油产品及加工标准，共制定并发布了“中国好粮油”系列标准 12 项，地方“好粮油”标准百余项。各项标准从食品安全指标、品质指标、追溯信息、标签标识等方面，对优质原粮和粮油成品提出了要求。以“中国好粮油”系列标准和省级“好粮油”标准为基础，通过分级遴选机制，2020 年度共遴选出 1969 个省级“好粮油”产品和 236 个“中国好粮油”产品，满足全国各地消费者对优质粮油的需求，为优质粮油进入百姓餐桌提供了有力保证。

四是优质粮油品牌影响力不断提升。示范县和示范企业积极推进“互联网＋粮食”行动，发展粮食电子商务和新型零售业态，建立线上线下交易平台的同时，多渠道、多方式创建粮油品牌。“中国好粮油”图形证明商标已申请注册，各地创建 14 个省级区域公用品牌和数十个具有地理标识的区域特色品牌；企业更加注重挖掘企业文化和产品品质特质，打造企业品牌和产品品牌，四位一体的品牌建设体系逐步形成，消费者对于优质粮油的认知度和认可度迅速提高。

五是服务地方经济发展作用明显。示范县发挥粮油资源优势，通过示范企业引领粮食产业聚集发展，实现就地就近加工转化，加工增加值更多地留在县域，有效促进了粮食主产区经济发展，好粮油示范企业得以快速成长。在深入推进优质粮食工程过程中，探索出粮食产业助力乡村振兴的“阜南样板”和五优联动的“湖州模式”，形成了一批可复制推广的先进典型，粮食产业优质化、特色化、品牌化发展趋势显现。

（撰稿单位：国家粮食和物资储备局科学研究院；撰稿人：欧阳姝虹；审稿人：周明慧）

二 “粮安工程”建设

2013—2020 年，累计安排中央预算内投资约 220 亿元，完成 1900 多亿斤粮食仓储设施建设任务，粮食收储能力大幅提升，布局不断优化，为粮食收储奠定了坚实的物质基础。累计安排中央预算内投资 100 多亿元，建设和配置了一大批散粮设施，八大跨省粮食物流通道更加完善，“两横六纵”八条重点线路更加顺畅，在重要枢纽节点布局建设了一批集粮食仓储、物流、加工、交易等功能于一体的粮食物流园区，辐射带动和调拨集散能力明显提升，散粮运输比例稳步提升，粮食物流效率明显提升。

（撰稿单位：国家粮食和物资储备局规划建设司；撰稿人：展圣洁；审稿人：钱毅、张保国、晁铭波）

三 粮食仓储管理

（一）紧扣改革发展，完善仓储管理制度体系

制定出台《政府储备粮食仓储管理办法》。贯彻落实粮食储备体制机制改革精神，服务储备安全升级，从仓储的角度完善政府储备管理制度，推动承储库点分类管理；强化对中储粮直属企业的事中事后监管和仓储业务指导，为依法行政提供依据。研究起草《粮食仓储企业规范化管理体系》。进一步推动仓储管理规范化，提炼近年来各地规范化管理的实践经验，梳理新形势下仓储管理要求，解构仓储管理工作内容，引入企业管理视角特别是供应链管理理念。

（二）推进“绿色仓储”工作，引领行业走绿色发展之路

起草《关于大力发展粮食“绿色仓储”的指导意见》，加强政策引领和业务指导。推动“优粮优储”

工作系统化，包括人才、科技、标准、资金等。基于储粮生态区理论，强调以气密、保温隔热等性能为重点，加强对仓房的改造提升；以控温抑虫为重点，指导因地制宜选用绿色储粮技术，提升粮食保质保鲜储存能力；促进化学药剂使用减量增效和仓储作业降尘降噪，推动粮仓分类分级评价和精细化储存，促进仓储提质增效。

（三）强化基础研究，为完善仓储管理制度和技术体系提供有力支撑

“粮仓分类分级研究”为科学评价粮仓的技术水平和适用性提供了新的评价方法和框架，相关研究成果作为行业标准立项；开展“粮食储备承储安全管理研究”，找准仓储管理在储备安全管理体系中的位置，为《政府储备粮食仓储管理办法》提供专业支撑和理论依据；开展“淘汰磷化铝对我国粮食仓储影响及风险评估研究”，全面系统研究粮食行业储粮药剂管理和使用状况等，就淘汰磷化铝对粮食仓储的影响进行全面、客观评价并提供相关建议；开展“粮食‘绿色优储’评测方法研究”和“粮食储藏保温隔热技术系统研究”，支撑“绿色仓储”发展需要，更好地指导实践。

（四）聚焦行业发展方向，加强仓储业务指导和交流

发挥行业交流平台作用，丰富仓储管理和技术应用交流可视化资源。制作完成低温、气调、内环流、横向通风等绿色储粮重点技术短片，打造“储粮专家说”微课系列，完善“仓储保管规范操作示范片”，在储粮技术交流、储粮知识培训、储粮规范操作等方面形成了多系列仓储业务培训资源。用好行业公益性科研专项成果“友粮人”APP 载体，投放粮食仓储管理行业资讯、学术文章、技术交流和知识分享等信息资源，创新发挥行业交流平台作用，“互联网 +”强化仓储业务指导。

（五）适应机构改革新形势，履行棉糖储备仓储管理新职能

认真研究积极推进储备原糖散存试点、原糖加工回储、“储转商”延期、进口原糖带“螨”以及在库养护和出入库管理自动化等，以及解决储备棉“炸包”、“露白”、最佳储存期限等工作。认真梳理棉糖储备政策体制下“仓储管理”职能边界，研究棉糖储备仓储管理政策制度需求，修订完善《中央储备糖管理办法》，推动出台《中央储备糖承储资质条件标准》，支持中央储备糖增储、棉糖储备轮换等工作。

（六）贯彻落实改革精神，推动中央储备粮管理机制变革

《国务院关于取消和下放一批行政许可事项的决定》公布，中央储备粮代储资格审批被列入“国务院决定取消的行政许可事项目录”。根据国务院文件精神和粮食储备体制机制改革精神，就改革过渡期处理好直属企业范围界定、非直属企业储存中央储备的必要安排、轮换运作优化等支持做好中央储备管理工作，按照程序配合取消该项行政许可。

（撰稿单位：国家粮食和物资储备局安全仓储与科技司；
撰稿人：李鹏飞、施季辉、黄雨；审稿人：王宏、张成志、彭扬）

四　粮油统计与信息体系建设

（一）粮油统计信息

1. 各项统计调查任务顺利完成。密切关注旺季粮油收购形势，跟踪做好粮食收购进度五日报统计工作，重点加强疫情期间市场形势分析研判。认真做好 2019 年度购销存流转、产业经济、仓储设施、

建设投资、粮油科技、从业人员年报统计工作，加强数据审核校验，通过线上、电话等方式与各地会审汇编数据，及时核对发现问题并督促修正，保证了统计年报数据完成质量。扎实完成购销存月报统计工作，完成 2019 年度全国粮食供需平衡调查报告，组织开展 2020 年农户存粮专项调查，为粮食宏观调控提供决策参考。

2. 统计监测服务水平持续提升。为更好服务监测预警工作，持续推动国家粮油统计信息系统升级改造。以粮食流通重点工作需求为主导，围绕粮食收储制度改革、政策性收购、粮食库存消化和粮食行业高质量发展等重点工作，整合“直报系统”采集的各项统计信息，深入挖掘数据价值，报送各类专报、信息近百篇。

3. 统计监测工作基础切实加强。印发《关于认真贯彻执行〈防范和惩治统计造假、弄虚作假督察工作规定实施办法（2020 年修订）〉的通知》，指导各地做好新形势下粮食统计工作。克服疫情影响，以会代训开展统计业务视频培训，首次将直接参训范围延伸至地市级。出版《简明粮食流通统计教程》，确保基层统计员和入统企业人手一册，打牢工作基础，切实提高统计数据质量。

（撰稿单位：国家粮食和物资储备局粮食储备司；
撰稿人：袁海波、赵泽林、邢文煦、沈洁；审稿人：秦玉云、唐成）

（二）粮油市场信息体系建设

1. 着力构建新型粮食市场监测预警体系。按照习近平总书记“加强粮食市场价格监测和监管”的重要指示精神，加快构建粮食市场监测预警体系，目前已初见成效，多样化的信息采集方式、发布方式和报告类型基本建立，服务决策和引导市场的作用得到发挥，粮食市场监测预警能力总体迈上新台阶，为构建更高层次、更高质量、更有效率、更可持续的粮食安全保障体系提供了有力支撑。一是研究制定并印发《粮食市场监测预警体系首席分析师团队建设与管理办法》。二是组建分品种首席分析师团队并开展工作，制定省级分析师分配方案，初步确定省级分析师名单。三是建立专家会商机制，组织专家会商，及时形成专题报告，为领导决策提供重要参考。四是及时上报专报、信息、“三性”问题报告、月度运行报告和专题研究报告，不断提高信息服务质量。

2. 强化粮食市场形势分析研究。围绕社会关注焦点上报多篇专报，2020 年共报送《粮油市场专报》《三性问题报告》《世界粮油供需状况月报》《中国粮油市场月度形势》《中国棉糖市场形势》《粮油市场动态》6 类决策报告超过 300 期。按时保质完成库存粳稻消化、保障食用油安全和饲料粮需求前景分析等 3 项重点调研课题和“中长期粮食供需趋势预测”软科学课题，其中软科学课题获得具有较高学术水平和实用价值评价。针对疫情影响下的社会热点问题，了解掌握第一手材料，摸清粮食市场出现的新情况新问题，全国粮油信息系统组织力量通过实地调研、视频会议、电话沟通、微信联络等方式深入开展调研。

3. 正确引导市场预期。积极发挥传统媒体和新媒体的优势，利用网络、微信公众号、报纸、电视和新闻通气会等方式，全方位多渠道发布市场信息，强化正面信息引导，加强预期管理，服务粮食市场保供稳市工作。国家粮油信息中心接受新华社专访“口粮绝对安全，百姓米面无忧”，中国新闻网专访“粮食供应有保障，价格上涨难持续”，产生了积极的社会影响。国家粮油信息中心网站发布信息 2000 余条、官方微信 250 余期、定期报告 1800 余期。派出 80 多人次的业务骨干参加国际谷物理事会、农业农村部等国内外行业会议，并作主题演讲。

（撰稿单位：国家粮油信息中心；撰稿人：李圣军；审稿人：周冠华）

（三）粮食政务信息公开

全年通过国家粮食和物资储备局政府网站发布各类信息 2348 条，同比增加 50.9%；发布政务微信 557 条，同比增加 70.9%；发布政务微博 235 条，粮食和物资储备工作透明度持续提高，被国务院办公厅政府信息与政务公开办公室评为“政务公开优秀单位”。一是做好粮油数据公开。在政府网站设置粮油数据栏目，集中发布粮食收购、粮食价格、粮食交易、粮食质量等方面数据，方便公众查阅和获取主产区粮食收购进度、主要粮食品种收购价格周报、国家政策性粮食交易结果和粮食质量监测调查情况。二是做好扶贫信息公开。通过扶贫支援栏目，及时公开助力定点扶贫县打赢脱贫攻坚战、举办全国贫困地区优质特色粮油产品展销会的有关信息。三是做好财政预决算和政府采购信息公开。按要求公开经财政部批复的非涉密部门预算、决算，及时发布中央救灾物资、防汛抗旱物资调运信息和招标、中标公告，通过中国政府采购网公开粮食和物资储备系统年度采购合同、意向等政采信息。四是做好建议提案信息公开。全年共承办全国人大常委会办公厅交办的人大代表建议 99 件（含闭会期间另件转来代表建议 1 件），政协全国委员会办公厅交办的政协委员提案 33 件，答复率 100%。按照“应公开尽公开”的原则，在政府网站主动公开全国人大代表建议 12 件、全国政协委员提案 5 件，自觉接受社会监督。此外，系统梳理制发的行政规范性文件，其中继续有效的行政规范性文件 79 件，已通过局政府网站集中对外公开。认真做好执法督查、招考招聘、节粮减损等方面信息公开工作。严格落实重大决策公众参与机制，对粮食储备安全保障条例、政府储备粮食仓储管理办法等重要文件，均面向社会公开征求意见，期限不少于 30 日。

持续改进网上政务服务，从便利人民群众办事角度，督促指导各地做好粮食收购资格认定工作。进一步优化政务服务网，根据业务实际调整服务事项，确保所有服务均可用能用。用户可通过“一键办事”自助查询粮食行业标准、职业资格鉴定证书、粮食价格日报、先进集体个人和劳动模范等信息，登录后还可以报送企业财务报表、仓储单位及设施备案信息、质量数据等，切实提升了办事便利度。

不断提高政府信息公开工作制度化规范化水平。一是升级优化信息公开平台。认真落实政府信息主动公开新要求，牢牢把握“专栏姓专”的基本定位，严格按照《国务院办公厅政府信息与政务公开办公室关于规范政府信息公开平台有关事项的通知》，完成信息公开平台升级优化，确保法定主动公开内容全部公开到位。二是健全内部信息公开制度。研究制定《国家粮食和物资储备局政府信息公开实施办法》，进一步细化明确司局单位的职责分工、主动公开范围内容、申请公开办理程序等，同时配套制定《国家粮食和物资储备局政府信息公开申请办理答复规范》，规范 29 种情形的答复告知文书格式，印发《国家粮食和物资储备局主动公开基本目录》。三是依法稳妥办理公开申请。全年共接到政府信息依申请公开 35 件，全部按时转办处理、依法稳妥答复，未发生因政府信息公开申请引起的行政复议或提起行政诉讼的情况；未收取任何检索、复制、邮寄等费用，未发生减免费用的情况。四是持续加强政府网站建设。改版优化政府网站，更加方便人民群众获取粮食和物资储备政府信息。办好用好局长信箱，严格办理要求，认真回复办结，不断提升政民互动效果。全年共收到网民来信 217 件，全部按程序按时限规范答复，办结率 100%；选取部分网民来信予以公开。

（撰稿单位：国家粮食和物资储备局办公室；撰稿人：赵来伟；审稿人：周海扬）

粮食和物资储备法治建设

一　扎实推进粮食安全保障立法修规工作

（一）加快推进《粮食安全保障法》立法进程

国家发展和改革委员会、国家粮食和物资储备局认真履行起草工作职责，在有关部门大力支持配合下，严格遵循立法程序，已经完成了政策研究、立法调研、起草论证、意见协调等部门起草阶段的相关工作。

（二）配合做好《粮食流通管理条例》（修订）立法审查工作

国家粮食和物资储备局全力配合做好意见梳理、沟通协调、调研论证、修改完善等立法审查工作。配合对修订出台时机和舆情风险进行评估，配合做好意见协调、条文修改等工作。国务院常务会议已审议通过修订草案。

（三）抓紧推进《粮食储备安全管理条例》起草工作

在深入开展调研、广泛听取意见、反复修改完善的基础上，形成《粮食储备安全管理条例》（征求意见稿）。按照立法程序要求，书面征求中央部门单位和地方人民政府意见，并公开征求社会意见。认真梳理反馈意见，对征求意见稿进行修改完善。

（四）地方立法修规工作稳步推进

截至 2020 年底，浙江、江苏、广东、贵州、宁夏等 5 省（区）已出台粮食安全保障地方性法规；福建出台粮食安全保障省政府规章；北京、内蒙古、黑龙江、江苏、浙江、安徽、山东、河南、湖北、湖南、广东、广西、贵州、新疆等 14 个省（区、市）已出台省级地方储备管理规章。天津、河北、辽宁、山西、安徽、福建、山东、湖北、河南、海南、重庆、吉林、广西、贵州、云南、甘肃、青海、新疆等 18 个省（区、市）已将制修订粮食安全保障地方性法规列入省级人大常委会或者政府立法计划；北京、山西、吉林、黑龙江、上海、安徽、福建、江西、山东、河南、湖南、广东、重庆、西藏、陕西、新疆等 16 个省（区、市）已将制修订地方储备管理规章列入省级政府立法计划。

二　不断提高粮食和物资储备依法行政水平

成立国家粮食和物资储备局法治机关建设工作领导小组，会商研究法治政府建设重大问题。出台法治机关建设考核评议办法，开展 2020 年度法治机关建设考核评议工作，以考评促提升，提升法治机关建设水平。按照“放管服”改革要求，对“放管服”改革涉及的相关问题展开专题研究、制定切实措施，深化推进粮食流通和物资储备领域“放管服”改革工作。组织开展行政规范性文件清理工作，认真开展规范性文件合法性审核，不断提升粮食和储备工作规范化水平。出台法律顾问管理、公职律师管理、重大执法决定法制审核、执法监督工作规程等制度文件，制度体系不断完善。开展国家粮食和物资储备局权责清单编制工作。各地制定出台粮食和物资储备管理相关制度。

三 持续推进粮食和物资储备法治宣传教育

推动领导干部带头学法用法，将习近平法治思想、党章党规和法律法规纳入国家粮食和物资储备局党组理论中心组学习重要内容；开展以民法典为学习主题的党组中心组集体学习活动。建立健全全系统党员干部学法用法机制，把法治培训纳入干部教育培训规划、计划，创新学习形式，拓宽学法渠道，不断提高干部职工的法治素养和依法行政能力。做好“七五”普法总结。深入实施法治宣传教育，开展民法典、宪法、全民国家安全教育日宣传等专项普法。依托“粮食科技周”“世界粮食日和全国粮食安全宣传周”等自身特色载体，将普法宣传植入各类文化宣传阵地，营造良好普法氛围。

（撰稿单位：国家粮食和物资储备局法规体改司；
撰稿人：许莹、李冬良、刘森、王铎羲；审稿人：周海佳、肖玲）

棉花和食糖储备

一　棉花和食糖市场运行

（一）棉花市场运行情况

1. 棉花生产保持稳定。据国家统计局数据，2020 年全国棉花播种面积 4754.8 万亩，比 2019 年减少 254.1 万亩，同比减少 5.1%，其中，新疆地区种植面积 3752.9 万亩，占全国种植面积的 78.9%。全国棉花产量 591 万吨，增长 0.4%，其中新疆棉花产量 516.1 万吨，增长 3.2%，占全国总产量的比例升至 87%。

2. 棉花消费有所恢复。2020 年上半年受新冠肺炎疫情影响，国内棉花消费持续低迷。据中国棉花协会预测，2019/2020 年度（2019 年 9 月—2020 年 8 月）国内棉花消费量 765 万吨，比上年度下降 42 万吨。随着我国疫情得到有效防控、棉纺行业复工复产推进，加上海外订单有所好转，下半年国内棉花消费逐步恢复。中国棉花协会预计，2020/2021 年度（2020 年 9 月—2021 年 8 月）国内棉花消费量 810 万吨，较上年度增长 45 万吨。

3. 国内棉花价格大幅波动。受新冠肺炎疫情影响，2020 年 3 月棉花价格大幅下跌，3 月底跌破 11000 元 / 吨，此后有所反弹但总体持续低迷。随着棉纺企业生产逐步恢复，棉花价格持续回升，9 月底上涨至近 13000 元 / 吨。10 月国内外棉花产需关系收紧，加上全球流动性充裕等因素推动，棉价快速上涨至 15000 元 / 吨左右，并保持在 14000—15000 元 / 吨区间平稳偏强运行。

4. 中央储备轮换有序推进。为优化中央储备结构、支持棉纺企业应对疫情等冲击，国家有关部门根据棉花市场形势适时有序开展储备轮换。2020 年 7 月至 9 月安排中央储备棉轮出，累计成交 50.3 万吨，其中新疆棉成交 28.3 万吨、地产棉成交 22 万吨，成交均价 11789 元 / 吨，折标准级（3128B）价格 13099 元 / 吨。

（二）食糖市场运行情况

1. 糖料种植面积略降。据中国糖业协会数据，2019/2020 年度（2019 年 10 月—2020 年 9 月）全国糖料种植面积 2070.3 万亩，较上年度减少 4.2%。其中甘蔗种植面积 1747 万亩，同比减少 3.4%，甜菜 323 万亩，同比减少 8.3%。糖料收购价格较上年度略有上涨，其中甘蔗平均收购价（地头价，不含运输及企业对农民各种补贴费用等，下同）489 元 / 吨、甜菜 499 元 / 吨，分别较上年度上涨 9 元 / 吨和 5 元 / 吨，农民收入基本稳定。

2. 食糖产量下降、消费平稳。由于糖料种植面积下降，2019/2020 年度全国累计产糖 1041.5 万吨，下降 3.3%。其中，甘蔗糖 902.2 万吨、下降 4.5%，甜菜糖 139.3 万吨、增长 5.9%。全国食糖消费市场平稳，消费量 1530 万吨，较上年度增加 10 万吨。消费结构继续调整，民用消费比例上升 3 个百分点至 45.5%，工业消费比例下降 3 个百分点至 54.5%。

3. 食糖市场价格大幅波动。受疫情影响，国际食糖价格一度急剧下跌至近 10 年来的历史低位，影响国内食糖价格快速下跌。随着国内疫情得到有效控制、消费复苏，国内糖价企稳回升。总体看，2019/2020 年度全国制糖工业企业成品白砂糖累计平均售价 5524 元 / 吨，较上年度上涨 276 元 / 吨，制糖企业生产经营情况有所好转，全国制糖行业盈利 9.6 亿元。10 月份后，国际糖价受全球产需缺口扩大等推动持续上涨，但由于食糖关税配额外进口增加、糖浆进口激增等，国内糖价偏弱运行。

二 棉花和食糖储备管理

（一）精心组织 2019 年度新疆棉轮入

2020 年 3 月，针对国内棉价大幅下跌的市场形势，适当增加新疆棉每日挂牌竞买数量，稳定市场预期；4 月，针对新疆棉入库检验质量问题，研究同意对入库公检不合格的棉花批次换批一次。自 2019 年 12 月至 2020 年 3 月末，累计挂牌竞买 78.6 万吨，成交 37.2 万吨，轮入交易顺利完成，提高了库存新棉占比，提升了储备棉总体质量。

（二）稳妥组织 2020 年度储备棉轮换

研究下达 2020 年中央储备棉轮出计划 50 万吨，轮出过程中加强协调指导，根据市场形势变化，适时调整挂牌数量。自 7 月至 9 月底，挂牌销售储备棉 50.4 万吨，实际成交 50.3 万吨，圆满完成了全年轮出任务，优化了储备棉库存结构，保障了市场供给，保护了下游纺织产业。10 月，落实 2020 年度 50 万吨新疆棉轮入任务，印发轮入公告，对轮入时间、数量、价格和质量要求等作出具体安排，适当放宽了对轮入棉花的质量要求，提振了棉花市场信心。

（三）推进棉糖储备管理建章立制

研究起草《中央储备糖管理办法》和《中央储备棉轮换管理暂行办法》，对中央储备糖管理和中央储备棉轮换管理的原则要求、职责分工、工作程序等进行规定。

（撰稿单位：国家粮食和物资储备局粮食储备司；撰稿人：许策、杨璐；审稿人：秦玉云、唐成）

物资储备

一 战略物资储备管理

（一）扎实推进“327 专项”工作

对计划收储的物资分品种制定采购实施方案，按照先难后易的顺序，按步骤组织实施收储。一是组织召开相关品种选型论证会。按照年度收储销售计划，分别邀请有关领域的专家学者，在赴生产厂家、贸易商、用户单位开展走访调研的基础上，组织专家选型论证会，分品种详细研究收储标的规格选型、包装要求、成本核算和贸易规则等重要问题。二是认真组织编制采购、轮换、销售方案。结合市场及生产企业情况，分品种编制收储方案和销售方案，并根据专家及行业有关意见进行调整完善后，落实收储任务。三是审慎推进收储任务。通过加强对经济形势发展和大宗商品市场研究和预判，努力把握好收储力度和节奏，减少对市场的影响，达到预期效果。

（二）健全战略物资采购核销机制

组织印发《战略物资采购规定（试行）》《战略物资采购工作流程（试行）》，明确了职责分工、工作流程和廉政保密要求，为开展采购工作奠定了制度基础。形成了业务司局提建议、局领导召开专题会研究讨论、提交局党组会或局长办公会决定的决策流程，重大事项均按规定进行审议。国家有关部门相关司局成立协调机制，及时报告工作进展，研究专题事项，协商工作安排。

（三）积极稳妥推进“116 专项”工作

面对新冠肺炎疫情和洪涝灾害带来的不利因素，特别是铁路运输安全标准提高等重重困难下，完成了 2020 年收储核销任务。2020 年初，组织开展“116 专项”总结表彰工作，对全系统 2019 年火炸药收储核销工作中涌现出的先进单位和个人予以表彰。

（四）修订储备日常管理办法

印发《国家储备火炸药管理办法》，编制《发射药出入库操作规程（试行）》《梯恩梯出入库操作规程（试行）》，开展《国家储备综合物资管理办法》及工作细则修订完善工作。

（撰稿单位：国家粮食和物资储备局物资储备司；撰稿人：刘毅军、潘瑶、程振意、王敏、白啸辰、王爽、高春旭、丁一凡；审核人：徐高鹏、陈凤冬）

二 应急物资储备管理

（一）抗击新冠肺炎疫情

累计调运 7 批次、23.85 万件中央救灾物资，用于支援湖北、浙江、河南、江西、贵州等五省做好转移人员安置、交通管制卡点人员值守、疑似人员隔离观察、医院新增床位补给等疫情防控工作。其中，共组织调运 19.8 万件中央救灾物资，保障湖北、武汉疫情防控急需。

新冠肺炎疫情发生以来，国家粮食和物资储备局组织调运了总计 7 批次、23.85 万件中央救灾物资，用于支援湖北、浙江、河南、江西、贵州等五省做好转移人员安置、医院新增床位补给等疫情防控工作。其中，调运 19.8 万件中央救灾物资专项保障湖北疫情防控急需，助力打赢疫情防控人民战争、总体战、阻击战。

（二）做好防汛救灾应急保障

2020 年 9 月，印发《关于做好 2020 年调用中央防汛物资返还核销工作的通知》，对调用物资返还核销和费用结算等提出明确要求，进一步完善防汛救灾物资应急保障工作机制；同时，建立中央防汛救灾物资调运及库存情况日通报、月统计制度，及时向国家防总办公室、应急管理部、财政部等部门报送物资调拨情况。开展防汛备汛检查，突出抓好低洼易涝区、山洪泥石流风险区储备仓库设备设施及物资管理风险隐患排查治理，确保防汛救灾物资数量准确、质量良好、储存安全，关键时刻拿得出、调得快、用得上。及时制定救灾物资应急调运预案，建立快速调拨机制，密切关注震情灾情，加强对各地粮食和物资储备部门、中央救灾物资储备库等指导和管理，强化应急值守，上下协同联动，做到随时响应、随时装运，严格做到“电话响三声内必须接，调运通知 20 分钟内必须发”。汛期紧急调运 24 批次、34 品类、1.36 亿元中央防汛救灾物资，有力支援了长江流域等地区抗洪抢险救援救助；全年累计调运 33 批次、34 品类、2.2 亿元中央防汛救灾物资。

（三）加强中央防汛救灾物资储备管理

截至 2020 年 12 月底，中央防汛抗旱物资储备量总价值达到 9.2 亿元，储备仓库达到 47 座，遍布全国 31 个省（自治区、直辖市）；中央救灾物资储备库存总量 554.9 万件，存储在 28 个省（自治区、直辖市）的 49 座储备仓库，应对重特大突发事件的物资保障能力得到进一步加强。加快推进应急资源管理平台建设，对 16 个中央救灾物资储备库安装“金民工程一期”信息化设备，国家有关部门赴西藏、江苏等地开展应急资源管理平台建设督导调研，提高信息化管理水平。研究起草《中央救灾物资储备管理暂行办法（修订稿）》《中央防汛抗旱物资储备管理办法（修订稿）》，制定《国家战略应急物资储备大清查实施方案》，开展中央救灾和防汛抗旱物资大清查，完成 49 个防汛救灾储备仓库自查、垂管局督查，对湖北、河南、安徽、云南等开展中央防汛救灾物资大清查督导，对湖南、福建、云南、青海开展部际联合抽查，针对发现的问题和短板，提出加强物资储备管理的意见建议。

（撰稿单位：国家粮食和物资储备局安全仓储与科技司；
撰稿人：杨林、孙裕如；审稿人：王宏、邱永峰、陈林）

三 物资储备基础设施建设

完成国家储备仓库安全综合整治提升三年行动计划，实现了突出安全隐患清零，安全性能、整体功能显著增强，标准化、信息化、智能化和综合管理水平明显提升；确保物资大规模出入库作业与安全综合整治同步推进、安全平稳运行，项目建设取得较好效果。2020 年 3 月初，召开垂管系统项目建设视频调度会议，统筹推进疫情防控和项目复工，逐个制定方案，在落实疫情防控的前提下加快推动项目建设。

6 月，印发《关于扎实做好国家储备仓库安全综合整治项目实施的通知》，严格项目实施安全、质量和进度，明确验收要求。7 月，召开国家储备仓库安全综合整治提升三年行动和相关项目建设视频调度会议，深入学习贯彻习近平总书记关于健全国家储备体系、提升储备效能重要指示精神，督促按时实现预期目标。8 月，印发《国家储备通用仓库安全综合整治技术规程》，作为 2020 年通用仓库项目初步设计、施工和验收的依据。9 月，谋划 2021 年通用仓库安全综合整治提升建设项目，重点实施通用仓库丙类库房功能提升和整治火炸药仓库转运站安全距离、成品油库接入社会管网等项目，投资估算 8.45 亿元。10 月，召开国家成品油储备能力项目建设调度视频会议，加快推进在建项目全面做好竣工收尾、确保如期投产，未开工项目尽快落地开工。12 月，组织完成 23 个在建项目验收巡查工作。截至 2020 年 12 月 31 日，现场巡查提出的 226 项问题已立行立改 163 项，其他 63 项正在整改或制定整改计划。

（撰稿单位：国家粮食和物资储备局规划建设司；撰稿人：何晓伟；审稿人：钱毅、张保国、晁铭波）

四 物资储备标准化

（一）明确国家物资储备行业标准范围

国家物资储备“GC”行业标准范围包括：1. 国家物资储备管理术语、符号、标记和分类；2. 国家储备物资品种和质量要求；3. 国家储备物资包装、质量检验、损益处置等技术标准；4. 国家储备物资出入库、装卸、码垛、储存等相关技术规范和管理要求；5. 国家物资储备专用仓库设计规范标准，储备仓库设施设备配置、安装、使用、维护、停用、报废和可靠性评价等标准；6. 其他物资储备有关基础通用要求。

（二）成立国家物资储备标准化技术专家组

2020 年 1 月 6 日，国家粮食和物资储备局办公室印发《关于成立国家物资储备标准化技术专家组的通知》，专家组成员由有关司局单位推荐，覆盖了综合物资、能源、应急物资、糖棉储备、资产管理等领域，主要负责国家物资储备行业标准制修订工作，保障物资标准的科学性、规范性，并为下一步成立行业标准化技术委员会提供人才基础。

（三）开展物资储备标准制修订工作

2020 年 1 月 6 日，召开首批物资储备标准立项评审会。3 月 15 日下达第一批《物资储备通用术语》等 20 项物资储备行业标准制定计划，涉及储备物资基础通用性及包装、码垛、存储、日常管理等领域，迈出了物资标准工作的历史性第一步。

（撰稿单位：国家粮食和物资储备局标准质量中心；
撰稿人：陈寅、付伟铮、颜婷婷；审稿人：王耀鹏、王正友）

能源储备

一 能源储备能力建设

圆满完成国家原油储备年度增储任务，进一步扩大了国家原油储备规模。加快推动《中华人民共和国能源法》《国家石油储备条例》出台，统筹推进国家储备原油和成品油轮换办法制定工作，进一步完善国家储备油库成品油出入库作业规程等制度规定。扎实开展国家储备原油、成品油大清查，组织各相关部门开展自查，积极开展现场督导和抽查。稳步加强国家石油储备管理，开展国家储备成品油数据统计分析和年度损耗溢余核销处理等工作，组织开展企业代储国家储备成品油年度检查工作。利用国家石油储备剩余库容为企业解决“涨库憋停”难题，提供临时周转支持，维持必要生产秩序，缓解供需失衡风险。深入推进能源领域重大问题研究，持续跟踪新冠肺炎疫情和主要产油国等动态，及时进行分析研判，提出应对措施建议。

（撰稿单位：国家粮食和物资储备局能源储备司；
撰稿人：葛连昆、徐超蓝、王晨；审稿人：裴建军、车英、熊晓宝）

二 能源储备基础设施建设

2020 年，全力推进石油储备二期项目收尾和三期项目初步设计及开工准备工作。舟山扩建、黄岛扩建、独山子、兰州、锦州、天津、惠州等 7 个项目均投用并实现满储；湛江项目完成主体工程建设，其中 300 万立方米库容已具备储油条件。三期项目全部进入工程施工和初步设计阶段，楚雄项目 2020 年底率先开工；揭阳项目初步设计获得批复；安庆、兴安岭项目完成初步设计；儋州、惠州扩建、泉州项目可研报告获得批复。全面推进国家成品油储备项目建设，组织各项目单位对在建国家成品油储备能力建设项目制约问题开展自查，建立常态化会诊和约谈制度；把握关键节点，压茬推进在建项目竣工验收；通过集中召开项目调度会、简报通报、重点约谈、调研等方式综合施策，传导压力，压实责任，绝大部分项目陆续完成竣工验收。

（撰稿单位：国家粮食和物资储备局规划建设司；
撰稿人：何晓伟；审稿人：钱毅、张保国、晁铭波）

信息化建设

一 着力谋划信息化发展的顶层设计

（一）科学编制《“十四五”粮食和物资储备信息化发展规划》

着重研究基础性、关键性、前瞻性问题，提出总体的发展目标，明确行业信息化发展的主要任务和建设项目，修改完善涉及储备全品类、粮食全产业链的数据采集、网络安全、互联互通等通用核心标准规范，形成严谨的指标体系，强化规范引领，同步开展项目立项工作，为全面提升储备监管智能化水平、推动粮食产业数字化转型发展、提升信息化服务保障能力打下坚实基础。

（二）充分发挥信息化标准引领作用

发布《数据互通共享和视频监控系统互联互通两个技术规范的通知》《加快推进粮食信息化平台互联互通的通知》《高质量完成粮食行业信息化平台互联互通工作的通知》，持续规范数据及视频对接标准，加快推进与各省及中储粮集团互联互通，切实提高数据传输质量效率，开发数据质量评价系统，为完善信息化标准规范体系提供基础支撑。

（三）做好新办公区信息化基础设施设计方案

为切实做好国家粮食和物资储备局新办公区综合改造信息化基础建设，按照“同步设计、同步建设、同步迁移”的要求，明确综合布线点位等具体施工要求，重点设计应急指挥中心等信息化实施方案，按照交付时间倒排工期，与基建办协同推进项目建设，确保按期竣工。结合信息系统整合优化和网络资源整合，目前已具备网络、机房、平台、应用、安全和运维整体迁移条件。

二 持续巩固拓展行业“一整两通”

（一）国家粮食和物资储备局机关信息化资源整合落地

制定“一整两通”细化方案，从网络、平台、应用、机房、安全、运维六个方面全方位推动资源整合。涉密内网整合全面完成，实现国家粮食和物资储备局机关、直属单位、垂管系统“一网通”。平台整合落地见效，形成涵盖机关、事业单位、垂管局、储备仓库的大平台。机房、应用进一步整合优化，信息化资源整合的目标基本实现。保密水平不断提升，安全性能不断增强，进一步构建安全可靠的运行环境。

（二）粮食行业“一整两通”强化升级

持续开展粮库智能化升级改造，完成 30 个省份数据互通和 25 个省份视频接入，实现国家粮食和物资储备局平台与中储粮集团公司平台及各省平台“数据通”“视频通”。依托粮库智能化升级改造和中储粮集团公司既有信息化资源，建成全国粮食储备布局地理信息系统，实现中央储备库全覆盖、省级储备库覆盖率达 72%、市县级储备库覆盖率达 65%，形成储备布局“一张图”、数据“一张表”。通过“一整两通”工作督促各省加快项目建设。召开“粮食信息化平台互联互通调度会”，进一步压实责任，保障高质量完成粮库智能化升级改造，与 2019 年相比，开工率由 95%上升至 99%，完成率由 73%上升至 78.5%。

（三）物资储备“一整两通”稳步推进

积极开展物资储备“一整两通”，推进整合完善，初步形成垂管系统数据通、视频通整体方案，下发互联互通规范。推动建设能源和医疗物资储备动态台账，建立能源数据定期获取机制，细化能源台账数据格式，初步形成数据内容清单，基本完成 12 个省份医疗物资数据可视化展示。国家物资储备信息系统二期工程进入分保验收环节，整体由建设向应用转变，积极开展战略物资、能源储备布局地理信息系统建设工作，扩大储备信息化建设范围，全面提升监管、服务、应急和决策功能。

三 全力提升信息化服务水平

（一）监测与行政监管信息化水平明显提高

依托“粮安工程”粮库智能化升级改造，业务数据、粮情检测、视频监控实现互联互通，国家平台对库点视频数据实现实时调取。多次梳理业务数据，掌握数据关联性，强化动态监控，创新监管方式，为“数量真实、质量良好”监测监管提供技术支撑。推进中央储备粮库存动态监管系统、战略物资大清查系统等项目建设和验收工作，建立完善全国粮食储备布局地理信息系统，全面推进“互联网 + 监管”。

（二）积极推动信息系统深入应用

整合优化互联网门户网站、业务系统、管理系统、共享平台、数据中心、安全系统、运维系统，形成物理统一逻辑分级授权的大平台，并逐步将分散的运维工作纳入一体化管理，降低运维成本，实现信息化从建设为主向建设、应用、维护并重转变。截至 2020 年 12 月，通过 OA 办公系统线上办文 1740 件，协同事项 538 件。印发《国家粮食和物资储备局视频会议使用管理办法》，加强视频会议推广应用和管理，进一步发挥降费增效作用，充分利用现有云资源，将新建系统统一部署上云，形成“一个数据中心 + 一个平台”云架构格局，为数据安全中心建设奠定基础。

（三）实现政务服务“一网通办”

建设完成国家粮食和物资储备局政务服务门户，实现全局政务服务事项“一网通办”，并与各地区和国务院有关部门政务服务平台互联互通、数据共享、业务协同，依托国家政务服务平台办理跨地区、跨部门、跨层级的政务服务业务。国家粮食和物资储备局政务服务旗舰店共接入了 10 项应用，包括：全国粮食系统先进集体、劳动模范和先进工作者，部门预决算，国家粮油统计信息发布，行业标准全文公开，职业资格鉴定证书查询，爱粮节粮科普宣传，标准跟踪评价及意见反馈，标准公开征求意见，粮食法律法规查询，国家粮油综合信息查询。

（撰稿单位：国家粮食和物资储备局信息化推进办公室；撰稿人：杨正、彭守根、邝琼、葛亮、修阳、张维、张杰才、袁鸿珊、刘欣欣、史策、赵文博；审稿人：卜轶彪、于英威）

科研发展

一 科技进步与创新

编制《“十四五”粮食和物资储备科技和人才发展规划》，起草《关于“科技兴储”的实施意见》。在江西南昌举办2020年全国粮食和物资储备科技周活动启动仪式，活动现场展示科技成果和江西等地方好粮油产品，为国家粮食质量安全生物快速检测技术创新中心等6个技术创新中心授牌，为“粮食科技特派员”小分队授旗。依托“国家粮食技术成果转移中心”网络平台，开展科技成果、科研机构、科技人才与企业网上“三对接”活动。召开全国粮食和物资储备科技和人才工作经验交流会，认真落实创新驱动发展战略，交流经验、分析形势，守正创新、持续发力，推动科技和人才兴粮兴储再上新台阶。

加强科技创新平台管理，推动将国家粮食和物资储备局科学研究院、河南工业大学承建的两个国

2020年8月25日，全国粮食和物资储备科技活动周启动仪式在江西南昌举行。江西省委副书记、省长易炼红（前排左二），国家发展和改革委员会党组成员，国家粮食和物资储备局党组书记、局长张务锋（前排右二），江西省委常委、常务副省长殷美根（前排左一），国家粮食和物资储备局党组成员、副局长贾骞（前排右一）共同出席启动仪式。

2020 年 8 月 25 日，全国科技和人才兴粮兴储工作经验交流会在江西南昌召开。国家发展和改革委员会党组成员，国家粮食和物资储备局党组书记、局长张务锋（主席台中）出席会议并讲话。国家粮食和物资储备局副局长卢景波（主席台右二）主持会议，副局长贾骞（主席台左二）通报有关情况，局总工程师翟江临（主席台右一）出席会议。

家工程实验室纳入新的国家工程研究中心序列管理，完成“国家粮食质量安全生物快速检测技术创新中心”等 6 家技术创新中心的批复和授牌，年底前完成了 7 家工程中心的评估工作。指导行业科技发展，推荐“稻米低温仓储关键技术装备集成与示范应用”等 10 个项目为“科技助力经济 2020”重点专项项目，推荐中粮生物科技有限公司等单位牵头承担国家重点研发计划项目，完成粮食公益性行业科研专项有关项目的验收工作。推荐“2020 年创新人才推进计划中青年科技创新领军人才”“2020 年创新人才推进计划重点领域创新团队”，推荐“一种基于手性四面体构象改变对目标 DNA 浓度进行检测的方法”等 3 项专利作为第二十二届中国专利奖参评项目，提名第十七届中国青年女科学家奖候选人。

（撰稿单位：国家粮食和物资储备局安全仓储与科技司；撰稿人：管伟举、王旸；审稿人：王宏、张成志、王旭）

◆ 国家粮食和物资储备局科学研究院

2020 年，国家粮食和物资储备局科学研究院积极建设一流科研院所，统筹推进疫情防控和科学研究，取得了丰硕成果。

（一）储运研究领域

“储粮粮情云图指纹分析技术”已纳入“中央储备粮信息化监管平台”，相关成果获得 2020 年度中国粮油学会科学技术二等奖；梳理总结低温储粮、内环流控温、虫霉绿色治理、环保清理干燥等 6 大类主要绿色储粮技术的 11 项典型案例及经验模式，完成“粮食流通行业安全生产检查指引”编制工作。

（二）粮食品质与营养研究领域

推进益生菌和抗生素替代技术研究与产业化，实现益生菌抗逆性 50%的突破，验证了 100%替抗功能，开发了替抗降臭微生态制剂产品，获得 2020 年第三届长城食品安全科学技术一等奖；深化发酵菜粕和发酵麦麸工艺研究，可实现 10%—30%豆粕替代；持续推进品质营养数据库建设，年度新增数据 11 万条；开展果糖摄入量与血脂异常关系研究，首次回答了我国居民膳食果糖摄入与血脂异常间的关系；完成杂粮对高脂饮食条件下肠道菌群和脂代谢的影响研究，为发展功能杂粮产业奠定理论基础。

（三）粮食质量安全研究领域

创建了全景式真菌代谢产物非靶向分析方法平台，在国内率先实现了 306 种有害微生物毒性代谢产物的监测能力，提升行业粮油质量安全保障水平；完成了 2016—2020 年黄淮海小麦的监测调查工作，并编制了年度监测调查报告，提交了 2020 年新收获小麦和玉米质量安全监测快报。

（四）粮油加工研究领域

加强“健康谷物加工新技术与产品”的创制、集成，推动杂粮食品上餐桌，提升老百姓对全麦、糙米等全谷物食品的关注和接受度；“稳定化全麦粉及全麦挂面加工技术与产业化”和“全谷物糙米健康食品创制技术”获得中国技术市场协会项目金桥奖二等奖。

（五）粮食产业技术经济研究领域

紧跟国内外形势变化，发挥专长，做好决策咨询服务。在新冠肺炎疫情发生后，迅速提交“关于保障粮食安全推进复工复产的建议”；积极承担我国粮食供需现状及未来趋势研判、构建现代粮食流通体系建设等研究工作，提交“十三五”发展成效和经验、“十四五”改革发展机遇挑战等 20 多项决策建议；完成“中国好粮油”行动计划实施效果评价及政策优化研究成果。

（撰稿单位：国家粮食和物资储备局科学研究院；撰稿人：张丽；审稿人：郭伟群）

◆ 中国粮油学会

（一）聚焦核心职能，推动行业科技发展

1. 加强团体标准建设，完善行业标准规范。按照国家标准委第二批团体标准试点工作的相关要求，中国粮油学会（以下简称“学会”）认真梳理总结 2018 年以来开展团体标准试点工作的经验和成果，顺利完成试点验收，形成可复制、可借鉴、可推广的典型案例，为我国粮食产业的标准化和规范化提供技术支撑和理论依据。一年来，学会持续开展团体标准工作，完成技术审查 24 项，新立项标准 39 项，正式发布《生湿面制品》等 31 项团体标准，增加了标准有效供给，满足人民对高质量粮油产品的需求，为提升粮食产业竞争力提供标准技术方案。利用学术会议平台开展《浓香菜籽油》等 4 项团标的宣贯推广，对标准技术指标进行深入解读，提升了团体标准的影响力，发挥标准对行业的治理作用。学会作为“菜籽油、葵花籽油、芝麻油”三类食用植物油企业标准领跑者的第三方评估机构，组织专家开展企业标准水平评估，共 8 家企业的 11 项企业标准入选企业标准“领跑者”名单。完成

重点调研课题《搭建粮油产业链团体标准框架体系的调研》。

2. 发挥学会优势，为行业科技发展添砖加瓦。在全国粮食科技活动周“三对接”活动中，完成科技成果、科研机构、创新团队和科普作品的征集和遴选工作。作为实施主体，协助完成《“中国好粮油”产品遴选管理暂行规定》、实施细则和遴选通知等文件的制修订工作，顺利完成2020年度“中国好粮油”产品遴选工作。承办第三届粮食交易大会——粮食机械装备发展论坛，邀请4位粮食装备领域专家作特邀报告，同时邀请粮食装备领域专家、知名企业代表进行高端对话，近200名代表参会，为深入推进优质粮食工程、提升粮机装备加工水平提供了思路和助力。

3. 强化智力支撑，服务政府科学决策。组织业内100多位知名专家学者，撰写完成了《2018—2019年度粮油科学技术学科发展报告》，并协助中国科协完成报告的编校、出版印刷等相关工作，顺利通过中国科协组织的项目验收，在第十届学术年会上发布。完成《搭建粮油产业链团体标准框架体系的调研》《中国粮食科技期刊对粮食科技的支撑作用研究》重点调研课题，助力政府科学决策。组织专家通过线上线下为单位会员承担的行业重点科研项目提供技术咨询，完成“油脂预脱色新技术研发与应用”等11个项目的科技成果评价。向中国科协推荐4项前沿科学问题和4项工程技术难题。

（二）围绕核心工作，持续推动开拓创新

1. 加强学术交流，促进产业高质量发展。举办中国粮油学会第十届学术年会暨第七届全谷物与健康食品国际研讨会，特邀4位国内知名专家和70多位粮油领域专家、学者作学术报告和专题报告。会议着力发挥学术交流对粮食产业高质量发展的支撑作用，突出学术年会“综合性、开放性、交叉性”的特点，融合了团体标准宣贯、成果推介交流、新产品与新技术展示等多个板块，吸引了来自全国各地的600余名代表参会。聚焦全谷物、玉米、稻米、花生等产业发展需求，举办了油脂分会第29届学术年会暨产品展示会、2020年饲料科技论坛、第六届淀粉科学会议、稻米减损加工与营养美味研讨会等学术会议14次，参会代表2000余人次，交流科研成果300多项。积极打造政产学研结合扶贫新模式，组织专家实地考察、调研，开展技术培训，扶持贫困地区特色农产品加工企业，带动贫困户脱贫，助力山西临县、河南正阳等地产业发展。与泰安市人民政府合作，举办了“第三届中国粮油泰山论坛暨第十五届全国粮油产销企业订货会”，400余家知名企业参展，参会产品高达1000余种，订货量超过400万吨。指导花生食品分会参与承办2020国际花生产业发展大会，国内外代表近300人参会，推动了全球花生产业高质量发展。学会荣获中国科协“优秀扶贫学会”称号。举办第二期粮新青年论坛，实现与会代表和专家即时互动、远程交流，当日累计点播量高达1.24万人次。粮新青年论坛为举办数字化、网络化、智能化会议提供可复制、可推广的成功经验。作为国际谷物科技协会（ICC）国家会员代表，参与ICC会员视频大会，积极支持ICC发起成立第一届全谷物理事会的方案，推举卞科教授为ICC2021—2022届待任主席候选人，为深化国际合作和提升话语权争取机会。

2. 夯实科技评估链，促进科技创新发展。加强中国粮油学会科学技术奖宣传，优化科技奖励评估系统，实现了在线申报、在线评审、在线跟踪评审进程等，进一步提高了科技奖励信息化水平，评出获奖项目26项，其中特等奖1项，一等奖6项，二等奖11项，三等奖8项。对2019年度中国粮油学会科学技术奖获奖项目、科技成果评价项目进行了宣介和推广展示，创新利用3D建模、VR等数字化手段搭建“中国粮油学会虚拟展厅”，以图文、视频等形式展示我国粮油领域的科技人才和创新成果，实现科技成果、科技人才线上展示永不落幕。

3. 完善科普体系，提升粮油科普工作实效。在全国科技活动周、世界粮食日等活动期间，深入社区和基层，开展“爱粮节粮，助力国家粮食安全”“以天地‘粮’心，珍食莫蚀”等科普活动。以发

放科普宣传品和现场公众答疑解读等方式向公众传播粮油营养和粮食安全知识，增强了公众爱粮节粮意识，营造浪费粮食可耻、节约粮食光荣的社会氛围。组织撰写了《疫情期间粮油选购储存十问十答》《特殊时期健康饮食生活方式倡议书》等疫情防控专题科普文章，正确引导民众抗击疫情，并荣获中国科协“优秀抗疫学会”称号。向全体会员征集并宣传典型人物和先进事迹，弘扬科学家精神。

4. 强化精品意识，提高期刊质量。出版发行《2020 年全国粮食和物资储备科技活动周专刊》，在国家粮食技术转移中心信息平台上展示本期专刊内容，积极宣传粮食科技创新成果，为粮食和物资储备改革创新发展营造良好的舆论环境。《中国粮油学报》持续扩大版面，缩短发稿周期，加快发稿速度，扩版 36.8%，刊稿数增长 31.3%。在中国知网上首发 320 篇稿件，提高了稿件的传播时效。通过微信服务号、学报网站和超星学习通 APP 等多媒体，及时传播相关内容，扩大学报影响力，被北京大学图书馆《中文核心期刊要目总览》收录。

（撰稿单位：中国粮油学会；撰稿人：王莉蓉、魏然、左巍；审稿人：王莉蓉）

二 重点课题调研

2020 年，全国粮食和物资储备系统着眼“谋大、谋远、谋新、谋实”，深入开展“大学习、深调研、真落实”，切实发挥了调查研究服务决策、指导工作的作用。

一是更加注重系统谋划。在全系统印发《关于深入推进大学习深调研真落实的指导意见》，从“突出调研重点、保证调研质量、抓好转化应用”等方面，对开展好“深调研”提出具体要求。

二是更加注重服务中心工作。围绕保障粮食和物资储备安全，确定了 13 项“2020 年‘大粮食’、‘大储备’研究课题”和 35 项全局重点调研课题；立足新形势新任务，印发半年形势和重点工作专题研究方案，明确了 21 项专题研究课题，为推动改革发展提供了可靠的理论支撑。

三是更加注重成果转化运用。在调研报告基础上形成多篇专报、信息上报党中央、国务院和国家发展和改革委员会，还有的已转化为政策储备和可行措施印发实施。扎实开展优秀调研成果评选活动，评选出 2019 年度国家粮食和物资储备局机关优秀调研成果 15 篇和系统优秀调研成果 24 篇，并予以通报表彰，发挥了示范带动作用。

（撰稿单位：国家粮食和物资储备局办公室；撰稿人：张宇阳；审稿人：方进）

三 战略性课题研究

2020 年，国家粮食和物资储备局批准了 5 项战略性课题研究，由中国粮食研究培训中心组织完成。

课题一：落实“藏粮于地、藏粮于技”战略提升粮食综合生产能力研究。客观分析评估了当前粮食生产能力存在的薄弱环节和关键制约因素，全面综合分析了我国粮食育种、良法、农机和粮食仓储、物流、加工综合技术面临的关键“卡脖子”瓶颈问题。研究提出了我国提升耕地产能和粮食科技创新能力的路径、机制，以及落实好“藏粮于地、藏粮于技”战略的重要制度安排、重要政策举措和保障措施建议。

课题二：跨国粮商及我国粮食企业发展研究。梳理了美国 ADM、邦吉、嘉吉，法国路易达孚和新加坡丰益国际五大跨国粮商的产业布局、物流网络、供应链金融和全产业链闭环模式等，总结了其发展经验及对我国粮食企业国际化发展的启示。分析了我国粮食企业在发展模式、产业布局、“走出去”方式，以及粮食市场体制机制、支持政策等方面存在的问题。就如何培育在国际市场上具有竞争力的跨国粮商、推动我国粮食企业“走出去”、充分利用国内国际两种资源两个市场促进粮食国内国际双循环，以及如何完善我国粮食市场体制机制等提出了措施建议。

课题三：“十四五”期间和未来十五年我国粮食供求预测及风险管控研究。分析了我国粮食生产现有基础条件及未来变化趋势，预测“十四五”期间及未来十五年我国粮食总体及主要品种供给能力。分析我国“十四五”期间及未来十五年人口数量及结构、人均收入、食物消费结构等变化趋势，预测粮食总体及主要品种需求数量。综合分析了我国“十四五”期间及未来十五年粮食供求均衡情况和粮食安全状况，以及影响粮食供给的风险隐患和对粮食安全的影响，研究提出了防范化解风险、提高我国粮食安全保障能力的政策建议。

课题四：粮食金融问题研究。分析了当前粮食各环节金融服务的基本情况与现实需求，梳理了金融服务粮食供应链建设和高质量发展的薄弱环节和短板。借鉴国外涉粮金融发展的有益经验，结合目前国际国内新形势，改革信贷、保险、期货等服务粮食发展方式，创新粮食供应链金融和粮食金融产品。提出了建立新型粮食支持保护政策体系、健全新型粮食金融服务体系的措施建议。

课题五：战略物资储备与上下游企业融合发展研究。分析了战略物资储备各品种的生产、仓储、流通、需求等特征，梳理了战略物资储备与关键原材料上下游企业融合发展的现状，剖析了战略物资和能源储备的收储轮换与上下游企业融合发展中存在的问题。研究了建立科学、合理、高效的融合发展与轮换更新机制，在确保国家战略安全的同时，实现物资流动、保值增值、常储常新，提升供应链水平，发挥储备资源应有的效能，实现物资储备高质量发展。

同时，立足粮食流通市场化改革实际，中国粮食研究培训中心利用自身力量，组织精干研究人员，悉心收集资料，广泛开展调研，认真听取专家意见，还就“关于粮食收储制度改革思路和实施路径建议”“政府粮食储备企业的内控治理机制研究”“多措并举规制粮食损失浪费”等课题进行深入研究，提出了相关政策建议和具体举措，为服务政策决策、推动实际工作发挥了积极作用。

（撰稿单位：中国粮食研究培训中心；撰稿人：胡文国、李慧强；审稿人：颜波、陈玉中）

四 软科学课题研究

2020 年，中国粮食研究培训中心按照国家粮食和物资储备局党组深入开展“大学习、深调研、真落实”的工作部署，积极适应新形势新任务新要求，组织开展软科学课题研究，主动咨政参谋，取得了明显成效。

提升站位，服务“六稳”“六保”大局开展“大研究”。针对疫情影响，各方面都高度重视粮食安全的情况，进一步提升政治站位，胸怀国之大者，加强粮食和物资储备安全保障相关课题的研究工作。中国粮食研究培训中心严格把好选题关、立项关、研究关、结题关、评价关、运用关，做到严谨规范、力求实效。

问题导向，聚焦粮食和物资储备重点难点问题开展“深研究”。各课题研究单位紧扣系统改革发展面临的重大现实问题和重点难点问题，围绕加强法律法规制度建设、推进优质粮食工程、激发市场活力、健全储备体系及创新监管方式、防范化解风险隐患、科技和人才兴粮兴储等，深入基层开展调查研究，摸实情，探原因，谋良策，部分研究成果摘报有关领导并获得肯定性批示，为服务政策决策、创新思路举措、推动改革发展提供强力支撑。

集思广益，聚集系统上下、内外专家开展“精研究”。组织各省级粮食和物资储备局（粮食局）、各司局、直属单位、联系单位，各垂直管理局，有关中央企业、院校及科研机构，以及“特约调研员”牵头组成的研究团队，聚焦粮食和物资储备安全核心职能，全面深入开展调查研究，形成了一批站位高、质量好、针对性强的软科学研究成果。经评价，共有 60 项课题顺利结题。其中，31 项课题研究成果被评价为具有较高学术水平和实用价值，29 项课题研究成果被评价为具有一定学术水平和实用价值。

（撰稿单位：中国粮食研究培训中心；撰稿人：刘珊珊、高丹桂、崔菲菲、张慧杰；审稿人：颜波、王世海）

专家决策咨询

2020 年，国家粮食安全政策专家咨询委员会（以下简称“粮食专咨委”）以完善保障国家粮食安全的制度政策为主线，以推进粮食产业高质量发展为主题，围绕优质粮食工程、粮食安全省长责任制和粮食应急保障等主要内容开展课题研究、专题咨询和举办报告会。专家委员积极参加专题咨询会、全体委员会、报告会、撰写文稿、解读政策，全年参与活动 95 人次，所提意见建议得到了习近平总书记等中央领导同志的重要批示。粮食专咨委秘书处还围绕马铃薯产业高质量发展、我国在全球粮食安全指数的排名上升至第 35 位、沙漠蝗虫对世界粮食市场的影响分析、我国未来燃料乙醇发展方向、“十四五”粮食产业高质量发展规划、完善粮食主产区利益补偿机制、针对新冠肺炎疫情加强粮食安全治理、警惕短期玉米市场波动高度重视产需缺口扩大态势、全球粮食安全报告发布：全球面临严重粮食危机人口可能从 1.35 亿增至 2.65 亿等国内外重大问题、重要信息进行深入研究分析，及时编译，形成报告，提出了许多具有重要参考价值的意见和建议，相关成果得到国务院领导同志重要批示，全年共编印《专家咨询动态》7 期、《粮食和物资储备研究》20 期，印送《国家粮食安全政策专家咨询委员会课题研究成果汇编（2019 年度）》，促进专家委员沟通交流。

一 对重大政策文件论证评估，为保障国家粮食安全积极建言献策

粮食专咨委紧紧围绕国家粮食和物资储备局粮食流通重点工作和重大决策部署的制定和实施，在新时代新形势下保障国家粮食安全、粮食应急预案、深入实施优质粮食工程等方面关系全局、重大战略问题、重大政策决策进行了专题咨询和研究服务工作，提出了许多具有重要参考价值的建设性意见和建议。

（一）开展了新时代完善保障国家粮食安全的制度政策的专题咨询

专家委员重点围绕强化粮食安全省长责任制考核、完善粮食市场和流通的制度政策、改革完善粮食安全决策和管理体制机制、推进国家粮食安全治理能力现代化、中美经贸摩擦背景下保障国家粮食安全等议题，通过电子通讯和书面通讯等多种方式积极反馈咨询意见和建议，充分发挥了专家对粮食政策决策的参谋作用。秘书处认真研究起草了《专家建议加快完善粮食安全制度政策在更高层次上保障国家粮食安全》报告，获得习近平总书记等中央领导同志的重要批示。

（二）开展了国家粮食应急预案专题咨询

为推动《粮食应急预案（修订）》工作，国家粮食和物资储备局组织召开国家粮食应急预案专家论证会，粮食专咨委积极邀请张晓强主任委员、赵中权副主任委员和王朝才、邓亦武、吕军、李广禄、汪鸣等专家委员出席会议并发表意见建议，会后形成了《专家评估意见书》。

（三）开展了深入推进优质粮食工程加快粮食产业高质量发展的专题咨询

为认真贯彻落实习近平总书记关于深入推进优质粮食工程的重要指示精神和李克强总理关于加快

粮食产业强国建设的重要批示要求，粮食专咨委在浙江湖州组织召开“深入推进优质粮食工程加快粮食产业高质量发展”专家咨询会。国家发展和改革委员会党组成员，国家粮食和物资储备局党组书记、局长张务锋，局党组成员、副局长梁彦，局总工程师翟江临，局督查专员颜波出席咨询会。粮食专咨委张晓强主任委员主持会议，赵中权副主任委员等 8 位专家委员出席咨询会。与会专家对深入推进优质粮食工程和“十四五”粮食产业高质量发展的有关文件和规划进行把关指导，提出了建设性的意见和建议。

二　对重大课题深入调研，为粮食产业高质量发展献智献策

为深入贯彻国家粮食安全战略，加快推进粮食产业高质量发展，粮食专咨委组织专家委员开展了《利用两个市场两种资源做好粮食市场和流通的文章的研究》《粮食“产购储加销”协同联动机制研究》《深入实施优质粮食工程、加快建设粮食产业强国的有效路径与创新举措研究》《加强粮食应急保障体系建设的研究》《强化粮食安全省长责任制的考核机制研究》《创新完善政府储备粮规模、结构、布局和收储轮换制度研究》等研究课题，为政策决策提供有力支撑。

在疫情期间，粮食专咨委秘书处创新方式方法，在课题研究中采取网络调查和实地调研相结合的方式，回收有效问卷 1000 余份。9 月上旬，粮食专咨委副主任委员赵中权带队赴山东省就“深入推进优质粮食工程加快建设粮食产业强国”课题开展调研，调研组深入一线，与相关部门、企业进行座谈交流，听取实施优质粮食工程的情况及意见建议。

三　对重要活动精心组织，营造推动粮食产业高质量发展的良好氛围

在优质粮食工程现场经验交流会期间，粮食专咨委成功举办“深入推进优质粮食工程加快粮食产业高质量发展”报告会，邀请粮食专咨委主任委员张晓强、专家委员朱泽作专题报告。国家发展和改革委员会党组成员，国家粮食和物资储备局党组书记、局长张务锋，粮食专咨委副主任委员赵中权，局总工程师翟江临、督查专员颜波出席报告会。局党组成员、副局长梁彦主持报告会。会议对凝聚深入推进优质粮食工程，加快融入以国内大循环为主体、国内国际双循环相互促进的新发展格局，实现在更高层次上保障国家粮食安全和粮食产业高质量发展的共识发挥了重要作用。

四　对重点问题及时关注，撰写主题文章积极回应社会关切

一是，围绕“新时代粮食安全形势和制度政策”主题，组织研究起草了《准确把握粮食安全形势，全面实施国家粮食安全战略》《全面落实粮食安全省长责任制，坚决扛稳粮食安全重任》《加快推进粮食安全保障立法，提升粮食安全治理能力》《深入实施优质粮食工程，加快建设粮食产业强国》等主题文稿，在中央主流媒体刊发。

二是，组织 12 位专家撰写主题文章，积极宣传粮食安全形势。按照国家粮食和物资储备局的工

作部署，邀请程国强委员撰写“深入推进优质粮食工程”专题文章在《经济日报》刊发；邀请张晓强主任委员和丁文禄、方言、李国祥、汪鸣、姚惠源、程国强委员与山东省粮食和物资储备局王伟华局长等专家撰写主题文稿，在《经济日报》《光明日报》《中国粮食经济》等主流媒体刊发，宣传粮食安全形势，积极回应社会关切，正面引导社会预期。

（撰稿单位：国家粮食安全政策专家咨询委员会秘书处；撰稿人：亢霞、袁舟航；审稿人：颜波、陈玉中）

人才队伍建设

一 高层次人才队伍建设

（一）印发实施《关于“人才兴储”的实施意见》

国家发展和改革委员会、国家粮食和物资储备局、教育部、人力资源社会保障部联合印发《关于“人才兴储”的实施意见》。着眼国家物资储备人才总量不足、素质不高、结构老化等突出矛盾，着力深化人才发展体制机制改革，突出党管人才、以用为本，围绕中心、服务大局，改革创新、激发活力，统筹兼顾、形成合力的工作原则。针对干部人才、专业技术人才、工勤技能人才，分类提出建设措施，形成加强专家库、教育培训基地建设等重点工作任务；进一步优化人才引进、培养、使用、评

2020 年 7 月 30 日，全国粮食和物资储备系统“双先”表彰暨经验交流视频会在北京召开。隆重表彰全国粮食和物资储备系统先进集体、先进工作者和劳动模范，国家粮食和物资储备局“干事创业好团队”、“担当作为好干部”。国家发展和改革委员会党组成员，国家粮食和物资储备局党组书记、局长张务锋（右三），传达了国家发展和改革委员会党组书记、主任何立峰同志的重要批示。人力资源和社会保障部党组成员、副部长张义全（中），局党组成员、副局长卢景波（左三）、黄炜（右二）、梁彦（左二）、贾骞（右一），局领导宋红旭、翟江临、颜波、李成毅出席会议。

价、激励等具体措施，完善工作保障机制。力争未来5年，建成一支政治过硬、本领高强、作风务实、清正廉洁的高素质专业化干部人才队伍，一支钻研科学技术、善于创新创造的专业技术人才队伍，一支技艺精湛、技能高超的技能人才队伍。

（二）开展首次全国粮食和物资储备系统先进集体、先进工作者和劳动模范评选表彰工作

近年来，全国粮食和物资储备系统广大干部职工认真落实总体国家安全观和国家粮食安全战略，聚焦国家粮食和物资储备安全核心职能，突出“深化改革、转型发展”时代主题，坚守安全稳定廉政“三条底线”，着力推动科技人才兴粮兴储，创新强化粮食宏观调控和执法监管，推动现代粮食产业强国建设，筑牢国家储备安全基础，提高储备管理效能，为保障国家粮食和战略应急物资储备安全作出了突出贡献。为表彰先进、树立典型，强化引领示范，进一步激发广大干部职工干事创业、担当作为的积极性和主动性，人力资源和社会保障部、国家粮食和物资储备局组织开展了首次全国粮食和物资储备系统先进集体、先进工作者和劳动模范评选表彰活动。经过自下而上、层层推荐审核公示，决定授予北京市粮食和物资储备局执法督查处等100个单位“全国粮食和物资储备系统先进集体”称号；授予刘征等85名同志“全国粮食和物资储备系统先进工作者”称号；授予邢德江等64名同志“全国粮食和物资储备系统劳动模范”称号。

（三）选拔第二批全国粮食行业领军人才、第三批全国粮食行业青年拔尖人才

根据国家发展和改革委员会、国家粮食和物资储备局、教育部、人力资源社会保障部《关于“人才兴粮”的实施意见》部署要求，按照《全国粮食行业领军人才选拔培养管理办法》《全国粮食行业青年拔尖人才优先培养实施办法》关于每两年组织选拔一次全国粮食行业领军人才、青年拔尖人才的工作安排，同步组织开展第二批全国粮食行业领军人才、第三批全国粮食行业青年拔尖人才选拔工作。各省（区、市）粮食和物资储备局（粮食局）、有关中央企业及高等院校对照申报条件要求，严格审核把关，择优推荐领军人才、青年拔尖人才候选人，经组织行业专家评审，选拔确定了第二批全国粮食行业领军人才3人、第三批全国粮食行业青年拔尖人才8人。截至2020年底，全国粮食行业领军人才6人、全国粮食行业青年拔尖人才25人。国家粮食和物资储备局资助入选人才，围绕行业发展急需紧缺领域，自主选题、组建团队加大科技创新。

（四）选拔推荐第十五届全国高技能人才表彰活动

按照第十五届全国高技能人才评选表彰活动有关要求，在动员全行业积极申报、严格组织专家评审的基础上，择优向人力资源社会保障部推荐候选单位和个人。经审核，人力资源社会保障部决定授予广东省储备粮管理总公司（粮油）仓储管理员高级技师李松伟同志第十五届“全国技术能手”称号；同时，确定江苏省经贸技师学院（江苏省连云港工贸高等职业技术学校）为国家技能人才培育突出贡献单位、北京粮食集团有限责任公司（粮油）仓储管理员高级技师高玉树同志为国家技能人才培育突出贡献个人，予以通报表扬。

（五）设立首家行业高技能人才培养示范基地

为推动深化产教融合，依托山东省现代粮食产业的发展优势，科学统筹行业教育培训资源，提升技术技能人才培养能力，经山东省粮食和物资储备局申请，国家粮食和物资储备局批准，在山东商务职业学院设立首家国家粮食和物资储备行业示范性高技能人才培训基地。进一步突出技术技能人才队伍建设重要作用，提高教育培训平台载体建设的精准性，系统提升人才培养和技能培训的专业化水平，为推动实施人才兴粮兴储夯实基础。

（六）扎实组织做好国家专业技术人才知识更新工程

按照国家专业技术人才知识更新工程 2020 年高级研修项目安排，聚焦粮食和物资储备深化改革转型发展重点工作加强研修培训。2020 年 11 月 2 日至 7 日在河南省郑州市举办 1 期全国粮食和物资储备安全生产管理能力提升高级研修班，组织各省（区、市）粮食和物资储备局（粮食局）、有关中央企业、高等院校和部分垂直管理局推荐的 66 名学员，围绕我国安全生产管理政策，粮油仓储、加工和综合物资、油气储运等专业领域安全生产管理和技术要求，信息技术在安全生产管理中的应用等内容进行专题讲座、现场观摩和研修。

截至 2020 年底，相关高研班项目已为全国粮食和物资储备行业累计培训了具备高级职称的专业技术人才 1038 人次。

（撰稿单位：国家粮食和物资储备局人事司；撰稿人：曲贵强；审稿人：贾骞）

二 青年人才托举工程

持续开展三届“青托”工程，共培养托举对象 11 人，取得“出人才、出成果，出机制”的成效。9 月 24 日，根据中国科协要求，参加中国科协组织的第三届青年人才托举工程项目总结业务验收活动，经过现场答辩、专家质询等，顺利通过项目验收。第四届“青托”工程稳步推进，其中 1 名被托举人成功入选第三届全国粮食行业青年拔尖人才。2020 年 1 月，经中国科协批准，承担实施第五届中国科协（2019—2021 年度）青年人才托举工程，获批名额 4 人，其中科协经费资助 2 人，自筹经费资助 2 人。青年人才托举工程初见成效，稳步前行。

（撰稿单位：中国粮油学会；撰稿人：魏然、左巍；审稿人：王莉蓉）

三 粮食行业技能鉴定与职业教育发展

（一）粮食行业技能鉴定

1. 大规模开展职业技能培训鉴定。2020 年全年累计组织开展行业特有工种职业技能培训鉴定 10123 人次，包含（粮油）仓储管理员、农产品食品检验员、制粉工、制油工 4 个职业，鉴定合格获证人数 6188 人次，合格率 61.13%，合格率同比增长 4 个百分点。

2. 更新技能鉴定国家题库和培训教程。根据粮食行业职业技能鉴定工作需求，组织行业骨干专家，依据人力资源社会保障部相关工作规程和相关国家职业技能标准，更新了（粮油）仓储管理员、农产品食品检验员两个职业的初、中、高级工题库，修订出版了《（粮油）仓储管理员（初级中级高级）》《农产品食品检验员（初级中级高级）》（第二版）培训教程。

3. 有序推进技能人才评价改革。根据国务院“分布取消水平评价类技能人员职业资格，推行社会化职业技能等级认定”的总体部署和人力资源社会保障部相关文件要求，研究制定了《粮食行业职业技能等级认定试点工作方案》，有序推进粮食行业等级认定试点工作。从 2021 年起，粮食行业部门不再组织开展行业特有工种职业技能鉴定工作，不再颁发职业资格证书，改由经人力资源社会保障部门备案的社会培训评价组织（第三方机构）和用人单位（企业）承接粮食行业职业技能等级认定工作，颁发职业技能等级证书。

（二）粮食行业职业教育发展

1. 组织开展粮食行业本科层次职业教育专业设置工作。为实现粮食类专业在中等职业教育、专科层次职业教育、本科层次职业教育的纵向贯通、有机衔接和一体化设计，服务现代粮食职业教育一体化建设，根据教育部工作部署，粮食教指委组织行业职业院校开展了粮食类专业本科层次专业设置论证工作。经教育部评审，采纳并通过了本科层次职业教育现代粮食工程技术专业设置建议，填补了粮食类专业在本科层次职业教育专业设置上的空白，为加快推动粮食行业高层次技术技能人才培养起到积极的影响。

2. 完成职业教育粮食类专业目录修（制）订工作。为更好地适应产业经济升级和发展对技术技能人才的需求，进一步完善中、高职学生培养计划和培养模式，根据教育部工作部署，粮食教指委围绕粮食行业新业态、新技术、新标准、新规范，充分研究粮食行业人才需求新变化，对照现行的专业目录和专业简介，面向行业企业和职业院校深入开展调研，并在充分研究和分析的基础上，完成中等职业学校《粮油和饲料加工技术》，高等职业院校《粮食工程技术与管理》《粮油储运与质量安全》专业修（制）订工作，已顺利通过教育部评审并即将颁布试行。

3. 组织职业院校教师开展教师实践锻炼活动。为推动“双师型”专业教师队伍建设，不断深化产教融合、校企合作，粮食教指委立足粮食行业发展新要求，安排 9 所中高职院校的 10 名中青年教师开展为期 2 个月的岗位实践锻炼活动，进一步提高了专业教师实践教学能力和技术应用能力，拓宽了教师专业视野和职业思维，强化了教师专业技能水平，增进了校企之间的交流，营造了共同提高人才培养质量，共育行业粮工巧匠的良好氛围。

4. 扎实开展课题研究工作。为提高人才培养与行业需求的契合度，基于粮食行业企业与院校共享共赢的理念，粮食教指委组织相关职业院校，立足粮食行业企业人才现状，围绕企业员工专业技术技能提升点，粮食行业企业人才创新能力，高技能人才的企业激励和引进机制等内容进行深入分析，形成《全国粮食行业人才培养现状分析及供需平衡对策研究》，进一步强化了粮食职业教育理论储备，为行业人才发展的政策决策提供了参考建议，对职业院校粮食专业建设及改革发展发挥了积极作用。

（撰稿单位：中国粮食研究培训中心；撰稿人：王小可、鞠志远；审稿人：颜波、赵广美）

节粮减损

2020 年 8 月，习近平总书记对制止餐饮浪费行为作出重要指示。他指出，餐饮浪费现象，触目惊心、令人痛心！尽管我国粮食生产连年丰收，对粮食安全还是始终要有危机意识，全球新冠肺炎疫情所带来的影响更是给我们敲响了警钟。

一 深入贯彻习近平总书记重要指示精神，推进节粮减损工作

为深入落实习近平总书记对制止餐饮浪费行为的重要指示精神，9 月印发《国家粮食和物资储备局关于进一步加大力度推进节粮减损工作的通知》，从五个方面部署全行业全系统全方位推动节粮减损工作，发挥粮食部门的示范带头作用。国家粮食和物资储备局办公室印发《关于带头贯彻落实习近平总书记重要指示精神坚决制止餐饮浪费行为的实施意见》，结合实际情况，从加强宣传教育、坚决制止机关食堂浪费、严格公务活动用餐管理等五个方面，细化落实习近平总书记重要指示精神。国家粮食和物资储备局机关党委转发中央和国家机关工委《带头制止餐饮浪费切实培养节约习惯建设风清气正的政治机关——致中央和国家机关广大干部职工的一封公开信》，号召机关党员干部带头落实习近平总书记指示精神，践行厉行节约、反对浪费。

二 认真落实习近平总书记倡议，梳理粮食减损工作经验

按照习近平总书记在二十国集团领导人第十五次峰会上关于适时召开国际粮食减损大会的倡议，国家粮食和物资储备局结合粮食产后领域节粮减损已开展的工作，从农户储粮、仓储、物流、加工、消费等环节，梳理粮食产后领域推进节粮减损工作经验。

三 积极推进粮食立法强化制度建设，保障节粮减损成效

在修订的《粮食流通管理条例》中明确节粮减损的必要性，突出推进粮食减损工作责任主体，强化依法管粮，促进节粮减损。协助全国人大法工委牵头起草《反对食品浪费法》，突出粮食产后减损的必要性，明确减损具体举措。完善植物油适度加工标准体系，并开展大米、小麦粉加工精度实物标准的研究工作，减少过度加工损失，最大限度地保留食物中的营养。持续推进《健康谷物及其产品术语》《易煮全谷物》《全麦挂面》等粮油标准制修订工作，进一步引导适度加工。

四 梳理产后服务体系建设情况，总结推广粮食减损工作成效

在 26 个省份和新疆生产建设兵团建设粮食产后服务中心，有偿为种粮农户提供清理、干燥、收储、加工、销售等服务，帮助农民、合作社、粮食经纪人等解决市场化收购条件下收粮、储粮、卖粮、清理、降水干燥等问题，发挥了节粮减损、促进粮食提档升级的积极作用。

五 依托粮食和物资储备科技活动周，推进节粮减损宣传

2020 年 8 月举办全国粮食和物资储备科技活动周期间，编印节粮减损专题科普宣传手册，介绍农户储粮、安全绿色仓储、适度加工等技术理念和成果。积极编印粮食科技成果汇编，展示推广粮食公益性行业科研专项产后减损系列科技成果，在行业推广应用取得明显成效。包括：粮食储藏横向通风新工艺、横向负压谷冷通风新工艺、粮食循环和连续控速干燥工艺及控制系统、规模化农户储粮技术及装备、高效生物杀虫剂多杀菌素的发酵生产技术、粮食物流减损技术、粮食库存质量在线监测物联网技术与设备，以及粮食安全合理利用技术等。

六 积极参与国家科技计划管理，推介适度加工技术

2020 年，参与国家科技计划管理专业机构开展的“十三五”国家重点研发计划“现代食品加工及粮食收储运技术与装备”重点专项年度检查。围绕节粮减损重点技术，在国家粮食和物资储备局网站专题发布相关成果，宣介粮食安全仓储技术开发和集成，以及大宗米制品、大宗面制品、大宗油料、特色油料适度加工关键技术装备研发与示范等阶段成果。其中，粮仓隔热和安全储藏技术发挥了减少粮食仓储环节粮食损失作用，开发的粮食收储保质降耗关键技术搭建粮情监测监管云平台和优化横向通风工艺为减少仓储损失提供了新的技术路线。粮食产后“全程不落地”技术模式示范工程，配备物流和信息技术装备、干燥技术装备、质量安全检测技术及仪器装备，助力提高我国粮食产后收储、清理、干燥、质量检测等技术水平。散粮集装箱质量安全运输模式等粮物流减损技术，有利于进一步减少物流粮食损失。大宗米制品、面制品、油料适度加工关键技术装备研发与示范，为减少小麦加工损失提供了技术方案。

七 系统梳理减损工作，推进减损行动走向深入

按照中共中央办公厅、国务院办公厅印发《关于厉行节约反对食品浪费的意见》，梳理了加强粮食收购、储存、运输、加工、消费等环节管理，减少粮食损失浪费开展的工作，回顾实施粮食收储供应安全保障工程、组织修复危仓老库取得的成效，总结已建成农户科学储粮专项的粮食减损作用等。同时，对已开展的节粮减损宣传教育工作，以及加强监督检查的情况进行系统回顾。

（撰稿单位：国家粮食和物资储备局安全仓储与科技司；撰稿人：姚磊；审稿人：王宏、张成志、王旭）

援疆援藏与对口支援

积极支持对口支援的江西省于都县紧紧围绕“产购储加销”五优联动，推动延伸粮食产业链、提升价值链、打造供应链“三链协同”，加快发展富硒大米等特色粮油产业。

支持指导新疆、西藏粮食和物资储备局健全完善国家及行业标准体系，编制“十四五”发展规划。指导新疆粮食和物资储备局组建运行粮食收购贷款信用保证基金，完善基金制度。

支持提升新疆、西藏地区粮食收储调控能力和应急保障能力，增储近亿元中央应急物资救灾物资。同时，选派援疆援藏干部 8 人次，积极动员干部职工参与“恒爱行动”，向新疆、西藏捐赠《中国粮食经济》114 套。

（撰稿单位：国家粮食和物资储备局规划建设司；撰稿人：刘晨；审稿人：钱毅、张保国、晁铭波）

财务资产管理和内部审计

一　行业财务

（一）多渠道筹集粮食收购资金，巩固粮食收储制度改革成果

国家粮食和物资储备局认真分析研判粮食收购形势、分析资金需求，进一步协调优化夏秋两季粮食收购资金政策，完善小麦、稻谷最低收购价信贷措施。配合农发行及早出台夏秋两季粮食收购信贷文件，保障政策性粮食收储轮换资金及时足额供应，保障粮食收购顺利进行，夯实国家粮食储备，全年没有因收购资金问题发生“打白条”和“卖粮难”。指导各省份因地制宜建立健全粮食收购贷款信用保证基金机制，帮助企业增信融资、有钱收粮，切实保护种粮农民利益。全国共有 16 个省份建立了信用保证基金，总规模近 75 亿元。信用保证基金机制建立以来，基金项下累计发放贷款超过 1700 亿元，有效缓解了粮食企业特别是基层小微企业融资难、融资贵问题，巩固了粮食收储制度改革成果，得到国务院领导肯定，被中央电视台、中央人民广播电台、经济日报、农民日报等相关主流媒体报道 20 余次。各地粮食和储备财会部门积极指导粮食企业顺应市场形势，通过搭建银企对接平台、与商业银行开展战略合作，多方式拓宽市场化收购融资渠道。

（二）争取财税金融支持政策，支持企业应对新冠肺炎疫情冲击

2020 年，国家粮食和物资储备局积极帮助湖北省争取新冠肺炎疫情期间保供稳市财政补助。农业发展银行对 156 家疫情防控重点保障粮油企业给予 85 亿元贷款支持。编印两期《粮食和物资储备企业新冠肺炎疫情防控和复工复产财税金融支持政策指引》，获得地方部门、粮食和物资储备企业良好反响。与农业发展银行联合对认定的 507 家粮油产业化龙头企业给予重点支持，农业发展银行累计发放贷款 560 亿元。2020 年又共同启动实施优质粮食工程重点示范企业信贷支持行动，将 345 户企业纳入支持范围，推动粮食产业高质量发展。指导各地深入实施相关粮、棉、糖等储备企业印花税、房产税和城镇土地使用税优惠政策，进一步减轻企业负担、优化行业发展环境。配合财政部完善粮食风险基金相关管理规定，拓宽基金使用范围，盘活用好资金，为行业深化改革、转型发展增添新动能。

二　预算财务

认真落实党中央、国务院关于“过紧日子”的要求，科学编制年度预算，持续加强预算绩效管理，有效提升资金使用效益。全力争取财政部对粮食和物资储备事业的支持，为战略应急物资和中央储备粮棉监管、战略应急物资储备和国有资产清查等重大战略、重要改革、重点项目开展提供了有力的资金保障。落实 2021 年住房改革支出预算 1.66 亿元，同比增加 1035 万元，实现“四连增”。全面梳理汇总垂直管理系统预算财务和资产管理突出问题，逐条梳理分析，分清个性和共性，提出切实可行的解决建议。

三 资产管理

认真落实党中央关于建立国务院向全国人大报告国有资产管理情况制度。根据财政部和国家机关事务管理局工作要求，按时完成行政事业单位国有资产报告与决算、事业单位出资企业财务会计决算及政府储备物资报告的编报工作，相关工作 2 次得到财政部通报表扬。深入开展垂管系统国有资产清查，审批 26 个基建项目竣工决算，为统筹解决历史遗留问题、盘活资源、加强国家储备集中统一管理奠定基础。持续加强国有资产管理，合理配置资源，严防资产流失，不断提高资产使用效益。

四 内部审计

遵照习近平总书记关于审计工作的重要讲话精神以及审计署有关要求，将落实党中央、国务院以及局党组重大决策部署作为重要审计内容，组建内部审计人才库，2020 年对 18 名同志进行离任经济责任审计，督导相关单位严格落实整改要求，巩固内部审计成果，有效支持重点工作开展，服务党风廉政建设。配合审计署完成预算执行情况审计，组织开展并完成审计整改。通过督导调研等多种方式，督促相关单位加大整改力度，确保整改成效落实落地。在内部审计的基础上，不断完善粮食和储备财务审计制度规范，高标准严要求制修订国有资产、办公用房、竣工财务决算、因公临时出国经费、培训费、专家咨询费管理等 6 项制度规定；相继印发了公务用车、国有资产对外投资和出租、物资大清查经费管理等 3 项工作通知，用制度压实责任，用制度防范风险。

（撰稿单位：国家粮食和物资储备局财务审计司；撰稿人：张雷；审稿人：刘翔宜）

新闻宣传

一　加强正面宣传报道

围绕粮食和物资储备中心工作，强化议题设置、强化内容建设、强化平台搭建，积极做好正面宣传发声，做到重磅报道多、覆盖人群广、传播效果好。全年围绕粮食安全形势、疫情期间保供稳市、优质粮食工程等内容，以国家粮食和物资储备局及主要负责同志名义在《人民日报》《求是》等发表署名文章 7 篇、专访 2 篇，局领导接受采访 5 次；推出《焦点访谈》1 期，《新闻联播》报道 17 条，中央主要媒体专版报道 7 次；召开各类新闻通气会 10 次，相关司局单位及有关地方粮食和物资储备部门负责同志共 23 人次出席并发布相关情况，较上年同期增长 50%以上；中央主要媒体共刊（播）发主题报道 1000 余篇（条），较上年大幅增长。

多项宣传打破同类报道 / 稿件传播纪录。3 月新华社发布电文《口粮绝对安全、百姓米面无忧——关于当前粮食市场供应问题的对话》，被 2000 余家媒体采用。4 月 4 日国务院疫情联防联控新闻发布会后，国家粮食和物资储备局发布的“疫情以来没有动用过中央储备粮”1 小时内成为微博热搜话题，阅读量超 3.4 亿；《经济日报》有关报道抖音播放量过 3500 万。10 月世界粮食日期间，微博相关话题阅读总量近 7 亿，世界粮食日和全国粮食安全宣传周主会场活动网络直播观看人数超 270 万。

二　妥善开展舆情监测应对

健全工作机制，印发实施突发事件舆情应对工作预案、加强新闻发布及舆情应对工作方案等，进一步明确工作原则、规范工作流程。结合舆情态势和公众关注热点，及时调整优化监测关键词及匹配规则，前移监测推送关口，争取应对时间。强化舆情分析研判，汇总梳理国内外媒体观点、专家建议及网民评论，及时提出应对建议。针对“越南等国限制出口大米”、粮食危机、粮食价格上涨等社会关注焦点，通过新闻通气会、权威发声、记者观点、专家访谈、专题节目等方式，积极发声回应，正面引导社会舆论，有效舒缓公众情绪。全年共监测热点舆情 20000 余条，编报《舆情摘编》55 期、专题舆情分析报告 68 期。

三　创新开展粮食安全宣传教育

（一）持续打造世界粮食日和全国粮食安全宣传周活动品牌

会同农业农村部、教育部、科技部、全国妇联，联合国粮农组织驻华代表处，在全国范围内组织开展"端牢中国饭碗共筑全球粮安"系列主题宣传教育活动。世界粮食日当天，在《光明日报》《经济日报》刊发五部门联合主题倡议书、整版粮食安全主题公益广告，向9.9亿手机用户发送公益短信，举办全国粮食安全宣传教育主题展。各地结合实际情况，组织开展了"实验室开放日"、"粮食大讲堂"专题讲座、"杜绝餐饮浪费"宣传小分队走向公众等系列宣传教育活动。

2020 年 10 月 16 日，2020 年世界粮食日和全国粮食安全宣传周活动在福建厦门举行。国家发展和改革委员会党组成员，国家粮食和物资储备局党组书记、局长张务锋（前排中），局党组成员、副局长黄炜（前排左四）出席活动。

（二）充分发挥全国粮食安全宣传教育基地功能作用

2020 年确定发布第二批 67 个全国粮食安全宣传教育基地，各地确定发布 400 余个省级基地。会同有关部门联合印发实施《全国粮食安全宣传教育基地管理办法》，明确基地申报条件、功能作用、评选程序、管理要求、退出机制等；天津、河南、安徽等省份印发省级基地管理办法。加强基地建设管理，加大指导力度，各基地结合自身实际，组织开展了形式多样的粮食安全主题宣传教育活动，首批基地累计向社会公众开放 2 万余天，接待人数 100 多万人次，有效发挥了粮食安全宣传教育载体平台作用。

四　夯实新闻宣传工作基础

（一）加强制度建设

印发实施贯彻落实新时代爱国主义教育实施纲要工作方案、加强局属新闻出版单位意识形态工作规定，明确新闻宣传、爱国主义教育等工作制度，严格落实意识形态工作责任制，加强局属新闻出版单位建设与管理，筑牢舆论阵地根基。

（二）加强协同联动

疫情期间，印发加强宣传引导稳定社会预期的紧急通知，各省级粮食和物资储备部门做好本地宣传引导、回应社会关切等工作。4 月，北京、河北、吉林、江苏、山东、广东、陕西、新疆等 25 个省份采取新闻发布会、负责同志接受采访、媒体实地报道等方式，积极主动发声，正面引导社会预期，取得良好效果。同时，围绕夏（秋）粮收购、优质粮食工程、第三届中国粮食交易大会等中心工作，通过新闻通气会、集体采访等方式，国家、省级粮食和物资储备部门联合发布，打造全国一盘棋宣传格局。全年，会同黑龙江、浙江、安徽、福建、河南、湖北等省份联合召开新闻通气会 3 次，刊（播）发相关报道 100 余篇（条）。

（撰稿单位：国家粮食和物资储备局办公室；撰稿人：孔晶晶、杨婷婷；审稿人：陈玲）

◆中国粮食经济杂志社

（一）《中国粮食经济》改版升级，做强重大主题，推动媒体融合

1. 聚焦中心工作，策划重大主题宣传。年初根据全国粮食和物资储备工作会议精神明确了 15 项年度宣传重点。认真宣传习近平总书记关于粮食安全和物资储备安全的重要指示精神，宣传党的十九届五中全会精神，宣传党中央、国务院关于粮食和物资储备重大政策，紧紧围绕年度重点工作和中心任务，开展宣传报道。重点组织全国粮食和物资储备系统保供稳价抗击疫情、“双先”表彰、粮食安全省长责任制考核和落实、夏粮和秋粮收购、粮食库存大清查总结表彰、粮食科技活动周、世界粮食日、第三届粮食交易大会、优质粮食工程现场经验交流会等重大主题，进行了全面深入的专题报道；出版了粮储战“疫”、全系统“双先”表彰等专刊，第三届粮食交易大会增刊；推出了《2020：以奋斗书写以实干作答》《坚持“两手抓”夺取“双胜利”》《保粮食安全看粮储担当》《守好百姓的“米袋子”》《时代榜样粮储先锋》等一系列体现全系统贯彻落实习近平总书记重要讲话精神、保障粮食和战略应急物资储备安全的专题，每个主题刊发不同角度、不同层面的文章近 20 篇，共计近 200 篇，发表了《在战“疫”大考中交出粮食和物资储备系统的合格答卷》《粮食安全的中国图景必将更加激荡人心》《激扬“粮储先锋”的力量》等 10 篇观点鲜明、导向明确的社论。

2. 改版升级刊物，提高办刊质量。一是推出新栏目。推出社论、特稿、粮储学习进行时、粮安论坛、特别关注、动态传真、粮储先锋、粮储党建、节粮减损等一批新栏目，采写刊发了一批高质量的深度报道、政策解读和理论文章。尤其是新推出的“特稿”栏目，刊发具有重要指导意义的局党组和局主要领导署名文章 9 篇。二是改进样式。从机关刊物的性质定位出发，对封面设计、印刷用纸、内文版式等方面，进行调整改进，使之既庄重大方又丰富多彩。三是提高文稿质量。加强约稿力度，先后刊发了国内外知名专家的理论研究文章 23 篇，登载省（区、市）粮食和物资储备局长、垂管局长署名文章 27 篇，刊发具有较高学术水平的软科学课题研究成果 34 篇。

3. 创新宣传渠道载体，推动传统媒体和新媒体融合发展。将纸质刊物的深度报道等结合新媒体编排方式进行创新后发布，通过新媒体平台扩大传统刊物影响力，实现二者双促进、双提高。适应新媒体传播规律，配合纸质刊物，策划重大主题宣传。拍摄“双先”“双好”表彰会、中国粮食交易大会

微视频，开设音频节目“粮食和物资储备新闻周报”，针对重大政策出台或重大会议编发“图解图说”等。2020年，新媒体关注度、影响力不断提高。截至2020年12月31日，新媒体平台发布信息2000余条。

（二）地方粮食期刊改革创新，深入宣传粮食和物资储备系统重点工作

1.大力宣传报道保障国家粮食安全等重要主题。各地粮食期刊结合实际设置重要栏目，大力宣传策划保障国家粮食安全、抗击疫情保供稳价、优质粮食工程、粮食产业、脱贫攻坚等重要主题，服务地方粮食流通大局。围绕“抗疫情保供给”主题，积极宣传策划相关栏目。《浙江粮食经济》开辟“克时艰战疫情保供给”专栏，全方位报道当地扛稳“米袋子”、做好市场保供稳价、应急物资保障的工作；《江苏粮食和物资储备》突出疫情防控、物资保障和粮食保供，报道各地防疫保障典型经验；《冀粮经济》报道各级粮食部门和基层企业抗击疫情及积极复工复产的情况；《广西粮食和物资储备》开设“六稳六保”“抗疫在线”等栏目，展现广西作为。此外，还大力宣传优质粮食工程、爱粮节粮、脱贫攻坚等重要主题。《吉林粮食和储备》增设“吉林大米”和“吉林鲜食玉米”栏目；《齐鲁粮食》开设“齐鲁粮油”等栏目，宣传公共品牌；《浙江粮食经济》开辟“爱粮节粮”栏目，宣传好经验、好做法；《安徽粮食》重点围绕“皖美粮油”、仓储信息化等策划推出一批专题报道；《贵州粮食》开辟“脱贫攻坚”栏目，图文并茂，展现典型做法。

2.经验探讨与理论研究相结合。各地粮食期刊既注重典型经验交流，又加强相关理论研究，丰富文章内容，满足读者需求。《广西粮食和物资储备》开设“工作研究”“经验交流”等栏目，包括新闻动态、建议意见、专家观点等，着重报道粮食和物资储备系统改革与发展成果，交流干部职工的学习心得等文章；《云南粮食经济》开设“调查研究”“粮食论坛”“工作交流”等栏目，除了发布国家粮食政策法规，还刊发一些实用性和指导性兼具的各类论文；《冀粮经济》以专刊形式发表学术交流研讨会论文；《粮食问题研究》刊发理论文章帮助读者了解粮经政策、涉农法规、“三农”问题等。

3.丰富栏目类型，美化版面设计。2020年，各地期刊栏目类型进一步丰富，版面设计进一步美化。《江苏粮食和物资储备》重新设计封面，通过增加彩页、增设栏目，增强视觉效果，并增设“文件夹”“金话筒”“知识窗”等栏目，内容更加丰富；《晋粮经济》推出“话杂粮”栏目，向读者科普粮食作物；《陕西粮食经济》开辟专版推介省内名优特色粮食企业及健康粮油产品，整体设计积极创新、栏目不断优化、内容丰富多彩；《齐鲁粮食》对内容和版式进行全面创新和调整，进一步提高版式设计和印刷质量。

4.传统媒体与新媒体进一步创新融合。更多的各地粮食期刊继续积极探索与新媒体的融合发展，扩大期刊的传播效果。四川省《粮食问题研究》开通期刊采编系统和微信公众平台；《黑龙江粮食》创建“龙粮观察”公众号，与实体杂志形成“云”联动，内容相互关联互为补充；《云南粮食经济》编辑部开设“七彩滇粮”公众号，与杂志互补，满足读者的线上需求满足。

（撰稿单位：中国粮食经济杂志社；撰稿人：李可、李雯雯；审稿人：方进）

机关党建和文化建设

一 聚焦落实全面从严治党主体责任，党员干部“两个维护”的自觉性坚定性切实增强

（一）加强思想理论武装，党员干部政治素质不断提升

一是学懂弄通做实习近平新时代中国特色社会主义思想。以《习近平谈治国理政（第三卷）》为重点，按专题分批次列入党组中心组学习计划，做到19个专题学习全覆盖。及时跟进学习习近平总书记在决战决胜脱贫攻坚座谈会、统筹新冠肺炎疫情防控和经济社会发展工作部署会、全国抗击新冠肺炎疫情表彰大会等会议上的重要讲话精神，组织党员干部参观“铭记伟大胜利捍卫和平正义——纪念中国人民志愿军抗美援朝出国作战70周年主题展”，结合实际全力抓好贯彻落实。

二是持续深入学习贯彻党的十九届四中、五中全会精神。组织2期十九届四中全会精神专题培训班，实现司处级党员干部教育培训全覆盖。印发十九届五中全会学习宣传贯彻方案，明确9项重点任务，邀请专家作辅导报告，国家粮食和物资储备局党组书记、局长张务锋同志为全系统党员干部讲专题党课。

三是突出抓好领导干部和青年干部理论学习。围绕既定主题，按季度组织党组理论学习中心组学习，发挥领学促学作用。通过列席党组中心组学习交流发言、参加网络平台学习、讲专题党课等方式，加强司局级领导干部学习。制定《青年理论学习小组工作制度》和《青年理论学习提升工程实施方案》，开展2次集中学习研讨，评选10个“青年理论学习小组标兵”和19名“青年学习标兵”。

（二）全力走好第一方阵，推动党中央决策部署落地落实

一是推动落实习近平总书记关于粮食和物资储备的重要讲话精神。组织党员干部深入学习贯彻落实习近平总书记关于保障国家粮食安全和健全储备体系、提升储备效能等重要讲话和指示批示精神，研究贯彻落实意见措施。认真落实《关于破解“两张皮”问题推动中央和国家机关党建和业务工作深度融合的意见》，围绕中心、服务大局、建设队伍，统筹抓好党务业务队伍建设，发挥全面从严治党引领保障作用。

二是巩固拓展“不忘初心、牢记使命”主题教育成果。制定学习贯彻中央主题教育总结报告的实施方案、巩固深化主题教育成果的实施意见，把主题教育中行之有效的好经验好做法，上升固化为制度安排，推动理论学习长期化、调查研究经常化、检视问题常态化、整改落实机制化。

三是认真落实意识形态工作责任制。制定《贯彻〈党委（党组）意识形态工作责任制实施办法〉的实施细则》，把落实意识形态工作责任制情况作为局党组巡视重要内容之一，细化压实各方责任。及时发现指出苗头性倾向性问题。落实《党员思想动态分析办法》，召开专题座谈会，听取意见建议并作深入分析研判。严格落实规范党员干部八小时之外政治言行的有关规定，坚决反对和抵制各种错误思潮和负面言论。

四是全力做好党建扶贫工作。组织各直属党组织与安徽阜南9个贫困村开展结对共建，通过捐款捐物等方式，帮助15户贫困家庭解决子女入学等困难。组织9个贫困村党支部书记赴京参加十九届四中全会精神专题培训班。召开党建扶贫专题座谈会，听取扶贫村意见建议，细化帮扶措施。机关工会以消费扶贫方式支出36余万元采购贫困地区农产品，发放干部职工节日福利。

五是积极做好新冠肺炎疫情防控工作。及时了解掌握党员思想动态，帮助缓释心理压力。支出党费和工会经费17.8万元，慰问春节期间加班党员和家属在医护一线党员；下拨4万元党费支持基层党组织购买防疫物资。组织全局1077名党员干部捐款19.3万元支持防疫工作。疫情防控期间，对接北京市联防联控机制，精准协调、周密做好湖北、武汉职工返京集中隔离工作。会同有关部门开展3次疫情防控督导检查，排除工作死角。

（三）统筹整改突出问题，管党治党政治责任进一步压实

一是细化落实“三张清单”。深入贯彻《党委（党组）落实全面从严治党主体责任规定》，组织起草实施意见及党组主体责任清单，明确工作分工、狠抓贯彻落实。认真贯彻机关党委责任清单，发挥好机关党委党建专责机构作用。深化落实党支部责任清单，推动管党治党政治责任在“最后一公里”落细落实。制定《直属党组织书记抓党建工作述职评议考核实施办法（试行）》，精心组织评议考核，以严格考核督促担责履责。

二是扎实做好巡视工作。组织做好国家粮食和物资储备局党组第二、三轮巡视工作，对9个事业单位党组织、7个垂管单位分党组进行巡视，实现在京直属事业单位巡视全覆盖，巡视总覆盖率接近70%。督促做好巡视后半篇文章，第一轮、第二轮巡视反馈问题年末总体整改完成率达到90%以上，巡视工作成效得到驻委纪检监察组充分肯定。对十八届中央巡视反馈问题整改情况进行“回头看”，巩固放大整改成效。

三是全力整改党建突出问题。对照工委对国家发展改革委政治建设督查反馈问题清单，组织各直属党组织认真开展自查自纠。按照工委党的建设专项督查情况通报要求，制定对照自查整改方案，细化50项任务措施并抓好落地落实。针对国家粮食和物资储备局党组与驻委纪检监察组2次沟通会商指出的问题，制定整改方案，按时向驻委纪检监察组报告整改进展成效。

二 聚焦模范机关创建，机关党建工作质量得到全面提升

（一）加强组织领导，积极推动创建工作走深走实

一是细化创建工作方案。年初，制定《关于推进党的建设高质量发展、创建“让党中央放心让人民群众满意”的模范机关实施方案》，明确5个方面27项创建任务。年中，印发“强化政治机关意识教育”“灯下黑问题专项整治”“支部标准化规范化建设”等三项重点工作实施方案，进一步细化创建目标任务。

二是督促推进积极落实。对创建工作进展进行实时调度，下半年，组成3个检查组，对16家直属党组织进行现场检查。年末，召开模范机关创建工作现场会，通报情况、展示成效、交流经验。制定评选表彰办法，对创建工作先进单位、先进个人进行表彰，督促后进赶先进、先进更先进。

（二）精心组织三项重点工作，创建工作取得良好成效

一是认真组织强化政治机关意识教育。组织各直属党组织落实集体学习研讨、专题党课、主题党

日等重要任务。组织开展“不忘初心、弘扬优良家风”主题党日活动，大力传承粮食和物资储备系统优良传统。张务锋同志以普通党员身份参加机关党委人事司党支部活动并作重要讲话。编写 300 道机关党建应知应会题目，利用“支部工作”APP、党建测验小程序等载体，开展网上自学，组织闭卷测验。持续办好“国储党建”微信公众号，每天更新内容，交流推广先进经验。

二是扎实开展“灯下黑”问题专项整治。对照工委明确的 4 个方面 17 项问题，组织各司局单位认真开展自查自纠，形成本单位问题清单。对中央巡视、主题教育、政治建设督查、党组巡视以及各单位自查发现的问题进行系统梳理，形成包括 46 种问题表现、60 项整改措施的“灯下黑”专项整治台账，逐一明确责任单位和完成时限，全力抓好问题整改落实。

三是深入开展支部标准化规范化建设。制定落实《中国共产党党和国家机关基层组织工作条例》的实施意见，印发《2020—2023 年党员教育培训实施意见》。认真执行“三会一课”、组织生活会、民主生活会、民主评议党员等党内组织生活制度，指导各基层党组织建设党建活动场所。指导 4 家基层党组织完成换届选举，6 家党组织补选支部委员。办理 18 名预备党员转正，发展 22 名同志为预备党员。

三 聚焦“三不”一体推进，推动党风廉政建设向纵深发展

（一）加强纪律作风教育，党员干部纪律规矩意识进一步增强

一是驰而不息落实中央八项规定精神。完善落实中央八项规定精神的配套制度，组织制定相关制度 13 件，加强对制度执行情况的监督检查。严肃查处违反中央八项规定精神的问题，认真做好元旦、春节、五一、端午、中秋、国庆等重要时间节点廉政教育，规范领导干部操办婚丧嫁娶等事项报告，加强对餐饮浪费情况的监督检查，坚决防止发生隐形变异问题。

二是扎实开展纪律教育。深入开展违纪违法案件专题警示教育，印发案件警示教训通报和剖析材料，指导相关党支部召开专题民主生活会，切实汲取深刻教训。紧密联系全系统党风廉政建设实际，每月编发一期《纪律教育参考》，强化经常性纪律教育。

三是做细做实日常监督。修订处级干部廉政档案管理办法、党员干部廉政意见回复暂行办法，及时完善干部廉政档案，规范回复廉政意见，严把党员干部廉洁关，年内共回复廉政意见 234 人次。组织全系统司处级领导干部按季度报告不当用权和插手干预重大事项情况。

（二）加强制度机制建设，监督执纪工作进一步规范

一是依纪依规处置问题线索。实事求是践行“四种形态”特别是第一种形态，全年共收到信访举报和问题线索 70 件，转办 65 件，本级受理 5 件。全年查办问题线索 7 件（含上年结转 2 件），其中谈话函询 2 件、初核 1 件、立案 2 件，由基层党组织负责人谈话后了结 1 件、交直属纪委并具体指导办理 1 件。办理驻委纪检监察组查处案件处分 2 人次，开除党籍 2 人、党内警告 1 人、诫勉谈话 3 人、批评教育 2 人。

二是深化落实垂管单位纪检监察体制改革试点任务。严格落实“1+5”改革方案部署，推动改革试点向纵深发展。每月统计全系统问题线索受理处置情况，规范正处级干部问题线索处置程序，及时按规定向驻委纪检监察组请示报告。机关纪委加强对垂管系统纪检工作的指导，认真审阅垂管系统问题线索处置情况报告 32 件，提出指导意见 20 条。

三是完善廉政风险防控机制。紧盯重点岗位关键环节，推动建立到岗到人的廉政风险防控机制。

国家粮食和物资储备局 26 个司局单位共梳理职权 660 余项；绘制权力运行流程图 760 余张；排查廉政风险点 1302 个，其中高等级风险点 203 个，中等级风险点 439 个，低等级风险点 660 个；制定防控措施 3040 多条。24 个垂管局（北京局、江苏局人员尚未完全到位）共梳理职权 1440 余项；绘制权力运行流程图 1590 余张；排查廉政风险点 2446 个，其中高等级风险点 500 个，中等级风险点 966 个，低等级风险点 980 个；制定防控措施 3490 多条。

四 聚焦专责机构建设，履职专业能力和系统党建质量进一步提升

（一）机关党委、纪委履责能力进一步提高

制定加强机关党委自身建设的任务清单，明确 30 项任务举措。印发机关党委会议制度、党员组织关系管理办法、机关纪委纪律审查工作办法、处理检举控告工作规程等 8 项制度规定。全年召开机关党委会议 8 次、审议议题 43 个，召开机关纪委会议 4 次、审议议题 19 个。认真落实查审分离要求，明确巡视工作处、机关纪委办公室分别承担审查、审理任务。安排在京专职纪检干部、垂管局纪检组长参加驻委纪检监察组双周学习会和执纪业务专题培训。机关纪委书记、副书记以及部分垂管局纪检组长担任党组巡视组组长，以干代训、实战历练，提高监督执纪本领。

（二）党的群团工作进一步加强

制定《关于加强和改进党的群团工作的实施意见》《关于加强和改进统一战线工作的实施意见》以及局直属机关工会《议事规则（试行）》《经费管理办法（试行）》《文体协会管理办法》等 7 项制度。召开工会会员代表大会，补选工会主席、副主席。组织青年干部开展春节回乡调研，1 项调研成果获中央和国家机关三等奖。组成 16 个调研团队，深入 18 个省（区、市）开展“根在基层”专题调研，形成调研报告汇编。下拨党费、工会会费近 24 万元，对困难党员群众进行帮扶慰问。为职工子女发放“六一”节日礼品，协调解决 17 名职工子女政策渠道入学，设立哺乳室帮助女职工解决实际困难。

（三）系统党建工作质量进一步提升

召开垂管系统党的建设暨党风廉政建设工作会，张务锋、孙怀新同志出席会议并讲话，分析全系统党建工作形势任务和存在的突出问题，指明下一步方向思路。制定印发《党组联系基层（党组织）工作办法》，组织“加强系统党建、提高基层党建工作质量”专题调研。机关党委书记带头深入广西局基层库点开展党建调研，走访广西区直机关工委，加强对系统党建工作的指导。对全系统十九大以来被问责和受处分的党员干部进行回访，检查处分决定执行情况，发挥回访教育功能。认真整改垂管单位问题线索处置及案件质量评查反馈问题，制定整改落实方案，实事求是开展自查自纠，确保“不贰过”。

（四）机关文化建设得到进一步加强

深入学习贯彻习近平总书记关于厉行勤俭节约、反对餐饮浪费的重要批示精神，大力传承弘扬艰苦奋斗、厉行节约等系统优良传统。组织青年干部开展“坚决制止餐饮浪费行为、切实培养节约习惯”“感受粮储魅力、传承华夏文明”等主题团日活动。开展云上健步走、篮球友谊赛等“多彩金秋”系列活动。机关团委组织青年干部参观“舟楫千里——大运河文化展”，丰富干部职工业余文化生活。

（撰稿单位：国家粮食和物资储备局机关党委（纪委）；
撰稿人：张永福；审稿人：姜在君、王永圣、刘铁宏、陈书玉）

国际交流与合作

一　稳步推进“云外事”工作，开展线上双边交流合作

克服疫情带来的种种阻碍，坚持创新对外交流方式方法，积极开展云外事工作，确保国际交流与合作不断线。通过在线交流，与乌克兰经贸农业部、韩国调达厅就双方合作谅解备忘录签署事宜多次交换意见。与阿根廷农业产业部、乌拉圭牧农渔业部等就新冠肺炎疫情下加强粮食安全保障开展部长间信函交流。与阿联酋、哥伦比亚、法国等国驻华大使建立工作联系。同马来西亚农业部加强联系，支持其作为2020年亚太经合组织（APEC）东道主的各项工作。延续与新西兰初级产业部多年来在粮食系统服务水平提升方面的密切合作。与日本外务省和农林水产省在亚太粮食信息系统改革方面开展交流合作。

二　落实中非合作论坛北京峰会精神，拓展同非盟粮食领域国际合作

深入贯彻习近平主席关于秉持真实亲诚理念和正确义利观、促进中非全面合作的重要指示，推进在中非合作论坛北京峰会“八大行动”和共建“一带一路”框架下的粮食领域务实合作。为推进落实国家粮食和物资储备局与非盟委员会加强粮食领域合作谅解备忘录，建立对非合作工作机制，与国内外相关部门加强联络沟通，共同推动中非粮食安全合作工作。非盟农业委员萨科在接受央视专访时，专门提到非盟委员会与国家粮食和物资储备局签署了粮食合作谅解备忘录并就粮食产后减损合作项目达成重要共识，感谢中方在这个重要领域的支持，他特别提到与中国合作将使更多非洲国家在减少粮食产后损失方面取得积极进展，造福非洲人民，推动实现非洲社会可持续发展目标。

三　服务外交大局，提升参与全球粮食安全治理能力

积极加强与联合国粮农组织（FAO）、联合国世界粮食计划署（WFP）、国际谷物理事会（IGC）、亚太区域农业和粮食市场联合会（AFMA）等粮食领域相关国际组织的交流与合作，不断加强粮食领域多边合作，进一步提升我国参与全球粮食安全治理能力。发挥引领作用，履行APEC粮食安全政策伙伴关系机制（PPFS）中国政府代表单位职责。年初派出代表团赴马来西亚参会，宣传中国在抗疫和粮食保供稳价方面的举措和成果，彰显中国抗疫情稳粮安负责任大国形象。组织开展《APEC粮食安全路线图》实施情况调查，全面总结中国过去5年来在粮食安全领域所取得的成就和为全球粮食安全做出的贡献。组建PPFS非政府代表团参与各项工作，提高多边治理体系中私营部门和企业的参

与和贡献。参与 2020 年粮食领域重要成果文件《APEC 应对新冠肺炎疫情粮食安全部长声明》的多轮磋商。

四 创新粮食领域南南合作，推动落实联合国 2030 年可持续发展议程

持续加强与联合国世界粮食计划署（WFP）的合作，在双方合作谅解备忘录框架下，推动南南合作，把中国在粮食仓储体系管理、产后节粮减损、产后服务、促进小农户与市场衔接等方面的技术和经验等推广到需要更多帮助的广大发展中国家，共同提高全球粮食安全水平、改善全球营养状况，推动落实联合国 2030 年可持续发展议程。支持 WFP 中国卓越中心连续举办 3 期粮食产后减损管理网络研讨会，通过及时高效的方式，与发展中国家，特别是非洲国家，展示分享了我国在疫情期间保障粮食安全、粮食供应、市场稳定及减少产后损失方面的经验、技术和做法，并呼吁各国秉持人类命运共同体理念，坚持加强国际粮食安全合作，共商粮食安全保障大计，共同致力于维护世界粮食安全。

五 推动粮食安全区域合作，开展亚洲合作对话（ACD）“粮食、水与能源安全相互关系”支柱领域合作

国家粮食和物资储备局作为 ACD“粮食、水与能源安全相互关系”领域中国政府部门牵头单位，认真开展领域内各项工作，指导国家粮食和物资储备局科学研究院举办第 2 期“ACD 框架下绿色生态储粮技术研修班”。来自 8 个 ACD 成员国的 29 位外籍学员参加了此次线上研修班，较为系统地学习了我国绿色生态储粮的现状及先进技术。研修班的成功举办搭建了中国与 ACD 成员国绿色生态储粮技术合作交流平台，推动粮食安全区域内合作，提高粮食安全水平，实现农业可持续发展。

六 开展务实交流，持续推进粮食科技学术国际交流

为促进我国粮食行业科研技术及学术研究人员参与国际交流与合作的进程，国家粮食和物资储备局派出专业技术人员及研究学者等，通过在线方式参加了食品法典委员会第 43 届会议、全球贸易政策项目会议、澳大利亚大麦技术网络研讨会、国际谷物科技协会年会、国际谷物大会等科研学术活动，进一步了解国际相关领域前沿技术和最新成果，拓展国际交流合作新思路、新模式，提高我国粮食科研学术水平。

（撰稿单位：国家粮食和物资储备局外事司；撰稿人：胡瑶庆、张怡；审稿人：曹颖君）

信访工作与建议提案办理

一 信访工作

2020年，国家粮食和物资储备局共接到群众信访92件次，其中来信来电71件，来访21批47人次。所有信访事项均得到了及时办理，全年信访形势平稳有序，没有发生非正常上访事件。

（一）深入贯彻落实习近平总书记重要指示要求，大力践行群众路线，信访工作取得了新成效

坚决站在讲政治的高度，充分认清做好当前及今后一段时期粮食和物资储备信访工作的重要意义，按照“属地管理、分级负责，谁主管、谁负责，依法、及时、就地解决问题与疏导教育相结合”的原则，落实各单位信访工作的主体责任。特别是对于重点疑难信访问题，相关单位主要负责同志做到亲自挂帅、一线接访，切实做好信访群众的思想疏导、政策宣传和化解稳定工作，切实维护好信访人的合法权益，为做好“六稳”工作、落实“六保”任务作出积极贡献。2020年11月，召开全系统信访工作交流会，就如何做好基层信访工作做了座谈交流和业务督导。印发《关于进一步加强全系统信访工作的意见》，指导全系统切实提高认识，压紧压实工作责任，全面加强源头预防，着力化解信访突出矛盾，推进信访工作法制化规范化，进一步加强联动形成合力。

（二）加强源头预防，办好初信初访，信访矛盾化解有了新局面

扎实开展信访问题专项摸底和整改工作，组织垂管系统全面排查重要领域、重点问题信访隐患，并认真组织整改。各单位结合实际，因地制宜，认真抓实信访矛盾纠纷预判预警和排查化解工作，有效做到事前预防、源头治理，及时就地源头化解信访矛盾问题，切实把问题化解在基层、化解在萌芽状态。高度重视做好初信初访工作，把它作为提高信访工作效能的关键环节抓紧抓好。各基层单位认真抓好一线信访工作的人员配备和业务培训，进一步优化初信初访工作流程，压实压紧初信初访责任分工。全系统基层单位初信初访一次办结率和化解率有了明显提高，有力减少越级上访、重复上访、非理性上访，防止小事情拖成大事情，简单问题转为复杂问题，小矛盾上升为大矛盾。

（三）规范办事程序，提高服务水平，信访工作能力建设有了新提高

坚持以人民为中心，带着深厚群众感情做好信访工作。持续落实好领导干部接访下访制度，做到接访、下访、约访相结合，信访渠道畅通灵活，成为局党组了解民情、集中民智、维护民利、凝聚民心的重要渠道。在全系统进一步规范办信接访程序，通过制度建设、学习培训等方式，切实优化提高信访工作人员特别是信访一线工作人员的服务态度和办信接访能力水平，坚决杜绝大门不让进、电话没人接、责任人不在岗的现象，树立起服务热情耐心、办事积极主动的新作风，做到诉求有人听，矛盾有人解，困难有人帮，为信访矛盾顺利解决、信访人员息诉息访发挥积极作用。

（四）加强督办指导，聚焦重点难点，为群众排忧解难有了新举措

按照中央信访工作联系会议关于开展集中治理重复信访、化解信访积案专项工作的部署要求，对

列入国家信访局重复信访台账的 3 件信访问题进行集中督办，取得明显成效，目前 1 件已办结。深入排查涉及粮食收购、粮食交易、储备经营、工资待遇等重点问题、重点群体、重点人员信访矛盾隐患，制定有针对性的防范化解措施。对于因粮食企业改革遗留的下岗职工劳动合同、养老保险、福利待遇等问题，因退役军人工作安置引起的事业编制、同工同酬问题，高度重视，立足现有条件和基础，想方设法化解矛盾，做好政策落实、帮扶解困、教育稳控工作，切实做到看好自己的门、管好自己的人、最大限度把问题解决在基层，把人员稳定在属地。

（五）增强底线思维，抓好关键时间节点信访工作，防范化解风险能力有了新增强

全力做好重要会议活动期间的信访工作。按照“加强协同联动、做好源头稳控”的要求，全系统增强责任感、使命感，加强预警预判，制定应急预案。在 2020 年“两会”以及其他重要会议活动期间，充分发挥信访机构职能作用，及时作出部署安排，通过上下联动、协调配合，实现了重要会议活动和重大节日期间零上访的预定目标。统筹协调做好疫情常态化防控期间信访接待工作，按照国家信访局的规定，适时暂停现场接待来访。为了畅通信访渠道，一方面引导群众通过信件、电子邮件、电话等方式反映诉求，另一方面，注重指导基层仓库和垂管局及时就地源头化解信访矛盾，保证了疫情期间群众反映信访诉求渠道的通畅。

（撰稿单位：国家粮食和物资储备局办公室；撰稿人：李华华；审稿人：陈玲）

二 建议提案办理

2020 年是全面建成小康社会和“十三五”规划收官之年，全国“两会”是在疫情防控阻击战取得重大战略成果之际召开的，做好建议提案办理工作，具有特殊的重要意义。国家粮食和物资储备局从党和国家事业长远发展的高度出发，把建议提案办理工作作为一项重要政治任务来抓，纳入总体工作部署；作为统筹推进疫情防控与粮食和物资储备改革发展的重要手段，同贯彻落实中央决策部署、推进粮食和物资储备工作紧密结合，抓紧抓好抓出成效。

2020 年，国家粮食和物资储备局共承办十三届全国人大三次会议代表建议和全国政协十三届三次会议委员提案共计 132 件（含闭会期间另件转来代表建议 1 件）。其中，人大代表建议 99 件（独办 4 件、主办 25 件、分办 4 件、协办 54 件、参阅 12 件）、政协委员提案 33 件（独办 5 件、主办 14 件、分办 1 件、会办 12 件、参阅 1 件）。承办议案 1 件。建议提案内容主要涉及加快推进粮食和物资储备立法修规、健全国家战略储备体系、加大粮食和物资储备科技支持力度、推进节粮减损减少粮食产后损失、强化粮食创新体系建设和人才培养、建立应急物资保障体系、深入推进优质粮食工程、完善粮食安全省长责任制考核和中储粮年度考核、疫情防控常态化下确保粮食安全、加快提升我国粮食产业国际竞争力、加强粮食安全宣传教育工作、提前启动早稻收购时间并延长收购期等方面。建议提案内容涉及面广、针对性强、务实中肯，与当前全国粮食和物资储备改革发展重点工作紧密相关，具有较强的前瞻性和建设性，为进一步加强粮食和物资储备工作提供了有益启发和良好借鉴。

一是强化组织领导，夯实工作责任。国家粮食和物资储备局高度重视建议提案办理工作，先后两次召开局长办公会议，听取汇报，研究部署，提出“高度重视、认真办理，创新方式、加强沟通，提高质量、注重效果”的要求。

二是主动沟通联系，强化协同配合。国家粮食和物资储备局在办理建议提案过程中，畅通沟通渠道，多层面、多方位沟通联系，准确把握建议提案内涵，结合工作实际进行答复，确保答复的合理性和有效性。

三是提升办文质量，推进复文公开。印发《关于认真做好2020年人大代表建议和政协委员提案办理工作的通知》，就加强联系沟通、规范复文格式、重点建议提案办理、严格办理时限、做好答复公开工作等方面提出具体要求。

四是多种方式督办，确保按时办结。为确保建议提案按时办结，采取多种方式加强督办。将建议提案办理落实到处，责任到人，做好点对点沟通衔接。在建议提案办理期限前一周印发督办通知，推动承办单位严格按照时间节点办理。定期通报办理进度，确保按时保质完成。

（撰稿单位：国家粮食和物资储备局办公室；撰稿人：牛妍；审稿人：周海扬）

老干部工作

一 总体情况

截至 2020 年底，国家粮食和物资储备局机关共有离退休人员 416 人（含代管的事业单位退休人员）。其中，离休 57 人，退休 359 人。在离休干部中，抗战时期参加革命 13 人，解放战争时期参加革命 44 人。共有党支部 8 个，其中在职党支部 1 个，离退休党支部 7 个（含文体兴趣小组临时党支部 1 个），离退休党员 349 人。为机关离退休老同志服务的离退休干部办公室（以下简称离退办）在职人员 26 人。垂管系统共有离退休人员 14794 人。其中，离休人员 214 人，退休人员 14583 人。全系统共有老干部支部 174 个、离退休党员 5865 人，为离退休老同志服务的专（兼）职人员 200 余人。

二 提纲挈领抓重点，全面完成各项工作任务

（一）扎实做好“三项建设”，强化政治引领

一是坚持把政治建设摆在首位，引导全体党员增强“四个意识”，坚定“四个自信”，做到“两个维护”。贯彻落实老干部工作是“中国共产党党的建设的特色”的要求，不断强化政治机关意识，提高全办党员政治判断力、政治领悟力、政治执行力。二是把学习习近平新时代中国特色社会主义思想作为思想建设的主题和主线，线上组织老同志收听收看中组部举办的“学习十九届五中全会”等 3 场网络报告会。组织收看国家粮食和物资储备局党组书记、局长张务锋同志《坚持以党的政治建设为统领，走好第一方阵、创建模范机关》《认真学习贯彻党的十九届五中全会精神，奋力推进“十四五”粮食和物资储备改革发展》党课，进一步深化对粮食和储备改革发展贯彻落实五中全会精神的理解认识。三是坚持以提升组织力为重点，进一步加强和改进离退休干部党组织建设。组织开展“政治生日秀”“家风故事秀”“节粮爱粮”等主题党日活动，让老同志讲好红色故事、传承红色基因、展示政治本色。培养 2 名预备党员并按期转正（刘淑琴 85 岁、王凤琴 60 岁）。认真组织中管干部离退休党支部换届选举。

（二）认真落实“两个待遇”，老同志满意度持续提升

国家粮食和物资储备局党组同志带头看望慰问老领导、老同志，举办新春茶话会，组织情况通报会。圆满完成抗美援朝出国作战 70 周年纪念章颁发和慰问工作。加大对高龄老人、生病住院、长期患病在家及生活上有特殊困难老同志的走访慰问力度。适度提高老干部节日福利待遇和住院探视慰问标准。严格落实老同志阅文读报制度，对行动不便的定期上门送学到家。按时足额发放离退休费和各项补贴，报销医药费 800 余万元。积极开展消费扶贫，精心挑选慰问品，制定多品种搭配方案，满足老同志个性化需求。克服疫情对医疗机构的影响，分批次稳妥组织老干部健康体检。制定《离退休人

员异地养老期间基本医疗保障管理办法（试行）》，进一步规范老同志异地医药费报销。开展康复护理600小时，为2位特困老同志申请发放救助资金5.6万元。

（三）不断加强自身建设，努力增强队伍活力

坚持把提升专业能力素质作为加强队伍建设的重要内容，组织各级干部及时参加人事司、机关党委举办的各种能力素质提升培训班，适时选派干部参加发改委党校处长轮训班、军转干部培训，借调干部到驻发改委纪检组参与挂职交流。加强教育培训、岗位练兵，在参与重要任务和中心工作等实践锻炼中长见识、增本领、提素质。大力弘扬“安专迷”精神，既专心致志、专注做事，又提高专业素养、专业水准，不断增强服务意识、提升服务能力，努力把工作做到老同志的心坎上。不断加大对干部的关心关爱力度，建立健全谈心谈话制度，班子成员不定期与分管处长开展谈心谈话，及时“咬耳朵、扯袖子”对干部进行经常性管理监督，也及时了解学习、思想、工作、生活情况，帮助解决实际困难。工作人员不断提高政治站位，切实增强做好老干部工作的荣誉感、自豪感和责任感。

三 精益求精出亮点，做到抗击疫情与抓好业务两不误

（一）科学防控、守土尽责，防疫工作取得阶段性胜利

坚决落实局防控要求，制定印发了《加强离退休人员防控工作管理规定》，建立台账管理和报告制度，筑牢离退休干部疫情防控工作防线。通过电话、微信等累计完成近6000余人次的询访工作，及时跟踪掌握老同志疫情防控情况。重点帮扶，解决独居、生活不能自理、患重病等老同志的实际困难。向老同志发出“科学防控、从我做起”倡议书，坚持每日通过微信公众号向老同志推送党中央决策精神、疫情防控动态信息、老年人防疫知识，主动做好宣传引导。为老同志筹措发放口罩4万余件、消毒液700余升。通过不懈努力，400余位老同志零感染、零疑似。

（二）创新方法、优化模式，服务保障水平迈上新台阶

通过优化流程、减少环节，创新开展邮寄单据、电子转账等非接触式医药费报销。采取提前预约、分时段领取、快递送药上门等方式保障老同志用药。通过“网络课堂”及时传达学习习近平总书记重要讲话精神，党中央、国务院决策部署和国家粮食和物资储备局通知要求；开展党的十九届四中、五中全会精神和疫情防控知识竞答，以及抗疫感言秀、抗美援朝故事秀、书画秀、厨艺秀、健身秀等“居家秀”线上活动55期，参与达1000余人次。有关经验做法在《中国老年报》刊登。在全面降低人员聚集传播风险的同时，有效保障了老同志医药费报销、常用药领取和精神文化生活。

（三）加强引导、示范带动，老同志作用优势进一步彰显

引导老同志在疫情防控工作中发挥独特优势和作用，当好疫情防控的模范，教育子女、家人做好防控，带动身边人员共同行动起来，科学有效开展防控。落实机关党委要求，充分发挥党支部战斗堡垒作用，引导支委老同志在疫情防控工作中主动发声、带头示范，形成群防群控良好局面，涌现出为疫区捐款万元的杨兵老领导、担当社区防疫志愿者的宁莹、连续2年缴纳万元特殊党费的李剑英等一批先进典型。广大离退休党员干部积极响应中组部号召，为新冠肺炎疫情防控工作捐款8万余元。荣获“全国优秀离退休干部”的汪秀萍老同志，将5000元奖金全部捐助给局定点扶贫村的5名在校大学生，为打赢脱贫攻坚战贡献力量。

四 聚焦实际破难点，尽心竭力指导系统老干部工作

（一）及时传达全国老干部局长会议精神

2020 年初，组织垂管局学习全国老干部会议精神及中组部有关领导讲话要求，指导各垂管局坚持以习近平新时代中国特色社会主义思想为指导，认真贯彻落实党的十九届四中全会精神和习近平总书记关于老干部工作的重要指示，认真贯彻落实全国离退休干部先进集体和先进个人表彰大会精神，坚持和完善老干部工作制度，努力把党中央关于老干部工作的新部署新要求落到实处。

（二）组织垂管系统离退休党务人员培训班

11 月 16 日至 18 日，在上海举办了 2020 年垂管系统离退休党务人员培训班。来自国家粮食和物资储备局机关、直属联系单位和24个垂管局的离退休党支部书记、在职工作人员共70 人参加了培训。专家教授分别给学员作了《深入学习贯彻十九届五中全会精神，进一步提升全系统离退休基层党建质量》和学习《习近平谈治国理政（第三卷）》的专题辅导报告。有关负责同志报告了 2020 年离退休党建工作情况和下步工作建议。学员们围绕“谈谈对十九届五中全会精神的认识和理解”“如何加强离退休基层党组织建设”进行交流讨论。

（三）开展垂管系统离退休党建工作调研

赴湖北局、河南局和山西局，开展离退休党建工作调研。通过调研，深入了解垂管系统离退休党建工作现状，与垂管局一起总结经验做法、剖析问题根源，进而在下一步工作中创新方式方法，研究制定更有效地贯彻落实新时代党的建设要求、紧贴老同志需求的具体措施。青年干部围绕“建设标准党组织，提高离退休党建质量”，开展“根在基层”调研实践活动。先后赴山西省委老干部局，国家粮食和物资储备局山西局机关、一五二处、二七三处等单位，采取查阅资料、听取汇报、与老同志座谈等方式，认真了解离退休党支部设置、党员队伍建设、思想建设及组织生活开展情况。

（四）垂管系统离退休干部工作稳步推进

各局分党组高度重视，全面贯彻落实局党组“两决定一意见”和“五句话”总体要求，按照国家粮食和物资储备局离退休干部工作会议的部署，不断提高政治站位，高度重视老干部工作，把老干部工作融入到“安全稳定廉政”以及粮食和物资储备事业改革发展的大局之中，老干部待遇稳步提高，老干部工作扎实有效。坚持把政治建设摆在首位，引导老同志作坚决维护以习近平同志为核心的党中央权威和集中统一领导的表率；持续深入抓好思想建设，引导老同志用习近平新时代中国特色社会主义思想武装头脑；大力加强离退休党支部建设，压实管党治党政治责任。不断加强服务管理，坚持生活待遇优先的原则，不断为老同志老有所养、老有所医创造良好条件；坚持及时传达学习文件，不定期向老同志通报工作，通报重点工作开展情况，落实老干部的政治待遇。

（撰稿单位：国家粮食和物资储备局离退休干部办公室；撰稿人：赵前宁；审稿人：王文南）

4

第四篇

各地粮食和物资储备工作

北京市

基本情况

2020年，北京市粮食播种面积48.9千公顷，比上年增加2.4千公顷，增长5.1%；粮食总产量30.5万吨，增加1.8万吨，增长6.2%。其中，小麦4.6万吨、玉米24.2万吨、其他粮食1.7万吨。重点涉粮企业为保障供应、稳定市场发挥了重要作用，市内收购粮食7.2万吨，占本市粮食产量的24%。市外采购粮食368.3万吨，占本市粮食年消费量的80.9%；市外采购食用油29.2万吨，占本市食用油年消费量的62.3%。加工生产成品粮93.5万吨。全年销售及转化粮食344.2万吨，食用油30.2万吨。年末粮食库存量281.6万吨，食用油库存量16.8万吨。粮食直接消费量455.1万吨，比上年增加3.6万吨，增幅0.8%。其中，城乡居民口粮消费342.2万吨，增加1.8万吨，增幅0.5%；饲料用粮91.8万吨，增加10.3万吨，增幅12.6%；工业用粮21.1万吨，减少7.7万吨，减幅26.7%；食用油消费量46.9万吨，减少8.2万吨，减幅14.9%。全年粮食供给535.3万吨，食用油供给52.9万吨。粮油供给充分，消费量稳中有升，粮油库存保持平稳，社会粮油供需总体平衡。

2020年工作

一 聚焦粮食和物资储备核心职能，统筹做好疫情防控和粮油保供

在首都抗疫斗争中，为确保粮油供应不脱销、不断供，全力服务疫情防控大局，迅速成立粮油供应应急保障专班，紧急增储10万吨临时储备成品粮、5万吨临时储备食用油，并将市外存放的5.64万吨市级储备成品粮调运回京。紧急组织11家骨干企业复工复产，仅用12天全部实现开工生产，有力保障了本市粮食供给。妥善应对个别国家限制粮食出口引发的连锁反应，及时投放市级临时储备成品粮，在全国省级粮食部门中带头发声，通过新闻发布会回应社会关切，及时稳定市场预期，平息本市超市粮油销量激增态势，为疫情防控和经济社会稳定提供有力保障。把握储备轮换方式和节奏，为企业正常生产提供了原料支撑。全年累计轮出市储备粮油57万吨，轮入市储备粮油57万吨。着力发挥应急物资支援保障作用，紧急调运各类储备物资5万多件，支援湖北及本市各区基层抗击疫情。代发医疗防护物资18万件、医疗设备12台。东城、朝阳、石景山、顺义等区共调运区级救灾物资2万多件，用于本区各街道乡镇疫情防控工作。

二 坚持以深化改革为动力，着力增强粮食和物资储备治理能力

出台改革完善体制机制加强粮食储备安全管理的工作措施，为新形势下服务市场调控、调节稳定市场、应对突发事件和提升首都安全能力奠定了基础。全市首次形成常态化的重要商品和应急物资统计管理机制，为动态掌握本市重要商品和应急物资储备底数提供了抓手。成功召开市级重要商品储备部门联席会议第一次会议，并制定进一步加强市级重要商品收储、轮换和投放管理工作意见，为推进市级重要商品储备体系建设奠定坚实基础。强化粮食安全责任制，完善考核方案和指标体系，引入第三方开展数据核验，确保结果更加公平、公正。在 2019 年度粮食安全省长责任制考核中被评为“优秀”。深化“放管服”改革，出台告知承诺制暂行办法。推进政务服务事项“一网通办”，落实电子证照应用和电子印章制作，对接全市统一审批平台，实现在线出证。完善“互联网 + 监管”系统对接与使用，检查实施清单完成率 100%。精简政务服务事项申请材料和压缩时限，精简材料 21 份，精简比例 31%；压缩时限 193 天，压缩比例 50%。开展政策性粮食大清查“回头看”和问题整改“回头看”专项行动，结合粮食库存大清查、粮食安全责任制考核、中央储备粮和中央事权粮食政策执行情况年度考核发现问题整改“回头看”工作，全面摸排问题整改情况，全市 419 个问题全部整改完成，全面提升政策性粮食管理水平。开展“双随机一公开”粮食流通行政执法检查，全年市、区两级共执法检查 721 家次，实现地方储备粮承储企业和纳统涉粮企业全覆盖。加快推进全市粮食行业信用监管体系建设，指导各区粮食行政管理部门开展全市粮食企业经营活动守法诚信评价工作，共将 230 家纳统企业评价结果在外网予以公示和公告。

三 聚焦高质量发展，切实增强粮食安全保障能力

积极推进 2020 年度中央企业“优质粮食工程”奖励资金项目建设工作。截至年底，项目完成投资 18042 万元，占总投资的 62.9%。委托北京市粮食行业协会开展“好粮油”产品遴选，选出 8 个品类的“北京好粮油”产品。印发关于推进粮油品牌建设的指导性意见，提升粮食产业经济发展水平。2020 年粮食现代供应链发展及投资国际论坛成功举办，以“加强危机防控合作，守护国际粮食安全”为主题，采取线上线下相结合的方式，在产销合作、区域协同、对口支援、服务贸易方面取得显著成果。组织企业参加第三届中国粮食交易大会以及山东、黑龙江等省举办的产销合作会，与黑龙江等 8 省签署了产销合作战略协议，进一步深化产销合作。严格落实粮食收购政策，将延庆、密云 2.4 万吨玉米转为市储备粮，拓展农民售粮渠道。做好退耕还林补助粮供应收官工作，全年累计供应粮食 0.36 万吨，涉及 7 个区，75 个乡镇，757 个村，43906 户退耕农户。

四 突出规划引领作用，抓好基础设施建设

科学评估“十三五”发展规划的落实效果，认真分析“十四五”期间面临的内外形势，开展“十四五”规划编制工作并形成初稿。加快现有粮食仓储设施升级改造，支持全市 12 个粮食仓储设施维修改造

项目，7 个市储备成品粮承储库点购置空调 88 台。积极推动粮库智能化升级改造和市级粮食和物资储备管理平台建设，完成市级粮食管理平台与国家平台对接工作，实现与国家粮食和物资储备局平台的“数据通”和“视频通”。推进成品粮综合性保障中心建设，昌平粮库、门头沟粮库、张辛粮库、牛栏山粮库各综合性保障中心陆续引进成品粮经营企业，成品粮储备数量大幅上升。深入落实科技兴粮兴储战略，制定市储备成品粮仓储管理技术要点，为临储成品粮仓储管理提供技术指导。全面落实人才兴粮兴储战略，在全系统开展学习粮食行业先进典型事迹活动，组织粮食行业特有工种职业技能鉴定培训，推荐国家技能人才培育突出贡献个人，发挥拔尖人才工作室技术攻关和传技带徒作用，在行业内营造奋勇当先的氛围。

五 健全应急物资储备体系，提高应急保障能力

圆满完成市级救灾物资搬迁工作，启用运输车辆 1090 车次，作业人员 3320 人次，物资总重近 8 千吨。在副中心办公区引入库区视频监控资源，打造精干高效的管理队伍，提高储备安全管理水平。制定疫情期间救灾物资应急发运实施方案，修订救灾物资储备库防汛及应急发运工作实施预案，组织开展救灾物资应急调运演练，细化调运流程，提升应急响应、高效调运的能力。制发重要节点做好物资储备安全管理和应急保障工作通知、救灾物资储备库安全管理制度措施汇编等，加强物资储备安全管理。做好代储中央救灾物资、市区两级救灾物资清查工作，做到数量真实、账实相符。沟通对接天津、河北，初步建立京津冀应急救灾物资协同保障机制。建立本市应急救灾物资生产企业名单，研究应急救灾物资供给清单，做好重要应急救灾物资产能情况统计。积极探索建立本市民用防护口罩储备体系，进一步补齐物资储备体系建设短板，全面加强疫情防控常态化下的民用防疫物资储备工作。

六 加强党建引领，充分发挥党组织的战斗堡垒作用

在统筹疫情防控工作中坚持发挥党建引领作用，组建专班日夜鏖战 2 个月，高质量完成成品粮紧急增储与调运入京等任务。先后选派 10 名精干党员干部下沉社区坚守近半年，筑牢社区防控第一道防线。多方筹措防疫所需物资，确保疫情防控“零感染”，打赢抗疫保供战。切实发挥党员先锋模范作用，一名干部荣获全国粮食和物资储备系统抗疫先进个人称号。局党组坚持率先垂范，依托理论学习中心组领学促学，主要领导带头宣讲十九届五中全会精神，专题学习习近平总书记关于粮食安全和健全储备机制的重要论述，整理形成论述摘编，在“学懂弄通做实”上持续发力。开展优秀调研报告评选活动，聚焦“十四五”时期行业改革发展，形成 20 篇高质量的调研报告，精准服务决策。大力推进基层党组织规范化建设，提升支部政治功能和组织力。出台局党组意识形态工作责任制实施细则，将意识形态工作与业务工作紧密结合，同研究、同部署、同落实。积极开展“光盘行动”和爱粮节粮知识问答，弘扬爱粮节粮良好风尚。

北京市粮食和物资储备局领导班子成员

柯永果　市商务局党组成员，市粮食和物资储备局党组书记、局长（2020 年 5 月任职）
李广禄　一级巡视员（2020 年 9 月退休）
阎维洪　党组成员、副局长，二级巡视员（2020 年 1 月退休）
朱　雷　党组成员、二级巡视员（2020 年 6 月任二级巡视员，7 月免去副局长职务）
任昌坤　党组成员、副局长
王德奇　党组成员、副局长

（撰稿单位：北京市粮食和物资储备局；撰稿人：蔡奇敏、赵静；审稿人：任昌坤）

2020 年 3 月 14 日，北京市粮食和物资储备局圆满完成支援湖北抗疫物资调运工作。

2020 年 9 月 7 日，粮食现代供应链发展及投资国际论坛在京成功举办。

北京市粮食和物资储备局干部下沉社区开展疫情防控工作。

天津市

基本情况

天津是中蒙俄经济走廊主要节点、海上丝绸之路的战略支点、“一带一路”交汇点、亚欧大陆桥最近的东部起点，凭借优越的地理位置和交通条件，成为连接国内外、联系南北方、沟通东西部的重要枢纽，是邻近内陆国家的重要出海口。2020 年，天津市生产总值（GDP）14083.73 亿元，按可比价格计算，比上年增长 1.5%。全市粮食生产形势呈现面积和产量双增态势，全年粮食播种面积达到 350.2 千公顷，产量 228.2 万吨。2020 年，全市共有市级救灾储备物资 345356 件（包含帐篷类、被服类、装具类），可满足 8 万人灾后初期基本生活所需。

2020 年工作

一 扛稳职责使命，落实粮食安全重大决策部署坚强有力

一是粮食安全保障责任有效落实。市考核办科学精准分解 2020 年度责任制考核指标，召开 6 次会议进行组织推动，促进责任制考核各项任务全面落实。各区保障粮食安全的责任意识显著提高，武清、宁河等区委书记主持召开会议研究部署粮食工作，红桥、和平、河西、东丽、宝坻等区政府主要负责同志专题听取粮食工作汇报。2019 年度粮食安全省长责任制考核，被评定为“优秀”等级，受到国家通报表扬。二是大清查“回头看”扎实开展。利用 3 个月时间，采取区级检查和市级普查压茬推进的方式，重点针对是否存在“出库难”“以陈顶新”“虚假轮换”“虚报损耗”以及安全储粮和安全生产隐患等突出问题进行全面摸排、逐项检查。对发现的 95 个问题隐患，通过台账管理、挂牌督办、完成销号等方式，全部整改到位。三是粮食储备体制机制不断完善。会同有关部门组织起草改革完善体制机制加强粮食储备安全管理的措施，对《措施》明确的 16 项重点工作 81 项具体任务，逐一确定职责分工和完成时限。《天津市地方粮食储备管理条例》（送审稿）已经市政府第 140 次常务会议审议通过，《天津市市级储备粮轮换管理办法》出台实施，为全市储备粮安全管理提供了有效支撑。四是节粮减损持续推进。会同农业、教育、科技、妇联等部门，在天津科技大学联合开展“世界粮食日”和“粮食安全宣传周”活动，制作发放各类宣传品 1 万余份。组织评选 10 个“粮食安全宣传教育基地”。推进仓房保温功能提升改造等节粮减损措施，组建“粮油食品保鲜与加工产业创新联盟”，

推动节粮减损产学研有效衔接。津南、西青、武清、利达粮油和市储备公司等积极筹措资金开展仓储设施功能提升，改造建设了一批低温或准低温仓房。

二　立足精准施策，保供稳市措施有力有效

一是压紧压实工作责任。成立疫情防控工作领导小组，下设粮油保障、物资保障、综合协调和宣传教育等4个工作专班，全面落实疫情防控下粮食和物资保障各项工作。疫情发生初期，第一时间制定保供稳价措施，明确重点任务，压实各方责任。二是精准掌握市场动态。2020年1月28日起，全市启动粮食市场日监测报告制度，对39家重点商超、批发市场和加工企业开展实时监测，全年共编发监测报告332期。对16个区的396个商超、菜市场、粮油批发市场进行不间断巡查，督促批发企业及时充实库存、零售企业补足柜台货架。先后9次通过新闻发布、主流媒体发声等方式，宣传粮食储备情况，稳定市场预期。全年，全市粮油供应平稳，没有出现断档、脱销现象。三是积极加强粮源调度。及时提出增加3万吨市级成品大米储备建议，分批次稳妥有序落实到位。西青、武清、静海、蓟州等区积极增加区级成品粮储备，提高应急保供能力。主动对接河北、黑龙江等主产省的14家粮食加工企业，稳定市外粮源。中国天津粮油批发交易市场全年举办政策性粮油交易会49场，成交粮油104.12万吨。四是全力助企复工复产。疫情初期，提前轮出23.6万吨市级储备小麦和大豆原油，全力保障京津冀粮食加工企业复工复产原料需求。组织本市企业参加国家政策性玉米网上专场交易会，成交1.8万吨，有效保障全市饲料用粮。积极组织重点粮食生产企业，纳入人民银行专项再贷款重点保障企业名单，切实解决粮食企业复工复产资金需求。

三　加强储备管理，粮食和物资保障基础更加坚实

一是粮食物资储备能力明显增强。全年增加原粮储备10万吨，食用油储备1.14万吨，全市地方储备粮规模达到240.2万吨，保障水平全国领先。总投资8643万元的粮库智能化升级改造项目通过竣工验收，市、区两级粮食行政管理部门及29家市级储备粮油承储企业实现联网。制定《天津市市级救灾物资储备管理暂行办法》，规范救灾物资储备管理。武清和宝坻两个市级救灾物资储备分库建成投用。对287757件救灾物资进行逐仓、逐垛清点，清查结果显示账实相符，数量真实。二是“两个安全”责任全面落实。全系统不断提升安全意识，主动加大培训力度和资金投入，累计组织各类安全培训420次，投入资金1643.8万元。深入实施安全生产专项整治三年行动，扎实开展防雨防汛、冬春火灾防控等专项检查，累计出动检查人员1400余人次，发现并整改安全隐患问题67项，全年没有发生安全事故。三是粮食质量安全监管能力持续提升。圆满完成储备粮出入库检验、库存质量安全监测和质量强检，扎实开展质量调查和品质测报，组织新收获粮食、“天津好粮油”和“放心粮油”的质量监测工作，全年共开展各类检测2733批次，检测结果全部合格。强化质量管控，增加出入库必检项目指标。组织80余名检验化验人员进行培训，督促承储企业严把出入库质量关，确保储备粮质量安全。

四 系统谋划推进，应急保障水平明显提升

一是粮情监测预警体系不断完善。制定构建新型粮食市场监测预警体系方案，成立监测预警委员会，建立专业系统高效的监测预警团队。依托全市 1497 个固定调查点，组织开展社会粮食供需平衡调查，为实施调控提供决策支撑。二是粮食应急能力稳步提升。修订《天津市成品粮油应急供应预案》，制定粮油市场保供稳价工作方案，完善原粮应急加工、成品粮油紧急采购投放等预案。全年新增应急供应网点 45 家，网点总量达到 600 家。建立 160 多人的粮食物资保障应急队伍，组织开展培训演练，有效提升粮食和救灾物资应急保障能力。三是粮食储备协同保障深入推进。会同北京、河北粮食行政管理部门与中储粮北京分公司签署《地方和中央储备粮协同运作协议》，围绕储备粮结构布局、应急保供、购销轮换、储粮技术等方面开展深层次合作，合力发挥好储备粮调节市场、稳定粮价的协同效应。四是物资储备保障及时有力。根据疫情防控需要，紧急向红桥区调拨棉被 600 床，向武清区调拨棉被 200 床、折叠床 100 张，向滨海新区调拨棉帐篷 90 顶。完成向安徽省调运中央救灾物资任务，按时发送折叠床 9000 张，有力保障疫情防控和抗洪抢险的需要。

五 坚持以民为本，服务企业改善民生成效更加明显

一是优质粮食供给不断丰富。深入实施“优质粮食工程”，争取中央财政资金 5575 万元，支持中粮集团、中化集团在津企业和利达粮油公司开展“中国好粮油”项目建设，不断满足居民吃得好、吃得健康消费需求。积极组织企业参加第三届中国粮食交易大会，集中推介以“小站稻”为主的优质粮食产品，助力小站稻全面振兴。二是依法行政工作全面加强。修订完善决策机制，严格行政规范性文件审核备案，落实执法监督责任。加强法制宣传教育和培训，不断提高工作人员法律素养。依法完成权责清单动态调整，保障权力阳光运行。深化“一制三化”行政审批改革，精简规范政务服务事项，全力营造公平有序的营商环境。充分发挥 12325 全国粮食流通监管热线作用，全年开展各类监督检查 670 次，粮食流通市场规范有序。三是种粮农民利益得到有效维护。全面落实强农惠农政策，积极引导多元主体开展市场化收购。完善收购方式，服务农民有序卖粮、舒心卖粮、便捷卖粮。加强对粮食收购重点环节的监督检查，严肃查处损害农民利益的粮食收购违法违规行为。全年各类收购主体收购地产新粮 48.8 万吨，全市没有出现“卖粮难”问题。

六 从严管党治党，行业自身建设不断加强

一是“两个维护”自觉性坚定性全面增强。全系统各级党组织和干部职工，深入学习贯彻习近平总书记在中央全面深化改革委员会第十二次会议上和在看望参加政协会议的经济界委员时的重要讲话精神，紧密结合职能实际，制定具体落实举措，切实提高粮食和物资储备安全保障能力。认真组织十九届五中全会精神宣讲培训，深刻认识五中全会关于粮食和物资储备改革发展的重大部署，着力固根基、扬优势、补短板、强弱项。二是党风政风行风持续向好。新冠肺炎疫情发生后，选派 46 名党员干部下沉社区充实

一线力量，用实际行动践行初心使命、诠释对党忠诚。大兴调查研究之风，围绕落实习近平总书记关于保障国家粮食安全、健全国家储备体系等作出的重要指示精神，关于加强法规制度建设保障粮食储备安全的调研报告，被国家粮食和物资储备局软科学评审专家委员会评定为具有较高学术水平和实用价值。积极开展文明单位创建活动，局机关被评为市级“文明单位”。三是干部队伍建设水平不断提升。坚持“人才兴粮”战略，与京冀粮食行政管理部门联合签订合作协议，共同搭建人才培养平台。先后组织储备管理改革、安全生产、粮库智能化、粮食质量检验化验、粮食应急、粮食统计、12325 监管热线等各类培训，全年共评定粮油工程系列高级工程师 6 名、工程师 9 名。利达粮油公司被评为全国粮食和物资储备系统先进集体，郭志刚同志被评为全国粮食和物资储备系统劳动模范；市救灾物资储备站被评为全国粮食和物资储备系统抗击新冠肺炎疫情先进集体，朱爱东、张亚强、胡绍生等 3 名同志被评为全国粮食和物资储备系统抗击新冠肺炎疫情先进个人。

天津市粮食和物资储备局领导班子成员

白向东　市发展和改革委员会党组成员，市粮食和物资储备局党组书记、局长
吴维吉　党组成员、中国天津粮油批发交易市场总裁
司志强　党组成员、二级巡视员
马宝瑛　党组成员、副局长
朱庆忠　党组成员、副局长

（撰稿单位：天津市粮食和物资储备局；撰稿人：徐剑；审稿人：李红东）

2020 年 3 月 11 日，天津市发展和改革委员会党组成员，天津市粮食和物资储备局党组书记、局长白向东（中）深入嘉里粮油（天津）有限公司调研，推动企业有序复工复产。

2020 年 9 月 21 日，天津市发展和改革委员会党组成员，天津市粮食和物资储备局党组书记、局长白向东（右一）带队到市救灾物资储备站检查救灾物资储备工作。

2020 年 10 月 16 日，天津市举行 2020 年世界粮食日和粮食安全宣传周活动启动仪式。

河北省

基本情况

河北省是粮食生产大省、流通大省和储备大省，是全国13个粮食主产省之一，粮食作物以小麦、玉米为主。全年粮食播种面积6389千公顷，比上年下降1.2%。粮食总产量3795.9万吨，增长1.5%。其中，夏粮产量1453.9万吨，下降1.5%；秋粮产量2342.0万吨，增长3.5%。2020年，全省生产总值初步核算实现36206.9亿元，比上年增长3.9%。其中，第一产业增加值3880.1亿元，增长3.2%；第二产业增加值13597.2亿元，增长4.8%；第三产业增加值18729.6亿元，增长3.3%。

2020年工作

一 粮食收购量、库存量、储备量"三量齐增"

在2020年未启动小麦最低收购价政策情况下，积极引导各类市场主体入市收粮。2020年全省各类粮食企业累计收购粮食507.8亿斤，比上年增加39.4亿斤，占产量的66.9%。2020年12月底，全省粮食库存总量159.4亿斤，同比增加32.8亿斤，其中，政府储备达到60.8亿斤，同比增加3.4亿斤，市级储备11个设区市实现全覆盖，109个县建立县级储备。企业商品库存98.6亿斤，同比增加29.4亿斤，粮源基础更加稳固。

二 粮食保供稳市有力有效

调整布设粮食应急网点3093个，实现了城乡全覆盖。落实新增应急成品粮临时储备4亿斤、食用油储备800万斤，年底应急成品粮储备达到5.3亿斤。疫情暴发后，协调组织中央、地方粮食企业定向投放政策性粮食30.7亿斤，助力全省173家粮油应急加工企业迅速复工复产，保持了粮油市场平稳运行。

三 粮食安全责任进一步压实

省政府办公厅印发《关于开展2020年度粮食安全责任制考核工作的通知》，将国家考核任务指标层层分解落实。省粮食安全责任制考核工作组办公室主动对标国家部委找差距、补短板，协调各成员单位强化责任落实，从严从实开展省对市、市对县考核，压紧压实责任。在国家考核中，2019年度再获优秀等次。

四 储备安全制度建设取得新进展

省委、省政府两办年内下发了3个加强粮食储备安全管理的文件，明确了政府储备的功能定位，压实了企业内控管理和外部监管责任，有关部门印发了《省级储备粮轮换管理暂行办法》《省级成品粮储备管理暂行办法》等7个配套文件。为支持市场化收购，建立了总规模不低于1亿元的粮食收购贷款信用保证基金制度，已有11家企业取得贷款4.3亿元。

五 物资储备监管得到加强

认真履行物资储备统计职责，对13种省级重要商品储备情况定期进行统计，救灾物资、防汛物资、救灾备荒种子等储备规模均有不同程度提升。加强救灾物资日常监管，直接管理的省级救灾物资品种由26个增加到33个，货值增加到6500万元，优化调整了部分食盐、食糖储备库点，加快推进省级食盐、食糖储备信息化监管，与省盐业公司和部分库点实现了远程互联互通。疫情期间，分2个批次向张家口、雄安新区紧急调运救灾物资9850件，12月份又完成了4.2万余件冬春救灾物资的调运任务。

六 优质粮食工程建设取得重大进展

围绕推动粮食产业创新发展、转型升级、提质增效，在中央财政资金支持下，大力推动优质粮食工程三个子项目落地见效。2020年，全省139个粮食产后服务中心项目基本完成；粮油质检体系建设进展顺利，市县级粮油质检机构检化验人员达到374人；5个中国好粮油示范项目如期完成。启动了小麦、小麦粉、挂面三个“燕赵好粮油”团体标准制定工作，完成了第一批“燕赵好粮油”产品遴选。

七 京津冀粮食行业协同发展进一步深化

完善与北京、天津粮食和物资储备行业协同工作机制，在信息共享、异地储备、粮食应急、质

量检测、联合执法等领域深化合作，建立了粮食应急保供联合工作机制，12月就京津冀粮食储备央地协同运作和粮食行业人才培养方面商签合作协议，协同发展不断走向深入。已有10家粮食收储和加工企业代储北京市级粮食储备8.7万吨，京津冀三省市每年组织开展异地储备联合检查，取得较好成效。

八　加强机关党建，提升党组织政治引领力和组织力

深入学习宣传和贯彻落实“两决定一意见”和“五句话”要求，局党组书记、局长杨洲群以《锤炼七种能力践行使命担当》为题给全局年轻党员干部上党课，指导年轻干部主动加强学习，锤炼能力作风，全面提高素质，把个人成长与单位发展有机结合起来，确保个人成长成才、粮储事业薪火相传。成立局青年干部理论学习小组，开展“追寻总书记的青年足迹·青年读书汇”活动。组织青年干部赴柏乡粮库、正定塔元庄开展现地教学，开阔视野，增长见识。全面从严治党迈出新步伐，召开政治性警示教育大会，传达学习省发展和改革委员会警示教育大会精神。深入开展向“最美奋斗者”尚金锁同志学习活动，大力弘扬诚实守信、服务大局、艰苦奋斗的优良传统，做强粮食行业政治文化品牌。全省粮食和物资储备系统以“不忘初心、牢记使命”主题教育为契机，对标对表找差距，全力以赴抓落实，营造正确的选人用人导向，为改革发展新局面提供典型引路和人才储备。

河北省粮食和物资储备局领导班子成员

杨洲群　省发展和改革委员会党组成员，省粮食和物资储备局党组书记、局长
刘荷香　副局长
李秀梅　党组成员、副局长
范建平　党组成员、副局长
刘志安　党组成员、副局长（2020年12月任职）

（撰稿单位：河北省粮食和物资储备局；撰稿人：牛聪；审稿人：李志明）

2020 年 8 月 11 日至 12 日，河北省委书记、省人大常委会主任王东峰（左二）在邯郸市调研粮食和重要农产品加工、储存工作。

2020 年 8 月 14 日，国家发展和改革委员会党组成员，国家粮食和物资储备局党组书记、局长张务锋（前排左三），国家粮食和物资储备局党组成员、副局长卢景波（前排右一），河北省副省长时清霜（前排左二），河北省发展和改革委员会党组成员，省粮食和物资储备局党组书记、局长杨洲群（前排左一）调研地方储备粮管理、国有粮库监管工作。

2020 年 9 月 16 日，河北省发展和改革委员会党组成员，省粮食和物资储备局党组书记、局长杨洲群（前排右二）在中粮面业秦皇岛鹏泰有限公司调研企业生产加工等工作。

山西省

基本情况

2020 年，山西省粮食总产量 1424.3 万吨，比上年增长 4.6%。其中，夏粮产量 236.8 万吨，增长 4%；秋粮产量 1187.5 万吨，增长 4.7%。全省粮食消费量 1340.6 万吨，增加 24.5 万吨，增幅 1.86%，消费量相对保持稳定。总体看，粮食产销基本平衡，品种结构矛盾依然突出。2020 年，全省粮食收购量 689 万吨，比上年减少 4 万吨；全省销售粮食 812.5 万吨，减少 29.5 万吨。截至 2020 年末，全省国有粮食企业 456 个，粮食行业从业人员 49523 人，比 2019 年末增加 463 人。全省物资储备包括重要物资储备和救灾物资储备，尚未建立能源储备。重要物资储备品种有应急生活必需品储备和猪肉储备。应急生活必需品储备中，省级储备包括饮用水（瓶装）、饼干、方便面；市级储备中，11 个市均建立了市级应急生活必需品储备。救灾物资储备有帐篷、折叠床、棉被褥、棉衣裤、棉大衣、单衣裤、毛毯、睡袋等。

2020 年工作

一 落实高质量发展要求，推进粮食和物资储备工作转型升级

（一）顶层设计不断加强

省政府办公厅印发《关于加快推进我省粮食和物资储备工作深化改革转型发展的意见》，是全国唯一一家由省级政府出台转型发展意见的省份。省委、省政府办公厅出台《关于改革完善体制机制加强储备粮安全管理的若干措施》。两个文件构建起全省粮食和物资储备工作改革转型的“四梁八柱”。

（二）粮安考核再创佳绩

认真履行省粮安考核领导组办公室职能，召开全省粮安考核工作部署会议和考核领导组专题会议，部署全省考核工作。完成省级自评总结和对市考核工作。将粮安考核纳入省年度目标责任考核内容，依托 13710 督办平台推动考核难点问题解决，连续四年荣获全国粮安考核优秀等次，稳居第一方阵。7 月 27 日，林武省长代表山西省在国务院粮食安全省长责任制考核动员部署视频会上作了典型发言。

（三）全力确保疫情期间粮油市场供应稳定

面对突如其来的新冠肺炎疫情，成立了由“一把手”任组长的应急保障领导小组，强化市场监测调度。启动粮油市场价格“日监测日报告”制度，掌握价格动态。向平遥县投放应急面粉 30 万斤，

稳定粮食市场。落实纾困解难政策，为粮油保障企业发放优惠贷款 2.57 亿元。举办全省公益性饲料用粮专场交易会，全力支持企业复工复产。疫情期间，全省粮油应急加工企业复工率达 94%，高于全国平均水平，未出现粮油产品断档脱销问题。

（四）粮食宏观调控水平不断提高

落实资金 148 亿元，保障粮食市场化收购。上线“便民晋粮”APP，方便农民售粮。参加第三届全国粮食交易大会，成交粮食 11.05 亿斤、成交额 13.13 亿元。举办 2020 山西粮食产销衔接会，签约粮油购销总量 50.9 亿斤，与京津冀等 10 省市建立省际间产销合作关系。编发《2019 山西粮食流通发展报告》和粮食价格周报，服务政府决策。

（五）涉粮项目建设进度明显加快

召开 2 次项目推进会，全面梳理在建项目，形成项目清单，加强跟踪督办。“优质粮食工程”3 个子项进度全部超过 90%，智能粮库项目进度达 96.3%。新增投资 8100 万元用于 6 个粮调项目建设，支持现代粮食产业园区建设，完成 13 个省级储备库仓储设施提升改造。制定“十四五”总规划和 3 个专项规划草案，召开重大项目储备工作会议，明确“十四五”项目布局和投资方向。

（六）地方储备粮管理迈上新台阶

高标准开展“储备粮管理提升年”活动，出台关于切实加强省级储备粮管理的意见，制修订省级储备粮轮换管理办法、验收办法，推动省级储备粮管理制度化、规范化。稳步推进省级储备粮油轮换工作，轮换进度符合预期。首次对 40 个省级储备粮承储企业进行全面细化考核，压实企业主体责任。巩固库存粮食大清查成果，开展问题整改“回头看”大排查专项整治行动。完成新收获粮食、省级储备粮质量调查和品质测报工作，储存粮食质量合格、品质宜存。

（七）特色粮食产业发展取得阶段性成果

印发《关于加快建设现代化粮食产业高质量发展体系的实施意见》，将粮食产业发展纳入全省粮食和物资储备“十四五”规划，统筹谋划和实施。提升“山西小米”品牌效应，聚焦“优粮优产”，建成 6 个千亩以上高标准谷子示范基地和 3 个谷子育种展示基地，推广实施“山西小米”5 项团体标准和“六统一”种植模式。发展联盟企业 21 家，授权 15 家企业使用“山西小米”品牌标识，开设“山西小米”网上旗舰店，赴福建、安徽开展推介活动，“山西小米”品牌进一步叫响。举办第三届全国小米品鉴暨“山西小米”品牌建设三年总结大会，“山西小米”品牌发展经验得到全国粮食行业的肯定，全省小米产业年产值突破 30 亿元，连续三年在全国粮食产业经济现场交流会上作典型发言。打造主食糕品产业集群，制定主食糕品产业推进计划、五年发展规划，争取专项资金 2700 万元。组建山西主食糕品产业联盟和专家技术委员会，发布主食糕品区域品牌，主食糕品产业发展迈出关键步伐，成为特色产业的又一张靓丽名片。

（八）重要生活物资和应急救灾物资储备体系逐步建立

认真贯彻习近平总书记关于“健全国家储备体系、提高储备效能”的重要指示，制修订省级应急生活必需品储备管理暂行办法、省级救灾物资储备管理暂行办法、省级猪肉储备管理办法等制度。压实“菜篮子”市长负责制，指导各市做好猪肉储备恢复、增储工作，累计投放冻猪肉储备 1.62 万吨、活体猪储备 0.93 万吨，保障市场供应。加快推进省救灾物资储备库建设和省级救灾物资利旧轮换，强化救灾物资管理。

（九）应急管理体系不断完善

出台《山西省粮食和物资储备局突发事件总体应急预案》，修订《山西省粮食应急预案》。开展应急演练，以练促战、以检促用。疫情期间，迅速启动应急响应机制，第一时间向运城有关县区调拨棉衣被、帐篷等省级救灾物资 8050 件，全力支持地方防疫和救灾工作。

二 坚持党建领航，努力夯实粮食和物资储备事业发展基础

（一）政治建设水平不断提高

加强政治机关建设，不断增强“四个意识”，坚定“四个自信”，坚决做到“两个维护”。坚决贯彻省委、省政府决策部署，将省委经济工作会议、农村工作会议涉及的任务与全省粮食和物资储备工作会议一体纳入全局督办内容。出台《关于学习宣传贯彻党的十九届五中全会精神方案》，从 6 个方面制定 34 项措施，统筹粮储工作转型发展。局党组认真召开民主生活会，全面查摆问题，严肃对照检查。局领导主动参加分管处室和单位的党组织生活会。各支部踊跃开展形式多样的主题党日活动，并向《学习强国》推送。定期研究意识形态工作，分析研判党员思想状况，营造风清气正的良好政治生态。认真执行民主集中制，召开党组会、局务会和办公会 46 次，研究“三重一大”事项 154 件，做到集体领导、集中研究、会议决策，促进决策规范透明。

（二）思想建设根基不断夯实

坚持用习近平新时代中国特色社会主义思想武装头脑、指导工作，巩固深化“不忘初心、牢记使命”主题教育成果，印发加强和改进思想政治工作实施意见，完善谈心谈话制度，强化对领导干部的理想信念教育、对党忠诚教育。深化理论学习，出台党组中心组理论学习计划，抓好对习近平总书记视察山西重要讲话重要指示精神、“三篇光辉文献”、《习近平谈治国理政》等内容的学习。领导班子带头讲党课，各支部开展了特色鲜明的干部讲学活动。举办《晋粮大讲堂》4 期，培训 1200 人次，广受干部欢迎。中心组集体学习 20 次、专题研讨 4 次，全局上下学习研讨蔚然成风。

（三）组织建设质量不断提升

牢牢把握新时代党的建设总要求，召开党建工作会议，印发工作要点，统筹安排部署。持续推进“心系粮安、服务民生”品牌创建。举办支部书记培训班，抓好述职评议，开展学习笔记展评，提高责任意识和担当精神。落实“四级四岗”要求，修订党建工作责任制规定，编印《党支部规范化建设手册》，指导各支部换届，强化党费收支管理，夯实工作基础。开展机关党建“十个突出问题”整改回头看，制定“三个清单”，狠抓整改落实。稳步推进事业单位改革，选拔配强领导班子，及时调整支部设置。强化典型引领，山西省 3 个单位、3 名同志荣获全国粮食和物资储备系统先进集体、先进个人和劳动模范称号；2 个单位、2 名同志荣获全国粮食和物资储备系统抗疫先进集体、先进个人称号，1 名驻村队员荣获全省模范驻村队员称号。组织开展全省粮食和物资储备系统评先评优表彰工作。

（四）纪律和作风建设任务不断压紧压实

压实管党治党主体责任，做到真管真严、敢管敢严、长管长严。出台局党组落实全面从严治党的实施细则、责任清单，制定反腐败工作实施意见，构建“一把手”负总责，分管领导齐抓共管，部门各负其责的工作机制。梳理廉政风险点，绘制防控流程图，强化廉政风险防控。开展“守纪律、讲规矩”警示教育活动，开展涉粮案件剖析总结，组织党纪党规学习研讨，通过以案释法巩固教育成果。强化督查检查，加大对违反中央八项规定、“四风”隐形变异问题的整治力度。建立干部廉政档案 154 份，对新任职干部开展廉政谈话，敲响廉洁自律警钟。

（五）干部能力建设不断深化

制定年度培训计划，联合省委组织部、山西农大举办全省加强储备粮安全管理培训班，举办全省粮食流通统计、执法监督工作、财务工作等多个业务培训班，开展仓储保管员和检化验员培训鉴定，通过率同比提高 5 个百分点。2 名同志被评为全国粮食行业技术拔尖人才，成立人才工作室，落实研究经费 12 万元。通过以讲促学、以学促干，进一步提高干部履职能力，实现质效并举。强化“三零单位”创建，聚焦安全生产、群众上访等重点领域，完善制度机制，排查化解隐患矛盾。

山西省粮食和物资储备局领导班子成员

王云龙　省发展和改革委员会党组成员，省粮食和物资储备局党组书记、局长
宋林根　党组成员、副局长（2020 年 12 月退休）
韩华雄　党组成员、副局长
徐晓峰　党组成员、副局长
刘　鹏　二级巡视员
孙克强　二级巡视员

（撰稿单位：山西省粮食和物资储备局；撰稿人：赵钢；审稿人：李辉）

2020 年 10 月 14 日，山西主食糕品区域公用品牌发布暨产业联盟成立大会在太原举行。山西省委常委、常务副省长胡玉亭（中），山西省发展和改革委员会党组成员，省粮食和物资储备局党组书记、局长王云龙（右一）等启动发布仪式。

2020 年 9 月 25 日，山西粮食产销衔接暨项目洽谈会在太原市举行。国家粮食和物资储备局党组成员、副局长贾骞（左二），山西省政府副秘书长梁敬华（右一），省发展和改革委员会党组成员，省粮食和物资储备局党组书记、局长王云龙（右二）出席活动。

2020 年 1 月 19 日，山西省粮食和物资储备工作会议在太原召开，传达贯彻全国粮食和物资储备工作会议精神。

内蒙古自治区

基本情况

截至2020年10月底，内蒙古自治区常住人口2404.9万人。其中，城镇人口1622.7万人，乡村人口782.2万人，城镇化率67.48%。2020年地区生产总值完成17359.8亿元，按可比价计算，比上年增长0.2%。全年农作物总播种面积888.3万公顷，与上年基本持平。其中，粮食作物播种面积683.3万公顷，增长0.1%；粮食产量3664.1万吨，增长0.3%。其中：小麦产量170.8万吨，下降6.5%；稻谷产量123.1万吨，下降9.6%；玉米产量2742.7万吨，增长0.7%；大豆产量234.7万吨，增长3.8%；马铃薯产量126.1万吨，下降9.3%；杂粮杂豆产量266.7万吨，增长8.2%。

2020年工作

一　粮食购销存

2020年，自治区粮食和物资储备局入统范围内商品粮收购1900.1万吨。其中玉米1731.7万吨，同比增长12%；小麦50.6万吨，下降21.7%；大豆21.6万吨，与上年基本持平；稻谷49.3万吨，增长48.2%；油料2.9万吨（从生产者购入），下降43.8%。区外调入小麦1.5万吨，下降3%；稻谷7万吨。自治区粮食和物资储备局入统范围内商品粮销售1769.9万吨。其中玉米1479.4万吨，同比增长5.9%；小麦136.1万吨，与上年基本持平；大豆27.9万吨，下降26.5%；稻谷63万吨，增长24%；油料6.2万吨，增长7.6%。调出区外玉米502万吨，下降3%。2020年底，自治区粮食和物资储备局入统范围内商品粮库存796.1万吨。其中玉米717.3万吨，增长115.9%；小麦32万吨，下降13.7%；大豆12.3万吨，增长25.6%；稻谷18.5万吨，增长25.5%；油料2.3万吨，下降32.5%。

二　深化粮食收储制度改革

修订完善《内蒙古自治区粮食收购贷款信用保证基金实施细则》《内蒙古自治区粮食收购贷款保证基金操作规程》，缓解企业贷款难。建立运力协调机制，举办第五届内蒙古粮食产销合作洽谈会。

全面实施粮食收储制度改革，落实市场化收购加补贴政策，正确处理宏观调控与市场调节关系，引导多元市场主体全力拓展购销渠道。粮食收储制度改革推动粮食市场机制形成，调整优化了种植结构，促进粮食产业健康发展，保护种粮农民利益，促进粮食生产。粮食总产量再创历史新高，品种结构进一步改善，稻谷和小麦等口粮品种产量逐步提升，大豆产量较大幅度增长，粮食安全保障的物质基础更加雄厚。

三 抗击疫情保供稳价

全力做好粮食保供稳市，高效调运应急物资，在大战大考中经受住了现实考验，展现了担当作为。建立上下联动、统筹协调的快速反应机制。启动粮油价格监测和应急加工企业复工复产、供应网点开门营业日报制度。积极协调解决企业遇到的困难和问题，推动粮食企业复工复产；落实疫情防控重点保障物资生产企业优惠政策，为粮油市场平稳运行提供动能；强化统计和监测预警，密切关注市场变化；加强新闻宣传，引导合力，保障供应需求；发挥好粮油储备“压舱石”作用。

四 粮食产销协作取得新突破

会同福建省粮食和物资储备局成功举办第十六届粮食产销协作福建洽谈会，融入第三届中国粮食交易大会成功举办第五届内蒙古粮食产销协作河南洽谈会，筛选国家级贫困旗县企业参会，为贫困地区优质特色粮油产品外销搭建平台，进一步扩大内蒙古粮油“绿色、天然、无公害”的影响力和市场占有率；与广东、福建等 12 个省深化粮食产销精准对接，建立粮食产销协作长效机制，粮油外销市场进一步拓展。

五 地方储备体制机制改革

出台储备粮体制机制改革实施意见。积极调整口粮储备品种比例，增加小麦、稻谷等口粮储备，增加自治区级储备油；修订完善粮油仓储单位备案管理办法，强化储备粮轮换、物资储备库和医药储备日常管理；建立地方粮食储备和中央粮食储备协同运作机制。组织开展储备粮管理专题督导调研，与农发行内蒙古分行联合印发《加强地方储备粮油管理有关问题的通知》，化解管理体制机制方面存在的问题。

六 应急物资和药品储备开启新征程

根据“三定方案”自治区粮食和物资储备局“管理自治区粮食、药品储备和救灾物资储备，负责自治区粮食、药品储备和救灾物资储备行政管理”的规定，接管了原由自治区民政厅管理的内蒙古自治区救灾物资储备库及其储备物资和原由自治区工业和信息化厅管理的药品储备。以粮食、物资储备职能统一整合为标志，粮食和物资储备改革发展开启新征程。在职能整合拓展中，应急救灾物资和医药储备管理职责交接、物资储备库划转、救灾物资招标采购入库和疫情防控应急救灾所需物资调运任务顺利完成，不仅为打赢疫情防控阻击战和防灾抗灾提供了强有力的保障，而且在新的实践中体现了新担当新作为。

七 优质粮食工程建设

坚持绿色发展，粮食产业经济发展迈出新步伐。在粮食“产购储加销”全链条上持续发力，粮食产业链、供应链、价值链迈上新的台阶，粮食产业发展取得了体量与质量、结构与效益相互促进、相得益彰的良好成效。扎实实施优质粮食工程，推动粮食产业创新发展、转型升级、提质增效。“三链协同”趋势明显，“五优联动”势头良好。优质粮食工程项目运营效率不断提高，粮食产业高质量发展由点及面、全面推开，实现了粮食增产与提质并重，成为兴粮之策、惠农之道、利民之举，有效促进了产业升级，不断满足高品质生活的新需求。优质粮食工程建设进度加快，项目运营效率不断提高。2020 年，全区优质粮食工程完成总投资 9.5 亿元，完成年度投资规模的 114.5%。遴选 15 户企业的 45 个产品为“内蒙古好粮油”产品，并向国家粮食和物资储备局申报“中国好粮油”产品遴选。粮食产后服务体系设备利用率达 99%，有效解决了“地趴粮”问题。373 个粮食产后服务中心收购原粮 613 万吨，71 个“内蒙古好粮油”项目收购原粮 139 万吨，粮食检验监测体系完成 1213 个政策性粮食抽检样品。优质粮食工程为农民增收 2.6 亿元，节粮减损 20.1 万吨。

八 粮食流通基础设施建设

粮食仓储现代化水平明显提高，新建一大批现代化粮仓。粮食物流体系建设不断健全，粮食接卸发运设施、中转仓及中转效率、铁路专用线、专业化得到改善和提升，粮食物流集中度不断提高。粮油经营由传统方式向“互联网 +”等线上交易与线下交易并重转变。粮食安全保障调控和应急设施工程、“危仓老库”维修改造项目深入实施，粮食流通设施现代化水平和粮油供应保障能力进一步提升。

九 粮食安全考核和流通监查更加有力

认真履行粮食安全盟市长责任制考核工作责任，建立健全考核监督机制，层层传导压力，强化责任落实，考核“指挥棒”作用日益凸显。坚持目标和问题导向，聚焦影响粮食安全的短板和弱项，确保各项决策部署落到实处、取得实效。圆满完成政策性粮食库存数量和质量大清查，向自治区党委和政府交了一本“明白账”。创新监管方式，加大粮食市场秩序监督检查，努力优化营商环境。开展涉粮问题整改“回头看”专项行动，不折不扣完成中央纪委国家监委对辖区内国有粮库调查摸排发现问题整改。制定《内蒙古自治区粮食行业加快推进诚信建设实施方案》《信用承诺和信用审查实施办法》

《守信联合激励和失信联合惩戒暂行规定》，信用监管制度体系初步建立。

十 党建和行业自身建设进一步加强

采取政治例会、中心组集中学习和研讨及举办干部学习讲堂等多种形式，学习贯彻习近平新时代中国特色社会主义思想和党的十九大精神，加强学习型党组织建设。牢固树立“四个意识”，坚决维护以习近平同志为核心的党中央权威和集中统一领导，深入学习贯彻习近平新时代中国特色社会主义思想，扎实推进“不忘初心、牢记使命”主题教育，统筹融合业务、队伍建设，扎实推进党的建设和党风廉政建设，管理理念、管理职能、管理方式、管理作风都有了进一步转变。

内蒙古自治区粮食和物资储备局领导班子成员

张天喜　自治区发展和改革委员会党组成员，自治区粮食和物资储备局党组书记、局长
赵国忠　党组成员、副局长
王国峰　党组成员、副局长

（撰稿单位：内蒙古自治区粮食和物资储备局；撰稿人：辛建清；审稿人：张天喜）

2020 年 9 月 4 日，内蒙古自治区发展和改革委员会党组成员，自治区粮食和物资储备局党组书记、局长张天喜（左三）在鄂尔多斯市调研成品粮储备工作。

2020 年 10 月 19 日，内蒙古自治区粮食和物资储备局党组成员、副局长赵国忠在第三届中国粮食交易大会内蒙古好粮油推介会上致辞。

2020 年 7 月，内蒙古自治区粮食和物资储备局党组成员、副局长王国峰（右三）在兴安盟粮食产后服务中心调研，参观农户科学储粮设备。

辽宁省

基本情况

2020 年，辽宁省粮食产量 2339 万吨，较上年减少 91 万吨。全省粮食流通总量 21295 万吨。入统涉粮企业购进粮食 9090 万吨（不含中储粮，下同），同比增加 258 万吨。截至 2020 年 12 月末，全省累计收购玉米、稻谷 1084 万吨，增加 400 万吨。入统涉粮企业累计销售粮食 7702 万吨，减少 528 万吨；入统涉粮企业粮食库存 1236 万吨，增加 473 万吨。

2020 年工作

一　扛稳粮食安全重任，不断夯实粮食安全基础

一是法规制度不断完善。《辽宁省地方储备粮管理条例》列入省人大立法计划，完成草案编写。《辽宁省地方储备粮轮换管理办法》《辽宁省粮食收购资格审核管理办法》《地方储备粮管理政策性职能和经营性职能分开实施方案》等相关配套管理办法制定完成并印发。二是调控手段不断完备。建立信息采集分析和预警研判体系。在全省重点农业县区和收购、加工等环节，设立 100 个价格监测点，开展市场监测预警，实施周报告、月分析。多措并举，确保粮油保价稳供。启动粮油价格日监测制度。与中储粮辽宁分公司建立储备粮调用协调机制。及时制定《省级储备粮油调用启动方案》。按程序提前拍卖出库省级储备小麦 2 万吨供应市场。调整 2 万吨省级储备粮品种布局，增加重点地区应急成品粮储备。提前轮换出库 12 万吨省级储备玉米，解决饲料企业原料供应不足及农民余粮出售难问题。三是应急体系不断健全。全省共设立粮油应急加工企业 120 个，日加工粮油 1.6 万吨；粮食应急供应网点 1661 个，可日供应粮油 3.5 万吨；应急配送中心 88 家，日配送能力 3.6 万吨；应急储运企业 92 家，日运输能力 19.7 万吨；主食加工企业 9 个，日加工能力 608 吨。全省应急成品粮储备增加至 5.5 万吨，其中大米 3 万吨，小麦粉 2.5 万吨，成品油 4.6 万吨。沈阳、大连两市基本达到 15 天市场供应量，其他市基本满足 7 天市场供应需求。定期开展应急演练和培训，应急加工企业数量不断增加，应急供应保障能力显著增强。四是质量安全不断向好。组织实施地方储备粮食质量安全监测和库存粮食质量安全监测。印发《辽宁省地产稻谷重金属超标监测与收储处置工作方案》，稳妥做好重金属超标稻谷收购检测及处置等相关工作。印发《辽宁省粮食出入库必检项目》，对储存的各种性质政策性粮食的出入库质量标准进行了明确。五是流通市场不断壮大。持续推动和完善粮油市场及粮食物流体系建设，

全省粮食购销活跃，五年来，年均购销总量达 3000 亿斤，呈购销两旺态势。参与国家政策性粮拍卖 380 万吨，成交金额为 81 亿元。

二　压实粮食安全省长责任制考核，强化粮食执法监督

一是全面提高粮食安全省长责任制领导重视程度。省政府主要领导首次专题调研粮食安全工作并主持召开粮食安全省长责任制联席会议，研究部署全省粮食安全工作。专门就粮食安全工作作出批示，并将粮食安全省长责任制考核纳入省政府对各市政府绩效考核。常务副省长主持召开全省粮食安全省长责任制考核工作动员部署会议，各市政府主要领导参加。省政府连续 4 次在常务会议上研究部署涉粮问题整改和粮食安全工作。调整省粮食安全省长责任制联席会议成员，增补分管农业副省长为副召集人。修订印发《关于进一步加强粮食安全省长责任制的实施意见》。二是强力推进问题整改并取得实效。积极与省政府督查室沟通，将问题整改工作列入省政府对各市政府督导考核事项，跟踪督办，并联合省政府督查室召开全省粮食安全省长责任制存在问题整改工作推进会议，逐级压实责任，推动、部署各地切实整改。三是开展首次省级储备粮政策执行和储备粮管理考核。印发《省级储备粮政策执行和储备粮管理情况考核方案》，成立专项小组，及时排查和消除省级储备粮风险隐患。首次开展了年度省级储备粮政策执行和储备粮管理情况考核，实地核查粮食 38.8 万吨，占全省储备量的 33%，动态调整两家省级储备粮承储企业资格。四是粮食执法各环节监管深入推进。2018 年以来，创新监管方式，积极推行“双随机一公开”，采取随机检查、暗查暗访、交叉执法检查等方式，加大对秋粮收购和政策性粮食售出出库等专项检查力度，规范粮食流通秩序。充分发挥“12325”监管热线作用，加大群众反映案件的核查力度，组织开展秋粮收购监管，对有问题的粮食收购企业予以警告、责令改正、取消收购资格等处理；组织政策性粮食销售出库监管。五是涉粮问题整改工作成效显著。制定下发《关于开展粮食安全问题整改“回头看”专项行动实施方案》，全面推进涉粮问题整改，认真总结经验，巩固大清查工作成果。组织开展企业自查，落实企业主体责任。派出 28 个督导组、140 名督导人员，对重点地区、重点企业进行自查督导。择优抽调 120 名检查人员，组成 24 个复查组，对重点地区、重点企业进行了复查。对普查发现的 366 个问题和国家粮食和物资储备局反馈的 75 个问题，建立台账，已全部整改到位。

三　实施优质粮食工程，大力推动粮食产业高质量发展

一是优质粮食工程“三个子项”建设进展顺利。从 2017 年开始，按照政府补助引导，企业自主申报建设的原则，实施优质粮食工程建设。投资 3.98 亿元，建成粮食产后服务体系主体 82 个，可为 9000 户农民开展“五代”服务，每年带动农民增收 1.3 亿元。投入资金 1.92 亿元，推进全省质检体系建设，两批 57 家单位基本完成项目建设，进入项目验收阶段。推进“中国好粮油”央企专项项目落地，中央下达三年补助资金 5.23 亿元，省配套补助资金 3.44 亿元。全省三年“中国好粮油”行动计划总投资规模 19.15 亿元。以稻米产业为重点，围绕“五优联动”，打造了 2 个省级示范企业和 7 个示范县。开展“中国好粮油”行动计划粮食优质品率测评。2019 年度粮食综合优质品率超过 35%，

水稻优质品率达到 30%，两年粮食优质品率提升达 21%，“中国好粮油”行动计划成果显著。二是培育“辽宁好粮油”品牌开局良好。完善优质粮食产品体系，增育辽宁粮油品牌，制定“辽宁好粮油”行动产品发展计划。发布“辽宁好粮油”产品系列标准 12 个。制定“辽宁好粮油”产品管理暂行办法，遴选出 71 家企业的 85 个产品为“辽宁好粮油”产品。制作“辽宁好粮油”宣传视频，在高速公路、公交和地标广告宣传推广“辽宁好粮油”区域品牌。与中国邮政辽宁公司以“共建粮邮品牌、共促邮粮发展”为合作理念，签署了战略合作协议，在全国首创“粮邮合作”模式，服务企业，助力“辽宁好粮油”产品走向全国，模式获国家粮食和物资储备局认可。三是搭建发展平台促企业发展。组织 29 家企业参加第三届中国粮食交易大会，粮油产品交易 2.5 万吨，成交金额 1.6 亿元。组织参加第十八届中国国际粮油产品及设备技术展示交易会，26 家参展企业的“辽宁好粮油”产品全部获得交易会金奖。盘锦大米、沈阳大米等 60 余款产品成为两次交易会爆款。

四 强化粮食安全基础建设，不断提升粮食安全保障能力

一是基础设施建设得到强化。“十三五”期间，全面启动“粮安工程”危仓老库修复和地方粮食仓储设施维修改造建设项目，全省共新建仓储设施仓容 202.06 万吨，修复仓储设施仓容 220.59 万吨，大幅提升粮食企业收储能力。截至 2020 年末，全省共有粮油仓储企业 2197 户，总仓容 6487 万吨，油罐 811 个，罐容 98 万吨。烘干设施 1244 台（套），总烘干能力 36 万吨 / 日。二是粮库智能化管理水平得到提升。全省累计投资 2.18 亿元，实施全省粮库信息化升级改造项目。一期工程建设完成并通过验收，实现了粮情数据、安防视频、视频会议等系统的互联互通。二期工程建设推动顺利，53 个市县级储备粮承储企业粮库智能化基础设施改造与信息化系统应用已完成硬件建设工作，省级粮食信息综合管理平台已实现与国家平台、省级储备粮承储企业的互联互通。完成“粮安工程”信息化项目建设。重点做好粮食安全保障调控和应急设施项目建设，总投资 19.71 亿元，涉及企业 20 家。三是“两个安全”建设得到巩固。制定《辽宁省粮油仓储企业安全储粮安全生产工作规范》，进一步落实储粮安全和生产安全主体责任，推进安全生产标准化建设和专项整治三年行动，加强队伍建设和培训，建立省级“两个安全”专家库，定期开展督导检查，全省无重大安全生产事故发生。四是人才和队伍建设得到加强。制定《辽宁省“人才兴粮”实施细则》，建立了 388 人的粮食行业专家库。与省委党校联合举办全省“完善体制机制，加强粮食储备安全”专题培训班。五是科技兴粮工作得到认可。举办全省粮食科技活动周活动，培育科技型企业，推广应用新技术、新工艺、新设备，提升产业发展实力。优选 15 家单位为辽宁省第二批粮食安全宣传教育基地，大力倡导节粮爱粮。

五 营造法治化发展环境，提升管理服务水平

一是做好“放、管、服”。印发《辽宁省粮食收购资格审核管理办法》，优化收购许可证审核，各级粮食行政管理部门共发放粮食收购许可证 1000 余个。二是优化财税服务。积极推动粮食收购贷款信用保证基金运行，为粮食收储企业减负、增信、融资提供便利。参与企业 28 家，缴存基金 1.02 亿

元，投放粮食收购贷款 13.5 亿元。用足用好疫情防控贷款“绿色通道”，帮助疫情防控重点企业解决疫情应急贷款 3.17 亿元。落实市场化收购贷款 8 亿余元。报送 5 批 95 家救灾物资生产企业名单，申请享受疫情防控重点保障企业免税政策。

六　加强应急物资储备管理，完成物资保障任务

一是完成抗击新冠肺炎疫情物资保障任务。新冠肺炎疫情防控初期，连续三天向沈阳 5 家医院紧急调拨棉被、棉大衣、折叠床等 12 个品种、1792 件（套），累计发放口罩、防护服等医疗防疫物资 1800 万件，有力支援了医疗机构疫情防控工作。二是完成救灾物资发运任务。加强库存物资管理，做好设备维护，严格执行 24 小时值班制度。按应急调拨指令，全年紧急向营口、阜新发运帐篷、单人床、棉被等救灾物资 4400 件（套），用于台风“巴威”灾害救助和困难群众救助。三是完成中央和省级救灾物资大清查任务。对库存的中央和省级救灾物资分别进行了清查，现有储备救灾物资 32.04 万件（套），总价值 8704.5 万元。

辽宁省粮食和物资储备局领导班子成员

于　衡　省发展和改革委员会党组成员，省粮食和物资储备局党组书记、局长
孙金荣　党组成员、副局长
张玉超　党组成员、副局长
肖玉强　党组成员、副局长
刘占春　总工程师

（撰稿单位：辽宁省粮食和物资储备局；撰稿人：杜柏林；审稿人：于衡）

2020 年 10 月 19 日至 21 日，第三届中国粮食交易大会在福州召开，国家发展和改革委员会党组成员，国家粮食和物资储备局党组书记、局长张务锋在辽宁展览厅调研。

2020 年 2 月 20 日，辽宁省委常委、常务副省长陈向群（前排左三）深入省医疗物资承储库，调研医疗防护物资储备供应工作。

2020 年 2 月 25 日，全省粮食和物资储备工作会议在沈阳召开。

吉林省

基本情况

吉林省是国家重要的商品粮基地。主要粮食作物有玉米、水稻和大豆三大品种，2020年，玉米种植面积428.72万公顷，稻谷面积83.71万公顷，大豆面积32.11万公顷。2020年，吉林省粮食和物资储备工作呈现出良好的发展态势。粮食安全省长责任制考核连续4年保持优秀档次；鲜食玉米产业发展打开局面，全年鲜食玉米订单面积3.61万公顷，同比增长35.9%；实现利润2.6亿元，增长62.5%。

2020年工作

一 粮食安全省长责任制考核获得优秀档次

建立省政府定期听取粮食安全省长责任制汇报机制，并列入省年度重点工作，纳入市州绩效考核。定期召开联席会议，会商解决实际问题，分解落实2020年度任务，对市州考核做出全面部署，层层压实生产、流通、储备责任。省委省政府办公厅印发实施意见，起草省储备粮管理办法，列入省政府2020年立法调研计划。组织力量集中对省级储备粮进行了全面检查，粮食数量真实、质量良好、储存安全；加强制度建设，建立保障省长“米袋子”安全长效机制。在2019年度国家粮食安全省长责任制考核中，被国家评定为考核优秀档次。

二 “吉林大米”品牌影响力持续提升

创新疫情防控期间品牌营销方式，瞄准北京、上海、浙江、福建等主销区，举办“云推介”，推出了“云集市”“云课堂”，把品牌宣传从线下搬到线上，实现了线上线下共同发力，扩大了品牌宣传覆盖深度和广度。完善吉林大米质量追溯平台和标准体系建设，全省157家大米加工企业开通溯源系统，“5T标准”在10家企业试点示范。依托产销区核心企业，建成吉林大米西部、福建和浙江3个运营中心，构建品牌利益联合体，探索全产业链要素融合整合新路径，提升品牌溢价、产业发展新动能。各地围绕吉林大米品牌建设，结合自身实际，创造性开展工作。延边州通过与宁波市“对口帮扶协作”，积极推进“共享稻田”项目，全年售出专属订单2400份，销售额2400万元。吉林市坚持以品质促品牌，从质量入手，积极推进大米质量溯源体系建设，开通溯源系统企业46家，占全省27%。松原市依托松粮集团试验试种品种180多个，打造北方粳稻种子“硅谷”。2020年，吉林大米品牌入选新华社“民族品牌”工程，并蝉联“中国粮油影响力区域公用品牌”榜首，全省中高端大米年销量106万吨。

三　吉林鲜食玉米产业发展打开局面

吉林省政府办公厅印发《关于加强鲜食玉米品牌建设加快鲜食玉米产业发展的实施意见》，为全省鲜食玉米品牌建设和产业发展提供政策指导和遵循。构建鲜食玉米产业体系、生产体系和经营体系，着力推进鲜食玉米品牌建设和产业发展的“2344”工程。在公主岭建设全国鲜食玉米高标准品种试种推广基地，对186个品种进行试种，筛选优良品种，错峰种植，保障产量。依托玉米深加工国家工程研究中心、全国鲜食玉米产业联盟等机构联合举办产业推进培训会，夯实品牌建设和产业发展的人才基础。组建吉林鲜食玉米分会，打造吉林鲜食玉米区域公用品牌标识，统一传播推广。组织召开首届吉林鲜食玉米大会，评选吉林鲜食玉米优质产品22个，确立玉米产业高质量发展导向，不断汇聚品牌效应。2020年鲜食玉米订单面积3.61万公顷，同比增长35.9%；实现利润2.6亿元，同比增长62.5%。龙头企业鲜食玉米销量同比增长40%，仅吉林省农嫂公司电商平台销售收入就突破1亿元。

四　疫情防控期间粮食和物资保障交出了满意答卷

新冠肺炎疫情发生后，按照省委省政府的要求，立即启动物资储备I级响应预案，确定粮油应急供应网点、配送中心、加工和储运企业869个，设置169个监测网点，紧密跟踪省内市场，监测成品粮油价格，关注粮情波动，实行粮食应急工作日报告，建立县级以上加工、储运、供应各环节协调配套的应急网络。省级储备粮110万吨全部实储到位，指导9个市州主城区建立15天粮油储备，39个市（州）、县（市、区）建立成品小包装粮油储备10.8万吨，保障省内粮油供需平衡。落实联防联控要求，保质保量完成疫情防控物资调拨保障工作，截至10月末，先后116次向37个市县调拨物资9.086万件，总价值2114万余元，有力保障了疫情防控工作顺利开展。

五　粮食收购守住了农民售粮卖得出的底线

坚持粮食市场化收购取向，落实稻谷最低收购价政策。统筹抓好企业复工复产、多元主体入市、农户安全储粮，协调做好市场监测、信贷、运力、库容等服务保障。争取国家将最低收购价稻谷收购截止时限由2月末顺延至3月末，全省17个县44个库点收购最低价稻谷51.2万吨，给稻农售粮“兜了底”。截至2019/2020年度收购期结束，累计收购新粮3440万吨，其中，玉米2990万吨，稻谷425万吨，大豆及其他25万吨，没有出现“卖粮难”、大面积坏粮和社会敏感事件。

六 优质粮食工程第一阶段建设圆满收官

坚持产购储加销全产业链联动。173 个粮食产后服务中心全部投入使用，为农户提供“五代”服务或“一卖到位”的便捷服务，累计代农储粮 443 万吨，减少损失 5 亿元以上。抓好粮库智能化升级“一整两通”（整合资源、打通数据、贯通应用），实现省级平台与国家平台的“数据通”和“视频通”。建设 5 个粮食现代物流项目，总投资 3.27 亿元。提升 50 个粮食质检机构的检验监测能力，构建完成省市县三级质量监测网络，检验监测效率和精准程度大幅提升。推进“中国好粮油”行动计划，重点支持 15 个示范县 40 户示范企业，通过全面实施“五优联动”，带动农民种植结构调整，全省水稻优良品种覆盖率达到 80%以上，玉米示范县优质粮食产量比项目实施前增长 215%，农民种植优质玉米每垧地增收 25%。15 户企业的 21 个产品入选 2020 年度“中国好粮油”产品，入选数量居全国第二位，其中大米居全国第一位。公主岭市、榆树市、舒兰市、辉南县政府高度重视“中国好粮油”行动计划，率先完成全部项目建设，项目的示范效应已经显现。

七 物资储备保障作用凸显

立足健全全省物资储备体系，提升储备效能，不断补短板强弱项。印发省级救灾物资和防汛抗旱物资储备管理办法，厘清部门职责，进一步规范省级物资储备收储、轮换和日常管理。以提升储备物资的调拨效率和管理水平为重点，建立完善应急物资储备保障协同联动机制。优化储备布局，调整新增省级防汛物资代储库点 9 个，下拨储备物资 4 大类 1000 余万元，确保管得好、调得出、用得上。积极应对疫情、汛情、台风等突发灾害，截至 12 月末，先后 178 次向 41 个市县调拨物资 163.06 万余件，总价值 3923.31 万余元，为疫情防控和应对灾情提供了有力保障。抢抓“十四五”机遇，从编制物资储备“十四五”专项规划入手，着力构建以省级储备中心为龙头，市州储备库为支撑，重点县市区为补充的现代化应急物资储备体系。积极争取国家政策支持，推动省医疗物资储备库立项建设，填补了政府没有医疗物资储备库的空白。

吉林省粮食和物资储备局领导班子成员

冯喜亮　党组书记、局长（2020 年 8 月任职）
李国强　原党组书记、局长（2020 年 8 月调离）
刘红霞　党组成员、副局长
张卿槐　党组成员、副局长
魏茂义　党组成员、副局长
白忠凯　党组成员、副局长
张宏明　原党组成员、副局长（2020 年 10 月退休）
宋春辉　党组成员、纪检组长

（撰稿单位：吉林省粮食和物资储备局；撰稿人：张树山；审稿人：白忠凯）

2020 年 10 月 19 日，吉林省人民政府党组成员、副省长李悦（右四），吉林省粮食和物资储备局党组书记、局长冯喜亮（右三）在福州市海峡两岸国际会展中心参加第三届中国粮食交易大会。

2020 年 9 月 22 日，吉林省粮食和物资储备局党组书记、局长冯喜亮（左三）在白城市参加吉林·白城 2020 年中国农民丰收节启幕仪式。

2020 年 12 月 9 日，吉林省粮食和物资储备局党组书记、局长冯喜亮在杭州市浙江电视台演播厅参加 2020 年吉林大米浙江宣传月系列活动启动仪式并讲话。

黑龙江省

基本情况

2020 年，黑龙江省粮食作物播种面积增加 10 万公顷，达 1440 万公顷。建成高标准农田 59.1 万公顷，累计达 541.1 万公顷。绿色和有机食品认证面积分别达 510.8 万公顷、56.8 万公顷。新型农业经营主体达 30 万个，土地规模经营面积扩大到 866.7 万公顷。战胜了罕见的三次台风影响，粮食总产量达 7541 万吨，比上年增加 38 万吨，总产量、商品量、调出量稳居全国第一，粮食第一大省地位继续稳固提升，为“中国粮食”“中国饭碗”贡献了龙江力量。

2020 年工作

一　粮食购销

2019/2020 年秋粮收购期，统筹推进粮食市场化购销和政策性收购，争取国家延长最低收购价稻谷预案执行期限，根据疫情防控形势指导各地动态制定工作预案，及时恢复粮食购销秩序。截至 4 月 31 日，全省入统企业累计收购粮食 5635 万吨，其中市场化收购 3900 万吨、市场化收购率达到 69%，确保疫情防控和粮食收购两不误，守住不发生农民“卖粮难”底线，巩固拓展粮食收储制度改革成果。认真落实国家和省委、省政府关于抓好秋粮购销工作的重要部署，持续完善落实粮食市场化购销和政策性收购指导服务措施，把仓容、资金、运输、烘干能力等全部及时准备到位，切实做到有人收粮、有钱收粮、有仓储粮、有车运粮。截至 12 月 31 日，全省入统企业累计收购粮食 3015 万吨，同比增加 185 万吨。

二　粮食加工

持续推动“粮头食尾”和“农头工尾”，全面加强复工复产、原料保障、运行监测、政策落实等各项服务，粮食加工量、加工业产值、主营业务收入 3 项指标均创历史新高。全年累计加工原粮 4550 万吨，实现加工业产值 1410 亿元，实现主营业务收入 1457 亿元，实现净利润 30 亿元，同比分别增加 535 万吨、253 亿元、269 亿元、12 亿元，增幅分别为 13.3%、21.9%、22.6%、67.5%，超额完成了粮食加工量 3500 万吨、实现主营业务收入 1000 亿元的年度工作目标。粮食加工转化率达到 60.6%，较上年提高 7.1 个百分点。绥化新和成玉米发酵产业园一期项目、桦南鸿展和宝清万里润达燃料乙醇项目投产达效，讷河鸿展、绥化昊天、青冈龙凤改扩建项目投产运营，全省新增玉米深加工产能 56 亿斤，大项目拉动作用明显。

三 优质粮食工程

成立优质粮食工程项目专项工作领导小组，完善采取强化考核引导、调研、督办、调度、通报、约谈、现场督导以及选聘第三方中介机构对项目市县实施事中抽查等措施，层层传导压力、落实责任，全力推进项目建设，取得了较好成效。全省优质粮食工程项目累计完成投资 52 亿元，占计划总投资 55.5 亿元的 93.7%。其中粮食产后服务体系项目投资完成率、项目完工率均实现 100%，粮食质量安全监测体系和“中国好粮油”示范工程项目完工率分别达到 97.4%和 85%。成功举办黑龙江第十七届金秋粮食交易及产业合作洽谈会，组织企业积极参与第三届中国粮食交易大会、第十六届粮食产销协作福建洽谈会等全国性区域性粮交会，达成产销合作协议（意向）100 亿斤。

四 粮食安全省长责任制

省委、省政府多次召开会议研究部署，实行各级党政主要领导责任制。省委、省政府领导带头调研督导抓落实，省考核工作组常年跟踪协调督导推进落实，通过全省上下共同努力，圆满完成了粮食安全工作目标任务，高标准完成了粮食安全省长责任制考核省级自查、配合国家有关部门开展部门评审工作。组织开展了省对各市（地）政府落实粮食安全省长责任制考核，结合疫情防控研究创新工作方式，采取“键对键、屏对屏”等方式开展了省级部门联合检查工作，按时、保质完成了省对市（地）政府落实粮食安全省长责任制考核工作，各地保障区域粮食安全的主体责任得到进一步落实。全省 2019 年度粮食安全省长责任制考核再次被国家评为“优秀”等次，实现了“四连优”。

五 保供稳市

全面制定实施粮油市场保供稳价工作方案，加强粮油市场动态监测分析预警，完善市场监测工作体系和机制，实行全省粮油供给情况日报告制度，密切关注粮油购销、价格变化情况，科学研判形势，对市场粮情早发现、早预判、早应对。确定 27 户重点保供协作企业，为粮油市场保供稳价发挥保障作用。调度全省 2312 户粮食应急企业在重要时期、重点时段、重点环节形成有效供给能力，做到原粮快速加工、成品粮迅速投放。强化粮油保供稳市宣传引导，主动回应社会关切，营造良好舆论氛围。加强组织调度，根据粮油市场形势和调控需要，及时调整地方储备粮轮换节奏，按国家要求保证哈尔滨市成品粮油储备随时投放市场。强化重点销区粮源保障，仅用 48 小时紧急调集 3000 吨龙江优质大米驰援湖北，并保障了北京、广东、四川等地应急大米需求。

六　粮食流通监管

组织开展国家政策性粮食销售出库问题专项排查整治工作、涉粮问题整改“回头看”专项行动、2020 年省级储备粮库存检查工作、2020 年度秋粮收购专项检查等系列监督检查活动。突出加强国有粮食企业监管，认真组织开展涉粮问题整改“回头看”专项行动成效显著，对全省粮食部门监管的 672 个政策性粮食储存库点开展“拉网式”彻查，新发现的 1665 个问题全部整改完毕。全省各级粮食行政管理部门开展各类粮食执法检查 1509 次，检查粮食经营企业 12057 个次，对发现的问题认真组织做好整改工作。持续制定完善了监管工作措施，建立长效监管机制，坚决消除政策性粮收储购销等方面风险隐患。2020 年全省共查办 12325 热线平台转办案件 53 件，省局直接受理举报案件 2 件，通过案件的核查和处理，发挥了震慑作用，有效维护了粮食市场秩序。

七　行业安全

全面加强安全储粮和安全生产工作，全面压实落靠安全工作责任，积极开展粮食行业安全生产专项整治三年行动、粮食企业安全生产标准化创建、粮食仓储企业安全生产双重预防机制建设。全省治理冬春两季储粮隐患 1954 个，指导各地开展安全储粮业务培训 3138 人次。指导全省地方国有粮食购销企业完成 485 万吨潮粮烘干任务。通过加强人防、物防、技防，保持了全省粮食行业安全形势稳定，守牢了安全储粮和安全生产的底线。

黑龙江省粮食局领导班子成员

于明海　党组书记、局长（2020 年 7 月调离）
辛敏超　党组书记、局长（2020 年 9 月任职）
陈立祥　二级巡视员
王大明　党组成员、副局长
缪新宇　党组成员、副局长

（撰稿单位：黑龙江省粮食局；撰稿人：杨忠山；审稿人：辛敏超）

2020 年 9 月 23 日，黑龙江省粮食局党组书记、局长辛敏超（左一）深入绥化市就秋粮购销工作开展调研。

2020 年 10 月 16 日，黑龙江省粮食局在哈尔滨市举行世界粮食日和全国粮食安全宣传周活动启动仪式。

2020 年 10 月 11 日—17 日，黑龙江省粮食局会同有关部门在哈尔滨革新广场开展粮食安全周宣传活动。

上海市

基本情况

2020 年，上海市粮食播种面积 11.4 万公顷（含市外，下同），比上年减少 0.3 万公顷，降幅 2.6%；粮食总产量 91.4 万吨，减少 4.5 万吨，降幅 4.6%；单产为每公顷 8002 公斤，减幅 2.1%。2020 年，上海市累计收购小麦 4.3 万吨，同比减少 14%；收购粳稻 64.2 万吨，减幅 19.2%。6 家大中型粮食批发市场全年粮食交易总量 21.2 万吨，其中粳米 13.5 万吨、食用油 1.3 万吨，上海粮食交易中心批发市场网上交易粮食 185.4 万吨，发挥了吸纳粮源、活跃流通、保障供应的重要作用。2020 年，上海市市级物资储备库仓储面积 1189 ㎡，储备物资包括帐篷、折叠床、床垫、棉被、棉大衣、便携式应急移动厕所系统、汽油发电机应急灯等 14 大类。

2020 年工作

一 全力做好粮食和物资储备保障，坚决打赢疫情防控阻击战

加强粮油市场保供稳价，强化粮油组织调度和监测预警，落实成品粮油储备增储，组织全市近 100 家粮油企业复工复产。全力做好储备物资保障，疫情防控期间组织调运救灾物资，向重点省市等协调调配非 N95 口罩等。会同相关部门做好冻猪肉收储和投放，切实保障重大事件、重要时间节点、重大活动期间的猪肉市场稳定。

二 改革完善储备管理体制机制，提升超大型城市供应保障能力

市委办公厅、市政府办公厅出台《关于改革完善体制机制加强粮食储备安全管理的实施意见》。建立健全公共卫生应急物资保障体系，牵头落实公共卫生应急物资储备，形成本市公共卫生常规防护和专业医用应急物资储备两张清单。推进央地、军地、市区融合发展，与上海垂管局共建上海粮食和物资储备安全共同体，与武警上海市总队开展应急保障共建共保，与嘉定、闵行等区探索市、区两级储备物资协同保障。制订物资储备管理信息化平台建设方案，完成信息化项目申报。成立上海市物资

储备专家库，提供决策支持、智力支持和社会支持。松江、奉贤等区积极推进区级物资储备库建设。全市积极拓展企业动态储备等多元储备方式，提升储备效能。

三　全面强化监管，推进依法治粮治储

首次将粮食安全责任制考核纳入对地方党政领导班子和领导干部年度考核体系，增强了考核的影响力和聚合力。加强监督检查，开展大清查“回头看”和年度库存检查，实现异地储备粮监管全覆盖，探索长效管理机制；组织开展典型问题排查和风险隐患整治行动，堵塞管理漏洞。加强立法修规，修订《上海市粮食经营者最低和最高库存量标准》，推进粮食储备立法预备项目和物资储备立法调研项目。开展安全生产整治，督促抓好出租区域物理隔离等“老大难”问题的整改。严把粮食质量安全关，全面摸清异地储备粮质量状况，推动实施粮食质量检测市场化采购服务改革。

四　深化“收好粮、储好粮、供好粮”，推进粮食流通高质量发展

扎实抓好粮食收购，确保收购市场秩序稳定。以光明米业为试点，在嘉定、松江开展优质粮食品种“订单式生产＋收购”，实现优质优价。推进精细化管理，有序安排市级储备粮轮换；调整完善本市“藏粮于企”政策，优化动态储粮。保障上海市场优质粮源供应，稳定跨省粮食产销合作，探索光明米业和金枫酒业“产购储加销”一体化对接模式。联合共建单位，推荐上海理工大学申报“国家粮食产业（城市粮油保障）技术创新中心”。制定《上海市地方储备粮食仓储管理办法》，提升本市粮油仓储管理规范化水平。

五　聚焦重大规划重大工程重点项目，努力提升行业发展能级

高质量开展“十四五”规划编制，年底前形成“十四五”时期提升上海粮食和物资储备能力专题研究衔接稿。推进优质粮食工程建设，基本完成粮食质量安全检验监测体系、海丰米业优质粮食产业体系项目。开展“上海好粮油”产品遴选，11 家企业的 13 个产品入选。抓好重大项目建设，有序推进区中心粮库建设，全面完成市级储备粮库智能化升级改造和粮食电子政务网络省级平台建设。

六　坚持以政治建设为统领，守好安全稳定廉政底线

增强守初心、担使命的思想自觉和行动自觉。深化全面从严治党“四责协同”机制建设，一体推进不敢腐不能腐不想腐。严格执行中央八项规定精神，锲而不舍纠治“四风”、改进作风。与上海垂管局建立定期会商制度和“队伍共建、人才共用、培训共享”机制。扎实做好干部选育管用各项工作。

上海市粮食和物资储备局领导班子成员

殷　欧　市发展和改革委员会党组副书记，市粮食和物资储备局党组书记、局长
沈红然　党组成员、副局长
殷　飞　党组成员、副局长
张才新　党组成员、副局长

（撰稿单位：上海市粮食和物资储备局；撰稿人：王涛；审稿人：殷欧、殷飞）

2020 年 7 月 27 日，国务院召开全国粮食安全省长责任制考核工作动员部署视频会议，上海市委副书记、市长龚正（前排中），市委常委、常务副市长陈寅（右一）在上海分会场出席会议。

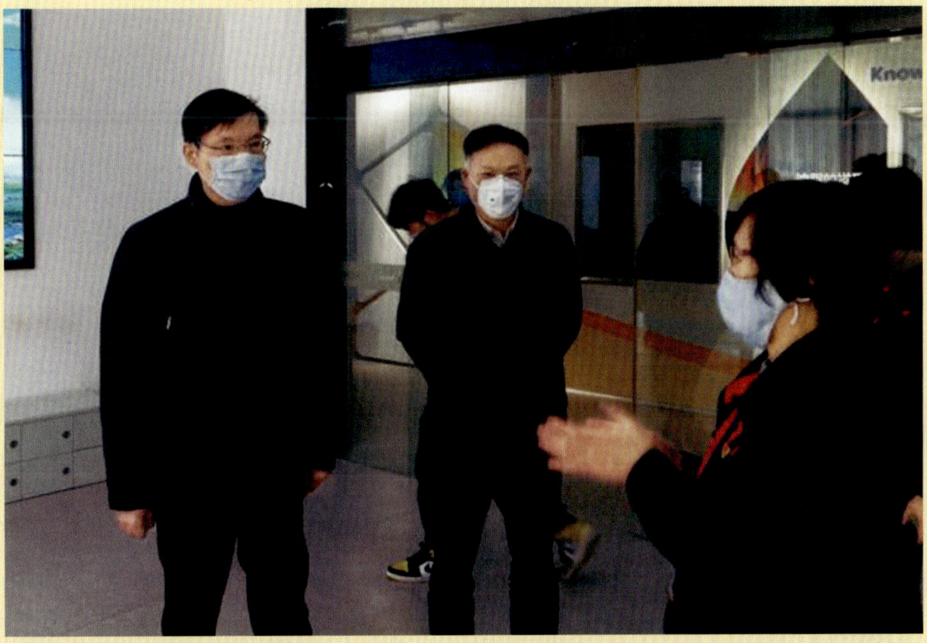

2020 年 1 月 29 日，上海市政府副秘书长、市发展和改革委员会党组书记、主任马春雷（左一），上海市发展和改革委员会党组副书记、市粮食和物资储备局党组书记、局长殷欧（左二）检查疫情情况下上海粮油储备和重点粮油企业生产情况。

2020 年 2 月 25 日，上海市召开第三十三次疫情防控工作新闻发布会，上海市发展和改革委员会党组副书记、市粮食和物资储备局党组书记、局长殷欧（右三）出席发布会，并就疫情防控期间上海粮油市场保供稳价和储备物资保障工作情况回应公众关切。

江苏省

基本情况

江苏省地处我国东部沿海地区中部，长江、淮河下游，东濒黄海，北接山东，西连安徽，东南与上海、浙江接壤，是长江三角洲地区的重要组成部分。地域跨江滨海，湖泊众多，水网密布，海陆相邻，是全国唯一拥有大江大河大湖大海的省份；境内平原、水域面积分别占 69%、17.78%，地势平坦，生态类型多样，农业生产条件得天独厚，素有“鱼米之乡”的美誉。2020 年，全省粮食播种面积 5406 千公顷，粮食总产创历史新高，达 3729 万吨，位居全国第七；粮食产业整体呈现出经济总量持续增长，质量效益明显提升的发展势头，实现工业总产值 3040.2 亿元，同比增长 9.2%。

2020 年工作

一　以粮食安全责任制考核为牵引，粮食安全保障能力全面增强

一是粮食安全省长责任制考核连创佳绩，相关机制不断完善。国家粮食安全省长责任制考核名次不断提升，2020 年考核排名全国第一，省对 13 个设区市考核中得分均在 90 分以上，全部达到优秀等次。省粮食安全责任制考核联席会议工作规则印发施行，考核工作更加规范高效。全省粮食生产形势稳定向好，粮食流通保障能力显著增强。粮食仓储物流设施建设项目顺利落实，粮食仓储设施水平不断提高，区域性粮食收储、加工和应急配送能力显著增强。二是粮食安全基础更加扎实，调控能力不断增强。省市县政府落实粮食储备 365 万吨、食用油储备 5.7 万吨，2021 年又计划增加原粮储备 50 万吨。建立粮食应急供应网点 2260 个，落实应急加工点 356 家、配送中心 72 家、应急储运企业 118 家。“满意苏粮”APP 覆盖 2.9 万种粮大户，累计访问量 41 万次，方便了农民卖粮。三是应急保供能力不断增强，疫情防控期间经受大考度过难关。疫情防控期间，全省各地粮食和物资储备部门认真落实国家和省粮油保供要求，加强监测预警，动态掌握粮油保供情况，摸清保供底数，会同省发改委、财政厅下达资金 3894 万元，对市场保供任务重的 121 家重点粮油企业给予补助。协调省农发行审批应急贷款 16 亿元，356 家粮油应急加工企业全部复工，全力稳定粮油市场保供秩序，保证了不断供、不脱销。帮助湖北黄石市落实 3000 吨在苏存储成品粮，向上海、浙江等地输送成品粮，高峰期达到每日 1 万多吨。四是省域粮食交易体系持续优化，进场交易数量大幅增加。建成省粮油商品交

易市场 12 个分市场，兴化稻米分中心和徐州玉米分中心建设稳步推进，进场交易数量品类不断增加。2020 年举办地方粮食交易专场 225 次，成交数量 63.31 万吨，成交金额 16.83 亿元。引导 7.9 万吨地方储备粮、1840 桶成品包装油进场交易，丰富交易品类。国家政策性粮食交易成交 855.39 万吨（其中最低收购价收购小麦 448.92 万吨，稻谷 83.36 万吨；定向小麦 231.89 万吨，稻谷 32.71 万吨；国家临储玉米 1.79 万吨），成交金额约 171.64 亿元，成交数量同比增长 281%，成交金额同比增长 326%，创历史新高。

二 以增强应急保障能力为目标，高效物资储备体系加快构建

一是工作体系基本理顺，各项工作步入正轨。在粮食管理相关职能基础上，新增能源储备、物资储备、猪肉储备管理职能，承担医疗物资储备职能。省局会同 5 部门印发《关于明确职责分工进一步加强我省物资储备工作的意见》，建立省物资储备联席会议工作机制，落实部门职责分工。会同省发展和改革委员会等部门印发《关于健全公共卫生应急物资保障体系的实施办法》，明确包括省局在内的 10 部门任务分工，公共卫生应急物资保障体系稳步构建。与上海、浙江、安徽共同签署《长三角地区应急物资储备保障高质量一体化发展战略合作框架协议》，建立协同机制，提升区域整体应急保障能力。二是品类结构不断优化，数量质量明显提升。积极做实实物储备，2020 年省本级共采购补充 10.44 万件(套)、价值 1114.5 万元应急物资装备。按照中央和省委省政府要求，建立医疗物资储备。统筹用好社会资源做大储备规模，省本级遴选 4 大类 19 家生产企业，协议储备 6 万件(套）被服类、1.4 万件安置类、0.15 万个（台）装具类、4 万艘（套）装备类物资。与大型企业，建立各类应急物资协议储备。13 个设区市全部开展了物资储备采购轮换工作，资金纳入财政预算。三是应急保障高质高效，关键时刻作风过硬。疫情防控期间，省粮食和物资储备局作为省医疗物资保障组组长单位，会同相关部门完成国家调拨、省支援湖北医疗队、全省医疗机构、省内紧缺地区和省涉外疫情联防联控、援外以及省直一线执法执勤和公共服务窗口等保障工作，累计采购重点医疗物资 5362 万只(件、套)、价值 3.55 亿元，调拨各类物资 5289 万只（件、套）。13 个设区市粮食和储备部门累计调拨各类重点防疫物资超 1.5 亿只（件、套）。防汛抗洪期间，在接到省防汛抗旱指挥部的指令 24 小时内，紧急调运 13 个品种 8 万件（套）救灾物资，支援盱眙县防汛救灾工作，并组织开展冲锋舟、橡皮船等装备组装、操作培训。

三 以落实重大改革举措为契机，行业改革创新发展深入推进

一是坚决守住种粮“卖得出”底线。2020 年，针对收购仓容不足，积极协调国家及省机关部门和地区，销售最低价稻麦 450 万吨、商品粮稻麦 1420 万吨，腾出仓容收购新粮。夏粮启动小麦最低收购价执行预案，累计收购小麦 1138.8 万吨，其中最低价 367.4 万吨。全年累计入库稻谷 962.6 万吨，同比增加 12.7 万吨。其中国有企业商品收购 420.9 万吨，其他社会主体收购 541.7 万吨。加强与农发行江苏省分行对接，备足收购资金 350 亿元；粮食收购共同担保基金达到 10.2 亿元，满足 130 亿元市场化收购贷款需要。二是推动粮食储备管理体制机制改革。印发实施意见，对改革进行具体部署，省

政府明确增加省级储备 50 万吨。南京、无锡、苏州等市成品粮油储备达到 15 天以上。选定南通市、苏州昆山市、徐州丰县有关企业和苏粮集团等 4 家单位开展粮食储备体制机制改革试点，探索优化改革路径。建立粮食储备协同运作联席会议机制，形成地方储备与中央储备吞吐协调、运转高效、优势互补、资源共享的储备管理格局。

四　以实施“优质粮食工程”为载体，粮食产业转型升级不断深化

一是优质粮食工程取得新成效。提升完善 17 个“江苏省省级粮食物流产业园”，省财政奖励 1.9 亿元，实现运营收入 1351.8 亿元，有效仓容达 725.5 万吨，完成粮食吞吐量 3773.2 万吨，粮食年加工能力达 1847 万吨。全省入统粮油加工企业 1179 家，较上年增加 56 家，实现工业总产值 3040.2 亿元，居全国前列。粮机制造业销售收入居全国第一，油脂行业销售收入居全国第二，小麦粉和大米产量均在全国名列前茅。二是粮油产品升级取得新突破。推动成立国家粮食大数据采集与应用技术创新中心、国家粮食质量安全生物快速检测技术创新中心、国家粮食产业（功能稻米）技术创新中心，建设“苏粮硅谷”，深化产学研合作，促进科技成果转化。苏州市创建成为“粮食科技创新示范市”。新评定 20 家苏米核心企业，“水韵苏米”展销中心正式揭牌，发布实施《苏米生产基地认定监督办法》。引导全省优质稻米种植基地扩至 80 万公顷，评定苏米核心企业 50 家、“中国好粮油”产品 13 个、“江苏好粮油”产品 70 个，3 个苏米核心产品入选“江苏精品”。在全国率先对稻谷流通环节给予补贴支持粮食产业发展，2020 年稻谷流通环节发放补贴约 2.1 亿元，用于品牌建设、市场化收购贷款贴息等方面。三是基础设施水平再上新台阶。支持 43 个粮食仓储物流设施项目建设，投入省级以上财政资金 3.8 亿元，带动社会投资 13.6 亿元，新建粮食仓容 119.9 万吨，新增粮食日烘干能力 1380 吨。全省入统标准化仓容达到 4040 万吨，其中完好仓容 3945 万吨；1910 万吨具备低温准低温储粮功能，全国第一；2670 万吨装备环流熏蒸系统、全国第三；3300 万吨安装粮情检测系统。建成江苏智慧粮食云平台，56 个省级储备库点全部实现互联互通。全省粮食质检机构增加到 86 个，场地面积达 5.4 万㎡，配备仪器设备 5751 台套、总价值达到 2.8 亿元。

五　以粮食立法修规为契机，持续强化法治保障能力

一是完善法治保障体系。《江苏省粮食流通条例》颁布施行。《江苏省地方政府储备粮管理办法》完成修订，建立管理费用动态调整、均衡轮换计划管理、分级储备及动用等机制，进一步完善地方储备粮管理体制与运行机制。《江苏省省级政府储备粮轮换管理办法》《江苏省粮食仓储物流及产业发展专项资金管理办法》顺利出台，《江苏省粮食应急预案》完成修订，粮食安全法治保障体系更加健全。二是全面加强法治政府建设。依据《江苏省粮食流通条例》梳理形成 12 项新增行政处罚事项并报送省编办审核。全省系统网办事项集中对接“江苏政务服务网”，推动省本级政务事项（除涉密外）实现“不见面”；基层部门政务事项全面实现“最多跑一次”。推进“互联网 + 监管”，省局梳理形成 5 类 5 项监管事项清单，建立检查人员专家库、检查对象名录库，与信用管理系统无缝对接，“双随机”检查机制得到全面落实。三是持续加大粮食流通监管力度。认真开展粮食收购督查，严肃查处违法违

规问题。加大涉粮投诉举报核查力度，严厉打击压级压价、打白条等行为。加强粮食质量安全监测检验，全年累计检测各类样品 64727 份，有效防范了粮食质量安全风险。对全省 3706 家涉粮企业开展常态化信用监管，实施守信联合激励和失信联合惩戒。

六　以安全生产专项整治为契机，推动提升行业安全监管能力

一是狠抓行业专项整治。制定《江苏省粮食和物资储备行业安全生产专项整治三年行动实施方案》，在全行业扎实开展专项整治，拟定 18 大项 142 小项整治清单，进行扫描式排查，发现整改各类安全隐患。部署开展了危险化学品使用安全专项整治，加强重点环节安全隐患排查，在复工复产、汛期、夏粮收购等重要时段，出入库、熏蒸、烘干、防火防爆等关键环节，全面加大排查整治和监管巡查力度，确保不发生较大安全问题。二是健全科学管理机制。按照“党政同责、一岗双责、齐抓共管”要求，明确局领导安全生产责任清单，建立行业安全生产工作协调机制，完善部门和单位安全生产职责任务清单，落实企业主体责任 6 项工作要求、20 条重点事项，压紧压实各方责任。开展仓储安全标准化创建，全省 2.5 万吨以上粮食仓储和加工企业全部达到安全生产标准化三级以上。三是加强宣传教育培训。组织开展“安全生产月”“安全宣传日”“安全生产大家谈”“安全生产万里行”等活动，省局领导班子深入基层开展安全生产宣讲，增强了教育培训针对性、有效性，带动形成了人人学安全、懂安全、抓安全的浓厚氛围。

七　以加强党的建设为引领，人才兴粮兴储展现新活力

一是突出抓好党的政治建设。深入学习贯彻《中共中央关于加强党的政治建设的意见》，坚决扛起党风廉政主体责任，严格落实重大事项请示报告制度，严格执行民主集中制，自觉接受派驻纪检监察组的监督。深入落实意识形态工作主体责任，严格执行新形势下党内政治生活若干准则，省局领导班子高质量开好民主生活会。扎实开展“三个表率”模范机关建设，深入开展“五抓五促”作风建设专项行动，党员干部“四个意识”明显增强、“四个自信”更加坚定、“两个维护”更加坚决，急难险重任务积极冲锋在前。二是多措并举抓好人才兴粮。先后举办全省粮食和物资储备系统市县局长能力提升班和青年干部培训班，全年组织 3 批 6 期 587 人参加技能培训鉴定，3 名同志和 2 个工作室入选第三批全国粮食行业技能拔尖人才。省粮油质量监测中心和南京财经大学食品科学与工程学院签订支部共建协议、深化合作。组织省内企业参加江苏科技大学粮食学院首届毕业生招聘会、引进人才。协调江苏财经职业技术学院，对行业在职人员开展全日制学历教育，形成“资源共享、优势互补、互相促进、共同提高”的人才培养格局。三是典型引领激发新活力。全省粮食和物资储备系统 5 个集体、7 名个人被表彰为全国粮食和物资储备系统先进集体、先进个人（劳动模范）。4 个集体、6 名个人被评为全国粮食和物资储备系统抗击新冠肺炎疫情先进集体和先进个人。局机关 2 个处室被省委省政府表彰为全省抗击新冠肺炎疫情先进集体，2 名个人被表彰为全省抗击新冠肺炎疫情先进个人。局安全仓储与科技处被科技部等评为科普工作先进集体。全省 4 家单位被批准为全国粮食安全宣传教育基地。中央电视台 5 次报道夏粮收购工作，40 多家央地媒体集中报道启动小麦最低收购价执行预案等

有关情况。

江苏省粮食和物资储备局领导班子成员

夏春胜　党组书记、局长
张生彬　党组成员、副局长
陈一兵　党组成员、副局长
董淑广　党组成员、副局长
韩　峰　党组成员、总工程师
季俊秋　一级巡视员（2020 年 9 月任职）
张国钧　二级巡视员
孙　燕　二级巡视员

（撰稿单位：江苏省粮食和物资储备局；撰稿人：甘正新；审稿人：韩峰）

2020 年 6 月 11 日，江苏省委常委、常务副省长樊金龙（前排左三）在淮安调研夏粮收购工作，江苏省粮食和物资储备局党组书记、局长夏春胜（前排左一）一同调研。

2020 年 4 月 20 日，江苏省无锡市国家粮食储备库工作人员正在进行常规仓情、粮情检查，保障储备粮的内在品质和新鲜度。

2020 年 10 月 15 日，在第 40 个世界粮食日主题宣传活动现场，江苏省中小学生代表向社会发出爱粮节粮倡议。

浙江省

基本情况

2020 年，浙江省粮食播种面积 99.3 万公顷，比上年增长 1.6%；粮食总产量 605.7 万吨，增长 2.3%；国有粮食收储企业收购粮食 141.2 万吨，减少 11.1%。截至年末，全省国有粮食企业 242 家，盈利 1.55 亿元。其中，粮食收储企业盈利 0.72 亿元。全省粮食产业总产值达到 730.7 亿元，增长 3.8%。

2020 年工作

一 粮食安全责任制考核全面完成

完成 2019 年度粮食安全省长责任制考核自评工作，修订完善《粮食安全责任书》，制定 2020 年度粮食安全市长责任制考核方案、考核办法和落实粮食安全省长责任制工作方案。制定出台订单早稻全覆盖和省内余缺调剂等一系列扶持粮食生产的购销政策，多措并举引导农民多种粮、种好粮，坚决遏制住了粮食自给率下滑的势头。在国家粮食安全责任制考核中，连续第四年（2019 年度）获得“优秀”等级。

二 抗击新冠肺炎疫情成效显著

省粮食和物资储备局 2 次参加省政府举办的新闻发布会，介绍省内粮食供应充裕、价格基本平稳等情况，正面引导舆论导向。组织动员全省粮食物资部门、粮油经营企业、系统全体干部职工全力以赴抗击疫情，保障粮油供应，保障防控应急物资的供给。为 1162 家粮油经营企业（户）办理疫情防控专用车辆通行证 3620 车次，紧急调运粮食 50 多万吨；调运帐篷、棉被、棉大衣、行军床等应急防控物资 6.72 万件，遍及全省 11 个设区市。协同省应急管理厅向国家紧急申请调拨中央救灾帐篷 12 车 4500 顶。在企业开工复市过程中，帮助 63 家企业落实优惠贷款 9 亿元。

三 “五优联动”推动粮食产业发展

全省共有2个省级企业和近50个市县参与了提质扩面工作，优质晚稻订单试点面积达2.3万公顷，产量16万多吨。各参与企业、市县以“五优联动”提质扩面工作为抓手，走出浙江“五优联动”特色之路。涌现出湖州市“收储合作共享”、省储备粮管理有限公司储备竞标等多种好模式、好经验。培育农业产业化国家重点龙头企业（涉粮企业）16家，评选“浙江好粮油”产品20个，其中4个入选“中国好粮油”产品。全省粮食产业总产值达到730.7亿元，比上年增长3.8%。浙江省被列入2018—2020年“优质粮食工程”国家重点支持省份，工程涵盖“中国好粮油”行动计划、粮食产后服务体系、粮食安全质量检验监测体系三个子项90个建设项目，总投资12.78亿元，争取到中央投资补助3.84亿元。9月下旬，国家粮食和物资储备局在浙江省湖州市召开全国深入推进优质粮食工程加快粮食产业高质量发展现场会，重点介绍浙江“五优联动”的经验和做法，得到与会兄弟省市高度肯定和充分认可。

四 订单粮食和产销合作进一步深化

全省首次实施政府早稻订单全覆盖政策，实现早稻应收尽收，全面推进各地区域内余缺调剂，有力支持了粮食生产。全省全年发放订单粮食奖励金53340万元，发放粮食预购定金8277万元。全省全年国有粮食购销企业收购粮食141.2万吨，其中订单收购128万吨，同比增长7.86%。主要品种收购量为：小麦11.6万吨，其中订单8.9万吨；早稻44.1万吨，其中订单40.9万吨；晚稻85.5万吨，其中订单78.2万吨。在12个主产省建立了相对稳定的粮源基地480多万亩，省内各类经营主体投资14亿元建立61个省外储加销基地，通过自建、租赁等方式在省外建立37条加工线，年加工能力达到235万吨，建立仓储能力157万吨。浙吉粮食对口合作进一步深化，两省粮食年贸易量达到180多万吨，增幅36%。

五 储备粮增容扩储强化管理

省政府决定2021年和2022年分别新增政府储备粮规模60万吨，到2022年底达到600万吨。全省政府应急成品粮储备从7.43万吨增至20万吨。正式印发《关于改革完善粮食安全保障体制机制加强粮食储备安全管理的实施意见》；修订完善《浙江省省级储备粮油轮换管理办法》，提出晚稻储备比例要求；与中储粮浙江分公司联合制定《关于构建地方储备粮与中央储备粮协同运作机制工作意见》。探索建立地方储备粮省外代储、社会化储粮试点和储备粮动态轮换制度。按“储优适需、储为所用”原则，全省储备布局和品种结构进一步得到优化。年末，省市县级政府储备粮库存532.2万吨，其中晚稻占比达40.9%以上。全省累计创建“星级粮库”139个，有近100家粮库建成“智慧粮库”系统并投入应用，实现全方位远程监管。

六 重要商品与应急救灾物资储备基础进一步夯实

2018 年机构改革后至 2020 年末，全省初步构建了统一高效的物资储备体系，实现“仓储设施从无到有、物资储备从少到多、保障能力从弱到强”三提升。54 个市县（市、区）通过新建、改（扩）建完成救灾物资储备库建设任务，完成率达 57.4%，仓储面积从 3 万 m^2 增至 8 万 m^2；省级救灾物资储备由机构改革前的 12 个品种 10 万件、价值 2600 万元，增至 15 个品种 16.65 万件、价值近 4000 万元，市县由 3000 万元增至 1.4 亿元。按规模落实政府猪肉、食糖和棉花等重要商品储备。全省全年投放活猪储备 52777 头、冻猪肉储备 1809 吨。

七 科技和信息化建设水平显著提高

大力实施“人才兴粮”工程，继续与浙江农林大学开展合作办学，培养粮油储检专业人才；常态开展行业培训和仓储管理员、农产品食品检验员职业技能鉴定，加快提升行业职业技能水平。大力实施“科技兴粮”工程，首创《恒准低温储粮技术规范》企业标准和“五面控温”储粮技术，加快横向通风、富氮气调、太阳能光伏等新技术新工艺推广运用。全省全年新增高标准储备仓容 23.76 万吨、低温准低温仓容 69 万吨、充氮气调仓容 51 万吨、应用横向通风技术仓容 15 万吨。全省实现绿色储粮粮食数量达到 238 万吨，熏蒸药剂使用量比上年下降 3.8%。行业信息化建设加快进程，全省共有近 100 个储备粮库建成“智慧粮库”系统并投入应用，实现全方位粮库远程监管。强化执法监管，积极推进“互联网 + 监管”，加快构建以信用为基础的新型监管机制，完善部门协同和区域协同监管机制，基本实现监管“全覆盖”。

八 粮食质量监管全面加强

建成以省粮油产品质量检验中心为龙头，市级粮食质检机构为骨干，县级粮食质检站和国有粮食收储公司检化室为基础的粮油质检体系。在 10 个小麦主产县（市、区）、15 个早稻主产县（市、区）、21 个晚稻主产县（市、区）组织开展粮食质量安全风险田间监测，抽样快检待收获粮食 5287 批次。实行超标粮食定点收购、专仓储存、定向处置，确保不流入口粮市场和食品生产企业。开展收获粮食质量监测、质量调查和品质测报、库存粮食质量抽查、批发市场成品粮油质量监测、“放心粮油”“好粮油”质量抽查等省级抽查 3300 多批次，其中库存粮食质量抽查储存品质指标宜存率为 99.6%、食品安全指标合格率为 95.7%，库存食用植物油食品安全指标抽检合格率为 100%；批发市场成品粮油、“放心粮油”和“浙江好粮油”产品质量抽查食品安全指标合格率均为 100%。

浙江省粮食和物资储备局领导班子成员

周维亮　党组书记、局长

潘建漳　党组副书记、副局长

鲍伟民　党组成员、副局长，一级巡视员

李益敏　党组成员、副局长

李武杰　党组成员、副局长

叶晓云　党组成员、总工程师

（撰稿单位：浙江省粮食和物资储备局；撰稿人：余伟刚、朱晓平；审稿人：胡淑平）

2020 年 11 月 20—24 日，浙江农业博览会在杭州新农都会展中心举办。浙江省委副书记、省长郑栅洁（前排右二）视察粮食馆。

2020 年 9 月 26 至 27 日，全国深入推进优质粮食工程加快粮食产业高质量发展第一次现场经验交流会在浙江省湖州市召开。国家发展和改革委员会党组成员，国家粮食和物资储备局党组书记、局长张务锋（前排中）一行考察湖州市吴兴区八里店镇尹家圩粮油植保农机专业合作社。

2020 年 10 月 16 日，浙江省 2020 年世界粮食日主会场活动和粮食安全宣传周启动仪式在绍兴市柯桥区浙江亚太粮食批发交易物流市场举行。浙江省副省长彭佳学（左五）出席并宣布仪式启动。

安徽省

基本情况

安徽省地处长江、淮河中下游，长江三角洲腹地，土地面积 14.01 万平方公里，约占全国国土面积的 1.45%。现辖 16 个地级市、61 个县（市）、44 个市辖区。2020 年末，全省常住人口为 6102.7 万人。初步核算，2020 年生产总值 38680.6 亿元，居全国第 11 位，同比增长 3.9%，增速居全国第 4 位。2020 年，全年粮食种植面积 729 万公顷，同比增加 0.37 万公顷。落实优质专用水稻种植面积 161.7 万公顷，优质专用小麦种植面积 178.8 万公顷，优质专用水稻和小麦面积占比均超过 60%。全年粮食产量 4019.2 万吨，同比下降 0.9%。其中，夏粮 1671.9 万吨，增长 0.9%；秋粮 2256.1 万吨，下降 1.7%；油料产量 162.5 万吨，增长 0.7%。全年收购粮食 1737 万吨，其中市场化收购占 82.6%。全年粮油加工业产值 2806 亿元，同比增长 7%，粮油市场平稳有序，产业经济逆势上扬。

2020 年工作

一　战疫防控保供，有效维护粮食市场平稳运行

一是协同联动高效。疫情发生后，省、市、县三级立即成立粮油供应应急保障组，启动“日报告”制度，统筹开展粮油加工、运输调度、价格监测等工作。及时召开新闻发布会，回应社会关切，稳定市场预期。疫情期间，未发生哄抢粮油等情况。二是保供基础坚实。增加成品粮油储备，合肥及其他设区市库存量可分别满足 15 天、7 天需求。粮油应急加工企业日产能力超 9 万吨，有效保障市场供应。建成应急加工、供应网点 2095 个，实现城乡全覆盖，粮油配送市区不超过 12 小时、县域不超过 24 小时。三是市场调控有力。适时轮换投放省级储备粮油 45.6 万吨，有效抑制粮价上涨。落实五省联保制度，支持湖北省粮油市场供应。协助浙江、福建、广东等地来皖调运粮油。四是复工复产迅速。打通防疫物资、交通运输和原料需求等卡点难点，指导 955 家加工企业全面复工复产，帮助 370 家企业申请税费减免 4 亿元、116 家企业落实专项贷款 26 亿元。推进省级重点医疗物资收储，保障常态化疫情防控应急需求。

二 聚力主责主业，粮食和物资储备安全保障能力全面提升

一是党政同责发力显效。安徽省委、省政府高度重视粮食安全，省主要领导先后多次深入基层调研农业生产、土壤污染防治、粮食收购、农业产业化等工作，22 次批示粮食工作，亲自研究安徽“保粮食安全”方案、审签责任制落实情况报告。各市县党委、政府始终将粮食工作与中心工作同部署、同谋划、同推进、同落实，粮食安全责任进一步压实，安徽再居“国考”优秀等次前列。二是粮食购销平稳有序。严格执行粮食收购政策，累计投放收购贷款近 170 亿元，全社会收购粮食 1737 万吨，其中市场化收购占 82.6%，市场化收购“唱主角”和政策性收购“兜住底”的格局加快构建。安徽省粮食和物资储备保障中心正式挂牌，安徽粮食交易批发市场全年成交政策性粮食近 1100 万吨。全年销往省外粮食 1000 万吨以上，合肥、芜湖、安庆、池州等市与浙江、福建等主销区城市产销协作进一步深化。三是仓储管理提档升级。开展“仓储规范化管理提升年”行动，深化“星级粮库”创建，扎实开展粮食安全检查、培训和消防演练等，强化粮食质量检验检测，有效提升管理水平、堵塞问题漏洞、化解隐患风险，实现全年安全生产零事故。统筹安排 3470 万元支持水毁仓库维修改造。四是物资储备稳步推进。高效完成省级应急救灾物资、储备糖和重点医疗物资收储任务，保障定点口罩企业生产扩能和物资调拨。淮北、阜阳、淮南、铜陵、黄山等市顺利承接市级物资储备职能，充分发挥应急防灾救灾保障功能。

三 强基础补短板，粮食流通和物资储备支撑再上台阶

一是优质粮食工程深入实施。310 个粮食产后服务中心项目、58 个质检体系项目，全部建成并投入使用。“中国好粮油”行动计划示范县、示范企业投资完成进度达 96.3%，优质粮油绝对增加量 727.6 万吨，带动 244.6 万户农民增收 18.1 亿元，超额完成优质粮油增产和农民增收两大目标。二是重大项目加快推进。中央和省财政投资 2.3 亿元，带动总投资 12.9 亿元，31 个粮食仓储设施“补短板”项目全部开工建设，已竣工 7 个，新增仓容 30 万吨。安徽省粮食和物资储备综合保障基地项目已完成项目选址和立项审批。三是信息化建设成效明显。“智慧皖粮”信息化省级云平台项目顺利通过验收及专家评审，并完成异地灾备中心建设。研发“售粮排队监测预警系统”并投入使用，极大提高售粮效率。持续加强“智慧皖粮”系统运行，强化在线监管、远程监控和实时监督，逐步实现从“建得好”向“用得好”转变。“智能皖储”信息化建设试点顺利起步。

四 促转型增动能，粮食产业经济逆势上扬

一是产业实力增强。实施粮油龙头企业培育工程，百亿产值企业实现“零突破”，10 亿元以上企业达 36 家。新增 4 家国家级、29 家省级农业产业化重点龙头企业。全年粮油加工产值达到 2806 亿元，同比增长 7%。合肥、滁州、阜阳、蚌埠、亳州、宿州 6 个市产值位居全国 50 强。粮食购销企业市级单位全部盈利，统算利润 3.6 亿元，同比增长 11.1%。二是集聚发展明显。坚持招大引强、补链强

链，推动“产购储加销”五优联动发展。阜阳市依托中粮、中化、中裕等企业，探索出实施“优质粮食工程”助力乡村振兴的“阜南样板”。淮北、滁州、安庆等市粮食产业园区竞相发力，合肥市粮机产业规模效应彰显，亳州市金沙河、五得利项目先后落地。三是品牌效应提升。实施品牌提升工程，通过央视、高铁、展会等平台，宣传推介“皖美粮油”公共品牌，“皖粮”影响力、美誉度逐步提升。制定发布中晚籼米、糯米等多个“安徽好粮油”团体标准。新增国家农产品地理标志 2 个、“中国好粮油”产品 15 个。积极组织企业参加中国粮食交易大会、中国安徽名优农产品暨农业产业化交易会等展示展销会，连续两次在合肥举办中国国际粮油产品及设备技术展示交易会，累计成交额约 20 亿元。四是要素支撑有力。开展“政银担”无担保信用贷款战略合作，有效解决粮油企业资金难题。加大企业创新发展奖补力度，中粮科技、皖神面制品等企业多项科研成果入选国家粮食科技成果目录，获得国家级或省级进步奖项。实施人才兴粮战略，畅通职业发展通道，评定 24 个省级行业技能大师工作室并争创国家级工作室。

五　重法治强监管，行业治理能力显著提高

一是夯实法制根基。紧紧围绕粮食安全治理现代化要求，坚持立法先行，《安徽省粮食安全保障条例》完成五轮修改，《安徽省省级储备粮管理办法》《安徽省突发粮食事件应急预案》按程序报批。二是狠抓问题整改。深入开展涉粮问题整改“回头看”专项行动，推动粮食安全责任制考核、“大清查”以及政策性粮食管理问题和风险隐患有效整改。亳州、蚌埠等 6 市全力配合中纪委专项工作组开展涉粮问题摸排调研，对反馈问题照单全收，及时全面整改，得到国家粮食和物资储备局督导检查工作组充分肯定。三是推进监管方式创新。加强“双随机一公开”执法检查，推进诚信评价体系建设，推行企业信用等级评价，聚力打造“诚信皖粮”。不断完善联合监管机制，淮北、宿州、六安、宣城等市积极推进跨省联合监管，粮食流通法治化水平不断提高。

六　全面从严治党，高质量发展环境更加优化

坚持以习近平新时代中国特色社会主义思想为指导，深入系统学习贯彻习近平总书记关于粮食和物资储备安全重要论述、考察安徽重要讲话指示精神、党的十九届五中全会精神等，自觉用党的最新理论指导实践、推动工作，在“两个维护”上作出表率。加强政治机关和模范机关建设，“转作风、抓落实”行动成效明显。全面落实意识形态工作责任制，启动基层党组织“领航”计划，高质量编制人才培养“十四五”规划。科学选拔任用干部，优化干部队伍结构，老干部、工青妇、“双拥”、定点帮扶、综合治理、疫情防控等工作扎实有效。深入开展深化“三查三问”和深化“三个以案”警示教育，落实“基层减负年”举措，持续强化效能和作风建设，不断巩固提升省委巡视反馈问题整改成果。健全廉政风险防控机制，做到抓早抓小、防微杜渐。推深做实机构改革“后半篇文章”，形成高位谋划、协同高效、密切合作的工作格局。

安徽省粮食和物资储备局领导班子成员

万士其　省发展和改革委员会党组成员、副主任，省粮食和物资储备局党组书记、局长

马三九　省发展和改革委员会党组成员，省粮食和物资储备局党组成员、副局长

曹越方　党组成员、副局长

许维彬　原省发展和改革委员会党组成员，省粮食和物资储备局党组成员、副局长（2020 年 1 月调离）

（撰稿单位：安徽省粮食和物资储备局；撰稿人：李元凯；审稿人：吴龙剑）

2020 年 10 月 19 日，第三届中国粮食交易大会在福州市海峡会展中心开幕，国家发展和改革委员会党组成员，国家粮食和物资储备局党组书记、局长张务锋（左二）出席大会，安徽省政府副省长张红文（左三）率安徽省代表团出席大会。

2020 年 10 月 31 日，第十八届中国国际粮油产品及设备技术展示交易会在合肥滨湖国际会展中心举行，安徽省委常委、常务副省长邓向阳（左二）出席活动。

2020 年 2 月 21 日，安徽省发展和改革委员会党组成员、副主任，安徽省粮食和物资储备局党组书记、局长万士其（左二）赴芜湖市督导调研疫情防控粮食应急保供及企业复工复产情况。

福建省

基本情况

福建地处东南沿海，全省海域面积 13.6 万平方公里，陆地面积 12.14 万平方公里，山海资源丰富，森林覆盖率 66.8%，山地、丘陵占全省陆地总面积的 80%以上，素有“八山一水一分田”之称。福建是粮食主销区，2020 年粮食播种面积 83.4 万公顷，比上年增加 1.2 万公顷。其中，稻谷播种面积 60.2 万公顷，增加 0.2 万公顷。全省粮食产量 502.32 万吨，比上年增加 8.42 万吨，增长 1.7%。其中，稻谷产量 391.75 万吨，增加 2.96 万吨，增长 0.8%。全省纳入粮油加工企业统计报表的企业 399 个，工业总产值 811.74 亿元，利润总额 53.52 亿元。全省建立粮食应急网点 1476 家，粮食应急加工企业 152 家（大米 131 家、小麦粉 15 家，植物油 6 家），应急配送中心 87 家，应急储运企业 83 家，形成覆盖全省 1109 个乡镇的应急供应网络。福建是台风、泥石流、洪涝等各种自然灾害高发频发地区，应急救灾物资供应保障任务艰巨。为确保应急救灾物资供应保障，省、市、县三级建立了救灾物资储备库 84 个，储备各类救灾物资 94.61 万件（套）。

2020 年工作

一　打赢“攻坚战”，有力保障粮油市场稳定供给

针对局部地区大米抢购现象，紧急调运应急大米供应各超市和粮食供应点，并在媒体上主动正面发声。成立粮油保供稳价领导小组，紧急制定九条措施，建立“一日一报”“一天一议”“处室地市对口联系”工作机制，立即组织粮油调度，加大市场投放，应急大米加工企业陆续开工，销售网点也逐渐开门营业，有效保障了全省粮油市场平稳运行，为全省打赢疫情防控的人民战争、总体战、阻击战提供了坚强保障。

二　用好“指挥棒”，不断深化粮食安全责任考核

一是认真履行牵头部门职责。主动强化对上沟通、横向协调和对下指导，及时跟踪各项考核任

务的进展情况，查摆可能存在的问题，有针对性地补缺补漏，不断补齐粮食安全短板。二是圆满完成2019年度考核。在国家对各省的考核中，福建省连续第四年获得优秀。在对下考核中，进行全覆盖现场核查，并结合日常监督检查情况，牵头组织对各地市粮食安全省长责任制落实情况进行评审打分，经省政府审定，福州、厦门、三明、莆田、泉州等5个设区市达到“优秀”等级。三是有序推进2020年度考核。在全面总结往年考核的基础上，提前开展预评预估，及时查漏补缺，稳步落实2020年度国家考核各项指标任务。同时，深入开展2016—2019年考核问题“回头看”专项行动，列出问题清单，按要求限时整改完成。

三 系好“安全带”，持续强化各类储备监管力度

一是强化粮食储备管理。坚持制度管粮和技术管粮相结合，严格执行储备粮油管理规定，推广应用储粮新技术，储粮管理水平大幅度提升。省级增加40万吨稻谷储备，并要求市县剩余粮库仓容全部装满。在省级储备规模内转换增加应急大米储备1.7万吨；增加省级小包装食用油储备2千吨。二是加强粮油质量安全监管。加大粮食收购、加工、储存和政策性用粮购销各环节的监管力度，累计开展质量抽查10954批次，合格率98.6%。“一品一码”原粮质量追溯体系建设进一步提升完善。三是严格物资储备管理。严格落实《福建省救灾物资储备管理办法》，充分运用信息化手段，强化库存物资动态智能监管。先后顺利完成8批次5.4万件应急物资（帐篷、折叠床、棉被）的调运工作。四是严格执法监督检查。2020年8月，省纪委监委组织6个监督检查组，对所有省级储备粮库及部分市县储备粮库进行粮食安全专项检查。从检查情况来看，粮食安全总体趋稳，粮食储备库存账实相符、数量真实、质量总体良好。

四 打好“组合拳”，切实扩大粮食安全宣传力度

一是在厦门大学举办的2020年世界粮食日和全国粮食安全宣传周主会场活动圆满成功。活动现场发布了第二批67家全国粮食安全宣传教育基地名单，厦门大学、龙岩上杭聚胜家庭农场2家单位入选，并发布了首批粮油产品企业标准“领跑者”名单，向全社会发出“爱粮节粮、厉行节约”的主题倡议。二是在福州举办的第三届中国粮食交易大会圆满成功。联合国粮农组织驻华代表、世界粮食计划署驻华代表、全国31个省（区、市）政府代表团和2600多家粮食企业代表1.5万人参会，展览面积7.5万平方米，参展企业超过2600家。参会企业达成意向购销粮食900余万吨、投资推介项目47个，省际间战略合作、产销衔接、帮扶签约项目70余个，交易金额达360多亿元。三是第十六届粮食产销协作福建洽谈会成功举办。设立11个协作省份联合展区，突出“福建洽谈会”主题，省内企业与10个产销协作省（区）签订粮食购销意向合同262项，数量449万吨；征集粮食行业科技成果16项，粮食企业科技需求28项。四是加强与部委央企战略合作。省政府与国家粮食和物资储备局签署《关于共同保障国家粮食安全推进粮食和物资储备事业高质量发展战略合作协议》。

五 弹好"协奏曲"，加快推动粮食流通产业发展

一是粮食收购政策有效落实。继续实施籼稻最低收购价和储备订单粮食收购直接补贴政策，全年收购粮食 34.5 万吨，顺利完成省市县三级储备订单粮食收购 28.1 万吨，直接补贴农民近 7000 万元，有效保护了农民种粮积极性。二是优质粮食工程顺利完成。深入实施 2018—2020 年三年行动计划，完成 45157 万元投资，促进优质粮油增收 29.72 万吨，示范县粮油优质品率提升 30%，优质粮油（折原粮）增量超过 40 万吨，产粮大县粮食产后服务功能实现全覆盖，粮食加工节损率达 3%，优质粮食订单收购每 50 公斤种粮农户增收普遍超过 25 元。评选"福建省好粮油"企业 27 家，39 个优质粮油品种。三是粮食产业经济加快发展。用足、用活、用好各项优惠政策，支持粮食企业做大做强。宁化、浦城县以"中国好粮油"示范县为抓手，加大粮食品牌宣传力度，"河龙贡米"成功入选中欧地理标志协定保护名录，"浦城大米"被评为 2020 年度福建十大农产品区域公用品牌。

六 念好"紧箍咒"，全面推进党的建设纵深发展

坚持把党的政治建设摆在首位，疫情防控期间，全省全系统充分发挥党组织战斗堡垒和党员先锋模范作用，广大党员干部牢记人民利益高于一切，主动亮身份、见行动、作贡献，以实际行动践行初心使命、体现责任担当，得到上级有关部门和社会各界的普遍赞誉。全省全系统获得全国粮食和物资储备系统抗击疫情先进集体 2 个、先进个人 2 名；省局 1 人获评全省抗击疫情先进个人，16 人获评省直机关"最美守护者""最美奋斗者"。

福建省粮食和物资储备局领导班子成员

孙建平　省发展和改革委员会党组成员，省粮食和物资储备局党组书记、局长
蔡立雄　党组成员、副局长
廖志松　党组成员、副局长
张耀和　党组成员、副局长（2020 年 12 月任职）

（撰稿单位：福建省粮食和物资储备局；撰稿人：陈昌炳；审稿人：孙建平）

2020年10月19日至21日，第三届中国粮食交易大会在福州成功举办。省委书记于伟国（中）、省长王宁(左一)，国家发展和改革委员会党组成员，国家粮食和物资储备局党组书记、局长张务锋(右一）共同启动开幕仪式。

2020年10月16日，2020年世界粮食日和全国粮食安全宣传周主会场活动在厦门大学成功举办。

2020 年 10 月 18 日，福建省人民政府与国家粮食和物资储备局在福州签订战略合作协议。省委常委、常务副省长赵龙（左），国家粮食和物资储备局党组成员、副局长贾骞（右）代表签字。

江西省

基本情况

江西地处中国东南偏中部，位于长江中下游南岸。全省面积16.69万平方公里，辖11个设区市、100个县（市、区）。2020年，江西常住人口4666.1万，地区生产总值25691.5亿元，比上年增长3.8%；财政总收入4048.4亿元，增长1.2%；全省居民人均可支配收入28017元。2020年，江西粮食播种面积3772.4千公顷，比上年增加107.3千公顷，增长2.9%，其中早稻播种面积1217.5千公顷，增加121.7千公顷；中稻及一季晚稻播种面积945.8千公顷，减少95.1千公顷；双季晚稻播种面积1278.5千公顷，增加69千公顷。全省粮食总产量2163.8万吨，增加6.5万吨，其中早稻总产646.7万吨，中稻及一季晚稻总产630.2万吨，双季晚稻总产774.3万吨。全年共收购粮食1005万吨，其中市场化收购965万吨，占96%，创近年新高。

2020年工作

一　粮食收购储备

充分发挥粮食安全责任制考核“指挥棒”作用，突出考核重点，完善评分体系，加大对早稻生产的考核力度，强化对稳定粮食生产目标任务的硬约束，确保了全省粮食播种面积和产量稳中有升。鉴于疫情、汛情叠加的特殊形势，提前做好早稻收购准备工作，筹措收购仓容300万吨，筹集收购资金60亿元，确保了“仓等粮、钱等粮、人等粮”。积极争取国家支持，7月25日提前启动早稻托市收购，比规定时间提前了1周，比上年提前40天。积极引导市场化收购，建立了规模5亿元的粮食收购贷款信用保证基金，为企业市场化收购提供融资担保服务，构建起了市场化收购为主、政策性收购托底的良好格局。全面落实国家下达的170万吨地方粮食储备规模，落实地方储备食用油实物3.3万吨。

二　粮食供应保障

健全完善粮食应急保供网络，全省建有应急加工点 214 个，应急保障（配送）中心 126 个，实现市、县（区）全覆盖。积极做好粮油市场监测，及时发布粮油价格信息，正确引导市场预期。新冠肺炎疫情发生后，第一时间启动粮油市场情况日报制，做到监测全覆盖；第一时间调度 48 家省级动态储备粮企业提前复工复产，确保应急供应；积极组织粮油骨干企业复产增供，较短时间内全省 155 家重点粮油企业复工率就达 100%。汛情期间，主动对接入赣抗洪部队需求，全力以赴做好驰援江西抗洪救灾部队的保障服务工作，共配送大米 6.31 万千克，面粉 6100 千克，食用油 1.99 万千克。

三　粮食产销合作

积极开展“江西好粮油赣粮行天下”系列活动，组织 210 余家企业代表共 760 余人参加在福州举办的第三届中国粮食交易大会，达成意向购销粮食 90 万吨，金额近 24 亿元；与福建等 11 省共同召开第十六届粮食产销协作福建洽谈会，进一步巩固和发展长期稳定的区域粮食产销协作关系；与广东省签订省际间粮食产销协作框架协议，推动赣粤两省粮食产销深度合作。在南昌举办了 2020 年赣浙闽粤四省早籼稻产销对接暨网上粮食交易大会，并首次邀请湖南、湖北、广西、贵州四省参与，线上成交粮食 44 万吨，签订线下购销合同 30 万吨。南昌国家粮食交易中心完成各类粮油交易 590.96 万吨，成交金额突破 113.68 亿元，同比增长 127.29%，创下了历史上新的高点。

四　粮食产业发展

深入推进优质粮食工程，大力实施赣产“中国好粮油”行动计划，建设了 320 个粮食产后服务中心，改造提升粮食质检机构 66 个，6 个粮油品牌获评“中国好粮油”产品，21 个粮油品牌被授予“江西好粮油”产品称号，年新增优质稻产量 85 万吨。大力实施品牌战略，加大“江西好粮油”宣传推广力度，加大江西米粉、江西茶油、江西稻米油等特色产业支持，培育打造“宜春大米”、“鄱阳湖大米”、“井冈山”牌稻米等区域品牌。全省粮食产业经济发展实现逆势上扬，粮食加工业产值历史性突破 1000 亿元，达 1003 亿元，同比增长 2%。

五　仓储设施建设

着力推进粮库智能化升级改造，全省 11 个设区市中有 9 个已经整体完成智能化改造，130 个项目建设任务中除 6 个缓建项目外，已经完成建设项目 121 个，完成率 98%；积极做好软硬件对接工作，视频接入库点 48 家，上传国家平台数据入库总量 30497 条，合格率 87%，列全国第 13 位。争取国家粮食安全保障调控和应急设施专项中央预算内投资计划 1.8 亿元，项目 16 个。积极做好 2021 年项目摸底及储备工作，全省申报了 72 个项目，其中粮食仓储设施项目 50 个，粮食物流（产业）园区项目 14 个，应急配送中心项目 8 个。省财政一次性安排 2.3 亿元资金，重点支持全省国有粮库新建和维修改造。

六　粮储体制改革

省委办公厅、省政府办公厅印发《江西省关于改革完善体制机制加强粮食储备安全管理的实施意见》，提出推进省级储备集中管理，完善动态储备管理，调整优化储备品种，实行部分储备年度轮换等体现江西特色的制度安排，为解决储备管理长期存在的一些问题突破了体制障碍，确立新发展阶段粮食储备制度框架。制定《健全落实江西省地方储备粮与中央储备粮协同运作机制》《江西省省级储备粮轮换管理办法》，进一步健全储备管理制度体系。

七　粮食执法监管

全面完成了政策性库存粮食大清查发现问题整改工作，组织开展涉粮问题整改“回头看”专项行动，严格查处各类违法违规行为，进一步消除风险隐患，堵塞管理漏洞。积极做好中央纪委国家监委开展专项检查的配合工作，对发现的问题督促被查企业及时整改到位。持续做好政策性粮食出库和处置、粮食收购市场监管，维护粮食流通市场秩序。积极受理各类投诉举报和“12325”热线转办的案件，加大查处力度。全面推行“双随机、一公开”方式，持续加大监管力度，对 2000 余家涉粮企业评定诚信等级，实行分类监管，全省行业社会信用体系建设逐步完善，粮食执法监管的有效性和权威性不断增强。

八　物资储备管理

设立省粮油科技创新和物资储备中心，全面承接省应急救灾物资储备库管理职能，印发《建立健全全省重要应急物资储备体系建设改造实施方案》，加快应急救灾物资储备库基础设施建设，完成省应急救灾物资储备库土建及配套设施建设安装。省应急救灾物资储备库在储各类物资 9 大类、9.1 万件。面对突如其来的新冠肺炎疫情和鄱阳湖流域超历史大洪水，及时高效完成救灾物资调运。疫情期间，紧急向全省 71 个市县发放疫情防控物资 2.6 万余件，有力支持了全省疫情防控。汛情期间，共收到中央调入救灾物资 8.6 万件，紧急向受灾地区调运帐篷、折叠床、棉被等救灾物资 13 万余件，为确保受灾群众基本生活提供了坚实保障。

江西省粮食和物资储备局领导班子成员

喻志勇　省发展和改革委员会党组成员，省粮食和物资储备局党组书记、局长
刘福元　党组成员、副局长
廖小平　党组成员、副局长（2020 年 9 月调离）
林　华　党组成员、副局长（2020 年 1 月任职）
崔家楠　二级巡视员

（撰稿单位：江西省粮食和物资储备局；撰稿人：陈志伟；审稿人：林华）

2020 年 8 月 26 日，国家发展和改革委员会党组成员，国家粮食和物资储备局党组书记、局长张务锋（左五）赴南昌国家粮食交易中心荆山粮库调研，江西省委常委、常务副省长殷美根（左一），国家粮食和物资储备局党组成员、副局长卢景波（右二）一同调研。

2020 年 10 月 19 日，江西省发展和改革委员会党组成员，省粮食和物资储备局党组书记、局长喻志勇（左三）带队参加在福州市举办的第三届中国粮食交易大会。

2020 年 12 月 7 日，江西省发展和改革委员会党组成员，省粮食和物资储备局党组书记、局长喻志勇（前排左三）赴抚州市崇仁县调研储粮管理和仓储设施建设工作。

山东省

基本情况

2020 年山东省粮食总产量 5447 万吨，同比增加 90 万吨，连续 7 年过千亿斤。全省各类粮食企业收购粮食 10040 万吨，增加 644 万吨，增幅 6.9%。其中，国有粮食企业收购 1415 万吨，占 14.1%，增加 119 万吨。全省各类粮食企业销售粮食 6164 万吨，增加 372 万吨，增幅 6.4%。截至 2020 年末，全省社会商品粮食库存 793 万吨，同比增加 133 万吨。全省纳入粮食部门统计范围的粮油加工企业 1510 家，完成工业总产值 4636 亿元，增加 424 亿元，增幅 10.1%；实现产品销售收入 5078.4 亿元，增加 615.5 亿元，增幅 13.8%。粮食深加工能力 2775 万吨，饲料年生产能力 5096 万吨，小麦加工能力 4576 万吨，食用油年油料处理能力 2569 万吨。

2020 年工作

一 全力打好疫情防控阻击战

制定印发全面做好疫情防控期间粮油市场保供稳价、开展粮食和物资储备改革发展七大攻坚提升行动等文件，落实省保粮食能源安全工作方案，加强督导调研，确保粮油市场稳定。强化监测预警，疫情发生后，立即成立工作专班，启动粮油市场供需情况、成品粮市场动态跟踪等日报制度，发挥市场价格监测点和应急体系作用。283 家粮油应急加工企业在全国率先复工复产，巩固提升 56 家主食加工企业、2157 家应急供应网点的应急供应能力，保障粮油应急供应。认真落实粮食收购政策，省委常委会会议听取专题汇报，省委书记刘家义提出要求，省委副书记、省长李干杰到滨州调研指导，省委常委、常务副省长王书坚出席全省夏粮收购工作电视会议安排部署，省政府派出 8 个工作组赴各市督导调研，夏粮集中收购圆满完成，秋粮收购有序开展，收购总量好于去年。体现大省责任担当，驰援北京、湖北市场抗击疫情。加强舆论宣传引导，召开新闻发布会 8 次，在中央、省级媒体刊播稿件 80 余篇，稳定社会预期。按要求认真做好防疫物资收储管调等工作，累计收储防疫物资 650 余万件、发放 500 余万件，做到储存安全、接运及时、管理规范、保障有力。

二　全力推动粮食和物资储备改革创新

印发实施《山东省地方储备粮轮换管理办法》《山东省地方储备粮质量安全管理实施细则》《山东省地方储备粮承储单位选定管理暂行办法》等，重新修订《山东省粮食安全风险防控预案》。启动“互联网＋监管”，推进“双随机、一公开”，组织市场化收购和政策性购销检查1158次，其中利用平台抽查294次。在圆满完成政策性粮食库存数量质量大清查任务的基础上，完成整改“回头看”工作。着手调整优化地方储备规模总量、区域布局和品种结构，开展粮食质量安全提升行动。省委常委会会议专题研究应急物资储备体系建设工作，省政府办公厅印发《山东省应急物资储备体系建设规划(2020—2030年)》。全力推进应急物资保障基地项目建设，省物资储备管理中心挂牌成立。在全国率先制定《山东省救灾物资储备库管理办法》《省级救灾物资应急保障预案》《山东省救灾物资管理办法》，新增2830万元专项资金充实救灾物资储备。

三　全力推进粮食产业高质量发展

聚焦“三链协同”，突出“五优联动”，推动粮食产业转型发展、提质增效。优质粮食工程列入省委1号文件、省政府工作报告。2017年以来争取省级以上财政补助22.3亿元，带动社会投资60多亿元，支持13个示范县、56家示范企业开展“中国好粮油”行动，建设280家粮食产后服务中心，新建及功能提升83个粮食质检机构，发展优质粮食种植40多万公顷，助农增收30亿元以上。在全国首次“优质粮食工程”现场经验交流会作典型发言。加强创新体系建设，搭建省级以上创新平台84个。全省粮食行业启动科技研发项目316个，三大国家级创新中心投入研发项目47项、申报专利52项，高油酸花生油加工技术创新国家级中心落户临沂。在全国科技和人才兴粮兴储工作会上作典型发言。坚持典型带动，总结推广滨州市循环经济全产业链典型，涌现出一批高质量发展企业典型，在德州、临沂实施数字化转型试点，两家单位入选山东省“十强”产业集群领军企业库。

四　全力打造“齐鲁粮油”公共品牌

“齐鲁粮油”公共品牌列入省委常委会2020年工作要点和省政府工作报告。深化与中央、省级主流媒体合作，成功举办第三届山东粮油产业博览会，积极参加中国粮食交易大会，成立全国粮食行业首家品牌研究院，与省农科院合作成立“齐鲁粮油”产研孵化中心，联手香港贸易发展局开展海外推广。开展全媒体山东行活动，在“齐鲁粮油VR云展厅”上线全国粮食行业首个全景超市，举办“齐鲁粮油”花样面点大赛和粮食行业互联网创新大赛，举办“粮食行业经济转型高层次人才研修”活动，打造滨州“粮油金三角”、临沂“沂蒙花生油”、德州“五星德粮”、威海“胶东花饽饽”等区域特色粮油品牌，举办“齐鲁粮油”北京对接会和重庆推介会，组织“齐鲁粮油”云直播、嘉年华等活动，“好粮有网”平台入驻企业400家、上架粮油产品5000多款。组织遴选“齐鲁粮油”暨省级好粮油产品95个，其中新入选中国好粮油产品37个，居全国第一位。“齐鲁粮油”连续两年入选“中国粮油影响力公共品牌”。

五 全力推动粮食安全责任落实

在全国粮食安全省长责任制考核工作动员部署视频会上，山东作典型发言。9 月 15 日，省委副书记、省长李干杰主持召开全省落实粮食安全责任工作视频会议。耕地面积、地方粮油储备等重点指标纳入省对各市经济社会发展综合考核，制定印发《落实国家 2020 年度粮食安全省长责任制考核任务分工》《各市落实 2020 年度粮食安全省长责任制考核任务清单》，把职责任务分解到 14 个省直部门和各市政府，构建起横向到边、纵向到底的责任体系。圆满完成 2019 年度粮食安全责任考核任务，山东被评为“优秀”等级并位居前列。

六 全力加强机关党的建设

牢固树立政治机关意识，召开党建工作专题会议 13 次、中心组学习研讨 13 次，制发实施党建工作要点、意识形态工作责任制细则等文件，严格执行民主集中制、重大事项请示报告、“第一议题”等制度规定，树牢“四个意识”，坚定“四个自信”，做到“两个维护”。加强基层组织建设，党组书记、局长带头讲党课并组织集体廉政谈话，其他党组成员为分管处室单位讲党课，举办党支部书记及党员干部培训班，建立粮食和物资储备讲堂，邀请专家作辅导报告，开展形势任务、国情省情教育，开展党支部标准化建设提升行动，完成机关及直属单位 11 个党支部的调整设置和换届选举，研究出台基层党建督查工作实施办法并加强督查。加强意识形态工作，弘扬社会主义核心价值观，抓实政务公开工作，强化保密工作，持续抓好局网站、公众号、《齐鲁粮食》期刊等舆论主阵地建设，利用山东机关建设网等平台发布党建工作信息数量居省直部门单位前列。深入开展模范机关创建工作，提高机关党建质量。统筹推进形式主义官僚主义突出问题专项整治和“作风大改进”专项行动，开展主题教育整改任务落实情况“回头看”。深入贯彻习近平法治思想，完善领导班子学法制度，制定 2020 年法治建设工作要点，推进立法修规工作，开展法治宣传教育。加强干部队伍建设，晋升职级干部 11 名，选派 36 名干部深入基层培养锻炼，取得良好成效。全面落实省委“四进”工作要求，持续推进双联共建和社区“双报到”工作，省派“第一书记”等工作成效显著。

山东省粮食和物资储备局领导班子成员

王伟华　省发展和改革委员会党组成员，省粮食和物资储备局党组书记、局长
李　伟　党组成员、副局长
刘开田　党组成员、副局长
孟　军　党组成员、副局长
王　伟　党组成员、副局长（2020 年 2 月任职）

（撰稿单位：山东省粮食和物资储备局；撰稿人：张伟；审稿人：刘开田）

2020 年 6 月 13 日，山东省委副书记、省长李干杰（前排左二）赴滨州市黄河三角洲粮食批发市场调研夏粮收购工作。

2020 年 10 月 11 日，第三届山东粮油产业博览会在临沂开幕。国家发展和改革委员会党组成员，国家粮食和物资储备局党组书记、局长张务锋（前排左二），山东省委常委、常务副省长王书坚（前排右二）出席开幕式。

2020 年 6 月 30 日，“齐鲁粮油”品牌研究院揭牌成立。山东省发展和改革委员会党组成员，省粮食和物资储备局党组书记、局长王伟华（右）出席揭牌仪式。

河南省

基本情况

2020年，河南省生产总值54997.07亿元，比上年增长1.3%，连续多年保持全国第5位，中西部省份首位。全省粮食播种面积达1073.9万公顷，超出国家下达任务0.2万公顷，同比增加0.4万公顷。粮食总产达到6825.8万吨，占全国的10.19%，对全国粮食增产贡献率达23.07%。粮食总产量连续4年稳定在6500万吨以上，粮食收购量年均稳定在3500多万吨的高水平，其中最低收购价粮食达到1000多万吨，5年累计收购17500万吨左右，有效保障全省2000多万种粮农户的基本收益。每年向省外调出原粮2000多万吨，5年累计调出量1亿吨以上。粮食仓容规模达到8000万吨以上。自2017年，被确定为全国首批优质粮食工程支持省份以来，累计投资59.1亿元，支持建设961个粮食产后服务中心、90个粮食质检中心、23个中国好粮油示范县、16个中国好粮油省级示范企业和1个低温成品粮公共库示范项目。截至2020年底，粮油加工业总产值超过2400亿元，稳居全国第一方阵。

2020年工作

一　切实抓好粮油供应和救灾物资保障，助力打赢疫情防控阻击战

面对突发的新冠肺炎疫情，始终把粮油保供稳市作为最重要、最紧迫的政治任务。第一时间组织省、市、县三级粮食和物资储备应急力量建立工作专班，先后召开4次专场新闻发布会，正面引导社会舆论。坚持每日统计全省近3000家应急企业复工情况和实际日产能。抓好粮源调度和企业复工复产，强化加工、运输、配送等环节衔接，发放应急运输通行证1800余张，交通管制期间运送粮油保供物资共计47.39万吨。启动应急物资联动保障机制，紧急向湖北省和12个省辖市发放中央和省级救灾物资56000件，有力地保障了疫情防控工作。

二　切实抓好粮食安全责任制考核，做好粮食市场和流通的文章

认真履行粮食安全责任制考核办职责，协调13家省直成员单位，督促全省各级政府落实保障粮

食安全的主体责任，全省上下形成了层层落实粮食安全责任的良好局面，河南省连续两年获得“优秀”等级。认真贯彻执行国家粮食收购政策，坚持市场化取向和保护种粮农民利益并重，引导多元主体入市收购，推动形成了优粮优价的市场化收购格局，全省累计收购粮食超3000万吨，超额完成省定目标。扎实推进粮食储备制度改革，出台《省级储备粮轮换管理暂行办法》《超标粮食处置办法》等管理制度。组织参加第三届中国粮食交易大会，粮油产品特装展位、标准展位面积和签约项目金额等，均位居全国第一。

三 切实抓好“三链同构”和优质粮食工程，推动产业高质量发展

省委省政府坚持把实施优质粮食工程和推进产业发展整体谋划、一体推进，出台《坚持三链同构加快推进粮食产业高质量发展的意见》。粮油深加工企业扶持基金累计拨付4.65亿元，支持龙头企业发展壮大。争取中央财政稻谷补贴资金4640万元，成为全国首个利用该项资金支持加工企业的省份。全省粮食加工业总产值逆势增长，同比增幅达10%以上，以“三链同构”为题在中央农村工作会议上作了典型发言。深入推进优质粮食工程，全省1092个优质工程项目已经完成1047个，完工率达到95%以上。2020年争取项目投资5亿元，其中中央财政补助资金1.5亿元。

四 切实抓好依法管粮管储，坚决守住粮食和物资储备安全底线

成立了“十四五”规划编制工作领导小组，建立了专题研究机制、专家咨询机制、日常工作联络机制，多次召开座谈会、培训会、咨询会、推进会，“十四五”粮食和物资储备发展规划1个总体规划和粮食产业高质量发展、粮食和物资储备科技与人才、粮食物流基础设施建设、储备基础设施规划、粮食和物资储备信息化等5个专项规划已形成初稿。完成《河南省粮食安全保障条例》立法调研任务。《河南省省级储备粮管理办法》立法调研取得阶段性成果，列入2021年省政府立法审议项目。扎实开展大清查发现问题整改及“回头看”，对照大清查部际协调机制办公室反馈问题，督促各地各单位建立台账、完善措施，切实整改。严格落实国家纪委摸排反馈问题整改，对摸排反馈问题，制定了《整改方案》，利用两个月时间，在全省深入开展了储粮安全排查整改活动，边查边改边处理、立查立改立制度，彻底整治日常管理不规范、监管不到位、风险隐患多等问题，整改工作得到国家粮食和物资储备局的充分肯定。按照“四化一提高”工作标准，着手加强应急救灾物资规范化管理。

五 切实抓好党的建设，打造新时代粮食和物资储备铁军

认真落实全面从严治党主体责任，坚持高质量开展党建工作，推进各级党组织标准化、规范化建设，凝聚人心、引领发展能力不断增强。强化正风肃纪，营造风清气正的政治生态。抓实党建述职、抓住骨干队伍、抓牢督查问责，推动管党治党责任向基层延伸。坚持“学的导向、干的导向、严的导向”，强化队伍建设，广大干部职工干事创业激情日益提升。认真落实意识形态工作责任制，年内专

题研究意识形态工作 2 次，每季度召开 1 次专题意识形态工作研判会议；加强对局属院校意识形态工作的指导，全体局党组成员结合行业实际上好“思政课”。巩固和扩大意识形态宣传阵地，全年召开新闻发布会 5 次，编发《粮食舆情专报》14 期，牢牢掌握意识形态工作主动权。

河南省粮食和物资储备局领导班子成员

张宇松　党组书记、局长
刘大贵　一级巡视员
刘　云　副局长
赵连辉　党组成员、副局长
徐富勇　党组成员、副局长（2020 年 6 月任职）

（撰稿单位：河南省粮食和物资储备局；撰稿人：滕庆磊；审稿人：陈晓鹏）

2020 年 3 月，河南省以视频会形式召开全省粮食和物资储备工作会议。

2020 年 3 月 5 日，河南省粮食和物资储备局组织召开“坚持三链同构加快推进粮食产业高质量发展”专家座谈会，听取专家意见建议。

2020 年 6 月，河南省粮食和物资储备局召开新闻发布会，积极回应社会关切，稳定粮食安全市场预期。

湖北省

基本情况

2020年，湖北省完成生产总值43443.46亿元，下降5.0%。其中第一产业完成增加值4131.91亿元，按不变价计算与上年持平。三次产业结构由2019年的8.4∶41.2∶50.4调整为9.85∶39.2∶51.3。全省农林牧渔业增加值4358.69亿元，按可比价格计算，比上年增长0.3%。全省农村常住居民人均可支配收入16306元，下降0.5%。全省粮食总产量2727.43万吨，增长0.1%，连续8年稳定在2500万吨以上；种植面积4645.27千公顷，增长0.8%。油料产量344.45万吨，增长9.7%，其中油菜籽产量241.06万吨，增长14.1%。全省纳入统计的各类粮食经营主体收购粮食1293.9万吨，同比减少162.1万吨；销售粮食2586.2万吨，增加29.1万吨。全省各类粮油经营企业收购食用油及折料油11.67万吨，同比减少3.78万吨；收购油菜籽28.3万吨，减少5.17万吨。

2020年工作

一　主动担当，战疫保供交出合格答卷

面对突如其来的新冠肺炎疫情，湖北省粮食系统主动扛起粮油应急保供重任，各级发改（粮食）部门闻令而动，密切配合，形成保供合力。疫情期间，全省粮油量足价稳质优，受到国家发展和改革委员会、国家粮食和物资储备局、湖北省委省政府领导同志肯定，省粮食局先后两次在全系统作典型发言。统筹常态化疫情防控和粮食经济疫后重振，出台贯彻落实促进经济社会加快发展若干政策18条具体措施，走访联系服务企业，积极争取并拨付粮食增储、应急加工供应、助企纾困等各类补贴资金1.85亿元。精心组织感恩回馈“最美天使”等援鄂人员活动，向4.7万名抗疫援鄂人员寄赠粮油产品13.8万份，收到良好社会反响。

二　压实责任，“指挥棒”作用更加凸显

召开粮安工作领导小组会议和省政府常务会，通报市州粮安责任制考评情况，研究部署有关工

作。市县党政主要负责同志更加重视粮食工作，宜昌、恩施等市州将粮安考核纳入年度综合目标考核体系，各地考核成绩有了明显提升。抓好政策性粮食库存数量和质量大清查发现问题整改，开展问题整改“回头看”专项行动。加强粮食流通监管，涉粮投诉举报案件全部按时办结。

三 完善制度，政策性粮食管理得到加强

出台《湖北省加强地方粮食储备安全管理若干措施》，修订完善《湖北省地方储备粮管理办法》。确定襄阳、荆州、黄冈、咸宁、随州等地7家试点企业，启动省级战略储备粮油集中管理。制定粮食收购（入库）和销售出库质量安全“必检项目”，落实粮食出入库质量检验制度。

四 抢补短板，基础设施建设提档加速

抢抓中央一揽子支持政策机遇，主动谋划推动粮食应急储备保障中心建设，纳入省委省政府重点任务清单和补短板“十大工程”。市县发改（粮食）部门积极组织申报应急补短板建设项目，完善建设方案和实施方案。全省谋划项目183个，开工项目44个，完成投资9.9亿元，占3年计划总投资的35.5%。安排补助资金1.04亿元，建设改造准低温(低温）仓容71.5万吨。争取中央预算内投资1.2亿元，安排项目11个，总投资10.3亿元。

五 持续发力，“优质粮食工程”全面实施

拨付2019年度“优质粮食工程”项目资金9.8亿元，争取专项资金2.8亿元；40家企业被国家粮食和物资储备局、农发行认定为“优质粮食工程”重点示范信贷支持企业，争取资金和认定数量居全国第一。组织参加第三届中国粮食交易大会、“荆楚大地”好粮油抖音直播等线下线上推广活动。开展“荆楚好粮油”产品遴选和复审，全省86个粮油产品入选，17个产品被评为“中国好粮油”。应对长时间阴雨天气给秋粮收购带来的影响，充分发挥粮食产后服务中心功能，烘干粮食445万吨，减少潜在损失24亿多元。荆楚粮油公司籼米等4项标准荣获粮油产品企业标准“领跑者”称号。

六 立行立改，国有粮库问题整改初见成效

高度重视中央纪委国家监委调查摸排反馈问题整改工作，制定整改方案，建立整改台账，明确整改措施，定期调度指导，领导包干督办，制定《摸排检查指引》，推进整改工作落实。市县政府和省直相关职能部门密切配合，主动担当，层层压实整改责任。117个具体问题年底前基本整改完成。

七 党建引领，自身建设全面加强

认真落实全面从严治党责任，一体推进党建和党风廉政建设。认真抓好驻发改委纪监组通报问题的整改。持续推进作风建设，坚决纠治形式主义官僚主义问题。持续实施干部能力素质提升计划，着力提升干部职工政治业务素养。突出党建引领，注重发挥基层党组织战斗堡垒和党员先锋模范两个作用，积极投身疫情防控和粮油保供两个战场，有力践行了粮食人的初心与使命，涌现出一批先进集体和个人。

湖北省粮食局领导班子成员

胡新明　党组书记、局长（2020 年 7 月任职）
熊贵斌　党组成员、副局长
刘海涛　党组成员、副局长
唐学军　党组成员、副局长
李　硕　党组成员、副局长（2020 年 12 月任职）

（撰稿单位：湖北省粮食局；撰稿人：岳忠军；审稿人：胡新明）

2020 年 10 月 19 日，第三届中国粮食交易大会在福建省福州市开幕，湖北省在主展馆举办“荆楚大地”好粮油湖北专场推介活动，省政协副主席王红玲（前排中）参加专场推介活动。

2020 年 6 月 15 日，湖北省粮食局、省粮食行业协会举办"荆楚大地"好粮油回馈援鄂"最美天使"活动，湖北省粮食局党组书记、局长胡新明（前排中）在首赠活动现场致辞。

2020 年 7 月 30 日，全国粮食和物资储备系统"双先"表彰暨先进经验交流视频会在京召开，湖北省粮食局党组书记、局长胡新明在会上作典型交流发言。

湖南省

基本情况

湖南因地处洞庭湖以南而得名。湘江贯穿全境南北，故简称湘。2020 年，粮食种植面积 4754.8 千公顷，比上年增加 138.4 千公顷，增长 3.0%；粮食产量 3015.1 万吨，增加 40.3 万吨，增产 1.4%；入统粮食收储企业共收购粮食 689 万吨，全部为市场化收购，没有出现“卖粮难”；粮油加工业总产值 1591 亿元，增长 2.4%，“优质粮油工程”示范县、省级示范企业粮油优质品率达到 61%，优质粮油产品市场占有率突破 40%。

2020 年工作

一 考核“指挥棒”引领导向，粮安国考实现保优进位

围绕“六稳”“六保”大局，湖南省粮安考核办创新实行“当年工作当年考核”的新模式，完善多项工作机制加强日常调度，严抓督查激励，推动年度粮安考核、真抓实干督查激励与政府绩效考核同步。在年度粮安“国考”中再次获评优秀，自国务院启动粮安考核以来，已连续四年获评优秀。各地党委、政府抓粮管储重视程度大幅提升，相关工作得到提级反应，5 篇反应粮食安全的“决策咨询”类的重要信息被中办、国办采用，其中 1 篇专报中央领导同志，38 篇被省委、省政府采用。

二 储备“压舱石”作用凸显，粮油应急保供有力有序

面对突如其来的新冠肺炎疫情，迅速建立粮油保供稳价领导小组和工作专班。全省坚持日监测、日分析、日调度，确定 30 家应急粮油加工企业迅速复工复产，有序投放 50 多万吨储备轮换粮补充粮源平抑粮价，出台补贴措施支持有关企业收购农民余粮，粮油物资保障在关键时期没有断档脱销。全面复工复产后，以重大节日、重要时段为保供重点，建立了与疫情防控常态化相适应的粮油保障模式，全年粮油市场稳定有序。积极参与周边四省支援湖北粮油保供等协作机制，高效保障 6.2 万份自热野战快捷食品支援抗疫一线部队。

三 收购“三原则”指导有力，“先检后收”全面落实落地

确立“先检后收、优粮优价、应收尽收”三原则，克服新冠肺炎疫情、涉粮舆情、早稻期间汛情和中晚稻期间寒露风恶劣天气等不利影响，始终坚守“种粮卖得出”和“让老百姓吃上放心粮”的底线，认真落实“先检后收、分仓储存、分类处置”和粮食质量安全溯源等措施，组织对粮源信息分村组登记，编制粮食质量安全档案，形成粮食收购质量溯源图，推进“产购储加销”全程追溯，为全面了解粮食生产质量和开展重金属污染治理提供了依据。发布水稻订单收购目录和油菜十大主推品种，引导全省精准做好“产需”衔接。全年粮食收购工作呈现政策落实好、收购价格好、食安指标好、收购秩序好、为农服务好“五好”局面，有力地支撑了粮食生产。

四 管储“新模式”加快构建，体制机制改革深入推进

坚持问题导向，以服务宏观调控、调节稳定市场、应对突发事件和提升国家安全能力为目标，加速推进储备安全管理改革。研究出台《关于改革完善体制机制加强全省粮食储备安全管理的实施意见》，作出了政策性职能和经营性职能分开、夯实主体责任和监管责任等制度安排。立法修规取得突破，《湖南粮食储备安全保障规定》被列为2021年省委重点立法项目和省政府立法计划。出台《湖南省省级储备粮巡查制度》等文件，分片区开展验收和巡查，从制度层面强化省级储备粮管理。

五 聚焦“大粮食”查漏补缺，推动全程联动闭环管理

举一反三，查漏补缺，按照“制度闭合、监管闭合、执行闭合”的要求，组织全省粮食收储企业集中三个月时间分别开展“隐患大排查、问题大整改、队伍大整顿”活动和涉粮问题整改“回头看”专项行动，建立政策性粮食出库情况核查月报和超标稻谷处置方案报备等制度；按照“全程联动、闭环监管”的要求，协同有关部门共同查隐患、堵漏洞、建机制，出台《全省粮食质量安全全程闭合式监管职责分工》等文件22个，建立政策性超标粮食定点定向处置等机制15项，推动粮食质量安全闭环管理。

六 直面“大变局”迎难而上，产业发展呈现逆势上扬

面对新冠肺炎疫情冲击、经济下行压力加大、涉粮舆情等因素交叠碰撞，全面打响“湖南粮油品牌提升行动”，重点打造“洞庭香米”“湖南菜籽油”两大省级公用品牌，组织湖南菜籽油“春暖花开、有你更美”抖音挑战赛、系列展示展销会和“媒体三湘行”“湖南好粮油行动”学生手机摄影大赛等活动，多维度宣传推介湖南好粮油。全省粮油产业发展逐步回暖，产业呈优胜劣汰发展趋势。全年全省实现粮油加工业总产值1591亿元，同比增加37亿元，增长2.4%。其中，省稻米产业联盟企业总产值增

长 9.8%，利润增长 18.3%；省食用植物油产业联盟企业总产值增长 21%，销售收入增长 19.2%。16 款产品获评“中国好粮油”产品称号，39 款产品获评“湖南好粮油”产品称号。着眼推进脱贫攻坚与乡村振兴有效衔接，组织 51 家旱杂粮企业组建湖南旱杂粮产业联盟，推动杂粮产业资源整合、抱团图强。

七 聚焦“优服务”建强队伍，打造粮储湘军成效明显

以党的政治建设为引领，深入开展以“政治过硬、爱粮爱储、创新担当、争创一流”为内涵的“打造粮储湘军”活动。聚焦核心职能优化服务，坚持“五个标准化”作业和“五有一好”服务，对送售粮食实行二维码“盲检”等贴心服务，14 个县市区、237 个乡镇开展收购预检试点，为农户到村到组免费预检。全省 430 余家粮食产后服务中心加班加点提供“五代”服务，帮助农民抢烘湿粮，全年累计烘干粮食 205.9 万吨，减少直接经济损失 6.42 亿元，有效解决了连续阴雨天气下粮食“整晒难”“存粮难”问题，受到基层广泛点赞。全省系统 1 个单位、1 名同志分别获评全国脱贫攻坚先进集体和个人，5 个集体、6 名同志分别获评全国系统抗疫先进集体、先进个人，2 名同志获评湖南省抗疫先进个人；4 个集体获评全国系统先进集体、4 名同志获评全国系统先进工作者，1 名同志获评全国系统劳动模范。

湖南省粮食和物资储备局领导班子成员

陈冬贵　党组书记、局长
周　辉　党组成员、副局长
刘初荣　党组成员、副局长
覃世民　党组成员、副局长（2020 年 5 月任职）
熊小兰　一级巡视员

（撰稿单位：湖南省粮食和物资储备局；撰稿人：任乐农；审稿人：兰录平）

2020 年 5 月 6 日，湖南省委副书记、省长许达哲（右二），副省长隋忠诚（右三）一行赴省粮食和物资储备局调研“优质粮油工程”、粮油品牌培育、产品开发、科技创新等情况。

2020 年 8 月 26 日，湖南省委副书记乌兰（右二）到省粮食和物资储备局调研，参观了解湖南粮食行政管理部门机构沿革、粮油产业发展、人才队伍建设等情况。

2020年9月，湖南省举办第四届名优特新粮油产品展示展销会，湖南省粮食和物资储备局党组书记、局长陈冬贵在湖南优质粮油产品推介会上介绍湖南粮油发展情况。

广东省

基本情况

广东是全国常住人口第一大省、最大的粮食销区。2020 年，广东粮食作物播种面积 220.5 万公顷，比上年增长 2.0%；粮食产量 1267.56 万吨，增长 2.2%；全省粮食消费量约 5210 万吨；粮食自给率约 24%。全省全年消费需求有所增长，居民粮食消费价格保持基本稳定，粮食消费价格指数比上年上涨 1.9%，涨幅比居民消费价格指数低 0.7 个百分点，流通顺畅有序。2020 年底，广东省省级重要物资储备包括救灾物资、药品、冻猪肉、化肥、食盐、疫情防控物资等，年内完成 5 大类 67 个品类、累计超 1.4 亿件疫情防控物资的采购收储任务，先后向 300 多个单位、机构调运防疫物资超过 5100 批次；新增并落实冻猪肉、冻鸡肉、冻水产品、方便面等生活物资收储任务；先后调拨救灾物资 14 批次（含前置物资 2 批次），价值约 1673.82 万元。

2020 年工作

一 抗击新冠肺炎疫情大战大考成绩突出

新冠肺炎疫情发生后，广东省粮食和物资储备局第一时间成立局疫情防控工作领导小组，认真履行广东省疫情防控指挥办物资保障一组、二组副组长单位职责。扎实落实防疫物资收储调拨任务，累计收储 5 大类 67 种超 1.4 亿件物资，采购物资总价值达 5.6 亿元。向 300 多个单位、机构调运物资 5100 余批次，累计完成国家调拨任务 100 余次。有力推动全省 360 个粮食应急加工企业、2000 多个应急供应网点复工复产。争取黑龙江、安徽、江西等产区大力支持，稳定省外来粮渠道。建立全省粮油库存及成品粮油零售价格日报制度、“米袋子”供应保障定期会商制度，强化市场监测分析。疫情期间，广东各级粮食和储备部门共出动 2 万多人次，检查 1 万多家商超、粮库和企业经营情况，有效维护市场正常秩序。全面落实冻猪肉、冻鸡肉、冻水产品和方便面等 4 种新增省级重要生活物资收储任务。

二 粮食和物资储备体系建设稳步推进

进一步健全粮食安全责任考核机制。“国考”方面，2016—2019 年度，广东省连续 4 年获得考核“优秀”等级。“省考”方面，不断完善考核方式方法，优化考核指标，实现减负增效；2019 年度“省考”结果首次以省政府办公厅文件通报全省。科学推进广东省政府重点专项规划《广东省粮食安全和应急物资保障“十四五”规划》，以及部门规划《广东省粮食流通和物资储备设施建设“十四五”规划》编制工作，立足广东实际提出发展目标和重要举措。印发实施关于加强粮食储备安全管理的若干措施，持续强化粮食储备安全管理。认真开展健全应急物资保障体系课题研究，起草《关于健全应急物资保障体系的意见（稿）》，推进应急物资保障体制机制改革。

三 调控能力和应急保障水平显著增强

印发实施《广东省省级储备粮自主轮换储备管理实施细则》，联合省有关部门印发《关于进一步加强地方储备粮轮换管理的通知》。地方粮油储备更加充实，可满足全省常住人口半年以上的消费需求。进一步扩大成品粮油储备覆盖面，不断提高成品粮油储备规模和比例。与黑龙江省粮食对口合作取得新成果，落实新增异地储备稻谷 3 万吨，拓展储备品种至玉米、稻谷两个品种。市场监测预警机制更加完善，印发《广东省粮食市场监测预警体系工作方案》。新增粮食应急供应网点 400 多个，在全国率先建立粮食安全保障工作央地协同机制，举办广东省首次央地联合粮食供应保障应急演练。推进粤港澳大湾区粮食应急保障中心建设。省级应急物资储备品种和规模有效扩充、储备结构逐步优化，迅速落实 1.5 亿元规模应急物资保障体系补助资金（中央直达资金）省级储备项目，2020 年调拨省级救灾物资 14 批次约 1700 万元。

四 基础设施建设和行业发展水平显著提升

粮食仓储设施建设实现跨越式发展，形成布局合理、相互促进、辐射华南、调控全省的粮食储备网络体系。救灾物资储备基本覆盖全省多灾易灾区域，仓储设施进一步加强，储备条件不断改善。广东省暨广州市应急物资保障基地项目建设取得积极进展。大力推进粮食行业信息化建设，省粮库智能化管理平台和智能化粮库系统软件上线运行。首批粮库智能化升级改造项目与省平台实现互联互通，并接入国家平台，接入数据和视频数量位居全国前列。大力推广“四合一”储粮技术，积极探索控温及气调等绿色生态储粮技术应用。“等级粮库”创建工作有序开展，共有 50 家粮库达到 AAA 级及以上标准，覆盖仓容 357 万吨。优质粮食工程扎实推进，总体建设进度位居全国前列。

五 监督检查和“两个安全”越抓越实

紧盯政策性粮食大清查发现问题整改，对国家通报企业进行全覆盖检查，确保发现问题全部见底归零。开展粮食收购、地方储备粮油、异地储备粮等专项检查，规范出库监管，严防不合格粮食流向口粮市场。市县级储备粮抽检覆盖面高达 70%，粮食质量安全监测监管水平居全国前列。首次开展物资储备专项检查，对救灾物资、食盐、冻猪肉、药品、化肥等 5 类省级储备物资进行全覆盖监督检查。对疫情期间新增的冻猪肉、冻鸡肉和冻水产品进行全覆盖质量抽检，确保储备物资符合国家标准。抓好“两个安全”不放松，全面夯实企业安全生产主体责任和部门监管责任。认真落实“一线三排”工作机制，深入推进安全仓储和安全生产专项整治三年行动。

六 粮食和物资储备发展基础不断夯实

着力加强政治机关建设，巩固和深化“不忘初心、牢记使命”主题教育成果，激励引导广大党员干部在工作中担当作为。积极推进科技、人才兴粮兴储，筹备成立广东省粮食产业科技创新联盟，举办粮食科技活动周、世界粮食日等形式多样的宣传活动；与广东省贸易职业技术学校签订人才培养合作协议，建立 2 个国家级拔尖人才工作室，2020 年组织开展 5 批次行业职业技能鉴定，近 500 人取得证书。扎实推进依法行政，落实党员领导干部学法各项制度，全面提升法治思维和依法行政能力。着力开展普法宣传，组织在学习强国平台宣传和解读《广东省粮食安全保障条例》，营造依法治粮良好氛围。

广东省粮食和物资储备局领导班子成员

肖晓光　党组书记、局长
吴津伟　党组成员、副局长
林善为　党组成员、副局长
邢卫华　党组成员、副局长
邵信辉　一级调研员

（撰稿单位：广东省粮食和物资储备局；撰稿人：张诣恒；审稿人：肖晓光）

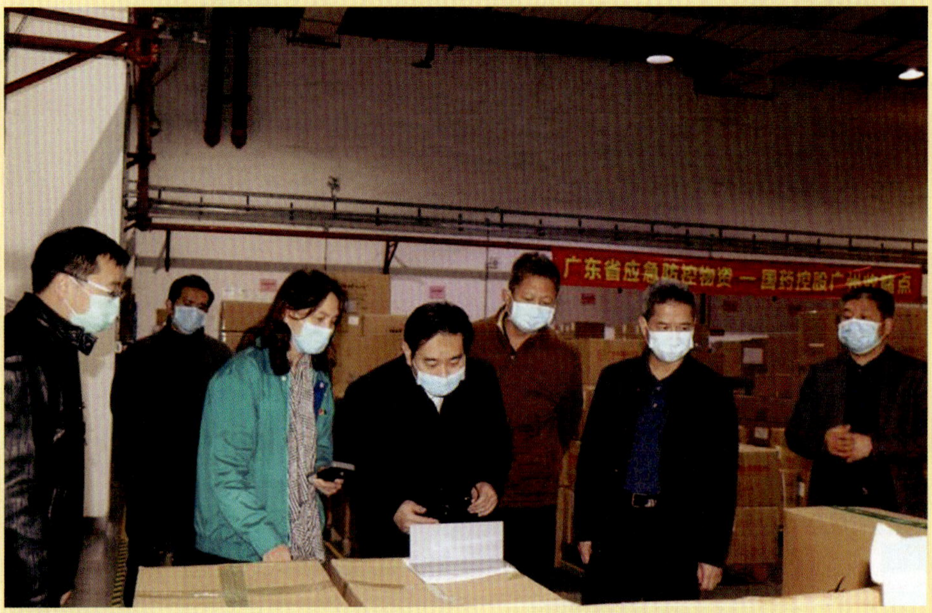

2020 年 2 月初，广东省粮食和物资储备局党组书记、局长肖晓光（左四）赴广州医药有限公司、国药控股广州有限公司等企业，检查督导疫情防控重点医疗物资、冻猪肉和方便面等储备任务落实情况。

2020 年 10 月 16 日，2020 年世界粮食日和全国粮食安全宣传周广东省分会场活动在佛山市三水区白坭镇粮食博物馆举行。

2020 年 12 月 22 日，广东省粮食和物资储备局会同国家粮食和物资储备局广东局、中国储备粮管理集团有限公司广州分公司、广东省储备粮管理总公司在江门市联合举行 2020 年广东省央地联合粮食供应保障应急演练。

广西壮族自治区

基本情况

2020 年，广西壮族自治区粮食种植面积 2806 千公顷，比上年增加 59 千公顷。油料种植面积 262.2 千公顷，增加 8.56 千公顷。全年全区粮食总产量 1370 万吨，增加 38 万吨，增长 2.9%。全年谷物产量 1290.9 万吨，增长 2.5%。其中，稻谷产量 1013.8 万吨，增长 2.2%；玉米产量 273.3 万吨，增长 4.6%。全年全区油料产量 73.88 万吨，增长 3.2%。猪肉产量 174.1 万吨，下降 9.4%。全年生猪出栏 2281.2 万头，比上年下降 9.0%。年末生猪存栏 1828.3 万头，增长 14.3%。全区入统企业粮食总购进 2299.39 万吨，同比增长 12.13%；全区各级储备粮轮入 189.16 万吨、增幅 16.03%，轮出 190.48 万吨、增幅 10.98%；全区出库投放市场储备冻猪肉 8664.6 吨、储备生猪 3.3 万头。全区粮食从业人员 31989 人。2020 全区国有粮食企业实现营业收入总额 87.58 亿元，同比增长 24%；利润总额 8638 万元，下降 31%；均超额完成年度目标任务。

2020 年工作

一　压紧压实粮食安全责任

认真履行自治区粮安考核办责任，牵头组织开展春季粮食生产调研督导。组织制定《广西壮族自治区 2020 年度落实粮食安全省长责任制工作方案》，及时分解下达粮食生产目标任务，助推全年粮食播种面积稳中有升。做好国家 2019 年度粮食安全省长责任制考核各项工作，召开 2020 年广西落实粮食安全省长责任制情况新闻发布会，全区各地粮食安全行政首长责任制得到有效落实。落实中央和自治区关于改革完善体制机制加强粮食储备安全管理及深化国有企业改革决策部署，顺利完成自治区储备粮管理集团有限公司组建工作。

二　统筹做好疫情防控和保供稳市

建立健全协调机制，帮助区内 41 家防疫物资重点粮油企业争取银行等金融机构给予最大限度财税优惠政策，切实解决企业复工复产难题。临时增加自治区本级储备玉米动态出库轮换规模 13.73 万吨，缓解区内饲料生产和养殖企业困境。继续实施稻谷补贴与粮食收购政策，全年全区 80 万吨稻谷补贴与粮食收购任务完成率达 99.2%，同比增长 5.7%。充分发挥粮食储备企业和加工企业联动机制作用，及时增加地方成品粮油储备，强化粮源组织调度，与吉林、江西两个粮食主产省签订产销合作协议，并推动全区各地加大储备粮、冻猪肉和生猪轮换出库量以调节市场供应、稳定市场供需，全区各地均未启动粮食应急预案。全区入统企业粮食总购进 2299.39 万吨，同比增长 12.13%；全区各级储备粮轮入 189.16 万吨、增幅 16.03%，轮出 190.48 万吨、增幅 10.98%；全区出库投放市场储备冻猪肉 8664.6 吨、储备生猪 3.3 万头，有效保障了疫情期间全区各族群众生产生活稳定。自治区救灾物资储备中心和南宁市、来宾市、百色市粮食和物资储备局等 4 家单位荣获全国粮食和物资储备系统抗击新冠肺炎疫情先进集体，罗爱节、廖显图等 2 名同志被评为全国粮食和物资储备系统抗击新冠肺炎疫情先进个人。

三 全力服务保障应急任务需要

制定出台《广西壮族自治区本级猪肉储备管理办法》，新增 6000 吨冻猪肉储备，全区冻猪肉储备达到 14800 吨，完成率 100%；生猪活体储备和冻猪肉储备质量达标、数量充足，完成率分别为 104%、100%。持续强化成品粮油、防汛抗旱和应急救灾物资的收储管理工作，完善应急预案，强化应急演练，严格值班值守，加强与交通、铁路、武警等军地部门沟通协调，疫情防控指挥调度和救援指令畅通无阻。根据国家和自治区应急调拨指令，高效完成调运帐篷、棉被等 1.75 万件近 300 吨应急救灾物资驰援贵州省和湖北省十堰市疫情防控任务；圆满完成 2.93 万件应急物资调运任务。全年累计完成中央、自治区应急救灾和防汛物资调运任务共 11 次 4.68 万件。

四 强化储备储存安全监管

制定出台“双随机、一公开”抽查工作实施细则，结合 2019 年政策性粮食库存数量和质量大清查发现问题整改“回头看”等专项行动，依托“粮食行业双随机抽查应用平台”，全面查验 14 个设区市库存政策性粮食数量和质量。及时召开全区粮食安全专项监督检查工作电视电话会议，部署推进专项监督检查工作。加强对市场化、政策性粮食收购和租赁社会仓容收储政策性粮食活动等粮食收购环节的监督检查，实现县级粮食行政管理部门对辖区内参与稻谷收购企业督导检查全覆盖，没有发生“打白条”“卖粮难”现象。紧盯自治区储备粮轮换、仓储基础设施建设、储备物资等重点环节、重点项目，结合近年来各级巡视巡察、监督检查、执纪审计中发现的一些问题，深入组织开展“规范经营”整治、巡察等专项行动，全区政策性粮食、储备物资库存数量账实相符，质量良好、储存安全。自治区储备粮管理有限责任公司被国家人力资源和社会保障部、国家粮食和物资储备局授予“全国粮食和物资储备系统先进集体”荣誉称号。

五 精准施策抓高质量发展

充分整合中央和自治区财政支持资金，大力推进优质粮食工程各子项目建设，粮食产后服务中心项目建设累计完成投入资金 4.14 亿元，竣工 134 个项目；建设和完善 78 个区市县级粮食质检机构，在 11 个自治区直属粮食收储企业建立粮食质量安全监测点，累计完成仪器设备采购 5866 台（套），粮食质量检验监测机构实现对产粮大县全覆盖；累计完成投资 13.5 亿元，推动“中国好粮油”行动计划项目建设，大力打造“广西香米”区域公用品牌，制定出台《广西好粮油广西香米生产质量控制规范》，设立广西“中国好粮油”行动计划以奖代补 2000 万元专项资金，持续在国家主流媒体投放“广西香米”宣传广告，“广西香米”品牌社会和市场效应进一步凸显，引领全年全区优质粮食种植面积突破 1000 万亩，优质粮油同比增加 200 万吨，优质早、晚籼稻品种收购价格同比分别上涨 6.3%和 8.2%，带动种粮农民增收达 25 亿元以上，“广西香米”跨入中国粮油影响力公共品牌行列。广西（中国—东盟）粮食物流产业园区项目累计完成投资超 13.7 亿元，仓储板块已竣工投入使用，物流板块和加工板块建设步伐加快。全区粮库智能化升级改造项目区级平台建设全部完成并通过验收，实现与国家粮食和物资储备局平台对接。

六 多措并举抓干部队伍建设

充分发挥自治区局党组理论学习中心组示范带动作用，举办 2 期学习贯彻党的十九届四中全会精神培训班、1 期全区粮食和物资储备系统领导干部培训进修班，局机关和直属企事业单位处以上干部全覆盖。深入贯彻《党支部工作条例》，持续加强基层党组织标准化规范化建设，建立党员活动室 22 个，发展党员 150 名，完成 13 个党支部换届选举，给 575 名党员过“政治生日”，组织开展“建‘四强’支部，保储备安全”、“阅读红色经典、传承红色基因”读书交流会等活动，发出党员倡议书，鼓励引导党员干部履职尽责。坚持问题导向，编制局领导班子、主要负责同志、领导班子成员和支部书记全面从严治党责任清单和任务清单，分解领导班子集体责任 41 项、党组书记责任 10 项、领导班子其他成员责任 10 项，持续深化作风建设，持续开展贯彻中央八项规定精神“回头看”，以“系统抓、抓系统”机制，发挥巡视巡察利剑作用，锲而不舍纠正“四风”，保持行业违法违纪问题“零容忍”。坚持“严管与厚爱结合、激励与约束并重”方针，落实《深入推进激励干部新时代新担当新作为工作实施方案》《关于进一步关心关爱基层干部职工的十条措施》等干部管理举措，干部队伍干事创业更加积极主动。

七 发挥行业优势助力脱贫攻坚战收官

筹集中央补贴资金 1000 万元在罗城、融水等 2 个广西深度贫困县实施广西“中国好粮油”行动计划建设项目；筹集中央补贴资金 550 万元在罗城、天等、昭平、忻城等 4 个贫困县实施粮食产后服务中心建设项目；如期完成三年向全区 20 个深度贫困县 20 万贫困户每户赠送一套科学储粮装具目标任务，占国家粮食和物资储备局任务三分之一。建立本部门直属企业结对帮扶贫困户机制，累计投入

135 万元支持陆川、那坡县定点帮扶村实施基层组织、扶贫产业、水利设施等方面建设。

广西壮族自治区粮食和物资储备局领导班子成员

吴宇雄　自治区发展和改革委员会党组成员，自治区粮食和物资储备局党组书记、局长
秦全贵　副局长、一级巡视员
韦尚英　党组成员、副局长
李国平　党组成员、副局长
林愈溪　一级巡视员（2020 年 3 月任职）
邱　东　二级巡视员

（撰稿单位：广西壮族自治区粮食和物资储备局；撰稿人：韦思华；审稿人：吴宇雄）

2020 年 8 月 31 日，广西壮族自治区储备粮管理集团有限责任公司挂牌成立，广西壮族自治区人民政府副主席，自治区发展和改革委员会党组书记、主任刘宏武（左二），广西壮族自治区发展和改革委员会党组成员，自治区粮食和物资储备局党组书记、局长吴宇雄（右二）出席挂牌仪式。

2020 年 7 月 2 日，广西壮族自治区发展和改革委员会党组成员，自治区粮食和物资储备局党组书记、局长吴宇雄（左二）赴北海市合浦县中心粮库调研夏粮收购工作。

2020 年 10 月 19 日，广西壮族自治区发展和改革委员会党组成员，自治区粮食和物资储备局党组书记、局长吴宇雄（前排左二）率团参加在福州市举办的第三届中国粮食交易大会。

海南省

基本情况

2020 年海南省粮食种植面积 27.3 万公顷，粮食总产量 145.5 万吨，粮食总消费 454.2 万吨，其中，城乡居民口粮消费 187.3 万吨，食品及工业用粮 7.6 万吨，饲料用粮 258.9 万吨，种子用粮 0.4 万吨。居民消费口粮的中高档籼粳米、小麦粉和饲料用粮玉米基本依靠省外市场供给，全年省外购进和进口粮食 307 万吨。粮食自给率为 32%。

2020 年工作

一 聚焦核心主业，适应自贸港建设的粮食安全顶层设计逐步形成

出台加强粮食储备安全管理的实施意见，重塑粮食储备体制机制，提出优化储备区域布局，取消市县级原粮储备，原粮由省级集中管理等重大改革措施，19 项改革任务正在落实落细。制定《海南省储备肉管理体制机制改革实施意见》，进一步增强肉类储备应急保供和市场调控能力。立足粮食安全治理现代化，积极推进粮食安全保障地方性法规立法工作，研究起草《海南省粮食安全保障暂行条例（草案）》，明确地方各级人民政府、各有关部门、法人和公民的粮食安全责任和义务，列入 2021 年省人大立法计划；《海南省地方储备粮管理办法》列入省政府规章。着手谋划海南生态储粮与绿色粮油产业园（海南粮谷），促进粮食产业经济集群发展和高质量发展。组织开展海南省粮食和物资储备行业“十四五”发展规划编制工作。

二 聚焦粮安考核，粮食安全“指挥棒”作用日趋明显

切实做好粮食安全省长市县长责任制考核工作，不断完善考核方案和指标体系，并将粮安考核纳入海南省市县高质量发展综合考核评价，强化考核成效。各市县党委、政府保障粮食安全责任意识进一步增强，领导重视、政策支持和推动力度有了明显的提高。省委书记沈晓明（时任省长）在《关于落实粮食安全省长责任制存在主要问题及整改措施的请示》上作出批示，省直各成员单位按照批示精神认真查漏补缺，以考促改，充分发挥粮食安全考核“指挥棒”的作用，不断夯实保障粮食安全基础。

三　聚焦疫情防控，保供稳市取得积极成效

面对新冠肺炎疫情对市场的冲击，积极引导民众合理消费。因时施策，制定和指导各市县实施了“五联防”工作方案和“七防备”工作措施，协调省内大型粮食集散地调整开门营业时间和帮助解决粮食运输问题，帮助企业尽早享受国家信贷资金帮扶政策和解决复工复产困难，实行两级联防联控，牢牢稳住粮油市场供应、稳住价格、稳住群众心理预期。分四批次进行应急保供投放0.22万吨储备冻猪肉，保障猪肉市场供应。积极与主产区签订粮食产销战略合作协议，做好第三届中国粮食交易大会参会参展工作，多举措稳定来粮渠道，确保粮食有效供应。持续推进粮食应急体系建设，组织落实应急供应网点288家，落实应急加工网点74家，落实应急储运企业26家，落实粮情监测网点41个，随时调度企业生产、销售和库存等情况，及时协同联动应急。

四　聚焦储存安全，以制度促进管理上台阶

结合粮食储备体制机制改革和国家最新储备政策的要求，修订原《海南省省级储备粮管理暂行办法》，形成《海南省地方储备粮管理暂行办法》，不断规范全省储备粮管理。印发《海南省省级成品粮储备管理暂行办法》，增设15000吨省级成品粮储备，海口增加成品粮储备，三亚、文昌、琼海等市也分别增设成品粮储备，进一步优化全省地方储备粮品种结构。严把省级储备粮入库验收关，依规抓好粮食储备轮换工作，推进海南省粮食储备信息管理平台建设，开展灾害事故处置方案演练和安全技能培训，实施安全生产三年专项行动，抓好冻猪肉和生猪活体储备管理，做好每轮次的储备计划下达和公检工作，确保粮食储存、猪肉储备安全。

五　聚焦安全底线，监督检查更趋向专业、专职、专责

提高政治站位，坚守安全底线，严格执行、强化督查，形成常态化、闭环式机制。扎实做好政策性粮食大清查发现问题整改，开展“回头看”工作，对18个市县、42个政策性粮食承储企业的63个库点进行全覆盖检查，认真对照国家粮食和物资储备局和省级通报的问题进行整改，有效提升政策性粮食承储企业规范管理意识和水平；组织开展全省粮食质量安全专项行动，通过专项检查，全省没有发现政策性粮食入库、夏粮收购环节存在重金属、真菌毒素等主要食品安全指标超标的粮食。组织开展夏粮、秋粮收购专项监督检查，确保粮食收购市场秩序平稳。及时调查核实和妥善处理12325热线举报案件。

六　聚焦廉洁、规范，机关党建、队伍建设有明显起色

强化政治建设统领，积极推动党建业务深度融合，着力加强支部标准化建设，3个在考核范围内

的党支部年度达标；印发《关于进一步加强直属单位党的领导的意见》，着力加强对直属单位党的全面领导；落实一岗双责，开展以案促改，引导广大党员干部“学思镜鉴”。深化巩固“两学一做”“不忘初心、牢记使命”主题教育成果，深入开展“作贡献”活动，创造“当好排头兵、建功自贸港，为粮食和物资储备事业奋斗”的创争氛围。坚持党管干部的原则，坚持用事业取人、凭实绩选人，加强干部交流力度，充实新生力量，结构明显优化，重视先进带动，让党员干部学有方向、赶有目标。广泛推行行业“应知应会”，进一步增强粮食部门干部职工履行职责能力。

海南省粮食和物资储备局领导班子成员

陈　宙　省发展和改革委员会党组成员，省粮食和物资储备局党组书记、局长
杨俊元　党组成员、副局长
符思法　党组成员、副局长
杨全光　二级巡视员

（撰稿单位：海南省粮食和物资储备局；撰稿人：于源；审稿人：谭大海）

2020 年 8 月 21 日，海南省粮食和物资储备系统年中工作会议在海南海口召开，海南省发展和改革委员会党组成员，省粮食和物资储备局党组书记、局长陈宙（主席台左二），副局长杨俊元（主席台右二）、符思法（主席台左一）和二级巡视员杨全光（主席台右一）出席会议。

2020 年 10 月 16 日，“2020 年世界粮食日和粮食安全宣传周”活动在海南儋州市召开。

2020 年 10 月 19 日，第三届中国粮食交易大会在福建福州召开，海南省粮食和物资储备局派代表团参会。

重庆市

基本情况

2020 年，重庆市粮食种植面积 200.3 万公顷，较上年增长 0.2%。粮食总产量 1081.4 万吨，增长 0.6%。其中：稻谷 489.2 万吨、小麦 6.1 万吨、玉米 251.1 万吨。全市油菜籽种植面积25.8万公顷，增长1.3%。油菜籽产量51.4万吨，增长3.0%；全市入统企业全年购进(不含进口）商品粮食（原粮，下同）625.1 万吨，同比增长 13.5%。其中：小麦 70.3 万吨，稻谷 192.7 万吨，玉米 190.1 万吨，大豆 158.7 万吨，其他 13.3 万吨。全年销售商品粮食 358.3 万吨，增长 9.4%。其中：小麦 48.7 万吨，稻谷 169.2 万吨，玉米 33.3 万吨，大豆 94.5 万吨，其他 12.6 万吨；全年购进（不含进口）商品食用植物油（油及料折油，下同）180.2 万吨，增长 32.8%。全年销售商品食用植物油 175.4 万吨，增长 34.5%；2020 年全市入统粮食产业经济单位 243 户，实现工业总产值 327.7 亿元，同比增加 53.0 亿元，增长 19.3%。全市成品粮产量64.8万吨，减少2.3万吨，下降3.4%。食用植物油产量83.0万吨，增加3.2万吨，增长 4.0%。饲料产量 292.9 万吨，增加 9.5 万吨，增长 3.4%。

2020 年工作

一 储备粮管理

一是仓储条件持续改善。为完成 2014 年国家下达的新增储备任务，针对粮食仓储设施严重不足的情况，决定在全市新建 150 吨粮仓，陆续投资 25 亿元，新建成 194 万吨储备库，切实改善储粮条件。二是储粮品种不断优化。持续推动储备粮品种向优质化发展，开展优良优价、优质优价轮换，提高储备粮原粮品质。开展部分市级储备粮优质稻谷收储试点工作，不断优化储备粮品种结构。三是科技储粮水平不断提高。全面推广氮气杀虫、横向通风“四合一”、屋顶隔热、谷壳压盖、门窗隔热、粮堆保冷、谷物冷却、空调控温等储粮新技术应用，提高粮食质量、降低储粮成本，切实增强企业经济效益和社会效益。全市科技储粮仓容覆盖面达 78%。24 个区县粮食仓储企业共计 687 个仓间、229 万吨仓容实现了控温储粮，氮气气调储粮仓容达到 40 万吨。四是质量安全监管能力大力提升。近 3 年来，持续投入近 6000 万元财政资金，初步建成了以市粮油质检站为龙头，万州区、永川区、黔江区 3 个粮油质检站为骨干，30 个大型粮食企业质检室为节点的“1+3+30”的粮食质量安全检验监测体系，大力提升了全市粮食质检机构检验监测能力，有效补齐了粮食企业质量安全预警监测与检验把关能力不足、质检机构不健全、仪器设备配置严重不足的短板，实现粮食收储入库质检关口前移。五是储备粮管理体制建设持续推进。持续完善全市统筹、分级负责、协同保障的三级政府储备体系，强化粮食储备的集中管理与统筹协调，建立粮食储备体系分工协同机制，形成中央储备和地方储备相互配合，各级政府上下联动、分工明确、责任落实、密切配合、协同高效的管理模式，提升了粮食储备效能。

二 粮食应急保供

一是粮食应急保供体系不断完善。结合人口变化，优化粮食应急供应网点布局。完成“每 3 万人至少有 1 个应急供应网点”建设要求，全市共建立粮食应急供应网点 1317 个，确保每个乡镇、街道实现粮食应急供应网点全覆盖。配套相应的粮食应急储运企业 75 家、应急加工企业 86 家、应急配送中心 103 个、主食加工企业 15 家，粮食和油脂应急年处理能力分别达到 210 万吨和 175 万吨，初步形成集应急储运、加工、配送和供应于一体的粮食应急保供体系。二是增加应急成品粮储备规模。全市应急成品粮储备和市级储备油分别达到 5.5 万吨和 5 万吨，满足了国家要求的 36 个大中城市主城区 15 天以上的市场消费量。三是强化粮油市场监测预警。制定《重庆市粮食市场监测预警工作方案》，成立全市粮食监测预警委员会。疫情发生以来，进一步加强监测力度，跟踪市内重点粮油加工企业产销情况，定期会商、研判市场行情。高度关注粮油供应市场舆情变化，积极回应社会关切。确保全市粮油供应充足，市场秩序稳定。四是粮食应急物流能力增强。完善粮食应急物流网络，确定粮食应急储运企业，提高粮食应急配送能力。加大运输协调力度，帮助粮食企业畅通流通渠道，加强与全市各区县交通、铁路部门沟通协调，执行粮食运输绿色通道政策，对粮食应急运输车辆给予优先保障、优先通行，提高复杂条件下粮食应急运输协同保障能力。五是应急处置水平和能力不断提升。完善市区（县）应急指挥体系，构建组织完整、权责明确、反应及时、调度统一的粮食应急指挥体系。加强队伍培训，提高应急网点人员应急处置专业技能，逐步健全以专业团队为骨干、兼职力量为辅助、应急企业和网点参与为基础的粮食应急队伍。组织开展粮食突发事件应急演练，不断提高实战化水平。

三 粮食产业发展

一是粮油产业园建设不断深化。主动融入“一带一路”和“长江经济带”发展战略，科学谋划粮油产业园区。做强江津德感粮油产业园区，中粮粮油、益海等粮油企业纷纷入驻园区。形成了以循环经济为引领，产业集群规模化优势，力争实现国家挂牌。完善涪陵蔺市临江粮油加工园区，中粮油脂、中储粮、道道全、金健米业等先后在园区落户，实现精细化管理、科学化生产、可持续的良性循环发展。加速重庆西部粮食物流园区的提档升级，以延伸产业链条，提高产品附加值为主导，重点支持重庆人和产业集团、重庆龙泉食品、重庆可可香粮油等企业提升面粉、鲜湿面条、挂面、大米、杂粮等生产线产能质量，从园区入手，打破原有粮食粗加工、大包装、大路货的水平，既可面对高消费群体市场，走精品路线，又可面向大众普通消费群体，以供应市民口粮消费为目标。二是优质粮油品牌建设持续推进，持续实施“中国好粮油”“重庆好粮油”行动计划，以塑造品牌、强化加工、标准引领、渠道建设、产业融合、传播推广为路径，构建“市级公共品牌＋区域品牌＋企业品牌”的重庆粮油品牌体系。三是粮食全产业链融合发展。深入推进“粮头食尾”“农头工尾”建设，大力发展“产购储加销”一体化生产经营模式，促进粮食育种、种植、收储、加工、销售、服务等各环节有机融合。四是粮食产业新型业态不断成熟。持续开展“互联网＋粮食”行动，积极利用新一代信息技术，发展粮食网络经济，借助现有成熟电子商务平台，推广“网上粮店”、手机售粮等零售新业态、新模式，促进线上线下融合。

四 省长责任制考核

一是坚持党政同责，坚决扛起政治责任。市委、市政府高度重视粮食安全工作。市委书记陈敏尔多次召开市委常委会会议、专题会议听取全市粮食安全和粮食保供稳价工作汇报，多次就做好相关工作开展调研、提出要求、作出批示。市长唐良智多次召开市政府常务会议、考核工作会议作出部署安排，并将粮食安全重点工作写入2021年市政府工作报告。市领导多次研究调度粮食安全有关工作，赴合川区、江津区等地检查调研。市粮食安全考核工作组先后7次召开成员单位会议推进工作。各区县党委、政府严格落实粮食安全行政首长责任制，全市上下形成一级抓一级，层层抓落实的工作局面。二是细化分解任务，切实加强整改督办。报送《重庆市2020年落实粮食安全省长责任制工作方案》，将2020年度国家考核的27项指标和对区县考核的41项指标分解到11个市级部门。市委、市政府将全面落实粮食安全行政首长责任制纳入市级部门目标管理绩效考核和区县经济社会发展业绩考核。市粮食安全考核办采取“双随机”方式对8个区县进行实地考核，并将2016—2019年度考核发现问题整改情况纳入2020年度考核。

五 粮食流通监管

一是强化粮食收购监管。印发《关于开展专项行动进一步加强粮食质量安全监管的通知》等6个文件，强化政策性收储和市场化收购监管，规范开展收购、验收等环节检查督导。制定夏粮、秋粮收购监管工作实施方案，全年开展检查325次，检查企业521家，未发现“打白条”“卖粮难”等情况。二是切实加强库存粮食监管。扎实开展政策性粮食库存大清查问题整改“回头看”暨2020年粮食库存检查等行动，细化检查方案，对整改不到位的重难点问题挂牌督办。截至2020年底，269个现场检查发现的问题和105个质量问题全部整改销号，库存检查的33个问题、“回头看”专项行动的12个问题均完成整改。三是全面加强销售出库监管。健全多部门监管协作机制，加强央地、川渝协作。对超期储存粮食等进行重点监管，强化正常储存年限粮食竞价销售的风险管控。开展销售出库检查156次。督促存储库履行主体责任和出库义务，未发现“出库难”等问题。四是加强粮食行政执法力度。全市开展专项检查督导908次，检查企业3261家。将19项行政处罚事项纳入信用系统，推动信用监管与监督检查相互融合。及时协调解决纠纷12起。认真开展12325粮食流通监管热线宣传与线索核查。

六 党建工作

一是突出政治引领，营造良好政治生态。坚决落实“两个维护”，强化政治机关意识，把“两个维护”落实到工作的全过程各方面，切实兑现市委“三个确保”政治承诺。深入学习贯彻习近平总书记在中央和国家机关党的建设工作会议上的重要讲话精神，巩固深化“不忘初心、牢记使命”主题教育成果。二是强化理论武装，深学笃用习近平新时代中国特色社会主义思想。围绕习近平总书记在党的十九届五中全会上的重要讲话、视察重庆重要讲话和《习近平谈治国理政》第三卷，以及习近平总书记关于推动成渝地区双城经济圈建设等最新的重要讲话精神深入开展学习。制定完善委党组理论学习中心组学习制度，认真落实委党组会议“第一议题”学习制度，形成理论学习长效机制。三是坚持固本强基，深入贯彻新时代党的组织路线。深化机关党建工作“三基”建设，强化基层党组织建设，强化干部队伍建设。四是狠抓正风肃纪，建设风清气正政治机关。严格落实中央八项规定及其实施细则精神和市委实施意见，认真贯彻《落实中央八项规定 30 问》，确保不违规、不逾矩。深入领会对当前全面从严治党形势的新判断和新要求，始终坚持一以贯之、坚定不移推动全面从严治党。五是扎紧制度笼子，抓好党内法规执行和党建工作制度完善。坚持以上率下，落实落细全面从严治党责任，党组带头履职，层层传导压力。

七 粮食宣传工作

一是积极参加第三届中国粮食交易大会。组织全市 26 个区县粮食行政主管部门、市内 57 家优质好粮油和农副产品加工企业参会参展。集中展示重庆优质好粮油，进一步扩大“渝”字号粮油的知名度和影响力。展会期间。与辽宁省粮食和物资储备局签订省际间玉米产销合作协议，建立长期稳定的产销合作关系。二是认真开展 2020 年世界粮食日和粮食安全宣传周活动。在綦江区设立主会场，举办“重庆市 2020 年世界粮食日和粮食安全宣传周主会场活动”启动仪式，近 400 人 8 个方队参加了活动。各区县及相关部门在当地设立分会场，开展了丰富多彩的宣传活动。三是认真开展市级“粮食安全宣传教育基地”评选。通过区县推荐、实地考察、综合评比，评选出 16 家“粮食安全宣传教育基地”，对推动全市粮食工作具有很好的借鉴意义和示范带头作用。

重庆市发展和改革委员会（重庆市粮食局）领导班子成员

董建国　党组书记、主任（局长）
李茂涛　党组成员、副主任（副局长）

（撰稿单位：重庆市粮食局；撰稿人：张斌；审稿人：张雷）

2020 年 3 月 11 日，重庆市发展和改革委员会党组书记、主任董建国(左二）调研粮油供应保障工作。

2020 年 10 月 16 日，重庆市发展和改革委员会党组成员、副主任李茂涛（左四）在涪陵区现场协调中储粮集团落户事宜。

2020 年 10 月 19 日，重庆市发展和改革委员会在綦江区举办重庆市 2020 年世界粮食日和粮食安全宣传周启动仪式。

四川省

基本情况

2020 年，四川省粮食作物播种面积 631.3 万公顷，比上年增长 0.5%；油料作物播种面积 158.4 万公顷，增长 5.9%。全年粮食产量 3527.4 万吨，增长 0.8%，其中小春粮食产量增长 0.8%，大春粮食产量增长 0.8%。经济作物中，油料产量 392.9 万吨，增长 7%。全省收购粮食 345 万吨，较上年减少 89 万吨，其中：收购小麦 92 万吨、稻谷 207 万吨、玉米 33 万吨、其他 13 万吨。全年收购油菜籽 52 万吨，比上年减少 19 万吨。全年销售粮食 1764 万吨，比上年增加 349 万吨，其中：销售小麦 305 万吨、稻谷 595 万吨、玉米 556 万吨、其他粮食 308 万吨。全年销售食用植物油 353 万吨，比上年增加 102 万吨，其中：销售菜籽油 170 万吨、大豆油 87 万吨、其他油 96 万吨。

2020 年工作

一 粮食调控

一是扎实抓好新冠肺炎疫情期间保供稳市工作。面对突如其来的新冠肺炎疫情，全力做好全省粮食供应应急保障、粮油市场保供稳价工作。新增应急成品粮储备 23 万吨、地方粮油储备 102 万吨，下达省级储备轮出计划 37 万吨，提前备足成品粮油，增加市场原粮供给。调整完善粮食应急网点，粮食应急供应网点达 3500 个，日供应能力 5.8 万吨，应急加工企业 269 个，日加工能力 4.2 万吨，应急配送中心 189 个，日配送能力 1.1 万吨，设立国家级信息监测点 50 个，省级信息监测点 66 个，应急网络体系进一步健全。号召“天府菜油”联盟企业向湖北省疫区捐赠 100 万元菜油。二是认真开展粮食收购工作。根据《关于切实做好 2020 年秋粮收购工作的通知》和《四川省超标稻谷收购处置实施方案》，坚持以市场化收购为主线，全力抓好粮食收购工作，切实保护种粮农民利益。三是积极开展产销衔接。扎实推进产销合作，组织全省 78 家企业 240 多人参加全国第三届粮食交易大会，与陕西省签订粮食产销合作协议，为企业引粮入川搭建合作平台，保障四川所需粮源稳定。2020 年全省调入粮食 1786 万吨，其中铁路入川粮食 1587 万吨，比上年减少 45 万吨；铁路出川粮食 14 万吨，比上年减少 50 余万吨。

二　体制改革

一是改革完善地方粮食储备管理体制机制。制定《关于改革完善体制机制加强地方粮食储备安全管理的实施意见》，经省委第七次全面深化改革会议审议通过，省委办公厅、省政府办公厅于6月23日印发。二是大力推进地方粮食安全保障立法。审议通过《四川省粮食安全保障条例（草案）》，并提请省人大常委会完成了第一次、第二次审议。三是全面推进“放管服”改革。加快推进政府职能转变和简政放权，坚持新发展理念，以群众需求为出发点，以群众满意为落脚点，着力创新审批服务模式，不断推进行政许可办理流程、申请条件规范化标准化程序化精简化，严格执行“三个清单”制度并实施动态管理，全面落实“证照分离”改革要求，稳步推进“多证合一”等政府职能转变事项改革，做到了让“信息多跑路、群众少跑腿、最多跑一次”，极大方便了办事企业和群众，有力提升了粮食和储备部门的治理能力。四是粮食安全省长责任制考核持续深入。省政府常务会审定通过《四川省2020年度落实粮食安全省长责任制工作方案》，部署24项责任制重点任务。省政府办公厅印发《2020年度市（州）政务目标考核指标》，将粮食安全省长责任制落实情况纳入省政府对市（州）政府目标管理，分值权重由2019年的1.5%提升至2%，考核“指挥棒”作用发挥更加有力。四川省粮食安全省长责任制落实情况连续四年被国家评为“优秀”等次。五是国有粮食企业改革持续深化。成都、自贡、泸州、德阳、资阳、宜宾等地积极指导企业整合资源、搞活经营、降本增效。落实财税优惠政策，经省政府批复同意，商品储备企业名单管理方式由“省级统一发布名单”调整为“分级按时发布名单”，公布时间由年末提前到4月，服务企业减负。全省国有粮食企业财务状况持续改善，连续16年实现统算盈利。

三　督查监管

一是加强粮食流通执法督查。按照“双随机一公开”监管要求，2020年全省开展政策性粮食销售出库、夏秋粮油收购、超标粮食处置等日常执法检查5943次，检查粮食企业13219个次，处罚违法违规案件40例，守住了辖区内不发生“阻挠出库”、不符合食品安全标准粮食流入口粮市场的底线。配合完成中央事权粮食政策执行情况考核及政策性粮食入库质量复核扦样、送样任务。二是全面整改落实大清查问题。建立大清查问题整改月报制度，对重点地区重点问题进行现场督导，压实整改责任，全省大清查现场检查环节发现的579个问题，以及质量清查结果不符合国家标准的1741个粮食货位于2020年底前全部完成整改。大清查工作受到国家部际协调机制充分肯定，在全国大清查总结视频会议上作交流发言。三是圆满完成成品粮油和食用植物油清查。按照省政府工作部署，开展全省成品粮油和食用植物油库存清查工作。对全省280家企业、471个库点、34.27万吨应急粮油储备，105家企业、104个库点、11.75万吨食用油储备的库存数量和质量，以及账务处理、轮换计划、补贴费用等政策执行情况进行全面清查。抽调50余名人员组成5个检查组，对成都、自贡等9个市和2家省属企业进行重点抽查。四是深入开展涉粮问题整改“回头看”专项行动。贯彻全国执法督查工作会议精神，落实张务锋局长6点要求。召开省、市、县三级粮食管理部门和承储企业参加的大排查动员视频会议，部署全省政策性粮食库存大排查专项行动。组建4个工作组，由局班子成员分别带队，分 3 轮对眉山、资阳等 16 个市和省属企业进行督导巡查，压实问题整改责任；会同财政厅开展政策性粮食财政补贴、优质粮食工程等粮食项目建设专项资金核查，全覆盖排查涉粮资金问题。

四 物资储备

一是高效完成中央及省级救灾物资储备保障任务。截至年底，全省已有 20 个市（州）、164 个县（区、市）将救灾物资储备职能划转至当地粮食和物资储备部门，各级各类（含中央级）救灾物资共计 25 个主要品类 250 余万件，比转隶前库存数量翻番。在新冠肺炎疫情、长江流域洪涝灾害及甘孜州泥石流等救灾物资应急保障工作中，先后 11 次向灾区紧急调运救灾物资 4.2 万件；向灾情多发易发区域前置调拨救灾物资 4.8 万件；筹集 15 万套价值 2000 万元共计 58 车御寒物资发往全省各地，救灾物资保障能力经受住考验。二是健全完善工作机制。在全国率先制发了《应对突发自然灾害省级救灾物资应急保障预案》，建立《救灾物资储备统计报告制度》，制发《省级救灾物资政府采购工作规程（试行）》。三是积极推进项目规划。省救灾物资储备中心改扩建项目已纳入省政府公共卫生应急物资储备体系建设。

五 安全仓储建设

一是加强基础设施建设。争取中央预算内仓储设施专项资金 1856 万元，支持建设项目 3 个、仓容 6.2 万吨，项目正有序实施中。省财政安排资金 8000 万元，支持 41 个低温库、仓顶阳光等项目建设；支持洪灾损失仓储设施应急维修资金 1500 万元。全省实现科技储粮仓容达 70%以上。制定《四川省低温储粮技术操作规程》地方标准，于 2020 年 12 月 1 日起实施。加快实现省级平台和涉粮企业的互联互通，逐步做到全系统“一张网”。二是健全质检体系。抓住“优质粮食工程”建设机遇，2017—2019 年投入 5.7 亿元支持建设 88 个粮食质检体系项目，基层粮食质检机构严重缺失短板正逐步补齐，以省粮油监测站为龙头，国家挂牌区域性粮食质检机构为骨干，县级粮油质检站和骨干企业检化验室为基础的粮食质量安全检验监测体系正在形成。三是深入实施“科技兴粮”。牢固树立绿色可持续发展理念，立足科技创新引领，以健全工作机制、搭建创新平台、夯实科技基础、推动成果转化、强化应用研究和加强队伍建设为主要抓手，高质量推进科技兴粮，为保障全省粮食安全和粮食产业发展提供有力支撑。四是抓实安全生产工作。印发《四川省粮食和物资储备行业安全生产专项整治三年行动计划》，深入开展专项整治三年行动；印发《四川省粮食和物资储备行业安全生产清单制管理工作方案》，全面推行清单制管理。累计开展各类安全检查 1860 余次，检查企事业单位 4050 余家，排查并整治隐患 1330 余处。

六 产业发展

一是“川粮油”产业发展加力提效。印发实施《关于坚持以高质量发展为目标加快建设现代化粮食产业体系的实施意见》。深入推进“优质粮食工程”，坚持“五优联动”“三链协同”，构建具有四川特色的现代粮食产业体系，2020 年全省入统粮油工业总产值突破 2100 亿元。德阳广汉市形成的“专业化服务、规范化管理、信息化建网”产后服务体系建设经验在全国推广。遴选推出 76 个“四川好粮油”产品，其中 12 个产品被评为 2020 年度“中国好粮油”。加快建设 20 个粮油产业高质量发展示范县，引导“川粮油”产业集聚发展。二是深入实施“天府菜油”行动。健全了以省政府联系粮食和物资储备工作的副秘书长为总召集人的联席会议制度。编制起草《四川省“天府菜油”行动三年计划（2021—2023 年）》《“天府菜油”公共品牌（商标）管理暂行办法》《四川省“天府菜油”行动推进情况统计调查制度（试行）》。开展“天府菜油”高铁冠名等专题宣传推广，组织“中国好粮油”四川融媒行活动，加强品牌推介传播。采取“公共品牌 + 企业自有品牌”，推出首批 10 个“天府菜油”品牌授权产品，成功进入渝贵云陕等省市。

七　人才队伍建设

坚持分类培训，全省行业 2020 年共举办各类培训 6151 班次，培训 127594 人次。典型示范引领，5 名同志被表彰为“全国粮食和物资储备系统劳动模范”；3 名同志被表彰为“全国粮食和物资储备系统抗击新冠肺炎疫情先进个人”；1 名同志被表彰为“2019 年度四川省抗击重大自然灾害先进个人”；1 名同志入选四川省“科技下乡万里行”活动专家油菜产业技术团成员。组建创新联盟，15 个市（县）的粮食企业与涉粮高等院校签订产学研合作协议，组建创新联盟或联合实验室，在“天府菜油”“再生水稻”“富硒水稻”等技术创新、产品研发、成果转化等方面合作。开展科研攻关，第二批全国粮食行业技能拔尖人才项目“基于物联网的粮食质量安全溯源监测系统”，获 2020 年度中国粮油学会科学技术二等奖，省粮油中心监测站《“天府菜油”质量安全溯源监测及预警预测评估关键技术研究》《浓香型“天府菜油”特征风味质量控制关键技术研究与应用》两个项目被四川省科技厅列为 2020 年、2021 年重点研发项目。全年共有 167 名粮油（仓储）管理员、91 名农产品食品检验员参加职业技能培训及鉴定，鉴定合格率分别为 82%、66.7%。

八　党群工作

一是全面推进从严治党。持续深化“不忘初心、牢记使命”主题教育成效，扎实开展“解放思想大讨论、创新能力大提升”活动。组织召开庆祝建党 99 周年大会，开展理想信念教育、爱国主义教育、形势任务教育。做好疫情防控和安全防范工作，齐心协力打赢疫情防控阻击战。持续巩固意识形态领域昂扬向上的良好态势，坚决打好网络意识形态持久战。强化基层党组织建设，抓好党员日常教育管理，赴川陕革命根据地红军烈士陵园接受革命传统教育。二是持之以恒正风肃纪。强化政治监督，加强对党章党规党纪执行情况的监督检查。深入开展中央八项规定精神“回头看”，深挖细查“四风”隐形变异种种表现。开展全省“以案释纪法自警守廉洁”廉政警示教育活动。抓实“以案促改”和各项专项整治工作，用“身边事”教育“身边人”。

四川省粮食和物资储备局领导班子成员

张丽萍　党组书记、局长
王海林　党组成员、副局长
伍文安　原党组成员、副局长（2020 年 6 月退休）
王青年　党组成员、副局长
周光林　党组成员、副局长（2020 年 12 月任职）
黄　敏　党组成员、机关党委书记（2020 年 12 月任职）

（撰稿单位：四川省粮食和物资储备局；撰稿人：李向东；审稿人：柳易）

2020 年 10 月 19 日，第三届中国粮食交易大会期间，国家发展和改革委员会党组成员，国家粮食和物资储备局党组书记、局长张务锋（前排右二）在“天府菜油”精品展示区巡展。

2020 年 2 月 1 日，四川省副省长李云泽（前排右二）在中粮（成都）产业园检查调研粮食储备加工情况，四川省粮食和物资储备局党组书记、局长张丽萍（前排右一）一同调研。

2020 年 12 月 1 日，“天府菜油”品牌产品授牌暨“中国好粮油”央媒走进四川融媒行活动在四川省成都市举行启动仪式。

贵州省

基本情况

2020 年，贵州全省入统企业购进粮食 687.88 万吨，同比增加 45.52 万吨；累计销售 480.08 万吨，增加 8.98 万吨，供需总体平衡。全年入统企业累计从省外购进 475.58 万吨，增加 58.39 万吨，弥补粮食缺口，确保省内粮食供需平衡。全年粮油产业总产值 1435 亿元，增长 13%；传统粮油加工业总产值 196 亿元，同比增长 20%，产业经济稳步发展。全省明确的粮食应急加工企业 168 个，应急储运企业 98 个，应急配送中心 89 个，应急供应网点 1438 个，调整完善供应网点 160 个。新冠肺炎疫情暴发后，新增紧急储备稻谷 2 万吨、紧急储备食用油 10.5 万吨、紧急储备大豆 0.35 万吨，紧急加工储备稻谷 18.32 万吨；应急加工企业开足马力生产；紧急采购 1316.67 万元的药品及防护用品，紧急采购红外热像仪作为政府储备，紧急增加省级食盐储备 1.51 万吨，有力保障了疫情期间粮油物资供应。

2020 年工作

一 加强粮食市场调控

全部省级储备粮和部分市县储备粮轮换已纳入贵阳国家粮食交易中心平台进行，实行公开公平公正竞价交易。截至 12 月底，贵阳国家粮食交易中心共成交粮油 83.02 万吨，成交金额 29.89 亿元，成交量比去年同期减少 3.55 万吨。其中省级储备粮油成交 34.575 万吨，成交金额 14.95 亿元，成交量比去年同期减少 30.985 万吨；市、县级储备粮油成交 35.325 万吨，成交金额 11.16 亿元，成交量比去年同期增加 14.835 万吨；中央储备粮成交 13.06 万吨，成交量比去年同期增加 13.06 万吨；贸易粮成交 0.07 万吨，成交量比去年同期减少 0.04 万吨。落实与山东、河南、江西等 14 个粮食主产区签订的粮食产销合作协议。全年完成市场监测周（日）报 116 期，月报 12 期。累计购进玉米 131.36 万吨，同比增加 22.68 万吨，累计支出玉米 130.96 万吨，同比增加 25.49 万吨，年末玉米库存 11.08 万吨，同比增加 0.50 万吨，省内玉米市场实现供需平衡。

二 发展粮油产业

推进“黔货出山”，组织 137 家企业、525 人的团队、166 个品牌、799 个产品参展第三届中国粮食交易大会；同期组织 24 个贫困县的 84 家企业、73 个品牌、372 个产品参展第二届消费扶贫展，并举办兴仁专场推介、消费扶贫展区专场推介活动，现场成交额 71.78 万元，签约金额 37053 万元。实施优质粮油订单种植，下达优质粮油订单种植计划 52 万公顷，为种粮农户创造收益 98 亿元。实施好粮油行动计划，对获得“贵州好粮油”产品开展质量抽检；明确省粮食行业协会作为“贵州好粮油”产品遴选实施主体，指导开展“贵州好粮油”遴选工作，遴选出 79 个“贵州好粮油”产品，完成 3 年打造 100 个“贵州好粮油”产品的目标。发展特色粮油产业，通过基地示范、品牌培育和构建全产业链，调整优化种植结构，提高粮食优质品率，大力推动茶油、薏仁等特色品种规模化、标准化、品牌化建设，全省薏仁产量达 40 万吨，约占全国总产量的 71%，占全球的近 5 成；全省人工种植及野生油茶面积超 200 万亩，产值近 40 亿元。

三 深入实施优质粮食工程

“优质粮食工程”项目总投资 21.7 亿元，争取国家支持 6.51 亿元。在湄潭县、兴仁市、榕江县等 15 个县实施“中国好粮油”行动，建设 340 个项目，其中：优粮优产项目 72 个，优粮优购 57 个，优粮优储项目 37 个，优粮优加项目 79 个，优粮优销项目 95 个。子项二粮食产后服务体系。建设项目 55 个，涉及全省 46 个县市，其中 17 个县为产粮大县，投资额 0.64 亿元。子项三粮食质检体系。建设项目 12 个，包括 2 个省级、9 个市级、1 个县级粮食质检项目。制定印发《贵州省“优质粮食工程”粮食质量安全检验监测体系建设实施方案》和《贵州省“优质粮食工程”粮食质量安全检验监测体系建设项目管理办法（试行）》，累计为 12 个粮油质检项目建设单位争取到中央和省项目建设资金 1.06 亿元。贵阳市、铜仁市粮油质检站等 5 个质检建设项目已完成验收工作，黔东南州、六盘水市等 7 个质检建设项目已完成仪器设备招投标工作。

四 强化粮食安全省长责任制考核

完成 2019 年度粮食安全责任制考核工作。国家通报贵州省 2019 年度粮食安全省长责任制考核结果为良好。经省人民政府同意，省粮食安全工作考核小组通报各市（州）2019 年度粮食安全责任制评议考核结果，9 个市（州）人民政府均为优秀。统筹推进 2020 年度粮食安全责任制考核工作，制定 2020 年度考核任务 60 项，对粮食生产、储备、流通等各环节，以及省直相关成员单位、市（州）落实粮食安全省长责任制工作情况进行严督细考、真考实核、跟踪督导，有效确保牵头责任、部门责任和属地责任的落细落地落实。全省考核工作基本形成了政府统一领导、考核办抓总牵头、多部门各司其职的工作格局。

五 开展粮食执法督查工作

强化对粮食收购、储存、加工、销售及运输环节的监督检查。截至年末，全省开展各项粮食流通监督检查等共计 1709 次，检查粮食经营主体 4186 家（次），坚决防止不符合粮食质量标准的粮食流入口粮市场。加强对 12325 热线的运行和维护，建立和完善结案审核管理制度，规范线索核查情况报告的文本体例，做到办结案件流程规范、定性准确，处理及时。截至年末，12325 平台接到国家粮食和物资储备局反馈涉粮问题举报和投诉案件 8 件，已办结 8 件，结案率 100%。

六 组织实施 2020 年度政策性粮食库存检查

严格按照“双随机一公开”要求，以不低于本辖区粮食储备总量 30%的量，对各辖区内政策性粮食承储企业开展检查。对全省 2019 年 3 月 31 日以后入库的地方储备粮进行抽样检测，其中稻谷 2.55 万吨、小麦 1.78 万吨。经检测后，质量指标合格率为 100%，储存品质指标宜存率为 100%，食品安全指标合格率为 100%。从检查的情况看，各级政策性粮食库存数量真实、账实相符、库存粮食质量总体宜存、储存安全。

七 推动粮食行业信息化建设

2020 年继续推动“粮安工程”粮库智能化升级改造项目，着力推动贵州省粮食行业信息化省级管理平台（以下简称“平台”）建设，平台依托“云上贵州”，建设内容包括 1 个平台、9 大系统、30 个子系统，简称“1930”。平台面向省、市、县粮食和物资储备行政管理部门、各类涉粮企事业单位、售粮农民和消费者提供全方位服务，打造贵州省粮食和物资储备行业的“数据管理中心、决策指挥中心、市场监测中心、社会服务中心”。截至年末，平台已基本完成建设，通过了专家的终验。平台与国家粮食和物资储备局实现“一整两通”，2100 余路储备库监控视频，接入省应急厅云视频平台。

八 加强职工队伍建设

坚持党管干部原则和新时期好干部标准，大力选拔敢于负责、勇于担当、善于作为、实绩突出的干部，注重在疫情防控等重大斗争一线考察识别干部，对在疫情防控工作中表现突出的干部及时进行表彰奖励。推进粮食和物资储备系统干部和人才队伍建设，加强干部培养锻炼，提升履职担当能力。举办处级以上干部学习贯彻党的十九届四中全会精神集中教育培训一期、全省粮油仓储管理员和农产品食品检验员技能提升培训班各一期、开展业务知识专题讲座七期。拓宽干部锻炼提升渠道，配合上级及有关部门选派 4 人参加调训；选派 2 名年轻干部到国家粮食和物资储备局跟班学习。强化制度机制建设，修订完善《贵州省粮食和物资储备局制度汇编》，共新建、修订制度 44 项，形成用制度管人管事的长效机制。

贵州省粮食和物资储备局领导班子成员

彭显华　省发展和改革委员会党组成员、副主任，省粮食和物资储备局党组书记、局长
鲁黔灵　党组成员、副局长
杨光荣　党组成员、副局长
章　萍　一级巡视员
龙　林　一级巡视员

（撰稿单位：贵州省粮食和物资储备局；撰稿人：李玫静；审稿人：杨光荣）

2020 年 8 月 7 日，贵州省委书记谌贻琴（右一）在省储粮总公司贵安直属库调研粮食安全工作。

2020 年 4 月 17 日，贵州省委常委、常务副省长李再勇（左一）在贵阳市粮油质检中心调研粮食安全工作。

2020 年 10 月 18 至 21 日，贵州省发展和改革委员会党组成员、副主任，省粮食和物资储备局党组书记、局长彭显华（右二）率队参加第三届中国粮食交易大会。

云南省

基本情况

云南省地处中国与南亚、东南亚三大区域的结合部，随着“一带一路”建设的深入推进，云南正由边疆地区成为中国对外开放的前沿和中心。全省土地面积 39.4 万平方公里，设 16 个州（市），129 个县（市、区）。2020 年，实现地区生产总值 24521.90 亿元，农林牧渔业总产值 5920.52 亿元，比上年增长 5.7%。其中，农业产值 2902.24 亿元，增长 7.3%。粮食总产量 1895.86 万吨，增长 1.38%，其中，稻谷 524.91 万吨，小麦 69.7 万吨，玉米 938 万吨。粮食商品量 653.3 万吨，进口粮食 110.39 万吨。粮食消费量 2516.93 万吨，其中，城镇口粮 314 万吨，农村口粮 659.37 万吨，饲料用粮 1279.97 万吨，工业用粮 208.59 万吨，种子用粮 55 万吨。

2020 年工作

一 保供稳市应对疫情

新冠肺炎疫情发生后，云南省粮食和物资储备局及时成立应对疫情领导小组和应急指挥小组，制定《粮油市场供应应急处置工作方案》，出台粮油保供稳市“八条措施”，建立“4+4 保供”机制（日监测机制、日巡察机制、市县联动机制、政企联动机制加中央、省、市、县四级储备联保联防机制）。加强成品粮油储备，督促昆明按 15 天的市场供应量、其他城市按照不低于 7 天市场供应量落实地方成品粮油储备；加大粮食市场调控，下达 50 万吨省级储备粮轮换计划，增加粮食市场供给；协调督促粮油企业复工复产，149 家粮油应急加工企业在 2 月底就全部复工复产；组成省、市、区三级联合巡查组，对昆明市主城区粮油销售市场进行定期巡查；在省政府新闻发布会、省委宣传部媒体见面会，通报情况、回应舆情，通过电视台等权威媒体发布粮油库存、加工、供应信息，正确引导社会关注；突出边境保障，境外输入性疫情形势趋紧后，制定《新冠肺炎疫情防控 25 个边境县粮油保供稳价方案》，及时做好 8 个州（市）25 个边境县的粮油稳供保价工作。保障疫情防控物资需要，向疫情防控检疫站点、医疗站点、防疫安置点等重点区域调运帐篷、折叠床、棉被、棉大衣等物资共计 110888 件，为打赢疫情防控阻击战作出了积极贡献。

二 推进体制机制改革

印发《关于改革完善体制机制加强粮食储备安全管理的实施意见》。积极推动落实改革完善体制机制的各项重点工作任务，切实做好“后半篇文章”。制定出台《云南省省级储备粮轮换价差定额包干补贴办法》，理顺粮食储备管理模式，明确省级储备粮的监管责任和省储备粮管理公司的承储主体责任，有效解决储备粮轮换亏损问题。加快完成省级储备粮管理办法修订，推动制定省级储备粮轮换管理办法、粮食加工企业社会责任储备管理办法，推进地方储备企业政策性和经营性分开，探索建立粮食社会责任储备制度。适应粮食应急需要，恢复实施 15 万吨成品大米省级动态储备政策，建立 5 万吨成品粮省级临时储备政策。规范省级粮食交易中心管理，推进政策性粮食进场公开、公平、公正竞价交易。全面总结“十三五”粮食行业发展规划实施情况，完成全省粮食和物资储备行业发展“十四五”规划草案编制工作，提出行业发展的目标任务和政策措施。

三 压实粮食安全责任

主动牵头协调，组织完成 2019 年度全省 16 个州（市）落实粮食安全行政首长责任制的考核，组织开展 2019 年度粮食安全省长责任制国家考核发现重点问题落实整改情况“回头看”，对 2019 年全国政策性粮食库存数量和质量大清查需重点整改的 139 条问题进行了“回头看”，开展涉粮问题整改“回头看”专项行动，开展涉粮问题专项整改，逐级传导压力，逐级落实责任，确保粮食储备到位、数量真实、质量良好、储存安全。组织召开云南省粮食安全行政首长责任制考核动员部署视频会议，对粮食生产、储备、流通、消费、产业发展等重点考核任务进行部署。粮食安全行政首长责任制考核列入全省“三农”综合考评，考评分值权重提升到了 25%，各级各部门重农抓粮责任意识，粮食安全保障能力进一步提升。

四 推动粮食产业发展

围绕打造世界一流“绿色食品牌”，以实施“优质粮食工程”为抓手，着力抓好“粮库信息化”“中国好粮油”“粮食质量安全检验监测体系”“粮食产后服务体系”等项目建设，促进粮食产购储加销“五优联动”，推进粮食全产业链发展。召开“优质粮食工程”项目建设现场推进会，全省开工建设 32 个“中国好粮油”项目、146 个粮食质量安全检验监测体系建设项目、62 个全省粮食产后服务体系建设项目。完成 138 个粮库信息化建设项目，实现与国家局平台 2020 版数据接口对接，数据质量综合评价位居全国前列。积极争取 2020 年度综合防灾减灾能力建设（救灾物资储备库）中央预算内投资专项项目 12 个。组织企业参加第三届中国粮食交易大会，云南线上成交原粮近 63 万吨，金额 17 亿余元，现场签约 14 万吨，金额 4.5 亿元。开展“云南好粮油”产品遴选活动，授予 33 个产品 2020 年“云南好粮油”称号，推动提升云南粮油品牌的市场影响力。

五　构建统一物资储备体系

主动担当作为，履行救灾物资和重要物资储备职责。积极完善省、州(市)、县(市、区)、乡(镇)四级救灾物资储备体系，省级救灾物资采购资金从 2000 万元增加到 9000 万元，省级救灾物资储备数量从 74 万件增加到 135 万件，为满足“防大灾、备大灾、救大灾”需要奠定了坚强物资储备基础。全省共储备 30 多个品种的救灾物资 174 万余件，具备转移安置 100 万名受灾群众，应对 6 级地震的物资保障能力。梳理重要物资储备短板，初步完成重要物资储备体系建设规划编制。加强粮食和物资应急能力建设，全年完成 1000 个新增应急网点建设，全省粮食应急供应网点达到 2363 个。与中石油云南销售公司签订战略合作协议，将中石油在云南的服务网点纳入粮油和重要物资应急供应网点。印发《切实增强全省粮食和重要应急物资储备安全保障能力的实施方案》，开展应对突发事件粮食和物资应急保障演练，进一步提升粮油和重要物资应急供应能力。

六　推进行业依法治粮

依法治理体系，切实优化营商环境。新冠肺炎疫情发生以来，加强省、市、区三级联合巡查，坚决打击哄抬价格、以次充好、恶意囤积、散布谣言等行为，确保粮油市场秩序。组织开展 2020 年度全省粮食库存检查，开展粮食收购市场和政策性粮食销售出库监督检查，做好 12325 全国粮食流通监管热线转办案件查办、反馈、公开等工作。积极配合相关执法部门，严肃处理涉粮涉储事件。配合相关部门，建立打击走私长效机制，严防走私粮食进入粮食储备体系。印发《云南省超标粮食处置管理办法(试行)》，坚决防止不合格粮食流入口粮市场。强化粮食质量监管，组织粮食质量安全风险监测、收获粮食质量调查和品质测报、粮食出入库质量安全监测及政策性粮食质量安全监督抽检，全省粮食质量监测样品共计 3241 批次。协助省人大常委会调研组完成“节约粮食、反对浪费”专题调研，印发节粮减损工作方案，加强粮食安全和爱粮节粮宣传，在全系统开展粮食收获、仓储、运输、加工、消费等环节的减损工作。

云南省粮食和物资储备局领导班子成员

海文达　省发展和改革委员会党组成员，省粮食和物资储备局党组书记、局长
官悠房　党组成员、副局长
王　江　党组成员、副局长
陆春涛　党组成员、副局长

（撰稿单位：云南省粮食和物资储备局；撰稿人：丁雪松、叶雯君；审稿人：海文达）

2020 年 4 月 21 日，云南省常务副省长宗国英（前排左二）赴楚雄国家粮食储备库检查调研粮食安全工作。

2020 年 1 月 20 日，云南省粮食和物资储备工作会议在昆明召开。

2020 年 2 月 24 日，云南省召开新冠肺炎疫情防控工作第十六场新闻发布会，介绍粮油市场供应保障情况。

西藏自治区

基本情况

2020 年，西藏自治区落实粮食播种面积 18.2 万公顷，其中青稞播种面积 13.9 万公顷，粮食产量达 103.96 万吨，其中青稞产量 79.5 万吨，粮食产量连续 6 年稳定在 100 万吨以上，粮食安全特别是青稞安全得到保障。全区收购粮食 3.67 万吨、销售粮食 23.45 万吨、省外购进 30 万吨，粮食库存 9.9 万吨。

2020 年工作

一 粮食安全责任制

扎实开展 2019 年粮食安全省长责任制考核工作，充分发挥考核“指挥棒”作用，部门间协同联动，不断优化考核指标，持之以恒强政策、稳面积、增产量，坚持目标导向，强化考核组织领导、问题整改和结果应用，粮食安全主体责任不断压实，地方党委政府保障粮食安全的政治责任意识不断强化，粮食可持续生产能力稳步增强，粮食宏观调控基础逐步夯实，粮食安全保障水平明显提升，全区粮食安全总体形势稳中向好、成效显著，粮食安全省长责任制连续三年获评良好等次。日喀则市、山南市粮食安全市长责任制综合考核分列全区第一名和第二名。

二 粮食流通调控

一是严格执行国家和西藏自治区粮食收购政策，完善实施青稞最低收购价和售粮大户奖励政策，牢牢守住“种粮卖得出”的底线，全年敞开收购，协调落实收购贷款资金 7200 万元。粮食收购资格主体达 124 个，青稞最低收购价稳定在 3.9 元 / 公斤，兑现售粮大户奖励资金 8 万元，粮食主产市、县收购网点全覆盖，收购粮食 3.67 万吨，粮农现金收入 1.4 亿元。二是聚焦疫情防控粮油保供稳价，着力打好疫情防控复工复产、市场监管、舆论引导“组合拳”。引导 18 家糌粑生产企业复工复产，稳定糌粑供应，统筹区外区内两个市场，精准调剂余缺，实施送粮上门、流动销售等供应措施，确保了粮油市场供给充足、保障有力；联合拉萨市粮食和物资储备局组织 8 个督导组先后 4 次监督检查拉萨市粮油市场，维护了正常的粮食流通秩序；主动回应社会关切，分批次组织社区群众参观粮食储备库，协调各类媒体报道粮油库存充足信息，引导群众理性消费，稳定社会预期。三是深化粮食产销合作，组建北大荒西藏金谷粮食购销有限公司，开启了产销合作新征程，区内粮食产销合作持续加强，日喀则、山南等粮食主产地（市）与那曲、阿里销区保供关系更趋紧密。组织区内粮食企业参加第三届中国粮食交易大会，30 多种特色优质放心粮油产品参展，拓展产品区外销售渠道和知晓度。四是提高粮食应急工作水平。加强粮食应急体系建设，对粮食应急供应网点进行优化整合和充实完善，有效发挥应急粮食保供作用。完成 203 个粮食应急供应网点的建设挂牌工作，与应急供应企业签订了应急保障协议。

三 粮食流通体制改革

一是推进粮食储备安全管理体制机制改革。研究起草《关于改革完善体制机制加强地方粮食储备安全管理的实施措施》，制定并修改完善《关于建立粮食加工企业社会责任储备的意见》等配套文件，着力构建区、地（市）、县三级储备体系，明确职责，规范管理，提高储备效能。二是推进收储制度改革。探索实施青稞收购价补分离措施，实行旺季收购期间种粮农户随行就市，向政府委托收购企业每交售一公斤国标三等以上当年当地产青稞补贴 0.2 元的政策，其中价补分离收购约 0.89 万吨，直接兑现补贴给粮农 177.65 余万元，有效调动农民种粮售粮积极性，促进农民增收。

四 粮食流通监管

一是强化粮食监督检查。严格落实监管主体责任，定期组织安全生产专项检查和成品粮油市场监督联合执法，开展成品粮油市场监督联合执法检查 6 次，有效维护粮油市场运行平稳有序。强化粮食收购工作督导，严厉打击各类违法违规行为，全年未发生农民卖粮难和拖欠农民售粮款问题，切实保护粮食生产者的合法权益。二是开展政策性粮食库存数量和质量大清查“回头看”和涉粮问题整改“回头看”专项行动。重点抽查全区各级粮食储备库库存粮食数量和质量、储粮安全、轮换等情况，深入摸排风险隐患，直面涉粮突出问题，多措并举抓整改，标本兼治堵漏洞，督促检查保效果。全年抽查粮食数量占全区总库存粮食数量的 80%，未发现涉粮违法案件，摸清了库存“家底”。三是强化粮情监测预警。建立粮油保供稳价日调度、日监测制度，加大社会粮油供需平衡调查力度，强化市场监测预警和统计分析研判，全面准确掌握市场行情，适时发布粮食流通统计信息，有效引导市场预期，全年编写《粮食市场动态监测情况》12 期。四是严把粮食质量安全监管，有效保障百姓“舌尖上的安全”。加大粮食质量检测，建立销售出库监管工作机制，制定印发《西藏自治区 2020 年库存粮食质量安全监测实施方案》，完成省级库存粮食质量监测样品 60 份，包括青稞、大米、小麦粉等；开展政策性储备粮、“中国好粮油”质量监测工作，完成新入库青稞、大米、小麦粉、食用油等样品检测 448 份，覆盖全区政策性粮食储备。五是加大粮食安全宣传。深入开展粮食科技活动周、世界粮食日和粮食安全宣传周等活动，通过采取设立现场活动展板、公众签名、移动短信、高原绿色粮油产品展示和品尝等多种形式，普及粮油科普知识、绿色储粮知识、粮食政策法规、农业科技知识、“中国好粮油”

行动计划。加大 12325 全国粮食流通监管热线宣传力度，全方位、多角度展示保障国家粮食安全、西藏高原青稞产业、放心粮油产品、爱粮节粮等方面取得的成效。向社会公布了日喀则国家粮食储备库等 7 家第二批西藏自治区级“粮食安全宣传教育基地”，邀请社会各界参观拉萨国储库和粮油中心化验室，进一步加大粮油安全标准解释和宣传力度，积极营造良好爱粮节粮社会氛围，强化全区人民群众的粮食安全意识，为维护全区粮食市场秩序稳定和健康发展起到积极作用。

五　粮食仓储管理

推动仓储设施建设，2020 年落实中央预算内建设项目 7 个，总投资 1760 万元，新建仓容 1 万吨。全区粮库智能化升级改造项目建设基本完成，省级平台实现与国家平台互联互通。管好地方粮食储备，按照自治区储备粮轮换管理办法等要求，采取边购边销、先购后销方式，指导全区各代储库自主轮换，全年轮换自治区储备青稞 0.965 万吨，新增自治区储备青稞规模 1 万吨、自治区动态应急储备食用油 500 吨。落实自治区储备、自治区动态应急地方储备、地市县储备粮 9.74 万吨（折原粮 11.08 万吨），其中成品粮储备 3.21 万吨，食用油 0.2 万吨，超额完成了国家核定的粮油储备规模。全区粮油储备数量充足、品种结构和储备布局合理，月均实际库存规模达 80%以上，有效发挥了地方粮食储备第一道防线作用。加大节粮减损新设施、新技术、新装备的使用，将农户科学储粮装具列入农机补贴范围，在全区全面推广使用。开展粮食产后服务体系建设，大力实施质量兴农计划，举办粮食科技活动周和科技下乡活动，积极推进科技兴粮兴储，引导农户防止储粮发霉变质受损。

六　物资储备

加快救灾物资移交工作，聘请第三方盘点核查地方救灾物资，其中林芝市和昌都市移交工作措施实、方法新、进度快。加强物资储备管理制度建设，规范物资调拨流程，印发《西藏自治区应急救灾物资调拨规定（试行）》，进一步规范物资调拨流程，修改完善《西藏自治区应急救灾物资储备管理办法》，形成征求意见稿。加强物资代储工作，协同自治区应急管理厅向 5 个地（市）、29 个县（区）共计代储 4 大类、35 个品种、17.5 万件（套）、价值 2800 万元的自治区救灾物资，下达代储管理经费 1212 万元，进一步优化了救灾物资储备布局。加强应急联动保障，强化与自治区应急管理厅的协同联动，采取政府购买服务方式，公开招标 3 家运输企业作为 3 年期应急状况下的运力保障单位。起草《西藏自治区粮食和物资储备局突发事件总体应急预案》，拉萨市和林芝市积极开展救灾物资应急演练，提升了应急保障实战能力。全区累计调运各类物资 4 万余件套，有力应对了墨脱、错那、改则、定日等地震灾害和疫情防控物资保障需求。推进落实 200 吨食糖储备任务，完善食糖储备市场化运行机制。研讨建立成品油、天然气储备制度，认真梳理储备项目，合理规划设施布局，着力填补油气政府储备空白。

七 行业发展

一是坚持规划引领，提前谋划粮储行业“十四五”发展蓝图，以保粮食能源安全为目标，明确“十四五”规划思路和发展路线图。科学编制“十四五”行业发展和油气储备设施建设 2 个专项规划。二是加快推进“优质粮食工程”，以青稞优良品种为优质粮食重要载体，优化工程项目实施方案，有序推进优质青稞及产品发展。完成中央财政补助资金 3566.07 万元，企业自筹资金 4931 万元。大力提升粮食检验机构能力和设施配备标准，落实国家投资 2776 万元，为 7 个粮食检验监测机构配置仪器设备并改善基础设施条件，有效提升全区粮油检验监测机构基础设施硬件水平。认真开展“中国好粮油”产品遴选工作，制定《“西藏好粮油”产品遴选及管理办法（试行)》，推荐日喀则市西藏德琴阳光庄园有限公司的“青稞挂面”成功入围“中国好粮油”产品。三是推进青稞标准体系建设。《青稞》国家标准完成研究并上报国家标准委员会待发布，《中国好粮油青稞及其制品》行业标准已进入公开征求意见阶段，《青稞米和青稞粉》行业标准通过立项评审，为青稞产业化发展提供标准支持。四是依托行业对口援藏平台，加强教育培训，稳定、用好现有人才，国家粮食和物资储备局先后选派 3 名优秀干部进藏工作，国家粮食和物资储备局科学研究院先后委派两名专业技术人员开展检验技术培训，累计培训 30 人次，“十三五”以来，相关省市累计培训粮储行业人员 422 人次。2020 年人社部、国家粮食和物资储备局分别授予林芝市西藏察隅桑昂曲宗生态农业有限公司、西藏拉孜粮食储备库主任扎西多杰为全国粮食和物资储备系统先进集体和先进工作者。同时，林芝市粮食和物资储备局等两家集体、山南市发展和改革委员会强巴次仁等 4 名同志分别被国家发展和改革委员会、国家粮食和物资储备局、财政部等 7 家单位联合授予全国政策性粮食库存数量和质量大清查先进单位和先进个人，拉萨国家粮食储备库、局机关 1 名同志分别获评全国粮食和物资储备系统抗击新冠肺炎疫情先进集体和先进个人。

八 机关党建和党风廉政建设

坚持以党的政治建设为统领，把党的全面领导贯彻到粮储工作各环节，推动党建与业务深度融合。加强干部队伍建设，选拔任用干部 11 名，干部职级晋升 20 名，基层调任干部 1 名，轮岗干部 4 名。强化理论武装，不断巩固拓展“不忘初心、牢记使命”主题教育成效，进一步增强“四个意识”，坚定“四个自信”，做到“两个维护”，不断提高粮储系统干部职工政治判断力、政治领悟力、政治执行力。严肃执行中央八项规定及其实施细则精神和区党委实施办法，驰而不息纠治“四风”，持之以恒正风肃纪，不断健全廉政风险防控机制，建立健全内控机制，严格执行财经纪律，着力提高防范化解重大政治风险的能力。严格落实民主集中制，严格执行“三重一大”决策程序和议事规则，积极营造风清气正、廉洁从政的良好政治生态。持续转变工作作风，发布廉政警示提醒 8 次，召开内控领导小组会议 3 次。聚焦干部精准驻村“七项重点任务”，分析研讨驻在村现状及产业发展方向，切实为驻在村群众办实事解难事，开展结对帮扶群众 32 户，捐款捐物 6.4 万元，开展义诊、提供青稞良种、搭建技能培训平台等 10 余件好事实事，投入资金 20 余万元，助力脱贫攻坚。局属系统全体党员干部职工（含退休党员）捐款 7.257 万元，支援一线打赢疫情防控人民战争。

西藏自治区粮食和物资储备局领导班子成员

苏园明　自治区发展和改革委员会党组成员，自治区粮食和物资储备局党组书记、副局长
徐　海　党组副书记、局长
达　拥　党组成员、副局长
郭晓虹　党组成员、副局长（援藏干部）
边　增　党组成员、副局长

（撰稿单位：西藏自治区粮食和物资储备局；撰稿人：余潇涵；审稿人：刘宝杰）

2020 年 1 月 30 日，西藏自治区党委书记吴英杰（前排中）、西藏自治区党委副书记、自治区政府主席齐扎拉（前排右一）到拉萨国家粮食储备库调研指导粮食供应保障工作。

2020 年 12 月 16 日，西藏自治区粮食和物资储备局党组副书记、局长徐海（左二）到日喀则市拉孜县督导检查青稞收购工作。

2020 年 2 月 19 日，西藏自治区纪委驻发展改革委纪检监察组与西藏自治区粮食和物资储备局联合调研检查疫情防控粮食和物资保障工作。

陕西省

基本情况

陕西省位于祖国内陆腹地，纵跨黄河、长江两大流域，总面积为 20.56 万平方公里，有 10 个设区市和 1 个杨凌农业高新技术产业示范区，常住人口 3876.21 万人。全省粮食作物播种面积 3001.05 千公顷，同比增长 0.1%。其中，夏粮 1103.65 千公顷，下降 0.1%；秋粮 1897.39 千公顷，增长 0.2%。主要种植小麦、玉米、稻谷，辅以各类杂粮。全省粮食总产量 1274.83 万吨，同比增加 43.70 万吨，增量占全国总增量的 7.8%，增长 3.55%（夏粮产量 453.49 万吨，增长 7.9%；秋粮产量 821.34 万吨，增长 1.3%）。其中，小麦 413.3 万吨、玉米 620.2 万吨、稻谷 80.5 万吨、大豆 23.60 万吨、杂粮 137.3 万吨。

2020 年工作

一 防疫保供稳市有力有效

新冠肺炎疫情发生后，全省粮食和物资储备部门闻令而动，快速响应，协同联动、精准施策，全力做好粮油保供稳市工作。率先制定《粮食应急供应执行方案》，启动粮食市场日监测日报告机制，组织粮油加工企业迅速复工复产，建立中省储备协同机制保障供应。提前轮换省级储备粮 7.13 万吨，投放成品粮油 3.56 万吨、主食豆制品 2062 吨，西安、渭南、安康等市加大成品粮油投放，有效保障了市场供应。加强督导检查，先后派出 6 批次 28 个工作组 120 余人次督导各地疫情防控和保供稳市措施落实。及时主动发声，回应社会关切，稳定市场预期。疫情防控期间，全省粮油市场供应充足、价格稳定、秩序良好。1 个集体、2 名个人被评为全国粮食和物资储备系统抗击新冠肺炎疫情先进集体和先进个人。

二 粮食调控能力持续增强

认真执行国家粮食购销政策，积极筹措收购资金，全年收购粮食 813 万吨，销售粮食 1164 万吨，没有发生“卖粮难”问题，有效维护了粮农利益。全省现有仓容 821.9 万吨，智能化升级改造 128 个库区，粮食收储能力稳步提升。加快推进储备粮体制机制改革，印发《关于改革完善体制机制加强粮食储备安全管理的实施措施》，各项重点工作稳步推进。积极落实新增20万吨粮食储备任务，截至2020年底，全省地方储备粮总规模达235万吨，落实应急成品粮油19.9万吨，西安、咸阳、商洛、韩城等市加大储备规模，杨凌示范区地方储备实现了从无到有。全省政策性粮食全年线上交易45万吨，同比增长81.28%，成交量稳步增长。粮食储备规模创历史新高，粮食调控物质基础更加坚实。健全完善监测预警体系，成功举办全省粮食应急预案演练，粮食应急保障能力不断提升。粮食流通统计工作连续14年受到国家粮食和物资储备局通报表彰。推动国内国际双循环，组织参加第三届全国粮食交易大会，先后与16个省（区、市）签订产销合作战略协议，大力引进中亚优质粮油产品，有效保障了区域粮食安全。

三 物资储备体系更趋完善

认真履行物资储备新职能，全力做好救灾物资和重要商品收储轮换调拨管理工作。2020年，累计调拨收储中省应急救灾物资19.63万件。其中，紧急向江西省调拨中央救灾物资7000件，向各市调拨省级救灾物资4.2万件，收储中央救灾物资5.23万件、省级救灾物资9.5万件。各市（区）逐步建立应急物资储备，榆林市率先建立重要商品应急物资储备，延安市积极落实救灾、防疫物资储备，杨陵区已接收救灾物资储备库1个，在管理好省级代储和区级救灾物资的同时，完成50吨区级冷冻猪肉储备任务。制定《陕西省省级重要商品应急储备管理制度》，扩充省级重要商品承储企业名录库，开展省级重要商品应急储备专项检查，按时配合完成了国家储备物资“大清查”工作，物资储备数量真实、质量良好、储存安全。

四 优质粮食工程成果丰硕

深入实施优质粮食工程，三年总投资22.1亿元，规划建设项目205个，三个子项已完成179个，项目完工率87.3%。实施“中国好粮油”行动，发展优质粮食订单种植700余万亩，增加优质粮食224万吨，带动农民增收超6.5亿元，全省小麦优质品率提升34%。深入实施“陕西好粮油1+N”品牌战略，全力打造“延安小米”金字招牌，遴选产生32个“陕西好粮油”产品。其中，9个产品被评为“中国好粮油”产品，“陕西好粮油”品牌影响力、产品价值力和市场占有率显著提升。建成粮食产后服务中心56个，为种粮农民提供“五代”服务，产后综合服务水平不断提高。推进粮油质检体系建设，对全省80个粮油质检机构进行了提升改造，省市县三级粮油质量安全监测体系初步建立。加强新收获粮食质量安全监测，开展粮食库存质量安全监管专项行动，保障粮食质量安全。2019年度，食品安全工作被省食安委评为A级单位。

五 粮食产业稳步增长

聚焦“五优联动”“三链协同”，制定《完善粮食“产购储加销”体系推进粮食产业高质量发展的实施意见》，发挥优势、突出特色，推动粮食产业高质量发展。2020 年，全省国有粮食企业实现营业总收入 204 亿元，净利润 1.08 亿元，连续 13 年全省统算盈利。全省粮油加工企业实现产值 516 亿元，同比增加 54.3 亿元，增幅为 11.8%；利润 28.3 亿元，利润总额同比增长 26.9%。坚持科技创新驱动，实施“粮食 + 健康”行动，“一中心两基地一联盟”粮食科技创新体系作用有效发挥，20 余种健康粮油产品推向市场、深受欢迎。坚持发展主食产业化，大力扶持龙头企业，壮大县域经济，宝鸡、汉中、榆林等市主食产业化发展迅速、特色突出。截至 2020 年底，全省主食产业化已覆盖所有设区市和 80%以上的县（区）。坚持发展粮食安全产业带，支持西安爱菊粮油工业集团在哈萨克斯坦、新疆建设油脂、面粉仓储物流加工基地，打通中亚粮食物流通道。加快西安粮食物流枢纽建设，西安粮食交易物流中心已建成投入运营。认真编制全省粮食和物资储备“十四五”总体规划和专项规划，筑牢粮食和物资储备事业发展基础。

六 粮食流通监管扎实开展

深入推进“放管服”改革，健全“双随机、一公开”抽查机制，制定《陕西省粮食流通监督检查实施办法》，创新建立央地监管协作机制，监管成效突出，受到国家粮食和物资储备局肯定。强化执法督查，组织开展了涉粮问题整改“回头看”、年度夏秋粮收购检查、国家政策性粮食定向出库监管等专项检查。2020 年，全省各级粮食执法部门开展监督检查 3300 余次，查处纠正违法违规案件 96 例，处理涉粮问题投诉举报 3 起，有效维护了粮食流通市场秩序。加强信用监管，完善联合奖惩机制，粮食行业信用体系更加健全。按照安全生产“三个必须”要求，夯实部门监管责任，加强源头预防，强化宣传演练，健全制度机制，巩固安全基础，扎实开展行业系统安全生产专项整治三年行动，努力提升行业系统安全生产管理水平，全省粮食和物资储备系统安全生产形势持续平稳向好。

七 粮食安全责任有效落实

认真贯彻落实全国粮食安全省长责任制考核工作会议精神，省委常委会、省政府常务会和粮食安全专题会议专门研究部署粮食安全工作，省委、省政府领导多次调研批示，省粮安考核小组成员单位各司其职、协作配合，粮食安全省长责任制各项任务有效落实。坚持问题导向，抓好问题整改，对标对表国家考核方案，及时分解指标、印发方案、督促指导，确保整改落实到位。省级粮食安全省长责任制考核结果整体纳入全省考核体系，考核“指挥棒”作用充分发挥，各级对粮食安全的关注重视显著提升、粮食安全责任进一步夯实。开展爱粮节粮宣传，推行节粮减损措施，成功举办“陕西省 2020 年世界粮食日和全国粮食安全宣传周”主会场系列活动。加快粮食立法工作，《陕西省粮食安全保障条例》已列入省人大 2021 年立法计划，《陕西省省级储备粮管理办法》计划于 2021 年出台实施。

八　机关政治建设全面加强

坚持以政治建设为统领，以模范机关创建为抓手，全面加强党对粮食和物资储备工作的领导。举办专题学习研讨 15 次、培训班 7 期，累计参与 1500 余人次，干部政治理论素养不断提升。制定《全面从严治党主体责任清单》，开展先进典型表彰和五星级党支部评选，党建基础进一步夯实。精文减会、改进作风，文件会议数量同比减少 30%。贯彻落实“人才兴粮”和“科技兴粮”实施意见和省委三项机制，大力培养优秀年轻干部，干部队伍干事创业热情有效激发。2 个集体、2 名个人荣获全国粮食和物资储备系统“双先”表彰。

陕西省粮食和物资储备局领导班子成员

杨　林　省发展和改革委员会党组成员，省粮食和物资储备局党组书记、局长（2020 年 9 月任职）
刘维东　省发展和改革委员会原党组成员，省粮食和物资储备局原党组书记、局长（2020 年 9 月免职）
张　翔　党组成员、副局长
王晓森　党组成员、副局长
闫国强　党组成员、副局长（2020 年 11 月调离）
郭　明　二级巡视员、直属机关党委书记
王晓霞　总工程师（2020 年 5 月任职）

（撰稿单位：陕西省粮食和物资储备局；撰稿人：姚进房；审稿人：杨林、张翔）

2020 年 11 月 11 日，陕西省发展和改革委员会党组成员，省粮食和物资储备局党组书记、局长杨林（前排右二）一行在陕西粮农油脂集团杨凌工厂调研。

2020 年 12 月 12 日，陕西省发展和改革委员会党组成员，省粮食和物资储备局党组书记、局长杨林（中）在延安市调研粮食和物资储备工作。

2020 年 12 月 9 日，陕西、海南两省粮食和物资储备局签订粮食产销战略合作协议，举办“陕西好粮油·延安小米”推介会。

甘肃省

基本情况

甘肃省土地总面积 42.59 万平方公里，人口总量平稳增长，城镇化率持续提高，常住人口 2647.43 万人。2020 年，全省地区生产总值 9016.7 亿元，比上年增长 3.9%。全省粮食种植面积 263.8 万公顷，增加 5.7 万公顷。全年粮食产量 1202.2 万吨，增产 3.4%。收购粮食 369.4 万吨、销售粮食 392.6 万吨，收购食用油 57076 吨、销售食用油 118733.3 吨。救灾物资储备 210 万件，主要包括帐篷、棉被褥、折叠床等 35 个品类。

2020 年工作

一 粮食安全省长责任制

甘肃省粮食和物资储备局会同省发展改革委、省农业农村厅共 11 个成员单位加强联合督导、定期会商，采取向市州政府发出通报、列出问题清单、督促整改等方式强化地方责任落实，各级党委、政府“重农抓粮”的积极性不断增强。全省粮食生产稳定、流通活跃、供给平稳，粮食安全保障能力有效提升，党政负总责、部门抓落实、生产保底线、储备保应急、流通保平衡的粮食安全责任体系日趋完善。

二 地方粮食储备建设和管理

针对甘肃省口粮自给率低于 50%、对省外粮源依赖性较强的实际，“十三五”时期市县级储备粮增储 36.5 万吨，超额 9 万吨，全省地方储备粮达到 251.2 万吨。逐步调优品种结构，2020 年新增省级储备玉米 10 万吨，通过运费及利息补贴进口 11.3 万吨优质小麦补充省级储备轮换粮源，地方储备二等以上粮食占到 99.2%。狠抓“一规定两守则”落实落地，紧盯政策性粮食库存数量和质量大清查问题整改，常态化开展春秋普查，不断健全制度、严格落实责任，确保了储备粮数量真实、质量良好、储存安全。

三　物资储备管理

履行物资储备管理职能，制定出台了大宗农产品、救灾物资和肉、糖、蔬菜等多项生活物资储备管理办法和预案，相关制度规定持续健全，管理体制机制进一步理顺，物资储备管理制度化、规范化水平不断提升。恢复并建立省级储备食糖 3000 吨，基本落实到位省市级储备肉 10520 吨，完成市级储备蔬菜 27600 吨，重要节日适时投放，发挥了民生保障作用。争取在甘肃省增储中央救灾物资 33.9 万件，获得自然灾害防治体系建设中央专项资金 2.73 亿元，专项用于基层救灾物资购置，有力增强了应急保障能力。在新冠肺炎疫情和汛期，及时启动应急物资调运联动机制，组织调拨中央救灾物资 5000 件、省级救灾物资 26144 件，有力支持了疫情防控和灾害救助。

四　粮食市场供给

充分利用省内、省外两个市场，全力保障粮食供给，省内外优质粮源渠道稳步扩大，2020 年全省粮食市场购销两旺，同比增幅均在 20%以上。鼓励骨干企业开展订单种植收购 50 多万吨，积极落实成品应急储备规模 9.3 万吨，可满足全省 11 天市场供应量。依托好粮油项目，结合 1000 多个放心粮店升级改造，覆盖全省、线上线下融合的“陇上好粮油”新零售网络体系正在加快建设。特别在疫情初期，快速组织全省 94 户应急加工企业复工复产，推动加工、储运、配送、供应各环节正常运转、有效衔接，为疫情防控提供了基本保障。针对市场波动和局部抢购倾向，沉着应对、果断处置，及时研究出台针对性举措办法，有序保障了市场平稳运行。

五　粮食储备安全管理体制机制改革

围绕建立健全功能互补、权责清晰、管理科学、运转高效、保障有力的粮食储备管理体系，省委办公厅、省政府办公厅印发了《关于改革完善体制机制加强粮食储备安全管理的实施意见》，省政府办公厅印发了《甘肃省省级储备粮管理办法》《甘肃省省级储备成品粮管理办法》《甘肃省省级储备粮轮换管理办法》，省粮食和物资储备局会同国家粮食和物资储备局甘肃局、中储粮兰州分公司建立了地方与中央储备粮协同运作机制，其他改革任务正在有序推进。

六　粮食产业发展

通过实施重点项目，培育骨干企业，推动粮食产业加快发展、转型升级。总投资 14.12 亿元的优质粮食工程以及总投资 21.26 亿元的兰州、白银、天水、平凉 4 个粮食物流产业园区等重点项目进展顺利并开始发挥作用，骨干粮食企业紧盯“粮头食尾”“农头工尾”，优质粮食贸易不断扩大，“三链协同”“五优联动”逐步形成，集聚集约效应初步显现。

甘肃省粮食和物资储备局领导班子成员

段昌盛　党组书记、局长
王学书　党组成员、副局长
陈玉皎　一级巡视员
杨　峰　党组成员、副局长
马文静　党组成员、副局长

（撰稿单位：甘肃省粮食和物资储备局；撰稿人：贾峰；审稿人：刘建堂）

2020 年 4 月 30 日，甘肃省人民政府副省长程晓波（右二）在兰州市调研市场保供稳价工作。

2020 年 10 月 16 日，甘肃省人民政府副省长程晓波（前排左二）出席全省世界粮食日宣传活动，现场查看省内名优特粮油产品。

2020 年 1 月 27 日，甘肃省粮食和物资储备局党组书记、局长段昌盛（左二）在兰州市调研春节期间粮油供应工作。

青海省

基本情况

青海省位于祖国西部，是生态资源的宝库，绿色发展的高地，丝绸之路经济带的要冲。2020 年全年生产总值 3005.92 亿元，按可比价格计算，比上年增长 1.5%。全年农作物总播种面积 571.42 千公顷，增加 17.88 千公顷。粮食作物播种面积 290.03 千公顷，增加 9.83 千公顷，主要品种包括小麦、青稞、玉米、豆类、薯类等。经济作物播种面积 281.39 千公顷，增加 8.05 千公顷。全年粮食产量 107.42 万吨，增产 1.88 万吨。

2020 年工作

一 粮食安全省长责任制考核和落实“六保”“六稳”任务

圆满完成 2019 年度应对国家自评考核和省对市（州）评审考核工作，省级考核成绩被国家评为良好等级；8 个市（州）考核成绩均在良好等级以上（西宁市、海西州为优秀）。安排部署 2020 年考核工作，制定印发了疫情期间考核方案，助力做好疫情防控粮油保供稳价工作；贯彻落实国家 11 部委等要求，印发《关于落实 2020 年度粮食安全省长责任制工作方案的通知》，配合省政府办公厅印发了“省考”“国考”方案；明晰考核方式、考核内容和考核程序，为做好和顺利完成年度考核任务奠定了基础。疫情期间，制定粮油市场保供稳价工作方案和落实“六保”“六稳”提高粮食调控保障能力实施方案，全面核查省级成品粮油储备库存，调增 4 万吨省级稻谷储备，增储方便面 1 万件、挂面 90 吨、速食品 500 件，建成首条日加工 80 吨大米生产线，延期并适时投放 1 万吨省级临时动态储备油。督促 2 家面粉、5 家油脂应急加工销售企业发挥粮食骨干企业和应急加工企业的带动作用，及时复工复产，主动协调调度粮源，突出重点保障，强化保供力度，增加市场供应，有效应对了阶段性购粮数量急剧增多的市场波动，确保了持续稳定供应。加强监测预警，实施粮油销售、库存、价格情况一日一报制度。协调工信、交通部门为粮食应急调控骨干企业办理生活物资调运通行证。

二 储备粮油管理和储备管理体制机制改革

及时下达2020年省级储备粮油轮换计划，紧跟轮换进度，督促协调落实轮换任务。督导各承储企业按时完成省级储备粮结构及规模调整工作，及时补充库存，国产小麦全部完成轮换任务，成品粮已全部完成了轮换次数。轮换整体情况好于去年，小麦和青稞轮换基本上实现了盈利。认真开展春、秋季粮油普查工作，对省级储备粮“两个安全”进行了全面细致的自查和复查工作。全面实施省级储备粮绩效考核，对13个储粮单位进行本年度首考工作，为验证考核指标体系、完善实施细则、配套评价工作指引和2021年多部门正式考核奠定了坚实基础。研究提出关于改革完善体制机制加强地方粮食储备安全管理的实施方案，经省委深化改革会议和省政府常务会审议通过，于12月18日正式印发。结合青海实际，牵头起草“六藏”行动的若干工作措施。同时，将地方成品粮储备规模由原“8+5”模式调整为“10+5”，调增1万吨青稞储备规模，促进实现产购储加销“五优联动”，对部分省级储备粮调整集并，储存布局得以优化。

三 安全储粮、生产和粮油质检

开展春、秋两季粮油普查和专项治理工作，围绕储粮安全、安全管理和“一规定两守则”要求，对数量、质量、安全、账务、管理等情况进行全面检查，建立问题台账，以问责倒逼责任落实，促进安全储粮规范化管理，确保省级储备粮油储存安全、生产安全。以“双随机一公开”督导检查为契机，加大对重点区域、重点品种、重点企业政策成品粮的监管，充分发挥12325粮食流通监管热线作用，畅通投诉举报渠道，进一步夯实全省粮食流通监管基础。全面完成了省级储备粮入库验收检验、定期监督检验和出库检验工作，全年检测各类样品共计1081份，为保障全省省级储备粮质量安全提供了有力技术支撑。按时保质保量完成了中央事权粮食质量安全专项排查、全省库存粮食质量安全监测、收获粮食质量安全监测、收获粮食质量调查、“青海好粮油”产品遴选及监督抽查等专项检验监测任务。完成省中心实验室配套基础设施升级扩容改造项目和92台（套）检验检测仪器设备的安装调试、合同履约验收、资金支付工作。同时，指导、督促海西州等5个市州监测站全面完成了项目建设任务，指导2020年实施项目建设的海东市、海南州监测站完成了仪器设备招标采购。

四 粮食流通统计和应急调控

完成年度粮油购销存、粮食产业经济、粮食仓储设施、粮食基础设施建设投资、粮油科技及粮食从业人员6项统计内容及分析报告。据统计，2020年，共有粮食流通基础设施建设新开工项目20个，竣工项目23个，年度末在建项目17个。截至2020年底，年度全省完成投资14313.2万元。全省标准仓房仓容149.61万吨、油罐276个，罐容总量为44.01万吨。2020年全省入统粮油加工企业总数为43家，粮油加工业年生产能力为179.68万吨，比上年减少了76.05万吨。青海省粮食行业人员入统单位共182个，其中各级粮食行政单位35个，事业单位5个，粮食经营企业142家。2020年全省城镇居民年人均消费口粮 141.70 公斤，口油 15.53 公斤；乡村居民年人均消费口粮 203.37 公斤，口油 13.05 公斤。精心组织开展粮油供需平衡、农户存粮专项调查。通过对全省 677 户城乡居民的粮食、食用植物油及油料的调查，2020 年粮食产量 107.42 万吨，需求量 225.69 万吨。认真贯彻粮食购销政策，密切关注粮食市场行情，广泛宣传市场化收购政策，全力做好粮油市场保供稳市工作。持续关注和分析粮油市场行情、秋粮（特别是油菜籽）收购形势，宣传贯彻落实国家粮食收购政策，指导各地做好粮食市场化收购工作，确保粮食收购市场平稳有序，不出现卖粮（籽）难的问题。完善省级应急预案工作，并指导各市州开展应急预案修订、粮食应急演练，对各地区粮食应急供应网点进行核查、督导。

五 规划编制和项目储备

委托国贸院完成“十三五”规划终期评估报告，“十三五”期间，累计完成投资 16.98 亿元（规划投资 15.43 亿元），超额完成 10%，全省粮食安全保障能力得到有效提升。深入市州县进行调研和座谈，开展“十四五”规划编制工作。初步提出以五大体系（即规模适度布局合理的粮食储备体系、绿色协调可持续的粮食产业经济体系、精准高效的调控应急体系、快速顺畅的现代粮食物流体系、粮食安全保障法治体系）、三大工程(即高效物流工程、优质粮食工程、信息平台工程)、两大示范区(即仓储物流现代化发展示范区、优质粮食工程示范区)、一个基地（即绿色有机特色农畜产品基地）为依托的“5321”发展新格局。积极向国家粮食和物资储备局、青海省政府规划办等单位上报重大工程项目，针对在建项目认真在国家重大建设项目库中更新项目建设进度。

六 产业经济发展

加快推进优质粮食工程项目。“优质粮食工程”项目三年实施方案共 81 个项目，涉及 47 个项目建设单位，总投资 100350 万元，截至 2020 年底，“优质粮食工程”项目完工 20 个。印发《关于坚持以高质量发展为目标加快推进我省现代粮食产业建设的实施意见》，为加快推动现代粮食产业建设，构建更高层次、更高效率、更加安全、更可持续的粮食安全保障体系夯实基础，完成粮食产业经济高质量发展软科学课题研究，经国家粮食和物资储备局专家组评定，具有一定学术水平和实用价值，为推动全省粮食产业经济高质量发展提供指南。扎实推进青海青稞牛羊肉交易和农畜特产品平台建设，国家粮食青海青稞和牛羊肉交易中心 2019 年 12 月底上线试运行，2020 年 8 月完成增资扩股 1 亿元，2020 年底实现交易额 31.78 亿元。“1688”扶贫商城于 2019 年 12 月正式上线，商品涵盖 24 个品类 97 个单品，并与北京、上海、天津、浙江、山东、江苏 6 省市建立了长期的线上消费扶贫协作关系；天猫青字选官方旗舰店于 2020 年 6 月上线，商品涵盖 39 个单品，截至 2020 年底，累计完成销售额 2426 万元。

七 党建和队伍建设

高度重视党的建设和党风廉政建设工作，切实加强党对全局工作的领导，把政治建设摆在首位，突出政治引领，认真落实全面从严治党的部署要求，认真贯彻国家粮食和物资储备局党组“两决定一意见”，认真落实巡视整改，强化执纪监督问责，狠抓效能建设，突出干部作风建设，筑牢安全稳定廉洁底线。贯彻落实“人才兴粮”和激励广大干部新时代新担当新作为的意见要求，加强行业人才队伍建设，积极培养年轻干部，组建并组织开展青年创新管理大讲堂系列活动，进一步激发干事创业活力，提升行业干部职工队伍素质。党建党风廉政、行业队伍、精神文明建设工作呈现崭新气象，全省粮食系统党风、政风、行风持续向好。

青海省粮食局领导班子成员

顾艳华 省发展和改革委员会党组成员，省粮食局党组书记、局长
张柴斌 党组成员、副局长
张小娟 党组成员、副局长

（撰稿单位：青海省粮食局；撰稿人：魏国泉；审稿人：韩百国）

2020年2月11日，青海省委常委、常务副省长李杰翔（前排右）调研疫情期间粮食企业生产储备和粮油市场供应工作，青海省发展和改革委员会党组成员，省粮食局党组书记、局长顾艳华（前排左）陪同。

2020 年 10 月 19 日至 21 日，第三届中国粮食交易大会在福州举行。青海省委常委、常务副省长李杰翔（中）率团参加，省粮食局组织市（州）粮食部门、粮食企业代表携青海省高原特色粮油产品参展。

2020 年 7 月 1 日，青海省粮食局召开庆祝中国共产党成立 99 周年暨“七一”表彰大会。

宁夏回族自治区

基本情况

2020 年，宁夏回族自治区粮食种植面积 679.17 千公顷，同比增加 1.8 千公顷，增幅 0.3%。其中，小麦 92.93 千公顷，减少 14.85 千公顷，减幅 13.8%；稻谷 60.81 千公顷，减少 7.24 千公顷，减幅 10.6%；玉米 322.73 千公顷，增加 22.95 千公顷，增幅 7.7%。全区粮食总产量 380.49 万吨，同比增加 7.34 万吨，增幅 2%。其中，小麦 27.79 万吨，减少 6.83 万吨，减幅 19.7%；稻谷 49.39 万吨，减少 5.7 万吨，减幅 10.3%；玉米 249.07 万吨，增加 18.6 万吨，增幅 8.1%。现有规模以上粮油加工业企业 180 家，年加工能力 765 万吨，加工总量 263.2 万吨，实现工业总产值 114 亿元。

2020 年工作

一　树牢底线思维，粮食和物资储备安全基础持续巩固

一是全面落实粮食安全省长负责制。成立了以自治区政府常务副主席为组长的自治区人民政府粮食安全省长责任制考核工作领导小组。细化粮食安全省长责任制考核指标，压实各级政府和有关部门责任，各级政府和有关部门重粮抓粮力度不断增强。二是加强粮食储备安全管理。自治区党委全面深化改革委员会第十次会议，审议通过《关于改革完善宁夏粮食储备体制机制加强粮食储备安全管理的实施意见》，印发贯彻《实施意见》的落实意见，推进任务落实。三是完善粮食和物资储备基础设施建设。维修改造原粮仓 77202 ㎡、成品库房 15594 ㎡，完成平罗储备库 2.3 万吨仓房改扩建和石嘴山、兴庆储备库优质稻谷降水保鲜项目；强力推进智能化粮库系统改造应用和粮食信息化平台互联互通工作，组织完成省级平台项目终验；完善自治区救灾物资储备库基础设施建设和安防系统智能化升级改造。四是坚守“两个安全”政治责任。落实安全生产责任制，及时对北海子库 16041 吨储备粮进行移库，全系统安全生产零事故。

二 创新完善宏观调控，粮油市场保供稳价和应急救灾物资保障能力得到提升

一是粮食调控保障能力不断增强。研究提出《关于推进自治区原粮储备生产基地建设切实增强粮食安全保障能力实施方案》，依托引黄灌区产粮大县，每年建设自治区储备小麦、优质稻谷生产基地各10万亩左右，建设自治区原粮储备生产基地，切实解决储备粮源对外依存度高和口粮安全保障压力日益增加等问题。探索建立保供稳市调控粮源机制，有效应对粮食风险挑战。报请建立临时储备，使地方粮食储备增加到60万吨，食用油储备增加到1.4万吨。保障能力由4.5个月提升到6个月，进一步增强粮食安全保障能力。二是积极发挥应急保障体系作用，助力打赢疫情防控阻击战。及时启动国家、区、市、县四级联动机制，全区75家应急粮油承储企业、53家应急粮油加工企业、35个成品粮配送中心、305家应急供应网点、64家运输企业、344台应急运输车辆迅速反应、全力保供。51家应急加工企业全部复工复产。办理《粮食运输证明》669次，畅通流通渠道。开启价格监测日报机制，全天候监测市场价格动态，有效应对同心县大米销量波动异常情况。并主动回应社会关切，引导理性消费。三是有效组织粮源调度。发挥政策性粮食“调节器”作用，组织公开竞价销售24次，投放原粮8.5万吨，保证粮油加工企业原粮供应；指导储备企业销售10万吨商品玉米，保证区内养殖和饲料企业需求。举办2020宁夏（中卫）Ⅲ级粮食应急演习，提高应急保障水平。四是提升应急救灾物资保障能力。完成5个品种660万元应急救灾物资采购，确保有效应对重大灾害和公共事件发生。加强救灾物资日常监管及代储商品的监督检查，对超期救灾物资进行处置。做好疫情防控期间应急物资调运，向各类检疫卡点分18批次调运帐篷、棉衣、折叠床等救灾物资36795件；分2批次调运方便面、纯净水、消毒液等应急救灾商品32万瓶（包）。

三 坚持统筹规划，粮食产业高质量发展步伐坚实有力

一是认真落实国家和自治区支持粮食产业经济发展相关政策，确定自治区粮食产业化支持项目17个，拉动社会投资7400万元。二是深入实施“优质粮食工程”。引导农民种植适应市场需求的绿色优质粮食，“优粮优价”意识不断强化，“优粮优价”的市场机制不断完善。落实优质粮食种植30万亩，建设线上销售平台和线下销售门店（专柜）近2000个，5个“优质粮食工程”示范县优质粮食产量年均增长10%以上，“好粮油”品牌产品销量年均上涨30%以上，“五优联动”体系已具雏形。自治区质检中心和吴忠、中卫、盐池县质检站完成设备招标采购，质检体系建设稳步推进。三是促进区域产销流通。组织52家企业的220个品牌参加第三届全国粮食交易大会，签约交易粮食和粮油产品约96万吨，交易额约12.8亿元。四是科学编制“十四五”规划，征集重点项目151个；起草粮食安全立法调研报告，将粮食安全保障办法列入立法调研计划。

四 发挥特色优势，粮食社会化服务效果更加显著

积极落实粮食收购政策，设立分散收购点，对接种植大户，提供运输工具，采用干湿兼收、带棒

和籽粒双向收购等方式，全区夏秋粮收购约130万吨，拉动农民增收近5.2亿元；全年外购粮食150万吨，销售粮油245万吨，守住“种粮卖得出”底线。帮助粮油和农产品加工企业融资4.3亿元，巩固粮食融资监管渠道；主动与国网宁夏电力有限公司对接，为粮食烘干项目争取农业生产用电政策，极大降低用电成本。全区64个粮食产后服务中心，累计清理烘干粮食140多万吨、收购农户粮食170万吨，减少粮食损失约5万吨以上，助农增收1亿元以上。

五　强化法治理念，依法行政依法监管水平稳步提高

严格落实行政执法“三项制度”，扎实推进“双随机一公开”监管工作。扎实做好夏秋粮收购和元旦、春节等重大节日、全国两会等重大活动期间粮油市场的专项检查，开展大清查发现问题整改“回头看”和涉粮问题整改“回头看”专项行动。全区各级粮食和物资储备部门发起检查事项197次，完成检查事项179次。全区无重大涉粮案件发生，有效维护粮食流通秩序。建立超标粮食处置长效机制；安排年度各类粮食质量安全监测样品共2000余份，严防超标粮食流入口粮市场。

六　加强党的建设，全面从严治党政治责任不断夯实

组织开展“创三个一流”和“双评双定”活动，积极创建“让党中央放心让人民群众满意”模范机关。推动党建与业务工作相融合，创新督办机制，通过“挂图作战”+责任清单的方式，逐项分解任务，梳理出6方面84条具体措施，制定“作战图”18张，明确了目标、任务、措施和责任人。深入推进“三强九严”工程，开展党建互观互检，创建四星级党组织2个。开展粮食科技周、世界粮食日、“粮安宁夏”美术展、“爱粮节粮拒绝餐饮浪费”“粮油科技进军营”等主题活动，营造节粮减损良好氛围。认真落实“一岗双责”，逐级签订党风廉政建设责任书。制定为基层减负重点措施20条，切实改进工作作风。实施“人才兴粮”战略，组织开展粮油仓储管理员初、中级职业技能鉴定，培育“自治区级学术技术带头人后备人选”和“自治区技术能手”。1个单位、1名个人分别获全国粮食和物资储备系统先进集体和先进工作者荣誉称号，有2个单位、3名个人获得国家粮食和物资储备局和宁夏回族自治区抗“疫”模范表彰。

宁夏回族自治区粮食和物资储备局领导班子成员

杨　刚　自治区发展和改革委员会党组成员，自治区粮食和物资储备局党组书记、局长（2020年7月任职）
霍振祥　党组成员、副局长
褚一阳　党组成员、副局长
任洪峰　二级巡视员（2020年9月免去党组成员、副局长职务，2020年10月任现职）
荀　旭　原党组书记、局长（2020年3月免职）
任洪峰　原党组成员、副局长（2020年9月免职）

（撰稿单位：宁夏回族自治区粮食和物资储备局；撰稿人：李云彤；审稿人：金永灵）

2020 年 10 月 19 日，第三届粮食交易大会召开期间，国家发展和改革委员会党组成员，国家粮食和物资储备局党组书记、局长张务锋（左三）在宁夏展区巡展。

2020 年 9 月 23 日，宁夏回族自治区发展和改革委员会党组成员，自治区粮食和物资储备局党组书记、局长杨刚（前排左三）调研驻村扶贫工作。

2020 年 10 月 14 日，宁夏回族自治区粮食和物资储备局召开争创“三个一流”创建“让党中央放心让人民群众满意”模范机关推进会。

新疆维吾尔自治区

基本情况

2020 年，新疆维吾尔自治区粮食种植面积 223 万公顷，同比增长 1.2%，粮食产量（含薯类）1583.4 万吨，同比增产 3.7%。其中：小麦种植面积 106.9 万公顷，同比增长 0.7%，产量 582.09 万吨，同比增产 1.1%；玉米种植面积 105.1 万公顷，同比增长 5.4%，产量 928.43 万吨，同比增产 8.2%。截至年底，全区累计收购粮食 800 余万吨，其中小麦 279.3 万吨，小麦收购均价 2.48 元 / 公斤，同比上涨 0.05 元 / 公斤，带动粮农增收 1.39 亿元。全区国有粮食购销企业共销售粮食 446 万吨，其中：销售小麦 335.8 万吨。国有粮食购销企业粮食库存 801.58 万吨，完成 28.41 万吨地方储备小麦和 1.05 万吨地方储备油轮换任务。

2020 年工作

一 粮食安全责任制考核和物资储备管理

自治区人民政府先后 4 次召开会议研究部署粮食安全保障工作，召开全区粮食安全专员、州(市)长责任制考核动员部署视频会议，对进一步强化各级人民政府粮食安全保障责任，落实保障措施进行具体安排。自治区粮安考核协调小组坚持问题导向，对粮食安全责任制考核细则进行了完善，对一些重点工作、短板工作评分权重进行了调整，着力补短板、强弱项。各地粮食和物资储备部门结合实际，采取有力措施，责任制落实效果一年比一年好。印发《自治区食盐储备管理办法》，研究制定《自治区救灾物资储备管理办法》，建立救灾物资储备定期盘点工作制度，协调推动自治区救灾物资储备服务中心搬迁还建和救灾物资储备库奎屯库、喀什库项目建设，在提升储备效能上迈出坚实步伐。2020 年，先后 5 次紧急调运应急物资 2.99 万件，为自治区抗震抗疫提供有力物资保障。

二 粮食储备安全管理体制改革和收储制度改革

持续完善储备调控体制机制，自治区出台改革完善体制机制加强粮食储备安全管理的实施意见，全面推进改革任务。组建自治区储备粮管理有限责任公司，负责自治区级粮食储备运营管理。制定自治区级储备粮轮换管理办法、中央储备和地方储备协同运作机制、加强地方储备管理实施意见、自治区级储备粮轮换竞价销售交易细则，不断健全粮食储备安全管理制度体系。持续深化自治区小麦收储制度改革，不断细化和完善支持各类市场主体入市收购政策措施，完善小麦收购应急预案和信贷支持政策，加强产销区政府层面战略合作，加强粮油市场监测预警，合理引导市场预期。发挥粮食储备吞吐调节作用，加强市场调控，做到精准投放，在关键时刻发挥保障市场供应、稳定社会预期的作用。全区小麦收购均价 2.48 元 / 公斤，同比上涨 0.05 元 / 公斤，带动粮农增收 1.39 亿元。优质小麦平均收购价格高出普通小麦 0.2 元 / 公斤左右。

三 仓储管理和节粮减损

投入财政资金 650 万元对储粮设施进行维修改造，全区粮食标准仓房达 1208 万吨，较“十二五”末增加 452 万吨。应用环流熏蒸技术仓容 140 万吨，应用粮情测控系统仓容 823 万吨，应用机械通风仓容 950 万吨，实现低温准低温储粮仓容 373 万吨，绿色储粮技术应用比例达到 80%，低温、准低温储粮仓容所占比例达到 33.3%。持续推广智能通风、内环流控温、仓房隔热保温等科学储粮技术。积极发挥已建成粮食产后服务中心作用，实施农户科学储粮项目建设，累计向农户发放科学储粮箱 21.94 万套，推广农户科学储粮技术，年节粮减损约 1.1 万吨。深入开展“世界粮食日”和全国粮食安全宣传周活动，发布“节约粮食、反对浪费”倡议书，制作《“小手拉大手”走进新疆粮仓话节粮》专题片，遴选 12 家自治区粮食安全宣传教育基地，1 家企业被评为全国粮食安全宣传教育基地。

四 粮食产业经济发展和重点项目规划建设

2020 年，全区入统粮油加工企业工业总产值 381 亿元，同比增加 91 亿元，实现利润总额 22.6 亿元，同比增加 12 亿元。深入实施“优质粮食工程”，完成 84 个粮食产后服务中心、51 个粮油质量检验监测项目、11 个“中国好粮油”示范县和 22 个示范企业建设。5 家企业 7 个产品被评为“中国好粮油”产品，23 家企业 102 个产品被评为“新疆好粮油”产品。组织 50 余家企业参加第三届中国粮食交易大会，达成协议 3.64 亿元，有力推动了新疆优质粮油产品“走出去”。落实中央预算内投资 9477 万元，支持粮食安全保障调控和应急设施项目 4 个，分别是霍尔果斯铁路专用线粮食物流中心项目、伊犁国家粮食储备库粮食现代物流中心项目、阜康市瑞河粮油工贸有限公司 42000 吨小麦及 3000 吨成品粮储备库建设项目、奎屯市北疆中亚绿色粮油进口储运加工产业园基础设施建设项目（一期），总投资 41271 万元，新建仓容 18.5 万吨。

五 粮食法治建设和执法监管

《新疆维吾尔自治区粮食安全保障条例》和《新疆维吾尔自治区地方储备粮管理办法》列入立法计划。动态调整权责清单，共保留行政权力事项 3 类 47 项，其中行政许可类 2 项、行政处罚类 18 项、行政检查类 27 项。对 17 项政府规章、行政规范性文件进行了清理。创新监管执法方式，制定日常检查、专项检查、案件核查年度任务清单，采取突击抽查、交叉检查、信息化在线监管等方式，重点抓好政策性粮食出入库、库存数量和质量监督检查，坚决杜绝不符合食品安全标准的粮食进入口粮市场，全区粮食库存数量真实、质量良好、储存安全。巩固政策性粮食数量和质量大清查成果，持续开展问题整改“回头看”，紧盯不放抓好问题整改。有序推进粮食企业信用监管体系建设。自治区级储备粮轮换实现全部在线平台公开竞价交易，智能化在线监管率达到 90%以上。

六 党的建设

制定印发《关于加强党的政治建设的通知》《关于加强和改进机关党的建设的实施意见》，压实各级党委和党支部抓机关党建责任清单，扎实推进党支部质量提升三年行动，完成 15 个党支部换届工作。切实发挥党组织战斗堡垒和党员先锋模范作用，疫情期间，70 余名党员干部集中封闭办公，40 名党员干部在社区一线志愿抗疫，全局党员捐款 11.78 万元。压紧压实党建主体责任，在自治区党委 2020 年度机关党建考核中，被评定为“好”等次。全年召开 2 次党风廉政建设和反腐败工作会议，3 次专题研究党风廉政建设和反腐败工作，层层签订《党风廉政建设责任书》。建立完善《局党委落实党风廉政建设和反腐败工作主体责任清单》《党风廉政责任制实施办法》等制度，建立党员干部廉政档案 255 册。强化监督执纪“四种形态”运用，全年运用批评教育、提醒谈话、责令检查、通报批评、函询谈话、履职约谈 18 人次。

新疆维吾尔自治区粮食和物资储备局领导班子成员

孙永建　自治区发展和改革委员会党组成员，自治区粮食和物资储备局党委书记、副局长
热甫卡提·努热合曼　党委副书记、局长
谢　斌　党委委员、副局长
郭洪伟　党委委员、副局长（2020 年 9 月离任）
阿木提·塔西铁木尔　党委委员、副局长
刘学明　副厅级干部（2020 年 1 月调离）
马雪渊　党委委员、副局长（2020 年 6 月任职）
郑栋梁　党委委员、副局长（2020 年 9 月任职）
杨振立　总经济师、一级调研员（2020 年 9 月任职）

（撰稿单位：新疆维吾尔自治区粮食和物资储备局；撰稿人：李海丹；审稿人：邱杰）

2020 年 11 月 5 日，新疆维吾尔自治区人民政府召开全区粮食安全专员、州（市）长责任制考核工作动员部署视频会议，自治区党委常委、常务副主席、粮食安全省长责任制考核协调小组副组长张春林（主席台中）出席会议并讲话。

2020 年 3 月 11 日，新疆维吾尔自治区组织 6 家企业为援助湖北省武汉市抗击新冠肺炎疫情，捐赠成品粮油 300 吨。

2020 年 10 月 18 日至 22 日，新疆维吾尔自治区粮食和物资储备局组织 50 余家企业参加第三届中国粮食交易大会，达成线上线下协议金额 3.64 亿元。

新疆生产建设兵团

基本情况

2020 年，新疆生产建设兵团（以下简称“兵团”）生产总值 2905.14 亿元，比上年增长 4.5%。全年社会消费品零售总额 699.33 亿元，减少 10.7%。城镇居民人均可支配收入 40931 元，增长 0.5%；连队居民人均可支配收入 24516 元，增长 11.5%。2020 年，兵团粮食种植面积 26 万公顷，增长 12.7%；全年粮食产量 241 万吨，增长 4.8%。其中，小麦种植面积 11.3 万公顷，增长 24.5%，产量 77 万吨，增长 21.1%；玉米种植面积 11.7 万公顷，增长 10.4%，产量 138 万吨，增长 1.1%；水稻种植面积 1.8 万公顷，增长 8.3%，产量 18 万吨，减少 2.2%。

2020 年工作

一 积极应对疫情保障粮油供给

下发《关于应对疫情做好粮油市场保供稳价工作的紧急通知》，进一步压实责任，建立兵团成品粮储备，集中保障重点；对辖区内 35 家重点粮油加工企业实时监测，精准掌控重点企业粮油库存、销量、价格情况和生产情况，保证粮源充足，维护流通秩序；协调企业积极对接农发行，争取贷款，保障企业按时复工复产，稳定市场预期，全力以赴做好粮油市场保供稳价工作。2020 年，兵团辖区粮食供应充足，价格平稳。

二 促进流通市场平稳运行

印发《2020 年新疆维吾尔自治区小麦收购应急预案》，将兵团纳入自治区小麦收购应急预案实施范围，明确兵团辖区小麦应急收购由自治区统一实施，相关费用由自治区财政承担，确保同区域同政策，稳定团场种粮职工预期，促进粮食流通市场平稳运行。

三　部署夏粮收购工作

按照国家和自治区夏粮收购工作部署，下发《关于切实做好兵团 2020 年夏粮收购工作的通知》，研判部署兵团辖区夏粮收购工作，压实各级责任，强化石河子粮油收储经营有限公司储备轮换引领作用，第一时间入市收购轮入粮源，发挥好引导收购、保供稳价作用；在收粮期间，及时排查安全隐患，防范突发事件发生。小麦收购价格始终处于合理区间，种粮职工基本收益得到保障，年度收购应急预案没有启动。

四　抓好粮油质量监管

严格落实习近平总书记关于食品安全的“四个最严”的重要指示精神，根据《国家粮食和物资储备局关于做好 2020 年粮食质量安全监测有关工作的通知》文件要求，制定兵团 2020 年新收获粮食质量安全监测实施方案，完成检测任务。兵团 2020 年所检样品全部合格，合格率为 100%，保障了职工群众舌尖上的安全。

五　强化顶层设计，推进专项规划编制

高质量高标准编制兵团“十四五”粮食和物资储备规划，委托国家粮食和物资储备局科学研究院开展课题研究。邀请国家粮食和物资储备局科学研究院专家赴兵团一、三、四、六、八、九、十师等师市发展和改革委员会、粮食企业现场调研，为编制规划奠定了基础。在前期调研的基础上，坚持创新发展、绿色发展、融合发展，形成“135”发展战略的思路，即实施优质粮食工程，开展设施提升行动、企业培育行动、品牌建设行动三大行动，高起点高标准打造统一健全的粮食储备体系、现代优质的粮食产业体系、绿色高效的仓储物流体系、协同联动的应急保障体系、科学完善的物资储备体系五大体系。

六　推进物资储备职能交接，提升储备管理效能

积极与兵团应急管理局、民政局等部门对接职能交接工作，委托会计师事务所进行了兵团救灾捐赠工作站物资及固定资产移交专项审计，经现场盘点确认，完成物资盘盈、物资损失和盘亏审计，形成审计报告，完成救灾物资、固定资产交接工作。根据自治区震情预测及兵团现有救灾物资储备情况，提出 1000 万元救灾物资的采购方案，在兵团公共资源交易中心两次公开招标，完成救灾物资采购工作，充实兵团物资储备库存，有效提升了兵团救灾抢险能力。针对阿克苏温宿县 4.5 级地震造成的损害，组织救灾物资装车出库，调拨帐篷 100 顶、棉被 1000 床、棉大衣 1000 件，保障救灾物资第一时间到达救灾现场。在疫情防控的关键节点，调拨 201 顶帐篷，保障防疫隔离封控需要。

新疆生产建设兵团发展和改革委员会（兵团粮食和物资储备局）领导班子成员

孙　涛　党组书记、主任（局长）
刘庆发　党组成员、副主任（副局长）、巡视员
张生龙　党组成员、副主任（副局长）、巡视员
宋秀民　党组成员、副主任（副局长，援疆）
邓燕红　党组成员、副主任（副局长）
于云方　党组成员、副主任（副局长）
邢　涛　党组成员、副主任（副局长）
李燕青　党组成员、能源局局长
梁　琦　主任助理

（撰稿单位：新疆生产建设兵团发展和改革委员会（兵团粮食和物资储备局）；撰稿人：赵文杰；审稿人：李澎涛）

2020年11月9日，新疆维吾尔自治区政府副主席、新疆生产建设兵团党委副书记、司令员彭家瑞(前排左四)，新疆生产建设兵团党委常委、副司令员姚新民(前排左三）参加兵团发展和改革委员会(粮食和物资储备局）机关党委第一党支部、第二党支部专题组织生活会，参观兵团党风廉政建设教育中心，兵团党委常委、副政委、纪委书记邵峰一同参加（前排左五）。

2020年4月6日，新疆生产建设兵团发展和改革委员会(兵团粮食和物资储备局）党组书记、主任(局长）孙涛主持召开年度工作务虚会议。

2020年7月6日，河南工业大学一行赴新疆生产建设兵团调研，围绕“十四五”《粮食产业强国建设规划》研究工作召开座谈会，新疆生产建设兵团发展和改革委员会（兵团粮食和物资储备局）党组成员、副主任邓燕红（前排右三）主持座谈会。

大连市

基本情况

2020 年，大连市地区生产总值 7030.4 亿元，同比增长 0.9%；一般公共预算收入 702.7 亿元，同比增长 1.4%；固定资产投资增长 0.1%；社会消费品零售总额 1828 亿元，下降 11.5%；居民消费价格涨幅 2.1%；城乡居民人均可支配收入分别为 47380 元和 21558 元，分别增长 2.0%和 7.9%。大连口岸作为我国东北及东北亚地区重要粮食集散地，大连港和北良港每年粮食中转量达 1000 多万吨。大连商品交易所是全国最大的粮食期货交易所，大连北方粮食交易市场是居全国前列的现货交易市场，大连金三角粮食批发市场、双兴商品城等成品粮批发市场交易活跃，食用植物油年产量达 40 多万吨，为粮油供需平衡创造有利条件。

2020 年工作

一　粮食收购和市场供应

积极引导和鼓励多元市场主体入市收购，粮食市场平稳顺畅有序，未启动粳稻最低收购价政策；加强粮食收购监督检查，维护良好的粮食收购市场秩序；农发行积极支持粮食收购活动，全年累计发放市场化收购贷款 12.64 亿元。全市共收购 2020 年秋粮 71.2 万吨，同比增长 219.1%，市场购销两旺，玉米价格上扬，农民收益增加。落实粮油保供稳市主体责任，疫情期间粮油供应保障有力。市委市政府高度重视粮油保障工作，深入粮企一线，统筹调配粮源，推动企业复工复产。于疫情防控特殊重点时段启动了成品粮油库存、销量、价格日监测日报告制度，纾难解困减轻企业负担，帮助粮企获得 9 亿元优惠信贷支持。与粮油加工企业签订应急供应协议，加强监督检查，主要粮油加工企业库存一直保持在高位，保证了疫情期间粮油储备充实、库存充裕、市场供应充足，价格基本稳定。此外，协调解决了玉米和豆粕供应短缺问题，缓解饲料粮供需矛盾，促进下游畜禽饲养企业及养殖户的稳定生产。

二 储备粮管理和应急救灾物资管理

做好市级储备粮轮换等管理工作，确保储备粮质量良好，数量准确。会同市财政、农发行做好市级储备小麦、玉米、稻谷及豆油轮换工作，安排轮换小麦 3.1 万吨、玉米 3.48 万吨、稻谷 3.8 万吨、豆油 0.72 万吨，确保市级储备粮推陈储新、常储常新。全面清点盘查救灾物资库存，完成了 6 个批次、10 个品种、20610 件政府采购市级救灾物资的外观和数量验收工作，严格履行入库手续。摸清市级救灾物资的品种、数量底数，确保关键时刻拿得出、调得快、用得上。全面梳理市级救灾物资储备、购置及调拨等工作情况，制定《大连市市级救灾物资调运保障应急预案》，落实值班值守制度、运输车辆和人员保障，推进解决重点问题，进一步完善调拨机制。及时调运疫情防控所需物资，完成了 8 个品种、18745 件救灾物资的调运工作，保障了 15 个地区和单位疫情防控工作需要。做好汛期市级救灾物资保障工作，汛期共调拨市级救灾物资 6500 件，包括棉被褥、棉帐篷和折叠床等，保障防台防汛工作需要。

三 粮食安全省长责任制和粮食科技宣传

市政府召开市长办公会议，专题研究落实粮食安全省长责任制工作，制定 2020 年度落实粮食安全省长责任制工作方案，明确工作任务。2019 年度责任制考核连续第四次获评优秀等次。组织开展了 2020 年度责任制考核工作，强化 2019 年度省考核通报问题整改。举办“端牢中国饭碗，共筑全球粮安”为主题的世界粮食日和粮食科技宣传周宣传活动。通过宣传板展示、现场发放宣传材料，专业技术人员解答粮食安全相关问题，粮食食品安全监测车现场演示粮食安全指标的快速检测过程，粮食安全防火演练等活动，宣贯深入实施国家粮食安全战略和食品安全战略，开展食品安全标准解释、国家食品安全示范城创建等科普知识宣传教育，反对餐饮浪费、引导理性消费。

四 信息化建设和重点项目建设

粮库智能化升级改造项目覆盖全部 22 个承储地方储备原粮的企业，共使用国家专项补助资金 1992 万元。2020 年 9 月底前完成项目软硬件建设，10 月前完成市级验收，与省局平台实现互联互通。地方储备粮承储企业管理水平上了一个新台阶，有力促进国有粮食企业的健康发展和储备粮的安全管理。积极组织“辽宁好粮油”产品遴选工作，中粮米业（大连）有限公司生产的“福临门东北优质香米”获评“辽宁好粮油”产品。制定“辽宁好粮油”行动计划实施方案，开展庄河水稻示范县和市级龙头骨干企业项目建设，为市场提供优质绿色粮油产品。

五　应急供应和仓储安全管理

梳理补充完善应急供应网点等应急企业，初步构建起由266家应急网点、11家应急加工企业、7家应急配送企业、11家应急运输企业构成的应急供应体系。在大连良运友谊库组织开展了2020年辽宁省暨大连市粮食应急供应演练。分别与中粮米业（大连）有限公司和大连良运谷物有限公司签订了大米、面粉应急加工协议，提前做好粮食应急预案启动的准备工作，确保应急供应需要。本轮疫情期间全市粮油市场供应充足、价格稳定，未启动应急预案也没有动用市县储备。做好仓储设施管理和承储资格认定工作。举办了由53家企业单位共计100人参加的全市粮食和物资储备系统“安全生产、粮食流通统计和监督检查”业务培训班。开展两节两会、汛期、中秋和国庆期间的安全生产大检查，通过现场督导检查，压实工作责任，确保防疫、生产两不误。指导企业扎实开展“安全生产月”活动，开展粮食行业三年行动专项整治。制定涉爆粉尘专项整治工作方案，聘请安全专家对全市7家粉尘涉爆企业开展了现场检查，做到全覆盖、无死角。

六　粮食安全监督执法和质量安全检验监测

创新监管方式，提高依法行政能力，全市在岗人员基本全部具备执法督查资格，做到持证上岗。实施“双随机一公开”“四不两直”等执法监管方式，加强事中事后监管。出台《大连市粮食企业经营活动诚信评价办法》，依据评价结果对市场主体实施差异化监管，实施信用分级分类监管。组织开展粮食安全整改“回头看”专项行动，重点针对全国粮食库存数量和质量大清查、全市库存检查、粮食安全省长责任制考核等检查任务中涉及的问题整改进行复查复核，经过问题整改“回头看”，所有需整改问题已全部整改完毕。采取企业自查、县级普查、市级抽查的方式，开展全市库存检查工作。经检查，各级地方储备粮数量真实，严格执行国家粮食购销政策。粮食库存账实相符、账账相符，质量良好，储存安全。严格落实国家政策性粮食销售出库政策，加强粮食出库监管工作，有效落实监管任务。完成粮食专项检测任务4498批次，其中政策性粮食检测任务量4318批次。抽调相关专业技术人员，对粮食主产区，依据产量优先、等距分布的原则进行布点采样，并对点样、混合样、实验样等环节工作实行责任分级制，确保采样的代表性、真实性和有效性。顺利完成了705批次样品的扦取及检测任务，其中质量调查样品344批次，品质测报样品118批次，安全监测样品197批次，稻谷国家标准修订样品6批次，样品40批次。

大连市发展和改革委员会（大连市粮食和物资储备局）领导班子成员

赵永勃　党组书记、主任（局长）
姜茂生　党组成员、副主任（副局长）、统计局局长
邵龙馥　党组成员、市发展研究中心主任
肖生滨　党组成员、副主任（副局长）
齐永宏　党组成员、副主任（副局长）
兰良生　党组成员、副主任（副局长）
顾在浜　党组成员、副主任（副局长）

（撰稿单位：大连市发展和改革委员会（大连市粮食和物资储备局）；撰稿人：许成波；审稿人：耿志刚）

2020年7月31日，大连市委书记谭作钧（右一）在金州国家粮食储备库检查疫情防控工作。

2020 年 6 月 19 日，大连市副市长卢林（右一）在金州国家粮食储备库检查指导粮食安全工作。

2020 年 8 月 5 日，大连市召开全市经济形势分析会议。

青岛市

基本情况

2020 年，青岛市生产总值 12400.56 亿元，按可比价格计算，增长 3.7%。其中，第一产业增加值 425.41 亿元，增长 2.6%；第二产业增加值 4361.56 亿元，增长 3.0%；第三产业增加值 7613.59 亿元，增长 4.1%。三次产业比例为 3.4∶35.2∶61.4。2020 年，青岛市粮食播种面积 46.95 万公顷；粮食总产量 304.6 万吨，增产 0.7%。收购粮食 168.3 万吨，其中，收购小麦 125.6 万吨、玉米 39.9 万吨。销售粮食 1085.1 万吨。全年粮食购销总量为 2207.2 万吨。全市粮食工业总产值实现 558.16 亿元，同比增长 15.4%；销售总收入 690.58 亿元，同比增长 7.6%。

2020 年工作

一 强化粮食收储管理，夯实粮食安全基础

一是粮食收购成效显著。严格落实夏粮收购政策，落实收购资金信贷 14.7 亿元，加大收购秩序检查力度，切实维护农民利益。全市粮食企业市场收购粮食 168.3 万吨，其中小麦 125.6 万吨、玉米 39.9 万吨。二是储备粮轮换圆满完成。根据地方储备粮储存年限，按照年度均衡、兼顾粮情的原则，合理安排储备粮油轮换，全市完成储备粮轮换任务 16.5 万吨，其中市本级完成轮换小麦 6.4 万吨，轮换食用油 2470 吨，确保了储备粮油质量安全。三是粮食储备体系机制不断完善。指导有关区市增加粮油储备 1.14 万吨，市本级完善储备品种结构和稻谷轮换机制，调减稻谷储备 1.2 万吨，增加小麦储备 2.6 万吨。落实成品粮油储备，市本级可保障 15 天、区市保障 10 天的消费需求。对全市 24 个成品储备粮油存储企业进行存储数量、质量和状态监督检查，定期开展成品粮储备库存核查，督导国信集团完成 9.3 万吨粮食储备库主体工程建设。争取财政专项资金 1033 万元，用于储备仓储设施维修改造等，提高了安全保障能力。

二 全力保供稳市，切实保障粮油市场平稳

一是全力保障疫情期间市场供应。制定并组织实施《青岛市保粮食能源安全工作方案》，抓好“保粮食安全”工作落实，建立了保粮食安全工作月调度机制和工作台账，定期调度粮食安全工作进展情况，确保工作任务落实。加强市场监测，建立保供稳市工作日调度报告制度，积极推动企业复工复产，全市 19 家重点粮油加工企业、市粮油批发交易市场近 140 家业户 2 月份全部恢复生产经营，主动应对新冠肺炎疫情带来的市场波动，满足市场供应。二是粮食应急管理体系不断完善。经第三方机构评审和公示，确定了市级粮食应急保障企业，全市共认定粮油应急加工企业 17 个、配送中心 20 个、储运企业 18 个、供应网点 320 个，建立起布局合理、设施完备、运转高效、保障有力和应急加工、储运、供应各环节协调配套的新型粮食应急保障体系。

三 强化粮食质量监管，保障粮食质量安全

一是粮食质量安全监测体系不断完善。投资 850 万元，购置检测设备 16 台（套），新增检测项目 88 项，检测能力大幅提升。在全国率先创建了粮食质量安全检验监测体系联络员制度，实现青岛市粮油质量检测中心与各区（市）粮食质量检验机构“人员互联”。在此基础上，加大创新力度，将工业互联网相关技术引入粮食质量安全监测领域，将市级检测机构与各区（市）粮食质检机构监测设备在线组网，进行实验室管理软件对接覆盖，实现全市粮食质检机构数据互通、信息共享、管理同步的“人机智联”，带动了区市粮食质量检验机构开展工作。二是粮食质量监管力度持续加大。落实检验认定制度，对承储企业新入库 8.2 万余吨粮食进行 52 批次粮食质量鉴定，保证新入库储备粮质量。开展粮食质量专项检查，共检查企业 23 家，抽查 273 份样品。加强日常监测，全年组织完成粮油质检 4416 批次，总检验项目 42000 项次，年度完成率 110.4%。综合批发交易市场入市检测 3878 批次。三是加大粮食质量安全风险防范。组织各区市对全市 80 个小麦收购点、60 个新收获玉米点，共 140 份样品进行了粮食质量安全风险监测。对全市承储和存储储备粮的 44 个库点、258 个货位进行了质量排查，共采集原粮样品 206 份、成品粮油样品 52 份，有力地促进了储备粮质量管理，保证了储备粮质量安全。

四 强化粮食流通监督，切实维护粮食流通秩序

一是粮油监管改革持续深入。贯彻落实省、市“双随机”监管工作要求，联合农发行等部门，对市级地方储备粮进行了 4 次部门联合双随机监督检查。认真落实山东省“互联网 + 监管”工作要求，对市本级监管的粮食企业进行收购资格等监督检查。二是完成“大清查”问题整改“回头看”。先后于 6 月、9—10 月，2 次组织各区（市）发改部门和粮食企业开展了大清查问题整改“回头看”工作，组织企业自查、重点问题督查以及全市普查，对全市 44 个储备粮承储和存储库点逐仓进行了检查，对全国粮食库存清查普查发现的问题整改落实情况逐项进行了核查，全部整改落实到位，有效防止了

同类问题的再次发生。三是粮食流通秩序维护有力。加强收购市场监管，夏粮收购期间，组织各区市共出动执法人员 465 人次，对 146 个收购经营主体进行了监督检查，有力维护了收购市场秩序。加强政策性粮食出库监管，下发了加强政策性粮食出库监管工作通知，组织对中储粮定向销售粮食进行跟踪监管。四是加强中央企业粮食流通监管。认真落实上级业务部门做好中央储备粮以外其他中央事权粮食监管工作要求，对辖区内的中央储备粮企业的 3 个库点、16 批销售出库粮食进行跟踪监管；对 5 家购买企业进行了购入情况和使用情况的监督检查，有力保证了粮食顺利销售出库和专门使用。

五 推动粮食产业发展，全面提升粮食经济实力

一是粮食产业经济实力有效增强。全市共有 92 个粮油加工企业纳入统计范围，粮食工业总产值 558.16 亿元，同比增长 15.4%；销售总收入 690.58 亿元，同比增长 7.6%；年设计粮食加工能力 1017.69 万吨，同比增长 4.2%。二是粮食品牌效应有效提高。参加“齐鲁粮油”品牌推介活动，组织召开“齐鲁粮油”入驻盒马鲜生发布会，组织参加第三届中国粮食交易大会、第三届山东粮油产业博览会，在平度市设立“齐鲁粮油”品牌旗舰店。号召企业主动承担社会责任，积极投入抗疫保供战役之中，捐款金额 22 多万元，捐赠物资 110 多万元，好粮油示范企业全部入驻“好粮有网”在线平台的“稳供保价馆”和“平价包邮馆”，积极参加全省组织的“超低价供应湖北”销售活动。三是优质粮食工程扎实推进。投资 20659.79 万元实施了 2019—2020 年“中国好粮油”行动计划，支持年度“中国好粮油”示范县，支持青岛天祥等 9 家企业建设“中国好粮油”示范企业，并对全部项目建设进行了验收。组织开展了 2020 年“好粮油”产品遴选，6 个产品入选国家“好粮油”产品。青岛维良食品有限公司、青岛天祥食品集团、青岛皇丰粮油食品有限公司 3 家企业成为国家优质粮食工程重点示范企业信贷支持单位。

六 规范物资储备管理，提升应急保障效能

制定《青岛市市级救灾储备物资调拨机制》，落实储备计划，完成价值 539.9 万元的 17210 件市级救灾物资采购、入库任务。完成 5 批次 735 件物资紧急出库，支持新冠肺炎疫情防控工作。8 月份，按照指令紧急调拨 9815 件救灾物资，支援青岛市对口帮扶地区——甘肃陇南抗洪抢险救灾工作。完成 600 套救生包轮换更新工作。

七 开展爱粮节粮宣传，提升粮食工作影响力

在世界粮食日和全国粮食安全宣传周活动期间，印发《关于在全市开展“爱粮节粮反对浪费”主题宣传活动的实施意见》和倡议书，组织开展了 2020 年“世界粮食日”和“粮食安全宣传周”主题宣传暨“粮食开放日”活动，授予 2 个省级粮食安全宣传教育基地，命名 10 个市级粮食安全宣传教育基地，开展爱粮节粮进机关、进学校、进社区、进家庭活动，在全社会营造重视粮食安全、崇尚爱

粮节粮的良好氛围。

青岛市发展和改革委员会领导班子成员

李　刚　党组书记、主任
盛斌杰　党组副书记、副主任
徐守国　党组成员
张旭东　党组成员、副主任
刘　凯　党组成员、副主任、二级巡视员
姜延贞　党组成员
孙　杰　党组成员、副主任
王好东　党组成员
于莲华　二级巡视员
卞　疆　副巡视员

（撰稿单位：青岛市发展和改革委员会；撰稿人：苏平山；审稿人：于莲华）

2020 年 10 月 11 日至 13 日，青岛市组团参加第三届山东粮油产业博览会。国家发展和改革委员会党组成员，国家粮食和物资储备局党组书记、局长张务锋（前排右二）在青岛粮油企业展台参观指导。

2020 年 8 月 20 日，青岛第一粮库新建库项目在莱西市举行开工仪式，青岛市发展和改革委员会党组成员王好东（左四）、二级巡视员于莲华（右四）出席仪式。

2020 年 7 月 9 日，青岛市发展和改革委员会二级巡视员于莲华（左四）在即墨区调研指导夏粮收购和储备工作。

宁波市

基本情况

2020年，宁波市实现地区生产总值12408.7亿元，同比增长3.3%；完成一般公共预算收入1510.8亿元，增长2.9%；城镇和农村居民人均可支配收入分别达到68008元和39132元，分别增长4.8%和6.8%。2020年全市划定永久基本农田184.4千公顷，超过下达任务0.1千公顷，年末全市耕地保有量为234.2千公顷，超过目标任务。全年粮食播种面积176.91万亩，其中早稻13.6千公顷，小麦11.1千公顷，晚稻59.4千公顷（单季晚稻45.2千公顷，连作晚稻14.2千公顷），旱粮33.8千公顷，增幅达6.8%，超额完成全年播种计划任务。粮食总产量67.44万吨，增长1.7%，其中早稻产量8.7万吨，较计划增加0.15万吨；小麦产量5.2万吨，较计划增加1.6万吨；晚稻产量45.1万吨。全年粮食订单合同28.14万吨，国有粮食购销企业共收购本地粮食27.45万吨，订单粮食收购总量继续位居全省首位。宁波庄桥粮油批发市场全年交易量36.63万吨，宁波网上粮油批发市场全年交易量40.9万吨，成交金额10.5亿元。全市设立粮食应急供应网点323个，应急加工企业25个，应急运输企业13个，应急配送中心13个。

2020年工作

一 持续增强粮食保供稳价能力

一是全力做好疫情防控期间粮油保供稳市。积极组织粮食加工企业全面复工复产，复工复产率高达96%，疫情前期累计加工成品粮3.3万吨供应市场。注重市外粮源调运，解决运输、包装等问题，保障大型超市、批发市场、农贸市场成品粮油供应，市内大型商超和重点批发企业累计采购成品粮货源5.6万吨。办理粮食加工运输企业应急通行证705张，为市内5家骨干粮食保供企业提供专项再贷款1.33亿元。监测重点粮食加工企业、大型商超、粮批企业和农贸市场的每日购、加、销、存数量及相关价格，实时掌握粮油市场动态。及早预判，正面引导，发出保供稳价倡议承诺书，制订粮油保供稳价工作措施。二是粮食应急保障体系得到提升。全市成品粮储备规模从2.07万吨调增到3.56万吨，增幅为72%，通过企业增储、社会代储等形式，及时足量完成全市应急成品粮增储任务，应急成品粮库存较上年提高68%，进一步优化应急成品粮储备品种结构。疫情期间各区县（市）采取先轮入后轮出的办法组织轮换，食用油储备持续保持应急保供能力。全市储备粮库存晚稻谷比重达到54.9%，应急成品粮中晚稻米比重已达到93%，均大幅超过规定要求；3650吨食用油全部采用小包装方式储存，地方粮油储备应急保供质量进一步提升。全市落实应急供应网点323个，覆盖全市各个乡镇和街道，加强高山地区供应点大米囤放，保障严寒冰冻气候下山区居民口粮；落实应急加工企业25家，稻谷日应急加工能力超过3500吨，主城区梁桥米业、米氏实业等企业日加工能力超过200吨，各区县（市）都有一家50吨以上日加工能力的粮食企业，均超过省下达的任务要求；落实应急配送企业13家、应急运输企业13家。

二 全力抓好粮食安全责任考核

一是粮食安全责任制考核再获优异成绩。荣获2019年度粮食安全市长责任制考核优秀单位。完成2019年度市对区县（市）考核工作，经市粮安办各成员单位联评并报市政府研究决定，鄞州、海曙、慈溪和象山为2019年度粮食安全责任制考核优秀单位，其余区县（市）均为良好单位。二是全力抓好年度粮食安全责任制考核。分解落实2020年度省对市六方面42项重点考核任务，制定发布粮食安全区县（市）长责任制考核方案，并根据省粮食和物资储备局最新考核办法，修订下发《宁波市粮食安全区县（市）长责任制考核办法》。有序推进发改部门牵头的各项任务，着重抓好新增考核内容，并针对责任制考核中存在的薄弱环节，着力增强防范风险能力和安全保障水平。按照年度考核新要求，组织市县两级相关部门对2016年首考以来发现问题进行全面梳理，开展整改“回头看”，推进整改到位。落实江北区履行粮食收储管理职能，将市甬北粮食收储公司成建制无偿划转给江北区，确保江北区粮食安全责任有效落实。三是落实粮食种植面支持核心产区建设。支持粮食核心产区建设，市本级财政投入粮食生产专项资金6700万元，同比新增900万元，增长率13.4%。完成市省级山塘建设整治任务45座，完成农业水价综合改革面积4万公顷。

三 落实政策粮食收购平稳有序

一是夯实基础及早出台惠农产销政策。根据浙江省提出早稻订单全覆盖、晚稻订单向优质品种倾斜的要求，年初根据小麦生长和收割情况，在省内率先发布小麦收购政策。研究出台年度粮油产销政策，及时发布早稻和中晚稻收购政策的通知。浙江省出台规模种粮补贴标准从每亩100元提高到120元政策，支持和鼓励农户扩大早稻播种面积，市、县配套后早稻种植补贴标准每亩提高到150元，补贴范围包括规模以下农户。二是精心组织粮食收购工作平稳有序。多次召开部门联动协调会议，指导督促各地做好收购工作，将收购政策直接落实到了“最后一公里”。国有粮食购销企业按最低收购价敞开收购地产小麦，全面落实早稻订单全覆盖政策，做到“应订尽订、应收尽收”，对订单收购的粮食实行价外补贴和收购环节直补政策，充分调动农民种粮积极性。在粮食收购之前向种粮大户发放预购定金，按规定及时足额发放粮食规模种植补贴5400万元、种粮大户粮食收购补贴1300万元，及时解决粮农在生产经营上的资金困难。及早备足收购仓容，安排收购网点，在粮食收购期间积极开展为农服务工作。全年粮食订单合同28.14万吨，国有粮食购销企业共收购本地粮食27.45万吨，订单粮食收购总量继续位居全省首位。三是持续推进“五优联动”提质扩面。全市集中连片面积共20800亩，签订合同14800亩，签订收购合同6890吨，实际收购5120吨。重点推动象山、鄞州开展省级示范县试点工作，继续推进市本级、镇海、海曙、慈溪等地粮食“五优联动”试点，促进本地水稻种植优化和有效供给提升。象山县2020年试点面积466.7公顷，实际种植面积866.7公顷，完成优质大米加工销售2200余吨，实现农民增收和企业增效；推广“水稻＋青蟹”“水稻＋小龙虾”等稻田综合种养模式80公顷。鄞州区落实种植面积166.7公顷，收购甬优9稻谷1155吨，增加甬优1540稻谷订单收购2975吨。积极打造“象山半岛味道”“艾情”“鄞州民谷”等品牌。象山县被评为2019年度浙江省“五优联动示范县”，象山、镇海、鄞州发展和改革局（粮食和物资储备局）被评为2017—2019年度浙江省粮食收购工作成绩突出单位。

四 不断提升储备调控能力

一是把控节奏强化粮食储备轮换。及时安排承储企业开展市级储备粮轮换工作，强化对区县(市)储备粮轮换监督指导，确保全市储备粮按时、按质、按量轮入。全市年度计划轮出地方储备粮34.45万吨、轮入34.14万吨。截至2020年10月底，累计轮出29.54万吨，占轮出计划的85.7%；累计轮入12.48万吨，占轮入计划的36.6%。二是推进科学储粮落实储备规模。按照省定地方储备粮每月末实际库存不低于规模库存70%的要求，指导各区县（市）有计划、有节奏地将储备粮轮换投放市场，确保全市储备粮常年保持充足的实物库存量。积极推进绿色储粮技术应用，以绿色储粮技术为重点，推广“四合一”仓储技术运用。推进粮库信息化、智能化升级改造，实现与省粮食信息平台互联互通，补全省储备粮业务系统基础数据，加快提升仓储管理现代化水平。三是落实地方储备补贴资金来源。落实《市本级政策性粮食收储业务财政补贴协议》拨补办法，按规定标准足额落实地方储备粮保管费用、贷款利息和轮换费用补贴5700万元，各区县（市）均足额落实地方储备粮保管费用、贷款利息和轮换费用补贴资金。

五 推进产销合作强化对口帮扶

一是稳固推进粮食产销合作。继续加强与黑龙江、吉林、安徽和江苏等省粮食产销对接和沟通，稳固粮食产销合作渠道和合作关系。落实吉林、安徽和江苏等省8.05万吨异地粮食储存规模，支持部分区县（市）对区域结构作合理调整，提高应急保障能力。慈溪市在江苏阜宁储备基地新增0.5万吨优质水稻异地储备。二是强化粮食对口帮扶协作。按照市委、市政府推进与延边州对口帮扶协作要求，协同平台企业继续推进两地粮食对口协作。举办“延米甬飘香”为主题的延边大米文化节；延边大米宁波公共仓正式挂牌运行，满足市民对高档大米的消费需求；成功举办吉林（延边）新米上市宁波推介会。三是大力发展粮食产业经济。全市纳入统计的58家粮食企业，2020年粮油工业总产值为89.65亿元，增长率为10.9%。印发《宁波市地理标志运用促进工程实施方案（2020—2022)》，先后有鹿亭番薯粉丝、宁海麦饼等申请注册地理标志商标，“象山米馒头”申请注册集体商标，指导创建象山米馒头等区域公用品牌。协助省粮食和物资储备局做好在湖州召开的全国深入推进优质粮食工程加快粮食产业高质量发展第一次现场经验交流会有关工作，组织区县（市）及相关企业参加第三届全国粮食交易大会。

六　稳步推进流通基础设施建设

一是继续推进白沙粮库迁建工程项目。落实白沙粮库迁建用地和资金等要素保障，督促指导市收储公司加快推进项目进程，协调解决区块规划调整、征地拆迁、进场勘探等重点难点问题，力推项目早日开工建设。二是谋划粮食流通物资储备建设项目。制定《宁波市应急物资储备基础设施建设指导意见》。衔接国家发展和改革委员会新增投资项目，针对新冠肺炎疫情应急物资保障暴露出来的短板，向市政府提出建设市级应急物资储备库建议。依据城市发展规划，提前开展庄市粮库迁建项目谋划，扎实推进项目选址、用地和资金保障等筹建工作。

七　全力构建依法管粮长效机制

一是加强粮食流通监管长效机制建设。建立完善“12325”粮食流通监管热线举报处理和“双随机、一公开”日常监管工作机制，全面推行“互联网＋监管”、移动执法、省办案系统、信用评价等监管执法方式。办结国家和省粮食物资局指定的“12325”热线举报案件 1 件，完成抽查任务 140 个，检查企业 405 个（次），检查完成率和后续处置率都达到 100%。二是加强地方储备监管，抓好安全生产。开展春、秋季粮油安全大检查、“星级粮库”考评、规范化管理水平评价和“一符四无”粮仓鉴定，深入排摸政策性粮食管理中存在的风险隐患。组织开展全市政策性粮食库存数量和质量大清查问题整改“回头看”专项行动暨库存检查活动，严密部署企业自查，扎实开展市级普查。推进安全生产整治“百日大会战”，严格安全生产监管，全市粮食和物资储备系统实现安全无事故年度目标；强化企业国有资产监管，完成房屋出租备案，减免疫情防控期间房屋租金。三是加强质量监管推进“放心粮油”创建。组织开展粮食质量调查、品质测报和质量安全风险监测工作，推进粮食质量风险监测关口前移，强化检测、收购、储存及处置等各环节监管，建立超标粮食收购处置长效机制，确保超标粮食不流入口粮市场。积极推进“放心粮油”工程创建活动，完成第五批“放心粮油”示范企业申报和评审认定工作，鄞州区、慈溪市和市本级共 5 家企业通过了现场考核；对鄞州区、镇海区“放心粮油示范县”创建进行初评考核，已通过省考核验收；指导慈溪市开展 2021 年度“放心粮油示范县”创建工作。组织开展第 40 个世界粮食日和全国粮食安全宣传周活动，宁波市粮食文化陈列馆开馆，获批 1 家省级粮食安全宣传教育基地，成功举办年度“甬优杯”好稻米评选活动。

八　全力做好物资储备工作

一是健全应急物资储备管理制度。建立完善应急物资计划采购、库存管理、发放回收等相关规定；会同市财政局、市应急管理局拟定 2020 年市级应急救灾物资轮换方案，组织采购两批应急救灾物资，价值94万元，新入库应急物资15种7260件（套）。二是加强超期储备物资应急监管。委托宁波海关技术中心对市级超期储备的8类8726件（套）应急救灾物资开展质量检测，确保投入使用的应急物资质量可靠。协调市商务局落实全市6000吨冻猪肉储备计划。完成年度粮食、棉花进口关税配额申报，为6家粮食企业和4家棉花企业争取到农产品进口关税配额5.05万吨，棉花滑准税配额3千吨。三是确保疫情防控物资接收调拨。累计入库物资57批次1878.5万只（件、套），调拨57批次1868.2万只（件、套），实现“零差错”，有效保障了疫情防控工作的开展。

宁波市发展和改革委员会（宁波市粮食和物资储备局）领导班子成员

张文杰　党组书记、主任
詹荣胜　党组副书记、副主任
谢月娣　党组成员
王光旭　党组成员
励志刚　党组成员
潘奇峰　党组成员、副主任
鲍佩云　党组副书记
刘兴景　党组成员、副主任
鲍正操　党组成员、副主任
任建成　党组成员
高海军　总经济师（6月任职）
何军毅　党组成员（12月任职）
孙自武　二级巡视员
周坚巍　一级调研员
方建新　一级调研员
梁　峰　一级调研员（7月任职）
程宏友　一级调研员（7月任职）
蔡茂方　一级调研员（8月任职）
颜　华　二级巡视员（4月退休）
董增荣　一级调研员（9月退休）
沈明华　二级巡视员（2021年1月退休）

（撰稿单位：宁波市发展和改革委员会（宁波市粮食和物资储备局）；撰稿人：时汉成；审稿人：程宏友）

2020 年 2 月 14 日，浙江省委常委、宁波市委书记郑栅洁（右二）到宁波市庄桥粮油批发市场调研新冠肺炎疫情防控期间粮食供应情况。

2020 年 12 月 10 日，吉林省粮食和物资储备局局长冯喜亮（右二）与浙江省粮食和物资储备局总工程师叶晓云（右三），考察宁波市北仑区延边大米旗舰店。

2020 年 4 月 27 日，宁波市发展和改革委员会党组成员程宏友（右二）在北仑区中心粮库调研。

厦门市

基本情况

2020 年，厦门市粮食总供给和总需求基本平衡，常住人口持续增长带动粮食消费刚性增长，中转贸易粮稳中略增。全社会粮食总供给（按原粮口径）696.13 万吨，同比增加 4.93 万吨，增幅 0.71%。其中：粮食自产 2.43 万吨，增加 0.13 万吨，增幅 5.65%；进口粮食 211.5 万吨，减少 4.2 万吨，减幅 1.95%，进口数量较多的是大麦、玉米和大豆；从省外购进粮食 287 万吨，同比增幅 3.16%；从省内市外购进粮食 157.2 万吨，减幅 0.51%；本市区间的粮食购进量 38 万吨，增幅 2.43%。粮食库存量与消费量比率高达 124.03%，远远超出 17%的国际粮食安全库存标准线。当年食用植物油总供给 113.52 万吨，增加 6.02 万吨，增幅 5.6%；食用植物油需求总量为 119.11 万吨，增加 8.71 万吨，增幅 7.89%。

2020 年工作

一 做好保供稳价工作

2020 年新冠肺炎疫情发生后，迅速启动供应、价格监测日报和市场巡查机制，同时，协调加工、配送、销售等环节相互衔接，确保粮食供应链顺畅；充实储备规模，及时新增地方储备粮原粮 1 万吨，应急成品粮 2800 吨，储备成品粮规模达到保障全市 15 天以上供应量的要求；推动复工复产，协调落实粮食企业减免租金、贴息贷款等优惠政策，提前兑现应急体系奖励资金，推动粮油企业春节过后即全部复工复产；加强舆情引导，通过媒体及时报道粮油市场供应情况和保供措施，持续释放市场供应充足、价格稳定的信息，第一时间回应群众关切，引导居民理性消费。疫情期间，没有发生断供、脱销和抢购现象，为抗击疫情作出积极贡献。

二 落实粮食安全行政首长责任制

牵头组织各成员单位对标对表省政府年度考核评分标准，补短板、强弱项，逐一抓好考核任务落细落实。2020 年，在省政府组织的粮食安全现场核查中，在保供稳价、储备粮增储、粮食应急保障等方面受到充分肯定，在全省考核中取得第二名，受到省政府通报表扬。组织对全市六个区落实粮食安全行政首长责任制进行考核，经综合评定，六个区考核成绩均为优秀，其中集美区、湖里区、翔安区受到市政府通报表扬。

三 强化储备粮管理

在完成省政府下达 27.5 万吨储备粮任务基础上，根据市人口增加情况和销区保障 6 个月的要求，增储地方储备粮 4.8 万吨（含成品粮），总规模达到 32.3 万吨。早计划、早部署，把握市场有利时机，做好全年储备粮轮换工作。精心组织公开招标采购和拍卖，按时完成年度储备粮轮换任务，轮换销售 76365.7 吨，采购 72794.7 吨。抓好储备粮规范化管理，完善储粮管理各项规章制度，切实把好粮食入库质量、数量关，严禁不合格粮食进入仓库。认真学习贯彻储粮安全“一规定两守则”，加强仓储管理培训，提高仓储管理人员素质。积极推广科技兴储和绿色储粮技术，进一步提升充氮气调储粮仓容量，有效提升储粮品质，全市粮食宜存率达 100%。各粮食监管局加强对辖区储备粮油承储企业的督查检查。

四 深化粮油市场监管

积极配合食安城市创建和治理“餐桌污染”，严格粮食质量监管，开展粮油质量季度考评和粮食企业落实质量安全主体责任检查，全年抽检粮油样品 280 批次，有效提高了企业质量安全意识。在福建省组织的“放心粮油”质量安全抽查中，样品达标率、质量指标达标率和食品安全指标达标率三项指标均达到 100%。

五 承办世界粮食日和全国粮食安全宣传周主会场活动

精心做好国家粮食和物资储备局等部门在厦门大学举办的 2020 年世界粮食日和全国粮食安全宣传周主会场活动筹备和保障的配合工作。在省粮食和物资储备局的指导下，牵头制定疫情防控工作方案，协调相关部门落实落细具体会务保障工作，全力以赴，配合主会场活动成功举办，圆满完成了上级交办任务，得到国家粮食和物资储备局领导充分肯定。

六 深入开展爱粮节粮宣传活动

深入学习贯彻习近平总书记关于厉行节约、反对浪费的批示精神，印发了关于开展 2020 年世界粮食日和全国粮食安全宣传周活动的通知，通过厦门日报、厦门电视台等媒体，以登载宣传文章、发送短信、播放短视频等形式进行宣传。同时，各区粮食和物资储备局也以张贴宣传海报、绘画比赛、文艺表演、知识竞赛等多种形式开展爱粮节粮进校园、进社区、进企业、进家庭宣传活动，有效增强了社会各界的爱粮节粮和粮食安全意识。

七 巩固产销协作关系

本着优势互补、互惠互利原则，扎实推进与粮食主产区的长期合作关系，与主产区的产销协作进一步走深走实，取得明显成效。与省内外 12 个主产区发改粮食部门签订粮食产销协议，落实 2.4 万吨订单采购任务。推动粮食行业协会积极组织企业参加国家粮食和物资储备局在福州举办的中国粮食交易大会和省粮储局举办的粮食产销协作洽谈会，加强产销对接，不断巩固和拓宽引粮入厦渠道。

厦门市发展和改革委员会领导班子成员

潘力方　党组书记
张志红　主任（兼厦门市副市长）
张伟生　党组成员、副主任

（撰稿单位：厦门市发展和改革委员会；撰稿人：陈学东；审稿人：张伟生）

2020 年 2 月 6 日，厦门市发展和改革委员会党组书记潘力方（右二）、副主任张伟生（右一）在海嘉面粉公司调研企业加工供应情况。

2020 年 12 月 29 日，厦门市发展和改革委员会主任张志红（左二）带队检查指导元旦春节期间粮油市场保供稳价和防范寒潮工作。

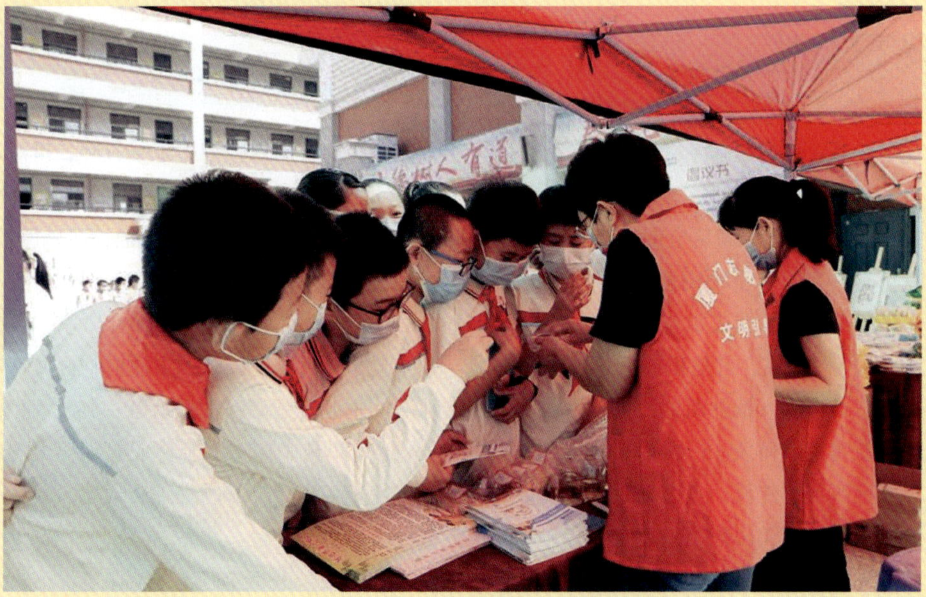

2020 年 10 月 16 日，厦门市粮油质监站志愿者进入学校开展爱粮节粮宣传活动。

深圳市

基本情况

2020 年，深圳市实现地区生产总值 27670.24 亿元，比上年增长 3.1%。其中，第一产业增加值 25.79 亿元，增长 3.1%；第二产业增加值 10454.01 亿元，增长 1.9%；第三产业增加值 17190.44 亿元，增长 3.9%。第一产业增加值占全市地区生产总值的比重为 0.1%，第二产业增加值比重为 37.8%，第三产业增加值比重为 62.1%。2020 年，全市一般公共预算收入 3857.39 亿元，增长 2.2%；一般公共预算支出 4177.72 亿元，下降 8.2%。2020 年末深圳市在库地方储备粮 149.72 万吨，储备食用植物油 1.21 万吨，储备冻猪肉 1.8 万吨。

2020 年工作

一　强化粮食储备，筑牢粮食安全防线

一是立足长远有序增储，提升粮食保障能力。深圳现有储备粮规模 139 万吨，可满足全市管理人口消费 6 个月。为进一步适应深圳发展实际，提升抵御风险能力，2025 年，深圳储备粮储备总量将提升至222万吨，满足全市管理人口9个月的消费需求。二是组织开展质量抽检，确保粮食质量安全。每年安排专项质量检测费用，对储备粮油、应急企业库存粮食进行质量抽检。2020 年，全市共抽取样品 461 份，总代表数量 494591 吨。样品储存品质指标合格率、质量指标合格率、食品安全指标合格率均为 100%。三是积极探索异地储备，产销合作保粮源供应。深圳市政府与黑龙江省政府签订合作备忘录，深入推进两地粮食产供销合作，鼓励深圳企业探索储备粮异地储备制度，由深粮集团在黑龙江双鸭山市落实 15 万吨异地粮食储备任务。深粮集团与中信集团合作成立双鸭山深中公司，负责东北粮源基地建设。截至 2020 年底，共建成 20 万吨仓容平房仓、2 座处理能力达 500 吨 / 天的烘干塔，进一步提高双鸭山粮源基地储粮能力，保障全市粮源供应。

二　狠抓应急体系建设，织密粮食应急保障网络

一是同心协力做好疫情期间粮食应急保障。针对疫情期间粮源地物流管控升级导致市内粮企收购

渠道受限、加工生产原料不足等困难，积极加强与黑龙江、江苏等产销对接联系紧密省市的沟通协调，确保粮源采购渠道通畅；为粮食企业协调办理跨省、市特别临时通行证，以及《应急物资及人员运输车辆通行证》，全力解决粮食运输困难；加快办理农产品进口关税配额证，保障进口粮油渠道畅顺。提前3个多月向粮食储备企业预拨下半年储备费用补贴共3.14亿元；协调各商业银行、农发行等以信用贷、存抵贷等方式为承储企业提供购粮资金，有效纾缓粮食企业疫情期间资金压力。针对出现部分市民因过度恐慌抢购粮油的情况，通过电视台、电台、政府官网、澎湃新闻、深圳新闻等平台宣传粮油储备充足、供应稳定，引导市民理性储粮，有效稳定民心。二是构建完善粮食应急保障网络。以粮食加工企业作为生产输入端、传统粮食仓储及贸易企业作为粮食批发端、顺丰速运等物流企业作为粮食运输保障端、华润万家等大型商超作为应急供应零售端，从加工—批发—运输—供应四个环节全面加强粮食企业调查摸底，遴选一批硬件达标、经营稳定的粮食企业构建粮食应急保障网络。2020年，全市共有748家应急供应网点，较上年增加392家，实现74个街道（乡镇）全覆盖；成品粮实际日供应能力超过9000吨；应急加工企业21家，小麦、大米日加工能力分别达1200吨、4610吨；应急运输企业自有运输车辆331台，日运输能力达到4765吨。三是组织安全培训，强化企业应急能力建设。2020年，对深圳市粮食储备及应急保障企业开展安全生产、应急演练、消防等专项培训，全场有近90名粮食企业负责人或安全管理负责人参与。邀请专家讲解《安全生产法》等相关法律法规，并组织全体人员参与消防、应急救援等演练，有效提升企业从业人员的安全生产意识，增强了粮食应急企业的事故处置能力及安全风险防范能力。四是加强粮食市场监测，保持价格平稳。严格执行国家粮食流通统计制度，全市纳入国家粮油统计信息系统企业109家，每年安排专项经费开展粮食统计培训，指导督促辖区内入统对象建立统计台账，按照国家粮食流通统计制度及时、准确上报数据。加强粮食市场价格监测和分析，全市设置13家粮食零售价格监测日报点，监测范围包括东北米、早籼米、泰国香米、面粉、花生油、调和油等12个粮食品种的零售价格，每日报送给国家、省、市相关单位。每月发布《深圳重要食品价格监测月报》，分析粮油价格变动情况。

三 加快信息化进程，夯实仓储设施建设基础

一是大力推动市内粮库仓容提升。通过盘活市内保税仓库、旧厂房改建，挖潜增储39万吨成品粮仓容。稳步推进粮库规划建设，努力实现“十四五”期间新增仓容建设19万吨。目前，中储粮深圳直属库扩建项目已完成预验收；宝粮观澜粮库、西部粮库正在开展项目招投标工作；深粮平湖粮库扩建、龙粮西坑粮库新建项目正在开展筹备工作。组织市级等级粮库初审，推动等级粮库建设，全市共计11个粮库被授予“AAA级粮库”称号。二是加快推进粮库信息化建设。为推动粮食储备业务和信息化建设融合发展，强化动态远程监管和粮库在线监控，将信息化建设要求纳入地方补充储备粮承储企业评选要求。建立全市承储企业沟通联络群，及时通报各企业信息化建设进展情况，督促相关企业加快推进。组织信息化知识培训，邀请专家讲解要点，指导企业粮库信息化建设。结合“等级粮库”初审工作，成立专业评估小组，对粮库信息化建设情况进行检查，由专家面对面现场指导，对存在问题的企业，明确整改要求和时限。38个库点全面实现“数据通”“视频通”，其中9个库点已完成粮库智能化升级改造，实现与省平台互联互通。

四 强化品牌文化建设，打造优质粮油城市

一是加强粮食品牌培育，保障居民粮食消费安全。着力构建供深食品标准体系，打造“圳品”品牌，有效推动粮食产业提质增效，让市民“吃得好”“吃得健康”“吃得放心”。全市共6家粮食企业的粮油产品入选2020年“圳品”名单，其中1家荣获2020年度优秀圳品企业称号；4家粮食企业共6个粮油产品品牌入选2020年“广东好粮油”产品名单；4家粮食企业入选全国放心粮油示范工程第九批示范企业名单，其中2家示范加工企业、1家示范销售店、1家示范配送中心。二是开展粮食安全宣传，营造爱粮节粮良好氛围。2020年世界粮食日和全国粮食安全宣传周期间，举办“端牢中国饭碗共筑全球粮安”主题绘画比赛、粮食安全知识答题有奖活动、“粮食安全点亮城市地标”行动、粮库开放日等活动，借助微博、公众号、微视频等媒体平台，宣传国家粮食生产政策，讲解粮食科技知识，提高市民科学用粮意识，营造爱粮节粮良好氛围。

深圳市发展和改革委员会领导班子成员

郭子平　党组书记、主任
秦世杰　党组成员、二级巡视员
刘　伟　党组成员、副主任
余　璟　党组成员、副主任
郭跃华　党组成员、副主任
曾坚朋　党组成员、副主任
艾传荣　党组成员、一级调研员

（撰稿单位：深圳市发展和改革委员会；撰稿人：郑展鹏；审稿人：赖向群、艾传荣）

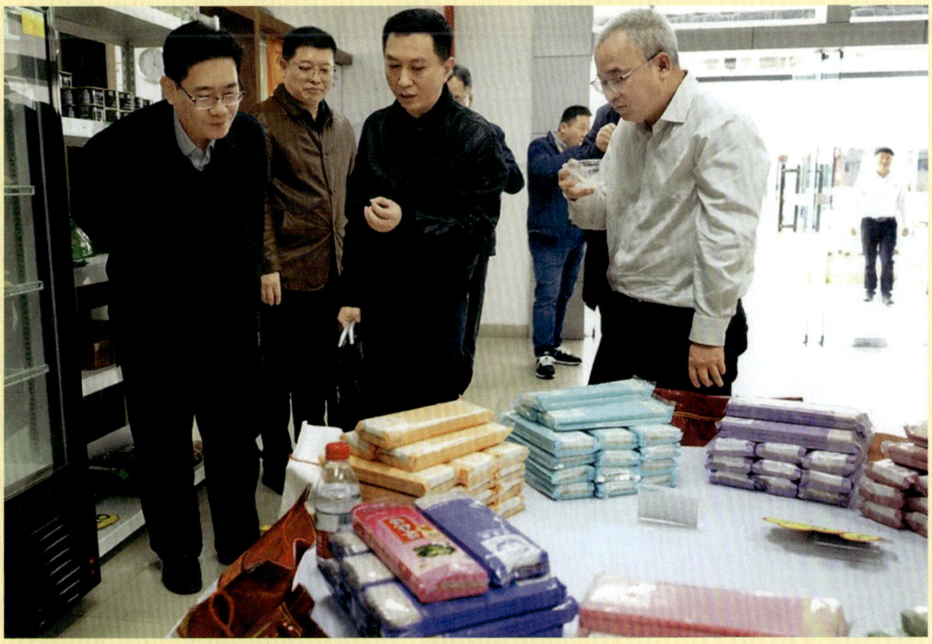

2020 年 1 月 18 日，广东省粮食和物资储备局党组书记、局长肖晓光（左一）在深圳市粮食集团有限公司调研。

2020 年 12 月 29 日，深圳市发展和改革委员会主任郭子平（前排中）率队在深圳市深彤鑫贸易有限公司光明粮库调研。

2020 年 11 月 27 日，深圳市发展和改革委员会在深圳市龙岗区平湖粮库举办深圳市粮食行业安全生产、应急演练、储粮及信息化知识培训。

5

第五篇

各垂直管理局工作

国家粮食和物资储备局北京局

基本情况

国家粮食和物资储备局北京局（以下简称“北京局”）成立于2020年1月，实行以国家粮食和物资储备局与北京市双重领导的管理体制，监管范围是北京市、天津市，是正局级单位。设办公室、粮棉糖监管处、能源监管处、战略应急物资监管处、规划建设和法规体改处、财务审计处、安全仓储与科技处、执法督查处、人事处、机关党委等10个处室，现有公务员42名。所属企事业单位分别是国家粮食和物资储备局北京局八三八处、八三三处、二十六处、机关服务中心、直属储备物资管理处、654工程筹建处（临时机构）和天津国储物流有限公司。

2020年工作

一　坚持奋进创业，攻坚克难圆满完成组建工作

一是落实办公场地。2020年5月，在国家粮食和物资储备局党组的亲切关怀和各相关司局、直属单位的大力支持下，北京局机关整体搬入环球财讯中心办公。二是建立制度体系。先后制定《北京局工作规则（暂行）》《北京局分党组工作规则（暂行）》《2020年北京局改革发展工作要点》《北京局2020年党建工作要点》，出台15项专门制度，形成了“4+N”制度体系。三是完成转隶招录。2020年5月，原天津办16名公务员整体转隶至北京局。完成了15名公务员和18名事业单位人员招录，选调2名机关干部、1名事业单位干部，接收1名军转干部，人才队伍得到进一步充实。四是加强队伍建设。坚持重实绩重实干的用人导向，严格把好政治关、纪律关、廉洁关和考察程序，组建期间选拔4名正处级、3名副处级干部，晋升4名科级干部。召开北京局抗疫表彰大会，表彰2个先进集体、8位先进个人。八三三处对获得“双先”“双好”先进团队和先进个人给予表彰。五是完成机关“三定”。严格落实机关处室三定职责，进一步科学安排工作岗位，严格按岗履职，提高人岗适配度。

二 坚持守正创新，强化履职切实扛起主责主业

一是积极开展涉粮问题整改“回头看”专项督导行动。成立工作专班，不折不扣落实任务，实现辖区内中央储备粮直属企业风险隐患排查整治“全覆盖”，完成涉粮问题整改 35 项。核办粮棉线索 3 件，在地监管职责得到有效落实。二是扎实做好年度两项考核（2019 年度中央储备粮棉管理和中央事权粮食政策执行情况考核）。强化问题整改落实，切实压实管理责任。三是全面开展两项大清查(战略应急物资储备和国有资产大清查工作)。查清查实数量、质量和安全储存状况，向国家粮食和物资储备局交上一本“明白账”。仅用 7 天完成直属处物资现场清查，比原计划提前了半个月。同时完成资产清查工作，摸清北京局稳步前行家底。四是全力做好应急物资调运。组织调运 3 批共 920 吨中央防汛物资星夜驰援江西、安徽等灾区。五是全力做好稀贵金属和应急救灾物资接收。成立工作专班，直属处重点把握验收关键技术环节，不到两个月完成 90%以上收储任务。八三三处积极腾退仓容，做好应急救灾物资承储准备。

三 坚持精细管理，强基固本推动转型发展

一是着力抓基层打基础。深入实地调研检查和指导督促，着力解决基层实际问题。前后十余次专题研究八三八处经营风险，积极妥善化解隐患。二是确定转型思路。创新思路和机制破解难题，为各基层处把准方向，精准定位，确定路径。统筹做好直属处综合性国家储备基地、安全综合整治提升项目，积极打造“保障首都、辐射华北、支援全国”的协同合作高效体系；成立 654 工程专项领导小组，全力破解项目“最后一公里”重点难点问题；突破 654 工程瓶颈，取得项目地块用海预审意见，完成进场试桩。三是分库施策促转型。直属处积极推进集装箱发运资质办理手续，清退低端业务，为高质量发展腾出宝贵空间。工作标准、管理水平和队伍面貌明显提升。围绕主责主业，全面梳理现有业务，着力调结构、转方式，推动提质增效；在确保安全的前提下，拓展业务、增加收入，提高自身发展能力，创收达历史新高；港口办事处发挥特色优势，服务储备主业，着力锻炼队伍，改进服务方式，提升管理能力，主动承担国储物资接转任务。四是丰富载体展形象。参与举办了 2020 年服贸会“粮食现代供应链发展及投资国际论坛”，组织开展辖区内 2020 年世界粮食日和粮食安全宣传周活动。与河北、河南等 4 个垂管局签订战略合作协议。

四 坚持慎终如始，强化责任全力做好疫情防控

一是加强组织领导。成立北京局疫情防控领导小组，制定局防疫工作方案和应急预案，建立健全分区负责网格化管理机制。二是抓好常态化防控。组织防控新冠肺炎疫情“四三二一”专项行动，建立层层抓落实，人人有责任的疫情防控快速反应机制。通过召开专题会、视频会等方式，及时传达党中央、国务院和国家粮食和物资储备局党组部署，要求各级党组织切实把疫情防控作为重大政治任务、当前最重要的工作来抓。严格执行党员下沉到社区制度，做好站岗人；直属处成立了党员突击

队、青年突击队，敢于冲锋在抗疫一线。三是全力做好扶贫和复工复产。疫情期间北京局机关助力消费扶贫工作，购买湖北武汉、江西于都、安徽阜南农副产品。减免企业仓租费80余万元，直属处提供百亩国有土地作为备用地，助力复工复产。

五 坚持党建引领，提效赋能凝聚发展动力

一是强化基层党建工作。组织开展“学条例、促规范、强堡垒、作表率”专项行动，统筹加强政治机关意识教育、“灯下黑”问题专项整治、党支部标准化规范化建设，取得积极成效。二是夯实各级党的组织建设。精心筹备召开党员大会，选举产生第一届机关党委、纪委。加强基层党组织建设，制定党组织设置调整方案，完成4个党支部换届。各基层处、各基层党组织积极打造规范化标准化党支部，设立党员示范岗，不断提高支部建设质量。三是强化党员教育管理和理论武装，锤炼干部忠诚品格，激发担当精神。开展党日活动和爱国主义教育丰富党员组织生活，进一步促进了党建和业务的深度融合。

六 坚持全面从严治党，正风肃纪护航初心使命

一是落实从严治党主体责任。召开全局性会议，专题研究落实全面从严治党。召开16次分党组会议，全面从严治党议题占到一半以上。召开全面从严治党专题会议，做到了研究工作先研究全面从严治党、落实工作先落实全面从严治党。二是严立纪律规矩标尺。严明纪律，严明作风，从严带队。坚持每半月盘点工作，发挥考核“指挥棒”的作用，培养“狠抓落实”的作风。三是着力构建作风建设长效机制。制定《贯彻落实中央八项规定精神实施细则》等，从制度层面堵塞滋生不正之风的漏洞。四是着力整治形式主义官僚主义。深入基层开展调研33次，为科学决策提供有力支持。五是改作风为职工解决实际问题。妥善处理遗留问题，凝心聚力创业干事。用心用情关怀离退休干部，传递组织温暖。

七 坚守“三条底线”，驰而不息保障行稳致远

一是坚持底线思维，严守安全红线。层层签订《安全稳定责任书》，关键时间节点开展现场检查、各种方式督查。及时召开安全生产现场会，以“四不两直”形式对基层处开展专项检查督导。二是防范化解法律风险，维护稳定大局。聘请法律顾问加强审查把关，实行经营业务“一票否决”。对全局各基层处代储业务经营纠纷情况进行全面摸排，共梳理2015年以来经营纠纷10起，已解决6起。三是筑牢廉洁自律防线，深入推进党风廉政建设。召开廉政形势分析会、半年党风廉政建设和反腐败工作专题会，分析研判北京局全面从严治党和政治生态情况，落实改革试点工作要求；加大警示教育力度，组织开展4次警示教育。巡察八三三处党委（含二十六处和654工程筹建处），强化整改落实，做好整改反馈。

国家粮食和物资储备局北京局领导班子成员

钱　毅　分党组书记、副局长
魏洪波　分党组副书记、局长
安海东　分党组成员、纪检组长
向　禹　分党组成员、副局长

（撰稿单位：国家粮食和物资储备局北京局；撰稿人：王崇远；审稿人：魏洪波）

2020 年 10 月 14 日，国家发展和改革委员会党组成员，国家粮食和物资储备局党组书记、局长张务锋（第一排中）陪同中央机构编制委员会办公室副主任牛占华（第一排左一）到直属处调研。

2020年10月9日，国家粮食和物资储备局北京局分党组书记、副局长钱毅（台中）在北京局党的建设和党风廉政建设工作会议上讲话。

2020年11月18日，北京局机关党委组织党员参加“纪念中国人民志愿军抗美援朝70周年”党日活动。

国家粮食和物资储备局河北局

基本情况

国家粮食和物资储备局河北局（以下简称“河北局”）内设 10 个处室：办公室（法规体改处）、粮棉糖和救灾物资监管处、战略物资和能源监管处、规划建设处、财务审计处、安全仓储与科技处、执法督查处、人事处、离退休干部处、机关党委。所属事业单位共 13 个，分布于石家庄、承德、秦皇岛、保定、邯郸、邢台六市所辖区县。所属企业 1 个，按照原国家物资储备局规范体制机制要求，2011 年 9 月 8 日成立河北国储物流有限责任公司。

2020 年工作

一 坚持政治站位，切实加强干部队伍建设

一是全面加强分党组自身建设。深入学习贯彻习近平法治思想，强化班子成员法治思维，认真坚持民主集中制，修订完善《党组议事规则》。“三重一大”事项坚持充分酝酿、集体研究，严格依法依规决策。随时召开局长碰头会，重大问题及时沟通，班子成员经常谈心谈话，分党组形成了团结协作的深厚氛围，凝聚力、战斗力不断增强。二是切实加强各级领导班子建设。研究确定了“两条线齐头并进、三步走统筹实施”的干部选任工作路线图，完成了机关 2 个处长和 6 个副处长岗位选拔工作，对部分处长进行了岗位调整，充实了机关中层干部力量，树立了有为才有位的鲜明导向。依照程序选拔了事业单位 5 名处长和 9 名副处级干部，对 6 名副职进行了轮岗交流，事业单位领导班子建设进一步加强，干部队伍活力明显增强。三是着力提升干部能力素质。大力推进人才兴储实施意见，开设“粮储河北局大讲堂”，共举办 7 期 11 讲，分党组书记、局长阎会力率先垂范，为系统广大党员干部授课，全系统处级领导干部纷纷走上讲台，讲业务、谈体会；举办战略物资储备、国有资产、基本建设、新入职人员培训班 4 期，162 名处科级干部与新入职人员接受了习近平新时代中国特色社会主义思想、相关法律法规与政策规定、业务知识等方面的培训考核；组织 7 人到国家粮食和物资储备局、储备仓库和地方粮库跟班学习；开通“粮储河北局微信公众号”，搭建学习教育“云平台”，及时推送党的创新理论、政策业务知识，实现知识“云传播”、学习“随时享”。

二 强化使命担当，坚定扛稳为国管粮为国管储重任

一是不断强化在地监管。制定《河北局中央储备粮监管暂行办法》，分品类建立《河北局中央储备物资监管工作日志》，制定中央储备粮监管清单，不断完善监管工作制度。强化系统观念，注重融合联动，与有关单位建立粮食和物资储备执法监管协作机制，开展中央储备粮棉糖常态化联合监管，实现监管信息互通、数据共享、队伍共用共建，形成中央和地方监管工作合力。分党组书记和分管领导亲自带队，深入直属库区和71个县市区的89家中央储备粮棉糖等物资承储单位，就储备安全管理、数量质量、轮换管理、问题隐患整改等实施日常重点监管，形成监管工作日志39篇，保持了强监管的高压态势。高质量完成年度考核任务，对辖区内承储中央储备粮的16家直属库全面开展问题整改“回头看”专项行动。严查中储粮承德直属库相关问题线索，及时向国家粮食和物资储备局报告核查结果。二是着力提升为国管储能力和水平。高质量完成战略应急物资储备大清查、国有资产大清查工作。严格按照“一库一批一方案”要求和“五个一”工作法，顺利完成七七三处、九七四处物资收储轮换任务。圆满完成防汛抗洪物资、中央救灾物资收储等重点任务。完善储备物资管理制度，强化信息化技术手段，在通用仓库推进ERP系统应用，在火油仓库建立巡更系统。开展5S定置化和标准化工作，制订四个规范、两个图集，开展储备仓库环境整治，储备仓库形象和管理水平明显提升。层层压实安全责任，逐级、逐岗签订安全稳定责任书679份，与承包、承租单位签订安全管理协议236份；建立了安全风险管控和隐患排查治理机制，强化安全生产和作业现场监管，加大检查与安全投入力度，开展全局性安全检查4次，安全投入591.36万元，整改隐患百余个；创新安全监管模式，印发《关于进一步加强国家物资储备仓库安全工作的通知》，建立联合监管机制，进一步压实了地方部门监管责任。扎实做好防火、防汛、应急和“安全生产月”活动，保持安全形势总体平稳的良好局面。三是精心谋划实施项目建设。安全综合整治提升三年行动计划顺利实施，一五〇处、七七三处、九七四处项目顺利通过验收并投入使用，四五七处国家成品油储备能力建设项目完成竣工验收。以规划建设华北应急保供基地一三二处项目为重点，对6个近期可实施的重点项目组织可研论证，提高项目实施的可行性。瞄准“十四五”国家局规划重点，立足河北优势，谋划实施一三五处置换、八七〇处闲置土地开发利用、铁路专用线综合改造提升等一批重点项目，着力提升发展后劲。四是积极拓展仓储功能。全年全系统完成仓储物流服务收入9450万元，同比增长16.2%。一三三处、一三四处新增纯碱期货、铜杆现货、硅铁、锰硅等5个交割资质，一三四处集装箱到发31160标箱，实现仓储物流总收入1578万元，分别同比增长137%和94%。一三二处纸浆物流基地建设、九三四处化肥物流集散中心建设取得明显成效，一三二处纸浆业务全年吞吐量71万吨，占当地铁路到达总量的80%。五是高度重视疫情防控工作。严格落实各项防控措施，严密组织物资收储轮换、事业单位人员招录等各项重点工作的疫情防控，全局实现“零感染”。一三三处全力做好防疫物资保供工作，疫情期间组织聚丙烯塑料颗粒出入库7600余吨。一五〇处积极帮助石化企业纾解疫情期间面临的困难，接收油料1.03万吨，展示了国储系统的新作为。

三 坚持党建引领，强力推进党风廉政建设

一是认真履行全面从严治党主体责任和监督责任。研究制定《贯彻落实党委（党组）落实全面从严治党主体责任规定实施意见》《贯彻执行中国共产党重大事项请示报告条例的实施办法》等制度规定 13 个，突出分党组书记第一责任人职责和党组成员“一岗双责”，逐级签订责任状，形成一级抓一级，层层有责任的工作格局。强化纪检干部队伍建设，加强纪检干部培训，提升专责监督能力，监督作用得到更好发挥。二是严肃党内政治生活。认真开展政治机关意识教育、“灯下黑”专项整治和党支部标准化规范化建设，推进“灯下黑”专项整治问题整改落实。抓好“三会一课”、民主评议党员、组织生活会、民主生活会等制度落实，全年召开党建和党风廉政建设形势分析会 4 次，定期分析党建和党风廉政建设工作。高质量完成第一届机关党委、纪委选举工作，强化基层支部建设，由原来多个处室一个支部改为一个处室一个支部。积极开展创先评优活动，全系统 28 名同志、9 个基层党组织获得“两优一先”荣誉称号，1 名同志被评为省直“优秀共产党员”。三是全面加强党员干部教育管理。在全系统组织开展了以落实“九个一”为基本内容的“固初心、明纪律、守底线”集中学习教育活动，系统内各级党组织开展警示教育、廉政教育、忠诚教育 129 次，各级领导讲廉政党课 48 次，开展廉政谈话 400 余人次，营造了自觉遵守党纪党规、树牢廉洁新风正气、争做勤勉模范的良好氛围。四是积极纠正“四风”，大力倡导务实作风。研究制定《贯彻落实中央八项规定精神实施细则》，带头力戒形式主义官僚主义，下大力精简会议文件，主动下沉基层开展调研。开展“服务基层专项行动”，持续为基层减负松绑，助力基层转型发展。统筹安排 1600 余万元，支持各单位重点项目建设，解决历史遗留问题，开展环境综合治理。帮助两个基层单位成功申办了 5 个期货交割和现货交收资质。高度重视驻村帮扶工作，认真落实帮扶责任，积极引导产业扶贫，组织开展消费扶贫，圆满完成帮扶任务。五是高度重视党风廉政建设。充分发挥巡察审计利剑作用，对 9 个单位开展了巡察、审计，摸准情况，查清问题，一体推动整改落实。积极配合国家粮食和物资储备局巡视组对河北局的巡视，对巡视组指出的问题虚心接受，立行立改，有力推动了河北局政治生态建设。同时，为有效防范廉政风险，全面提升系统内各单位内部管理水平，结合实际自主研发了内控信息化系统，该系统涵盖预算控制、收支控制、采购控制、合同控制、资产控制和基本建设项目控制等六大领域，切实发挥了规范业务流程、提升工作效率、防范廉政风险的积极作用。

国家粮食和物资储备局河北局领导班子成员

阎会力　分党组书记、局长
谷国才　分党组成员、副局长
张雪峰　分党组成员、纪检组长
冯建中　分党组成员、副局长

（撰稿单位：国家粮食和物资储备局河北局；撰稿人：于永红；审稿人：李玉泽）

2020 年 1 月 19 日，国家粮食和物资储备局党组成员、副局长梁彦（左一）带队赴河北省保定市第二粮库和河北局一三二处开展春节前安全督导。

2020 年 4 月 7 日，河北局举办第一期“粮储河北大讲堂活动”，河北局分党组书记、局长阎会力（中）出席开班式并讲话。

2020 年 7 月 16 日，河北局分党组书记、局长阎会力（左）到中储粮保定直属库调研，开展服务基层专项行动，中储粮北京分公司党委常委、副总经理袁小平（右）参加。

国家粮食和物资储备局山西局

基本情况

国家粮食和物资储备局山西局挂牌成立于2019年9月。下设1个直属事业单位：机关服务中心；12个所属储备仓库，其中，3个综合仓库：一三八、一三九、六三九处；6个火工仓库：一七一、二七三、四七五、四七六、五七七、九七二处；3个成品油库：一五二、二五四、三五一处。2个事业单位所办企业山西国储物流有限公司、山西国储石化有限公司（原潞城市盛源石化有限责任公司）。共有职工2118人，其中在职人员983人（机关在职人数45人，事业单位在职938人），离退休人员1133人。

2020年工作

一 加强全面从严治党，涵养良好政治生态

一是扛稳主体责任。深入贯彻总体国家安全观，自觉从国家安全高度强化职责、担当使命。规范分党组理论学习中心组学习制度，筑牢“两个维护”思想基础。制定落实全面从严治党责任清单，分党组会议研究从严治党议题14次。针对驻委纪检组指出全面从严治党存在的具体问题，制定工作措施，全面整改落实。二是突出党建引领。扎实开展政治机关意识教育，抓好“灯下黑”问题专项整治，切实解决不同程度存在的政治意识淡化、党的领导弱化、党建工作虚化、责任落实软化等问题。持续加强党支部标准化规范化建设，开展“四强支部”创建，组织开展“党旗飘扬在专项工作一线”活动，充分发挥党组织在疫情防控工作中的战斗堡垒作用，推动基层党组织全面进步、全面过硬，促进党建和业务有机融合。三是强化监督问责。严格落实“三为主一报告”要求，配合驻委纪检组做好有关问题线索执纪问责相关工作。运用监督执纪“四种形态”，规范执纪审查工作流程，涉及执纪问责的6件遗留问题全部办结销号。落实国家粮食和物资储备局党组巡视组反馈意见，从严从实做好巡视“后半篇文章”。完成对部分储备处党委巡察。四是持续转变作风。建立局领导基层联系点制度，主动接受监督，向基层干部职工公布班子成员电话号码。制定执行深入贯彻落实大学习深调研真落实10项具体措施。严格贯彻落实中央八项规定及实施细则精神，认真开展配套制度制修订和执行情况“回头看”。践行“光盘行动”，厉行勤俭节约，制止餐饮浪费。

二 全力聚焦主责主业，履职效能不断提升

一是创新落实中央储备在地监管职责。推动建立省级粮食和物资储备安全协调机制，与省粮储局签订紧密合作协议。制定中央储备粮日常监管规程，明确管理职责任务和具体要求。落实执法规程，制定执法检查工作管理办法，明确年度检查计划制定、检查启动、结果审理以及 12325 监管热线办理等规定，建立监督制约机制。二是认真开展中央储备粮棉年度考核。依托基层仓库组建执法辅助人员队伍，制定管理办法。突出检查重点，编制考核方案和工作指引。认真开展问题整改“回头看”，做到两个年度考核和“大清查”发现问题全覆盖。三是扎实开展战略应急物资储备大清查。建立大清查山西协调机制，联合召开动员会，共同开展自查督导。周密制定方案，全力完成国家粮食和物资储备局软件测试和火炸药自查试点任务，全面完成山西辖区火、综、油、棉、糖、防汛抗旱物资普查工作。按照有关资产清查安排，组织完成 14 个预算单位和国储物流公司资产清查工作。四是统筹做好疫情防控和保供稳市。指导系统各单位扎实做好防疫工作，积极助力防疫大局，为中石化山西分公司等石化企业储存和周转油品 32 万吨，为省红十字会中转防疫物资 5.4 万余箱（桶）、中转棉被、帐篷、折叠床等 6200 余件。五是全力推进重点工程项目建设。二四五、三五一处成品油储备能力建设项目实现投油试生产。四七六、九七二处紧急改造项目和一五二等处安全综合整治项目均完成竣工验收。

三 着力破解难点瓶颈，走出老局发展新路

一是解决遗留问题成效显著。按照“消除存量、杜绝增量、防止变量”原则，多措并举推进解决遗留问题。二是仓储物流服务逆势增长。各基层处着眼提质增效，由“干租”向多元业务转变。整合客户资源，清理淘汰零散小户，引进太钢钢材装卸业务，介入站台装卸业务。调整国储物流公司组织架构，重组领导班子，完善薪酬管理、绩效考核等制度，强化事企融合，依托事业资产打造托管资产经营、危化品业务管理、仓储物流延伸服务、油品经销四大业务板块，公司市场竞争力和经济效益快速增长。三是管理创新持续提升。加大普法宣传教育，开展制度“立改废”，制订修订各类工作制度 42 项，促进依法行政、依规管理。做精物资管理，参与制定国家储备火炸药仓库有关物资和储备油库成品油出入库操作规程。提升仓库管理标准，在火炸药仓库推行标志标识标准化；试点实施《国家物资储备物权宣示牌图标方案》，修订完善《国有资产调剂使用管理办法》等制度，强化全生命周期管理。

四 营造干事创业环境，汇聚转型发展合力

一是抓班子带队伍。完成基层党委纪委和机关工会换届选举；为 10 个事业单位选配“一把手”，选拔正处级干部 2 人、副处级干部 10 人，向国家粮食和物资储备局推荐局级干部并提职 3 人，选派 2 名干部援疆；交流调整机关干部 20 人、基层干部 40 人；招聘事业单位工作人员 82 名。举办中青年科级干部和事业单位新进人员岗前培训班；加强专业能力培训，重点补齐粮食监管执法专业能力短

板。2个单位和5名个人获评国家粮食和物资储备局系统“干事创业好团队”“担当作为好干部”；1个集体和2名个人获评抗击新冠肺炎疫情先进集体和先进个人。二是守牢“三条底线”。加入省安全生产委员会，融入地方安全监管体系。落实安全生产责任制，以物资出入库作业、基建施工和生产作业单位为重点，全面加强安全管控。认真开展安全生产全面检查、专项检查，实行安全隐患清单管理和安全隐患分级挂牌督办。加大应急训练演练，全年举办应急演练50余次。开展危化品仓库重大危险源专项检查评估，积极推进解决存在问题。坚持开展“三零”单位特别是“零事故”单位创建，全年未发生安全生产责任事故。持续加强党风廉政建设，坚持执纪监督“控新”“治旧”一体抓，努力营造政治清明、政通人和的发展氛围。修订落实信访制度，压实信访主体责任，加大“三性”问题分析研判，积极回应职工群众合理诉求，全年信访举报件大幅降低。三是切实关注民生。慰问承担专项任务较重的九七二处职工，为生活困难党员和职工争取帮扶救助资金，设立机关职工餐厅，重视老干部工作，落实“两个待遇”，着力提高职工收入，基层事业单位职工人均收入同比增加8.5%以上。

国家粮食和物资储备局山西局领导班子成员

杨永宁　分党组书记、局长
张三中　分党组成员、纪检组长
段　鹏　分党组成员、副局长
韩静涛　分党组成员
柴亚敏　分党组成员、副局长
胡润贵　二级巡视员
樊军田　二级巡视员（2020年10月退休）

（撰稿单位：国家粮食和物资储备局山西局；撰稿人：梁晋；审稿人：杨永宁）

2020 年 4 月 25 日，山西省委常委、省政法委书记商黎光（前排左三）赴山西局一五二处调研，山西局分党组书记、局长杨永宁（前排左二）参加调研。

2020 年 7 月，山西省粮食和物资储备局和山西局牵头成立山西省粮食和物资储备安全协调机制。7 月 21 日，在太原召开协调机制第一次会议，成员单位交流研究机制运行模式、职责分工等事宜。

2020年8月3日，山西局分党组书记、局长杨永宁（右四）率队前往中储粮山西分公司，召开2019年度中央储备粮棉管理和中央事权粮食政策执行情况考核考前见面会。

国家粮食和物资储备局内蒙古局

基本情况

国家粮食和物资储备局内蒙古局（以下简称“内蒙古局”）于 2019 年 9 月成立，机关内设处室 9 个。截至 2020 年底，机关在职公务员 33 名，离退休人员 50 名。主要职责是负责辖区内粮棉糖、石油、天然气、食糖和中央救灾物资等中央储备监管工作及战略物资日常管理工作。所属事业单位共 5 个，分布在呼和浩特市、包头市、乌兰察布市所辖区县。事业单位出资企业 2 个，分别为内蒙古国储物流公司和乌兰察布映山饭店。

2020 年工作

一　落实疫情防控和保供复产各项举措

积极应对新冠肺炎疫情冲击，在严格落实各项疫情防控要求基础上，全力支持地方疫情防控和保供复产工作。八三六处先后为自治区红十字会和有关企业抢运各类物资 100 余批次，合计约 9.2 万吨。一七〇处帮助中石油、中石化解决疫情期间成品油周转库容紧张难题，代储成品油 2.7 万余吨。在全国储备系统 23 个新建油库项目中，成为第一个成功试生产的仓库。一三六处成立疫情防控志愿队，承担驻地两个小区的疫情防控工作。映山饭店克服疫情冲击，全年安全稳定。一七〇处和一三七处王琪同志、八三六处郭兴龙同志分别获得国家粮食和物资储备局抗击疫情先进集体和先进个人表彰。全局系统党员干部主动交纳支持新冠肺炎疫情防控党费和捐款共计 82500 元。

二　做好国储物资和应急防汛物资收储管理

专项工作顺利入库，中央应急救灾和防汛抗旱物资首次收储，极大增强了内蒙古局的储备实力。两个直属仓库共接收中央防汛抗旱物资 9 个品类，货值 1280 万元。接收中央应急救灾物资 6 个品类，货值 6023 万元。积极向地方党委政府汇报工作，争取支持。国庆节前夕，自治区党委副书记、政府主席布小林到八三六处调研检查战略和应急物资储备工作。

三　创新中央储备在地监管方法

创新监管方式，探索开展嵌入式调研监管、工作会商式常态化监管、重要舆情监管 3 种监管新方式，制定《常态化监管计划》《监管责任清单》，建立收购、销售、轮换各环节监管台账，重点关注政策粮拍卖出库、轮换计划执行情况，密切跟踪玉米价格节节攀升情况下拍卖出库可能引起的商务纠纷舆情，将日常监督贯穿年度考核全过程。组织对中储粮 60 个库点的年度考核、实地督查和“大清查”问题整改“回头看”，全年发现辖区内中储粮分支机构问题隐患 23 个，跟踪问题隐患整改，实现以考核推动中办 48 号文落实落地，以考核推动问题隐患整改和管理漏洞的堵塞，确保辖区中央储备粮和中央事权粮食安全。

四　圆满完成“两项清查”

完成了战略应急物资储备大清查、国有资产大清查。战略应急物资储备大清查是系统建立 60 多年来第一次摸清家底的行动，落实有库必到、有物必查、有账必核、查必彻底、全程留痕的有关要求，压实仓库承储主体责任，厘清垂管局监管责任，建立三方问题隐患整改台账，跟踪问题整改，圆满完成了核查、清查工作。以国有资产清查和局、处离任审计发现问题整改为契机，谋划解决历史遗留问题，常态化做好国有资产规范管理工作。利用国有资产开展经营创收的能力进一步提升，基本保证了基层单位的正常运转。

五　安全生产和“科技兴储”工作顺利开展

压实安全责任，局、处班子定期专题研究安全工作，落实“安全整治三年行动”计划。加强安全生产标准化管理，制修订内蒙古局《储备仓库安全生产守则》《战略应急物资在库日常管理守则》等 4 个守则。大力消除安全隐患（投入 224 万元），全年组织开展“四不两直”检查 4 次。一七〇处成功组织了消防反恐综合应急演练，提升了应急处突能力。落实国家粮食和物资储备局科技活动周会议精神，制定“科技兴储 10 项举措”。成立信息化工作推进小组，研究开发适合物储系统的编码追溯技术，建立储备物资管理信息化平台。成功申报并组织实施“科技助力经济 2020”重点专项，建设智能恒温库。

六　加强重大问题研究和规划编制

深入贯彻国家局“1+5”规划编制要求，切实发挥规划引领、项目支撑、信息化赋能、创新驱动作用。立足实际，高起点高标准开展规划编制。组织专班摸排各直属仓库基础设施现状和剩余土地资源情况。邀请科技型企业和粮食专家走进储备仓库，走访自治区十余家厅局、央企，听取他们对健全储备体系提升储备效能的建议，形成内蒙古局“十四五”规划思路建议报送国家局，并向自治区分管副主席做了专题汇报。在“十四五”规划建议稿基础上，深入开展内蒙古地区国家储备短板、弱项等重大问题研究，形成《完善国家战略物资和应急救灾物资储备体系提升储备效能有关问题研究》软课题研究报告，获得国家粮食和物资储备局软科学课题“具有较高学术水平和实用价值”等次。组织实施机关办公楼水电管道改造项目和八三六处安全综合整治提升项目，谋划争取一三六处、一三七处 2 个综合仓库安全综合整治提升项目。

七 抓实“人才兴储”，干部队伍建设得到加强

选任调整 9 名处级干部充实各单位领导班子，解决 2 名公务员身份重新登记备案历史遗留问题，晋升 1 名二级巡视员；加大事业单位新人招聘力度，引进 27 名大学生充实基层队伍。编制并实施全局干部能力提升培训方案，举办 2 期干部创新思维研讨班和新录用人员入职培训班，共有 120 多人次参加了培训。用好用足各项政策，落实保障待遇。各直属单位结合财力情况和实际需求，陆续有重点地解决了行政区和家属区集中供热、防水等民生问题，从吃住行各方面对新聘用人员关心照顾。

八 把党的政治建设摆在首位，党建业务融合呈现新气象

全年组织中心组集体学习 9 次，分党组书记和党组成员讲党课 3 次，纪检组长作辅导报告会，将学习贯彻习近平新时代中国特色社会主义思想不断引向深入。加强制度建设，制修订全局 14 项制度。改选机关党委、纪委，加强基层党组织建设，完成 2 个基层单位政治巡察。严格执纪问责，对 1 个直属单位班子由分党组进行集体约谈，责令召开专题民主生活会反思整改，在两个直属单位开展为期一个月的严明纪律整顿工作。狠抓信访案件化解，对久拖不决的信访案件挂牌督办，组成专班，深入解剖麻雀，形成了既尊重历史又经得起历史检验的处理建议。贯彻党的创新理论，创刊《蒙储新语》，全年编发 6 期，为改革建言献策；向国家粮食和物资储备局报送《工作情况》12 期。压实基层仓库领导班子的主体责任，制订实施《储备仓库领导班子任期目标考核奖惩责任书》，激发基层领导班子干事创业活力。

国家粮食和物资储备局内蒙古局领导班子成员

李福君　分党组书记、局长
王兰柱　分党组成员、副局长
穆良权　分党组成员、纪检组长

（撰稿单位：国家粮食和物资储备局内蒙古局；撰稿人：刘扬；审稿人：黄永恒）

2020 年 9 月 29 日，内蒙古自治区党委副书记、自治区主席布小林（右二）调研内蒙古局应急物资和战略物资储备情况，内蒙古局分党组书记、局长李福君（右一）陪同。

2020 年 6 月 29 日，内蒙古局分党组书记、局长李福君（右二）带队到内蒙古和林格尔新区显鸿科技公司，围绕物联网技术在国储系统的应用进行调研。

2020 年 8 月 3 日，内蒙古局召开传达贯彻国家粮食和物资储备局“双先”表彰会议，内蒙古局分党组书记、局长李福君(左二)，分党组成员、副局长王兰柱(左三)，分党组成员、纪检组长穆良权(左一）出席会议。

国家粮食和物资储备局辽宁局

基本情况

国家粮食和物资储备局辽宁局（以下简称“辽宁局”），是国家粮食和物资储备局的垂直管理机构，于2019年6月更名。主要职责是：负责监管辖区内中央储备粮棉管理情况，承担有关年度考核工作；按权限查处有关案件，并提出相关处理意见和追责建议；负责辖区内国家战略物资收储、轮换、出库的组织实施和日常管理，监督检查储备物资数量、质量和存储安全；负责监管辖区内石油、天然气、食糖和中央救灾物资等中央储备；按照国家粮食和物资储备局指令，落实重大灾害及突发性事件的有关中央储备物资保障工作等。

2020年工作

一　聚焦核心职能，认真履行确保国家粮食和物资储备安全职责

一是管好“天下粮仓”，不断强化对中央储备粮在地监管。顺利完成2019年度中央储备粮棉管理和中央事权粮食政策执行情况考核。积极跟踪了解中储粮辽宁分公司问题整改情况和2020年轮换工作进展情况，对部分问题进行核实。掌握辽宁地区中央储备棉糖库点布局和实际储存情况，对中央储备糖的日常养护、出入库进行监管。开展涉粮问题整改“回头看”专项行动督导检查，对中储粮在辽宁17个直属企业进行现场督导检查。大力加强粮食业务执法督查能力建设，组织年轻业务骨干开展执法督查业务专题培训，提升全员涉粮业务水平。二是践行“为国管储”，积极推进战略应急物资储备大清查工作。建立大清查协调机制，成立大清查工作领导小组以及专项工作组，制定总体实施方案及分品类工作方案，认真完成自查、普查、复查阶段各项清查任务，并配合国家粮食和物资储备局抽查组，开展辽宁辖区中央储备原油抽查工作。三是担当使命任务，稳步推进专项工作。贯彻“一库一批一方案”要求，落实垂管局领导责任和监管责任，分党组靠前指挥，业务部门一线蹲守，统筹力量成立专项作业预备队，确保全局一盘棋。根据《安全隐患检查复核工作方案》及《安全隐患整改落实情况检查复核表》，逐项检查复核，确保任务安全顺利。

二 紧扣时代主题，持续推进事业改革发展

一是以制度建设为重点增强工作规范化。适应新要求、新职责，将机构改革后印发的 82 项规章制度汇编成册，全员依法行政、依规办事的意识显著增强，工作的制度化、规范化水平持续提升。二是扎实推进机构改革工作任务。严格按照新的“三定”方案设置了机关各部门，重新调整配置人员，全面梳理机关各处室的职责。三是以发展助力改革构建事业“大发展”格局。九七三处紧急改造专项工程项目竣工验收，二三九处安全综合整治工程项目持续推进，二三九处综合性国家储备基地项目已完成可研上报及评审工作。继续加大经营业务转型升级力度。

三 扛起政治责任，确保安全稳定局面

一是全面落实安全责任制，持续强化安全稳定工作。垂管局与各基层单位、各基层单位内部都签订安全稳定责任书，实现安全管理“重心下沉，关口前移”，全局“横到边，纵到底”的全覆盖安全管理格局进一步完备。紧盯节假日、重大会议等关键时点，局领导带队深入一线、直奔现场，按照 9 个方面 7 项内容进行清单式检查。编制了重大危险源迎检工作方案，并部署开展“安全生产月”和防灾减灾日活动，督促各基层单位加强灾害隐患排查整治，增强应急处置保障能力，推动应急管理工作落实。二是打赢新冠肺炎疫情防控“阻击战”。贯彻全国粮储系统应对疫情做好粮油市场保供稳价工作视频会议精神，组建疫情防控领导小组，制定应急预案和工作方案，及时有效处置各项防疫工作，密切关注粮油市场供应情况。积极调配资金，全局累计用于防疫的直接支出 50 余万元。严格做好常态化防控，以有国（境）外及中高风险地区返回或接触人员为重点，及时掌握局内人员流动情况，确保无遗漏、全覆盖。

四 持续加强领导班子和干部队伍建设

一是加强干部管理和培养。完成 411 名干部档案审核认定。扎实做好各级领导班子和领导干部考核，开展干部选拔任用和调整。全局共调整任用、交流挂职、选拔晋级 30 余人，并选派 1 人援疆，有效地调动了广大干部干事创业劲头。二是强化干部监督。认真开展领导干部个人有关事项报告、专项整治工作，年度报告、随机抽查、重点查核共计 67 人次，全面复核 2019 年以来个人事项查核比对结果，进行自查评估和问题整改工作。三是组织完成事业单位人员招聘工作。共招录 24 人，为事业发展增强了人力资源储备。四是落实年度培训计划。机关开展 11 个各类业务培训班，各基层单位自行组织和参加地方培训 100 余个班次，大力推进了干部素质和能力提升。

五　不断夯实事业发展基础性工作

一是组织开展资产清查。系统掌握行政、事业、企业等单位占有使用国有资产的数量、价值、结构、使用与管理等情况，实现全面摸清家底、完善动态监管、健全管理制度、财务资产两结合。二是全过程抓好预算管理。对行政事业单位预算执行进行监督，通过通报、约谈等方式，督促各单位严肃预算执行。加强资产配置、使用、处置的审核，从入口到出口全方位抓好资产管理。重新梳理资产出租出借的内部审批流程和职责分工，实行第三方评估，履行招投标手续。三是加快项目建设。落实好储备仓库安全综合整治二三九处初步设计、涉密工程认定工作，参与国家粮食和物资储备局组织初步设计评审工作，从严规范项目招标，顺利推进开工建设。做好九七三处紧急改造专项工程开复工工作，完成项目竣工验收。完成局机关信息化建设二期分级保护测评工作，积极推进储备仓库信息化建设二期分级保护测评。四是加强法治机关建设。成立法治机关建设工作领导小组，对法治机关建设工作进行集中领导，指导所属事业单位积极推进法治建设。严格执行重大行政决策合法性审查规定，全面落实依法行政要求。认真落实行政执法公示等制度，依法依规开展日常监管。五是营造良好工作氛围。慰问困难党员、职工 65 人，发放慰问金 6.5 万元。设置党建文化宣传栏、图片板、文化墙，建立职工活动室、机关阅览室，提高职工体检标准，持续培育单位文化，增强凝聚力、战斗力。认真落实离退休老干部“两项待遇”，调增体检费标准，修订医药费报销制度，解决了老同志住院个人垫资问题。

六　突出政治引领，全面落实从严治党主体责任

一是坚决做到“两个维护”。深入贯彻《中共中央关于加强党的政治建设的意见》《关于新形势下党内政治生活的若干准则》，严格执行《中国共产党重大事项请示报告条例》，制定分党组请示报告实施办法，健全储备体系提升储备效能、切实增强国家粮食安全和战略应急物资储备安全保障能力等工作措施方案。贯彻落实系统党建暨党风廉政建设工作会议精神。二是深化理论武装。深入学习《习近平谈治国理政》（第三卷）等理论教材，全面开展党的十九届五中全会精神学习贯彻活动，持续推进“两学一做”学习教育常态化制度化，不断深化“不忘初心、牢记使命”主题教育成果，不断提高理论学习的针对性和实效性。三是强化组织建设。召开局直属机关第一次党员代表大会，选举产生了第一届直属机关党委和纪委；研究制定年度党建工作要点，明确全年党建工作的目标和任务，形成落实全面从严治党主体责任清单；聚焦党支部标准化规范化建设，组织各党支部对照查找存在问题和未达标事项，逐项整改规范。四是推进党风廉政建设。开展垂管单位纪检监察体制改革试点工作，严格落实驻委纪检监察组指出全面从严治党存在问题的整改工作，分解任务，推动全面从严治党向纵深发展。严格落实党风廉政建设责任制，细化完善党风廉政建设责任书，召开季度分析例会，查找分析廉政风险点，明确具体整改措施，进一步推动“两个责任”和“一岗双责”有效落实。深入开展工程项目廉政风险防控工作，累计开展项目工程过程监督 10 次。加强巡视整改和巡察监督，对两个单位开展了巡察。五是加强作风建设。通过集中学习、召开警示教育大会等方式抓好关键时间节点教育提醒。建立信息平台，开展家庭助廉宣传，制止餐饮浪费。依托省反腐倡廉警示教育基地，深入开展纪

律教育和警示教育。坚持开展廉政谈话，全年共开展集中廉洁教育 50 次，分党组成员共开展廉政谈话 107 人次，各基层单位领导班子开展廉政谈话 291 人次。

国家粮食和物资储备局辽宁局领导班子成员

王纯禄　分党组书记、局长
苏立伟　分党组成员、副局长
曹　智　分党组成员、纪检组长
张庆坤　分党组成员、副局长

（撰稿单位：国家粮食和物资储备局辽宁局；撰稿人：张浩；审稿人：王纯禄）

2020 年 6 月 30 日，辽宁局召开 2020 年度辽宁局党的工作暨党风廉政建设工作会议。分党组书记、局长王纯禄（主席台左二），分党组成员、副局长苏立伟（主席台右二），分党组成员、纪检组长曹智（主席台左一），分党组成员、副局长张庆坤（主席台右一）出席会议。

2020 年 6 月 3 日，辽宁局分党组书记、局长王纯禄（左一）检查物资专项作业现场安全防范措施部署落实情况。

2020 年 8 月 6 日，辽宁局分党组书记、局长王纯禄（右一）在中储粮辽宁分公司沈阳直属库进行 2019 年度中储粮考核督导。

国家粮食和物资储备局吉林局

基本情况

国家粮食和物资储备局吉林局（以下简称“吉林局”）成立于2019年6月5日。负责监管辖区内中央储备粮棉管理情况，会同地方有关部门监督检查中央事权粮棉政策执行情况，承担有关年度考核工作。按权限查处有关案件，并提出相关处理意见和追责建议。负责辖区内国家战略物资收储、轮换、出库的组织实施和日常管理，监督检查储备物资数量、质量和存储安全。负责监管辖区内石油、天然气、食糖和中央救灾物资等中央储备。按照国家粮食和物资储备局指令，落实重大灾害及突发性事件的有关中央储备物资保障工作。内设机构10个，行政编制48名。全局共有8个基层单位，事业编制824名。

2020 年工作

一 党的建设更加引领有力

坚持党建统领地位，认真落实国家粮食和物资储备局系统党的建设暨党风廉政建设工作会议精神，推动党建与中心工作深度融合。突出抓好党的政治建设，深入学习贯彻习近平总书记关于粮食和物资储备重要论述，举办十九届五中全会精神读书班，在杨靖宇干部学院举办“守初心、担使命”党性教育培训班，增强“四个意识”，坚定“四个自信”，做到“两个维护”。深化“让党中央放心、让人民群众满意的模范机关”创建活动，“政治机关”意识和能力进一步增强。广泛开展党建质量提升工程暨星级达标创建，7个党委、36个在职党支部100%达到“五星”级标准。落实垂管单位纪检监察体制改革试点，建立“三为主一报告”纪检工作机制，党风廉政建设监督责任更加明晰。加强分党组班子自身建设，班子成员严守政治纪律政治规矩，重大任务勇担当、冲在前，凝聚力战斗力进一步凸显。组织各级党组织认真学习贯彻张务锋局长、李悦副省长在吉林局视察时的重要讲话精神，把讲话中部署的工作作为当前和今后一个时期重要的工作任务。局分党组《全面强化粮食流通、安全生产和物资储备监管，健全完善监管体制机制研究》软科学课题调研论文成果被国家粮食和物资储备局认定并颁发证书，“顺应改革发展大势，积极推动四个转变”做法在全国粮食和物资储备工作会议上做书面交流。

二 主责主业更加担当有为

认真履行粮食监管职责。推进日常监管与考核监管“两手抓”“全覆盖”。安排近60%机关干部参加执法培训，建立动态专家库，返聘专家顾问，与地方局联合执法，监管执法效能明显提高。加大对中储粮年度考核力度强度，创新方式方法，敢于较真碰硬，查出7个方面121条问题、10余条深层次问题。组织跟踪问效“回头看”，有力触动中储粮吉林分公司严肃整改，整改率近100%。高标准做好战略物资储备各项工作。二三七处、二三八处圆满完成年度物资轮换任务。全面完成战略物资储备大清查和国有资产大清查，精准摸清底数交出了“明白账”。六三五处积极推进物资储备标准化管理，以大清查为契机对钛合金墙距不规范等问题进行整改，体现了很强的工作责任心和主动性。圆满完成支援安徽省防汛抗洪抢险物资紧急调运国家任务。

三 转型发展更加提速有质

积极盘活存量强基础、做优增量引活水，推动发展模式向敢闯新路、谋划长远转变。抢抓国家公共卫生物资储备区域布局大好机遇，以六三五处资产置换搬迁为契机，争取国家战略应急物资东北基地项目立项并顺利达成签约。抢抓进度完成二五三处成品油能力建设项目，提前8个月试储运行。重新构建国储物流公司体制机制、业务功能，全面开启运营，立足国储物资物流主体系统开展业务，与中铁物流合作谋划建设物流基地，发挥专用线优势办理集装箱业务资质，完成吉储大厦部分闲置楼层出租，创收业绩实现大的突破。利用国家粮食和物资储备局“民生工程三年行动”契机，修缮闲置办公场所，启动粮食和战略物资监管信息中心项目建设，办公条件环境有效改善。落实“安全生产专项整治三年行动计划”，二七八处仓库安全综合整治建设项目等顺利完成。

四 安全基础更加夯实有底

坚持守牢安全稳定廉政“三条底线”，完善“层层负责、人人有责”的责任体系，定期研判安全稳定形势，做好防火、防汛、“安全生产月”等专项工作，加强“三共”建设，强化敏感时期安全管控和风险防控。压实党风廉政建设责任，用好监督执纪“四种形态”，一体推进不敢腐、不能腐、不想腐。制定“十条禁令”，有效筑牢了廉洁防线。高度重视疫情防控，开展“三看四比五带头”专项行动，党员干部积极捐款，机关30余名党员深入社区、机场抗疫一线，发挥重要作用。二五三处、二七八处地处吉林市疫情重灾区，做到防控与生产两不误。实现疫情防控零感染，安全生产零事故，内部维稳零上访，安全保密零事件，党员干部零违纪。

五　干事动力更加凝聚有效

抓班子带队伍，坚持忠诚干净担当用人标准，选强配齐基层处领导班子，公开招录 4 名公务员，双选接收 2 名军转干部，事业单位公开招聘 14 名毕业大学生，建立后备干部人才库，科学构建人才梯队，推动职级并行、上下挂职锻炼，妥善解决困扰干部职工的难题。改革人员考核和收入分配机制，在政策范围内提高职工收入和福利待遇，广大干部职工干事创业的积极性主动性进一步激发。

国家粮食和物资储备局吉林局领导班子成员

孟令兴　分党组书记、局长（2020 年 5 月任职）
李景宏　分党组成员、一级巡视员
肇恒超　分党组成员、副局长
李卫宁　分党组成员、纪检组长
王　涛　分党组成员、副局长（2020 年 11 月任职）

（撰稿单位：国家粮食和物资储备局吉林局；撰稿人：刘冶；审稿人：孟令兴）

2020 年 12 月 23 日，国家发展和改革委员会党组成员，国家粮食和物资储备局党组书记、局长张务锋（右三）率队在吉林省调研粮食和物资储备工作，吉林省副省长李悦（右一）参与调研。

2020 年 5 月 20 日，吉林局分党组书记、局长孟令兴(右二）带队到二三八处库区调研粮食储备工作。

2020 年 7 月 3 日，吉林局分党组书记、局长孟令兴（右一）在白城国储粮食储备有限公司粮仓内检查粮情。

国家粮食和物资储备局黑龙江局

基本情况

国家粮食和物资储备局黑龙江局最早成立于1954年8月，时称“黑龙江省物资储备局”。1995年10月，改称“黑龙江储备物资管理局”。所属二三三处、二三五处始建于1947年，是国家物资储备系统最早建立的储备仓库。2019年6月，更名为“国家粮食和物资储备局黑龙江局”（以下简称“黑龙江局”）。机关内设办公室、粮棉糖和救灾物资监管处、战略物资和能源监管处、法规体改处、规划建设处、财务审计处、安全仓储与科技处、执法督查处、人事处（离退休干部处）、机关党委10个处室，编制50人，在职40人，离退休56人。局属事业单位9个，编制1108人，在职709人，离退休828人。

2020年工作

一 抓好新冠肺炎疫情防控

向黑龙江省人民政府提出建立健全央地协同联动的应急物资保障和战略物资储备政策建议，在省政府“协调建立完善物资储备体系提高储备效能”专题会议上作主汇报。成立疫情防控工作领导小组，分级编制疫情防控方案和应急预案。贯彻落实保供稳价会议精神，实行一线工作法，监管辖区粮油市场供应不脱销、不断档。以储备仓库“三区”卡口死看死守为核心，用好“防疫三宝”。投入资金17万元购置防疫物资，有效保证了职工群众的生命安全和身体健康。二三三处接卸消毒液原料33万箱、装车成品430吨。在武汉抗疫艰难时刻，发运20余吨消毒液实施有力支援。疫情严峻时期，共为地方政府、生产企业接转防疫、农资等物资60余万吨，有效发挥应急救灾作用。

二 抓好粮食储备安全监管

针对黑龙江省粮食管理“六最”特点，运用建立工作联系、信息共享机制、秋粮收购平台、中储粮分库点数据库、多渠道强化培训等“组合拳”，着力提升监管效能。委托质监中心采取10倍于日常扦样密度做法，还原事实真相，有效应对舆情。开展中央储备粮棉管理和中央事权粮食政策执行情况

2019 年度考核，实地核查货位 1087 个。以高度的政治责任感抓实涉粮问题整改“回头看”专项行动，组织召开专项行动联席会，分两组对辖区中储粮直属企业全覆盖督查复核，粮食“大清查”和 2018、2019 年度考核中涉粮问题整改完成率达到 94.6%。

三　抓好战略物资储备管理

认真贯彻国家粮食和物资储备局专项物资收储轮换工作部署，及时报告省政府，协调地方有关部门强化联防联控。在国家粮食和物资储备局督导组支持下，安全完成年度任务。立足发挥战略应急作用，首次接收 9 个品类中央防汛抗旱物资。把战略应急物资大清查工作作为“大考”，建立厅局协调机制，坚持“有仓必到、有物必查、有账必核”，全面完成各品类物资数量、资金、安全检查以及抽检取样。对发现的问题建立台账、销号管理，确保各类物资数量准确、质量合格、储存安全。落实国家粮食和物资储备局资产清查要求，成立领导小组，制定清查方案，指导清查单位提前开展自查。针对存在问题，限时进行整改，确保资产安全。完成对局、处主要负责同志的离任审计。制定发展战略，成立仓储资源优化办公室，调度全局发展资源，推动集装箱运输资质、成品油代储拓展、第二钢材市场开辟、承接国储物资物流服务等取得实效。出租机关服务中心综合楼，保证国有资产保值增值，确保了全局预算平衡。

四　抓好党的建设和党风廉政建设

一是深入宣贯落实“两决定一意见”。成立落实专班，搭建“每日竞答”“青年学习论坛”两个平台，提出“五个对标”要求，开展“九个一”活动。出台“大学习、深调研、真落实”实施方案，统筹推进“七个方面大学习”“八个课题深调研”“十个加强真落实”活动内容。以习近平总书记关于粮食安全重要论述等为主要内容编印《学思践悟保粮安》，领悟和把握核心职能要义，积极营造抓落实、促发展的浓厚氛围。制（修）订各项规章制度 70 项并形成汇编，持续深化“两决定一意见”的落实成效。二是守牢安全稳定廉政“三条底线”。落实责任、制度、保障、考评四个体系，确保“两个安全”。建立全员安全生产责任制，强化隐患排查治理。开展与武警、公安、消防等部门的应急综合演练；定期研判“三性”问题，及时掌握职工思想脉搏。坚持人民至上，回应职工诉求。圆满解决 41 名超编人员不能纳入养老保险统筹等问题。突出纪检监察体制改革试点推进，严格“三为主一报告”制度。结合机构调整和职责履行，排查廉政风险，完善防控措施。坚持运用监督执纪“四种形态”特别是第一种形态，推动监督更聚焦、更精准。三是严肃党内政治生活。突出党建促发展、聚焦主责履职能，以抓实“第一责任人”责任落实为带动，以落实“一岗双责”“三级四岗”责任为抓手，全面落实“两个责任”。将政治巡视作为对分党组贯彻落实国家粮食和物资储备局部署的全面体检，本着“四个负责”客观真实反映情况。根据巡视反馈问题清单，制定整改台账，逐项落实措施、时限、责任部门和责任人，确保整改实效。确定事业单位领导班子和领导干部的任期目标，选任 14 名处级领导干部充实各级班子。举办 13 个培训班提升广大干部政治、业务素质。加强储备文化建设，让为国管粮管储理念刻于意识、见于行动。

国家粮食和物资储备局黑龙江局领导班子成员

张继祥　分党组书记、局长
孙万军　分党组成员、纪检组长
潘　升　分党组成员、副局长
李迎春　分党组成员、副局长
王敬华　一级巡视员

（撰稿单位：国家粮食和物资储备局黑龙江局；撰稿人：刘贵友；审稿人：张继祥）

2020 年 10 月 23 日，国家粮食和物资储备局党组成员、副局长卢景波（前排右二）到黑龙江省绥化市督导涉粮问题整改“回头看”专项行动暨秋粮收购工作，黑龙江局分党组书记、局长张继祥（二排右一）陪同。

2020 年 10 月 28 日，国家粮食和物资储备局督查专员李成毅（左二）到黑龙江局二三五处检查应急救灾物资管理工作，黑龙江局分党组书记、局长张继祥（右二）陪同检查。

2020 年 8 月 19 日，黑龙江局分党组书记、局长张继祥（左四）到中储粮齐齐哈尔直属库对粮食年度考核工作进行督导。

国家粮食和物资储备局安徽局

基本情况

国家粮食和物资储备局安徽局（以下简称“安徽局”）作为国家粮食和物资储备局在安徽的监管机构，肩负着“为国管粮、为国管储”的使命。安徽局机关设置 9 个职能处室，42 名行政编制。全局现有在职职工 288 人，其中机关在职工作人员 35 人，离退休人员 340 人。下辖 5 个基层储备仓库，代储监管 13 个储备库：分别是位于江浙沪的中石油、中石化、中化、中航集团所属的 9 个成品油库，中储棉阜阳库，中粮华商中心蚌埠糖库，安徽省救灾减灾中心合肥库，中央防汛抗旱物资蚌埠库。

2020 年工作

一 闻令而动，疫情防控有力有效

建立全局应对疫情防控工作联动机制，突出协同发力成效。切实统一对抓好疫情防控工作极端重要性的认识，第一时间成立专班、制定方案，认真落实各项防控措施。主动配合地方政府做好粮油市场保供稳价行动、党员“下沉”活动；充分发挥国家储备应急保障作用，坚持油料收发正常作业，保障区域市场稳定供应、纾解社会企业库容难题。坚持一手抓防控，一手抓发展，突出 3 个在建重点工程项目，及时推进复工复产，基层单位扛稳主体责任，取得“两战两胜”。

二 凝心聚力，干事创业心齐劲足

修订完善《中共国家粮食和物资储备局安徽局分党组工作规则》《国家粮食和物资储备局安徽局工作规则》和《国家粮食和物资储备局安徽局重大事项议事决策规则》等规章制度；研究制定加强安全、稳定、廉政工作的实施意见，强化内控工作相关要求，建立制度与执行制度两手抓。一系列基础性制度机制的建立健全，构筑起安徽局改革发展的“四梁八柱”。严格组织程序，坚持公开、公正、公平，基本完成机关处级干部的选拔任用和基层单位班子的调配补充。

三 强基固本，“三条底线”持续守好

一是持续守好安全底线。落实全员安全生产责任，签订安全稳定责任书253份。强化安全生产和作业监管，实现全年安全生产无事故。创新工作方法，开发安全工作“三色码”管理程序，推进安全工作全过程信息化管理。深化隐患排查整治，实行清单管理，“挂号”通报，全年开展各类检查73次，发现隐患113项，整改101项，累计投入隐患整改资金2677.8万元。完善安全内控体系建设，健全全链条安全管理机制，制定安全生产专项整治三年行动计划及其工作规则。二是持续守好稳定底线。强化群众观念，围绕“事要解决、怨要纾解”目标，准确理解运用法律，正确履行职责，及时回应职工群众合理诉求，推动解决突出矛盾问题。落实局领导开门接访制度和每季度下基层蹲点制度，针对信访突出事项，班子成员主动靠前、亲自协调化解。三是持续守好廉政底线。加强廉洁从政教育。结合系统内外典型案例，持续深化专题警示教育活动，参观廉政警示教育基地，观看廉政教育片，筑牢拒腐防变思想防线。压紧压实“两个责任”，签署廉政责任书46份，廉洁承诺书153份。有序推进纪检监察体制改革试点。按要求调整纪检组长分工，及时选配专人补充增强纪检组人员力量。落实“三为主一报告”制度，认真开展驻委纪检监察组移交、转办事项核查处置和指出问题整改落实。强化纪律规矩执行。

四 顶压前行，中心工作圆满完成

一是扎实开展两项“大清查”，摸清储备家底，交出“明白账”。坚持高位推动、全局动员，通过对皖苏浙沪四省市、19家单位涉及7大品类、103分类战略应急物资储备清查，摸清了家底，全面交出数量质量清楚账、存储安全底线账、资金费用明白账。扎实规范有序推进国有资产大清查，交出高质量的资产明白账。二是强化政治担当，圆满完成“专项工作”任务。发起并建立了省直相关部门和宣城市政府等8家单位为成员的轮换常态化协调机制，达成保障国家战略物资安全的共识，形成共商共管共保安全的合力。物资安全顺利入库，受到国家粮食和物资储备局领导和督导组的高度赞扬。三是强化监管督查，扎实履职尽责。圆满完成对中储粮安徽分公司、南京分公司和中央储备粮、棉及油脂库11个直属库41个库点的2019年度考核任务。扎实开展问题整改“回头看”专项行动。圆满完成辖区内政策性粮食入库质量抽检复核工作。四是，聚焦项目支撑，增强国储实力。强力推进国家成品油储备能力三五二处工程建设收尾工作，进入试运行；四七一处、三五九处安全综合整治提升项目顺利通过竣工验收。

五 顺势谋事，愿景蓝图绘就新篇

一是整体规划六三四处，将村落式分散仓库连点成面，进行综合物资物流通用基地设计，得到专家及上级业务部门的首肯。二是充分发挥成品油储备资源优势和代储监管行业优势，锻炼培养专业人才队伍，为国家专项收储任务做好准备。调研探索推动国家成品油储备及轮换交易中心、成品油期货

交割中心建设。三是合理配置优质洞库资源，结合国家战略，聚焦主业主责，进一步探索战略物资储备路线。

六 “打铁铸魂”，模范机关助推发展

一是聚焦“两个维护”，制定“三要点”“两清单”“一责任书”，坚决抓好党中央国务院重大决策部署落实。严格执行重大事项请示报告制度，坚持把请示报告和履职尽责统一起来，及时主动报送新班子履职情况。抓好机关党建“灯下黑”问题专项整治和“双争一创”活动。开展分党组学习 23 次、中心组学习 12 次，切实把党员干部思想认识统一到党中央决策部署上来。二是坚持党务业务同步抓、同落实，各项重大任务中，发挥党员、基层党组织先锋模范、战斗堡垒作用，1 个集体、1 名同志分别获全国粮食和物资储备系统先进集体、先进个人和劳动模范表彰，1 个集体、2 名同志分别获国家局“干事创业好团队”“担当作为好干部”表彰，1 个集体、2 名同志获国家粮食和物资储备局抗击疫情先进表彰，1 名职工家庭被评为省直机关抗击疫情“最美家庭”。三是制定《中共国家粮食和物资储备局安徽局分党组党的建设工作责任清单》，坚持班子带头，以上率下，机关基层一体联动，形成党建工作合力。围绕“组织有力、堡垒坚强”，对标一流，持续开展基层党组织标准化规范化建设和党支部建设提升行动。四是严格执行中央八项规定及其实施细则精神、国家粮食和物资储备局党组实施办法，驰而不息纠正“四风”，把力戒形式主义、官僚主义作为重要政治任务。深化拓展“基层减负年”工作，把改进文风会风和勤俭办事作为重点，大力精简文件会议，年内发文同比减少 16%；深化机关效能建设，引导党员干部带头转观念转作风转方式，提高工作效率，提升服务效能。

国家粮食和物资储备局安徽局领导班子成员

荀　旭　分党组书记、局长（2020 年 2 月任职）
汪光灿　分党组成员、一级巡视员
谢伟运　分党组成员、纪检组长
王　涛　分党组成员、副局长

（撰稿单位：国家粮食和物资储备局安徽局；撰稿人：刘尚；审稿人：王忠）

2020 年 4 月 13 日，在汛期来临前夕，安徽局分党组书记、局长荀旭同志（右四）带队到中央防汛抗旱物资蚌埠仓库检查中央防汛抗旱物资保管情况。

2020 年 7 月 10 日，安徽局分党组书记、局长荀旭（右二）带队前往中央救灾物资储备合肥库，实地检查指导中央救灾物资调运工作。

2020年12月25日，安徽局举行新任处级干部向宪法宣誓活动。安徽局分党组书记、局长荀旭(左一)监督。

国家粮食和物资储备局江西局

基本情况

国家粮食和物资储备局江西局（以下简称“江西局”）于2019年9月更名挂牌，隶属于国家粮食和物资储备局。内设9个职能处室：办公室、粮棉糖监管处、战略物资和能源监管处、规划建设处、财务审计处、安全仓储与科技处、执法督查处（法规体改处）、人事处（离退休干部处）、直属机关党委（纪委）办公室（纪检监察室）；下辖7个事业单位和2个公司。主要职责是：负责江西省内国家战略物资收储、轮换、出库的组织实施和日常管理，监管江西省内中央储备粮棉管理情况，监管江西省内石油、天然气、食糖和中央救灾物资等中央储备，落实重大灾害及突发性事件的有关中央储备物资保障工作。

2020年工作

一 抓好主责主业，切实履行国家粮食和物资储备安全核心职能

一是规范管理国家战略物资。认真落实各品类物资管理制度，在库物资均达到“四保”要求，顺利完成专项工作阶段任务。二是切实履行在赣中央储备执法监管职责。全年参与执法监管达70人次，实现所有品类物资66个监管库点全覆盖。顺利完成战略应急物资储备大清查、2019年度中央储备粮棉管理和中央事权粮食政策执行情况考核、涉粮问题整改“回头看”实地督导、涉粮案件查办、防汛备汛调用督导等任务，督促相关责任单位整改问题。三是基础设施建设筑牢安全发展基石。六七三处安全综合整治项目已通过验收，二五六处安全环保达标改造项目和九三三处安全综合整治提升建设项目中信息化建设部分顺利完工；民生工程项目目前已完成三七〇处和六三二处配电改造等，储备仓库功能和安全保障水平得到整体提升，职工工作生活条件得到大幅改善。

二 压实责任强化保障，严守“三条底线”

一是牢固树立红线意识，顺利实现“四无”目标。狠抓安全生产主体责任，逐级签订各类安全稳定（综治）责任书647份。加强隐患排查整治，2020年内，共排查隐患215项，投入安全经费221

余万元，整改完成率达到 100%。在春节、“两会”、国庆等法定节假日和重要敏感时段以及汛期，加强值班备勤和安全防范工作，组织开展 20 次实战演练。二是加强源头预防，维护系统稳定。以信访工作责任制为抓手，不断加强矛盾纠纷排查调处工作力度，对各单位进行了一次全覆盖信访摸底排查，从源头上预防和减少信访问题发生。三是推动全面预算管理和项目统筹管理。出台《国家粮食和物资储备局江西局全面预算管理办法》，保证规范、高效地安排使用资金。建立统筹资金项目管理机制，全年统筹建设资金 114.04 万元，用于提高造血功能、消除安全隐患。四是强化监督，筑牢廉政防线。严格落实国家粮食和物资储备局党组、驻委纪监组下发的“1+5”等相关制度和要求，结合系统实际建立制度，修订《廉政风险防控手册》。强化日常监督，积极推进监督巡察，开展“地毯式”专项调研督导。落实谈心谈话制度，全年开展谈心谈话 40 余人次。通过“一月一主题”、印发《江西局纪律教育参考》、专题警示教育等方式经常性地开展廉政警示教育。

三 推进人才兴储，激发干部队伍使命担当

一是强化正向激励机制。制发《江西局分党组关于进一步激励广大干部新时代新担当新作为实施办法》，激发全局干部职工使命意识和担当精神。二是加快干部素质能力提升。召开全局系统干部队伍建设和人事工作会议。制发《江西局分党组关于加快提升干部综合素质和专业能力的实施细则》，着力建设一支更好适应国家安全保障需要的粮食和物资储备高素质专业化干部队伍。三是做好人才选拔和任用。开展 3 名正处级干部、4 名副处级干部的选拔工作，以及 1 名二级巡视员、11 名调研员的职级晋升工作。接收军转干部 2 名，录用公务员 2 名，事业单位新录用人员 24 名。选取 14 名干部参与双向挂职，推动干部勤勉干事、担当干事、激情干事的动力机制不断完善。

四 强化法治思维，建设法治机关

一是健全制度体系。全系统共制（修）订 500 余项制度，填补了“制度空白”，管理法治化、制度化、规范化水平有效提升。二是注重教育培训。积极组织领导干部参加网上法律知识学习和考试，精心组织“宪法宣传周”、民法典主题讲座、“百万网民学法律”知识竞赛等活动，引导全体职工干部养成普法、学法、用法、守法的自觉。三是坚持依法行政。聘用法律顾问对重大决策法律风险进行审核把关，优化监管和执法程序，认真落实执法公示、执法全过程记录、重大执法决定法制审核等制度，守住合法合规底线，不断提升依法治理能力。

五 注重内外结合，扎实开展疫情防控和脱贫攻坚

一是稳妥应对疫情。认真落实各项防疫举措，做到全局系统零感染；倡议系统党员捐款累计 17.6 万元，消费扶贫 39 万元。二是积极服务地方经济。立足南昌铁路口岸，向湖北发运江西省防疫物资集装箱和粮食集装箱，率先恢复“一带一路”中欧班列常态化开行。三是抓好脱贫攻坚工作。着力支

持对口扶贫点产业发展和新农村建设，对口扶贫点顺利通过贫困村退出的各项检查验收。

六 加强政治建设，发挥党建引领作用

一是高标准开展政治机关建设。持续推进模范机关创建和党支部标准化规范化信息化建设，扎实开展“地毯式”全覆盖政治调研督导、“政治机关意识”教育、“灯下黑”问题专项整治等专项工作，推动全面从严治党向纵深发展。重新调整了系统党支部设置，25 个基层党支部均已完成换届选举，党组织架构更加规范合理。二是高频次开展理论学习。2020 年共开展分党组理论学习中心组集中学习 13 次，基层党委理论学习中心组集中学习 48 次，各党支部集中学习 192 次。严格落实党组织书记上党课制度，分党组成员下沉基层单位党组织开展党课教育。三是高质量开展组织生活。开展红色教育、志愿服务、健步行等党日活动，并与江西省省直机关工委、财政部驻江西监管局等多家省直单位联合开展活动。四是高水平培树榜样典型。九三三处荣获“全国粮食和物资储备系统先进集体”，二五六处谭忠平获评“全国粮食和物资储备系统先进工作者”称号，九三三处物流管理科荣获国家粮食和物资储备局抗击新冠肺炎疫情先进集体，徐志勇、李臣、刘松 3 位同志荣获国家粮食和物资储备局担当作为好干部荣誉，王军晖、鲁卫平 2 位同志荣获国家粮食和物资储备局抗击新冠肺炎疫情先进个人，王承军家庭获江西省第二届“最美家庭”称号。

国家粮食和物资储备局江西局领导班子成员

甘　军　　分党组书记、局长（2020 年 1 月任职）
杨和荣　　分党组副书记、一级巡视员
王良成　　分党组成员、副局长
李建辉　　分党组成员、副局长
欧阳建勋　分党组成员、纪检组长（2020 年 1 月任职）

（撰稿单位：国家粮食和物资储备局江西局；撰稿人：李艳婷；审稿人：罗擎杰）

2020 年 2 月 17 日，新冠肺炎疫情防控期间，江西首趟中欧班列从江西局九三三处场站发出，江西省委书记刘奇（前排右）出席发行仪式。

2020 年 8 月 27 日至 28 日，国家粮食和物资储备局党组成员、副局长卢景波（前排左三）带队赴江西省就早稻收购、中央储备粮棉管理和中央事权粮食政策执行情况考核进行督导调研。

2020 年 9 月，国家粮食和物资储备局江西局九三三处承接中央防汛抗旱物资和救灾物资增储工作。

国家粮食和物资储备局山东局

基本情况

国家粮食和物资储备局山东局（以下简称“山东局”）主要负责辖区内中央储备粮棉、石油、天然气、食糖、中央救灾物资等中央储备的监管和辖区内国家战略物资的收储、轮换、出库的组织实施和日常管理。山东局内设 10 个处室，下辖地处济南的三三四处、淄博的三七二处、新泰的二五二处、青岛的八三二处以及青岛疗养院、二十五处、威海办事处、机关服务中心 8 家事业单位和 1 个公司。截至 2020 年底，实有机关公务员 42 人，事业单位人员 226 人，聘用制人员 122 人，离退休人员 452 人。

2020 年工作

一 机构改革、职能重构，体制机制实现新突破

按照“三定”规定，理顺体制机制，做好机构改革“后半篇文章”。坚持公道正派的选人用人原则，在接续完成干部晋升职级基础上，对机关处室 10 名主要负责同志进行轮岗交流，提拔重用干部 17 名，调出了正劲，焕发了正气。在基层和机关党委换届延期两年后，圆满完成局直属机关党委（纪委）、基层单位党委（纪委）换届选举，党员和代表对候选人的赞成率显著提高。建立重点工作推进机制，实施分党组成员牵头、专班统筹推进、处室分步实施、基层压茬落实的联动工作机制和“一月一调度，一季一通报，半年一总结，一年一考核”的保障措施，有效推动重点工作落地落实。

二 为国管粮、为国管储，转型发展实现新突破

全方位履行中央储备监管新职能，扛稳为国管粮管储重任。制定出台《中储粮年度考核实施暂行办法》，顺利完成中央储备粮棉管理和中央事权粮食政策执行情况年度考核，有效发挥考核“指挥棒”作用，有力保障辖区储备安全。扎实组织开展战略和应急物资储备清查以及国有资产清查，在天然橡胶储存保管中引进温湿度监测预警系统，在战略储备清查中引进探地雷达高端装备，创新“七六五四”清查工作法，摸清了“实家底”，交出了“明白账”。持续强化辖区内中央应急和救灾物资储备管理，

及时做好应急物资保障，先后 6 次组织调运价值 800 万元的防汛物资，有力驰援江西、安徽等地抗洪抢险。做好“六稳”工作，落实“六保”任务，督促中储粮山东分公司做好疫情期间粮油轮换工作，协调有关企业出库粮食 120 余万吨，完成钢材、橡胶、快消品等物资吞吐 150 余万吨，储存中转油料 7 万余吨，以实际行动落实保供稳市任务。新开通济南至德国中欧班列，全年向德国、波兰、匈牙利、俄罗斯等国家发送 8600 余万美元的防疫物资，有效支援抗击疫情。

三 高标定位、高点推动，规范提升实现新突破

印发《关于开展规范化建设的意见》，按照“计划安排一步到位、推进落实分步实施、试点单位先行一步”的原则，以三三四处为试点，在全局范围内开展规范化建设。先后组织召开规范化建设现场推进会和年终观摩考核会，做到试点工作有“责任状”，过程督导有“时间表”，观摩考核有“成绩单”，初步实现了规章制度健全完善、台账标识规范统一、业务流程系统优化、作业环境井然有序、文化赋能富有成效、单位形象全面提升的工作目标。加强制度的建立健全和完善提升，立好“四梁八柱”，制定下发《山东局分党组工作规则》《机关工作规则》《中央储备粮和中央事权粮食政策执行日常监管暂行办法》《基本建设项目管理办法（试行）》《生产安全事故隐患排查治理实施办法（试行）》《机关财务管理规定》等 45 项制度文件，工作流程进一步规范。

四 凝聚共识、集聚合力，融合发展实现新突破

与山东省水利厅、省应急管理厅、山东黄河河务局建立战略和应急物资储备清查协调机制，共同推进辖区内粮食和物资储备重点工作。努力放大“一带一路”国家战略效应，面对疫情不利影响，2020 年中欧班列开行 335 列，发运货值 5.38 亿美元，逆势增长 112%。大力开展企事业增收，盘活用好国有资产，推动输出管理，2020 年收入达到 9453 万元，增长 16.5%。全力协调打通堵点，三七二处重点项目成功破题，国家储备服务水平进一步提升。

五 加固底板、补齐短板，安全保障实现新突破

聚焦国家粮食和物资储备安全核心职能，增强战略物资储备能力，提升库区安全综合保障水平，完善基础设施建设，筑牢安全生产屏障。国家成品油储备能力建设二五二处工程初步验收，三七二处安全综合整治提升项目竣工验收，八三二处安全综合整治提升项目有序推进，建成“1+10”视频会议及应急指挥平台，自筹三三四处应急指挥平台建设项目顺利投用，在全国粮食和物资储备科技活动周上展示科技成果项目，国家储备安全保障能力特别是信息化水平显著提升。妥善解决特高压输变电线路重大安全隐患。定期开展安全形势分析，制定完善突发事件总体应急预案和专项预案，提高应急响应和处置能力，安全生产形势持续稳定向好。

六 政治统领、和谐共建，党建水平实现新突破

全面推动“不忘初心、牢记使命”主题教育常态化制度化。扛牢党建“两个责任”，党的建设不断走深走实。强化政治建设，定期研究党建工作，专题听取党建汇报，坚持民主集中制，严格“三重一大”决策规范，2020 年度专题民主生活会开出了新风尚新气象。深化理论武装，制定《山东局分党组理论学习中心组学习规则》，印发《山东局分党组理论学习中心组 2020 年学习计划》，组织开展 12 次中心组集体学习，分党组成员带头讲党课。细化任务部署。印发《2020 年党的建设工作要点》《贯彻落实意识形态工作责任制实施办法》，组织开展“争做优秀共产党员、建设四强支部、创建五好党员示范岗”和“传承储备红色基因、扛牢储备时代责任”主题活动。利用 1952 年老建筑，建成国家粮储山东局红色基因纪念馆。扎实创建模范机关，组织开展“创建模范机关”主题征文活动和“践行三个表率、创建模范机关”主题演讲比赛，首个中央驻鲁单位在省直机关工委《机关党的工作简报》刊登创建经验。文明机关创建实现历史性突破，局机关和三三四处成功创建省级文明单位，所属基层单位实现省直文明单位全覆盖。在省直机关年度绩效考核中获得“优秀”等次，三三四处、八三二处、二十五处在中央驻鲁事业单位绩效考核中获得“优秀”等次。三三四处被评为山东省“勇于创新”先进集体，局团委荣获山东省五四红旗团委。举行宪法宣誓，加强民法典宣传教育，积极营造学法、尊法、守法、用法良好氛围。

七 严字当头、一严到底，正风肃纪实现新突破

严格执行中央八项规定及其实施细则精神，严明政治纪律和政治规矩，加强日常监督和考核监督，认真运用监督执纪“四种形态”，一体推进不敢腐、不能腐、不想腐，先后组织开展对青岛疗养院、三三四处巡察。及时修订完善《巡察工作手册》，制定印发《2020—2022 年巡察工作计划》，指导督促各单位修订完善《廉政风险防控管理手册》，推动全面从严治党向基层延伸，向纵深发展。结合国家粮食和物资储备局党组巡视情况，结合实际制定巡视整改方案，明确 130 项整改措施，整改落实工作向巡视组报送 15 期工作专报。认真组织专项审计、“灯下黑”问题整治，以规释案，以情理诉，妥善解决一项长达 21 年的信访积案。

国家粮食和物资储备局山东局领导班子成员

张　凯　分党组书记、局长

潘　青　分党组副书记、副局长（2020 年 11 月任职）

张晓晖　分党组成员、纪检组长（2020 年 11 月任职）

王　军　分党组成员、纪检组长（2020 年 10 月调离）

杨信平　分党组成员、副局长（2020 年 11 月退休）

（撰稿单位：国家粮食和物资储备局山东局；撰稿人：高晓磊；审稿人：曹吉鹏）

2020 年 9 月 17 日，中央编办副主任牛占华（前排左六），国家发展和改革委员会党组成员，国家粮食和物资储备局党组书记、局长张务锋（前排右六），山东省委常委、组织部部长王可（前排左五），武警山东总队司令员韩荣照（前排左四），国家粮食和物资储备局党组成员、副局长贾骞（前排右五）等一行，在山东局三七二处调研。

2020 年 8 月 19 日，山东局分党组书记、局长张凯（右一）带队赴中央储备粮日照仓储有限公司督导中储粮年度考核工作。

2020 年 12 月 16 日，山东局分党组书记、局长张凯（前排左三），分党组副书记、副局长潘青（前排左二），分党组成员、纪检组长张晓晖（前排左四）在山东国储东部物流发展有限公司检查物资管理工作。

国家粮食和物资储备局河南局

基本情况

国家粮食和物资储备局河南局（以下简称“河南局”）中央储备监管范围是河南省。辖区内中储粮直属库 25 个、分库 65 个、委托库点 1800 多个，中储棉直属库 1 个、委托库点 2 个，中储糖直属库 1 个、委托库点 3 个，油脂公司基地 1 个，救灾物资储备库 1 个，防汛抗旱物资仓库 2 个。粮储河南局机关内设 10 个处室，下属 15 个县处级单位，包括 7 个综合仓库、3 个火工仓库、3 个成品油仓库以及机关服务中心、连云港港口办事处。至 2020 年底，机关和事业单位职工总数 2422 人（在职 1170 人、离退休 1252 人）。

2020 年工作

一 全力抗击疫情，彰显粮储担当

第一时间响应，迅速建立起疫情防控工作指挥领导机制，把责任压实到底，措施细化到边，做到信息监控、人员排查、物资保障、宣传引导、应急处置、防疫治理“六同步”，累计投入疫情防控资金 40 余万元，千余人参与其中，构筑起联防联控、群防群治的坚固防线。各单位通过多种方式为部队和地方提供帮助，局属宾馆为 176 名教师提供隔离服务，干部职工踊跃捐款捐物，数十名志愿者下沉社区，树立了良好的行业形象。密切关注粮油市场情况，内外协调做好保供稳价，积极助力社会复工复产，生产物资临储量一度达到历史高位、日均作业量近万吨。坚持疫情防控与其他工作同部署、同检查，密切关注疫情动态，持续强化防控措施。

二 聚焦重点工作，推动提质增效

着力推进监管职能落地落实。通过强化队伍、借力引援，顺利完成了中储粮年度考核和涉粮问题整改“回头看”，在原有问题全部整改到位的同时，对新发现的 33 个问题督促限期整改；8 次现场监督调运价值 1222 万元应急救灾和防汛抗旱物资，为湖北、安徽、江西等地的疫情防控和救灾任务提供了支援。全力做好物资收储轮换任务。扎实开展国家战略应急物资储备大清查。2020 年 4 月份即先行开展自查自改，自筹160余万元解决了国储物资垛位不规范等历史问题。针对辖区内清查物资品类多、数量大、分布广的特点，先后召开5次专题会议、组织8次集中培训，形成工作底稿8000余份，建立了分库点、分货位、分品类、分年限、分性质的国家战略应急物资储备数据库，大清查工作做到了严实细全。加速推进项目建设。积极协调地方政府，有效解决了过去制约国家成品油储备能力建设工程进度的难题，二五九处油库工程顺利完成初步验收工作，七三七处油库工程加速推进、主体完工。通过组织召开调度现场会、建立半月现场督导机制等方法，二七五处等4个单位安全综合整治项目按期顺利竣工。

三 强化治理能力，破解发展难题

制定修订62项管理制度，推进标杆库建设，以点带面提升管理水平。开展经营风险专项整治，聘请律师团队集中审核全局500余份合同并开展法律知识培训，建立健全法律顾问制度，增设风险防控岗，经营风险防控能力进一步增强。强化预算管理，根据各单位情况统筹安排。修订基层单位目标考核办法，调整优化绩效考核评价指标，注重质量、突出效益。积极挖掘潜力，经营收入同比逆势增长近20%，有力保障了事业运行。对接国家"十四五"重大战略，坚持储地协同，在"大郑州"范围内规划建设国家粮食和物资综合储备基地项目，着力推动辖区内储备资源优化。

四 守住"三条底线"，提高防范能力

着力于"管"，层层压实责任。针对各单位、各岗位特点重新修订并层层签订了《安全稳定责任书》《党风廉政建设责任书》，以此为守住"三条底线"的主要抓手，认真落实全员责任制，做到管理无盲区、责任人人有。立足于"防"，强化预防和预警机制。建立完善党风廉政建设和安全形势季度分析会议制度，定期总结经验、查找不足。完善廉政风险防控体系，梳理45项工作职权，明确62项廉政风险点，绘制41份工作流程图，制定53条防控措施，切实做到关口前移、防控为主。聚力于"改"，及时整治风险隐患。以"四不两直"等方式深入开展了安全检查，投入安全整改资金500余万元，消除隐患82项。在四三一处、四三二处探索试行"交警式执法"管理新模式，通过人车分流、完善设施和标识，现场监管与远程督察相结合，达到全天候、全方位管控目标。在全局范围内开展信访矛盾问题专项排查，建立台账管理机制，推进整改问题10余项。着眼于"稳"，妥善有序处理各种遗留问题。拓宽工作路径，突出重点、先急后缓、分步破解，并采取有效措施避免、抑制形成新的问题隐患。

五 加强党的领导，强化引领作用

注重发挥头雁效应激发雁群活力。坚持强化理论武装，中心组集体学习12次、专题研讨讲座5次，修订《分党组工作规则》，进一步完善议事决策机制，领导带头深入联系点，包干推进工作。坚持讲政治、重业绩，提拔8名处级干部、选派2名援疆干部，组织培训24次、选送124名党员外出

学习，不断提升干部队伍履职能力。新招聘 51 名事业单位工作人员，为基层单位发展注入新活力。坚持以强化党的领导为中心。全面梳理党建工作问题清单，开展“逐支部考核、整单位提升”等活动。坚持以监督执纪为关键。对 4 个单位开展政治巡察，准确把握运用“四种形态”，抓早抓小，谈话函询 4 人次。坚持以模范机关建设为重点。围绕“中原更出彩、机关作表率”主线，打造善于学习、对党忠诚、干事创业的模范机关，集中整治了“灯下黑”问题。大力开展精神文明创建工作，进一步巩固省级文明单位创建成果，多个基层单位获得省级青年文明号称号。持续做好扶贫工作。驻村书记履职尽责、接续发力，分党组成员坚持每月到村督导并现场解决实际问题；全局干部职工积极参与消费扶贫，助力脱贫攻坚。

国家粮食和物资储备局河南局领导班子成员

李　强　分党组副书记、副局长（主持工作）
傅　刚　分党组成员、副局长
何羽超　分党组成员、纪检组长
饶冬华　分党组成员、副局长
晏　然　分党组成员（2021 年 2 月挂职）

（撰稿单位：国家粮食和物资储备局河南局；撰稿人：尚强立；审稿人：李强）

2020 年 6 月 13 日，国家粮食和物资储备局党组成员、副局长卢景波（中）在河南局调研座谈，了解专项工作情况。

2020 年 5 月 11 日，河南省武陟县与河南局合作共建公铁物流港项目举行签约仪式。

2020 年 11 月 4 日，国家粮食和物资储备局安全生产管理能力提升管理班和研修班赴河南局七三四处教学点开展现场观摩。

国家粮食和物资储备局湖北局

基本情况

国家粮食和物资储备局湖北局（以下简称“湖北局”）于2019年9月20日正式挂牌，机关设有10个职能处室，在职人员45人（含局级干部7人），离退休人员63人。下属14个基层事业单位和1个湖北国储物流股份有限公司。基层事业单位正处级编制单位13个（11个储备仓库、设计院、机关服务中心）和副处级编制单位1个（物资检验所）。现有基层在岗职工949人，其中在编在册职工685人；离退休职工1114人；共计2063人。

2020年工作

一 全力打赢疫情防控阻击战

一是加强领导迅速响应。按照国家粮食和物资储备局和湖北省委省政府的部署要求，主动投入湖北省和武汉市疫情防控工作中，提出疫情防控与应急保供“两不误、两手抓”和“疫情就是命令、保供就是责任”的总要求，坚守防控一线，组织召开疫情防控专题会议19次，第一时间部署领导全局上下打好自身防控、下沉社区、应急保供、正常运转四大硬仗。二是严格落实防控措施。及时印发并严格执行防控保供预案规范和常态化防控导则，全局在职人员1047人（含劳务派遣人员）无确诊病例、无疑似病例，未发现无症状感染者。三是积极下沉社区。局机关44名、各基层单位154名在职党员到所在社区（村）报到参与疫情防控工作，下沉开展“四类人员”排查、落实小区封闭管理、为居民群众提供送菜送药等服务。四是确保正常运转。从2020年1月23日“封城”起，局处两级进入战时状态，全天候开展工作运转。2月份局机关和基层单位工作转入正轨，3月份全面复工复产。1名同志被评为全国抗击新冠肺炎疫情先进个人、3个单位和5名同志被评为全国粮食和物资储备系统抗击新冠肺炎疫情先进集体和先进个人。

二 坚决扛稳中央储备在鄂监管重任

一是履行中央储备粮棉和中央事权粮棉监管职能。建立完善中央储备粮监管制度，分门别类制订

5 个监管工作规程。核实 2020 年度中央储备粮轮入计划调整和部分中央储备粮油延长轮空期有关问题。全面完成 2019 年度中储粮考核，组成 2 个实地考核组，购置监管专用设备，认真审核自评报告，分别对中储粮湖北分公司 5 个直属库以及湖北中储粮油脂有限公司、中储棉武汉有限公司进行实地考核，对发现的问题，进一步跟踪督导整改落实。扎实开展中央储备粮油管理问题整改“回头看”专项行动，汇总形成 57 项问题清单，组成 2 个督导检查组，全面复核中储粮湖北分公司所有直属库和湖北中储粮油脂有限公司问题整改措施成效，复核验收尚未完成整改和新发现的 15 项问题，确保发现问题真改实改、应改尽改、改必彻底。二是履行中央防汛抗旱物资和应急救灾物资监管职能。及时对中央防汛抗旱物资武汉仓库开展防汛备汛检查，各类防汛抗旱物资储存保管符合规范。积极督导中央防汛抗旱物资武汉仓库对价值 120.83 万元的中央防汛抗旱物资进行报废处置，申请报废价值 148.84 万元的中央防汛抗旱物资。全程监管中央防汛抗旱物资 7 批次出库、2 批次入库和中央应急救灾物资 3 批次出库、2 批次入库，现场进行数量清点和产品外观检查，均符合规范要求。与湖北省应急管理厅签订工作联动机制协议，督导承储仓库落实相关管理制度。

三　圆满完成为国管储主责任务

一是认真落实国储物资收储、轮换、保管保养任务。在库国储物资质清量准，严格执行储备物资管理制度，库内环境达到“四无六净”标准，温湿度符合规定，物资垛卡、“四本两图”标准规范，垛型垛位稳固整齐，备品摆放有序，报表档案完备规范，未发生数质量事故和安全事故。社会代储物资管理标准完善，监管程序严格。二是规范实施国家储备战略应急物资大清查。及时组织召开湖北省大清查沟通协调机制联席会议，成立 3 个督导组对 15 家承储单位进行自查督导，组成 5 个普查组开展省内交叉普查工作，配合各物资质量检验机构开展相关物资抽检工作，全覆盖摸清辖区内国家战略应急储备物资家底。三是统筹谋划融合提升储备效能。加快推进储备能力建设，全年固定资产投资项目 41 个。其中，2 个成品油储备能力建设项目等已具备接收国储任务的条件，三三七处综合整治项目已开工。着力探索储地融合，三三八处与孝昌县开展储地融合合作，七三六、五七六处参与宜昌市江北大宗生产资料翻坝工程，九三五处参与成品油三峡翻坝工程，三三七处承担武汉市部分医疗物资储备。全年实现经营服务收入 1.7 亿元。

四　积极发挥应对重大灾害及突发性事件中央储备物资保障职能

一是切实履行疫情期间应急保供职责。与有关单位共同建立疫情防控粮油保供联动工作机制，保障粮油市场稳定。下属 11 个储备仓库主动承接应急保供任务，累计接发中转应急保供物资 277 万件 / 箱和 117 万吨，承接临时周转成品油 25 万吨。二是全面落实防汛抗旱物资调运任务。主动与湖北省应急、水利、气象部门建立汛期动态联络机制，组建湖北局“防汛排涝青年突击队”，严格落实汛期值班值守制度，保证调令接收及时顺畅。防汛期间，根据调用指令，督导中央防汛抗旱物资武汉仓库累计七批次调运编织袋、复膜编织布、土工布、救生衣、抽水泵站等 10 类 7600 余件，中央救灾物资武汉储备库累计三批次调运毛巾被、毛毯等 2 类 30000 件，发运范围覆盖鄂赣皖 14 地市。三是稳步推进综合性国家储备基地建设。以三三七处综合性国家储备基地建设为契机，积极参与融入湖北省应急储备设施补短板工程建设，配合湖北省在武汉建设国家区域应急救援中心华中区域中心（含应急物资储备库）、国家华中区域应急物资供应链中心和应急物流枢纽。

五 层层压实安全稳定廉政主体责任

一是压紧夯实安全主体责任。坚持季度安全稳定廉政形势分析制度，研究应对解决措施。逐级签订安全稳定责任书 1030 份，实现安全稳定责任全覆盖。按照“八个一”工作法，下发指导意见，进一步深化落实全员安全生产责任制。扎实推进“安全综合整治提升三年行动计划”，实现安全隐患检查、整改、督查闭环管理。联合召开国储仓库安全工作会议，全面提升储备仓库守卫目标安全工作水平。二是全力维护稳定发展局面。全面摸排各类风险隐患，落实防范化解措施。建立信访联动工作机制和“三性”问题研判通报机制，积极稳妥处理历史遗留问题和群众反映强烈、矛盾集中的突出问题。三是狠抓党风廉政建设责任落实。分党组书记带头讲廉政党课，开展廉政谈话和任前廉政谈话。完善全局廉政风险防控机制，局机关共梳理行政权力和业务工作事项 78 项，明确关键工作环节 130 个，排查廉政风险点 119 个，编制表图 138 张。基层单位更新完善本单位廉政风险防控机制相关表图。逐级签订党风廉政建设责任书，对照“六个亟待”召开专题组织生活会，严肃查摆问题并落实整改，全面完成 36 个巡视反馈问题和 14 个“灯下黑”问题整治。

六 持续激发干事创业强劲动力

一是认真学习贯彻十九届五中全会精神。分党组中心组专题学习全会精神，邀请湖北省委讲师团专家宣讲全会精神。分党组书记面向全体机关干部和联系点干部群众宣讲全会精神，结合湖北局实际进一步提出统筹改革发展和安全稳定的明确要求。全局上下通过中心组学习、支部主题党日、青年读书会等多种方式深入学习贯彻全会精神，结合单位实际和岗位职责做好消化吸收和转化工作。强化政治机关建设，全面落实党建工作责任制，局机关获湖北省委表彰的“省直机关党建工作先进单位”称号。二是凝聚为国管粮管储责任担当。制定湖北局关于深入贯彻落实“两决定一意见”加快推动粮食和物资储备改革发展的实施意见，提出“八个走在前列”的奋斗目标。在全局开展“弘扬伟大抗疫精神聚力‘八个走在前列’”主题宣传教育活动，局机关及 2 个基层单位荣获“省级文明单位”，五七六处荣获第六届“全国文明单位”称号，三三七处党委荣获“全省先进基层党组织”。干部职工队伍建设得到加强。三是不断加强干部队伍建设。严格按程序组织实施处级干部选拔任用和公务员职级晋升工作，20 名新选拔的处级干部履新，84 名新招聘的事业单位工作人员上岗，为粮储湖北事业发展注入了活力。

国家粮食和物资储备局湖北局领导班子成员

张映芳　分党组书记、局长
杨　志　分党组成员、副局长
张后福　分党组成员、副局长
路立恩　分党组成员、纪检组长

（撰稿单位：国家粮食和物资储备局湖北局；撰稿人：王帅；审稿人：张映芳、胡志华、孙国峰）

2020 年 12 月 3 日，国家发展和改革委员会党组成员，国家粮食和物资储备局党组书记、局长张务锋（前排左二）一行到三三八处调研。

2020 年 12 月 9 日，湖北省副省长曹广晶（左二）一行到三三七处调研地方应急救灾物资储备工作，湖北局分党组书记、局长张映芳（左三）参与调研。

2020 年 1 月 28 日，湖北局分党组书记、局长张映芳（左一）到三三七处，看望慰问一线作业人员，检查指导作业人员新冠肺炎疫情防护措施落实和应急保供物资中转安全作业情况。

国家粮食和物资储备局湖南局

基本情况

国家粮食和物资储备局湖南局（以下简称“湖南局”）于2019年9月挂牌成立，现有13个下属事企业单位：10个储备仓库，2个附属事业单位和1个公司。截至2020年底，全局干部职工总数1593人，其中局机关在职人员41人，12个下属事业单位在编在职人员600人，离退休人员844人，1个公司现有员工108人。

2020年工作

一　聚焦中心、服务大局，坚决履行为国管粮管储政治责任

一是稳妥完成物资大清查工作。注重科学统筹，协同财政部湖南监管局、省粮食和物资储备局建立协调机制，加强沟通、协调推进。在深入调研基础上协助编写《国家战略成品油储备大清查—财务检查方法》培训教材。运用“1+N”工作法，细化方案措施，聚焦包装受损、超期储存等重点问题，加大清查力度，摸清实底、交出实账。二是坚决落实“保粮食能源安全”任务。面对突发疫情，积极履行职责，为石化央企疏通油路，全力周转成品油49.8万吨。组织开展周边地区农业生产化肥调运配送和终端销售，完成681个车皮卸车和4万吨化肥中转调运任务；加强与大型种业集团合作，安全稳妥完成1.35万吨农耕急需种子进出库任务。三是认真履行中央储备在地监管职能。认真开展中央储备粮年度考核和涉粮问题整改“回头看”，实现湖南辖区44个直属库和分库全覆盖。协同省粮食和物资储备局等5家涉粮单位建立加强国家政策性粮食出库管理、政府粮食储备协同运作两个工作机制，全面核实、细致督查中储粮湖南分公司部分轮入库点计划调整情况。采购配置执法装备，组织人员参加省粮食和物资储备局举办的执法业务培训，不断夯实执法能力基础。派员参加春季粮食普查，定期检查应急防汛长沙库和岳阳库防汛备灾工作，督导紧急调运11批4.7万件物资至湖北、江西等地抗洪一线，支援抗灾救灾、履行粮储职责。

二　发挥优势、挖掘潜能，积极探索深化改革转型发展路径

一是发挥储备优势。充分利用现有仓容，参与防汛救灾能力建设，按照部署担负中央应急救灾和防汛抗旱物资收储任务。着力发挥天然洞库恒温恒湿优势，持续深化企业合作，积极探索种子库建设；组织召开救灾备荒种子代储业务座谈会，研讨“聚焦主责主业、协调推进代储业务、推动转型发展”方法举措，积极参与构建高质量粮食产业体系。二是加强融合共建。调研走访省国资委、省高速集团，着力优化油料保供布局，探索构建政府储备与企业储备互为补充的储备体系，发挥区域网络优势，开拓国储系统联合发展模式。三是提升储备效能。认真做好机构改革“后半篇文章”，先后制定完善全局性规章制度 14 项，建立调整领导机构 18 个，修订完善基层单位目标责任制考核办法，研究制定健全储备体系提升储备效能细化措施；围绕“推进国储物资管理规范化信息化，提升仓储管理水平”主题开展学习调研活动，借鉴企业军队先进仓储管理模式，探索运用科学管理、信息技术提升仓储水平的可行路径。

三　严格管控、综合治理，坚决守牢安全稳定廉政底线

一是严密疫情防控。全局各单位成立由主要负责人担任组长的疫情防控领导小组，积极落实主体责任，坚持最细排查和最严管控同频共振，坚持联防联控和自防自控有机结合，坚持战斗堡垒和先锋模范一线引领。密切与疾控部门、街道社区联系协作，加强请示报告；选派人员担任企业防疫联络员，有效保障了全局“零疫情”。一五五处和郑波分别被国家粮食和物资储备局授予抗疫先进集体和个人荣誉称号，国储公司联系银行为 150 多家商户提供金融贷款服务，共计减免租金 900 余万元，解决复工复产困难。二是注重综合治理。采取安全工作片区会议形式，传达国家粮食和物资储备局安全生产专题视频会议精神，树牢安全发展理念。巩固与公安、武警协同十四年的“三共”和联防联动工作机制，召开第十二届联席会议，与省公安厅共同颁布《关于维护国家物资储备仓库安全的通告》。扎实整治重大安全隐患，积极申请加入省安委会成员单位，主动融入地方安全生产管理体系。三是推进作风建设。认真开展中央八项规定精神配套制度制修订及执行情况“回头看”工作，修订印发《深入贯彻执行中央八项规定精神实施细则》《处级干部廉政档案管理办法》。深入落实纪检监察体制“1+5”改革方案及国家粮食和物资储备局党建暨党风廉政工作会议精神，研究制定具体措施及 5 项配套制度，完善机关廉政风险防控体系，认真落实“三为主一报告”工作要求。编辑下发纪检监察、党风廉政等方面 17 个教材课件，开展领导干部个人重大事项报告专项整治，完成集中填报 56 人次，开展核查抽查 28 人次，未发生瞒报问题。采取签订责任书、廉政警示教育、巡察检查、廉政谈话等方式落实“两个责任”。

四　举旗铸魂、凝神聚气，不断汇聚兴粮兴储强大力量

一是狠抓政治机关建设。举办遵义干部学院党性培训班，开展政治机关意识教育，深入学习宣贯

十九届五中全会精神；积极开展模范机关和文明单位创建，高标准完成省直工委检查考评工作；制定“三级五岗”责任清单，坚持支部“月检查”、党建“季例会”，从严整治“灯下黑”问题。健全完善依法行政制度体系，出台规范性文件管理办法，邀请专家解读《民法典》、开展知识竞赛，浓厚学法懂法用法氛围。扎实推进支部“五化”建设，努力提升支部标准化规范化建设水平，一五四处第一党支部荣获“省直机关示范党支部”称号。二是营造干事创业氛围。坚持把政治标准放在选人用人第一位，完成局管干部 66 人次岗位调整和 27 人次晋升考察。着力提升干部能力素质，组织 480 人次参加各类培训。利用《粮储湖南学习园地》、“季度主题电子专刊”等载体，广泛宣扬疫情防控、保供稳市和推动改革经验做法，凝聚守粮管储、干事创业意志力量。先后涌现出国家粮食和物资储备系统“先进工作者”杨小华等 9 名先进个人和“干事创业好团队”154 处等 5 个先进集体。三是聚力推动固本强基。组织“为爱发声、以声抗疫”主题歌咏比赛，开展粮食安全宣传周及赴省粮食集团参观见学等活动；认真做好机关工会和青年组织换届选举，广泛开展文明单位创建活动，投入 200 万元用于房屋改造、生活用水等民生项目，积极推动职工宿舍纳入政府老旧小区改造；稳妥推进重大项目建设，有关安全综合整治项目完工并投入运行。冲刺脱贫攻坚、决战决胜，投入 70 万元完成定点帮扶村通户道路工程，采购扶贫产品 52 万元，460 亩茶叶基地和 426 平方米茶叶加工厂实现首产，定点帮扶村顺利通过国家脱贫攻坚成效考核。

国家粮食和物资储备局湖南局领导班子成员

王　军　分党组副书记、副局长（主持工作，2020 年 10 月任职）
黄公明　分党组成员、一级巡视员（2020 年 1 月任职）
卢东风　分党组成员、副局长
魏国栋　分党组成员、纪检组长（2020 月 1 月任职）
何正罗　原分党组成员、纪检组长（2020 年 1 月调离）

（撰稿单位：国家粮食和物资储备局湖南局；撰稿人：苏欣；审稿人：王臻颖）

2020 年 11 月 13 日，国家粮食和物资储备局湖南局分党组副书记、副局长王军（左）带队赴中储粮邵阳直属库检查调研。

2020 年 12 月 3 日，国家粮食和物资储备局湖南局分党组成员黄公明（左一）赴三三六处检查督导物资大清查问题整改工作。

2020 年 5 月 19 日，国家粮食和物资储备局湖南局与湖南省武警总队、公安厅治安总队在一五四处召开 2020 年“三共”活动和联防联动工作联席会议。

国家粮食和物资储备局广东局

基本情况

国家粮食和物资储备局广东局（以下简称“广东局”）主要职责为负责广东、海南两省国家战略物资储备管理，以及粮油棉糖、能源、应急救灾物资等中央储备监管。内设 10 个处室（部门）：办公室、粮棉糖监管处、能源监管处、战略应急物资监管处（深圳办）、规划建设与法规体改处、财务审计处、安全仓储与科技处、执法督查处、人事处（离退休干部处）、机关党委（纪委）。下辖 11 个事业单位，其中储备仓库 5 个：三五三处、七三三处、八三〇处、九三八处、海南处；其他事业单位 6 个：二十八处、八七九处、十一处、惠州办事处、珠海办事处、机关服务中心。由事业单位出资设立 2 家企业：广东国储供应链股份有限公司、乐昌市七三三处加油站有限公司。

2020 年工作

一 注重聚焦主业，履职尽责强监管

深化同地方粮食和物资储备、应急管理和监管对象等单位的会商交流和监管协作，建立粮食保供稳价协作、信息沟通联动、应急物资保障等机制，进一步筑牢履职尽责基础。精心组织辖区内 2019 年度中央储备粮棉管理和中央事权粮食政策执行情况考核工作，做到全覆盖、严考核、明责任。开展问题整改“回头看”督导检查专项行动，将近年考核和大清查发现的问题作为“回头看”的重点，针对查找出的问题建立责任清单和整改台账，并督促相关单位基本整改到位。落实防汛抗旱物资监管职能，组织做好中央防汛抗旱和救灾物资入库及报废工作，加强防汛抗旱预警信息跟踪，督导调运 5 批次价值近 900 万元防汛抢险物资用于支援长江流域受灾地区。八三〇处、海南处安全高效完成首次中央应急救灾物资收储入库。高度重视战略物资大清查工作，扎实开展自查督导、实地交叉普查和质检工作，圆满完成大清查任务。

二 注重改革转型，善谋实干促发展

持续推进“大学习、深调研、真落实”活动，组织召开贯彻落实“两决定一意见”专题研讨会，从八个方面开展课题调研，研究新阶段发展思路举措。聚焦核心职能，对接区域发展，谋划辖区内中央储备品类布局和功能定位，启动广东局“十四五”事业发展规划编制工作。统筹推动事业单位转型发展，编制改革试点方案。落实“科技兴储”工作要求，召开仓储科技专题会，编制信息化建设规划。扎实开展国有资产大清查，摸清了“家底”。推进原深圳办机关服务中心人员转隶、资产划转及撤并等工作。加大力度解决原深圳办闲置土地等历史遗留问题。广东国储供应链股份有限公司在疫情防控和经济下行的大环境中不断巩固开拓市场，利润实现了稳步增长，新塘仓库获批上海期货交易所铜期货交割库和海关公用型保税仓库，韶关国储石化公司恢复经营，为广东局改革发展提供了服务保障。

三 注重项目管理，全力以赴固基础

调整充实新建油库项目工作专班，加大与地方政府沟通协调力度，项目选址落地工作在徘徊多年后取得突破性进展。651 工程确定选址海南东方临港产业园，可研报告已上报国家发改委；657 工程确定选址广东省惠东县，压茬推进前期工作。三五三处和七三三处成品油能力建设工程、海南处安防系统改造工程施行“军令状”和月度考核通报制度，顺利通过竣工验收。八三〇处安全综合整治提升工程项目正全面推进。积极推进民生项目实施，通过争取财政投资和自筹资金，集中解决了基层单位应急民生类项目 6 个，切实提高干部职工获得感、幸福感、安全感。

四 注重队伍建设，多措并举提素质

针对干部职工队伍建设的不足和短板，研究实施干部能力素质提升三年计划。优化调整所属事企业单位领导班子，提拔基层单位处级干部 5 名，平级调整 2 名。圆满完成事业单位招考工作，及时开展新入职人员培训和挂职交流。加大培训力度，持续开展储备粮库蹲点跟班学习和各类专题讲座，以及处长讲坛、文稿点评等“传帮带”活动；举办中青年干部培训班，对全局 35 名中青年干部集中脱产培训；开办青年干部读书班，已开展 9 期学习交流活动。全局全年组织各类培训活动 35 次，培训 1116 人次。加强干部管理，制定公务员考核实施细则并抓好平时考核，严谨细致开展领导干部个人有关事项报告专项整治工作。

五 注重守牢底线，从严从实压责任

制定安全生产事中问责管理办法，推动安全生产关口前移。各基层单位设立“实现安全年目标”倒计时牌，安全意识进一步强化。印发生产安全事故隐患排查治理工作实施办法，对重大事故隐患实行挂牌督办；开展拉网式、全覆盖、无盲区安全隐患排查整治，启动危化品仓库安全管理提质升级与物业出租出借消防安全专项整治；编制安全风险分级管控和隐患排查治理双重预防体系建设运行指南，进一步提升安全管理水平。安全队伍建设成效显著，5名干部职工获得注册安全工程师执业资格，所属危化品仓库全部配备注册安全工程师。2020年，广东局安全生产投入2067.67万元，安全检查发现隐患及问题，及时完成整改，隐患整改率97.07%，其余问题正在持续整改中；开展应急演练50次，安全教育323人次，安全生产事中问责10人次，实现了"安全年"目标，局安全仓储与科技处被广东省公安厅评为"省级治安保卫重点单位先进保卫机构"。

六 注重党建引领，旗帜鲜明讲政治

始终将政治建设摆在首位，开展模范机关创建攻坚落实行动，找准查实存在问题，从严高效整改落实。加强基层党组织建设，召开局直属机关第一次党代会，选优配强党委纪委班子，将"党支部建在处室（科室）"，促进党建业务工作有机融合。建立党支部书记家访制度，促进对干部职工的关怀向家庭延伸，全年开展上门家访活动220人次。扎实推进垂直管理单位纪检监察体制改革试点工作，全面压实主体责任，扎牢不能腐的笼子。进一步健全廉政风险防控体系，明确风险等级，细化防控措施。落实履行监管职责的廉政规定，确保监管业务健康有序开展。认真配合国家粮食和物资储备局党组的巡视及审计工作，主动开展对七三三处、海南处、国储公司巡察，以及八个单位原主要负责人经济责任审计工作。强化不敢腐的震慑，加大对违规违纪行为的追究力度，全年诫勉谈话1人次、提醒谈话5人次、机关通报曝光26人次。加强群团建设，发挥桥梁纽带作用，选举产生新一届工会委员会及局团委。三五三处团支部被评为"广东省五四红旗团支部"，三五三处物资管理班、广东国储供应链股份有限公司深圳分公司荣获省直"青年文明号"称号。

国家粮食和物资储备局广东局领导班子成员

张依涛 分党组书记、局长
王可顺 分党组成员、副局长
何正罗 分党组成员、纪检组长
廖桂兴 分党组成员、副局长
傅 铁 分党组成员、副局长（2020年11月任职）
杨胜勇 一级巡视员（2020年8月退休）

（撰稿单位：国家粮食和物资储备局广东局；撰稿人：解笑愚；审稿人：薛浩）

2020 年 12 月 23 日，广东局分党组书记、局长张依涛（左一）带队前往八三〇处实地察看了解中央应急救灾物资收储情况。

2020 年 8 月 7 日，广东局机关党支部开展廉政教育暨“不忘初心，弘扬优良家风”主题党日活动，组织参观广州市廉洁文化教育基地清献园。

2020 年 8 月 27 日，广东局组织机关全体人员和九三八处部分干部职工前往深圳市粮食集团有限公司参观学习信息化建设。

国家粮食和物资储备局广西局

基本情况

国家粮食和物资储备局广西局（以下简称“广西局”）机关内设职能处室 9 个，分别为：办公室、粮棉糖和救灾物资监管处、战略物资和能源监管处、规划建设处、财务审计处、安全仓储与科技处、执法督查与法规处、人事处（离退休干部处）、机关党委（纪委），下辖事业单位7个，分别为：七三二处、四七九处、九三一处、钦州港口办事处、防城港口办事处、桂林办事处、机关服务中心。

2020 年工作

一 深入贯彻新时代党的建设总要求

一是坚持以政治建设为统领。持续抓好“一支部一品牌”创建、党支部标准化建设和“四强”支部建设活动。严格执行“三会一课”制度，开展形式多样的主题党日活动，评好选好党员示范岗，开展“对照先进找差距、对照问题找不足”专项活动。召开直属机关党委第一届党员代表大会，开展换届选举工作，产生第一届委员会和纪律检查委员会，四个基层单位党组织也相继召开换届选举大会。组建广西局共青团组织，推动青年工作向前发展。二是全面推进从严治党。认真开展贯彻落实中央八项规定精神配套制度制修订及执行情况“回头看”工作，驰而不息纠治“四风”，深化运用监督执纪“四种形态”，注重“抓早抓小”，多“教育”，常“提醒”。认真做好迎接国家粮食和物资储备局党组巡视准备，提前部署，从严要求，自查自纠。开展对 1 家基层事业单位巡察和 5 家基层事业单位巡察整改“回头看”。全年开展领导干部谈心谈话活动 129 人次，廉政、提醒、诫勉谈话 88 人次。三是严格落实民主集中制。认真执行“三重一大”议事规则和“一把手”末位表态制度，重大问题全部经集体研究决定。全年共召开分党组（扩大）会议 45 次，研究决策重要工作 68 项。

二 切实履行“为国管粮、为国管储”职责

一是有效履行执法监管职责。制定《粮食考核工作手册》，主动与地方粮食部门对接，建立粮食

监管协同联动机制。深入各中央储备库点、承储企业开展督导检查调研，准确掌握第一手资料。建立辖区内中央储备粮棉糖和救灾物资、原油管理情况数据库和日常动态监管台账及监管沟通机制。圆满完成中储粮 2019 年度考核、涉粮问题整改“回头看”专项行动督导检查等工作。二是完成国家战略应急物资储备大清查工作。根据部署安排，成立广西局战略应急物资储备大清查工作领导小组，建立广西辖区战略应急物资储备大清查厅际协调机制，编制《战略储备物资管理知识 500 问》，学习大清查培训教材并参加视频培训，全面开展大清查能力提升。扎实开展大清查自查和普查阶段督导检查工作，配合做好抽查的现场督查工作，较好完成大清查和资产清查工作，交上一份明白账。三是做好国储物资收储轮换工作。督导中央救灾和防汛抗旱物资的调运及接收入库工作。四是做好库存物资保管保养工作。各储备仓库认真做好标杆库建设工作，持续开展标杆库知识宣贯、工作流程化管理等工作，严格开展星级库房评比工作，有效促进管理水平提高。

三 严守安全稳定廉政“三条底线”

一是稳步推进安全生产标准化建设。按照《安全生产法》的规定和国家粮食和物资储备局有关要求，积极开展安全生产标准化建设，在全系统开展“两大三化”安全管理主题活动。推行安全生产绩效考评，建立《储备仓库安全生产绩效考核评定标准（试行）》，将考核标准与安全稳定责任书考核清单、安全审计检查单、安全生产标准化评定清单相结合，实现“四单合一”。健全安全生产形势分析会制度，修订完善突发事件应急预案，建立安全检查人才库，不断提升安全管理效能，有效提升安全管理水平。二是稳步推进基层仓库项目施工及前期建设工作。按照“三高一样板”项目建设要求，四七九处安防工程改造项目和九三一处安全综合整治提升项目一期建设顺利竣工验收，七三二处安全综合整治提升工程正稳步推进。三是全面开展“平安广西”建设。制定“平安粮储广西”建设工作方案，签订《综治（平安广西建设）目标管理责任书》。成立广西局信访工作领导小组，完善信访工作实施细则，制定信访突发事件应急工作预案。全年开展局领导班子成员下访接访活动 8 次，接待来访群众 5 人次，召开信访座谈会，变上访为下访，将矛盾和问题化解在萌芽阶段。四是持续加强党风廉政建设工作。每季度召开党风廉政形势分析会，开展经常性警示教育和党课教育，增强干部拒腐防变的政治自觉。开展廉政教育认真传达违反中央八项规定精神情况通报和典型案例汇编，抓好节前廉政提醒教育和节后廉政情况报告。开展经常性纪律教育 64 次，开展警示教育 22 次。

四 强化领导班子和干部队伍建设

一是强化领导班子建设。重点围绕党的十九大和十九届二中、三中、四中、五中全会精神，《习近平谈治国理政》第三卷加强学习。把党课的理论学习深入到脱贫攻坚一线、粮食考核主战场中，全年组织理论学习中心组（扩大）学习 5 次。注重在落实“两决定一意见”中、在急难险重工作任务中敢担当有作为的干部中选人用人，树立“脚踏实地出成绩、脚踏实地出经验、脚踏实地出干部”的鲜明用人导向。二是抓好干部人才队伍建设。有序开展干部交流轮岗，全年选派 6 名干部挂职锻炼；选齐配强事业单位领导班子，安排 5 名处级干部换岗交流，提拔使用 4 名处级干部；破格提拔 2 名优秀基层事业单位科级干部；完成 12 名机关干部职务职级晋升工作；组织 1 名扶贫工作队员轮换，择优选派 1 名干部参加援疆工作；完成 22 名公务员、基层事业单位人员以及军转干部招录接收工作；鼓励危化品仓库的干部职工参加有关专业的学历教育；组织干部职工参加培训班共 85 班次，人数 994 人次。

五 抓好疫情防控和脱贫攻坚工作

一是持续巩固“不忘初心，牢记使命”主题教育成果，把在新冠肺炎疫情防控工作中担当作为，作为践行“两个维护”的具体体现。局机关、各基层单位党组织成立党员志愿服务队，投身到疫情防控战斗一线。各基层单位积极有序开展复工复产，为疫情防控捐款共计 15076 元，支持经营客户克服困难，共克时艰。二是坚持以人民为中心，助力打赢脱贫攻坚战。坚持把扶贫工作作为重大政治任务来抓，组织召开脱贫攻坚（乡村振兴）座谈会，分党组专题谋划定点扶贫工作。定期组织扶贫调研慰问活动，派人参与自治区对博白县脱贫攻坚挂牌督战工作，全年完成挂牌督战任务 5 次。2020 年，全局直接采购贫困地区农副产品助力扶贫 17.39 万元，投入其他帮扶资金和物资（折合资金）共计 21.54 万元。

六 做好其他重点工作

全年制修订各类制度办法 51 项，稳步推进建章立制，有效提高工作效能。强化预算管理和资产管理，科学合理做好了 2021 年预算编报工作，有序开展国有资产清查工作。落实七三二处和桂林办事处合署办公。完成了自治区“七五”普法工作检查验收，开展法律顾问选聘工作，邀请法律专家和保密专家授课。举办了全局宣传报道工作培训班、开展“传承五四精神、改革发展我出力”青年大讨论主题团日、召开“立足岗位做最美巾帼奋斗者”学习会、举办全局书画摄影作品大赛等活动。充分利用网络、多媒体、微信等平台载体，加强新闻报道和党建宣传工作，2020 年，在“粮储广西”微信公众号刊登稿件 138 篇，在国家粮食和物资储备局门户网、广西机关党建网、“国储党建”“中国粮食经济”微信公众号等媒体平台上发稿 40 余篇。

国家粮食和物资储备局广西局领导班子成员

黄玉涛　分党组书记、局长
杨　刚　分党组成员、副局长
左炳衡　分党组成员、纪检组长
朱华仁　分党组成员、副局长

（撰稿单位：国家粮食和物资储备局广西局；撰稿人：莫少雄；审稿人：黄明贵）

2020 年 12 月 8 日，国家粮食和物资储备局党组成员、副局长卢景波（左三）带队赴广西局四七九处开展党建专题调研。

2020 年 1 月 16 日，国家粮食和物资储备局广西局召开 2020 年工作会议，分党组书记、局长黄玉涛（中）作工作报告。

2020 年 8 月 28 日，中国共产党国家粮食和物资储备局广西局直属机关第一次代表大会在南宁召开。

国家粮食和物资储备局四川局

基本情况

国家粮食和物资储备局四川局（以下简称“四川局”）是国家粮食和物资储备局的垂直管理机构，为正司局级，有关储备监管职责范围为四川省、重庆市。四川局局机关下设9个内设机构和机关党委，下辖四三五处、四三六处、四三七处、四三八处、二七一处、四七三处、六七四处、一五七处、二五五处以及机关服务中心10个事业单位。

2020年工作

一　把牢方向，党建引领发展更加强劲

一是党的领导更加坚强有力。坚持以政治建设为统领，以“走好第一方阵、建设模范机关”为目标，不断深化“不忘初心、牢记使命”主题教育成果，深入推进“四好一强”领导班子建设、“五好”党支部建设和党员积分制管理，发挥基层党组织战斗堡垒作用和党员的先锋模范作用，引导干部职工在粮食考核、“两项大清查”、疫情防控等急难险重任务中担当作为。二是谋划推动发展高点定位。印发《四川局分党组贯彻落实习近平总书记重要讲话精神健全储备体系提升储备效能的实施意见》，立足当前、放眼长远，推动构建统一的储备体系，提高安全保障能力。政治巡视整改取得实效。对照国家粮食和物资储备局巡视组反馈意见，制定细化69条整改措施，完成问题整改26个，有效纠正存在的问题。三是疫情防控彰显担当作为。主动纳入到四川省重大疫情防控救治体系，协调中储粮成都分公司确保川渝粮油供应，4家国储企业纳入四川省疫情防控物资保供骨干企业，一五七处、二五五处融入地方三级应急储备成品油联动体系，全力以赴打好疫情防控人民战争、总体战、阻击战。四三六处被国家粮食和物资储备局评为抗击新冠肺炎疫情先进集体，二五五处荣获四川省总工会“同心战役”活动组织奖。

二　统筹推进，转型发展开创新局面

一是发展格局跃上新层次。积极参加四川省“十四五”储备规划编制，融入成渝地区双城经济圈

建设发展迈出新步伐，四川局首次成为省公共卫生应急管理体系成员单位，为在“大安全”格局中找准定位、促进央地融合发展奠定基础。二是储备粮棉监管再交“合格卷”。坚持给违规违纪“亮红牌”“贴罚单”，让监管督查“严起来”。以对中石油成品油代储企业开出“执法第一单”为开端，实现辖区内中央储备粮食和战略应急物资监管、中储粮成都分公司直属库“回头看”督导检查全覆盖，完成 2019 年度中央储备粮棉管理和中央事权粮食政策执行情况考核。三是“两大清查”首交“明白账”。扎实做好战略应急物资大清查和国有资产大清查，全局抽调 48 名检查人员，与 10 家单位建立大清查工作机制，清查四川、重庆两地 15 个库点，全面摸清了家底，增强了底气和定力。四是支援防汛抗洪应急保障展现新作为。认真落实国家粮食和物资储备局和应急管理部防汛救灾指令，紧急组织调运帐篷、移动照明灯、救生衣等应急救灾物资 10 批次、35.4 万件（条）支援灾区防汛抗洪。组织四三七处、四三八处、六七四处及时进行仓容腾退，完成防汛抗洪和救灾物资增储任务。五是基础设施建设再上新水平。四三七处被列入全国 7 个综合物资储备基地之一，成品油库接入国家成品油管网取得重大突破，在建 5 个工程项目全部竣工，一批长期制约安全发展的短板弱项得到有效解决。

三　创新驱动，深化改革再添新动力

一是做好机构改革“后半篇文章”，释放改革红利。全面实施新“三定”规定，及时完成人员调整、明确职能定位、厘清职责边界、规范权力运行，实现了局机关组织架构重建、机构职能重塑。二是坚持“一体化”发展，凝聚发展合力。聚焦主责、抓好主业，以规范政事企职能为切入口，着力发挥局机关“作战枢纽”职能、基层事业单位“储备主力军”职能、国储公司“先锋队”职能，推动政事企三轮驱动、互为补充，在维护国家粮食和物资储备安全核心职能上履职尽责、担当作为。三是搞活内部机制，激励担当作为。坚持严管与厚爱相结合、激励与约束并重、平时与年度考核相结合，组织机关评选“每月之星”，作为年终考核重要依据之一。制定事业单位绩效考核实施办法，科学设置考核评价指标体系，明确工作标准，强化结果运用，充分发挥考核“指挥棒”作用，激励事业单位担当作为、干事创业。四是转变治理方式，提升治理效能。修订完善四川局分党组、四川局工作规则和“三重一大”决策制度实施细则，建立健全“正职监管、副职分管、集体领导、民主决策”的工作制衡机制，规范权力运行，自觉接受监督，发挥好分党组的把关定向作用。建立健全法律顾问、合法性审查等制度近 20 个，聘任 58 名专家建立专家库。五是完善内审体系，提升预算管理能力。认真贯彻财政部过紧日子的要求，强化预算执行、严格财政支出，规范费用报销流程，为各项任务圆满完成提供资金保障。

四　稳中求进，“三条底线”更加牢固

一是安全态势持续向好。启动安全责任网格化管理，通过“三分六定”，完善责任链条，全员安全责任体系初步形成。实施储备安全三年整治行动计划、成品油库安全环保达标、火炸药库安全紧急改造，提升了本质安全度。落实安全风险隐患双重预防机制，实行安全形势季度分析、隐患动态管理、专项治理，抓好危化品隐患排查治理、防火防汛减灾、重要节假日安全监管，四川局连续三年实

现安全达标。二是稳定工作成效明显。持续深化“严守纪律规矩、正确行使民主权利”专题教育成果，常态化开展“三性”问题分析排查，树立“四家”工作理念、运用“三度”工作方法做好群众信访工作，及时回应群众关切，把问题消除在萌芽状态。党风廉政建设纵深推进。认真落实《党委（党组）落实全面从严治党主体责任规定》，一体推进不敢腐、不能腐、不想腐机制建设，加强廉政风险防控、政治巡察和经济责任审计，从严管理和监督干部。出台落实“三为主一报告”要求 4 个具体办法，纪检监察体制改革试点取得突破性进展。

五　激发活力，干部队伍建设驶入快车道

一是以“干”为基，鲜明用人导向和目标。树立“靠实干立身、凭实绩进步”的用人导向，努力打造一支有信念、有激情、有本事、有血性、有作为、守规矩的干部队伍，全面提升干部综合素质。二是以“贤”为要，加强干部选拔和人才引进。坚持“盘活存量”与“用好增量”并重，突出政治标准，选拔任用 22 名处级领导干部、招聘 47 名事业工作人员，改善了干部队伍结构，壮大了人才队伍的规模。三是以“动”提能，加强人才培养和锻炼。全方位多层次多渠道培养历练干部，安排 1 名局机关处级干部到基层处去挂职锻炼，选派 5 名优秀骨干援疆，选调 19 名基层骨干到局机关跟班学习，组织 9 名处级干部、17 名科级干部轮岗，让“关键少数”发挥“关键作用”，让中坚力量更有中坚作为。

国家粮食和物资储备局四川局领导班子成员

关路林　分党组书记、局长
熊　兴　分党组副书记、副局长
陈长民　分党组成员、副局长
朱晓东　分党组成员、纪检组长
张　浩　分党组成员、副局长

（撰稿单位：国家粮食和物资储备局四川局；撰稿人：邓文明、陈星华；审稿人：罗安岳）

2020 年 7 月 3 日，四川局分党组书记、局长关路林（台中）主持开展“守正创新月月谈”活动。

2020 年 7 月 10 日，四川局开展“弘扬伟大战疫精神，凝聚改革发展动力”主题党日活动，组织党员干部前往四川博物院参观“战疫——四川抗击新冠肺炎疫情专题展”。

2020 年 10 月 22 日至 23 日，四川局举办气排球比赛，进一步增强干部职工队伍的凝聚力和向心力，为加快推进粮食和物资储备工作深化改革、转型发展作出积极贡献。

国家粮食和物资储备局贵州局

基本情况

国家粮食和物资储备局贵州局（以下简称“贵州局”）主要负责监管辖区内中央储备粮棉管理情况，会同地方有关部门监督检查中央事权粮棉政策执行情况，承担有关年度考核工作；负责辖区内国家战略物资收储、轮换、出库的组织实施和日常管理，监督检查储备物资数量、质量和存储安全；负责监管辖区内石油、天然气、食糖和中央救灾物资等中央储备；按照国家粮食和物资储备局指令，落实重大灾害及突发性事件的有关中央储备物资保障工作等。局机关内设 9 个处室，下辖 8 个国家战略物资储备仓库，下辖 1 个机关服务中心及 1 家贵州国储物流有限公司。

2020 年工作

一 六个聚焦抓党建，政治建设“主线”统领不断强化

（一）聚焦政治建设，不断增强党的凝聚力

一是带头践行“两个维护”。健全分党组学习贯彻落实重要指示批示机制。二是严肃党内政治生活。严格落实“三会一课”、民主评议党员、谈心谈话等制度，各党支部有序开展“政治生日”、“家风建设”等主题党日活动。三是开展模范机关创建工作。制定创建工作方案，细化创建措施，制定整改措施 29 条。四是党建引领筑牢疫情防控。局分党组及时部署全局疫情防控工作；局分党组书记深入对口扶贫点指导疫情防控、慰问驻村干部；青年党员坚持冲锋在前，在保供稳价、应急服务、社区值守等方面做出积极贡献；为支持新冠肺炎疫情防控工作捐款 7.1 万余元。

（二）聚焦理论武装，不断增强整体学习能力

一是提高站位，以“领学”做表率。局分党组中心组组织集中学习 20 次，开展政治理论学习 9 次，局领导带头宣讲十九届五中全会精神。二是搭建平台，以“讲学”强能力。邀请专家就《中华人民共和国民法典》《党和国家机关基层组织工作条例》、党支部标准化规范化建设和粮食业务知识等开展专题讲座。贵州局 10 余名干部职工在“干部职工上讲台”活动中讲业务、作分享。三是指导检查，以“督学”提质量。结合督查工作，不断强化党员干部党建应知应会和业务知识水平。四是结合实际，以“研学”助发展。充分学习理论知识并将其转化为实践，初步探索建立平战急结合、军地储联动的融合机

制，强化粮食监管“122”模式等，巩固拓展“五借工作法”推动储备能力提升项目建设。

(三) 聚焦组织建设，不断增强组织执行力

一是落实机关党建工作责任制。坚持分党组班子以上率下，谋大局、抓大事、管方向，推动责任层层传递、压力层层传导、任务层层落实。二是加强党支部“规范化”阵地建设。选树贵州局五五〇处为支部标准化规范化建设标杆，采取“典型引路、观摩借鉴、全面规范”的方式，组织各基层单位学习观摩，不断提升党建工作水平。五五〇处第一党支部获评2020年度贵州省直机关“标准化建设星级党支部”。三是扎实开展督查工作。切实开展党建督查、党费和工会经费管理使用情况检查、党支部标准化规范化建设验收等工作。

(四) 聚焦示范引领，不断增强模范带动力

一是抓“关键少数”的带动作用。通过开展党支部标准化规范化建设培训，提升党支部书记工作水平，发挥示范带动作用。二是抓先进典型的示范作用。在全国粮食和物资储备系统“双先”表彰中，贵州局二七七处委员会获“干事创业好团队”表彰，二七七处、二五八处、一七五处3名同志获“担当作为好干部”表彰，其中1名同志兼获人社部、国家粮食和物资储备局全国粮食和物资储备系统先进工作者表彰。局机关2名同志获评贵州省直工委学习型党员和青年理论学习标兵。贵州局召开“七一”表彰大会，对4个先进党支部、11名优秀共产党员及11名优秀党务工作者进行表彰。

(五) 聚焦作风建设，不断增强政治免疫力

一是开展警示教育。开展“严守纪律规矩，正确行使民主权力”等专题教育，召开专题组织生活会，党员认真对照检查，深入剖析问题根源，干部职工法纪意识进一步增强。二是完善制度建设。建立风险防控机制，建立处科级领导干部廉政档案127卷。制定《中共国家粮食和物资储备局贵州局分党组巡察工作实施办法》，对机关服务中心、国储物流公司开展巡察工作。三是提高问题线索处置质效。全面梳理2016年以来线索处置以及案件办理情况，认真规范问题线索处置程序。顺利完成驻委纪检组开展的线索案件现场评查工作。四是深化运用监督执纪“四种形态”特别是第一种形态。发现问题早报告、早处置，形成主动监督与接受监督的浓厚氛围、良好习惯。全局开展集体廉政谈话384人次，开展提醒谈话9人次。五是持续深化纪检监察体制改革试点工作。深入学习垂直管理单位纪检监察体制改革试点工作方案及配套制度，切实提高思想认识，熟练掌握有关制度规定和具体要求，增强贯彻落实思想自觉和行动自觉。六是开展“灯下黑”专项整治工作。针对政治意识淡化、党的领导弱化、党建工作虚化、责任落实软化等问题，认真对照检查，主动认领问题清单。

(六) 坚持聚焦脱贫攻坚，不断增强发展新动力

一是落实帮扶资金。投入35万元支持帮扶点铜仁市万山区敖寨乡瓮背村黄桃项目和洋世界村文化小广场建设，2020年，黄桃项目产量达12万斤，惠及贫困户175户、601人，带动就业务工1000余人次。二是积极参与消费扶贫。积极购买扶贫点及相关扶贫产品，助力高质量打赢脱贫攻坚战。三是多形式助力脱贫攻坚。开展“青年追梦者·点亮微心愿”活动，收集对口帮扶点敖寨乡洋世界村、瓮背村留守儿童微心愿98个，由局机关、服务中心、物流公司同志全部认领并结对帮助圆梦。

二 依法履行职责，为国管粮管储“高线”标准不断落实

（一）持续开展储备仓库标准化管理

修订并公布《国家粮食和物资储备局贵州局达标库考评制度（试行）》，开展达标库（罐）考评，深入查找各储备仓库日常管理中存在的不足，提出问题整改清单。全年提出整改问题92项，逐一督促整改，各库区考评合格率100%，推动各基层处管理水平和工作标准化水平得到提升，库容库貌显著改善，员工履职能力和责任心不断增强。

（二）切实履行粮食监管职能

坚持守好粮食执法督查“主线”；认真落实中央储备粮棉和中央事权粮食政策执行情况“考核”，主动开展考核“回头看”；对中储粮“春秋两季”普查进行“两个同步督查”，不断提升粮食监管水平，高质量做好粮食监管各项工作。完成2019年度考核工作，按照“有仓必到、有粮必查、查必彻底”原则，实地考核中储粮贵州分公司4家直属库及其分库。完成考核发现问题整改和督查检查“回头看”专项行动工作，全面检查整改落实情况。成立贵州局春秋季普查督查组，对中储粮贵州分公司7个直属库粮油管理情况进行全覆盖督查检查。年内3次检查发现问题45项，及时督促整改。

（三）抓好中央应急救灾和防汛抗旱物资监管

扎实做好中央防汛抗旱物资监管工作，制定《国家粮食和物资储备局贵州局关于中央防汛抗旱物资贵阳仓库储存条件适用性评价工作方案》。对中央防汛抗旱物资贵阳仓库开展储存条件适用性评价。组织开展首批中央防汛抗洪物资验收入库贵阳仓库工作。完成首批中央级防汛抗旱物资入库贵阳仓库，完成首批中央级救灾物资入库贵州局六三一处仓库。

（四）扎实完成物资大清查和国有资产清查

坚持高起点站位、高标准谋划、高质量落实，协同相关部门及各基层单位稳步推进物资大清查及国有资产清查工作，扎实开展自查与普查，确保账实相符、账账相符。

三 提升四种能力，粮储事业“长线”发展水平不断深入

（一）强化项目建设，提升储备能力

一是提升成品油储备能力。坚持运用借智、借力、借技、借制、借鉴的“五借工作法”，压茬推进国家成品油储备能力建设工程。一五八处、五五〇处工程完成竣工验收，具备成品油收储能力。二是提升能源安全保障能力。一五八处、五五〇处、二五八处油库与西南成品油管道互联互通工程已立项，列入《贵州省能源发展“十四五”规划》和《贵州省油气产业发展“十四五”规划》。一五八处油库互联互通工程进入实施阶段，项目建成后将显著提高贵州局油库输油效率，减少安全风险，大幅提升突发事件应对、能源安全保障能力。三是提升国家储备仓库安全保障能力。积极推进国家储备仓库贵州局五三一处、六三一处安全综合整治提升工程，顺利取得可研批复，已完成六三一处小型基建项目建设，有力改善职工工作条件，消除储备仓库安全隐患，提升安全防范水平。

（二）强化安全保障，提升应急能力

在一五八处举行2020年突发事件综合应急预案演练，演练坚持问题导向目标导向相统一，聚焦

重大隐患开展风险设想，突出适应新形势、防范新风险、紧盯新要求，进一步检验“危险化学品事故应急预案”的针对性、实用性和可操作性，通过磨合多部门应急处置协同联动机制，在实战中锤炼应急救援队伍，达到以演促练、以演促改、以演促防、以演促联的良好成效，有力提升综合演练的规范性、实战性和示范性。

（三）强化协同联动，提升央地融合能力

与省粮食和物资储备局、中储粮贵州分公司建立三方央地融合联席会议机制，每季度召开领导班子联席工作会议，定期对粮油价格、供需和市场运行等情况进行沟通交流，研判粮油保供稳价形势，协调解决发现的问题，具体事项编写备忘录，形成粮油保供稳价工作合力。与省应急厅协同建立健全应急救灾和防汛抗旱物资储备管理联动协助机制，强化中央储备和地方应急救灾及防汛抗旱物资储备协同联动发展。

（四）强化培训与交流，提升队伍能力

强化教育培训，提升素质能力。举办各类培训班 16 个，培训人员 488 人次，其中，60 多名中青年骨干参加粮食监管业务培训，173 人次参加国家粮食和物资储备局、贵州省组织的各类业务培训。用好“机关干部上讲台”、青年理论学习小组交流座谈等特色学习平台，定期开展业务知识学习，锤炼专业作风。推动学习交流，增强业务水平。推荐到上级单位跟班学习 5 人，抽选基层干部到局机关跟班学习 5 人；选派干部到企事业单位挂职锻炼 4 人，选送干部参加贵州省脱贫攻坚 5 人；机关交流轮岗 11 人，事业单位交流轮岗 7 人。通过教育培训和交流培养，不断加强贵州局干部职工思想淬炼、政治历练、作风锤炼、实践锻炼、专业训练，切实打造一支政治过硬、本领高强、作风务实、清正廉洁的高素质专业化干部队伍。

国家粮食和物资储备局贵州局领导班子成员

宋念柏　分党组书记、局长
陈　命　分党组成员、纪检组长
魏国栋　分党组成员、副局长（2020 年 1 月调离）
龚显波　分党组成员、副局长（2020 年 1 月调任）
刘　暄　分党组成员、副局长（2020 年 11 月任职）
徐振华　二级巡视员（2020 年 7 月任职）

（撰稿单位：国家粮食和物资储备局贵州局；撰稿人：申雪涛；审稿人：宋念柏）

2020 年 12 月 3 日，国家粮食和物资储备局党组成员、副局长黄炜（前排右二），督查专员颜波（前排右一）一行在贵州进行国家粮食和物资储备改革发展分片调研。

2020 年 11 月 9 日，国家成品油储备能力建设 258 处工程举行开工仪式。贵州局分党组书记、局长宋念柏致辞。

2020 年 11 月 23 日，贵州局举办 2020 年粮食监管业务培训班，贵州局分党组书记、局长宋念柏出席开班典礼。

国家粮食和物资储备局云南局

基本情况

国家粮食和物资储备局云南局（以下简称“云南局”）为国家粮食和物资储备局在云南省设立的、垂直管理的正司局级监管机构，实行以国家粮食和物资储备局为主与云南省政府双重领导的管理体制。机关行政编制 42 名，内设机构 9 个，下辖事业单位 6 个（三七一处、四七四处、五三〇处、六七六处、七七四处和机关服务中心），下辖企业 1 个（云南国储物流有限公司）。2020 年底，全局机关公务员 40 人，事业单位编内在职 186 人，退休人员 432 人，离休人员 5 人。

2020 年工作

一 坚持讲政治、顾大局，统筹融合党建业务队伍

（一）加强理论武装，注重学用结合

一是发挥分党组理论学习中心组带动作用。分党组理论学习中心组全年开展集中学习 8 次。印发《云南局分党组进一步深入学习贯彻习近平总书记重要讲话精神的实施意见》，全年以分党组（扩大）会议形式及时跟进学习习近平总书记重要讲话和指示批示精神 5 次。二是开展各种形式的理论学习。以“周五学习日”为平台，集中学习习近平新时代中国特色社会主义思想，中央、云南省委、国家粮食和物资储备局党组相关文件精神。开展“学用新思想·建功新时代”知识竞赛，举办“倡清风·扬正气”“身边最美故事”分享会，持续开展“万名党员进党校”培训和党务干部、党组织书记培训，实现全覆盖。

（二）突出政治功能，强化组织建设

一是选举产生新“两委”。召开局直属机关第一次党员代表大会，选举产生了第一届直属机关党委和纪委。2020 年 12 月，五个基层处先后选举成立了新的“两委”。二是理顺工会管理体制。2020 年 10 月选举成立局直属机关工会，基层工会顺利完成转隶和换届选举工作，同时健全了青工委、妇工委。三是压实党建责任。建立分党组（党委）成员支部联系点，实现全局 38 个支部全覆盖。压实领导干部“一岗双责”，构建业务与党建协调共进格局。四是深化支部规范化建设达标创建。认真落实“三会一课”、主题党日、领导干部双重组织生活会、民主评议党员等制度。

（三）培养选拔并重，加强队伍建设

一是加强基层处领导班子配备。全年选拔 7 名基层处正副处级干部，优化基层处领导班子结构，增强领导班子力量。二是优化公务员队伍建设。在局机关提拔 5 名正处级干部和 6 名副处级干部，结合职务职级并行，晋升一至四级调研员 14 人，营造风清气正的政治生态和正确的选人用人导向。三是持续壮大事业后续力量。年内选拔科级干部 14 人，轮岗科级干部 7 人，招聘大学生 17 名，为事业发展补充新鲜血液，储备后续力量。四是继续完善考核奖惩机制。督促各基层单位进一步健全考核奖惩机制，年内五个基层处实现了按月进行考核奖惩。五是推进干部能力素质提升。联合省委党校首次举办较大规模的处科级干部能力素质提升培训班，全局共 76 名处科级干部参加。全年合计自主举办培训班次 27 次，培训人员近 100 人次；组织人员参加外部培训 27 班次，培训人员 75 人次。

（四）坚持力度不松，保障防控大局

一是迅速有效应对。印发《疫情防控工作方案》和《疫情应急处置预案》，成立疫情防控领导小组，明确各自人员组成及工作职责。二是积极做好粮油保供和物资调运保障工作。协助省粮食和物资储备局做好辖区内粮油市场保供稳价工作，各基层处主动对接地方疫情防控部门，利用自身优势承接应急物资的转运、存储任务。三是加强内部疫情管控，落实各项疫情防控措施。

二 坚持抓重点、出亮点，聚焦主责主业全面履职

（一）认真履行监管职责

一是完成中储粮云南分公司 2019 年度考核。根据国家粮食和物资储备局要求细化考核实施方案，组成两个考核小组到中储粮云南分公司所属的大理、丽江、德宏、红河、文山等 5 家直属企业进行现场考核检查。二是完成涉粮问题整改"回头看"专项行动。对中储粮云南分公司辖区承储中央储备粮的 11 个直属企业进行全覆盖督导检查，就历次检查考核发现问题进行督促整改。三是强化属地中央储备物资日常监管。制定云南局《中央储备粮监管工作方案（试行）》，明确常态化监管的工作内容、原则、程序步骤等。通过"四不两直"和专项监督检查等方式，对辖区内中央防汛抗旱物资、救灾物资数量、质量、储存安全和紧急调运开展监督检查，对相关物资进行入库验收，指导督促其做好应急调运工作。采取日常在线监管和按季度现场检查相结合的方式，对中航油云南公司昆明长水机场油库代储油料进行监管。

（二）扎实抓好国储物资管理

一是开展完成战略应急物资大清查。根据国家粮食和物资储备局要求细化总体清查方案和分品种清查方案，督导所属各基层处以及救灾物资、防汛抗旱物资、糖、航煤等相关物资承储企业开展自查。在普查阶段，统筹全局人力物力，积极协调有关机构、兄弟局抽调专业力量，做好普查工作。二是加强国储物资日常管理。以抓制度落实为重点，以基层处物管科日常业务考核为抓手，从库房"四无六净"入手，加大物资日常保管保养力度，确保国储物资数量准确、质量合格、储存安全。

三 坚持争主动、真落实，持续深化改革转型发展

（一）持续深化改革，拓宽发展路径

一是修订深化改革转型发展实施意见。根据机构改革后工作实际，对实施意见进行修订和完善，重点对应对突发事件能力、提高粮食安全保障水平、增强储备综合实力、完善仓库布局和储备物资品种结构等方面的举措进行了补充和细化。二是努力争取“十四五”规划项目。调研形成《国家物资储备云南储备基地项目建议书》，提出依托五三〇处存量资源打造天然橡胶为特色的储备基地并积极争取纳入国家局“十四五”规划。三是积极探索基层仓库发展路径。指导六七六处在确保火工物资转运任务的同时找到融入地方经济社会发展的路径；对四七四处仓库和森林资源开发利用进行研究论证；努力推动七七四处专用线置换迁建。

（二）加快项目建设，增强自身实力

一是压茬推进能力建设。逐一落实三七一处工程可研、初设、资产划转、不动产权证办理、民房拆迁和工程招投标工作，强力推进652工程。二是高效完成安全综合整治项目。其中六七六处和七七四处项目年内均已竣工验收，五三〇处工程2020年投资计划全部完成。在六七六处和七七四处安全综合整治工程所包含的“智慧磐石”项目实施中，局处两级主动与武警加强沟通，在设计和施工各环节充分考虑各方面意见建议，高标准、高质量完成建设任务。

（三）规范经营行为，提升经营效益

一是理顺工作关系。将指导基层处及国储物流公司经营创收工作的职能统一归口到局办公室（法规体改处），严格执行审批程序，有效规避经营风险。二是提升经营效益。对全局经营资源进行进一步整合，并对各基层处年度经营工作思路及具体举措进行指导，促进经营工作转型升级、提质增效。全年实现事业收入2489.27万元，完成年度目标的90.42%，较2019年增长5.9%，事业收入预算完成率为五年来最高。三是规范公司管理。由财务审计处每季度对国储物流公司进行一次财务检查并向分党组报告，对发现问题限期进行整改。由办公室指导国储物流公司制定或修订规章制度26项。公司积极探索开展成品油业务，经营逐步转入正轨，彻底扭转了连年亏损的历史。

四 坚持高标准、严要求，推动内部管理提质增效

（一）对表对标，争创先进

一是扎实开展“寻标对标达标创标”行动实施方案，组织到四川、湖北等兄弟局学习交流，督促各基层处、机关各处室做实做细对标方案和达标措施。二是积极推进“云南模范机关”创建。印发“云南模范机关”创建方案，开展承诺践诺、授旗评星活动。年内评选“云南模范机关党支部”8个、“云南模范机关之星”16名。三是统筹推进“四标行动”“云南模范机关”创建和对标管理工作。不断完善物资管理、仓库管理、安全管理、文化建设、队伍建设、环境美化和党的建设基本标准。四是注重典型示范引领。一位同志被评为系统“先进工作者”，一个集体被评为国家粮食和物资储备局“干事创业好团队”，两位同志被评为国家粮食和物资储备局“担当作为好干部”。此外，还有一个党支部被评为省直机关“先进基层党组织”，两位同志分别被评为省直机关“优秀党员”“优秀党务工作者”。

（二）补齐短板，增强弱项

一是加快推进制度“立改废”。持续深化制度“立改废”工作，坚决废止已失去效力或不合时宜的规章制度，及时修订针对性不强的规章制度，健全制度补齐短板。二是规范机关固定资产管理。针对机关和服务中心固定资产管理存在“灯下黑”的问题，组建清查小组进行了全面清查，并针对发现的问题进行了分类处置和整改，同时制定机关固定资产管理办法，严格规范固定资产管理。三是做好国有资产清查。根据国家粮食和物资储备局统一部署，对行政、事业、企业等 8 个单位国有资产的数量、价值、结构、使用与管理等情况进行了全面清查，摸清了家底，全面实施资产“二维码”管理。四是严肃机关劳动纪律。修订机关劳动纪律管理办法，切实加强机关工作作风建设，带动全局作风建设向好的方向持续转变。

五　坚持多添彩、不添乱，坚守安全稳定廉政底线

（一）坚决守住安全底线

一是扎实开展系列安全活动。开展“安全教育月”“安全制度落实月”系列安全活动，将全员安全教育、安全制度落实、安全责任压实贯穿于每次活动。二是加强安全检查和隐患整改。全年开展各级安全检查 73 次，接受属地安全检查督导 21 次，累计发现隐患 93 项，整改完成 93 项，整改率 100%。三是提升应急处置能力。加强与驻库武警、地方公安、消防、综合治理部门以及周边村社的信息沟通和工作联动，不断完善安全风险综合分析研判机制。年内联合相关单位开展各类应急演练 12 次，强化了联防联控机制，提升应急处突能力。年内全局上下未发生大小安全事故。

（二）坚决守住稳定底线

一是加强干部职工思想教育。分党组成员深入基层与党员和普通群众开展交心谈心，了解一线职工的所思所想，将职工群众关心关注的热点难点问题作为思想政治工作的切入点，作为和谐稳定工作的着力点。二是加强“三性问题”分析研判。基层处党委定期召开职工思想分析会，对职工群众中出现的可能影响和谐稳定的苗头性、倾向性、潜在性问题进行分析，并采取有针对性的举措及早处置，化解矛盾。三是加强信访工作。按照“件件有着落、事事有回音”要求对来信来访及时进行处置。巩固“严肃纪律规矩，正确行使民主权利”专题教育活动成果。

（三）坚决守住廉政底线

一是做好纪检监察体制改革工作。落实纪检监察体制改革要求，组建纪检室，配备专职纪检员，印发改革配套制度。二是加强纪检队伍建设。针对部分基层处纪委书记空缺的问题，坚持异地交流任职原则，完成所属 5 个基层处纪委书记的配备工作。三是压实“两个责任”。层层签订党风廉政建设责任书共计 74 份。坚持按季度召开党风廉政建设形势分析会。进一步健全廉政风险防控机制，对机关和基层处廉政风险点和风险等级重新进行了全面梳理。四是强化监督执纪。针对工程基建、公务接待、公车使用、经营创收等重点环节如何开展监督进行分析研究，完善相应制度，强化对重点岗位、重点人员的工作提醒。开展各种形式的廉政警示教育，坚持运用好监督执纪“四种形态”，尤其是第一种形态，发挥咬耳扯袖、抓早抓小的作用。五是加强制度建设。先后印发《云南局分党组深入贯彻执行中央八项规定精神的实施办法》《云南局机关纪委党纪处分决定执行工作办法（试行）》等制度，为开展纪检工作提供制度保障。

国家粮食和物资储备局云南局领导班子成员

刘嘉礼　分党组书记、局长
杨文锋　分党组成员、纪检组长
谢　东　分党组成员、副局长
陈　宇　分党组成员、副局长（2020 年 12 月任职）
杨　勇　二级巡视员，局直属机关党委书记（2020 年 12 月任职）

（撰稿单位：国家粮食和物资储备局云南局；撰稿人：李彦达；审稿人：张灿柏）

2020 年 5 月 29 日，云南局分党组书记、局长刘嘉礼（右）与云南省玉溪市委常委、常务副市长李朝伟（左）共同为云南局七七四处揭牌。

2020 年 1 月 14 日，云南局召开 2020 年工作会议，云南局局长刘嘉礼（主席台左四），云南省粮食和物资储备局副局长龚国富（主席台左三），云南局副局长杨勇（主席台右四）、纪检组长杨文锋（主席台左一）、副局长谢东（主席台右一），中储粮云南分公司副总经理乔春雷（主席台右三）出席会议。

2020 年 6 月 3 日，中共国家粮食和物资储备局云南局直属机关党委召开第一次党员代表大会，选举产生机构改革后的第一届直属机关党委和纪委。

国家粮食和物资储备局陕西局

基本情况

国家粮食和物资储备局陕西局（以下简称“陕西局”）是国家粮食和物资储备局的垂直管理机构，主要职责是：负责监管辖区内中央储备粮棉管理情况，会同地方有关部门监督检查中央事权粮棉政策执行情况，承担有关年度考核工作。负责辖区内国家战略物资收储、轮换、出库的组织实施和日常管理，监督检查储备物资数量、质量和存储安全。负责监管辖区内石油、天然气、食糖和中央救灾物资等中央储备。按照国家粮食和物资储备局指令，落实重大灾害及突发性事件的有关中央储备物资保障工作。下设 10 个正处级事业单位（9 个基层储备仓库和 1 个机关服务中心），另有 1 个国储物流公司。截至 2020 年底，共有在职职工 808 人（其中机关 43 人），离退休人员 1176 人。

2020 年工作

一 认真履行中央储备在地监管职责

一是加强常态化监管。坚持问题导向、目标导向、结果导向，注重以点带面、抓早抓小，以监管促管理。全年组织各类检查 57 次，实现对 39 个中央储备库点的监管全覆盖。二是突出问题整改。建立问题台账，实行销号管理，指定专人督促相关库点抓好整改。扎实开展涉粮问题整改“回头看”督导检查专项行动，现场核查整改情况，确保问题得到真正整改，共发现问题215个，整改问题198个，整改完成率 92%。三是创新监管方式。与陕西省粮储局建立粮食和物资储备监管协作机制，推动形成监管合力。通过资源整合、信息共享、邀请专家参与现场监管、联合调研等多种形式，深入推进机制有效运行，不断提高监管效能，顺利完成了 2019 年度中央储备粮棉管理和中央事权粮食政策执行情况实地考核。四是注重理论研究。与陕西省粮储局联合撰写《粮食和物资储备监管协作机制实践与思考》，与国家粮食和物资储备局黑龙江局联合撰写《中央储备粮监管有关问题研究》，两篇软课题研究报告被国家粮食和物资储备局专家组评定为具有较高学术水平和实用价值。

二 持续强化物资储备“压舱石”作用

一是精心组织国家战略应急物资储备大清查工作。先期精心组织全面检查、培训、自查，编印《大清查工作简报》11 期供承储单位参考。普查阶段累计用时 47 天，共出动检查人员 390 余人次，填制各类工作底稿 7500 余份，录入大清查系统软件各类数据表格 2400 余张，认真完成复查任务，向党和国家交出了一份“明白账”、“放心账”。二是圆满完成疫情期间物资代储转运任务。一五九处顺利完成 8 万余吨国企油料的临时收储任务，五三三处安全完成代储 2.2 万余件红十字会物资的出库、入库和转运任务，有力服务了疫情防控大局。

三 守牢安全稳定廉政三条底线

一是安全底线更加牢固。坚持月汇总、季讲评、半年检查、年终考核等制度，夯实储备仓库安全主体责任。基层单位自筹资金 490 万元投入安全管理，组织各类安全教育 40 余次，开展各类演练 28 次，不断提高本质安全水平。高标准完成一五九处、二七二处、四七七处、五七五处 4 个储备仓库安全综合整治项目，所含武警“智慧磐石”工程同步建成，设施设备运行良好。在陕西省公安厅组织的全省单位内部保卫工作评比表彰中，获得“先进集体”荣誉称号。二是稳定形势总体向好。持续提升基层干部职工获得感、幸福感，2020 年全局事业收入较上年增长 17.8%，预算保障更加有力。涉及民生的 7 个年度维修改造和小型基建项目已顺利完成，基层单位办公和生活条件不断改善。三是廉政建设卓有成效。加快落实纪检监察体制改革试点工作，制定《陕西局纪律检查监督执纪工作规则（试行）》，在驻委纪检监察组工作简报上作为典型推广。组织机关、基层全面修订《廉政风险防控手册》，对全局 53 名处级以上干部实行廉政档案管理。完成对 5 个单位的常规巡察，实现了 3 年内对 11 家所属单位的巡察全覆盖，并有针对性地对 3 家单位开展了巡察“回头看”，真正做到了不留死角、常管常严。

四 加快推进储备能力建设

二五〇处、四五六处两个成品油储备能力建设工程完成初步验收，二五〇处工程已按照批复内容基本建设完成，于 2020 年 7 月 30 日通过陕西局组织的初步验收，通过油库试生产考核，基本具备竣工验收条件；四五六处工程已全部完成批复建设内容，于 2020 年 9 月 7 日通过陕西局组织的初步验收，具备试生产运行条件。五三三处资产置换暨国家物资储备西部核心物流基地项目稳步推进，工作被列入落实省委七次全会精神的重点任务清单，省政府督查室、西安市政府对项目进展给予持续督导。五三二处资产置换完成前期调研论证，形成了在关中地区建设综合性物资储备库或在陕南地区建设成品油库两种置换思路。

五 着力加强干部队伍建设

一是重视青年干部培养历练。注重在关键岗位、重点任务中加强历练，选派青年干部援疆、挂职锻炼、轮岗交流。局机关每月举办一期青年读书班，营造比学赶帮超的浓厚氛围，自上而下推动学习型团队建设。二是提升干部职工能力素质。以提高政治素质、增强党性修养为根本，以夯实能力基础、提升专业水平为重点，统筹制定并落实年度教育培训计划。深化分党组中心组（扩大）学习内涵，坚持精挑细选确定学习内容，每次学习后由参会干部谈体会、谈工作措施，学用结合，夯实学习效果。三是健全完善干部考评机制。完善考核评价指标体系，科学设置考核内容和指标权重，增强考核的针对性和实效性。切实发挥考核“指挥棒”作用，以考核评价倒逼人才成长，激发队伍担当作为的动力活力。完成机关 12 名处级领导干部和基层 11 名处级领导干部的选拔任用，以及机关 7 名公务员的职级晋升工作。

六 充分发挥党建引领作用

巩固深化“不忘初心、牢记使命”主题教育成果，分两期举办全局处级干部培训班，先后邀请省委讲师团、省委党校、西工大等教授专家作 4 场专题报告，积极组织开展党日主题活动、党建知识竞赛、国庆经典诵读等群团活动。充分利用个人自学、集体研讨、讲专题党课、选树先进典型等强化理论武装创新，抓实抓细“强化政治机关意识教育”。持续转变作风、提升工作效能、加强服务意识，认真落实创建文明单位各项举措，荣获 2019—2020 年“省直机关文明单位”称号，在硬件、软件两个层面推动单位整体形象持续提升。全面推行基层党组织规范化建设，制定《基层党委、党支部工作规范》，基层党委从 6 个方面 36 项、党支部从 5 个方面 20 项开展规范化建设，推广可操作的规范化“模板”，实现党的组织和党的工作全覆盖，推动基层党组织建设和基层党建工作全面进步、全面过硬。五七五处第一党支部被确定为“省直机关标准化规范化建设示范党支部”，四七七处物管科获得“陕西省工人先锋号”荣誉称号。

国家粮食和物资储备局陕西局领导班子成员

邹　皓　分党组书记、局长
罗守全　分党组副书记、副局长（2020 年 10 月调离）
阎红兵　纪检组长、副局长
吕克兵　分党组成员、副局长
闫国强　分党组成员、副局长（2020 年 11 月任职）
凤平志　一级巡视员

（撰稿单位：国家粮食和物资储备局陕西局；撰稿人：张文娟；审稿人：邹皓、张鹏）

2020 年 9 月 3 日，陕西局分党组书记、局长邹皓（中）带队走访慰问抗日战争时期参加革命工作的老同志。

2020 年 5 月 27 日，陕西局与铜川市政府洽商工作，围绕央地融合、重要物资储备等进行座谈交流。

2020 年 5 月 9 日，陕西局青年志愿服务队前往西安阎良航空科技馆参观学习并开展志愿者服务。

国家粮食和物资储备局甘肃局

基本情况

国家粮食和物资储备局甘肃局（以下简称“甘肃局”）负责监管中储粮兰州公司储存的中央储备粮和中央事权粮食；监管中储棉兰州公司储存的中央事权棉花；监管国家原油储备兰州基地储存的原油；监管中央防汛抗旱物资兰州库、中央救灾物资兰州储备库储存物资；监管中石油西北销售公司代储国家储备成品油。甘肃局下辖6个基层仓库（综合库2个、火工库3个、油库1个）。局机关设办公室、粮棉糖和救灾物资监管处、战略物资和能源监管处、规划建设与法规体改处等10个机构。全局编制1014人，2020年底在职428人。其中局机关编制42人，在职34人；事业单位编制972人，在职394人。全局离退休760人。

2020年工作

一　落实全面从严治党主体责任，促进党务业务深度融合

研究制定《分党组工作规则》《贯彻落实〈党委（党组）落实全面从严治党主体责任规定〉的实施细则》等基本规则。创新建立中心组“四讲”工作机制，进一步严格支部“三会一课”，及时跟进习近平总书记重要讲话、对粮食和物资储备重要指示批示精神，积极开展党的十九届五中全会精神、总体国家安全观、习近平法治思想等学习宣讲，全年分党组理论中心组集中学习30次，分党组成员讲党课16人次，机关党支部书记讲党课31人次，中心组成员重点发言26人次。创新载体深入开展“六维党建”主题实践活动，实现党建和业务工作多维度驱动、多引擎加速、多层面升级的良好局面。制定局分党组《关于加强和改进事业单位党的建设的实施意见》，完善局分党组成员基层联系点制度，深入基层开展党建专题调研。圆满完成局两委、工会及机关、基层党支部、各级工会组织等换届选举工作。扎实开展模范机关创建、党章党规落实、“灯下黑”问题专项整治等工作，组织机关全体党员赴两当红色爱国主义教育基地开展“传承红色基因，增强爱国情怀”主题党日活动。大力推进“三基”建设，局机关建成多功能信息化党建活动室。

二 履行国家粮储职能，统筹做好疫情防控和保供稳价工作

第一时间着手开展防疫相关工作，做好预案编制、拉网排查、日常防控等，做到早意识、早谋划、早实施。在确保全局零疑似无感染的同时，认真履行行业监管职责，积极衔接加工、储运、供应等各环节，助力保供稳价工作。疫情防控期间五三四处积极保障“正大优鲜”承租户为兰州市 43 家超市提供生鲜物资储存、调运等服务。五七四处提供便利支持天水市武山县邮政物流分拣中心在疫情期间业务不停止、工作不间断。多次向省政府专题汇报相关工作，与省粮储局联合印发《关于落实中央储备粮与地方储备粮协同运作机制的通知》，加强对中储粮、中储棉、中石油等监管与协作，工作融合联动更加顺畅。

三 扎实推进年度重点任务，提升监管工作水平

战略应急物资储备大清查，协调中石油西北销售公司、省水利厅、省粮储局等建立区域协调机制，对 6 大类物资 13 个储备库点物资开展全面清查，摸清库存实底。中央储备粮棉管理和中央事权粮食政策执行情况考核，突出核心指标，细化优化方案，认真查核，全面掌握中央事权粮棉情况及动态，督促承储企业强化政策执行、及时整改问题。涉粮问题整改“回头看”督导检查专项行动，对甘肃省域 11 个直属库共 35 个库点问题整改情况进行全面摸排，高标准、严要求督促整改。国有资产清查，按照“全面彻底、不重不漏、账实相符”原则，对所属行政事业和企业单位基本情况、资产和账务情况开展全面清理和专项审计，规范国有资产管理。中央救灾物资增储，六三八处从细从实做好仓容清退、方案制定等前期工作，截止 12 月底到货 18 万件。应急物资保障，开展防汛备汛专项检查 2 次，向安徽、甘肃陇南等受灾地区紧急调用中央防汛物资，有力支援防洪抢险救灾工作。有序完成新采购应急救灾物资验收入库，做好日常管理工作。

四 科学谋划转型发展，全力推进项目建设

认真贯彻落实国家粮食和物资储备局党组总体工作思路，形成局分党组五年工作要点，并结合实际逐项抓紧落实。六三八处转型发展取得实质性进展。扭转在建工程进度滞后局面，克服困难、积极协调，二五七处能建工程通过初步验收，并取得铁路专用线、消防设施等全部 6 项竣工验收资质，已被纳入定西市生态环保应急物资储备仓库。组织编制三年项目储备库和民生工程三年计划，五三四处项目已纳入预算，二七四处项目已获批复。自筹资金与华为公司合作建设集成 OA 系统跨移动和 PC 端的党务、政务办公督办平台项目进展顺利。

五　注重政治引领，抓班子带队伍育人才

全面落实机关“三定”方案，人员及职能转隶平稳有序，监管工作和国家战略储备物资管理逐步融合，互促共进。修订完善干部、人事管理各项制度，树立正确用人导向，严把干部选拔任用标准，选优配强基层单位领导班子，充实机关中层干部，加强干部挂职锻炼和轮岗交流。将提升干部综合素质和专业能力及年轻干部培养融入业务工作中统筹推进，举办“中青年讲堂”、开展学习研究小组研学等活动。组织参加系统、地方及自办培训班 36 期、416 人次，有力提升干部职工“七种能力”。注重在“两优一先”等评先奖优活动中挖掘选育典型，2 个集体、7 名个人获表彰，1 个集体、2 名个人、2 个支部获省直机关工委表彰。

六　加强脱贫攻坚帮扶，全力支持援疆工作

研究制定《帮扶工作方案》，增派驻村工作队员，局领导带队分期分批进村入户开展帮扶，与帮扶村签订《党组织共建协议》，组织开展结对共建主题党日活动，筹集资金 8.5 万元，为帮扶村修建器具间、修复水毁道路、购置冬季用煤等，先后投入 18.76 万元落实消费扶贫政策。服务大局，助力脱贫攻坚，帮扶村已实现整村脱贫。按照关于选派干部职工支援新疆局成品油库部署，克服甘肃局只有一个成品油库、年内能建项目需达产试车、疫情影响等困难，优选 6 名业务骨干支援新疆局工作，以实际行动诠释讲政治、顾大局。

七　强化安全责任，狠抓各项安全任务落实

落实全员安全责任制和安全生产专项整治三年行动计划，组织开展专项检查3次、全面检查1次，发现问题研提整改建议 46 项，相关基层单位已按照“五落实”要求逐项整改。开展“安全生产月”活动，全面修订完善应急预案体系，组织开展应急演练 12 次。深化“三共”建设，在武警部队保障、安全设施设备更新维护方面投入经费 380 万元。强化横向协作，将 4 个目标守卫单位联防联控工作、3 个内部不稳定因素列为省公安厅挂牌督办事项。落实平安甘肃建设目标要求，平安单位创建成效显著。

八　狠抓党风廉政建设，持之以恒正风肃纪

及时召开党建和党风廉政建设会、廉政形势分析会、执纪审查专题会等，全面排查整治廉政风险。深入推进纪检监察体制改革，完善甘肃局“1+5”配套制度和监督执纪制度体系，修订《廉政风险防控手册》，压实防控责任。对 3 个基层处开展政治巡察，对 3 个事业单位原主要负责人开展经济责任审计，抓实问题整改，确保巡察、审计实效。针对复杂严峻的反腐败工作形势，组织开展廉政宣传教育月专项活动，通过讲廉政党课、制作微视频展播等活动，全面强化廉政宣传警示教育。

国家粮食和物资储备局甘肃局领导班子成员

赵　川　分党组书记、局长

王英志　分党组成员、副局长

李总社　分党组成员、副局长

王世辉　分党组成员、纪检组长

（撰稿单位：国家粮食和物资储备局甘肃局；撰稿人：魏志云；审稿人：王世辉）

2020 年 1 月 14 日，甘肃局分党组书记、局长赵川（左二）到二七四处调研，在二七四处武警排哨检查指导工作。

2020 年 6 月 23 日，中国共产党国家粮食和物资储备局甘肃局直属机关第一次党员代表大会在兰州召开。

2020 年 6 月 16 日至 19 日，甘肃局组织机关全体党员赴甘肃省陇南市两当县“两当兵变纪念馆”，开展“传承红色基因 增强爱国情怀”主题党日活动。

国家粮食和物资储备局青海局

基本情况

国家粮食和物资储备局青海局（以下简称“青海局”），2019 年 6 月机构改革受国家粮食和物资储备局垂直领导，正司局级单位。经中央组织部批复，设立国家粮食和物资储备局青海局分党组。主要职责是：负责监管辖区内中央储备粮棉管理情况，承担有关年度考核工作（粮食安全省长责任制考核、辖区内中储粮年度工作考核）；按权限查处有关案件，并提出相关处理意见和追责建议；负责辖区内国家战略物资收储、轮换、出库的组织实施和日常管理；负责监管辖区内石油、天然气、食糖和中央救灾物资等中央储备；按照国家粮食和物资储备局指令，落实重大灾害及突发性事件的有关中央储备物资保障工作。监管范围为：青海省、西藏自治区。

2020 年工作

一 坚持政治引领，抓宣传教育落实

层层压紧压实责任，认真落实“书记抓、抓书记”工作机制，将各级党组织落实全面从严治党“两个责任”纳入领导干部评价考核体系，做到责任不减、标准不降、压力不松。制定落实全面从严治党“三级”主体责任清单。加强政治机关教育，紧紧围绕打造政治机关、学习机关、服务机关、执行机关为目标，巩固深化“不忘初心、牢记使命”主题教育，全局党组织和党员干部政治意识明显提升。认真落实中心组“四个一”学习机制，发挥领学促学作用，全方位多层次深入学习党的最新理论成果。2020 年，局分党组中心组集中学习 18 次，专题研讨 4 次，主题发言 21 人次。开展党的十九届五中全会精神专题学习 1 次，全局性专题研讨交流会 1 次，专家辅导讲座 3 次。

二 坚持目标导向，抓“三条底线”落实

战略物资管理达到“四保”要求。认真做好物资静态管理工作，圆满完成国储物资出库、内部倒库工作。巩固前期标杆仓库创建成效，同步推进生态文明库建设。安全管控实现“四无”目标。牢固

树立安全发展理念、底线思维意识，全面夯实安全主体责任。开展安全生产专项整治三年行动，强化隐患排查整治，开展反恐应急演练，强化应急处置能力，深化“三共”建设，加强治安管理，加强安全培训教育，强化安全基础建设，全年全局安全形势总体可控。稳定基础管理牢固。强化“三性”问题研判，积极推进历史遗留问题和职工关心关注事项的解决，关注民生工程，多措并举依据相关规定提高职工收入，基本实现工资待遇同城同工同酬，谋划解决房产证办理等历史遗留问题，实现离退休人员“两个保障”，职工获得感、幸福感不断增强。提升法治建设能力，把法治要求贯穿到粮食保供稳价、加强储备管理等各个领域，强化“七五”普法教育，参加网络普法考试，全员人均网络学法30小时，增强法治思维推进工作的能力。

三 坚持问题导向，抓“六稳”“六保”落实

保粮食能源安全，疫情期间组成工作组，联合粮食部门到辖区内粮油供应点、大型超市、加工企业等走访调研17次，解决供应链瓶颈问题2个，3次协调中储粮开展应急预案实施，确保辖区内粮油市场保供稳价。落实省政府要求全年减免中小企业出租出借各类经费230多万元。中储粮考核全覆盖，认真开展2019年度中央储备粮管理和中央事权粮食政策执行情况考核，对青海、西藏辖区内的全部22个中央储备粮库（点）进行了全面检查，实地核查比例达到100%，摸清了“家底”。协同联动机制形成，率先成功召开青海、西藏粮食安全协同监管“四省五方”座谈会，建立《青海、西藏中央储备粮协同联动监管机制》，对于完善辖区监管体系、增强监管效能、提升监管水平具有里程碑式的重要意义。

四 坚持过程导向，抓监管效能落实

组织实施国家战略应急物资储备大清查，成立青海、西藏两个省级协调机制，投入170多万元，全面查清查实青海、西藏范围内国家战略应急物资储备数量和质量，建立了辖区中央事权物资储备数据库，库存数量准确、质量合格、储存安全，首次全面摸清储备“家底”。发挥应急物资监管职能，积极与辖区内各部门深化“联动＋互动”模式，凝聚“管理＋监管”合力，2020年收储中央救灾防汛物资27个批次、14个品种，与2019年同期相比库存救灾物资增加44.4%、防汛物资增加184.7%，价值量增加46.8%，为更好发挥国家储备“稳定器”作用奠定物质基础。

五 坚持重点导向，抓能力提高落实

狠抓国家成品油储备能力二五一处工程建设收尾和验收工作，针对工程建设前期滞后的问题，倒排工期、挂图作业、压实责任，开展领导小组会议2次，约谈参与建设施工单位1次，现场检查8次，全年迎接国家粮食和物资储备局组织的工程检查3次。工程已初步验收并带油投产试运行。扎实推进“民生工程三年行动”，通过办公楼水暖电改造项目、道路修复、监控设施改造等项目逐年推进各单位

行政生活区基础硬件设施改造。

六 坚持人才导向，抓干事创业落实

以新职能新业务为依托，大力开展教育培训，打造一支高素质专业化干部队伍。结合主题教育，举办处级干部培训班、新入职人员培训班、业务专题培训班，通过“外输”“内培”方式，健全激励机制，让“干事创业”成为主旋律，参加国家粮食和物资储备局、地方等各类培训 1583 人次，岗位练兵 15 次。涌现出全国粮食和物资储备系统先进工作者、青海省“三八”红旗手标兵刘保琴和国家粮食和物资储备局“三八红旗手”冯娅婕等先进典型。通过选拔任用、职级晋升、轮岗交流、双向挂职，优化队伍结构，加快了干部的成长。招录和聘用机关、事业单位人员 18 人，补充了“新鲜血液”，增添了发展后劲。

七 坚持基础导向，抓补齐短板落实

聚焦“岗位—责任—能力”，以“提高站位、学用结合、增强本领、提升能力”为主题开展“能力提升年”活动，全局干部职工学习能力、政治能力、业务能力、服务能力、执行能力大幅提升。注重研究保密工作出现的新情况新问题，确实履行维护好国家安全和利益的重大政治责任，保密工作整体向好。强化公文办理，规范办公秩序，优化办事程序，基层减负成效明显。开展了国有资产大清查，夯实国有资产基础工作。强化督查问效，依据督办督查“710”工作制度、《青海储备物资管理局专项工作评估办法》，随时进行工作督办督查。全年重点工作 104 项全部完成。

八 坚持责任导向，抓党建和党风廉政落实

夯实党建基础工作，扎实开展“组织体系建设三年行动”，大力推进党支部标准化规范化建设。通过强化思想状况分析、深入开展谈心谈话、解决实际困难、建立结对共建等形式开展全方位的思想政治工作。持续开展特色支部品牌创建活动，一七四处“春蚕”党支部被评为省直机关特色支部品牌。巩固深化精神文明创建成果，局机关、五三五处、二五一处持续保持省级文明单位标兵和省级文明单位称号，六七九处获市级文明单位称号。一七四处物资管理科荣获“青海高原工人先锋号”。建立健全廉政风险防控体系，主动与地方对接纪检监察工作，成立纪检室。开展经常性纪律教育 61 次，警示教育 55 次，参加人员共 3248 人次，谈心谈话 659 人次。认真开展整改“灯下黑”突出问题专项工作、作风突出问题集中整治活动、巡视整改工作、民主生活会查摆问题整改工作、抵制餐饮浪费专题教育活动等，实行动态销号管理。扎实开展执行中央八项规定精神执行情况的自查检查，驰而不息纠正四风，不断改进工作作风。

国家粮食和物资储备局青海局领导班子成员

孙　彪　分党组副书记、副局长（主持工作）
鲁炳松　分党组成员、纪检组长
陈军贤　分党组成员、副局长
房立中　二级巡视员

（撰稿单位：国家粮食和物资储备局青海局；撰稿人姓名：李淼；审稿人：孙彪）

2020 年 12 月，青海局分党组副书记、副局长孙彪（前排左一）陪同国家战略应急物资大清查国家联合抽查组在青海省救灾物资储备中心进行现场督查。

2020 年 10 月 30 日，青海局牵头召开青海、西藏粮食安全协同监管“四省五方”（国家粮食和物资储备局青海局、青海省粮食局、西藏自治区粮食和物资储备局、中储粮集团兰州分公司、中储粮集团成都分公司）座谈会。

2020 年 4 月，青海局分党组到联点帮扶村宣讲中央一号文件并开展慰问。

国家粮食和物资储备局宁夏局

基本情况

国家粮食和物资储备局宁夏局（以下简称“宁夏局”）共有编制 319 名，其中行政编制 40 名，事业编制 279 名。机关共设办公室、粮棉糖和救灾物资监管处（执法督查处）、战略物资和能源监管处、规划建设与法规体改处、安全仓储与科技处等 8 个处（室）。下辖四个县处级事业单位，分别是一七七处、五三六处、九三〇处和机关服务中心，2020 年底实有 173 人。2011 年成立宁夏国储物流有限公司。

2020 年工作

一 机构改革效能初步显现

出台机关各处室工作职责和岗位设置规定，明确处室分工、岗位职责和人员配置，推动机构职能优化协同高效。按照履职要求，制修订相关工作管理制度，进一步理顺机关内部、机关与基层单位的关系，规范工作程序，确保各项工作有序衔接，职能运行顺畅。主动对接地方政府和有关部门，建立协调会商机制，积极推进职能转变。按照法治机关建设要求，完成“七五”普法验收。根据岗位空缺状况，招录公务员 1 人、招聘事业单位工作人员 6 人，调整优化机关处室人员，有序开展公务员职级晋升工作，实施公务员平时考核，逐步改善干部队伍结构，激发干事创业热情。通过做好机构改革的“后半篇”文章，为推动各项工作打下良好基础。

二 中央储备监管稳步推进

抽调全局业务骨干，成立执法督查工作协作小组，充实监管力量，强化业务培训。及时与中储粮西安分公司等单位对接，建立信息沟通机制。按照国家粮食和物资储备局的统一部署，在自治区粮储局的大力支持下，顺利完成 2019 年度中储粮年度考核任务，扎实开展中央储备粮问题整改“回头看”督导检查专项行动，对发现的问题责成有关承储企业限期整改。根据粮食市场供求形势变化，对中央储备粮轮换计划执行情况进行了重点检查。在指导宁夏局五三六处做好救灾和防汛抗洪物资收储入库工作的同时，加强对物资数量、质量和储存安全等情况的监督检查。总体看，通过干中学、学中干，监管工作开局良好。

三 物资清查任务圆满完成

认真落实国家有关部门部署，先后完成大清查方案制定、人员培训、自查、普查和质量检验等环节工作，同步开展储备系统国有资产清查工作。结果表明，宁夏辖区中央储备物资数量准确、质量合格、储存总体安全。通过大清查，全面摸清了辖区内中央储备物资家底，向国家交上一份合格答卷。为高质量完成大清查工作，在全局系统深入开展战略物资管理能力水平再提升专项行动，通过专题讲座、集中培训、知识测试、技能比武等形式，积极营造比学赶帮超的浓厚氛围，着力提高物资管理专业化水平。

四 收储轮换工作有序开展

宁夏局战略物资人均管理量居系统前列，收储轮换任务重。按照国家有关部门指令，提高政治站位，抽调全局精兵强将，尽锐出战，同时积极争取地方政府和有关部门的支持配合，不折不扣落实好上级临时下达的两批次战略物资专项出库任务，确保了安全万无一失。为做好中央救灾和防汛抗洪物资收储工作，组织相关人员到兰州救灾物资储备库调研，五三六处及时清退部分仓房出租业务，腾出所需仓容，购置必要器材。在入库过程中严格作业流程，探索垛位安全码放方式，顺利推进收储入库工作。通过收储轮换，优化了物资的品种结构，提高了仓库的利用效率。

五 仓储建设项目加快实施

统筹抓好疫情防控和项目建设，积极推动复工复产，及时下达一七七处紧急改造项目变更、项目结余资金使用批复，紧盯项目工程进度，严格落实建设标准。持续跟进五三六处安全综合整治提升工程，顺利完成年度土方工程和设备采购任务。九三〇处相继完成铁路专用线龙门吊基础建设、龙门吊采购和变压器改造等工作。随着这些工程项目相继建成并通过竣工验收，基层单位的仓储设施功能更加完善，安全保障能力显著提高。

六 经营创收业务总体平稳

在立足主责主业、抓好储备物资安全管理的基础上，各基层处、公司顶住疫情冲击和经济下行双重压力，狠抓经营创收。五三六处和公司依托“一带一路”巩固铁路集装箱到达和发运业务，集装箱到发量超过7万个标箱；九三〇处大力开展钢材物流服务，火车散车到达钢材近3000个车皮。据统计，基层单位全年各类物资吞吐量达500万吨，各项经营收入2276万元，有效弥补事业经费缺口，有力支持地方经济建设。

七 “三条底线”基础更加牢固

按照全面覆盖、重点突出、升级扩版的思路，深入推进安全网络建设。层层签订安全管理目标责任书，健全全员安全生产责任制，加强安全隐患排查治理，强化安全生产动态监管。加大安全生产投入，全年共投入资金 63 万元。各基层单位加强与属地政府及公安、应急、消防、武警等部门沟通协调，完善联防联治工作机制。全年未发生等级安全生产事故、治安案件和突发事件。坚持集中教育和经常性教育相结合，创新工作方式，抓好信访维稳工作。通过主动深入基层开展问卷调查、召开座谈会等形式，倾听基层干部职工意见，及时回应关切，积极推动解决可能引发上访的问题。按照“1+5”制度要求，扎实有序推进垂管单位纪检监察体制改革试点，持之以恒筑牢廉政底线。分党组定期召开会议，专题研究全面从严治党、党风廉政建设和反腐败工作；每季度召开廉政形势分析会，及时掌握廉政动态。全局认真组织开展“六廉”活动和赵文先严重违纪违法案专题警示教育，增强干部廉洁意识。对公司和五三六处分别开展了巡察和问题整改“回头看”，对服务中心和公司开展了内部审计，对党员领导干部在企业和社团兼职取酬情况进行了清理规范。

八 党建引领作用有效发挥

研究制定了强化政治机关意识教育、“灯下黑”问题专项整治和党支部标准化规范化建设三个实施方案，将“党建 +”、五有一好、评星定级等特色工作融入其中，并强力推进落实。聚焦政治机关建设，以创建“让党中央放心、让人民群众满意”模范机关为抓手，深入学习贯彻习近平新时代中国特色社会主义思想和党的十九大及历次全会精神，深化“不忘初心、牢记使命”主题教育成果，开展了“信仰与忠诚”“梦想与奋斗”“弘扬革命传统”等党性教育活动，引导全体党员增强“四个意识”、坚定“四个自信”、做到“两个维护”。面对突如其来的新冠肺炎疫情，坚持党建引领，迅速启动应急机制，严格落实防控措施，全力协助宁夏红十字会紧急出入库抗疫医疗物资 9 批次，共计 11.62 万件。为坚决打赢脱贫攻坚战，充分发挥驻村工作队党员先锋模范作用，加大对口帮扶力度，中宁县徐套乡白圈子村如期实现整村脱贫。

国家粮食和物资储备局宁夏局领导班子成员

罗守全　分党组副书记、副局长（主持工作，2020 年 10 月任职）
石春山　分党组成员、副局长（2020 年 1 月任职）
赵克东　分党组成员、纪检组长（2020 年 1 月任职）
牛国荣　分党组书记、局长（任职至 2020 年 8 月）

（撰稿单位：国家粮食和物资储备局宁夏局；撰稿人：刘晓清；审稿人：卢曼）

2020 年 11 月 3 日，宁夏局分党组副书记、副局长罗守全（右一）到九三〇处物资储备库调研检查。

2020 年 7 月 16 日，宁夏局分党组成员、副局长石春山（前排左三）到一七七处监控室调研指导工作。

2020 年 8 月 18 日，宁夏局分党组成员、纪检组长赵克东为干部职工讲专题廉政党课。

国家粮食和物资储备局新疆局

基本情况

国家粮食和物资储备局新疆局（以下简称“新疆局”）是国家粮食和物资储备局的垂直管理机构，为正司局级，行政编制 40 名，内设办公室、粮棉糖和救灾物资监管处、战略物资和能源监管处等 9 个机构。事业单位 3 个（九七六处、八三五处、机关服务中心）。在建国家成品油储备能力建设 653 工程 1 个，2020 年底完成初步验收。派驻工作队村 1 个：喀什地区伽师县卧里托格拉克镇托格热克斯木村（4 村）；派驻深度贫困村第一书记村 2 个：喀什地区伽师县卧里托格拉克镇塔格艾日克村（1 村）和喀塔尔墩村（5 村）。

2020 年工作

一 谋大局、开新局，高位推动，加强协同，推进落实，善作善成

加强战略谋划，扛稳政治责任，积极担当作为，在深度调研的基础上，着眼发展全局，确定改革发展方向和重点，明确发展目标和任务。克服疫情影响，加强与驻地党委政府和国家粮食和物资储备局党组的报告与联系，局主要负责同志向自治区党委、自治区人民政府领导同志分别报告了工作及需要支持的事项，与财政部新疆监管局、自治区粮食和物资储备局等 20 余个厅局进行了对接协调，开创了央地央企互动、央地联动监管、储地军地协同的良好开局，困扰多年的难题得到了初步解决。

二 抓重点、善作为，守正创新，倍道兼程，齐头并进，亮点纷呈

一是形成《关于进一步深入贯彻落实深化改革转型发展决定的实施意见》《关于进一步深入贯彻落实安全稳定廉政工作的实施意见》《关于进一步激励广大干部新时代新担当新作为的实施意见》三个文件，筑牢长效根基。二是聚焦国家粮食和物资储备安全核心职能，围绕更好应对重大风险挑战、发挥国家储备“稳定器”和“压舱石”作用，积极开展国家综合储备基地项目调研工作。多次与自治区相关部门密切沟通，联合新疆大学完成了课题申报工作，争取纳入国家粮食和物资储备局“十四五”发展规划，为祖国西部边防安定和新疆经济社会发展行稳致远提供储备保障。三是积极培育九七六处

国储中心、八三五处大宗商品集散中心和六五三处仓储批发零售中心。九七六处中央事权物资储备中心取得突破，形成了战略物资、应急救灾物资、国储糖“三位一体”新格局；八三五处大宗商品集散中心已初具规模。四是在各类物资监管中创新方式方法，确保储备物资数量真实、质量良好、储存安全。分监管品类制定了监管、执法等工作流程图。建立监管对象基本信息库，实现动态监管常态化。高质量完成了夏秋粮收购监管、中央储备粮棉管理和中央事权粮食政策执行情况考核、战略应急物资储备大清查，做好自治区纪委信访室和国家粮食和物资储备局转办 12325 监管热线两起涉粮问题举报线索的核查工作。五是强化党建引领，持续加强政治理论武装，落实“五级书记”责任，形成了齐抓共管、守正创新的工作格局。坚持“严”字当头，“防”字为先，“实”字为要，做到组织领导到位、全面排查到位、防控措施到位。抓安全稳定落实。积极推进安全稳定、安全生产目标落实，夯实主体责任，构建全员安全责任制，落实各项维稳措施和联防联动机制，实现全局安全稳定。基层单位安全综合整治提升项目顺利推进；653 工程年底通过了初步验收。筹措 100 余万元资金支持帮扶村产业项目，积极推进村民就业，8 月份提前完成脱贫攻坚任务，在年度考评中，被自治区扶贫开发领导小组评为“好”的等次。

三　聚焦点、疏堵点，抓住核心，破解难题，瞄准关键，补足短板

一是“三个学习”机制补理论武装不足的短板。中心组引领学习。制定印发《中心组学习细则》《中心组 2020 年学习计划》，组织每月不少于 2 次的学习活动，深入开展研讨交流。支部集体学习。各支部依托“三会一课”、主题党日、道德讲堂等形式，线上线下结合，组织每月至少 1 次集中学习。组织开展系列党建活动，以多种形式促集体学习。党员自觉学习。引导党员干部用好“学习强国”、“国储党建”等载体，配发学习材料，学习党史、法律、业务知识等。全年集体学习 20 余次，500 多人次。以“三个学习”机制助推模范机关、模范党组织、模范党员“三个模范”创建工作往深里走、往实里做。二是效果评估补贯彻落实不到位的短板。委托新疆大学，组织开展了贯彻落实“两决定一意见”和“五句话”总体要求两周年评估，对照各项任务安排，检查、评估工作成效，形成了效果评估报告，根据评估结果拟定进一步贯彻落实意见。三是“三个一批”方案补干部人才不足的短板。针对机关和基层严重缺员、653 工程建设及后期运营管理人员不足等现状，采取内部调剂一批、系统援疆一批、招录招聘一批的方式，解决机关和基层严重缺员的难题。引进援疆干部人才 25 名，招录公务员 4 名，有力地推动了新疆局基础管理、工程建设和事业发展。四是“百人专家库”补监管能力不足的短板。依托大专院校、科研院所、国有企业、社会机构，建立健全涵盖粮棉糖、能源、执法督查等领域的“百人专家库”，监管效能进一步提升，央地监管合力成效明显。

国家粮食和物资储备局新疆局领导班子成员

戴文辉　分党组书记、副局长
郭洪伟　分党组副书记、局长
朱　江　分党组成员、副局长
石振忠　分党组成员、纪检组长

（撰稿单位：国家粮食和物资储备局新疆局；撰稿人：步云沁；审稿人：刘训豹）

2020 年 6 月 12 日，新疆局在 653 工程筹建处召开援疆干部人才座谈会，新疆局分党组书记、副局长戴文辉（右二）出席，分党组成员、纪检组长石振忠（右三）主持会议，援疆干部代表作表态发言。

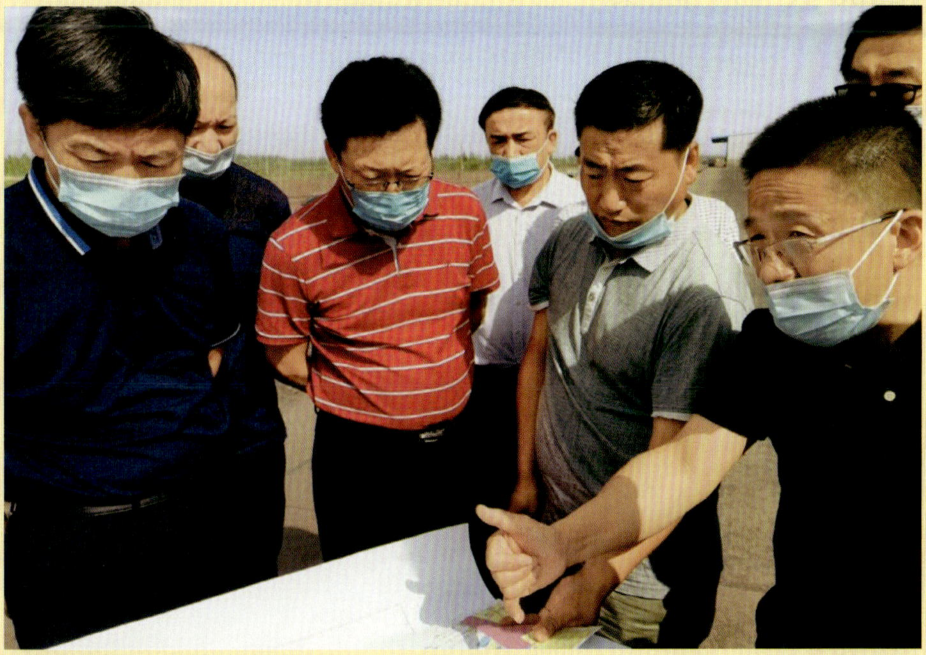

2020 年 9 月 11 日，新疆局分党组书记、副局长戴文辉（左二）率队开展仓储能力优化布局调研。

2020 年 11 月 12 日，新疆局分党组书记、副局长戴文辉（右）到中储棉库尔勒分公司检查库存棉花情况。

国家粮食和物资储备局上海局

基本情况

国家粮食和物资储备局上海局（以下简称“上海局”）成立于1992年，为原国家物资储备局下属的副厅级中央驻沪行政单位，2018年4月转隶国家粮食和物资储备局。机关设有办公室、粮棉糖和救灾物资监管处（执法督查处）、战略物资和能源监管处等8个职能处室，下辖5个县处级事业单位，分别是七处、九三六仓库、九三七处、港口办事处和机关服务中心。事业单位出资成立上海国储物流股份有限公司和江苏国储物流股份有限公司。

2020年工作

一 加强国家战略物资管理

一是按时完成战略物资年度收储任务。九三七处按照国家粮食和物资储备局战略物资收储任务部署，制定物资收储工作方案，加强物资接收现场安全管理，严把物资数量、质量关，确保收储物资数量准确、质量合格。二是加强战略物资日常管理指导监督。上海局每月对各储备仓库物资管理情况进行一次检查指导，监督各储备仓库加强战略物资管理工作。截止2020年年底，上海局所辖储备仓库共储存国家战略物资数量准确、质量合格、存储安全。三是做好储备仓库年度考核工作。按照《国家储备综合物资管理办法》和相关工作细则，对各储备仓库年度收储轮换任务完成情况、物资储存保管工作、管理机构和人员素质、物资账务管理、物资储存安全等方面进行全面检查和考核，考核结果各项管理工作符合要求。四是组织开展国家战略应急物资储备大清查工作。上海局组织开展国家战略应急物资储备大清查工作，制定实施方案，登统库存物资基础数据，各储备仓库开展自查，在规定时限完成各阶段清查任务，摸清储备物资底数，按时完成大清查工作并上报大清查总结报告。

二 监管辖区内物资管理情况

一是建立“制度+清单”的监管模式。制定储备物资监管办法和清单，为规范监管工作提供制度依据。贯彻落实《关于创新方式强化监管与时俱进做好执法督查工作的指导意见》，制定实施细则，不断创新执法监管方式。制定《协同联动开展执法督查暂行办法》，建立协同监管机制。二是大力加强执法监管能力建设。积极引进专业人才，逐步建立粮食和能源执法监管辅助人员队伍。建立粮食监管专家人才库，依托专家力量和智慧强化中央储备粮监管，发挥传帮带作用。普及粮食基础知识和监管知识，组织开展集中培训。加强干部队伍实践锻炼，在实践中不断提升业务能力。三是强化日常执法监管。按中储粮直属企业建立管理档案，要求直属企业每月上报数量、质量报表，及时分析了解中央储备粮数量变动及质量变化情况。组织对辖区内直属企业春普开展情况进行抽查，并派员参与部分直属企业秋普过程，对直属企业日常管理进行检查。督导中央防汛物资和救灾物资承储仓库严格按照增储物资接收要求，做好物资接收工作。四是精心组织开展中储粮年度考核。制定考核实施方案，成立实地考核小组，认真组织考前培训，做好自查报告分析、考核人员分工等各项准备工作，对辖区内中储粮直属企业本库、分库实现实地考核全覆盖，并抽取40%委托代储库点进行延伸检查。五是从严从实从细开展中央储备粮问题整改“回头看”督导检查专项行动。成立由主要领导任组长的督导检查组，对辖区内各中储粮直属企业本库、分库及中央储备粮委托代储库共21个库点开展中央储备粮问题整改“回头看”情况进行全覆盖现场督导检查，核实问题整改情况，切实压实中储粮直属企业主体责任。六是认真组织开展战略和应急物资大清查。认真组织开展数量、质量、账务和安全普查、复查各项工作，切实摸清战略和应急物资数量、质量底数。七是应急救灾物资调用情况。会同江苏省水利防汛物资储备中心和镇江仓库负责人召开协调会，提出预案执行和现场督导要求，及时顺利完成防汛物资调运任务，有力支援地方抗洪抢险任务。

三 系统发展情况

一是深化改革转型发展。启动“十四五”发展规划编制，加强区域协调联动，与江浙皖垂管局携手建立“长三角”一体化合作机制。京冀晋豫沪五省市垂管局签订战略合作协议，共同构建战略应急物资流通保障体系。推动功能缺失型的事业单位转型发展，充实上海港口办事处粮棉糖、能源和救灾物资监管服务职能，增强履行行政监管职能的保障水平。二是推进央地融合联动。与上海市粮食和物资储备局签订《关于深化粮食物资储备领域区域协调融合发展战略合作框架协议》，建立“一补三共”融合发展机制。与上海市应急管理局会商建立“共享、共建、共保”的应急储备响应体系。推动与中储粮南京分公司和上海市良友集团建立“2+2”粮食安全协同保障机制，构建区域性粮食联保联动安全保障网。三是压实责任守牢安全底线。狠抓疫情防控，认真履行主体责任，抓好复工复产和保供稳价工作。制定《安全检查清单》，开展安全生产专项整治活动，整改安全隐患25项，整改率达100%。组织实施20次应急演练，应急处置能力得到提升。四是推动经营业务扭亏转型。指导公司调整经营思路，升级业务模式，加强企业管理和人才队伍建设，推动实现扭亏和转型。全年物资吞吐量、营业收入与上年相比均实现增长，初步扭转经营发展局面。五是统筹推进人才队伍建设。选拔任用12名处级干部，多渠道补充机关公务员5人、事业单位重点岗位15人，指导事业单位招聘编外派遣人员29人，有效缓解人员缺口。制定人才激励方案制度，激励干部担当作为。六是加快推进重点工程建设。积极推动655项目建设，压茬推进安全综合整治提升项目建设，指导九三七处制定项目推进计划，组织完成“民生工程三年行动”项目申报。谋划综合性国家储备基地项目，补齐突发事件应急物资保障短板。

四 党建工作情况

坚持把思想建设作为讲政治的重要切入点，抓好抓实。系统学习《习近平谈治国理政》第三卷，举办学习宣传贯彻党的十九届五中全会精神专题研修班，实现对机关和事企业单位中层以上管理人员全覆盖。局分党组全年召开中心组学习会 8 次，与上海市粮储局党组、中储粮南京分公司党委开展 2 次联组学习；各事企业单位开展理论中心组学习 67 次，进一步强化为国管粮、为国管储的政治担当。坚持抓班子带队伍，开展模范机关和法治机关建设。健全党内政治生活，严格“三重一大”决策制度。加强党的各级组织建设，走前头做表率。健全党内组织生活，使学习成为常态。标本兼治，注重廉政风险防控体系建设。综合运用巡察、审计手段，认真做好问题整改工作。

国家粮食和物资储备局上海局领导班子成员

潘一闽　分党组书记、局长
纪珉仕　分党组成员、一级巡视员
陈黄新　分党组成员、副局长
庄春涛　分党组成员、纪检组长

（撰稿单位：国家粮食和物资储备局上海局；撰稿人：李功静、刘蓉、王俊、王金鹿；审稿人：潘一闽）

2020 年 4 月 1 日，上海市粮食和物资储备局党组中心组与上海局分党组中心组召开联组学习研讨交流会。

2020 年 4 月 17 日，上海局与江苏省泰兴市人民政府签订战略合作协议。

2020年12月2日至4日，上海局举办为期3天的党的十九届五中全会精神专题研修班。

国家粮食和物资储备局江苏局

基本情况

国家粮食和物资储备局江苏局（以下简称“江苏局”）是中央和国家机关机构改革中新设立的垂管局，2020 年 1 月开始组建，8 月 30 日正式挂牌。主要负责江苏省辖区内中央事权粮棉、石油、天然气、食糖和中央救灾物资储备的监管，以及辖区内战略物资储备的管理。江苏局内设办公室（法规体改处）、粮棉糖和救灾物资监管处（执法督查处）、战略物资和能源监管处等 8 个机构。截至 2020 年底，共有在编干部 25 人。

2020 年工作

一 以协调联动为支撑，机构组建快速到位

坚持“先内后外，内外并举”原则，加强与国家粮食和物资储备局和江苏省委省政府各有关部门的沟通联系，得到全方位有力支持。国家粮食和物资储备局以党组名义致函江苏省委省政府，第一时间帮助解决文件传送、干部选调、办公用房租赁等事宜。江苏省委省政府支持得力。主要领导专题批示，协调省委组织部、省粮食和物资储备局等单位。实行“扁平化”管理，全局同志一起开启“5+2”“白 + 黑”工作模式，为快速履职提供坚实保障。

二 以规范流程为抓手，建章立制高标推进

一是起步建制度，开张立规矩。集中开展“建章立制月”活动，共梳理制度建设清单 101 项，2020 年已完成 47 项，实现用制度规范办文办会办事、管人管钱管物。大力推进法治机关建设，制定《法治机关建设工作领导小组工作规则》《法治工作要点》，聘请专业法律顾问，深入开展《宪法》《民法典》等法律宣传教育。规范工作流程。二是制定《江苏局工作规则》《机关公文处理办法》《江苏局会议管理办法》等文件，有效规范办文办会办事流程。强化财务审计管理。制定《江苏局机关经费审批和支出管理暂行办法》等制度，规范财务审计管理。制定《江苏局 2020 年工作要点》，明确全年重点工作时间表、路线图，切实做到任务清晰、分工明确、责任到人，保障各项工作顺利推进；出台

《国家粮食和物资储备局江苏局督促检查工作办法》，对督查职责、督查程序进行规范。三是签订《安全稳定责任书》《党风廉政责任书》，制定《江苏局突发事件信息报告办法》，认真开展“安全生产月”活动，组织观看安全警示教育片；成立江苏局保密领导机构，加强保密工作领导；制定《党风廉政教育实施办法》等文件，强化监督、堵住漏洞，切实推动机关党员干部担当作为、廉洁自律。

三 以引才聚才为导向，干部队伍全面增强

一是积极沟通国家粮食和物资储备局人事司、省委组织部等部门，先后在系统内外选调干部 8 名，接收军转干部 3 名，新招录公务员 10 名，缓解人手紧缺的矛盾。二是坚持新时代好干部标准，突出实践实干实效，注重在抗击疫情、机构组建等急难险重任务中培养干部、识别干部、选拔干部，1 人获得国家粮食和物资储备局系统先进工作者荣誉称号，1 人获得国家粮食和物资储备局系统“三八红旗手”荣誉称号。三是逐步构建起覆盖干部选拔培养、管理使用、教育培训等全方位人事制度体系，制定《干部交流工作办法》等文件，全方位构建干部选拔管理制度体系。积极开展党务、业务培训，全年组织机关干部参加党务干部、安全生产以及战略物资大清查等各类培训班 35 人次，组织新录用公务员代表江苏省直机关农水片区参加全省“学用新思想”大赛，荣获三等奖，有力提升党员干部政治素质和业务本领。

四 以主责主业为关键，履职尽责成效显著

一是全面了解江苏辖区各类储备存储规模、品种、库点等情况，向国家粮食和物资储备局专报拟建六大项目的报告，积极争取纳入国家粮食和物资储备局“十四五”规划。二是率先建立央地监管协作机制，与江苏省粮食和物资储备局签定了工作协作机制，涵盖协同监管、案件核查、联合惩戒、应急保障、信息交流等 11 个方面；建立江苏局与中储粮江苏分公司日常工作协调机制，提高中央储备粮在地监管能力。三是规范高效履行执法监管职责，制定《江苏局中央储备粮监管实施办法（试行）》，明确中央储备粮监管的内容、操作方法和程序，采取“四不两直”等方式，加强对江苏辖区中央事权粮棉糖的监管，认真完成中储粮江苏分公司 2020 年轮入计划调整以及 2020 年度中央储备粮轮入计划调整等有关问题的核实工作；深入中储棉徐州有限公司、中储粮淮安直属库开展政策执行情况检查，协作开展好江苏辖区 2019 年度中储粮考核，保证各类储备数量真实、质量良好、储存安全。四是深入开展中央储备粮问题整改“回头看”，研究制定专项行动工作方案，会同江苏省粮食和物资储备局联合开展督导检查，规范有序开展专项行动，抓好问题整改。会同省粮食和物资储备局，在中储粮江苏分公司积极配合下，创新工作方法，实行双日报制度，确保检验数据准确可靠，高质高效完成了占全国总量 40%的抽检任务。圆满完成战略物资大清查任务，制订《江苏局战略应急物资储备大清查实施方案》，严格执行方式方法，查实查准查清辖区承储企业储备情况。五是全力推进国家重点工程项目建设，积极与上海局会商，强化协同协作，联合成立了建设领导小组，并在原有基础上充实调整了重点工程筹建处，有力保障了工程顺利推进。

五　以从严治党为主线，党的建设全面加强

一是主动联系江苏省委组织部、省级机关工委、省直机关工会，顺利获批成立局机关党委、纪委、机关工会，及时成立局机关临时党支部和4个党小组。二是坚持党建工作与业务工作同谋划、同部署、同落实、同检查，制定局分党组贯彻落实《党委（党组）落实全面从严治党主体责任规定》实施意见，坚决扛稳主体责任。分党组全力支持纪检组充分发挥专责监督作用，督促各级党组织履行主体责任，确保在落实全面从严治党责任中走在前、作表率。三是思想根基全面筑牢，全年共组织4次分党组集体学习、4次分党组理论学习中心组学习、4次廉政形式分析会议、4次局领导讲党课、2次专题学习十九届五中全会精神，共计组织学习18次，重点学习党的十九届五中全会和习近平总书记关于健全储备体系、提升储备效能等重要指示批示以及视察江苏和中央经济工作、中央农村工作会议等重要讲话精神，着力推动入脑入心、学深悟透。四是党风廉政建设深入推进，每季度召开党风廉政建设形势分析会，与全体党员干部签定《党风廉政建设承诺书》，扎实开展“学习党章党规党纪、树牢纪律规矩意识”等专题教育，牢牢掌握意识形态主动权，受到驻委纪检监察组调研肯定。

国家粮食和物资储备局江苏局领导班子成员

吴永顺　分党组书记、局长
曲金虎　分党组成员、副局长
刘学明　分党组成员、纪检组长
高　巍　分党组成员、副局长、二级巡视员（2020年12月任职）

（撰稿单位：国家粮食和物资储备局江苏局；撰稿人：李殿君；审稿人：高巍）

2020年8月30日，江苏局举行挂牌仪式。国家发展和改革委员会党组成员，国家粮食和物资储备局党组书记、局长张务锋（前排左四），江苏省委常委、常务副省长樊金龙（前排右五），国家粮食和物资储备局党组成员、副局长黄炜（前排左三）出席挂牌仪式。

2020年8月30日，江苏局与江苏省粮食和物资储备局建立协作工作机制。国家发展和改革委员会党组成员，国家粮食和物资储备局党组书记、局长张务锋（左三），江苏省委常委、常务副省长樊金龙（右三），国家粮食和物资储备局党组成员、副局长黄炜（左二）出席签约仪式。

江苏局召开年度工作会议，分党组书记、局长吴永顺（左三），分党组成员、副局长曲金虎（右二），分党组成员、纪检组长刘学明（左一），分党组成员、副局长高巍（右一）出席会议并讲话。

国家粮食和物资储备局浙江局

基本情况

国家粮食和物资储备局浙江局（以下简称“浙江局”）是国家粮食和物资储备局在浙江设立的垂直管理机构，2019 年 9 月正式挂牌成立。履行中央在浙江、福建两省粮棉、石油、天然气、食糖、应急救灾物资、防汛抗旱物资的监管职能和战略物资的管理职能。行政编制 46 名，内设机构 9 个，下辖 5 家事业单位。其中，浙江省内 3 家：七六三处、八三七处、机关服务中心。福建省内 2 家：七五五处、泉州港口办事处。

2020 年工作

一　坚持以政治建设为统领，推进党的建设质量全面提升

一是加强思想理论武装。以《习近平谈治国理政》（第三卷）为重点，认真学习贯彻习近平新时代中国特色社会主义思想，党的十九大和十九届二中、三中、四中、五中全会精神，深入学习领会习近平总书记关于健全储备体系、提升储备效能等重要指示批示和考察浙江时的重要讲话精神，做到学懂弄通理论、掌握思想真谛。深化巩固“不忘初心、牢记使命”主题教育成果，开展“不忘初心，逐梦下姜”主题党日活动，组织学习贯彻党的十九届五中全会精神处级干部集中培训。二是加强政治机关建设。始终把党的政治建设放在首位，坚持旗帜鲜明讲政治，增强“四个意识”、坚定“四个自信”，做到“两个维护”，认真贯彻《关于改进中央和国家机关党的建设的意见》精神，坚决落实党中央关于粮食和物资储备工作的方针政策，局领导带头讲党课、谈体会，发挥浙江省红色资源优势，认真开展对党忠诚教育。三是加强领导班子建设。不断提高政治判断力、政治领悟力、政治执行力。修订分党组工作规则、局工作规则等，严格执行民主集中制，认真贯彻《中国共产党请示报告条例》及国家局党组实施意见，制定请示报告事项清单，重大问题、重要情况及时按规定请示报告，领导班子的凝聚力、战斗力明显增强。全面落实意识形态工作责任制，坚持谁主管谁负责、分级负责，细化防控措施、压实防控责任，牢牢掌握意识形态的领导权和主动权。严肃党内政治生活，局领导严格执行党员领导干部双重组织生活制度，带头参加党内集体活动。深入推进党支部标准化规范化建设，圆满完成基层处党委班子换届，组织党务、纪检干部培训，层层压实基层党组织责任。

二 坚持以新发展理念推动高质量发展，抓改革促转型守底线工作取得新成效

一是高位谋划浙江局改革发展路径。将“十四五”规划与浙江局粮储事业相结合，围绕改革发展主题，认真开展调研，对辖区内能源和应急物资储备存在的问题进行了深入研究分析。完成事业单位经营剥离和公司迁址组建工作，为下步事业单位改革打下基础。二是主动促进央地、储地融合式发展。结合垂管局双重管理属性，推动中央事权粮食和物资储备工作纳入地方工作总体布局，积极建言献策。与相关部门建立信息交换、工作协同和人才交流机制。三是全力推动重大工程项目建设。把加快落实六五六处工程项目选址落地。如期完成两个火工物资储备仓库安防改造工程，综合物资储备仓库提前完成2020年内建设任务。四是扎实完成粮棉考核和战略应急物资清查任务。开展中央储备粮棉管理和中央事权粮食政策执行情况年度考核，选取7个中储粮直属企业，提取12个样品送检，中储棉承储企业“首考”实现全覆盖。认真开展中央储备粮管理问题整改“回头看”专项行动，督促承储企业落实整改要求。加强常规监测和日常监管，疫情期间主动开展辖区内粮油市场信息监测。对辖区内17个库点进行摸底排查，及时上报普查结果。五是不断夯实安全管理基础。层层签订安全稳定责任书，推动建立“党政同责、一岗双责、齐抓共管、失职追责”责任体系。强化问题导向，持续开展隐患排查治理行动，进一步健全安全风险分级管控机制，结合安全综合整治提升三年行动计划和危化品重大危险源专项检查，统筹编制整治方案，提升本质安全水平。加强安全教育培训，通过专题培训和应急演练，提高安全技能和实战水平。积极参与“平安浙江”建设，健全安全生产领导和工作机构，召开安委会专题会议，分析形势、明确任务。修订完善安全风险管控体系建设实施指南，安全管理工作更规范，保障措施更有效。六是加快推进人才队伍建设。践行新时代党的组织路线，贯彻新时期好干部标准，不断加强队伍建设，打通与地方的干部交流交融渠道。提拔、交流、挂职多法并举，调整机关处室人员配备，配齐配强基层处领导班子。加强党员干部和青年职工培养管理，积极组织学习、培训和实践考核活动，基层1名处级干部被国家粮食和物资储备局评为“担当作为好干部”，1名职工被评为抗击新冠肺炎疫情表现突出先进个人，七五五处物管科荣获“干事创业好团队”称号。七是大力提升依法行政水平。夯实法治机关建设责任制，强化组织领导，成立工作小组，专题研究新时期法治机关建设任务要求，制定学习计划，明确工作目标和措施，形成上下协调、步调一致、齐抓共管的良好格局。开展民法典学习、宪法宣传周、“七五”普法活动等，立足职责，统筹推进法治机关建设和依法行政，推进制度建设，依法监督、依法管理、依法履职取得阶段性成果。

三 坚持以严实作风，推进党风廉政建设向纵深发展

一是坚持“严”字当头，加强政治监督。贯彻落实驻委纪检监察组指出问题的整改落实方案，结合主题教育检视问题整改，深入开展自查，梳理问题22项，制定整改落实措施78项，做好整改“销号”。针对国家粮食和物资储备局巡视组反馈问题，组成专班研究，制定整改措施，切实做好巡视“后半篇”文章。深入开展“灯下黑”问题专项整治，查摆梳理问题并完成整改。二是强化“两项责任”，提供坚强政治保证。严格落实《党委（党组）落实全面从严治党主体责任规定》，制定责任清单，强化分党组书记“第一责任人”责任和班子成员“一岗双责”意识。健全廉政风险防控体系，推动“四

责协同”落地落实，共梳理行政权力业务事项，查找廉政风险点，制定廉政风险防控措施。加强党风廉政建设责任书执行情况检查考核，并以“创建模范机关、建设清廉机关”活动为抓手，建立考核指标体系，增强活动成效。优先选强配齐基层处纪委书记，加大纪检干部队伍培训，认真落实垂管单位纪检监察体制改革试点任务，制发《浙江局纪检监察体制改革试点实施方案》及配套制度，不断压实纪检监察责任。三是加强纪律作风教育，驰而不息落实中央八项规定精神。定期分析政治生态和党风廉政建设形势，积极构建不敢腐、不能腐、不想腐长效机制。落实述职述廉制度，全年 2 次听取基层抓党建和党风廉政建设情况汇报。高度重视廉政文化建设、家庭家教家风建设，加强对党员“八小时”以外的管理。全年开展廉政提醒 24 次，组织廉政谈话 90 人次。修订局分党组落实中央八项规定精神实施办法，细化负面清单。贯彻习近平总书记重要批示精神，开展节约粮食、反对浪费教育。围绕群众反映的热点难点问题，认真开展信访工作，积极推动历史遗留问题解决。

国家粮食和物资储备局浙江局领导班子成员

王来保　分党组书记、局长
胡立明　分党组成员、副局长
王　琦　分党组成员、副局长、二级巡视员
周　辉　分党组成员、纪检组长

（撰稿单位：国家粮食和物资储备局浙江局；撰稿人：康旭；审稿人：朱玉莉）

2020 年 9 月，国家发展和改革委员会党组成员，国家粮食和物资储备局党组书记、局长张务锋（左二），国家粮食和物资储备局党组成员、副局长贾骞（左三）赴浙江舟山国家石油储备基地考察，浙江局分党组书记、局长王来保（右一）陪同考察。

2020 年 6 月，浙江局分党组书记、局长王来保（右一）在衢州实地考察国家成品油储备能力建设六五六处工程选址。

2020 年 3 月 5 日，浙江局召开 2020 年度工作会议，分党组书记、局长王来保（左二），分党组成员、副局长胡立明（右二），分党组成员、副局长王琦（左一），分党组成员、纪检组长周辉（右一）出席会议。

6

第六篇

政策与法规文件

中共中央文件

关于抓好“三农”领域重点工作确保如期实现全面小康的意见

中发〔2020〕1号

党的十九大以来，党中央围绕打赢脱贫攻坚战、实施乡村振兴战略作出一系列重大部署，出台一系列政策举措。农业农村改革发展的实践证明，党中央制定的方针政策是完全正确的，今后一个时期要继续贯彻执行。

2020年是全面建成小康社会目标实现之年，是全面打赢脱贫攻坚战收官之年。党中央认为，完成上述两大目标任务，脱贫攻坚最后堡垒必须攻克，全面小康“三农”领域突出短板必须补上。小康不小康，关键看老乡。脱贫攻坚质量怎么样、小康成色如何，很大程度上要看“三农”工作成效。全党务必深刻认识做好2020年“三农”工作的特殊重要性，毫不松懈，持续加力，坚决夺取第一个百年奋斗目标的全面胜利。

做好2020年“三农”工作总的要求是，坚持以习近平新时代中国特色社会主义思想为指导，全面贯彻党的十九大和十九届二中、三中、四中全会精神，贯彻落实中央经济工作会议精神，对标对表全面建成小康社会目标，强化举措、狠抓落实，集中力量完成打赢脱贫攻坚战和补上全面小康“三农”领域突出短板两大重点任务，持续抓好农业稳产保供和农民增收，推进农业高质量发展，保持农村社会和谐稳定，提升农民群众获得感、幸福感、安全感，确保脱贫攻坚战圆满收官，确保农村同步全面建成小康社会。

一 坚决打赢脱贫攻坚战

（一）全面完成脱贫任务

脱贫攻坚已经取得决定性成就，绝大多数贫困人口已经脱贫，现在到了攻城拔寨、全面收官的阶段。要坚持精准扶贫，以更加有力的举措、更加精细的工作，在普遍实现“两不愁”基础上，全面解决“三保障”和饮水安全问题，确保剩余贫困人口如期脱贫。进一步聚焦“三区三州”等深度贫困地区，瞄准突出问题和薄弱环节集中发力，狠抓政策落实。对深度贫困地区贫困人口多、贫困发生率高、脱贫难度大的县和行政村，要组织精锐力量强力帮扶、挂牌督战。对特殊贫困群体，要落实落细低保、医保、养老保险、特困人员救助供养、临时救助等综合社会保障政策，实现应保尽保。各级财政要继续增加专项扶贫资金，中央财政新增部分主要用于“三区三州”等深度贫困地区。优化城乡建设用地增减挂钩、扶贫小额信贷等支持政策。深入推进抓党建促脱贫攻坚。

（二）巩固脱贫成果防止返贫

各地要对已脱贫人口开展全面排查，认真查找漏洞缺项，一项一项整改清零，一户一户对账销号。总结推广各地经验做法，健全监测预警机制，加强对不稳定脱贫户、边缘户的动态监测，将返贫人口和新发生贫困人口及时纳入帮扶，为巩固脱贫成果提供制度保障。强化产业扶贫、就业扶贫，深入开展消费扶贫，加大易地扶贫搬迁后续扶持力度。扩大贫困地区退耕还林还草规模。深化扶志扶智，激发贫困人口内生动力。

（三）做好考核验收和宣传工作

严把贫困退出关，严格执行贫困退出标准和程序，坚决杜绝数字脱贫、虚假脱贫，确保脱贫成果经得起历史检验。加强常态化督导，及时发现问题、督促整改。开展脱贫攻坚普查。扎实做好脱贫攻坚宣传工作，全面展现新时代扶贫脱贫壮阔实践，全面宣传扶贫事业历史性成就，深刻揭示脱贫攻坚伟大成就背后的制度优势，向世界讲好中国减贫生动故事。

（四）保持脱贫攻坚政策总体稳定

坚持贫困县摘帽不摘责任、不摘政策、不摘帮扶、不摘监管。强化脱贫攻坚责任落实，继续执行对贫困县的主要扶持政策，进一步加大东西部扶贫协作、对口支援、定点扶贫、社会扶贫力度，稳定扶贫工作队伍，强化基层帮扶力量。持续开展扶贫领域腐败和作风问题专项治理。对已实现稳定脱贫的县，各省（自治区、直辖市）可以根据实际情况统筹安排专项扶贫资金，支持非贫困县、非贫困村贫困人口脱贫。

（五）研究接续推进减贫工作

脱贫攻坚任务完成后，我国贫困状况将发生重大变化，扶贫工作重心转向解决相对贫困，扶贫工作方式由集中作战调整为常态推进。要研究建立解决相对贫困的长效机制，推动减贫战略和工作体系平稳转型。加强解决相对贫困问题顶层设计，纳入实施乡村振兴战略统筹安排。抓紧研究制定脱贫攻坚与实施乡村振兴战略有机衔接的意见。

二 对标全面建成小康社会加快补上农村基础设施和公共服务短板

（六）加大农村公共基础设施建设力度

推动“四好农村路”示范创建提质扩面，启动省域、市域范围内示范创建。在完成具备条件的建制村通硬化路和通客车任务基础上，有序推进较大人口规模自然村（组）等通硬化路建设。支持村内道路建设和改造。加大成品油税费改革转移支付对农村公路养护的支持力度。加快农村公路条例立法进程。加强农村道路交通安全管理。完成“三区三州”和抵边村寨电网升级改造攻坚计划。基本实现行政村光纤网络和第四代移动通信网络普遍覆盖。落实农村公共基础设施管护责任，应由政府承担的管护费用纳入政府预算。做好村庄规划工作。

（七）提高农村供水保障水平

全面完成农村饮水安全巩固提升工程任务。统筹布局农村饮水基础设施建设，在人口相对集中的地区推进规模化供水工程建设。有条件的地区将城市管网向农村延伸，推进城乡供水一体化。中央财政加大支持力度，补助中西部地区、原中央苏区农村饮水安全工程维修养护。加强农村饮用水水源保护，做好水质监测。

（八）扎实搞好农村人居环境整治

分类推进农村厕所革命，东部地区、中西部城市近郊区等有基础有条件的地区要基本完成农村户用厕所无害化改造，其他地区实事求是确定目标任务。各地要选择适宜的技术和改厕模式，先搞试点，证明切实可行后再推开。全面推进农村生活垃圾治理，开展就地分类、源头减量试点。梯次推进农村生活污水治理，优先解决乡镇所在地和中心村生活污水问题。开展农村黑臭水体整治。支持农民群众开展村庄清洁和绿化行动，推进“美丽家园”建设。鼓励有条件的地方对农村人居环境公共设施维修养护进行补助。

（九）提高农村教育质量

加强乡镇寄宿制学校建设，统筹乡村小规模学校布局，改善办学条件，提高教学质量。加强乡村教师队伍建设，全面推行义务教育阶段教师“县管校聘”，有计划安排县城学校教师到乡村支教。落实中小学教师平均工资收入水平不低于或高于当地公务员平均工资收入水平政策，教师职称评聘向乡村学校教师倾斜，符合条件的乡村学校教师纳入当地政府住房保障体系。持续推进农村义务教育控辍保学专项行动，巩固义务教育普及成果。增加学位供给，有效解决农民工随迁子女上学问题。重视农村学前教育，多渠道增加普惠性学前教育资源供给。加强农村特殊教育。大力提升中西部地区乡村教师国家通用语言文字能力，加强贫困地区学前儿童普通话教育。扩大职业教育学校在农村招生规模，提高职业教育质量。

（十）加强农村基层医疗卫生服务

办好县级医院，推进标准化乡镇卫生院建设，改造提升村卫生室，消除医疗服务空白点。稳步推进紧密型县域医疗卫生共同体建设。加强乡村医生队伍建设，适当简化本科及以上学历医学毕业生或经住院医师规范化培训合格的全科医生招聘程序。对应聘到中西部地区和艰苦边远地区乡村工作的应届高校医学毕业生，给予大学期间学费补偿、国家助学贷款代偿。允许各地盘活用好基层卫生机构现有编制资源，乡镇卫生院可优先聘用符合条件的村医。加强基层疾病预防控制队伍建设，做好重大疾病和传染病防控。将农村适龄妇女宫颈癌和乳腺癌检查纳入基本公共卫生服务范围。

（十一）加强农村社会保障

适当提高城乡居民基本医疗保险财政补助和个人缴费标准。提高城乡居民基本医保、大病保险、医疗救助经办服务水平，地级市域范围内实现“一站式服务、一窗口办理、一单制结算”。加强农村低保对象动态精准管理，合理提高低保等社会救助水平。完善农村留守儿童和妇女、老年人关爱服务体系。发展农村互助式养老，多形式建设日间照料中心，改善失能老年人和重度残疾人护理服务。

（十二）改善乡村公共文化服务

推动基本公共文化服务向乡村延伸，扩大乡村文化惠民工程覆盖面。鼓励城市文艺团体和文艺工作者定期送文化下乡。实施乡村文化人才培养工程，支持乡土文艺团组发展，扶持农村非遗传承人、民间艺人收徒传艺，发展优秀戏曲曲艺、少数民族文化、民间文化。保护好历史文化名镇（村）、传统村落、民族村寨、传统建筑、农业文化遗产、古树名木等。以“庆丰收、迎小康”为主题办好中国农民丰收节。

（十三）治理农村生态环境突出问题

大力推进畜禽粪污资源化利用，基本完成大规模养殖场粪污治理设施建设。深入开展农药化肥减量行动，加强农膜污染治理，推进秸秆综合利用。在长江流域重点水域实行常年禁捕，做好渔民退捕工作。推广黑土地保护有效治理模式，推进侵蚀沟治理，启动实施东北黑土地保护性耕作行动计划。稳步推进农用地土壤污染管控和修复利用。继续实施华北地区地下水超采综合治理。启动农村水系综合整治试点。

三 保障重要农产品有效供给和促进农民持续增收

（十四）稳定粮食生产

确保粮食安全始终是治国理政的头等大事。粮食生产要稳字当头，稳政策、稳面积、稳产量。强化粮食安全省长责任制考核，各省（自治区、直辖市）2020 年粮食播种面积和产量要保持基本稳定。进一步完善农业补贴政策。调整完善稻谷、小麦最低收购价政策，稳定农民基本收益。推进稻谷、小麦、玉米完全成本保险和收入保险试点。加大对大豆高产品种和玉米、大豆间作新农艺推广的支持力度。抓好草地贪夜蛾等重大病虫害防控，推广统防统治、代耕代种、土地托管等服务模式。加大对产粮大县的奖励力度，优先安排农产品加工用地指标。支持产粮大县开展高标准农田建设新增耕地指标跨省域调剂使用，调剂收益按规定用于建设高标准农田。深入实施优质粮食工程。以北方农牧交错带为重点扩大粮改饲规模，推广种养结合模式。完善新疆棉花目标价格政策。拓展多元化进口渠道，增加适应国内需求的农产品进口。扩大优势农产品出口。深入开展农产品反走私综合治理专项行动。

（十五）加快恢复生猪生产

生猪稳产保供是当前经济工作的一件大事，要采取综合性措施，确保 2020 年年底前生猪产能基本恢复到接近正常年份水平。落实“省负总责”，压实“菜篮子”市长负责制，强化县级抓落实责任，保障猪肉供给。坚持补栏增养和疫病防控相结合，推动生猪标准化规模养殖，加强对中小散养户的防疫服务，做好饲料生产保障工作。严格落实扶持生猪生产的各项政策举措，抓紧打通环评、用地、信贷等瓶颈。纠正随意扩大限养禁养区和搞“无猪市”、“无猪县”问题。严格执行非洲猪瘟疫情报告制度和防控措施，加快疫苗研发进程。加强动物防疫体系建设，落实防疫人员和经费保障，在生猪大县实施乡镇动物防疫特聘计划。引导生猪屠宰加工向养殖集中区转移，逐步减少活猪长距离调运，推进“运猪”向“运肉”转变。加强市场监测和调控，做好猪肉保供稳价工作，打击扰乱市场行为，及时启动社会救助和保障标准与物价上涨挂钩联动机制。支持奶业、禽类、牛羊等生产，引导优化肉类消费结构。推进水产绿色健康养殖，加强渔港建设和管理改革。

（十六）加强现代农业设施建设

提早谋划实施一批现代农业投资重大项目，支持项目及早落地，有效扩大农业投资。以粮食生产功能区和重要农产品生产保护区为重点加快推进高标准农田建设，修编建设规划，合理确定投资标准，完善工程建设、验收、监督检查机制，确保建一块成一块。如期完成大中型灌区续建配套与节水改造，提高防汛抗旱能力，加大农业节水力度。抓紧启动和开工一批重大水利工程和配套设施建设，加快开展南水北调后续工程前期工作，适时推进工程建设。启动农产品仓储保鲜冷链物流设施建设工程。加强农产品冷链物流统筹规划、分级布局和标准制定。安排中央预算内投资，支持建设一批骨干冷链物流基地。国家支持家庭农场、农民合作社、供销合作社、邮政快递企业、产业化龙头企业建设产地分拣包装、冷藏保鲜、仓储运输、初加工等设施，对其在农村建设的保鲜仓储设施用电实行农业生产用电价格。依托现有资源建设农业农村大数据中心，加快物联网、大数据、区块链、人工智能、第五代移动通信网络、智慧气象等现代信息技术在农业领域的应用。开展国家数字乡村试点。

（十七）发展富民乡村产业

支持各地立足资源优势打造各具特色的农业全产业链，建立健全农民分享产业链增值收益机制，形成有竞争力的产业集群，推动农村一二三产业融合发展。加快建设国家、省、市、县现代农业产业园，支持农村产业融合发展示范园建设，办好农村“双创”基地。重点培育家庭农场、农民合作社等新型农业经营主体，培育农业产业化联合体，通过订单农业、入股分红、托管服务等方式，将小农户融入农业产业链。继续调整优化农业结构，加强绿色食品、有机农产品、地理标志农产品认证和管理，打造地方知名农产品品牌，增加优质绿色农产品供给。有效开发农村市场，扩大电子商务进农村覆盖面，支持供销合作社、邮政快递企业等延伸乡村物流服务网络，加强村级电商服务站点建设，推动农产品进城、工业品下乡双向流通。强化全过程农产品质量安全和食品安全监管，建立健全追溯体系，确保人民群众“舌尖上的安全”。引导和鼓励工商资本下乡，切实保护好企业家合法权益。制定农业及相关产业统计分类并加强统计核算，全面准确反映农业生产、加工、物流、营销、服务等全产业链价值。

（十八）稳定农民工就业

落实涉企减税降费等支持政策，加大援企稳岗工作力度，放宽失业保险稳岗返还申领条件，提高农民工技能提升补贴标准。农民工失业后，可在常住地进行失业登记，享受均等化公共就业服务。出台并落实保障农民工工资支付条例。以政府投资项目和工程建设领域为重点，开展农民工工资支付情况排查整顿，执行拖欠农民工工资“黑名单”制度，落实根治欠薪各项举措。实施家政服务、养老护理、医院看护、餐饮烹饪、电子商务等技能培训，打造区域性劳务品牌。鼓励地方设立乡村保洁员、水管员、护路员、生态护林员等公益性岗位。开展新业态从业人员职业伤害保障试点。深入实施农村创新创业带头人培育行动，将符合条件的返乡创业农民工纳入一次性创业补贴范围。

四 加强农村基层治理

（十九）充分发挥党组织领导作用

农村基层党组织是党在农村全部工作和战斗力的基础。要认真落实《中国共产党农村基层组织工作条例》，组织群众发展乡村产业，增强集体经济实力，带领群众共同致富；动员群众参与乡村治理，增强主人翁意识，维护农村和谐稳定；教育引导群众革除陈规陋习，弘扬公序良俗，培育文明乡风；密切联系群众，提高服务群众能力，把群众紧密团结在党的周围，筑牢党在农村的执政基础。全面落实村党组织书记县级党委备案管理制度，建立村“两委”成员县级联审常态化机制，持续整顿软弱涣散村党组织，发挥党组织在农村各种组织中的领导作用。严格村党组织书记监督管理，建立健全党委组织部门牵头协调，民政、农业农村等部门共同参与、加强指导的村务监督机制，全面落实“四议两公开”。加大农村基层巡察工作力度。强化基层纪检监察组织与村务监督委员会的沟通协作、有效衔接，形成监督合力。加大在青年农民中发展党员力度。持续向贫困村、软弱涣散村、集体经济薄弱村派驻第一书记。加强村级组织运转经费保障。健全激励村干部干事创业机制。选优配强乡镇领导班子特别是乡镇党委书记。在乡村开展“听党话、感党恩、跟党走”宣讲活动。

（二十）健全乡村治理工作体系

坚持县乡村联动，推动社会治理和服务重心向基层下移，把更多资源下沉到乡镇和村，提高乡村治理效能。县级是“一线指挥部”，要加强统筹谋划，落实领导责任，强化大抓基层的工作导向，增强群众工作本领。建立县级领导干部和县直部门主要负责人包村制度。乡镇是为农服务中心，要加强管理服务，整合审批、服务、执法等方面力量，建立健全统一管理服务平台，实现一站式办理。充实农村人居环境整治、宅基地管理、集体资产管理、民生保障、社会服务等工作力量。行政村是基本治理单元，要强化自我管理、自我服务、自我教育、自我监督，健全基层民主制度，完善村规民约，推进村民自治制度化、规范化、程序化。扎实开展自治、法治、德治相结合的乡村治理体系建设试点示范，推广乡村治理创新性典型案例经验。注重发挥家庭家教家风在乡村治理中的重要作用。

（二十一）调处化解乡村矛盾纠纷

坚持和发展新时代“枫桥经验”，进一步加强人民调解工作，做到小事不出村、大事不出乡、矛盾不上交。畅通农民群众诉求表达渠道，及时妥善处理农民群众合理诉求。持续整治侵害农民利益行为，妥善化解土地承包、征地拆迁、农民工工资、环境污染等方面矛盾。推行领导干部特别是市县领导干部定期下基层接访制度，积极化解信访积案。组织开展“一村一法律顾问”等形式多样的法律服务。对直接关系农民切身利益、容易引发社会稳定风险的重大决策事项，要先进行风险评估。

（二十二）深入推进平安乡村建设

推动扫黑除恶专项斗争向纵深推进，严厉打击非法侵占农村集体资产、扶贫惠农资金和侵犯农村妇女儿童人身权利等违法犯罪行为，推进反腐败斗争和基层“拍蝇”，建立防范和整治“村霸”长效机制。依法管理农村宗教事务，制止非法宗教活动，防范邪教向农村渗透，防止封建迷信蔓延。加强农村社会治安工作，推行网格化管理和服务。开展农村假冒伪劣食品治理行动。打击制售假劣农资违法违规行为。加强农村防灾减灾能力建设。全面排查整治农村各类安全隐患。

五 强化农村补短板保障措施

（二十三）优先保障“三农”投入

加大中央和地方财政“三农”投入力度，中央预算内投资继续向农业农村倾斜，确保财政投入与补上全面小康“三农”领域突出短板相适应。地方政府要在一般债券支出中安排一定规模支持符合条件的易地扶贫搬迁和乡村振兴项目建设。各地应有序扩大用于支持乡村振兴的专项债券发行规模。中央和省级各部门要根据补短板的需要优化涉农资金使用结构。按照“取之于农、主要用之于农”要求，抓紧出台调整完善土地出让收入使用范围进一步提高农业农村投入比例的意见。调整完善农机购置补贴范围，赋予省级更大自主权。研究本轮草原生态保护补奖政策到期后的政策。强化对“三农”信贷的货币、财税、监管政策正向激励，给予低成本资金支持，提高风险容忍度，优化精准奖补措施。对机构法人在县域、业务在县域的金融机构，适度扩大支农支小再贷款额度。深化农村信用社改革，坚持县域法人地位。加强考核引导，合理提升资金外流严重县的存贷比。鼓励商业银行发行“三农”、小微企业等专项金融债券。落实农户小额贷款税收优惠政策。符合条件的家庭农场等新型农业经营主体可按规定享受现行小微企业相关贷款税收减免政策。合理设置农业贷款期限，使其与农业生产周期相匹配。发挥全国农业信贷担保体系作用，做大面向新型农业经营主体的担保业务。推动温室大棚、养殖圈舍、大型农机、土地经营权依法合规抵押融资。稳妥扩大农村普惠金融改革试点，鼓励地方政府开展县域农户、中小企业信用等级评价，加快构建线上线下相结合、“银保担”风险共担的普惠金融服务体系，推出更多免抵押、免担保、低利率、可持续的普惠金融产品。抓好农业保险保费补贴政策落实，督促保险机构及时足额理赔。优化“保险 + 期货”试点模式，继续推进农产品期货期权品种上市。

（二十四）破解乡村发展用地难题

坚守耕地和永久基本农田保护红线。完善乡村产业发展用地政策体系，明确用地类型和供地方式，实行分类管理。将农业种植养殖配建的保鲜冷藏、晾晒存贮、农机库房、分拣包装、废弃物处理、管理看护房等辅助设施用地纳入农用地管理，根据生产实际合理确定辅助设施用地规模上限。农业设施用地可以使用耕地。强化农业设施用地监管，严禁以农业设施用地为名从事非农建设。开展乡村全域土地综合整治试点，优化农村生产、生活、生态空间布局。在符合国土空间规划前提下，通过村庄整治、土地整理等方式节余的农村集体建设用地优先用于发展乡村产业项目。新编县乡级国土空间规划应安排不少于 10% 的建设用地指标，重点保障乡村产业发展用地。省级制定土地利用年度计划时，应安排至少 5% 新增建设用地指标保障乡村重点产业和项目用地。农村集体建设用地可以通过入股、租用等方式直接用于发展乡村产业。按照“放管服”改革要求，对农村集体建设用地审批进行全面梳理，简化审批审核程序，下放审批权限。推进乡村建设审批“多审合一、多证合一”改革。抓紧出台支持农村一二三产业融合发展用地的政策意见。

（二十五）推动人才下乡

培养更多知农爱农、扎根乡村的人才，推动更多科技成果应用到田间地头。畅通各类人才下乡渠道，支持大学生、退役军人、企业家等到农村干事创业。整合利用农业广播学校、农业科研院所、涉农院校、农业龙头企业等各类资源，加快构建高素质农民教育培训体系。落实县域内人才统筹培养使用制度。有组织地动员城市科研人员、工程师、规划师、建筑师、教师、医生下乡服务。城市中小学教师、医生晋升高级职称前，原则上要有 1 年以上农村基层工作服务经历。优化涉农学科专业设置，探索对急需紧缺涉农专业实行“提前批次”录取。抓紧出台推进乡村人才振兴的意见。

（二十六）强化科技支撑作用

加强农业关键核心技术攻关，部署一批重大科技项目，抢占科技制高点。加强农业生物技术研发，大力实施种业自主创新工程，实施国家农业种质资源保护利用工程，推进南繁科研育种基地建设。加快大中型、智能化、复合型农业机械研发和应用，支持丘陵山区农田宜机化改造。深入实施科技特派员制度，进一步发展壮大科技特派员队伍。采取长期稳定的支持方式，加强现代农业产业技术体系建设，扩大对特色优势农产品覆盖范围，面向农业全产业链配置科技资源。加强农业产业科技创新中心建设。加强国家农业高新技术产业示范区、国家农业科技园区等创新平台基地建设。加快现代气象为农服务体系建设。

（二十七）抓好农村重点改革任务

完善农村基本经营制度，开展第二轮土地承包到期后再延长 30 年试点，在试点基础上研究制定延包的具体办法。鼓励发展多种形式适度规模经营，健全面向小农户的农业社会化服务体系。制定农村集体经营性建设用地入市配套制度。严格农村宅基地管理，加强对乡镇审批宅基地监管，防止土地占用失控。扎实推进宅基地使用权确权登记颁证。以探索宅基地所有权、资格权、使用权“三权分置”为重点，进一步深化农村宅基地制度改革试点。全面推开农村集体产权制度改革试点，有序开展集体成员身份确认、集体资产折股量化、股份合作制改革、集体经济组织登记赋码等工作。探索拓宽农村集体经济发展路径，强化集体资产管理。继续深化供销合作社综合改革，提高为农服务能力。加快推进农垦、国有林区林场、集体林权制度、草原承包经营制度、农业水价等改革。深化农业综合行政执法改革，完善执法体系，提高执法能力。

做好“三农”工作，关键在党。各级党委和政府要深入学习贯彻习近平总书记关于“三农”工作的重要论述，全面贯彻党的十九届四中全会精神，把制度建设和治理能力建设摆在“三农”工作更加突出位置，稳定农村基本政策，完善新时代“三农”工作制度框架和政策体系。认真落实《中国共产党农村工作条例》，加强党对“三农”工作的全面领导，坚持农业农村优先发展，强化五级书记抓乡村振兴责任，落实县委书记主要精力抓“三农”工作要求，加强党委农村工作机构建设，大力培养懂农业、爱农村、爱农民的“三农”工作队伍，提高农村干部待遇。坚持从农村实际出发，因地制宜，尊重农民意愿，尽力而为、量力而行，把当务之急的事一件一件解决好，力戒形式主义、官僚主义，防止政策执行简单化和“一刀切”。把党的十九大以来“三农”政策贯彻落实情况作为中央巡视重要内容。

让我们更加紧密地团结在以习近平同志为核心的党中央周围，坚定信心、锐意进取，埋头苦干、扎实工作，坚决打赢脱贫攻坚战，加快补上全面小康“三农”领域突出短板，为决胜全面建成小康社会、实现第一个百年奋斗目标作出应有的贡献！

2020 年 1 月 2 日

国务院文件

关于压实“菜篮子”市长负责制做好农产品稳产保供工作的通知

国发明电〔2020〕3 号

各省、自治区、直辖市人民政府，国务院各部委、各直属机构：

近期，在防控新冠肺炎疫情中，一些地方农产品生产运输销售受阻，部分养殖企业饲料供应短缺，给居民生活必需品供应带来较大影响。党中央、国务院对此高度重视。习近平总书记多次作出重要指示批示，强调要切实维护正常经济社会秩序，确保蔬菜、肉蛋奶、粮食等居民生活必需品供应。李克强总理多次安排部署，要求确保疫情防控物资和生活必需品等稳定供应。为贯彻落实党中央、国务院决策部署，进一步压实“菜篮子”市长负责制，切实抓好农产品稳产保供，坚决打赢疫情防控阻击战，现将有关事项通知如下：

一 严格落实地方属地责任

要强化地方首责，把“菜篮子”产品稳产保供作为一项重要政治任务，严格落实“菜篮子”市长负责制，地方政府特别是市级政府要负责辖区内蔬菜、肉蛋奶、水产品等供应，统筹抓好生产发展、产销衔接、流通运输、市场调控、质量安全等各项工作。加强监测预警，完善应急预案，搞好调剂调运。产区要保证本区域“菜篮子”产品产得出、运得走、不积压、不卖难；销区要主动对接产区，保证“菜篮子”产品调得进、供得上、不脱销、不断档。公开热线电话等问题反映和受理渠道，及时解决农产品稳产保供中存在的突出问题，力戒形式主义、官僚主义。

二 抓好“菜篮子”产品生产

要积极引导种植大户、合作社等规模经营主体开展互助合作、错峰采收，解决蔬菜生产用工难、用工贵问题。抓好“南菜北运”基地和北方设施蔬菜产区蔬菜生产，扩大市场供应量。大力发展工厂化育苗，缩短蔬菜生长周期，大中城市周边适当发展速生叶菜、芽苗菜，加快成熟上市。加快恢复生猪生产，及时做好畜禽补栏，毫不放松抓好非洲猪瘟、禽流感等重大动物疫病防控。推进水产品绿色健康养殖，保障水产饲料和苗种供应。加大蔬菜农药、禽蛋和水产品兽药残留监测监管力度，切实守好“菜篮子”产品质量安全底线。

三 保障道路运输通畅

要落实好鲜活农产品运输“绿色通道”政策，维护正常市场流通秩序。把粮油、蔬菜、肉蛋奶、水产品等农产品纳入疫情防控期间生活必需品保障范围，除必要的对司机快速体温检测外，对运输车辆严格落实不停车、不检查、不收费等优先便捷通行措施，确保区域间快速调运，必要的地方可设立农产品运输“接驳区”。畅通农业生产资料物流通道，不得拦截蔬菜种苗、仔畜雏禽及种畜禽、水产种苗、饲料、化肥等农资运输车辆。对承运的企业和车主，地方财政可适当给予补助。

四 促进农产品流通销售

各地要支持有条件的加工销售企业和冷链物流企业扩大鲜活农产品收购，有序组织市场投放，防止出现卖难和断供。充分发挥流通企业、电商平台作用，推进批发市场、物流配送和销售终端互联互通，实现从批发到零售的有机衔接和高效运转。有序组织批发市场、商场超市、社区门店等商业网点复工开业，增加“菜篮子”产品货架种类、数量，保障市场供应和价格基本稳定。

五 加强活禽交易市场分类管理

各地要按照依法依规、分类管理、精准施策的要求，加强活禽交易市场管理，提高本地区禽肉产品供给保障能力。对正常开放的，明确开办者和销售者责任，完善经营设施条件，加强监管排查，严格落实按时清洗消毒、定期休市、过夜零存栏等管理措施。对因防范疫情暂停交易的，通过集中屠宰、产销对接等方式，建立“点对点”活禽销售通道，帮助养殖场户解决活禽屠宰上市问题。对有条件和已实行永久性关闭的，统筹谋划禽肉、猪牛羊肉及其他“菜篮子”产品供应，加强产加销对接，提升产业链质量，完善配送体系，推行冰鲜和冷冻肉类上市，保障居民消费。

六 加快养殖行业上下游企业复产

要着力解决养殖场户断粮、缺料、缺药等突出问题，推动饲料、屠宰等养殖行业上下游企业尽快复产复工，促进养殖业健康发展。加大玉米等储备粮投放，加快豆粕等生产企业开工，保障大宗饲料原料供给。将饲料、种畜禽、兽药、畜产品包装材料等生产企业列入复工复产重点企业名单，加快复工复产。不得关闭正常经营的屠宰场，支持合法合规的屠宰场尽快复工。

七　加快信贷支持政策落地

要及时将与疫情防控重点物资保障相关的饲料、种畜禽及种子（苗）、屠宰、奶业、“菜篮子”产品等骨干生产企业纳入国家专项再贷款和贴息政策支持范围，严格名单制管理，组织开展银企对接，细化实化具体措施，将专项再贷款和贴息资金尽快落实到位，确保专款专用。

八　强化部门协同配合

要充分发挥联防联控机制作用，落实“菜篮子”食品管理部际联席会议制度，切实提高政治站位，强化部门协作，形成工作合力。发展改革、公安、财政、交通运输、农业农村、商务、卫生健康、人民银行、市场监管、银保监等部门要各司其职、密切配合，把疫情防控和稳产保供各项政策举措不折不扣落到实处，确保居民生活必需品供应，维护正常经济社会秩序。

国务院应对新型冠状病毒感染肺炎疫情联防联控机制

2020 年 2 月 12 日

关于坚决制止耕地“非农化”行为的通知

国办发〔2020〕44 号

各省、自治区、直辖市人民政府，国务院各部委、各直属机构：

耕地是粮食生产的重要基础，解决好 14 亿人口的吃饭问题，必须守住耕地这个根基。党中央、国务院高度重视耕地保护，习近平总书记作出重要指示批示，李克强总理提出明确要求。近年来，党中央、国务院出台了一系列严格耕地保护的政策措施，但一些地方仍然存在违规占用耕地开展非农建设的行为，有的违规占用永久基本农田绿化造林，有的在高速铁路、国道省道（含高速公路）、河渠两侧违规占用耕地超标准建设绿化带，有的大规模挖湖造景，对国家粮食安全构成威胁。地方各级人民政府要增强“四个意识”、坚定“四个自信”、做到“两个维护”，按照党中央、国务院决策部署，采取有力措施，强化监督管理，落实好最严格的耕地保护制度，坚决制止各类耕地“非农化”行为，坚决守住耕地红线。经国务院同意，现将有关要求通知如下。

一 严禁违规占用耕地绿化造林

要严格执行土地管理法、基本农田保护条例等法律法规，禁止占用永久基本农田种植苗木、草皮等用于绿化装饰以及其他破坏耕作层的植物。违规占用耕地及永久基本农田造林的，不予核实造林面积，不享受财政资金补助政策。平原地区要根据资源禀赋，合理制定绿化造林等生态建设目标。退耕还林还草要严格控制在国家批准的规模和范围内，涉及地块全部实现上图入库管理。正在违规占用耕地绿化造林的要立即停止。

二 严禁超标准建设绿色通道

要严格控制铁路、公路两侧用地范围以外绿化带用地审批，道路沿线是耕地的，两侧用地范围以外绿化带宽度不得超过 5 米，其中县乡道路不得超过 3 米。铁路、国道省道（含高速公路）、县乡道路两侧用地范围以外违规占用耕地超标准建设绿化带的要立即停止。不得违规在河渠两侧、水库周边占用耕地及永久基本农田超标准建设绿色通道。今后新增的绿色通道，要依法依规建设，确需占用永久基本农田的，应履行永久基本农田占用报批手续。交通、水利工程建设用地范围内的绿化用地要严格按照有关规定办理建设用地审批手续，其中涉及占用耕地的必须做到占补平衡。禁止以城乡绿化建设等名义违法违规占用耕地。

三 严禁违规占用耕地挖湖造景

禁止以河流、湿地、湖泊治理为名，擅自占用耕地及永久基本农田挖田造湖、挖湖造景。不准在城市建设中违规占用耕地建设人造湿地公园、人造水利景观。确需占用的，应符合国土空间规划，依法办理建设用地审批和规划许可手续。未履行审批手续的在建项目，应立即停止并纠正；占用永久基本农田的，要限期恢复，确实无法恢复的按照有关规定进行补划。

四 严禁占用永久基本农田扩大自然保护地

新建的自然保护地应当边界清楚，不准占用永久基本农田。目前已划入自然保护地核心保护区内的永久基本农田要纳入生态退耕、有序退出。自然保护地一般控制区内的永久基本农田要根据对生态功能造成的影响确定是否退出，造成明显影响的纳入生态退耕、有序退出，不造成明显影响的可采取依法依规相应调整一般控制区范围等措施妥善处理。自然保护地以外的永久基本农田和集中连片耕地，不得划入生态保护红线，允许生态保护红线内零星的原住民在不扩大现有耕地规模前提下，保留生活必需的少量种植。

五 严禁违规占用耕地从事非农建设

加强农村地区建设用地审批和乡村建设规划许可管理，坚持农地农用。不得违反规划搞非农建设、乱占耕地建房等。巩固“大棚房”问题清理整治成果，强化农业设施用地监管。加强耕地利用情况监测，对乱占耕地从事非农建设及时预警，构建早发现、早制止、严查处的常态化监管机制。

六 严禁违法违规批地用地

批地用地必须符合国土空间规划，凡不符合国土空间规划以及不符合土地管理法律法规和国家产业政策的建设项目，不予批准用地。各地区不得通过擅自调整县乡国土空间规划规避占用永久基本农田审批。各项建设用地必须按照法定权限和程序报批，按照批准的用途、位置、标准使用，严禁未批先用、批少占多、批甲占乙。严格临时用地管理，不得超过规定时限长期使用。对各类未经批准或不符合规定的建设项目、临时用地等占用耕地及永久基本农田的，依法依规严肃处理，责令限期恢复原种植条件。

七 全面开展耕地保护检查

各省、自治区、直辖市人民政府要组织有关部门，结合2016—2020年省级政府耕地保护责任目标考核，对本地区耕地及永久基本农田保护情况进行全面检查，严肃查处违法占用和破坏耕地及永久基本农田的行为，对发现的问题限期整改。自然资源部要会同农业农村部、国家统计局按照《省级政府耕地保护责任目标考核办法》进行全面检查，并将违规占用永久基本农田开展绿化造林、挖湖造景、非农建设等耕地“非农化”行为纳入考核内容，加强对违法违规行为的查处，对有令不行、有禁不止的严肃追究责任。

八 严格落实耕地保护责任

各地区各部门要充分认识实行最严格耕地保护制度的极端重要性。地方各级人民政府要承担起耕地保护责任，对本行政区域内耕地保有量和永久基本农田保护面积及年度计划执行情况负总责。要健全党委领导、政府负责、部门协同、公众参与、上下联动的共同责任机制，对履职不力、监管不严、失职渎职的领导干部，依纪依规追究责任。各地区要根据本通知精神，抓紧制定和调整完善相关政策措施，对违反本通知规定的行为立即纠正，坚决遏制新增问题发生。各省、自治区、直辖市人民政府要在2020年底前将本通知执行情况报国务院，并抄送自然资源部、农业农村部。各有关部门要按照职责分工，履行耕地保护责任。自然资源部、农业农村部要会同有关部门做好对本通知执行情况的监督检查。

国务院办公厅

2020年9月10日

联合发文

关于完善稻谷最低收购价有关政策的通知

国粮粮〔2020〕41 号

各省、自治区、直辖市发展改革委、粮食和物资储备局（粮食局）、财政厅（局）、农业农村厅（局、委）、农业发展银行分行，中国储备粮管理集团有限公司、中粮集团有限公司、中国供销集团有限公司、中国中化集团有限公司、黑龙江北大荒农垦集团总公司（黑龙江省农垦总局）：

为保障国家粮食安全，继续实行并进一步完善粮食最低收购价政策，自 2020 年起对最低收购价稻谷限定收购总量。现将具体事项通知如下。

一 限定收购总量

根据近几年稻谷最低收购价收购数量，限定 2020 年最低收购价稻谷收购总量为 5000 万吨（籼稻 2000 万吨、粳稻 3000 万吨）。

二 具体操作方式

（一）分批下达

限定收购总量分两批次下达，第一批数量为 4500 万吨（籼稻 1800 万吨、粳稻 2700 万吨），不分配到省；第二批数量为 500 万吨（籼稻 200 万吨、粳稻 300 万吨），视收购需要具体分配到省。

如籼稻、粳稻各自的最低收购价全国收购量达到第一批数量的 90%时，中储粮有关分公司应会同省级粮食等部门单位及时提出本省该品种第二批收购的计划数量建议。中储粮集团公司根据当年稻谷产量、收购量、农户余粮和市场价格等情况统筹平衡各省数量后，报国家粮食和物资储备局批准。国家粮食和物资储备局通过政府网站公布各省第二批收购数量。在第一批收购完成后，有关省份按照批准的第二批数量继续开展收购。当收购量达到本省批准数量时，立即停止该省最低收购价收购且不再启动。

（二）动态监测

启动最低收购价执行预案后，中储粮集团公司要严格按照预案有关规定，加强统计监测，每五日向国家粮食和物资储备局报送收购进度；启动第二批收购后，中储粮集团公司要按日报送收购进度。国家粮食和物资储备局定期通过政府网站公布最低收购价全国收购总量。省级粮食等有关部门要结合稻谷商品量和农户余粮情况，及时开展调研调度，全面掌握收粮进度。

三 有关要求

（一）认真落实限量收购政策

中储粮集团公司作为最低收购价政策执行主体，要严格执行限定收购总量的收购政策，不得超量收购。财政资金支持限于最低收购价政策下的最高收购总量内。

（二）加强市场监管

各地要认真落实粮食收储制度改革精神，规范粮食流通市场秩序，依法依规严厉查处粮食收储过程中的违法违规行为。

（三）促进“优粮优价”

各地要积极鼓励农企对接，充分发挥市场价格对生产的反馈引导作用，促进种植结构调整优化，增加绿色优质安全产品供给。

国家发展和改革委员会　国家粮食和物资储备局　财政部
农业农村部　中国农业发展银行
2020 年 2 月 28 日

关于切实做好 2020 年夏季粮油收购工作的通知

国粮粮〔2020〕107 号

各省、自治区、直辖市及新疆生产建设兵团发展改革委、粮食和物资储备局（粮食局）、财政厅（局）、农业农村厅（局、委），中国农业发展银行各省级分行，中国储备粮管理集团有限公司、中粮集团有限公司、中国供销集团有限公司、中国中化集团有限公司、黑龙江北大荒农垦集团总公司（黑龙江省农垦总局）：

为认真贯彻落实中央一号文件精神及关于统筹推进疫情防控和经济社会发展工作要求，扎实抓好 2020 年夏季粮油收购工作，现将有关事项通知如下：

一　提高政治站位，增强责任感紧迫感

今年是决胜全面小康、决战脱贫攻坚的收官之年，也是实现“两个一百年”奋斗目标的历史交汇之年，各项工作任务十分艰巨繁重。特别是在疫情防控常态化背景下，抓好今年夏粮收购工作，对于保护农民种粮积极性、保持粮食市场平稳运行、促进经济社会稳定发展具有重要意义。当前，各地各有关部门要围绕做好“六稳”工作、落实“六保”任务，积极担当，主动作为，把夏粮收购工作摆在突出位置抓好。要认真落实粮食安全省长责任制，健全机制，强化协同，压实责任，综合施策，坚决守住农民“种粮卖得出”的底线。

二　顺应改革趋势，大力开展市场化收购

各地要牢固树立市场化理念，完善要素配置，优化营商环境，强化保障措施，为各类市场主体入市收购创造良好条件，多措并举抓好市场化收购。要加强产业链各环节衔接，深入推进优质粮食工程，加速链条整合、资源集聚，加快建设现代化粮食产业体系，努力形成“五优联动”的良好局面，做好粮食市场和流通的文章。要建立健全粮食收购市场化融资支持机制，积极搭建银企对接平台，同时主产区要按市场化原则建立和完善粮食收购贷款信用保证基金机制。要支持大型骨干企业发挥自身优势积极入市，就地转化；组织辖区内中央和地方储备粮承储企业及早入市，发挥储备轮换的引领作用。要深化产销合作，加强各地政府间战略协作，发挥好区域性洽谈会等平台作用，引导销区企业到产区建立粮源基地，构建长期稳定、高效精准的合作关系。要积极促进农企对接，鼓励各类企业主动适应粮食生产组织方式变化，与家庭农场、农民合作社等新型农业经营主体建立稳固的购销关系，让农民分享粮食收购、加工、销售等环节的收益。要做好不达标粮食收购预案，必要时采取地方临储等措施，予以妥善应对。

三 严格执行预案，切实抓好政策性收购

中储粮集团公司要认真落实政策执行主体责任，按照《小麦和稻谷最低收购价执行预案》（国粮发〔2018〕99 号）、《关于完善小麦最低收购价有关政策的通知》（国粮粮〔2019〕284 号）、《关于完善稻谷最低收购价有关政策的通知》（国粮粮〔2020〕41 号）要求，做好预案启动准备工作，组织好政策性收购，发挥好托底作用。要提前确定收储库点，根据农民售粮需要合理布设收购网点，加强对收购进度监测，严格按照预案规定和通知要求启动、停止收购。要严格执行质价标准，在收购过程中不得压级压价、抬级抬价、拒收符合标准的粮食，切实保护种粮农民利益。同时，要加强入库粮食检验，发现不达标粮食要按规定分仓储存、定向销售、妥善处置。针对当前部分地区仓容偏紧问题，要采取督促销售成交粮食出库、加快维修改造等措施，千方百计扩大收储能力。中储粮各有关分公司、省级粮食和物资储备部门要组织收储库点用好现有简易储粮设施，根据本地实际租赁部分社会仓容并加强管理，由承租企业对收购、储存、出库等环节负全部责任。鼓励有关中央粮食企业采取“总对总”模式开展租仓，并由集团总部对收储工作负全责。同时，要加强仓储设施储粮管理，提前研究工作计划，适时安排销售或倒仓，确保粮食储存安全。

四 树牢宗旨意识，提升为农服务水平

各地要增强为农服务意识，创新服务方式，强化服务措施，紧贴农民需要，方便农民储粮售粮。要通过入户指导、媒体宣传等方式，帮助农户做好新粮的整理、晾晒，科学做好庭院储粮。要强化产后服务，充分发挥粮食产后服务体系作用，积极为农民提供清理、干燥、收储、加工、销售等社会化服务。各收储库点要按照价格上榜、标准上墙、样品上台、仪器设备“持证上岗”的要求，让农民交“明白粮”。要优化现场服务，为售粮农民提供高质量服务，早开门晚收秤，尽量减少排队时间，有条件的地区要提供“候车室”式服务，提高农民的满意度。要推广预约收购、错峰收购，鼓励开通售粮绿色通道，积极利用粮食购销手机客户端、微信小程序等，着力提高粮食购销自助化、便捷化水平。

五 密切跟踪市场，积极做好宣传引导

各地要强化粮情监测预警，加强形势分析研判，及时发现和解决苗头性、倾向性、潜在性问题。要认真做好收购进度统计工作，根据需要调整统计监测频率，适时组织开展对粮食经纪人、种粮大户、合作社等主体的粮食购销情况调查，及时掌握收购进展。要加强预期引导，主动发布粮食生产、质量、价格、供求、收购进度等信息，引导农民均衡有序售粮，服务企业经营决策。要拓宽信息发布渠道，综合利用传统媒体和新媒体，宣传解读粮食收购政策，帮助广大农民和各类企业准确理解把握。要积极主动回应社会关切，为收购工作创造良好舆论环境。

六 强化监督检查，维护收购良好秩序

各地要按照《关于切实加强国家政策性粮食收储和销售出库监管的意见》（国粮发〔2018〕264号）有关规定，严格落实具体收储企业的直接责任、中储粮集团公司的政策执行主体责任、地方行政监管和属地监管责任。要全面推行“双随机、一公开”抽查方式，加强“四不两直”暗查暗访，发挥12325全国粮食监管热线作用，严肃查处“克扣斤两”“压级压价”“打白条”等损害群众利益和“以次充好”“先收后转”“转圈粮”“以陈顶新”等损害国家利益的违法违规行为，维护正常的流通秩序。国家有关部门适时组织开展政策性粮食入库质量抽验复核工作。要强化安全生产主体责任，压紧压实监管责任，坚决防范粮食流通各环节重特大事故发生。要结合各地新冠肺炎疫情防控工作要求，指导粮食企业和售粮农民做好必要防护，维护好收购现场秩序。

七 加强组织领导，狠抓工作落实

各地各有关部门要在当地党委、政府统一领导下，健全完善粮食收购工作协调机制，调动各方积极性，抓紧抓实抓细各项措施，形成齐抓共管、统筹推进的工作格局。要坚持问题导向、目标导向，科学预判收购形势，研究制定针对性高、操作性强的工作方案。要坚持底线思维，充分估计困难、风险和不确定性，做好前瞻性谋划，周密制定应对预案，强弱项补短板，做到有备无患。要加强调研调度，广泛听取意见建议，及时解决收购中遇到的新情况新问题，切实做到守土有责、守土担责、守土尽责。重大问题及时向当地党委、政府和国家有关部门报告。

国家发展和改革委员会　国家粮食和物资储备局　财政部

农业农村部　中国农业发展银行

2020年5月14日

关于印发《全国粮食安全宣传教育基地管理办法》的通知

国粮发规〔2020〕145 号

各省、自治区、直辖市及新疆生产建设兵团粮食和物资储备局（粮食局）、农业农村（农牧）厅（局、委）、教育厅（教委）、科技厅（委、局）、妇联，黑龙江省农垦总局，中国储备粮管理集团有限公司、中粮集团有限公司：

为认真落实习近平新时代中国特色社会主义思想和党的十九大精神，深入贯彻总体国家安全观和国家粮食安全战略，建立健全粮食安全宣传教育长效机制，国家粮食和物资储备局、农业农村部、教育部、科技部、全国妇联制定了《全国粮食安全宣传教育基地管理办法》。现印发给你们，请认真贯彻执行。

国家粮食和物资储备局　农业农村部　教育部

科技部　全国妇联

2020 年 6 月 16 日

全国粮食安全宣传教育基地管理办法

第一章　总则

第一条　为认真落实习近平新时代中国特色社会主义思想和党的十九大精神，深入贯彻总体国家安全观和国家粮食安全战略，建立健全粮食安全宣传教育长效机制，实现全国粮食安全宣传教育基地运行管理规范化、制度化，根据国家有关规定，制定本办法。

第二条　粮食安全宣传教育基地是指以面向社会公众开展粮食安全科学知识普及，宣传粮食文化、行业优良传统、发展成就等为主要内容，具有良好引导示范作用的场馆、设施或场所。

粮食安全宣传教育基地确定公布分国家和省级两级开展。全国粮食安全宣传教育基地由国家粮食和物资储备局、农业农村部、教育部、科技部、全国妇联确定，按照国家有关部门单位安排开展工作、履行职责。省级粮食安全宣传教育基地由省级有关部门单位确定，按照省级有关部门单位安排开展工作、履行职责。

第三条　国家粮食和物资储备局会同农业农村部、教育部、科技部、全国妇联共同负责全国粮食安全宣传教育基地的管理，具体工作由国家粮食和物资储备局办公室承担。各省、自治区、直辖市粮食和物资储备部门会同省级有关部门单位负责本行政区域内符合条件的全国粮食安全宣传教育基地申报单位的评估和推荐工作。

第四条　本办法适用于全国粮食安全宣传教育基地的申报、考察评估、命名、运行与管理等工作。

第二章　申报条件和程序

第五条　申报全国粮食安全宣传教育基地的单位应符合以下条件。

（一）申报单位应具备独立法人资格，无违法行为和不良记录。

（二）具备开展粮食安全宣传教育的基本场所、设施设备、专兼职人员队伍。

（三）重视宣传教育基地的高质量发展，制定科学的发展规划，将粮食安全宣传教育工作列入本单位年度计划，有分管领导负责，具备较为完善的管理制度。

（四）积极参加每年世界粮食日、全国粮食安全宣传周、粮食科技活动周、粮食质量安全宣传日等活动，组织开展形式多样的主题宣教活动。

（五）每年向社会开放日不少于 30 天，有条件的基地可常年开放。

（六）确保活动场地、设施、器材的安全性，配备安全保护人员，制定切实可行的安全措施和预案。

积极探索拓展基地类型，大力推动基地发展多样化、特色化。对于符合上述（一）（三）（四）（五）项条件，开展粮食安全宣传教育活动效果良好的网络平台等单位主体，也可申报全国粮食安全宣传教育基地。

第六条　全国粮食安全宣传教育基地申报工作每年开展一次。

第七条　申报单位按要求向所在省、自治区、直辖市粮食和物资储备部门提出申请。各省、自治区、直辖市粮食和物资储备部门会同农业农村、教育、科技、妇联等有关部门单位对申报材料进行审核。经审核同意后向国家粮食和物资储备局办公室申报。

各省级有关部门单位上报的基地，原则上应具备本地省级粮食安全宣传教育基地称号。

第八条　国家粮食和物资储备局、农业农村部、教育部、科技部、全国妇联等的直属单位、所属单位可直接向国家粮食和物资储备局办公室申报。

第九条　申报单位需按要求填写《全国粮食安全宣传教育基地申报表》并准备相关申报材料。

第三章　确定与发布

第十条　国家粮食和物资储备局、农业农村部、教育部、科技部、全国妇联相关人员、行业专家组成联合评议小组，根据本办法确定的条件，开展申报材料评议、筛选，提出建议名单。评议方式包括材料评议、现场评议、实地考察等。

第十一条　评议结果向社会公示，公示期为自公示之日起7个工作日。公示期内，任何单位和个人对拟确定单位有异议的，应在规定期限内向国家粮食和物资储备局办公室提出，逾期不予受理。

第十二条　国家粮食和物资储备局办公室在接到异议材料后，对符合规定并提供充分证据的异议，应予受理，进行调查核实并提出处理意见。处理意见经国家粮食和物资储备局、农业农村部、教育部、科技部、全国妇联审定后，应通报异议人及相关单位、个人。

第十三条　公示后的名单报经国家粮食和物资储备局、农业农村部、教育部、科技部、全国妇联审定后，正式命名为全国粮食安全宣传教育基地。

第四章　运行与管理

第十四条　全国粮食安全宣传教育基地应按照国家粮食和物资储备局、农业农村部、教育部、科技部、全国妇联统一安排，积极承接开展粮食安全宣传教育有关社会实践、合作交流、主题宣讲等工作任务。

第十五条　全国粮食安全宣传教育基地应根据本单位地域、行业、职能等特色优势，创新载体、丰富内容，面向家庭、学生、职工等不同群体，自主开展形式多样的粮食安全宣传教育活动。

第十六条　全国粮食安全宣传教育基地应每年年底向所在地省级粮食和物资储备部门报送当年工作总结报告及相关材料，各省级粮食和物资储备部门汇总后报送国家粮食和物资储备局办公室。

国家粮食和物资储备局、农业农村部、教育部、科技部、全国妇联等的直属单位、所属单位被命名为全国粮食安全宣传教育基地的，应每年年底直接向国家粮食和物资储备局办公室报送相关材料。

第十七条　国家有关部门单位鼓励全国粮食安全宣传教育基地加强能力建设、积极发挥职责作用。

第十八条　国家粮食和物资储备局办公室定期对全国粮食安全宣传教育基地运行情况进行综合考评。考评优秀的，鼓励其进一步发挥示范作用。考评合格的，保留全国粮食安全宣传教育基地称号。考评不合格的，提出整改要求。

第十九条　全国粮食安全宣传教育基地有下列行为之一的，由国家粮食和物资储备局、农业农村部、教育部、科技部、全国妇联撤销其称号。

（一）申报时提供虚假材料或采取其他手段骗取基地称号的。

（二）考评不合格，经整改后仍不达标的。

（三）不按照本办法规定开展相关活动的，不按时提交年度总结材料的。

（四）有违法违规行为的。

（五）其他对社会造成不良影响的行为。

第五章 附则

第二十条 省级粮食安全宣传教育基地管理办法，由省级有关部门单位结合本地实际情况，参照本办法自行制定实施。

第二十一条 本办法由国家粮食和物资储备局负责解释。

第二十二条 本办法自印发之日起施行。

附件：全国粮食安全宣传教育基地申报表（略）

关于开展优质粮食工程重点示范企业信贷支持行动的通知

国粮财〔2020〕190 号

各省、自治区、直辖市粮食和物资储备局（粮食局），中国农业发展银行各省、自治区、直辖市分行：

为认真贯彻落实习近平总书记重要指示和今年中央一号文件精神，深入实施优质粮食工程，充分发挥政策性金融机构作用，支持粮食“产购储加销”体系建设和“五优联动”，促进农民增收和银企双赢，推动粮食产业高质量发展和粮食产业强国建设，“保粮食能源安全”，国家粮食和物资储备局、中国农业发展银行决定联合开展优质粮食工程重点示范企业信贷支持行动。现就有关事项通知如下：

一　指导原则

（一）促进农民持续增收

通过金融信贷支持优质粮食工程示范企业实施“五优联动”，发挥龙头带动作用，建立健全农民分享产业链增值收益机制，通过订单农业、入股分红、托管服务等方式，与种粮农民结成长期稳定的利益共同体，促进种粮农民持续增收。

（二）助力粮食企业降本增效

重点扶持主营业务突出、产业化程度高、带动能力强、市场前景好、增长潜力大、服务农民最直接的优质粮食工程示范企业，加大金融信贷支持，提高企业信贷可获得性，降低企业融资成本，优化企业发展环境，增强企业发展动力，促进企业降本增效、发展壮大，夯实乡村振兴和国家粮食安全的企业载体。

（三）推动粮食产业提质升级

支持示范企业延伸产业链、提升价值链、打造供应链，通过升级生产工艺、提高加工水平、完善设施设备、加强品牌和市场体系建设等，增品种、提品质、创品牌，提高产品附加值，培育新需求，开拓新市场，培育新的利润增长点，加快推动粮食产业创新发展、转型升级、提质增效。

（四）实现产融合作共赢

加强政策扶持，充分发挥农业发展银行政策性金融机构作用，加大信贷支持，创新信贷产品，提高信贷服务，拓宽政策性金融支粮新模式新途径，培育和扶持一批优质粮食企业客户，促进产融结合和银企共赢。

二　支持政策

（一）国家粮食和物资储备局将继续深入实施优质粮食工程，进一步加大中央财政补助资金支持力度，及时安排补助资金；指导各级粮食行政管理部门加大政策争取支持力度，督促示范企业加快项目建设，规范资金使用，提高实施效益。

（二）中国农业发展银行将在符合基本贷款政策的前提下，对优质粮食工程重点示范企业给予信贷重点支持，优先保证信贷规模，开通办贷绿色通道，对企业优质粮食工程建设项目优先支持，提供有力的信贷支撑。

（三）国家粮食和物资储备局、中国农业发展银行建立定期会商机制，及时跟踪分析示范企业经营发展情况，不断研究完善对优质粮食工程重点示范企业的产业政策和信贷支持措施，全方位多角度支持优质粮食工程深入实施。

三 认定条件

优质粮食工程重点示范企业需同时具备以下条件：

（一）实施优质粮食工程（“中国好粮油”行动计划）的示范企业。

（二）以粮油生产、收购、储备、加工、销售为主业，具有独立企业法人资格，产权清晰。金融机构信用等级 A- 级及以上，资产负债率不超过 85%。

（三）具有一定的生产经营规模和经济实力，良好的发展前景，经营期内业绩良好，近三年盈利良好（因执行国家政策亏损除外）。

（四）内控体系健全，财务管理规范，没有违规和不良信用记录，除粮食财务挂账外无不良贷款，除政策性因素外无欠息、欠农民售粮款等不良记录。

（五）企业管理科学、经营方式灵活、生产工艺先进、技术创新、产品市场竞争力强，具有创新示范作用。在“中国好粮油”品牌建设、科技成果转化、粮油产品质量、助农增收等方面有亮点。

（六）企业注册资本、销售收入和粮食加工能力符合中国农业发展银行有关信贷准入政策。

对列入国家粮食和物资储备局与中国农业发展银行联合扶持发展的重点粮油产业化龙头企业、粮食市场调控骨干企业、脱贫攻坚相关地区粮食企业和中国农业发展银行的老客户，有关认定条件可以适当放宽。

四 认定办法

（一）认定程序

符合条件的相关企业可自文件印发之日起，向当地粮食行政管理部门和中国农业发展银行分支机构提出申请，经双方共同审核确认后逐级上报。符合条件的地市级和省级国有粮食企业可直接向同级机构申报。各省级粮食行政管理部门和农业发展银行省级分行共同审核汇总后，将评定结果于 2020 年 8 月 28 日前联合上报国家粮食和物资储备局（财务审计司）和中国农业发展银行总行（粮棉油部），我们进一步对评定结果进行审核，并发文公布优质粮食工程重点示范企业信贷支持行动企业名单。

（二）申报材料

（1）优质粮食工程重点示范企业信贷支持行动申报表（见附件）；（2）实施优质粮食工程（“中国

好粮油”行动计划）示范企业相关证明资料；(3) 企业法人营业执照、税务登记证；(4) 银行资信证明、企业纳税信用等级证明；(5) 2017 年、2018 年、2019 年企业年度决算相关材料，包括资产负债表、利润表等，以及其他有助于证明企业经营状况良好的材料；(6) 企业优质粮油生产、产业化经营及促农增收等情况。

五 其他要求

（一）各级粮食行政管理部门、中国农业发展银行分支机构要高度重视此次认定工作，切实加强沟通协调，规范认定程序，周密安排部署，确保公开、公平、公正。

（二）申报企业要确保申报材料真实、准确和完整，如有弄虚作假行为的将取消资格并予以通报批评。

附件：优质粮食工程重点示范企业信贷支持行动申报表（略）

国家粮食和物资储备局　中国农业发展银行

2020 年 7 月 28 日

关于切实做好 2020 年秋粮收购工作的通知

国粮粮〔2020〕243 号

各省、自治区、直辖市及新疆生产建设兵团发展改革委、粮食和储备局（粮食局）、财政厅（局）、交通运输厅（局、委）、农业农村厅（局、委），人民银行上海总部和各分行、营业管理部、各省会（首府）城市中心支行、各副省级城市中心支行，各银保监局，各铁路局集团公司，各有关商业银行，中国农业发展银行，中国储备粮管理集团有限公司、中粮集团有限公司、中国供销集团有限公司、中国中化集团有限公司、北大荒农垦集团有限公司：

为认真贯彻落实中央一号文件精神及党中央、国务院关于统筹推进疫情防控和经济社会发展决策部署，着力抓好 2020 年秋粮收购工作，现将有关事项通知如下：

一　统一思想认识，提高政治站位

今年是决胜全面建成小康社会、决战脱贫攻坚之年，也是“十三五”规划收官之年，各项工作任务十分艰巨繁重。抓好粮食收购是扎实做好“六稳”工作、全面落实“六保”任务的有力举措，也是粮食安全省长责任制的重要内容，对保护种粮农民利益、保持粮食市场平稳运行、保障国家粮食安全具有特殊重要意义。秋粮涉及的品种多、范围广、数量大，特别是在统筹推进疫情防控和经济社会发展的新形势下，秋粮收购面临的各种不确定因素交织叠加。各地各有关部门要切实增强大局意识和责任意识，主动对标对表，把秋粮收购作为当前粮食流通工作的重中之重，毫不放松抓紧抓好，坚决守住“种粮卖得出”的底线。

二　强化导向完善机制，大力开展市场化收购

各地要切实增强市场化理念，因地制宜统筹谋划，多措并举综合施策，不断优化营商环境，激发各类市场主体活力，做好粮食市场和流通的文章。要健全完善优粮优价市场运行机制，深入实施优质粮食工程，促进产业链各环节有效衔接，加快形成“五优联动”的良好局面。要建立健全农民分享产业链增值收益机制，通过订单农业、入股分红、托管服务等方式，鼓励企业与家庭农场、农民合作社等新型农业经营主体结成长期稳定的利益共同体，促进种粮农民持续增收。要发挥国有粮食企业特别是中央企业龙头带动作用，引导大型骨干企业充分利用自身渠道和资金优势，积极扩大市场化购销；指导辖区内中央和地方储备粮承储企业加强协同，把握好时机、节奏和价格，有序组织开展储备粮轮入。要建立健全粮食收购市场化融资支持机制，多渠道筹集收购资金，主产区要按市场化原则建立和完善粮食收购贷款信用保证基金机制，充分发挥基金使用效益；同时，积极搭建银企对接平台，鼓励

金融机构加大信贷支持力度，积极参与粮食收购。要深化粮食产销合作，强化各地政府间战略协作，鼓励产区企业到销区建立营销网络，销区企业到产区建立粮源基地等，同时积极发挥中国粮食交易大会和区域产销合作平台作用，不断拓宽粮食购销渠道。要大力发展粮食公、铁、水多式联运，完善粮食铁路运输需求与运力供给对接机制，加强路网、港口运行监测和信息服务，强化运输能力保障，必要时开通公路粮食运输专用通道，确保粮食集运顺畅。

三 落实责任筑牢底线，认真抓好政策性收购

中储粮集团公司要切实履行好最低收购价政策执行主体责任，按照《小麦和稻谷最低收购价执行预案》（国粮发〔2018〕99 号）、《关于完善稻谷最低收购价有关政策的通知》（国粮粮〔2020〕41 号）要求，精心组织开展政策性收购，发挥好托底作用。要提前摸清粮源分布，有针对性地确定收储库点，合理布设收购网点，及时向社会公布，方便相关市场主体售粮。要加快仓储项目建设进度，加大仓储设施维修改造力度，督促销售成交粮食及早出库，千方百计扩大收储能力；收购过程中动态测算仓容情况，必要时由有关中央企业租赁部分社会仓容，确保“有仓收粮”。要加强监测，严格按照相关规定和要求启动、停止托市收购。要严格执行质价标准，不得压级压价、抬级抬价，不得拒收符合标准的粮食，保护好种粮农民利益。要严把收购和验收关，加强入库粮食检验，确保数量真实、质量合格、储存安全。要严格规范入库检斤单、质量检验单等收购凭证相关资料的记录和留存管理。要做好不达标粮食收购预案，必要时采取地方临储等措施，予以妥善应对。

四 紧贴需要创新举措，提高为农服务质量

各地要牢固树立以人民为中心的发展思想，持续改进方式方法，不断提升服务水平。要着力强化产后服务，积极提供清理、干燥、收储、加工、销售等社会化服务，促进减损增收；科学合理利用烘干设施，避免霉粮坏粮。要督促各收储库点遵守“五要五不准”收购守则，做到标准上榜、价格上墙、样品上台、仪器设备“持证上岗”，让售粮主体卖“明白粮”“放心粮”。要持续优化现场服务，对售粮量较大的新型经营主体、粮食经纪人等尽量采取预约收购方式，有条件的可开展预约检验；出售自产粮食的小农户可随到随卖，也可提前预约，尽量减少排队时间。根据售粮主体需要做到早开门、晚收秤，秋粮收购期间天气寒冷，具备条件的地区要开设休息室，让售粮主体卖“舒心粮”。要根据新冠肺炎疫情形势，提前做好应对预案，认真落实好防控措施，指导收粮企业和售粮主体做好必要防护，确保疫情防控和粮食收购两不误。要创新运用新兴技术手段，推广用好粮食购销手机客户端、微信小程序等，不断提高购销自助化、便捷化水平。要提高农业保险服务能力，切实保障农户权益。针对今年以来农户自主储粮备需意愿增强的情况，要积极入户帮助和指导做好庭院储粮，有条件的地区要加大为农户配备科学储粮装具的支持力度。

五 履职尽责严格监管，维护收购良好秩序

各地要按照《关于切实加强国家政策性粮食收储和销售出库监管的意见》（国粮发〔2018〕264号）要求，加强对粮食收购的监督检查。要全面推行“双随机、一公开”监管方式，加强“四不两直”暗查暗访，发挥12325全国粮食监管热线作用，严查是否存在违规定点、以陈顶新、先收后转、虚假收购、垄断交售、压级压价、拖欠粮款等问题，营造公开透明、规范有序的市场环境，严防出现区域性、阶段性“卖粮难”。要加强政策性粮食入库验收监管，严格操作程序，落实验收责任，国家有关部门适时组织开展抽验复核。要切实做好安全储粮和安全生产工作，压实具体收储企业主体责任，加大隐患排查力度，坚决防范重特大粮食储存和安全生产事故发生。

六 持续监测及时调度，积极做好宣传引导

各地要加强粮食市场监测预警，密切跟踪收购形势，及时发现和妥善解决苗头性、倾向性、潜在性问题。要认真开展收购进度统计和价格监测，根据需要调整统计监测频率，随时掌握收购进展。要调度了解企业采购、加工、库存等情况，适时组织对粮食经纪人、种粮大户、合作社等主体的粮食购销情况调查。要强化信息服务，主动发布秋粮生产、质量、价格、供求、收购进度等信息，引导售粮主体均衡有序卖粮，同时指导企业把握好收购节奏，防止恶意炒作和盲目跟风抬价抢购，促进粮食市场平稳运行。要综合利用各类媒体平台，通过新闻发布会、接受媒体采访等多种形式，广泛宣传和解读收购政策，帮助售粮主体和各类企业准确理解把握；同时，要积极主动回应社会关切，为收购工作营造良好舆论环境。

七 加强组织领导，务求工作实效

各地各有关部门要不折不扣落实好粮食安全省长责任制，在当地党委、政府统一领导下，健全完善粮食收购工作协调机制，明确责任分工，强化协同协作，确保各项政策措施落地见效。要坚持问题导向、目标导向、结果导向，加强形势分析研判，针对今年收购工作特点科学制定工作方案，及早协调落实收购资金、仓容和运力等保障措施，提前做好各项准备工作。要增强忧患意识和风险意识，对可能出现的困难问题充分考虑、预先谋划，紧盯重点地区、重点时段和重点环节，细化应对预案，做到有备无患。要深入基层深入一线，广泛听取各方面意见建议，及时解决收购中遇到的新情况新问题，确保秋粮收购平稳有序进行。重大问题及时向当地党委、政府和国家有关部门报告。

国家发展和改革委员会　国家粮食和物资储备局
财政部　交通运输部　农业农村部　中国人民银行
中国银行保险监督管理委员会　中国国家铁路集团有限公司
2020 年 9 月 11 日

关于做好 2020 年中秋国庆“两节”期间粮油市场保供稳价等有关工作的通知

国粮电〔2020〕13 号

各省、自治区、直辖市、计划单列市及新疆生产建设兵团发展改革委、粮食和物资储备局（粮食局）、物价局，中国储备粮管理集团有限公司、中粮集团有限公司、中国供销集团有限公司、中国中化集团有限公司、北大荒农垦集团有限公司：

近年来，我国粮食生产连年丰收，库存充实、储备充足，粮油供应充裕，价格基本稳定，粮食安全形势总体较好。2020 年以来，各地各有关部门认真贯彻落实党中央、国务院关于统筹推进疫情防控和经济社会发展的决策部署，采取有力有效措施，有效保障了我国粮油市场的平稳运行。随着中秋国庆“两节”临近，粮油消费将进入旺季，为做好节日期间粮油市场保供稳价等工作，现就有关事项通知如下：

一 增强大局意识，加强组织领导

当前，新冠肺炎疫情对世界粮食供求格局产生深刻影响，粮食安全的重要性更加凸显。在疫情防控常态化背景下，进一步加强粮油市场保供稳价工作，是扎实做好“六稳”工作和全面落实“六保”任务的关键举措，对于促进经济社会稳定发展、决胜全面建成小康社会具有重要意义。粮油市场供应与广大人民群众生活息息相关，各地各有关单位要切实提高政治站位，统一思想认识，把重大节日粮油市场保供稳价工作摆在更加突出位置，按照粮食安全省长责任制要求，加强组织领导，细化工作方案，严格落实责任，精心组织实施，确保各项举措落到细处实处。

二 强化粮源组织调度，满足市场消费需求

针对节日期间粮油消费需求旺盛等特点，各地要提前谋划，加强粮源组织调度，保障粮油产品货足价稳，确保市场供应不断档、不脱销。要引导粮油企业及时投放“名、特、优、新”等适销对路粮油产品，指导企业加快转型发展和产品升级，开发绿色优质粮油产品，增加多元化、个性化、定制化产品供给，充分满足人民群众消费升级需求。要充分发挥地方储备吞吐调节作用，京津沪渝等 36 个大中城市及市场易波动地区用好用活成品粮油储备，保证能够随时投放市场。要加强贫困地区、受灾地区等重点地区居民以及厂矿学校、困难群众、低收入群体等的粮油供应。要加强宣传教育，引导广大消费者坚决制止餐饮浪费行为，培养节约粮食的良好习惯。

三　促进产销合作，引导粮油有序流通

要进一步深化产销合作，适时有序组织好区域性产销洽谈合作活动，强化产销区政府间战略合作关系，确保产销合作成果落实见效。粮食销区省份要主动加强与粮食产区衔接，做好粮食采购组织协调，指导企业到产区均衡有序采购，督促企业认真履行购销合同。产区省份要积极组织粮源，为采购企业提供便利和服务，主动与铁路、交通等部门做好沟通协调，提高运输效率，促进粮食顺畅流通。对粮油运输确有困难问题的要及时报告当地政府协调解决。

四　抓好秋粮收购，切实保护农民利益

秋粮即将上市，各地要认真落实国家发展和改革委员会、国家粮食和物资储备局等 8 部门单位《关于切实做好 2020 年秋粮收购工作的通知》（国粮粮〔2020〕243 号）要求，强化责任担当，认真做好秋粮收购工作。要多措并举抓好市场化收购和政策性收购，积极协调收购资金、仓容和运力等保障，坚决守住农民“种粮卖得出”的底线。要指导支持农户做好科学储粮，进一步强化产后服务，优化收购现场服务，着力提高为农服务水平。

五　加强市场监测分析，提高应急保障水平

各地要加强粮油市场的监测预警和分析研判，及时掌握调度粮油收购、加工、市场供应和价格走势等情况，主动发布粮油供求和价格等信息。要科学预判供求形势走向，对可能出现的困难问题提前考虑、预先谋划，努力抢占先机、赢得主动。要加强粮油加工、储运、配送、供应各环节衔接，做好节日期间应急保障工作，确保关键时刻拿得出、调得快、用得上。要充分利用多种媒体开展政策宣传和解读，合理引导市场预期，主动回应社会关切。

六　加大监督检查力度，维护粮食流通秩序

各地要按照《粮食流通管理条例》等有关法律法规和政策规定，加大节日期间监督检查力度，维护粮食市场正常秩序。要加强部门间协同合作，会同有关部门进一步加强对粮油收购、加工、批发、零售等重点环节的检查，加强对重点企业、大型粮油批发市场、超市、农贸市场等重要节点的巡查。要协同有关部门敦促企业守法诚信经营，严厉查处以次充好、掺杂使假和囤积居奇、操纵价格、欺行霸市等违法违规行为。督促企业严格执行粮食销售出库质量检验制度，坚决防止不符合国家食品安全标准的粮食流入口粮市场。

国家发展和改革委员会　国家粮食和物资储备局

2020 年 9 月 18 日

关于 2021 年小麦最低收购价有关政策的通知

国粮粮〔2020〕276 号

各省、自治区、直辖市发展改革委、粮食和物资储备局（粮食局）、财政厅（局）、农业农村厅（局、委）、农业发展银行分行，中国储备粮管理集团有限公司、中粮集团有限公司、中国供销集团有限公司、中国中化集团有限公司：

为保障国家粮食安全，进一步完善粮食最低收购价政策，2021 年继续对最低收购价小麦限定收购总量。现将具体事项通知如下。

一 限定收购总量

根据近几年小麦最低收购价收购数量，限定 2021 年最低收购价小麦收购总量为 3700 万吨。

二 具体操作方式

（一）分批下达

限定收购总量分两批次下达，第一批数量为 3330 万吨，不分配到省；第二批数量为 370 万吨，视收购需要具体分配到省。

当最低收购价全国收购总量达到第一批数量的 90%时，中储粮有关分公司应会同省级粮食等部门单位及时提出本省第二批收购的计划数量建议。中储粮集团公司根据当年小麦产量、收购量、农户余粮和市场价格等情况统筹平衡各省数量后，报国家粮食和物资储备局批准。国家粮食和物资储备局通过政府网站公布各省第二批收购数量。在第一批收购完成后，有关省份按照批准的第二批数量继续开展收购。当收购量达到本省批准数量时，立即停止该省最低收购价收购且不再启动。

（二）动态监测

启动最低收购价执行预案后，中储粮集团公司要严格按照预案有关规定，加强统计监测，每五日向国家粮食和物资储备局报送收购进度；启动第二批收购后，中储粮集团公司要按日报送收购进度。国家粮食和物资储备局定期通过政府网站公布最低收购价全国收购总量。省级粮食等有关部门要结合小麦商品量和农户余粮情况，及时开展调研调度，全面掌握收粮进度。

三 有关要求

（一）认真落实限量收购政策

中储粮集团公司作为最低收购价政策执行主体，要严格执行限定收购总量的收购政策，不得超量收购。财政资金支持限于最低收购价政策下的最高收购总量内。

（二）加强市场监管

各地要认真落实粮食收储制度改革精神，规范粮食流通市场秩序，依法依规严厉查处粮食收储过程中的违法违规行为。

（三）促进“优粮优价”

各地要积极鼓励农企对接，充分发挥市场价格对生产的反馈引导作用，促进种植结构调整优化，增加绿色优质安全产品供给。

国家发展和改革委员会　国家粮食和物资储备局　财政部
农业农村部　中国农业发展银行
2020 年 10 月 28 日

关于"人才兴储"的实施意见

国粮人〔2020〕313 号

各省、自治区、直辖市和新疆生产建设兵团发展和改革委员会、粮食和物资储备局（粮食局）、教育厅（教委、教育局）、人力资源社会保障厅（局），国家粮食和物资储备局各垂直管理局，各有关单位：

近年来，全国粮食和物资储备系统聚焦国家粮食和战略应急物资储备安全核心职能，围绕加快构建统一的国家储备体系，积极稳妥推进人才队伍建设，取得良好成效。当前，人才总量不足、年龄结构老化、高层次人才短缺等问题仍十分突出。为持续深化国家储备人才发展体制机制改革，加快推进粮食和物资储备治理体系和治理能力现代化，全面提升防范化解重大风险和保障国家安全的能力，现就实施"人才兴储"提出如下意见。

一 总体要求

（一）指导思想

以习近平新时代中国特色社会主义思想为指导，全面贯彻落实党的十九大和十九届二中、三中、四中、五中全会精神及新时代党的组织路线，围绕实施科教兴国战略、人才强国战略和创新驱动发展战略，健全工作制度，完善措施抓手，着力扩大人才规模、提高人才质量、优化队伍结构，充分营造尊重知识、尊重人才的良好氛围，激励广大干部职工守正创新、敢于担当、善谋实干、锐意进取，充分适应粮食和物资储备深化改革转型发展的新形势新任务新要求。

（二）基本原则

——坚持党管人才，以用为本。加强党对人才兴储的全面领导，充分发挥党组织领导核心作用，加强政治引领和政治吸纳，树立正确用人导向，把各方面优秀人才团结聚集到国家储备事业中来。选准、盘活、用好人才，努力让人才各得其所、大展其才。

——坚持围绕中心，服务大局。聚焦服务国家储备高质量发展需要，突出人才优先发展，科学设定人才发展目标，健全人才工作体系，完善人才管理制度，形成人才引领发展、发展造就人才的良好局面。

——坚持改革创新，激发活力。着力破除人才发展中存在的体制机制障碍，进一步解放思想、创新举措，因地制宜、分类施策，合理放权、松绑、减负，充分激发各类人才干事创业热情。

——坚持统筹兼顾，形成合力。整合优势资源，搭建产学研用深度融合平台，推动人才资源整体性开发，构建各方联动、协调顺畅、相互支撑、持续发展的人才工作格局。

（三）主要目标

到 2025 年，初步建成与国家储备事业发展相适应的人才工作体系，国家储备人才总体状况得到较大改善，能力素质显著提升，竞争优势初步显现。基本建成一支政治过硬、本领高强、作风务实、清正廉洁的高素质专业化干部人才队伍，一支钻研科学技术、善于创新创造的专业技术人才队伍，一支技艺精湛、技能高超的技能人才队伍。选拔产生10名左右国家储备领军人才、50名左右国家储备青年拔尖人才、100名国家储备技能大师，建设10个左右国家储备继续教育基地和高技能人才培训基地。

二 重点任务

（四）加强干部人才队伍建设

坚持好干部标准，遵循干部人才成长规律，加强思想淬炼、政治历练、作风锤炼、实践锻炼、专业训练，重点增强学习、政治领导、改革创新、科学发展、依法执政、群众工作、狠抓落实、驾驭风险"八个本领"，提高解决实际问题能力。有计划地选派干部到脱贫攻坚、援疆援藏和重要岗位墩苗历练，在打硬仗、扛重活、攻难关中练就真功夫。加强干部教育培训工作，每年有针对性地选派司局级干部参加中央组织部统一调训；组织开展处级干部集中轮训，5年实现全覆盖。实施"基层处长能力素质提升工程"，着力提高综合素质和宏观把握、应急处突能力，落实好深化改革转型发展目标任务。鼓励和支持干部参加学历提升教育，具有大学本科及以上学历的干部占比超过90%。每年分批次组织地方粮食和物资储备部门、垂直管理局优秀年轻干部到国家粮食和物资储备局跟班学习、实践锻炼，加大人才交流力度。

（五）加强专业技术人才队伍建设

围绕基层单位主责主业优化岗位设置，科学设定专业技术岗位比例和资格条件。支持垂直管理局在不突破岗位总量和结构比例前提下，统筹引进和使用专业技术人才，重点抓好高层次创新型人才和关键领域急需紧缺人才的引进培养。坚持需求导向和问题导向，围绕实施重大工程项目、专门物资轮换以及标准化、信息化、智能化建设等重要任务，持续加大专业技术人才知识更新力度。实施"高层次人才选育工程"，针对国家储备重点领域，选拔国家储备领军人才，引导培育高水平创新团队，有效整合科研资源，加强国家储备政策理论研究、关键技术研发和新装备新技术的推广应用。注重青年专业技术人才培养，遴选一批有发展潜力的国家储备青年拔尖人才，支持其自主开展创新研究。探索青年科技人才接续培养机制，对入选"青年人才托举工程"的，优先列入青年拔尖人才培养。鼓励各地各单位实施青年人才扶持计划，对科研工作成绩突出的青年科技工作者，给予一定项目资金支持和个人奖励。

（六）加强高技能人才队伍建设

全面实施职业技能等级制度，开展基层单位工勤技能岗位职业研究，开发储备职业技能标准和培训教材，有序推进基层单位技术工人职业技能培训和等级认定。实施"千名技师培养工程"，倡导在重点岗位设立"首席技师"。定期举办国家储备职业技能竞赛，引导基层单位广泛开展岗位练兵、技能比武，不断拓宽优秀高技能人才脱颖而出的渠道。选拔国家储备高技能人才，支持其牵头成立技能大师工作室，发挥技术创新、技能创造和带徒传技作用。组织开展危险化学品仓库相关从业人员安全专业学历教育，支持基层职工在职攻读有关专业学位。2021年底前至少完成危险化学品单位10%以上重点岗位职工职业技能晋级培训，2022年底前危险化学品单位全体从业人员中取得职业资格证书或职业技能等级证书的比例达到30%以上。

（七）加强专家库建设

积极运用“外脑”，发挥系统外专家作用，组建国家储备安全政策咨询委员会，鼓励有关高校设立国家储备管理专门研究机构，支持开展重点专题咨询，提供高质量决策咨询报告。各地粮食和物资储备行政管理部门及各垂直管理局要结合实际，建立灵活多样的国家储备安全政策智库，加强物资管理、执法督查、规划建设、安全生产等专家库建设。

（八）加强教育培训基地建设

由国家粮食和物资储备局牵头，有计划、有重点地在高等院校、职业院校和基层单位建设一批全国粮食和物资储备干部教育培训基地、继续教育基地、高技能人才培训基地，分级分类推进各类人才队伍教育培训工作。进一步明确基地培养目标和建设标准，引导和支持基地研发国家粮食和物资储备专业课程，设置培训科目，开发培训教材，严格培训考核。推动领导干部上讲台，依托系统各类优秀专业人才和院校教师，建立专兼职相结合的师资队伍，定期开展继续教育和能力提升培训。

三 完善机制

（九）创新引进机制

积极拓宽选人视野，统筹考录、选调、遴选、接收安置退役军人和军转干部等方式，多渠道引进优秀人才。逐步完善国家粮食和物资储备局计划管理和统一招聘，与垂直管理局自行招聘相结合的人才招录制度。树立“不求所有、但求所用”的柔性引才观念，建立健全岗位引才、项目引才、技术引才机制，鼓励用人单位采取咨询、兼职、项目合作、学术交流或设置创新型岗位等形式，实行柔性引进、弹性管理、个性服务。支持有条件的科研单位对引进的高层次人才实行年薪制或协议工资制。

（十）完善培养机制

坚持学以致用，创新教育培训组织形式，加强学风建设，切实提高培训质量。大力传承和弘扬储备优良传统，筑牢理想信念，增强为国管储的使命感和责任感。积极协调争取将垂直管理局干部教育培训纳入地方党校（行政学院）培训计划。建立产学研用相结合的协同育人模式，深入实施产学合作协同育人项目。依托科研院所、技术创新中心或研发中心、人才工作室，联合高校、行业、企业、协会等多方主体，建设一批现代产业学院，培养高素质复合型技术技能人才和应用型人才。鼓励有关高校开展国家储备“新学科”建设，培养一批国家储备领域专门人才。完善人才经费管理机制，在足额提取教育培训经费的基础上，鼓励灵活设立人才培养基金和人才奖励基金。

（十一）优化使用机制

加大机关与企事业单位之间人才交流力度，促进和规范人才科学有序流动。保障和落实基层单位用人自主权，充分发挥用人单位在人才培养、使用中的主体作用。健全完善基层单位管理、专业技术、工勤技能三类岗位人才转岗聘用制度。给予创新领军人才更大技术路线决定权和经费使用权。坚持按劳分配和按生产要素分配相结合，实现技高者多得、多劳者多得。坚持从严要求和关心爱护相结合，对优秀人才在政治上爱护、事业上支持、生活上关心，确保人才引得进、留得住、用得好。

（十二）改进评价机制

坚持德才兼备、以德为先，注重凭能力、实绩和贡献评价人才。实行人才分类评价，科学设定指标，规范评价程序，加强结果运用。研究建立符合国家储备实际的绩效管理和公务员日常考核办法。

坚决破除“唯论文、唯职称、唯学历、唯奖项”，针对不同物资储备技术要求，探索建立差异化的技术技能人才评价机制，根据实际操作水平、解决关键生产技术难题能力、取得的经济社会效益科学评价人才。深化粮食和物资储备职称制度改革，进一步下放职称评审权限。支持基层一线高技能人才按规定参加工程技术系列职称评审。

（十三）健全激励机制

健全面向全国粮食和物资储备系统的评选表彰制度，增强人才荣誉感和归属感。持续开展“四比四看”、争创“干事创业好团队、担当作为好干部”等活动，建立崇尚实干、带动担当、加油鼓劲的正向激励体系。大力弘扬科学家精神和工匠精神，加大对领衔创新任务的科研团队和科学家的绩效激励力度，积极落实支持和鼓励科研人员创新创业的有关政策，对在技术革新、技能创造中作出突出贡献的技术技能人才给予奖励。营造尊重人才、见贤思齐的用人环境，鼓励创新、宽容失败的工作环境，待遇适当、无后顾之忧的生活环境，公开平等、竞争择优的制度环境。

四 保障措施

（十四）加强组织领导

各级粮食和物资储备部门、各垂直管理局要高度重视，定期研究人才工作，制定切实可行的落实措施，把推进“人才兴储”作为服务改革发展的一项重要任务抓实抓好。国家粮食和物资储备局将干部素质能力提升计划落实情况纳入对垂直管理局的年度考核内容，切实以考促建。

（十五）突出人才引领

坚持业务工作与人才工作统筹发展，完善“两手抓、两促进”的良性工作机制。在谋划国家储备事业发展时，要提前研究人才需求，找准紧缺人才短板，谋划部署人才支持措施。坚持把科学选育管用各类人才作为事业之基，充分发挥人才在推进改革发展中的引领作用。

（十六）落实待遇保障

认真执行公务员职务与职级并行制度，用好用足相关政策。指导事业单位进一步优化岗位设置和绩效工资管理，强化工资分配的技术技能价值导向，注重向重点岗位、高层次人才和基层一线倾斜。

（十七）关心爱护人才

健全完善谈心谈话制度，真心倾听人才诉求，了解人才关切，及时释疑解惑。关心关爱坚守一线、扎根基层、勤勉敬业的干部职工，组织开展丰富多彩、健康向上的文体活动，增强组织的凝聚力；充分利用当地户籍、社会保障、子女教育等优惠政策，提高人才工作服务水平，主动排忧解难。

（十八）广泛宣传引导

大力宣传党和国家的各项人才政策，深入解读“人才兴储”重要举措，尊重知识、尊重人才，凝聚人人皆可成才的共识。利用各类媒体，积极宣传先进集体、先进个人，进一步弘扬储备精神、储备文化、储备传统，充分营造奋勇争先、干事创业、成长成才的良好氛围。

国家发展和改革委员会　国家粮食和物资储备局

教育部　人力资源和社会保障部

2020 年 11 月 20 日

关于做好 2021 年“两节”“两会”期间粮油保供稳市等有关工作的通知

国粮粮〔2020〕314 号

各省、自治区、直辖市及计划单列市发展改革委、粮食和物资储备局（粮食局），中国储备粮管理集团有限公司、中粮集团有限公司、中国供销集团有限公司、中国中化集团有限公司、中国农业发展集团有限公司、华润（集团）有限公司、北大荒农垦集团有限公司：

今年以来，各地各有关部门单位认真贯彻落实党中央、国务院决策部署，扎实做好“六稳”工作，全面落实“六保”任务，全力做好粮油保供稳市工作，市场运行总体良好。随着 2021 年元旦和春节临近，粮油消费将进入旺季，为确保重大节日和重要时段粮油市场和价格平稳运行，现就有关事项通知如下：

一 进一步提高认识加强领导，落实落细各项措施

2020 年，我国粮食生产再获丰收，库存充实储备充足，为保障粮油市场供应和价格基本稳定创造了有利条件。在统筹推进新冠肺炎疫情防控和经济社会发展的背景下，做好粮油市场保供稳市工作，对保障国家粮食安全，促进经济社会健康发展具有十分重要的意义。各地各有关部门单位要坚决贯彻落实党的十九大和十九届二中、三中、四中、五中全会精神，深入落实党中央、国务院关于抓“六保”和促“六稳”的决策部署，进一步提高政治站位，统一思想认识，把重大节日和重要时段粮油市场供应保障作为当前粮食流通工作的重中之重，摆上突出位置统筹谋划统筹部署，不得有丝毫松懈。要严格落实粮食安全省长责任制，坚持问题导向和底线思维，因地制宜制订工作方案和突发事件应对预案，明确任务分工，压实压紧责任，认真组织实施，确保各项举措不折不扣落到实处。

二 进一步加强粮源组织调度，保障市场稳定供应

各地要采取针对性和操作性强的措施，持续抓好粮源筹措，加强对粮油应急网点的调研调度，并协调好加工、储运、配送、供应等重点环节，确保市场原粮供给充足，确保成品粮油不脱销断档。要充分发挥“粮超对接、粮批对接、粮企对接”等直采直供优势，畅通粮油产品供应“最后一公里”。要结合辖区粮油市场消费特点，丰富产品种类，引导企业增加名、优、特、新产品投放，满足消费者多元化、个性化、定制化需求。要适时调整地方储备吞吐轮换节奏，用好用活成品粮油储备，切实发挥好“第一道防线”作用。要密切关注重点地区重点人群，保证困难群众和低收入群体口粮供应。要

协同做好已销售成交的政策性粮食出库工作，尽快形成有效供给。中央企业要示范带头，服从调控需要，有序安排加工销售，满足市场阶段性消费需求。国家有关部门将根据大米、面粉的形势变化，合理把握政策性稻谷和小麦销售节奏，必要时增加投放数量。

三 进一步深化产销合作，促进粮食有序流通

各地要持续加强政府层面战略合作，进一步健全粮食产销合作部门协调机制，在粮源基地、仓储物流、加工转化、销售网络等方面做好对接，积极协调解决存在的困难和问题。要推动中国粮食交易大会等已签约订单的履约，确保产销合作成果落实见效，有需要的可结合实际适时组织区域性洽谈活动。销区省份要指导辖区企业到产区均衡采购，保持必要的周转库存；产区省份要积极组织粮源，提供优质便捷服务。各地特别是东北地区要完善粮食铁路运输需求与运力供给对接机制，加大公路、水路运输保障力度，统筹做好各种运输方式的衔接，提高运输效率，确保粮食跨区域有序流通。运输确有困难的，要及时报请当地政府协调解决。

四 进一步抓好秋粮收购，切实保护农民利益

当前正值秋粮收购高峰，进展总体顺利，个别省份已启动中晚稻最低收购价执行预案。各地各有关部门单位要严格执行国家粮食收购政策，细化实化工作措施，大力开展市场化收购，引导多元主体积极入市；中储粮集团公司要切实履行最低收购价政策执行主体责任，发挥好政策托底作用，坚决守住农民“种粮卖得出”的底线。要进一步增强为农为企服务意识，强化各项服务措施，优化流程简化手续；收购任务较重的省份要提前制订应对农民集中售粮的工作方案，通过订单收购、预约收购等方式，尽量减少农民现场排队等候时间。要充分发挥粮食产后服务中心作用，促进粮食提档进级，帮助增加农民收益；加强农户科学储粮和庭院储粮技术服务，必要时入户指导，避免出现霉粮坏粮。要落实安全储粮和安全生产各项措施，坚决杜绝重特大事故发生。同时，要提前谋划 2021 年夏粮收购工作，及早着手相关准备。

五 进一步强化预期管理，维护粮食市场秩序

各地要密切关注粮油市场形势变化，及时掌握购销、价格等情况；加强对重点地区、重点品种、重点时段的跟踪监测，动态了解大型商超、批发市场、农贸市场成品粮油库存等。要强化粮油市场供求形势和价格走势分析研判，及时发现苗头性、倾向性、潜在性问题，并采取措施妥善处置。要主动发布粮油供求和价格等信息，适时组织新闻发布会、通气会等通报有关情况，回应关切答疑解惑，稳定市场预期。要积极倡导全社会爱粮节粮、反对浪费的良好风尚。要严格执行粮食质量安全检验制度，坚决防止不符合国家食品安全标准的粮食流入口粮市场。要按照《粮食流通管理条例》等有关法律法规和政策规定，严肃查处各类损害国家利益、坑害农民利益等行为；配合相关部门做好粮油加

工、批发、零售等环节的监督检查，严厉打击以次充好、囤积居奇、操纵价格、造谣传谣等违法违规行为，维护公开透明、规范有序的粮食流通环境。

国家发展和改革委员会　国家粮食和物资储备局

2020 年 12 月 3 日

国家粮食和物资储备局文件
局发文

关于统筹推进粮食和物资储备信息化建设的指导意见

国粮发〔2020〕6号

各省、自治区、直辖市及新疆生产建设兵团粮食和物资储备局（粮食局），各垂直管理局，中国储备粮管理集团有限公司、中粮集团有限公司、中国供销集团有限公司，河南工业大学、南京财经大学、武汉轻工大学：

信息化是保障国家粮食安全、履行国家储备安全核心职能的重要支撑，是加快行业系统深化改革、转型发展的强大动能。近年来，粮食和物资储备信息化工作取得了长足发展，但与新时代面临的新形势新要求相比仍有较大差距，特别是统筹规划、标准规范、整合共享、应用成效、运行保障等方面存在亟需解决的问题。为加快推动信息化见成效上水平，切实履行好粮食和物资储备部门的新职责新任务，提出以下指导意见。

一 总体要求

（一）指导思想

以习近平新时代中国特色社会主义思想为指导，深入学习贯彻习近平总书记关于网络安全和信息化工作的重要论述，全面贯彻落实党中央、国务院决策部署及关于改革完善体制机制加强粮食储备安全管理的文件要求，坚持信息化支撑国家粮食和战略应急物资储备安全保障，坚持信息化服务种粮农民、市场主体和广大消费者，坚持信息化引领深化改革、转型发展，突出需求和应用导向，着力加强信息化规划、建设、应用和管理，着力推动互联网、大数据、人工智能、5G等信息技术与业务深度融合，着力提高信息化整体水平，为提升粮食和物资储备治理能力和治理效能，构建更高质量的国家粮食安全保障体系和统一的国家物资储备体系发挥信息化支撑保障作用。

（二）基本原则

统筹规划、统一标准。从粮食和物资储备改革发展全局出发，树立“一盘棋”思想，加强信息化统筹规划和集约建设，健全标准规范体系，整体提升科学化、体系化和标准化水平，避免重复建设和资源浪费。

问题导向、突出重点。聚焦粮食和物资储备信息化底子薄、基础弱，建设不平衡、应用不充分以及信息“孤岛”、数据壁垒问题，突出建设与应用重点，坚持好用实用管用，把信息化融入各业务环节。

整合资源、协同共享。积极探索信息化创新发展新理念、新模式、新业态和新机制，充分整合利用粮食和物资储备信息化基础资源，实现互联互通和信息共享，强化应用和业务协同。

安全可靠、强化保障。坚持底线思维，严格落实等级保护和分级保护制度，强化关键信息基础设施和重要信息系统安全保障，完善信息化运行维护保障长效机制，确保粮食和物资储备信息系统的安全。

（三）主要目标

到2020年，通过整合资源、打通数据、贯通应用，完成已建在建信息系统数据化、平台化、可视化集成，形成安全数据“一中心”和信息化应用“一网通、一张图、一张表”新格局，基本实现政务业务服务、储备动态监管、应急指挥调度协同高效，粮食和物资储备应对突发事件、管理大数据资源和服务种粮农民、涉粮企业、消费者的能力明显提升。

到2025年，信息化成为推进粮食和物资储备治理能力现代化，提升治理效能的创新动力，全面建成统一的标准规范、基础设施、数据资源、安全支撑、运行保障体系，形成“大平台、大数据、大系统”深度融合，政务一体化服务、储备动态监管、应急指挥调度、安全风险监测预警、质量安全追溯、粮食企业信用服务等应用协同运行的新局面，粮食和物资储备大数据治理、智能决策支持和信息化服务水平显著提升。

二　加快整合完善信息化基础资源

（四）深化信息化顶层设计

不折不扣落实党中央、国务院统一部署的政务服务平台一体化和“互联网＋监管”等各项任务。突出扛稳粮食安全重任，聚焦国家储备安全核心职能，加快推进深化改革、转型发展，守住安全稳定廉政“三条底线”，围绕构建统一的国家物资储备体系，加强融合、有序衔接、提升应用，全面落实行业系统信息化“十三五”规划建设任务，统筹谋划编制好“十四五”信息化规划，突出规划引领作用。

（五）构建统一标准规范体系

突出先进性、兼容性和拓展性，围绕互联互通、信息资源、应用服务、安全保密、运行保障等关键环节，构建适应粮食和物资储备信息化发展需要的标准规范体系。鼓励地方、企业、科研院所和高校参与，加快标准制修订工作。推动粮食和物资储备信息化产品和系统标准化，为推广应用创造条件。坚持基础先行、急用先行，数据和应用同步推进的原则，2020年建立统一的信息化标准规范框架和互联互通、数据及接口等基础通用标准规范，2023年形成完善的信息化标准规范体系。

（六）整合优化网络和平台资源

构建统一集约的互联网、电子政务外网、涉密内网“三网一体”的网络体系，按照平台上移、应用下移、集中管理的原则，实现物理集中、分级授权、减少层级，推进“云”“网”融合。垂管局和战略物资、能源、应急储备信息系统直接接入国家粮食和物资储备管理平台（简称“国家平台”）；粮食、食糖、棉花储备信息系统通过省级粮食和物资储备管理平台（简称“省级平台”）或中央企业管理平台与国家平台互联互通。在完成国家平台整合优化基础上，2023 年实现省级平台资源整合，全国粮食和物资储备网络全覆盖，形成一体化平台。

（七）构建大数据资源

制定粮食和物资储备数据资源管理办法，规范数据采集、存储、传输、共享。突出数据的基础性和便捷性，实现“一数一源”、应用和数据解耦，建设两级数据资源中心，实行数据分级集中管理，形成较为完善的大数据资源体系。完善数据共享交换系统，加快粮食和各类储备数据资源共享，有序开放大数据应用。2020 年基本实现国家平台数据资源“一张表”，同步建设数据安全中心；2021 年完善省级平台数据资源中心和备份机制，建立国家平台异地容灾备份中心；2025 年形成较为完备的大数据资源。

（八）提升安全防护水平

采用自主可控的安全保密产品和服务，提升基础设施关键设备安全可靠水平。严格落实等保分保制度要求，实现数据全生命周期管理。明确安全边界，采取动态防护、主动防护、纵深防护、精准防护等措施，统筹安全综合防御。2020 年上半年国家平台和省级平台建立安全保障制度体系，完成等保分保测评，省级平台非涉密系统满足等保三级要求，持续提升安全保障能力和防护水平。

三　切实提升信息化应用成效

（九）应急指挥调度平台

依托国家平台、省级平台、垂管局平台视频会议系统及承储企业视频监控系统，建立统一的粮食和物资储备应急指挥中心，实现高效协同指挥调度。2020 年实现对中央储备粮、能源、战略和救灾物资储备应急指挥调度，2021 年扩大到棉花、食糖、防汛抗旱物资等储备，2022 年进一步延伸到粮食应急网点、物流、应急保障等相关企业。

（十）承储企业和库点信息化应用

依托在建项目，加快推进储备管理业务规范化和数据标准化，提升仓储作业自动化和智能化水平，突出储备物资数量、质量和安全管理，实现账、卡、表、簿电子化和业务网上办理，提升数据采集、处理、传输、共享、存储、发布等信息化应用水平。储备仓库基础设施新建项目应同步推进信息化建设。2020 年深化粮食政府储备和垂管局所属储备仓库信息化应用，2023 年实现各类政府储备信息化全覆盖。

（十一）储备布局地理信息系统

完善储备信息统计体系，利用数据安全中心和视频监控系统，动态显示储备布局、数量、品种、性质、质量、年限、来源、流向等情况，实时连线承储企业和库点，实现监管全覆盖、业务全知道、现场能看到。2020 年基本完成粮食和物资储备地理信息系统建设，初步实现“一张图”；2023 年进一步完善并扩大到各类储备。

（十二）储备库存动态监管系统

强化储备物资数量、质量和安全监管，加大库存数量在线监测技术的应用研究力度。实时采集粮食储备仓库粮情检测等数据，建立动态分析模型，与出入库、轮换计划、春普秋普检查、统计直报等业务数据智能匹配分析，实现业务自动监控和违规自动报警，提高库存动态监管的准确性和实时性。

2020 年建成中央储备粮库存动态监管系统，不断提升应用成效。

（十三）粮食企业信用监管系统

统筹全国政策性粮食交易和统计直报系统、全国政策性粮食库存数量和质量大清查应用软件、12325 监管热线、粮食行业"双随机"抽查应用等平台，依托信用中国、国家企业信用信息公示系统及地方相关系统和数据，搭建粮食企业信用监管系统，建立并完善粮食企业严重违法失信名单制度、粮食企业信用评价体系和信用档案系统，并与发展改革、税务、市场监管等部门实现数据对接，支撑联合惩戒。2023 年建成全国粮食企业信用监管体系，适时接入国家信用平台。

（十四）粮食质量安全追溯信息平台

引入区块链等新技术，逐步完善粮食质量数据库，加强粮食生产环节品质测报，储备粮和政策性粮食收购、储存、出库等环节的质量信息采集，为强化粮食库存质量管理提供信息支撑。利用信息化促进优粮优产、优购、优储、优加、优销"五优联动"，采集粮食生产、收购、仓储、加工、物流、销售等环节质量信息，探索实现全程追溯。2023 年基本建成全国粮食质量安全追溯信息平台。

（十五）安全风险监测预警平台

监测国际国内粮食和战略物资供求变化，运用大数据分析、模拟仿真等手段强化安全风险分析识别能力，加强对重点领域、关键环节、重要指标监测预警，提高储备防风险能力。2023 年基本建成全国粮食安全和战略应急物资安全风险监测平台。

四 全面提升信息化服务水平

（十六）增强储备安全保障能力

通过整合资源、打通数据、贯通应用，实现平时管理和急时动用结合，事前风险监测预警和事中应急指挥统一，储备、交易、加工、物流等各类资源整合，与国家发展改革委、应急管理部等部门协同，提升储备安全保障能力。2020 年实现各类数据资源基本汇聚，现有应用系统整合，夯实保障储备安全能力的基础；2023 年实现各类资源数据实时高质量汇集，应急指挥和日常管理应用系统高效整合，储备安全保障能力显著提升。

（十七）增强政务服务能力

结合全国政务服务平台和旗舰店建设，拓宽线上线下服务渠道，做好职责范围内的政务服务和"互联网 + 监管"平台建设，向政府部门、企业和公众提供服务。推进国家粮食和物资储备局及所属单位、垂管局网上办公系统全覆盖，开通与省级粮食和物资储备部门电子公文交换。2020 年国家粮食和物资储备局本级、垂管局实现网上办公和统一门户，满足政务服务需求；2022 年政务服务全部纳入平台办理，实现线上线下融合、"一网通办"。

（十八）增强业务服务能力

实时掌握各类储备物资数量、质量、安全现状和粮食市场动态，为粮食和物资储备信息发布、统计分析、日常监管、质量监测、平时调度、工作部署与业务培训等提供支撑服务。以信息化推动理念、职能和方式转变，优化业务流程，提高工作效能和管理水平。2020 年国家粮食和物资储备局与垂管局基本实现业务网上办理，不断提升核心业务支撑能力。

（十九）增强便民服务能力

统一服务入口，实现线上和线下、手机和桌面、国家和地方、前台和后台的融合联动，为种粮农民、涉粮企业和消费者提供集政策咨询、售粮助手、产品质量与企业信用信息查询、“好粮油”网上销售等于一体的在线服务。依托库点信息化系统，统筹各类移动应用，提高服务效率，方便农民售粮。2020 年开通售粮助手等应用，2022 年形成便民服务应用体系，不断挖掘大数据价值，拓展服务范围，提升便民服务水平。

五 完善保障措施

（二十）加强组织领导

国家粮食和物资储备局加强对信息化工作的领导，以组织落实信息化“十三五”规划和编制实施“十四五”规划为抓手，加大对行业系统的指导力度，统筹协调重大问题。垂管局按统一部署强化推动，各级粮食和物资储备部门建立健全项目统筹、业务衔接、资源共享、运行保障的工作机制，强化业务部门和技术部门的合力，确保信息化工作落到实处。

（二十一）加强队伍建设

健全多层次的信息化人才培养体系，充分发挥行业系统相关高等院校和科研、培训基地作用，加快信息化技术创新、转化和人才培养。加大人才引进力度，建设一支既熟悉粮食和储备业务又掌握信息化技术的复合型人才队伍。

（二十二）加强运行维护

完善统一管理、分级负责的运行机制，规范流程，协调联动，提高运维和应急处置能力。创新运行管理模式，鼓励通过政府购买服务等方式强化保障，提高运维水平。

（二十三）加强资金保障

积极争取和统筹安排国家各类信息化建设资金，提高资金使用效益和信息化建设效能。建立健全信息化投入机制，创新建设投资模式，保障建设和运维所需资金。

（二十四）加强绩效管理

加强资金使用管理，自觉接受财务审计、纪检监察部门监督，防范廉政和资金风险。进一步强化信息化应用和互通共享考核，督促检查落实情况，促进信息化整体水平提升。

国家粮食和物资储备局

2020 年 1 月 4 日

关于新冠肺炎疫情形势下进一步做好东北地区秋粮收购工作的通知

国粮粮〔2020〕36 号

内蒙古、辽宁、吉林、黑龙江省（区）粮食和物资储备局（粮食局），中国储备粮管理集团有限公司、中粮集团有限公司、中国供销集团有限公司、中国中化集团有限公司、黑龙江北大荒农垦集团总公司（黑龙江省农垦总局）：

当前，新冠肺炎疫情防控进入关键阶段。根据国务院联防联控机制关于做好农产品稳产保供工作有关部署要求，经商国家有关部门同意，现决定将东北地区 2019 年中晚稻最低收购价预案执行截止日期延长至 2020 年 3 月 31 日，并就进一步做好秋粮收购工作有关事项通知如下：

一、中储粮集团公司要增强大局意识和服务意识，切实履行最低收购价政策执行主体责任。千方百计扩大收储能力，合理布设收购网点，在重点地区、重点时段要增设网点，满足农民售粮需求，发挥好最低收购价政策的托底作用。

二、各地要严格落实粮食安全省长责任制。在当地党委、政府和疫情防控指挥部统一领导下，加强协调沟通，创新方式方法，统筹抓好科学防控和秋粮收购工作。必要时可出台省级临时收储等措施，相关支出由地方负担，坚决守住农民“种粮卖得出”的底线。要组织各类市场主体尽快复工复产，开展市场化收购，支持引导有条件的企业努力扩大收购，强化粮食产销合作，既缓解本地售粮压力，又保障南方销区省份用粮需求。中央企业和地方国有企业要带头入市，发挥示范带动作用。各级储备企业要积极收购轮换粮源，发挥储备吞吐的引领作用。要严格落实国发明电〔2020〕3 号文件要求，协调有关部门把粮食纳入疫情防控期间生活必需品保障范围，除必要的对司机快速体温检测外，对运输车辆严格落实不停车、不检查、不收费等优先便捷通行措施，保障道路运输通畅。

三、各地要进一步强化为农服务。尽量采取整村推进、预约收购、上门收购等方式，引导农民有序错峰售粮。对暂无售粮意愿的农户，要切实加强庭院科学储粮指导，避免发生大面积霉粮坏粮事件。

国家粮食和物资储备局

2020 年 2 月 21 日

关于切实加强 2020 年夏季粮油收购监管工作的通知

国粮执法〔2020〕122 号

各省、自治区、直辖市及新疆生产建设兵团粮食和物资储备局（粮食局），中国储备粮管理集团有限公司、中粮集团有限公司、中国供销集团有限公司、中国中化集团有限公司、黑龙江北大荒农垦集团总公司（黑龙江省农垦总局）：

为认真贯彻落实国家有关部门《关于印发小麦和稻谷最低收购价执行预案的通知》（国粮发〔2018〕99 号）、《关于切实做好 2020 年夏季粮油收购工作的通知》（国粮粮〔2020〕107 号）等文件精神，切实保护种粮农民利益，严格落实国家收储政策，确保夏季粮油收购工作顺利进行，现就加强 2020 年夏季粮油收购监管有关事项通知如下：

一 提高政治站位，充分认识今年夏季粮油收购监管工作的重要意义

加强夏季粮油收购市场监管，是保护种粮农民利益、维护粮食市场秩序的一项重要措施，对于克服新冠肺炎疫情带来的不利影响，扎实做好“六稳”工作、落实“六保”任务，具有十分重要的意义。当前，夏季粮油收购工作即将全面展开，地方各级粮食和储备部门及相关企业要进一步提高政治站位，以高度负责的态度，科学研判和准确把握收购形势，统筹疫情防控和夏季粮油收购，突出抓好政策性收储和市场化收购两方面的监管，做到早准备、早部署、早开展，把各项监管工作抓实抓细抓好。对收储矛盾突出的地区，要提早分析研判今年夏季粮油收购可能出现的新情况、新问题，充分评估监管工作的困难、风险和不确定性，抓紧制定应急预案，增强工作的针对性和实效性，把各类问题隐患消除在基层和收储现场。

各地各单位要严格按照国家有关部门联合制定的小麦和稻谷最低收购价执行预案以及《关于切实加强国家政策性粮食收储和销售出库监管的意见》（国粮发〔2018〕264 号）要求，严格落实具体收储企业的直接责任、中储粮集团公司的政策执行主体责任、地方行政监管和属地管理责任，明确分工，将各项监管措施落实到位。

二 坚持问题导向，突出收购监管重点

各地各单位要根据 2020 年夏季粮油收购市场新形势、新要求，调整监管工作重心，紧紧围绕不出现区域性、阶段性“卖粮难”及“打白条”等问题的底线，针对辖区存在的突出问题制定收购监管方案，进一步强化对收储库点定点、收购、质量验收等各环节监管。具体监管内容按照《国家粮食和物资储备局关于加强 2019 年夏季粮油收购监管工作的通知》（国粮执法〔2019〕179 号）执行；在此

基础上，重点突出以下几个方面：

（一）加强市场化粮食收购监管

顺应改革趋势，依法依规加大对粮食收购市场秩序的监督检查，为各类市场化主体入市收购创造良好条件。认真组织开展粮食收购资格核查，重点对执行粮食流通统计制度、质量安全管理制度和国家粮油质量标准等情况开展监督检查。监督指导粮食收储企业严格遵守“五要五不准”收购守则，标准上榜、价格上墙、样品上台，在收购场所显著位置公布粮食收购政策信息和12325粮食监管热线宣传海报，强化为农服务意识，满足售粮农民需要，让农民交“明白粮”、“放心粮”、“舒心粮”。严肃查处缺斤少两、坑农害农、拖欠农民售粮款、设置障碍造成农民售粮不畅等破坏市场秩序的违法违规行为。

（二）统筹加强政策性粮食收购定点监管

重点督促和指导中储粮各相关分公司，根据农民售粮需要，在严格执行国家政策性粮食收储库点标准前提下，兼顾产量和运距等因素，合理布设收购网点，坚决防止出现最低收购价粮收储库点区域性空白；按照“谁定点、谁监管，谁验收、谁负责”的责权对等一致原则，进一步强化监管，分清责任，确保政策性粮食定点、收购管理、案件核查、监督检查不出现监管真空。

（三）加强租赁社会仓容收储政策性粮食活动的监管

根据国家有关部门《租赁社会粮食仓储设施收储国家政策性粮食的指导意见（试行）》（国粮检〔2016〕106号）要求，督促有关单位按照“谁租仓、谁管理”的原则，切实加强对租赁社会仓容收储政策性粮食的管理。同时，将租赁库点收购、储存情况作为重点，监督检查库存数量、质量状况以及租赁合同、安全生产协议、粮权公证证明等，排查企业涉诉涉案、涉粮债务纠纷等风险。要重点排查是否存在以租赁之名推卸管理责任等执行政策不规范行为，与租赁库点是否存在经济纠纷隐患，影响政策性粮食储存安全等问题，发现一起、纠正一起、查处一起，确保储粮安全。

（四）加强简易设施储粮安全和安全生产监管

督促政策性粮食承储企业对拟用简易储粮设施的安全性和储粮条件进行全面检查和评估，做到风险隐患早预防、早发现、早排除。发现存在安全隐患的要及时整改，存在重大隐患或危害储粮安全的必须立即停止使用，确保储粮、车辆、设备和人员安全。要督促指导企业在收储期间，严格落实《粮油仓储管理办法》《粮油储藏技术规范》及“一规定两守则”等规定，严格执行操作规程和工作制度，落实各项储粮技术措施，针对简易设施的特点切实做好防汛、防火、防鼠雀、防虫霉等工作，确保不发生重特大粮食储存和安全生产事故，切实做到粮安、库安、人安。

（五）加强政策性粮食质量安全监管

督促政策性粮食收储企业（库点）配齐检、化验仪器等设备，尽早培训业务人员，准确执行最低收购价粮食收购质量标准和质价政策。严格做好收购入库验质定等工作，既要防止收储不符合质量要求的粮食，又要避免压级压价等损害农民利益的行为，还要加强对小麦真菌毒素、稻谷重金属等食品安全指标的检验把关，严防不符合食品安全标准的粮食进入国家政策性库存。建立健全粮食质量入库档案管理制度，如实记录每批次入库粮食质量情况。完善粮食入库验收制度，严格执行国粮发〔2018〕99号文件有关最低收购价粮食验收检验和不达标粮食处置的规定，重点加强质量验收。验收结束后，国家有关部门将选择部分重点地区、企业适时组织开展政策性粮食入库质量抽验复核。具体工作，另行安排。

三 落实工作要求，切实履职尽责

（一）加强组织领导，形成监管合力

省级粮食和储备部门要按照粮食安全省长责任制的要求，切实加强对收购监管工作的组织领导，主要领导亲自抓，分管领导具体抓，一级抓一级，层层抓落实。要加强督导检查，做到辖区内参与收购企业全覆盖，深入收购一线切实解决实际问题，确保夏季粮油收购有序开展。根据工作需要，建立部门联动和区域协调监管机制，消除监管盲区，实现监管全覆盖，形成监管合力。

（二）加强政策宣传，营造良好氛围

各地要通过主流新闻媒体，积极宣传收购政策，将有关政策解读到位，引导企业主动遵规守纪，引导种粮农民提高运用法律手段维护自身权益的意识和能力。要高度关注社会舆情，认真对待媒体曝光和群众举报的涉粮案件，及时回应社会关切，为夏粮收购工作创造良好环境。

（三）创新监管方式，强化问题整改

在收购期间，各地要创新监管方式，对辖区内企业实行分类监管，对问题易发多发地区和企业进行重点监管。运用粮食行业“双随机”抽查应用平台开展检查，规范对定点、收购、验收等环节的监督检查，做到检查信息全过程留痕。对12325粮食监管热线转办和本级接收的违法违规问题线索，要立即组织精干力量进行核查处置。检查发现的问题，不分大小一律建立整改台账，明确整改时限和责任人，督促企业限期整改；对查实的问题要严惩不贷，严肃问责；对重大问题立案调查，并按照有关规定及时移送纪检监察或司法机关处理。组织开展跨部门、跨地区联合执法。

（四）畅通信息渠道，建立月报制度

各省级粮食和储备部门要及时上报夏季粮油收购监管方案，同时建立收购监管月报制度。收购期间，每月底前向国家粮食和物资储备局上报收购监管工作开展情况，包括监管中发现的潜在性苗头性问题、“双随机、一公开”监管开展情况、案件举报核查情况、采取的监管措施、政策建议等，涉及收购监管的重大事项和突发事件要及时上报。各省级粮食和储备部门在收购结束后，要全面总结2020年监管工作，并书面报送国家粮食和物资储备局。各地夏季粮油收购监管工作开展情况和中储粮集团公司粮食收储政策执行情况，分别纳入当年粮食安全省长责任制考核范围、中央储备粮棉管理和中央事权粮食政策执行情况年度考核范围。

夏季粮油收购期间，国家粮食和物资储备局将派出工作组，深入到粮食主产区开展督导检查，指导夏季粮油收购工作，确保收购政策得到贯彻落实。

国家粮食和物资储备局

2020年5月29日

关于调整 2020 年早籼稻最低收购价预案执行时间的通知

国粮粮〔2020〕172 号

安徽、江西、湖北、湖南、广西等省（自治区）粮食和物资储备局（粮食局），中国储备粮管理集团有限公司、中粮集团有限公司、中国供销集团有限公司、中国中化集团有限公司、北大荒农垦集团有限公司：

为做好“六稳”工作、落实“六保”任务，针对今年特殊情况，切实抓好早籼稻收购工作，经商国家有关部门同意，决定将 2020 年早籼稻最低收购价预案执行起始时间从原定的 8 月 1 日起予以适当提前。即在新产早籼稻上市后，如市场价格符合预案启动条件，按规定程序申请启动 2020 年早籼稻最低收购价预案；同时，要统筹做好市场化收购和政策性收购工作。

其他事项仍按照《小麦和稻谷最低收购价执行预案》（国粮发〔2018〕99 号）、《关于完善稻谷最低收购价有关政策的通知》（国粮粮〔2020〕41 号）和《关于切实做好 2020 年夏季粮油收购工作的通知》（国粮粮〔2020〕107 号）等有关文件执行。

国家粮食和物资储备局

2020 年 7 月 10 日

关于创新举措加大力度进一步做好节粮减损工作的通知

国粮仓〔2020〕244号

各省、自治区、直辖市及新疆生产建设兵团粮食和物资储备局（粮食局），中国储备粮管理集团有限公司、中粮集团有限公司、中国中化集团有限公司、中国供销集团有限公司、北大荒农垦集团有限公司，有关粮食科研院所、院校：

习近平总书记多次强调"厉行勤俭节约，反对铺张浪费"。近日，习近平总书记对制止餐饮浪费行为作出重要指示。各级粮食和物资储备部门积极落实习近平总书记重要指示批示精神，全面实施国家粮食安全战略，强化节粮减损重点任务，取得良好成效。我国已进入高质量发展阶段，发展具有多方面优势和条件，同时发展不平衡不充分问题仍然突出。各级粮食和物资储备部门要以习近平新时代中国特色社会主义思想为指导，深入落实总体国家安全观，扛稳粮食安全重任，着力推进节粮减损反对粮食浪费，全力保障国家粮食安全。现将有关要求通知如下：

一 提高政治站位，充分认识节粮减损工作的重要意义

粮食关乎国运民生，粮食安全是实现经济发展、社会稳定、国家安全的重要基础。今年以来新冠肺炎疫情冲击，国际形势日趋复杂，粮食安全的重要性进一步凸显。尽管我国粮食生产连年丰收，对粮食安全始终要有危机意识。各级粮食和物资储备部门要时刻紧绷粮食安全这根弦，全面落实总体国家安全观，做到居安思危，有备无患。

当前，粮食产后收购、储存、运输、加工、消费等环节损失浪费问题仍然存在，个别环节较为突出。大力促进节粮减损反对粮食浪费，是新形势下保障国家粮食安全和增加粮食有效供给的迫切需要，是弘扬中华民族勤俭节约传统美德、培育和践行社会主义核心价值观、加快建设资源节约型环境友好型社会的重要举措。各级粮食和物资储备部门要深入落实习近平总书记关于粮食安全的重要指示批示精神，坚决扛稳国家粮食安全重任，全面贯彻实施国家粮食安全战略，把饭碗牢牢端在自己手中，切实守住管好"天下粮仓"，狠抓促进节粮减损反对粮食浪费重点工作，将粮食和物资储备部门承担的厉行节约反对浪费的职责任务落到实处。要继续大力弘扬创业、创新、节俭、奉献的"四无粮仓"精神和"宁流千滴汗、不坏一粒粮"的粮食系统光荣传统，切实抓好粮食流通和消费各环节的节粮减损，进一步提高节粮减损反对粮食浪费工作实效。

二 加强立法修规，强化依法管粮依规节粮

积极推动《粮食安全保障法》立法进程，争取修订的《粮食流通管理条例》尽早出台，加快地方

粮食立法修规，强化依法管粮，促进节粮减损。积极探索制定粮食产后减损工作指导意见，大力推动建立健全政府主导、需求牵引、全民参与、社会协调推进的体系机制，统筹各类相关主体，从技术研发应用、宣传教育、标准规划、管理机制、投资引导等方面，指导粮食收获、仓储、运输、加工、消费等各个环节减损工作。

组织制定完善粮食企业信用管理相关规章制度，适时出台《粮食企业信用监管和联合惩戒办法》。强化制度管粮和技术管粮相结合，严格执行《粮油仓储管理办法》和《粮油储藏技术规范》等制度标准，以及《粮油储存安全责任暂行规定》《粮油安全储存守则》《粮库安全生产守则》等，深入落实储粮质量安全责任制和各项管理措施，确保储存粮食数量、质量和卫生安全。加强粮食加工标准的宣传贯彻和实施工作，推进适度加工等相关标准制修订，完善粮油标准体系建设，强化以标准制修订工作促进节粮减损。加强粮食收储企业执行国家粮食收购政策情况的监管，进一步强化监管措施，防止出现区域性、阶段性“卖粮难”。

严格实施粮食安全省长责任制考核、中央事权粮食政策执行和中央储备粮管理情况年度考核，压紧压实区域粮食安全主体责任和中央储备管理主体责任。加强粮食质量安全收购监管，避免不符合食品安全标准的粮食流向口粮市场或进入政府储备。着力维护储运环节市场秩序，对压级压价、掺杂使假，不按合同出入库等行为坚决予以打击，加快建立在地监管体制，推进信息化监管和信用监管，强化监管实效，不断增强执行力和权威性。加强职业技能教育培训，开展岗位练兵，不断提高仓储管理人员的职业技能。

三 加强体系建设，全方位持续减少粮食产后损失

大力实施“优质粮食工程”，着力推进粮食产后服务体系建设，巩固建设成效，发挥粮食产后服务中心为种粮农户提供清理、干燥、收储、加工、销售等服务的积极作用，帮助农民好粮卖好价，促进粮食提质进档，推动节粮减损，为实现“优粮优储”奠定基础。指导和帮助农民实施农户科学储粮项目，推广适用于农户的多型规模储粮新装具，为农户提供科学储粮技术培训和服务，东北地区继续推广规模化农户储粮装具，帮助农民解决“地趴粮”霉变问题，努力减少粮食产后损失，促进种粮农民增产增收。布局“绿色仓储提升行动”，支持建设绿色低温仓储设施，对现有仓房硬件进行气密性、隔热性改造；推广应用节粮减损提质增效新技术、现代粮仓建设技术和物流配套技术，以及储粮“四合一”升级新技术等储粮技术；推广防霉抑菌技术，整治超标粮食，进一步降低储粮损耗，提升粮食品质。

持续推进现代粮食仓储物流体系建设，继续开展危仓老库改造升级，加强“智慧粮库”建设，提升科学储粮减损能力。督促指导粮食企业切实做好入库粮食的除杂整理，推进分类、分品种、分仓储存保管，提高入库粮食质量，杜绝霉粮坏粮事故。加强粮食物流园区建设，不断完善原粮散粮运输体系建设，试点糙米低温储运技术。培养专业化的粮食减损技术创新研发队伍，加强高技能人才培养工作。

四　强化科技创新，全面推广节粮减损新技术成果

积极开展粮食储藏、物流、加工等领域节粮减损技术和装备研究开发，强化相关技术成果推广应用，通过技术创新实现高效减损，建设无形良田。深入研究粮堆温、湿、热迁移规律，开展粮堆多场耦合技术应用，推进低温成套技术集成创新，研发新型储粮药剂，推广储粮生物药剂。强化各类规模农户储粮技术开发和推广应用，开发新型谷物收获机械，鼓励开发移动式绿色环保烘干设备。因地制宜推广热泵、生物质等多种烘干新热源，更好地满足粮食干燥需求。

推广稻谷、小麦、玉米、大豆等粮油适度加工技术成果，推进低温升、立式等碾米设备，以及拥有自主知识产权的油脂加工成套装备、小麦磨粉新装备广泛应用。开发并推广全谷物、杂粮等既有利于营养健康又节约的粮油食品科研成果。进一步完善粮油加工业技术标准体系。持续推进适度加工技术研究，鼓励内源营养加工等新技术研发和应用，推进谷物蛋白、米糠油、生物材料等技术开发和应用。淘汰高耗粮、高耗能、高污染的落后产能和工艺设备。加强新型专用散粮、成品粮集装运输装备及配套装卸设备的推广应用。

利用物联网、大数据、云计算、5G 等信息技术，提高物流线路优化水平，降低运输周期。开发粮食产业链溯源技术，推广避免成品粮储运管理出现压货临期管理问题，提高供应链减损保障能力，探索粮食物流新商业模式。围绕“科技兴粮”重点工作，聚焦减损重点任务，强化落实。加强粮机使用、农户储粮和加工新技术培训。粮食科研院所、院校等要主动研发节粮减损新技术，积极参与爱粮节粮活动，为促进节粮减损反对粮食浪费提供科技支撑。

五　大力弘扬节俭美德，营造爱粮节粮舆论氛围

大力宣传节约光荣、浪费可耻的思想观念，努力营造厉行节约、反对浪费的社会风气。创新组织开展世界粮食日和全国粮食安全宣传周、粮食和物资储备科技活动周等主题活动，发挥粮食安全宣传教育基地作用，全面开展爱粮节粮宣传教育，加强节粮减损技术宣传，普及节粮减损知识。大力倡导科学文明消费方式，继续深入打造“节约一粒粮”宣传教育活动品牌，利用多媒体作品开展宣传，弘扬优良传统，歌颂节俭美德，使消费者关注粮食生产和流通、供应，增强危机意识和健康意识，营造“爱惜粮食光荣，浪费粮食可耻”的浓厚氛围。积极配合有关部门，落实餐饮环节减少食物浪费的有关要求，加强公务活动用餐管理，持续推行简餐和标准化饮食，杜绝公务活动用餐浪费行为。自觉践行“光盘行动”，切实防止“舌尖上的浪费”，从粮食和物资储备部门做起，以良好的作风引领社会风尚。

各级粮食和物资储备部门要切实增强促进节粮减损反对粮食浪费的责任感和紧迫感，将节粮减损工作纳入本级粮食安全责任制考核，主动加强与相关部门的沟通合作，为加快构建更高层次、更高质量、更有效率、更可持续的国家粮食安全保障体系，做出新的更大贡献。

国家粮食和物资储备局
2020 年 9 月 11 日

关于印发粮食和物资储备执法督查工作规程的通知

国粮执法规〔2020〕245 号

各省、自治区、直辖市及新疆生产建设兵团粮食和物资储备局（粮食局），各垂直管理局：

《粮食和物资储备执法督查工作规程》，已经 2020 年 8 月 21 日国家粮食和物资储备局第 58 次局长办公会审议通过。现印发给你们，请认真遵照执行。

国家粮食和物资储备局

2020 年 9 月 11 日

粮食和物资储备执法督查工作规程

第一章　总则

第一条　为严格粮食和物资储备执法督查工作程序，规范执法督查行为，根据《中华人民共和国行政处罚法》《粮食流通管理条例》《中央储备粮管理条例》等有关法律法规、规章制度规定，制定本规程。

第二条　本规程适用于粮食和物资储备部门（以下简称粮食和储备部门）根据“三定”规定职责，依法依规履行执法督查职能所开展的相关工作。法律、法规、规章等另有规定的，从其规定。

第三条　执法督查包括日常检查、专项检查和案件调查。

日常检查是指粮食和储备部门依照法定职权对不特定对象或者不特定事项进行检查。

专项检查是指粮食和储备部门依照法定职权针对某类或者多类重点事项对特定对象进行检查。

案件调查是指粮食和储备部门根据投诉举报、上级交办、其他机关移送等途径获得的，以及日常检查、专项检查发现的问题线索对特定对象进行检查。

第四条　执法督查一般包括组织、实施、报告、案件调查结果审核、决定与执行、材料归档等基本程序。

第五条　执法督查遵循“公正、公开”的原则，应依照权限和程序进行，防止权力寻租、滥用职权等行为。

第六条　粮食和物资储备执法督查实行分级负责制。国家粮食和物资储备局负责全国范围内粮食和物资储备执法督查的指导和监督，组织实施全国性或者跨区域的执法督查任务，组织实施重大涉粮案件调查；

国家粮食和物资储备局各垂直管理局依照法定职责或者国家粮食和物资储备局指令，负责辖区内粮食和物资储备执法督查任务；

地方粮食和储备部门依照法定职责负责本辖区内粮食和物资储备执法督查的指导和监督，组织实施涉及本辖区的执法督查任务，组织实施本辖区内涉粮案件调查。

建立国家粮食和物资储备局、各垂直管理局、地方粮食和储备部门相协同联动的执法督查机制，形成监管合力。

第七条　各级粮食和储备部门按照管理权限管辖本规程第六条规定的执法督查事项。

上级粮食和储备部门可将其管辖的执法督查事项指定下级粮食和储备部门管辖，必要时也可将下级粮食和储备部门管辖范围的执法督查事项指定其他粮食和储备部门管辖。

粮食和储备部门对执法督查事项有争议的，由其共同的上级粮食和储备部门确定。

粮食和储备部门认为所管辖的执法督查事项重大、复杂，需要由上级粮食和储备部门管辖的，可以报请上级粮食和储备部门管辖，是否管辖由上级粮食和储备部门视具体情况予以确定。

第八条　执法督查实行层级监督。下级粮食和储备部门对上级粮食和储备部门指出的不当执法督查行为，应进行改正。

第九条　粮食和物资储备执法督查实行持证上岗制度。从事执法督查的人员还应具备下列条件：

（一）熟悉有关法律、法规、规章、政策；

（二）掌握相关专业知识、技能；

（三）具备一定的综合分析和文字表达能力。

有关执法督查证件管理和人员条件规定，按照本地司法行政管理部门或本部门有关规定执行。

第十条　开展案件调查等执法督查活动前，参与执法督查工作人员应告知检查对象，如检查对象认为执法督查人员与其存在利害关系，可能影响检查公正开展的，有权申请执法督查人员回避；参与执法督查工作人员有下列情形之一的，应主动申请回避。

（一）与检查对象主要负责人、实际控制人或者代理人是近亲属或者有利害关系的；

（二）有其他可能影响检查公正执行情形的。

参与执法督查人员的回避，由组织执法督查活动的粮食和储备部门负责人决定。

第十一条　粮食和储备部门应充分运用互联网、大数据等技术手段，依托各地建立的粮食和物资储备在线监管系统以及行政执法信息平台，开展跨区域跨部门综合执法、“双随机”抽查，加强检查信息归集互享和关联整合，提高工作效能。

第二章　检查组织

第十二条　粮食和储备部门开展日常检查和专项检查应提前编制年度执法督查计划，并报上级粮食和储备部门备案。计划应包括检查依据、事项、范围、方式、时间等内容。

执法督查计划编制应以强化事中事后监管为重点，按照依法履职、着眼全面、突出重点、注重实效的原则，做到科学合理。严格按计划组织实施，原则上不得变更。

上级粮食和储备部门有特殊安排和要求的，应及时调整年度执法督查计划。

第十三条　粮食和储备部门组织执法督查可采取单独检查、联合检查、跨区域检查等方式进行。

第十四条　粮食和储备部门对信用信息共享平台确认等级为“优良”的检查对象，经本部门集体研究后，可减少执法督查频次。应对下列事项或者对象依法依规进行重点检查：

（一）对辖区粮食和物资储备安全有重大影响的事项；

（二）被多次投诉举报的；

（三）被列入经营异常名录或者有严重违法违规记录等情形的；

（四）其他需要重点检查的。

第十五条　对以下问题线索，粮食和储备部门按相关规定认为检查对象存在涉粮涉储违法违规事实，可能危及粮食和物资储备安全，需要追究党纪政纪或法律责任的，应组织案件调查。

（一）日常检查、专项检查发现的；

（二）上级部门转办交办和其他部门移交的；

（三）公民、法人及其他组织通过12325监管热线举报的；

（四）新闻媒体曝光；

（五）其他渠道发现违法违规线索。

案件受理信息登记、分办、转办、立案、调查报告、结果审理和反馈等事项，按照12325监管热线管理工作规则及本部门有关规定执行。

第十六条　粮食和储备部门在组织实施执法督查活动时，应对活动的合法性、社会稳定性和风险可控性进行预判和评估，依法妥善处置可能引发的不稳定因素。

第三章　检查实施

第十七条　除直接涉及重大粮食和物资储备安全等特殊事项及案件调查外，粮食和储备部门实施执法督查应按照国务院“双随机、一公开”要求进行。鼓励通过结果信息共享、“互联网 + 监管”等手段实现执法督查目的。

第十八条　开展执法督查前，一般应制定实施方案，并报请本部门负责人批准后实施。批准程序按本部门的有关管理制度执行。

第十九条　现场检查前，应根据执法督查目的和工作需要，成立检查组。检查组实行组长负责制。

第二十条　开展执法督查前，一般应向检查对象下达执法督查通知书，告知执法督查的事项和依据，以及拒绝、阻挠、干涉执法督查应承担的法律责任。粮食和储备部门认为提前通知可能会造成不利影响的，可不通知检查对象或者到达检查现场后当面出示执法督查通知书。

第二十一条　开展执法督查可根据工作需要，梳理相关法律法规、规章制度、技术规范、标准等。对检查人员进行必要的培训辅导，使其熟练准确掌握检查依据、方法和技能。提前了解检查对象经营管理现状等基本情况，分析研判可能存在的问题和薄弱环节，提高检查的针对性。

第二十二条　实施执法督查时，执法督查人员不得少于两人，应向检查对象出示行政执法证件。

第二十三条　粮食和储备部门根据工作需要，可邀请检验检测机构、科研院所、行业专家等辅助开展执法督查，提供专业参考意见。

第二十四条　检查对象应提供完整真实的材料，并对材料真实性负责。执法督查人员应及时清点，列表登记，并履行交接手续，指定专人负责，保证交接材料的安全完整。检查结束后，应及时归还。

第二十五条　粮食和储备部门实施执法督查应制作现场检查记录、笔录等文书。具体执法督查文书制作要求按照国家粮食和物资储备局或者本地执法督查有关规定执行。

第二十六条　检查组应通过集体研究讨论的方式，确定检查发现的问题和基本结论。

第二十七条　现场检查工作结束后，检查组可书面或者口头向检查对象反馈检查结果等情况，也可要求检查对象在规定时间内提供书面或者口头说明。检查对象对检查结果有异议的，检查组应视具体情况，确定是否进一步取证。

第二十八条　粮食和储备部门实施执法督查时，应根据本部门执法督查全过程音像记录有关规定，对现场检查、调查取证、决定执行等进行全过程音像记录。

第二十九条　粮食和储备部门实施执法督查过程中引发不稳定因素或者造成社会负面舆情等风险的，应及时应对，依法妥善处理，并按规定程序上报。

第四章　取证要求

第三十条　粮食和储备部门实施案件调查时可采取以下方式进行取证：

（一）听取检查对象情况说明；

（二）询问当事人或者有关人员；

（三）检查与粮食和物资储备有关的财、物、现场；

（四）查询、复制、核对有关的账簿、单据、凭证、文件、电子信息及其他资料；

（五）对检查对象或者关联单位账务资料中的数据进行验算或者计算；

（六）委托、聘请有资质的机构，对有关物品进行鉴定、检测、评估；

（七）法律、法规、规章规定的其他方式。

第三十一条 需要收集的证据在异地的，粮食和储备部门可书面委托证据所在地的粮食和储备部门协助收集。受委托部门应在收到委托书后，及时完成收集证据工作并反馈。委托部门必要时可派人参与受委托部门的取证工作。

第三十二条 取证应依照法定程序，全面、客观、公正地收集证据，并符合以下规定：

（一）告知检查对象或者有关人员不如实提供证据、证言，以及作伪证、隐匿证据应负的法律责任；

（二）不得以偷拍、偷录、窃听等手段获取侵害他人合法权益的证据材料；

（三）不得以利诱、欺诈、胁迫、暴力等不正当手段获取证据材料；

（四）告知检查对象或者证据提供人对涉及国家秘密、商业秘密的证据作出明确标注。

第三十三条 书证一般应收集与原件核对无误的复制件、影印件、照片、抄录件或者节录本，注明“经核对无误，与原件一致”及该书证的出处，在“经核对无误，与原件一致”处加盖提供该书证部门的印章或者当事人签名摁指印，并注明收集人及收集时间；收集报表、图纸、会计账册、专业技术资料、科技文献等书证的，应制作说明材料。

第三十四条 物证收集一般应收集与原物核对无误的复制件或者证明该物证的照片、录像等其他证据。收集物证，应载明获取该物证的时间、原物存放地点、发现地点、发现过程以及该物证的主要特征，并要求检查对象对物证进行妥善保管。

第三十五条 视听资料一般需收集复制件、打印件；声音资料应附有该声音内容的文字记录；收集视听资料应注明收集人、储存位置、存储介质特征及存放位置，并由执法督查人员、持有者（提供者）签字摁手印或者盖章。取证过程中使用执法音像记录设备产生的证据材料，按照《国家粮食和物资储备局粮食行政执法音像记录设备使用管理规定》和本部门有关规定执行。

第三十六条 通过询问证人和收集证人的书面证言的方式收集证人证言。询问证人应个别进行，且全程录音或者录像，并制作询问笔录。询问前应向证人表明身份，告知其应履行的义务和享有的权利。询问笔录应交被询问人核对或者向其宣读，询问笔录有修改的，应由被询问人在改动处摁指印，核对无误后，由被询问人在尾页结束处写明“以上笔录我已看过（或者已向我宣读），与我说的相符”，并逐页签名、摁指印；书面证人证言应写明证人的姓名、身份证号码、年龄、性别、职业、住址等基本信息，并有证人的签名；证人不能签名的，应以盖章或者摁指印的方式证明。

第三十七条 陈述申辩资料应载明陈述申辩人姓名、身份证号码、年龄、性别、职业、住址等基本信息；载明陈述申辩的日期、时间、地点；执法督查人员、陈述申辩人员签名；不能签名的，应以盖章或者摁指印的方式证明。

第三十八条 粮食和储备部门可根据需要委托具有相应资质的鉴定检测机构，对涉嫌违法违规行为有关的物品进行鉴定检测。鉴定检测机构出具的鉴定检测意见，应由鉴定检测人签名和鉴定检测部门盖章；通过分析获得的鉴定、检测结论，应说明分析过程。

第三十九条　执法督查人员可根据需要制作勘验笔录、现场笔录。勘验笔录、现场笔录应载明时间、地点和事件等内容，必要时绘制现场方位图，并由执法督查人员和当事人当场签字确认。

第四十条　执法督查人员应遵循有关技术标准，全面、客观、及时收集、提取涉事电子数据，确保电子数据的完整真实。可通过现场提取、网络在线、冻结、调取等方式收集电子数据，并通过打印、拍照或者录像等方式固定相关证据。收集电子数据应说明电子数据来源、存储位置、原始存储介质特征和存放位置情况，由执法督查人员、电子数据持有者（提供者）签名或者盖章。必要时，可以聘请专业技术人员在执法督查人员主持下进行收集、提取电子数据或对电子数据的完整性进行校验。

第四十一条　执法督查人员在取证过程中发现证据可能灭失或者以后难以取得的，经粮食和储备部门负责人批准可先行登记保存，并应在 7 个工作日内做出处理决定。如在先行登记保存期限内仍无法终结检查的，可通过记录、复制、拍照、录像或者送交鉴定等方式转化为书证、物证、视听资料、鉴定结论等。

第四十二条　执法督查人员现场检查发现问题线索，需收集证据的，应编制执法督查证据提取单，并交检查对象签名，拒绝签名的，应注明原因。

第四十三条　检查组应及时对证据材料的真实性、合法性和关联性进行审查，发现证据材料存在瑕疵的，应补充更正。

第五章　检查报告

第四十四条　检查组根据检查了解掌握的情况，在综合分析、归类、整理、核对的基础上，及时撰写提交执法督查报告。

第四十五条　执法督查报告应内容完整、语言简练、表达准确、格式规范。主要内容包括：

（一）检查的依据或者案件来源；

（二）检查对象基本情况；

（三）检查时间和检查事项所属期间；

（四）检查方式方法、采取的措施；

（五）认定的违法违规事实及性质、手段；

（六）检查对象对认定事实的意见；

（七）提出的决定建议及依据；

（八）相关证据清单；

（九）其他应说明的事项。

第四十六条　执法督查报告应经检查组集体讨论并由组长审定。组长对执法督查报告的真实性、准确性、完整性负责。

第四十七条　检查组一般应于检查结束 10 个工作日内，向具体组织执法督查活动的部门提交书面执法督查报告；特殊情况经批准，报告提交时间可适当延长，但最长不得超过 30 个工作日。

第六章　案件调查结果审核

第四十八条　粮食和储备部门应建立案件调查结果审核制度。国家粮食和物资储备局检查组在案件调查结束后，向执法督查部门提请审核。其他粮食和储备部门参照执行。审核材料主要包括：检查通知书、检查工作方案、检查报告、证据提取单等相关材料。

第四十九条　具体组织执法督查活动的部门承担审核工作，并出具审核意见，督促检查组做好后续工作。必要时可邀请公职律师、专家参加，检查人员不得参与审核结论确定工作。

第五十条　审核工作应遵循事实清楚、程序合法、证据确凿、定性准确的原则。重点审核以下内容：

（一）认定的事实是否清楚；

（二）程序是否合法合规；

（三）证据是否真实、充分；

（四）法律依据是否准确；

（五）提出的决定建议是否适当；

（六）其他需要审核的事项。

第五十一条　审核意见主要包括：

（一）审核无异议的，出具审核通过意见；

（二）材料不完整、事实认定不清、证据不真实不充分的，退回检查组重新调查；

（三）不符合法定程序或者适用法律依据不准确，提出决定建议不恰当的，要求检查组修正弥补。

第七章　检查决定与执行

第五十二条　粮食和储备部门依据有关法律法规、执法督查报告、案件调查结果审核意见，分别作出以下处理。检查人员不得直接参与纪律处理意见提出、行政处罚决定确定工作。

（一）对未发现违法行为的，予以记录或者结案；

（二）对发现违法违规行为轻微并及时纠正，没有造成危害后果的，作出不予行政处罚的决定；

（三）对有违法违规行为且未给予行政处罚的，依法提出追究责任人责任等纪律处理意见；

（四）对有违法违规行为且应给予行政处罚的，依法作出行政处罚决定；

（五）违法违规行为同时涉及纪律处理、行政处罚的，应依法作出行政处罚决定，提出纪律处理意见；

（六）对不属于本部门职权范围的事项，按照相关规定移送有关部门。

第五十三条　需要追究党政责任的，应提出纪律处理意见，报本部门负责人集体研究确定。对属于本部门管理的检查对象，按干部管理权限移送相应纪检监察机关、人事部门处理；对不属于本部门管理的检查对象，移送有管理权限的部门单位处理，处理结果按要求反馈。纪律处理决定可以采用当面送达、邮寄送达等方式。检查对象对纪律处理决定不服的，可在规定时间内向有关部门提出申诉。

第五十四条　粮食和储备部门发现违法行为需要实施行政处罚的，依照《中华人民共和国行政处罚法》以及粮食和物资储备行政处罚程序规定等有关制度办理。作出行政处罚前，粮食和储备部门应充分听取当事人的意见，对当事人提出的事实、理由和证据，应当进行复核。作出责令停产停业、吊销许可证或者执照、较大数额罚款等行政处罚决定之前，应告知当事人有要求举行听证的权利。当事人应在行政处罚决定期限内予以履行，对处罚决定不服的，可申请行政复议或者提起行政诉讼。

第五十五条　作出移送决定的，粮食和储备部门应依照粮食和物资储备涉嫌违纪违法案件移送纪检监察和司法机关的有关规定，移送有管辖权的部门单位处理。

第五十六条 作出的行政处罚属于重大执法决定的，由具体组织执法督查活动的部门按照《国家粮食和物资储备局重大执法决定法制审核暂行办法》或者本部门相关规定，提交本部门法制工作机构进行审核。

第五十七条 粮食和储备部门应建立执法督查追踪工作机制，定期回访，对检查对象整改情况进行抽查，及时掌握检查对象对下达的纪律处理、行政处罚决定的执行情况，督促整改到位。

第五十八条 对存在违法违规行为的检查对象，经粮食和储备部门负责人批准后，按照联合惩戒有关规定，及时将相关违法违规信息上传至信用信息共享平台，公开其违法违规行为及纪律处理、行政处罚决定。

第八章 检查材料归档

第五十九条 具体组织执法督查活动的部门应在检查终结后，按照《归档文件整理规则》（DA/T22-2015）要求，及时收集所形成的文件材料，定期向本部门档案管理机构归档。

转办、分办案件的执法督查档案由承办单位管理，转办单位应制作案件管理台账，规范管理举报材料、来往函件、承办单位提交的报告等资料。

第六十条 执法督查归档文件材料应包括：

（一）检查依据或者案件来源；

（二）检查方案；

（三）执法督查文书；

（四）检查工作底稿；

（五）检查工作报告；

（六）相关证据材料；

（七）往来函件；

（八）其他相关材料。

第六十一条 执法督查归档材料的借阅应严格执行审批制度，履行调阅手续，具体按照《国家粮食和物资储备局粮食行政执法记录信息资料调阅使用管理办法》或者本部门相关规定执行。

第九章 检查行为规范

第六十二条 粮食和储备部门应平等对待检查对象，充分保障检查对象的合法、正当权益。执法督查人员行使职权时，应公正检查、文明检查。用语可参照《国家粮食和物资储备局粮食行政执法规范用语》或者本部门规定执行。

第六十三条 执法督查人员行使职权时，应严格遵守中央八项规定及其实施细则，不得有下列行为：

（一）向检查对象推销商品、介绍业务等与执法督查工作无关的行为；

（二）利用检查之便为个人、他人、企业谋取不当利益；

（三）超规格接待陪同，超标准乘坐交通工具、用餐；

（四）接受礼品、礼金和有价证券；

（五）向检查对象借款、报销费用；

（六）参加检查对象提供的宴请、娱乐、旅游等活动；

（七）其他违反生活纪律的情形。

第六十四条　执法督查人员应遵守工作纪律，恪守职业道德，不得有下列行为：

（一）玩忽职守，不履行法定义务；瞒案不报、压案不查等不作为或者乱作为；

（二）违反法定程序、超越权限等滥用职权；

（三）不按程序和要求开展执法督查，造成不良后果；

（四）弄虚作假，故意夸大或者隐瞒案情；

（五）未经批准私自会见检查对象；

（六）泄露国家秘密、工作秘密，向检查对象通风报信、泄露案情；

（七）借检查之名非法干预检查对象正常生产经营活动；

（八）其他违纪违法行为。

第六十五条　有下列行为之一的，由粮食和储备部门责令有关人员改正：

（一）实施执法督查没有出示行政执法证件的；

（二）擅自对检查对象开展检查的；

（三）未按要求进行回避的；

（四）有其他不当行为的。

第六十六条　执法督查人员违反本规程第六十三条、第六十四条规定的，由粮食和储备部门依据《中华人民共和国公职人员政务处分法》《粮食流通管理条例》《中央储备粮管理条例》等相关法律法规，依法给予行政处分，构成犯罪的，依法移送司法机关。

第十章　附则

第六十七条　本规程中所指时限以工作日计算，不含法定节假日。

第六十八条　依照法律、法规或者规章的规定，接受各级粮食和储备部门委托行使粮食和储备执法督查行政职能的组织，开展执法督查活动，适用本规程。

第六十九条　本规程由国家粮食和物资储备局负责解释。

第七十条　本规程自印发之日起施行，原国家粮食局《粮食监督检查工作规程（试行）》自行废止。

关于创新方式 强化监管 与时俱进做好执法督查工作的指导意见

国粮执法〔2020〕246 号

各省、自治区、直辖市及新疆生产建设兵团粮食和物资储备局（粮食局），各垂直管理局：

为深入贯彻习近平总书记等中央领导同志关于加强粮食和物资储备监管的重要批示精神，进一步增强粮食和物资储备监管能力，切实解决存在的突出问题，有效堵塞漏洞，防范化解风险，夯实主体责任和监管责任，创新方式方法，与时俱进做好执法督查工作，加快构建更高层次、更高质量、更有效率、更可持续的监管体系，确保国家粮食和战略应急物资储备安全，现提出如下意见。

一 总体思路

（一）指导思想

以习近平新时代中国特色社会主义思想为指导，全面贯彻党的十九大和十九届二中、三中、四中全会精神，深入贯彻习近平总书记等中央领导同志关于加强粮食监管、及时处置违纪违法问题重要批示精神，认真落实党中央、国务院关于加强粮食和物资储备安全管理的系列重大决策部署，按照国家粮食和物资储备局党组“两决定一意见”和“五句话”总体要求，聚焦国家粮食和物资储备安全核心职能，以深化政府机构改革为契机，以全面落实《关于改革完善体制机制加强粮食储备安全管理的若干意见》（以下简称《若干意见》）和推进物资储备监管改革为主线，以推动建立体制机制、完善行政监管制度、强化政府储备执法监督为重点，以粮食安全省长责任制考核、中央事权粮食政策执行和中央储备粮棉管理情况年度考核为抓手，强化粮食购销存和物资储备执法督查，创新检查方式，加强能力建设，更好服务国家粮食和物资储备安全大局。

（二）基本原则

——围绕中心、服务大局。不断增强政治意识和大局意识，坚持服务大局、高位思考，始终把服务国家粮食和物资储备安全核心职能作为出发点和落脚点，自觉履行好执法督查各项职能。

——依法治理、严格执法。不断增强依法依规管粮管储的法治意识，自觉遵循法治思维、运用法治方式，依法行使执法督查职权。坚持职责法定、程序合法、行为规范、严格执法，坚决查处违法违规案件和问题。

——突出重点、守住底线。守住关键时刻拿得出、调得快、用得上的底线，确保国家收储政策执行到位，确保粮食和储备库存数量真实、质量良好、储存安全，不发生区域性风险隐患，不发生重大恶性违法违规案件。

——改革创新、提高效能。主动适应粮食和物资储备改革发展新形势新要求，通过改革破解体制机制难题，不断创新完善执法督查机制、制度和方式，综合运用“双随机”抽查、信用监管、动态监管等信息化手段，着力推进执法督查手段现代化，不断提高执法督查效能。

（三）主要目标

力争用5年时间，建立横向到边、纵向到底、标本兼治、责权对等的行政监管体制机制，实现监管理念的现代化转变、监管机制的科学化转变、监管手段的信息化转变、监管格局的协同化转变，执法督查效能得到明显提升，国家粮食和物资储备安全保障能力得到显著增强。

二 加强顶层设计，建立执法督查长效机制

（四）完善体制机制

贯彻落实《若干意见》，强化外部行政监管，构建中央事权粮食监管新格局。地方各级粮食和储备部门要采取最严格的监管措施，履行好辖区内最低收购价粮、临时存储粮等其他中央事权政策性粮食和地方储备粮监管职责，在地方政府统一领导下，强化对食品安全的属地管理职责；各垂直管理局要坚决履行好中央储备粮在地监管职责，强化中央事权粮食政策执行情况考核，充分发挥在地监管作用，加大日常监管力度。建立健全与中央储备垂直管理相适应的监管体系，逐步建立国家粮食和物资储备局、垂直管理局、地方粮食和储备部门相协同的监管机制，各级粮食和储备部门业务管理机构事前事中监管和执法督查机构事后监督检查相结合的工作机制。探索建立跨部门、跨区域执法督查联动响应和协助机制，实现违法线索互联、标准互通、结果依法互认。

（五）强化粮食安全省长责任制考核

优化改进考核方式方法，把年度考核和日常监督考核紧密结合起来，强化过程管理，及时协调解决粮食安全省长责任制落实过程中的困难和问题，确保关键节点任务顺利完成；坚持严字当头，认真做好考核各环节工作，确保考核结果公平公正、经得起检验；突出问题导向，把问题整改摆到更加突出的位置，以更坚决的态度、更有力的措施，全力督促抓好考核发现问题整改；持续强化考核结果运用，进一步放大考核效应，鲜明树立重实干重实绩导向，为全面落实粮食安全省长责任制创造更加有利条件。

（六）加强制度建设

健全粮食和物资储备执法督查制度体系，促进执法督查工作法制化、标准化、透明化。完善粮食和物资储备执法督查工作机制，明确监管事项、权力清单、工作要求，为依法履职提供保障。全面推行行政执法公示制度、执法全过程记录制度和重大执法决定法制审核制度。抓紧完善行政执法人员持证上岗和资格管理制度。尽快出台储备管理问责制度，明确储备企业（单位）和管理部门不作为、乱作为问责规定，依规开展行政问责。修订出台粮食和物资储备执法督查工作规程，严格规范公正文明执法，推进执法督查工作的现代化、标准化。

（七）落实主体责任

严格按照粮食安全省长责任制考核要求，落实地方政府保障区域粮食安全主体责任。严格按照中央事权粮食政策执行和中央储备粮棉管理情况年度考核要求，落实中储粮集团公司储备粮棉管理和政策执行主体责任。全面落实储备糖、能源、战略物资、应急和救灾物资、防汛抗旱物资承储企业、单位主体责任，督促指导承储企业、单位强化内部管控，全面加强规范化标准化管理和内部监管；探索建立合规管理制度，对中央储备粮棉经营管理活动合规情况进行审查、监督和检查，发现违法违规问题的，应当及时向本企业、单位负责人和有关垂直管理局报告。

三　聚焦核心职能，强化政府储备安全执法监督

（八）加强政府储备粮监督检查

按照政策性职能和经营性职能分开原则，明确责任主体，规范管理方式。充分发挥国家粮食和物资储备局各垂直管理局职能作用，加大中央储备粮在地监管执法力度。地方储备粮要建立粮权与事权相统一的地方储备粮监管体制和风险预警防控机制。加大地方储备粮监管力度，强化储备管理相关政策执行等方面的监督检查。聚焦重点难点，组织开展地方动态储备和异地储备的专项检查，守住管好地方储备安全底线。

（九）加强政府物资储备监督检查

坚持目标导向、问题导向和结果导向，对所有中央事权国家战略应急物资储备开展大清查，针对不同物资品类制定相应清查方案，摸清国家战略应急物资储备家底，同时排查储存安全等方面存在的风险隐患，及时督促整改。垂直管理局加快职能调整，充实人员力量，依法履行国家战略应急物资储备执法监督职责。创新监督检查方式，严格按照“四不两直”等检查要求，定期或不定期开展国家战略应急物资储备监督检查，及时纠正和惩治违法违规行为；深入分析问题隐患和管理弱项，着力防范化解系统性和区域性安全风险，保证国家储备战略和重大部署的贯彻落实，确保关键时刻拿得出、调得快、用得上。

（十）强化中央事权粮食政策执行和中央储备粮棉管理情况年度考核

以确保中央储备粮棉绝对安全、中央事权粮食政策执行规范为目标，不断总结经验，进一步精简考核步骤，优化考核流程，强化重点考核指标，提高考核工作质量和效率。垂直管理局要结合承储企业春秋季普查、收储轮换等经营管理活动强化日常监管，增强考核的力度、深度和针对性，为年度考核提供依据支撑。

四　依法履职尽责，维护粮食流通市场秩序

（十一）加强粮食收购市场监督检查

密切关注、研判粮食收储制度改革新形势，聚焦风险隐患和重点难点热点，及时调整检查重心，强化检查措施。不断强化粮食市场化收购监督检查，针对售粮和收购方式新变化，创新监督检查手段，采取有针对性的措施，维护好收购市场正常秩序。按照小麦、稻谷最低收购价执行预案要求，突出抓好粮食收储企业执行国家粮食收购政策情况的监督检查，确保政策执行好、落实好。持续强化粮食质量安全监督检查，避免不符合食品安全标准的粮食流入口粮市场或进入政策性粮食库存，坚决打击损害农民和国家利益的行为。

（十二）加强政策性粮食库存监督检查

巩固全国政策性粮食库存大清查成果，落实政策性粮食库存在地监管责任，建立健全粮食库存管理制衡和约束机制。持续优化升级大清查软件系统，以现有基础数据库为依托，实现对全国政策性粮食库存数量和质量数据定期更新维护。实施分类检查，强化对重点区域、重点企业、重点环节的检查，增强检查的时效性和针对性，突出最低收购价粮、国家临时存储粮等政策性粮食库存的监督检

查，切实履行好属地监管职责，确保库存数量真实、质量良好和储存安全。建立检查发现问题整改常态化机制，督促相关企业及时整改发现的问题，组织开展问题整改“回头看”，排查和整治粮食库存管理安全隐患和历史遗留问题，重要问题实行挂牌督办，对拒不整改的要严肃问责。

（十三）加强政策性粮食销售出库监督检查

严格按照国家有关部门库存消化工作方案以及《关于切实加强国家政策性粮食收储和销售出库监管的意见》（国粮发〔2018〕264 号）等文件要求，摸清拍卖标的数量、质量、出库条件和能力等基本情况，督促粮食企业严格执行国家政策性粮食销售有关规定，保质保量及时投放市场。严肃查处“以陈顶新”、“转圈粮”、掺杂使假、拖延阻挠出库、索要不合理费用、恶意违约等违法违规行为，依法治理各种形式的“出库难”。加强对出库政策性粮食质量特别是超期储存粮食、定向销售粮食质量的监督检查，督促具体承储企业严格执行出库检验制度，严防不符合食品安全标准的粮食流入口粮市场。

（十四）依法开展全社会粮食流通监督检查

认真组织开展粮食收购资格核查，严厉打击企业无证收购等违法违规行为。结合粮食宏观调控需要，开展粮食经营者执行国家粮食流通统计制度、履行最低最高库存义务等专项检查。积极配合市场监管等部门严厉打击粮食经营加工中扰乱市场秩序、违反食品安全法律法规等行为。

（十五）严肃查处涉粮涉储案件

坚持对违法违规案件零容忍的高压态势，加大涉粮涉储大案要案查处力度，发挥警示教育作用。综合运用行政强制、行政处罚、联合惩戒等手段，依法依规严肃惩处违法违规问题。加强与纪检监察机关和司法机关的协同配合，完善涉粮涉储案件查处移送机制。加强社会舆情研判，增强敏锐性和舆情把控能力，及时处置群众反映强烈、社会关注度高的案件。

五 加强科技支撑，提高执法督查信息化水平

（十六）全面推行“双随机、一公开”抽查

按照国务院“双随机、一公开”监管工作要求，规范使用全国粮食行业“双随机”抽查应用平台开展各类监督检查工作，实现全程留痕可追溯，使用情况作为粮食安全省长责任制考核的内容。加强信息共享，尽快实现国家和地方“双随机”抽查应用平台有效对接。持续完善粮食行业检查对象名录库、执法检查人员名录库和检查事项清单，及时修订公布“双随机、一公开”抽查细则，提升执法督查的规范性、公平性、公正性。

（十七）充分发挥 12325 监管热线作用

严格按照《12325 全国粮食流通监管热线工作规则（试行）》等文件规定，切实做好群众投诉举报案件查办、反馈、公开等工作。建立定期分析机制，加强对本辖区内粮食流通违法违规苗头性、倾向性、潜在性问题分析研判，发挥“前哨”作用。聚焦案件线索查处的薄弱环节，加强跟踪问效。强化热线管理，建立定期通报制度，及时通报案件查办质量、时效等情况。按照“统分结合、集中管理、便民高效、安全可靠”的原则，加强 12325 平台标准化信息化建设，逐步实现国家、省、市、县四级互联互通，数据安全共享。

（十八）有序推进粮食企业信用监管体系建设

构建以信用监管为核心的新型监管机制。探索建立信用评价制度，综合评定粮食企业诚信等级，实行分类监管。完善修订粮食企业信用监管和联合惩戒相关办法，建立粮食企业严重违法失信名单，及时公示严重违法失信行为，加大守信联合激励和失信联合惩戒力度。加快推进全国粮食企业信用监管平台建设，以统一社会信用代码为标识，依法依规建立权威、可查询的粮食企业信用记录。

（十九）积极推进中央储备粮库存动态监管系统建设

尽快建成中央储备粮库存动态监管系统，有效实施动态远程监管、粮情在线监控。建立互通共享机制，实现中央与地方事权粮食监管信息互联互通，探索推行预警防控的非现场监管，满足日常监管需要。鼓励做好粮食库存数量检查修正系数、固定式数量扫描监测等基础技术应用，提高监管科学性和现代化水平，不断提升监管效能。

六 突出能力建设，提升执法督查本领和效能

（二十）坚持党对执法督查工作的全面领导

认真贯彻落实全面从严治党要求，巩固“不忘初心、牢记使命”主题教育成果，坚持不懈开展警示教育，增强“四个意识”，坚定“四个自信”，做到“两个维护”。严格落实领导干部“一岗双责”和党风廉政建设“两个责任”，加强思想政治教育，不断提升政治觉悟和思想境界，推动党务、业务和队伍建设融合发展，提高监管能力和斗争本领。

（二十一）切实发挥示范单位带动作用

加大示范单位建设力度，积极开展典型经验交流、比学赶帮超等活动，发挥示范带动作用，促进执法监管重心向基层倾斜，全面加强执法机构、执法队伍和执法保障建设，全面提升执法督查整体水平。

（二十二）加强执法督查体制机制研究

进一步加强问题线索发现机制、督查督办机制、企业主体责任落实和自我约束机制等重大问题研究，深刻把握改革发展趋势，创新执法督查理念和工作方法。积极参与国际交流，进一步完善执法督查工作体制机制。

七 加强组织领导，强化执法督查保障措施

（二十三）加强组织领导

主要领导牵头负责，分管领导具体落实，职能部门合力推进，进一步强化粮食和物资储备执法督查工作。统筹协调各方力量，加强形势预判，及时研究解决执法督查工作中遇到的重大问题。保障职能、任务、人员、经费“四到位”，严格按国家有关规定加强监管经费支出管理。

（二十四）加快人才队伍建设

加强执法督查人才队伍建设，把讲政治、业务强、敢担当的人才充实到执法督查队伍中。调整优化粮油库存检查专业人才库，建立物资储备检查人才库，实施人才库动态管理。及时掌握执法督查机

构、队伍现状和底数，加强执法督查常态化业务培训和上岗培训，建设一支高素质专业化的执法督查队伍。

（二十五）加大执法装备保障力度

在严格执行相关预算财务资产管理制度的基础上，鼓励各地结合实际，购置适量、必需的执法装备，加大保障力度。进一步建立健全执法装备管理制度，加强使用培训，做好定期维护保养和升级更新，确保能用、好用、实用，提高执法装备现代化水平。

国家粮食和物资储备局

2020 年 9 月 23 日

国家粮食和物资储备局文件
局办公室发文

关于优化调整粮食流通执法督查创新示范单位工作的通知

国粮办执法〔2020〕8号

各省、自治区、直辖市及新疆生产建设兵团粮食和物资储备局（粮食局）：

为认真贯彻落实中共中央办公厅、国务院办公厅关于加强粮食储备安全管理的有关文件精神，切实加强对粮食和物资储备执法督查工作的指导，经研究决定：在坚持“当年创建、次年认定、周期管理”原则要求的基础上，立足粮食和物资储备监管新形势、新任务和机构改革现状，对按照《关于印发全国粮食流通执法督查创新示范单位创建活动实施方案的通知》（国粮办检〔2017〕305号，以下简称《创建活动实施方案》）规定遴选确定的首批创新示范单位进行重新审核确认；同时结合执法督查重点工作，适当新增一批创新示范单位。现将有关事项通知如下：

一 工作安排

（一）对前期88家创新示范单位进行重新审核确认

各省级粮食和物资储备局（粮食局）负责组织对本辖区内2017年获得“粮食流通执法督查创新示范单位”称号的单位进行重新审核，并对审核结果的真实性、准确性负责。审核标准严格依照《创建活动实施方案》有关规定执行。对不再符合创新示范单位条件的，报国家粮食和物资储备局撤销称号；对符合创新示范单位基本条件且机构名称未发生变化的，继续保留称号；对符合创新示范单位条件但机构名称发生变化的，继续保留称号并进行名称变更。已撤销称号的，不再递补。

（二）适当新增创新示范单位

各省级粮食和物资储备局（粮食局）按照《创建活动实施方案》规定的有关程序和要求，增补1—2个创新示范单位。在创建过程中，除考虑示范单位的基本条件外，应向较好完成粮食安全省长责任制考核、全国政策性粮食库存数量和质量大清查、重大涉粮案件查处、粮食监管信息化等重点任务的典型单位倾斜。对大清查工作中涌现出来的先进单位，暂不符合执法督查创新示范单位条件的，另行表彰。

二 有关要求

（一）充分认识创新示范单位工作的重要性

创新示范单位创建是切实贯彻落实党中央、国务院决策部署的重要举措，是保障国家粮食安全的必然要求。各地要充分认识行政执法体制改革的新形势、执法督查的新要求，高度重视示范单位创建工作。要以此为重要抓手，有效提升地方各级政府对粮食执法督查工作的关注程度和支持力度，以创促建、以点带面，进一步促进执法监管重心向基层倾斜，健全执法机构、强化执法力量，为保障国家粮食安全和战略应急物资储备安全作出新贡献。

（二）严把创新示范单位创建质量关

各省级粮食和物资储备局(粮食局）要坚持问题导向和市场化改革方向，强化审核把关。实行“谁推荐、谁审核、谁负责”的工作机制，严格评选，优中选优，宁缺勿滥，确保创建质量和示范效果。对于创建过程中弄虚作假等违法违纪行为，一经查实，要严肃问责；凡已取得创新示范单位称号的，坚决予以撤销。

（三）严格按照规定时间完成并报送结果

各省级粮食和物资储备局（粮食局），要根据本地实际和任务安排，制定工作方案，明确完成时间，积极稳妥开展优化调整工作，请务必于 2020 年 2 月 10 日前完成创新示范单位重新审核确认和增补，并将结果正式报送国家粮食和物资储备局（执法督查局）。

国家粮食和物资储备局办公室
2020 年 1 月 2 日

关于印发《国家粮食和物资储备投资项目管理办法》的通知

国粮办规〔2020〕55号

各省、自治区、直辖市、计划单列市及新疆生产建设兵团粮食和物资储备局（粮食局），中国储备粮管理集团有限公司、中粮集团有限公司、中国供销集团有限公司、中国中化集团有限公司、黑龙江北大荒农垦集团总公司（黑龙江省农垦总局），各司局、直属单位、联系单位，各垂直管理局：

《国家粮食和物资储备投资项目管理办法》，已经2020年1月6日第35次国家粮食和物资储备局局长办公会审议通过。现印发给你们，请结合实际认真遵照执行。

国家粮食和物资储备局办公室

2020年1月21日

国家粮食和物资储备投资项目管理办法

第一章　总则

第一条　为加强国家粮食和物资储备投资项目（以下简称“项目”）管理，健全科学民主投资决策机制，确保项目质量和进度，提高投资效益，有效防控风险，依据《政府投资条例》《中央预算内直接投资项目管理办法》《中央预算内投资补助和贴息项目管理办法》等相关法律法规，制定本办法。

第二条　本办法适用于国家粮食和物资储备局（以下简称“国家局”）通过国家发展改革委中央预算内投资安排的项目，包括中央预算内直接投资、投资补助和贴息项目。

第三条　中央预算内直接投资项目重点支持中央本级（包括局本级及垂直管理单位、所属事业单位）非经营性固定资产项目。中央预算内投资补助和贴息项目重点支持市场不能有效配置资源，需要政府支持的领域。

第二章　管理职责

第四条　国家局是项目主管部门，主要职责：

（一）组织编制基础设施建设规划和建设标准、技术规范，制定各专项建设管理办法；

（二）组织实施项目储备和项目申报，按规定权限审核、审批项目，审核、上报和下达投资计划，提出项目和资金安排意见；

（三）组织和指导项目实施和日常管理，按规定权限组织或委托开展竣工验收；

（四）对项目实施、资金使用、招投标等方面工作进行监督，配合有关部门对项目建设进行督查；

（五）协调解决项目实施中重大问题；

（六）实施项目后评价。

第五条　省级粮食和物资储备部门、有关中央企业承担补助和贴息项目实施组织和监管责任，主要职责：

（一）编制本地区（企业）基础设施建设规划。制定本地区（企业）项目实施管理办法；

（二）具体组织本地区（企业）项目储备和项目申报。审核提出项目安排意见，分解下达投资计划；

（三）组织调度项目实施情况，协调解决项目实施中遇到的问题。对项目建设管理情况进行检查；

（四）按规定权限组织或参与项目验收；

（五）按照国家发展改革委和国家局要求，开展补助和贴息项目其他相关工作。

第六条　国家局垂直管理机构（以下简称“垂管局”）承担直接投资项目监管责任，主要职责：

（一）根据国家局基础设施建设规划和项目管理制度规定，制定本级及所属单位项目实施管理办法；

（二）具体组织实施本级及所属单位项目储备和项目申报，按规定权限审核、审批项目并提出具体意见；

（三）具体组织本级和所属单位项目实施和试生产，按规定权限或受国家局委托组织项目验收；
（四）受国家局委托，对使用中央预算内投资的地方和中央企业项目进行核查；
（五）按照国家局要求，开展项目其他相关工作。

第三章 项目规划与申报

第七条 适宜编制建设规划的领域，应编制专项建设规划。按照规定权限和程序批准的建设规划是项目决策的重要依据。

省级粮食和物资储备部门、有关中央企业、各垂管局要根据国家重大战略和相关规划，统筹考虑本地区（单位）发展需求，谋划符合投资支持方向的项目，编制建设规划或方案。国家局所属事业单位自筹资金建设的项目，必须纳入建设规划，报国家局备案后实施。

第八条 申报项目应符合规划、产业政策、安全生产、环境保护、土地使用、节约能源、资源利用等方面的有关规定。

同一项目原则上不得重复申请不同专项资金。资金原则上用于计划新开工或续建项目，不得用于已完工项目。

第九条 建立并实施项目储备制度，逐级建立三年滚动项目库，作为项目申报和资金安排的重要依据。

申报项目应从储备项目中筛选并按轻重缓急排序。未纳入储备的项目，中央预算内投资原则上不予支持。

第四章 项目审核与资金安排

第十条 中央预算内直接投资项目的项目建议书、可行性研究报告、初步设计等实行审批制。

申请安排中央预算内直接投资 3000 万元及以上的项目，由垂管局、国家局逐级审核后报国家发展改革委审批；申请安排中央预算内直接投资 3000 万元以下的项目由垂管局审核后报国家局审批。其中，申请安排中央预算内直接投资 1000 万元及以下的项目，国家局委托垂管局审批。

国务院及国家发展改革委、国家局批准的规划或方案中已经明确、前期工作深度达到项目建议书要求或者建设内容简单、投资规模较小的项目，可以直接编报可行性研究报告，或者合并编报项目建议书。

第十一条 安排地方的中央预算内投资补助和贴息项目实行切块管理。

针对资金渠道来源不同、管理方式有差异或适合分类管理的项目，国家局按权限组织审核各省份（企业）总体实施方案、项目单行材料或资金申请报告。

第十二条 资金申请报告、项目建议书、可行性研究报告、初步设计等项目文件编制格式、内容和深度，应符合国家有关规定。

第十三条 国家局建立专家评审制度。开展项目审核时，一般应组织专家或委托具备相应资质的工程咨询机构对资金申请报告、项目建议书、可行性研究报告、初步设计等进行审核。特别重大的项目实行专家评议制度。

第十四条 国家局依据国家储备总体发展规划、粮食流通宏观调控需要，平等对待各类投资主体，根据专家评审情况，统筹研究提出项目审核、审批或资金安排意见。

项目立项，可行性研究报告、初步设计审核和批复，投资计划申请及下达，资金安排意见等事项，应提请局长办公会议或党组会议审议。已通过会议审议项目的后续程序性工作，可提请书面审议。

第十五条　投资概算超过可行性研究报告批准投资估算百分之十的，项目单位、建设性质、建设地点、建设规模、技术方案等发生重大变更的，项目不能开工建设或者不能完成既定建设目标的，项目单位应及时报告项目审批部门进行调整。必要时，项目单位需重新组织编制可行性研究报告，并按原程序报批。

第十六条　安排项目和资金时，向欠发达地区特别是革命老区、民族地区、边疆地区和集中连片特殊困难地区适当倾斜并提高补助比例。

第五章　项目实施与管理

第十七条　中央预算内直接投资计划下达后，国家局在收文后 10 个工作日内转发相关部门或单位，并就转发时限、建设管理、绩效指标等提出要求。

中央预算内投资补助和贴息切块计划下达后，省级粮食和物资储备部门按要求分解落实到具体项目并下达投资计划。

第十八条　转发分解下达投资或资金计划时，应同步制定日常监管工作方案，明确工作措施、检查方式、奖惩办法等内容。

项目实施日常监管责任单位及监管责任人制度，监管责任人为日常监管责任单位的相关负责同志。

第十九条　项目应依法办理相关手续，具备国家规定各项开工条件的，方可开工建设。

第二十条　项目资金应专款专用，不得拖欠工程款，不得侵占、截留或者挪用。

第二十一条　国家局建立项目调度协调机制。省级粮食和物资储备部门、有关中央企业、各垂管局应定期组织调度已下达项目进展情况，并按时向国家局报告。

第二十二条　严格控制项目概算。除项目建设期价格大幅上涨、政策调整、地质条件发生重大变化和自然灾害等不可抗力因素外，经核定的概算不得突破。

第二十三条　项目应遵守国家档案管理的有关规定。项目档案收集、归档应与项目建设同步实施。项目档案验收不合格的，应限期整改，经复查合格后，方可进行竣工验收。

第二十四条　项目竣工验收原则上由项目审批部门组织或授权下一级行政管理部门开展竣工验收。工程验收不合格的，应限期整改。有专项管理办法的，遵照专项管理办法执行。

第二十五条　项目建成运行后，项目审批部门可组织咨询机构对项目开展后评价，必要时应参照初步设计文件的相关内容进行对比分析，进一步加强和改进项目管理，不断提高决策水平和投资效益。

第六章　监督检查和责任追究

第二十六条　国家局制定专项监管计划，组织力量实施检查。发现问题的，及时下达整改通知。

第二十七条 国家局依托信息化网络平台，运用信息化手段增强项目审核、投资监管、评价判断和综合分析等能力，动态采集项目实施和计划执行数据，规范项目日常管理。

第二十八条 省级粮食和物资储备部门、有关中央企业、各垂管局应依法接受单位、个人对项目审核审批、建设过程中违法违规行为的投诉和举报，并按照有关规定进行查处。发现滥用职权、玩忽职守、徇私舞弊、索贿受贿的，依法追究相关工作人员行政或者法律责任。有下列行为之一的，按有关规定和程序，在一定时期和范围内取消其项目申请：

（一）指令或授意项目单位提供虚假情况、骗取投资的；审核项目不严、造成投资损失的；

（二）切块投资计划分解和安排出现严重失误的；

（三）所在地区或所属企业项目存在较多问题且督促整改不到位的；

（四）其他违反本办法规定的行为。

第二十九条 有关工程咨询机构或者设计单位在编制项目建议书、可行性研究报告、初步设计及投资概算以及开展咨询评估或者项目后评价时，弄虚作假或者咨询评估意见严重失实的，将有关情况反映信用管理部门，将其纳入不良信用记录，依法进行处罚。

第三十条 项目单位、项目管理单位和勘察设计、施工、监理、招标代理等单位导致项目发生重大质量安全事故和失泄密等严重事件的，按照国家有关规定，由有关部门依法追究相关单位以及相关人员的法律责任。

第七章 附则

第三十一条 为应对自然灾害和突发事件等不可预见事项，需要紧急下达投资的项目及国家局安排中央财政资金项目参照本办法执行。

第三十二条 粮食安全保障调控和应急设施专项按照《粮食安全保障调控和应急设施中央预算内投资专项管理办法》执行。

第三十三条 本办法由国家局负责解释，自印发之日起施行。

关于统一规范省级国家粮食交易中心名称的通知

国粮办发〔2020〕59号

各省、自治区、直辖市及新疆生产建设兵团粮食和物资储备局（粮食局），各省级国家粮食交易中心：

国家粮食交易中心体系建立以来，在服务国家粮食宏观调控、加快不合理粮食库存消化、促进粮食产销合作等方面发挥了重要作用。为加强粮食市场体系建设，进一步规范管理，经综合评估确认，决定对北京等省级国家粮食交易中心，按“国家粮食＋省名＋交易中心”进行更名（见附件）并统一授牌。各省级国家粮食交易中心要认真落实国家粮食交易平台体系业务发展战略，突出公益属性和社会效益，严格执行国家、地方政策性粮食（含储备）交易任务，维护交易诚信，提升服务水平，积极引导贸易粮入场交易，为服务国家和区域性粮食宏观调控发挥重要载体作用。

各省级粮食和物资储备局（粮食局）要加强对所在地省级国家粮食交易中心的指导、监督和管理，给予稳定的支持政策，深入推进政策性粮食联网交易，落实监管措施，确保政策执行到位、交易顺畅、资金安全。同时，要按照工作要求，对省级国家粮食交易中心的承办主体在执行政策、业务运行、资金管理等方面的情况进行定期评估。国家局建立省级国家粮食交易中心动态管理机制，根据评估结果，实行优胜劣汰。

附件：国家粮食交易中心体系联网省级国家交易中心名称

国家粮食和物资储备局办公室

2020年3月2日

附件

国家粮食交易中心体系联网省级国家交易中心名称

序号	原交易中心名称	更名后交易中心名称	承办主体
1	北京国家粮食交易中心	国家粮食北京交易中心	北京国家粮食交易中心
2	天津国家粮食交易中心	国家粮食天津交易中心	中国天津粮油批发交易市场
3	石家庄国家粮食交易中心	国家粮食河北交易中心	河北省粮食交易中心
4	太原国家粮食交易中心	国家粮食山西交易中心	山西省粮油交易中心（太原国家粮食交易中心）
5	通辽国家粮食交易中心	国家粮食内蒙古交易中心	通辽国家粮食交易中心
6	大连国家粮食交易中心	国家粮食辽宁交易中心	大连北方粮食交易市场有限公司
7	长春国家粮食交易中心	国家粮食吉林交易中心	长春国家粮食交易中心
8	哈尔滨国家粮食交易中心	国家粮食黑龙江交易中心	黑龙江粮食交易市场股份有限公司
9	上海国家粮食交易中心	国家粮食上海交易中心	上海粮食交易中心批发市场经营管理股份有限公司
10	南京国家粮食交易中心	国家粮食江苏交易中心	江苏粮油商品交易市场（南京国家粮食交易中心）
11	杭州国家粮食交易中心	国家粮食浙江交易中心	杭州国家粮食交易中心
12	合肥国家粮食交易中心	国家粮食安徽交易中心	安徽粮食批发交易市场有限公司
13	南昌国家粮食交易中心	国家粮食江西交易中心	南昌国家粮食交易中心（江西省粮油信息中心）
14	济南国家粮食交易中心	国家粮食山东交易中心	山东省粮油交易中心
15	郑州国家粮食交易中心	国家粮食河南交易中心	河南省粮食交易物流市场有限公司
16	武汉国家粮食交易中心	国家粮食湖北交易中心	武汉国家粮食交易中心
17	长沙国家粮食交易中心	国家粮食湖南交易中心	湖南粮食中心批发市场
18	广州国家粮食交易中心	国家粮食广东交易中心	广东华南粮食交易中心有限公司
19	南宁国家粮食交易中心	国家粮食广西交易中心	广西粮食发展有限公司
20	海口国家粮食交易中心	国家粮食海南交易中心	海南粮油批发市场有限公司
21	重庆国家粮食交易中心	国家粮食重庆交易中心	重庆市粮油批发市场有限责任公司
22	成都国家粮食交易中心	国家粮食四川交易中心	四川粮油批发中心
23	贵阳国家粮食交易中心	国家粮食贵州交易中心	贵阳国家粮食交易中心
24	昆明国家粮食交易中心	国家粮食云南交易中心	云南粮食批发市场管理有限公司
25	西安国家粮食交易中心	国家粮食陕西交易中心	西安国家粮食交易中心
26	兰州国家粮食交易中心	国家粮食甘肃交易中心	甘肃省粮油批发市场
27	西宁国家粮食交易中心	国家粮食青海交易中心	青海省粮油批发交易市场有限公司
28	银川国家粮食交易中心	国家粮食宁夏交易中心	宁夏粮油批发交易市场有限公司
29	乌鲁木齐国家粮食交易中心	国家粮食新疆交易中心	乌鲁木齐国家粮食交易中心

关于印发《国家粮食交易平台体系管理暂行办法》的通知

国粮办发〔2020〕64 号

各省、自治区、直辖市及新疆生产建设兵团粮食和物资储备局（粮食局），各省级国家粮食交易中心：

为认真落实国家粮食安全战略，加快推动粮食交易体系建设，更好地服务全国和区域性粮食宏观调控，促进粮食流通和粮食产业经济发展，根据《电子商务法》、《粮食流通管理条例》、《商品现货市场交易特别规定（试行）》等有关法律法规，我局研究制定了《国家粮食交易平台体系管理暂行办法》，已经 2020 年 2 月 13 日第 36 次局长办公会会议审议通过。现印发你们，请认真遵照执行。

国家粮食和物资储备局办公室

2020 年 3 月 2 日

国家粮食交易平台体系管理暂行办法

第一章　总则

第一条　为认真落实国家粮食安全战略，加快粮食交易体系建设，服务全国和区域性粮食宏观调控，促进粮食流通和粮食产业经济发展，根据《电子商务法》《粮食流通管理条例》《商品现货市场交易特别规定（试行）》等有关法律法规，制定本办法。

第二条　本办法所称国家粮食交易平台体系，由国家粮食交易中心体系和国家粮食电子交易平台组成。国家粮食交易平台体系的建设、运行、管理应遵守本办法。

国家粮食交易中心体系，主要包括国家粮食和物资储备局粮食交易协调中心（以下简称“国家粮食交易中心”）、全国联网交易的省级粮食交易批发市场（中心）（以下简称“省级粮食交易中心”）和特色品种交易中心等各类主体。

国家粮食电子交易平台，指由国家粮食交易中心组织搭建，集粮油交易、资金结算、物流运输、质量检验、供应链融资服务、信息引导为一体的国家级公益性粮食交易综合服务平台。

第三条　国家粮食交易中心体系依托国家粮食电子交易平台，作为国家粮食宏观调控重要载体，以市场化手段配置资源，组织政策性粮食（含储备）购进、销售、轮换等交易活动，引导和稳定市场预期，体现国家宏观调控要求，保障粮食市场供应；引导涉粮企业、粮食产后服务中心、种粮大户、专业合作社进行市场化流通贸易粮食的采购、销售，并为其提供交易配套服务。

第四条　国家粮食交易中心依据《粮食竞价销售交易规则》对各省级粮食交易中心、特色品种交易中心履行必要的业务指导、监督职责，并对特定委托事项承担委托人责任。各交易主体在国家粮食电子交易平台交易中，应自觉遵守法律法规及相关协议合同约定，并对各自的职责、行为及由此产生的后果，独立承担法律责任。

第二章　设立命名

第五条　省级粮食交易中心承办主体应具备下列基本条件：

（一）已办理工商登记、处于持续合法经营状态、独立承担法律责任的法人单位；

（二）拥有完善的内部控制制度，财务会计管理规范，资产状况良好；

（三）拥有与承担粮食交易工作相适应的人员及相应的网络、安全设施；

（四）拥有固定的交易场所和一定数量的交易席位；

（五）无不良诚信记录；

（六）粮食行政管理部门要求的其他条件。

第六条　特色品种交易中心承办主体应具备下列基本条件：

（一）已办理工商登记、处于持续合法经营状态、独立承担法律责任的法人单位；

（二）拥有完善的内部控制制度，财务会计管理规范，资产状况良好；

（三）拥有与承担交易工作相适应的人员及相应的网络、安全设施；

（四）拥有固定的交易场所和一定数量的交易席位；

（五）无不良诚信记录；

（六）粮食行政管理部门要求的其他条件。

第七条 省级粮食交易中心的确定，原则上由各省（自治区、直辖市）人民政府选择一家具备现货交易运营条件且运行状况良好的粮食批发交易市场，承担区域性粮食宏观调控载体任务，并推荐上报国家粮食和物资储备局审核同意，与国家粮食电子交易平台联网运营。

特色品种交易中心的确定，原则上可根据粮食供给侧结构性改革要求和优质特色农业实际发展需要，由省（自治区、直辖市）人民政府选择一家具备特色品种现货交易运营条件且运行状况良好的单位，并推荐上报国家粮食和物资储备局审核同意后，与国家粮食电子交易平台联网运营。

第八条 为加强业务协作和国家粮食交易平台体系管理，经中编办批准设立的国家粮食和物资储备局粮食交易协调中心按照“国家粮食交易中心”挂牌命名，各省级粮食交易中心按照“国家粮食＋所在省份名称＋交易中心”方式挂牌命名，特色品种交易中心按“国家粮食＋地名＋特色品种＋交易中心”挂牌命名。省级粮食交易中心和特色品种交易中心须经国家粮食和物资储备局统一挂牌，未经同意不得擅自使用。

省级粮食交易中心和特色品种交易中心取得挂牌命名后，不得将“国家粮食**交易中心”字样用于广告宣传、非法经营以及其他与交易行为无关的事宜。同时，省级粮食交易中心和特色品种交易中心应与国家粮食交易中心签署承诺书、委托工作协议等法律文件，对双方的权利及义务进行规范和约定，以实现责权利清晰。

第三章 职责分工

第九条 国家粮食交易中心应履行以下职责：

（一）强化国家粮食交易平台体系管理。制定实施中央事权粮食交易规则；整合现有资源，统一搭建覆盖全国的国家粮食电子交易平台；指导省级粮食交易中心和特色品种交易中心建设，并对相关人员进行业务培训；委托、指导各省级粮食交易中心和特色品种交易中心开展交易、融资、交收库、物流及信息等服务。

（二）组织实施粮食交易活动。组织中央事权粮食和地方事权粮食、引导贸易粮食和进口粮食，通过国家粮食电子交易平台开展交易，并管理、协调、监督各省级粮食交易中心和特色品种交易中心做好交易工作。

（三）运营维护国家粮食电子交易平台。负责国家粮食电子交易平台的建设、维护、升级、创新与推广；负责网络运行安全，制定应急预案，保证交易系统平稳运行；为国家粮食交易中心体系提供技术支持和服务。

（四）组织办理交易资金结算。受国家粮食和物资储备局委托制定粮食交易资金结算管理办法，指导省级粮食交易中心和特色品种交易中心执行交易财务制度。负责中央事权粮食交易资金结算，按规定做好中央事权粮食交易业务交割和资金结算；指导地方事权粮食、贸易粮食资金结算；管理会员交易资金，监管资金用途，保障交易资金安全。

（五）协调管理中央事权粮食出库。制定粮食交易合同商务处理管理办法；监督管理中央事权粮食合同履约、组织开展有关仲裁工作；建立交易客户信用体系。

（六）建立健全粮食交易信息体系。对中央和地方事权粮食现货交易实行全过程监控留痕，建立粮食交易异常监测机制，为粮食执法督查提供有效线索；搭建国家粮食交易中心统一门户网站，信息共享；指导建立全国性、区域性分品种的粮食价格指数体系，发布价格指数；建立粮食交易信息数据库，挖掘交易会员信息，掌握会员交易需求；指导省级粮食交易中心开展交易信息收集、整理和分析工作。

（七）制定国家粮食交易平台体系发展战略。创新完善平台功能，拓展交易、融资、仓储物流等业务，确定年度重点工作任务并组织实施，加强对省级交易中心的业务考核，不断增强国家粮食交易平台体系服务粮食高质量发展的能力。

第十条 省级粮食交易中心应履行以下职责：

（一）省级粮食交易中心要依法依规开展业务，接受并服从省级人民政府及所在地相关部门监督管理。

（二）认真执行粮食政策，接受省级粮食行政管理部门指导和监督，服务区域性粮食宏观调控需要。

（三）规范地方政策性粮食交易，提供交易异常线索，为粮食行政管理部门依法管粮提供服务。

（四）接受国家粮食交易中心业务指导，服从国家粮食交易平台体系管理，落实国家粮食交易平台业务发展战略，统一在国家粮食电子交易平台开展中央和地方事权粮食、贸易粮食等各品类粮食交易；积极开展业务创新，共同维护国家粮食交易平台体系的公信力和社会影响力。

（五）组织开展粮食交易活动。负责组织辖区内中央和地方事权粮食以及贸易粮食进入国家粮食电子交易平台交易，为交易参与企业提供交易场所，督促双方签订交易合同；承担具体交易资金结算工作；协调解决处理履约过程中的商务纠纷，认定违约责任，对终止合同申请进行现场取证并提出规范性处置意见等。

（六）加强会员和信息管理。积极发展交易会员，深度挖掘会员需求，充分掌握会员交易信息，建立健全交易会员档案，提供相应服务；做好交易信息收集、分析和发布工作；定期上传粮食交易数据，配合国家粮食交易中心做好各粮食品种交易价格指数编制工作；负责本单位及国家粮食交易中心统一网站平台相关信息发布和管理工作。

（七）加强技术及网络安全管理。做好网络安全防护，定期进行网络和机房安全巡检，确保与国家粮食电子交易平台网络通讯的畅通和安全。

（八）根据业务需要设立市（县）分支服务网点，授权并指导其按照省级交易中心要求开展粮食交易和会员服务具体工作。

（九）负责本地区交收库的审核选定、信息统计、日常管理等工作。

（十）完善外部监督管理和内部控制管理制度，确保交易资金专户管理、专账核算、专款专用，会计账务处理规范，资金使用合法合规。

第十一条 特色品种交易中心应接受国家粮食交易中心和所在地省级粮食交易中心业务指导，组织开展农产品特色品种交易，并做好相关配套服务工作。

第四章 监督管理

第十二条 省级粮食交易中心和特色品种交易中心承办主体实行“择优准入、汰劣退出”的动态管理机制。省级粮食行政管理部门应从服务区域性粮食宏观调控、执行政策和业务运行、资金管理等方面，对省级粮食交易中心加强监督和指导，并出台具体管理办法，定期进行评估。

国家粮食交易中心应对省粮食交易中心在服务国家性粮食宏观调控、落实平台业务发展战略、日常业务和资金管理等方面进行具体业务指导，组织业务考核。

第十三条　省级粮食交易中心、特色品种交易中心应于每年 12 月底前将当年落实本年度平台业务发展战略和重点工作情况进行总结，并上报国家粮食交易中心。

国家粮食交易中心应于每年 12 月底前汇总分析省级粮食交易中心、特色品种交易中心当年工作取得的成绩、存在的问题，结合新形势下面临的新机遇新挑战，制定下年度工作计划。

第十四条　国家粮食交易中心根据工作需要，委托省级粮食交易中心、特色品种交易中心以及其他相关业务合作单位开展平台交易和建设工作，制定委托工作管理办法，并建立重点工作考核评估机制，按照“以收定支、因素分配、统筹兼顾、注重发展”原则，根据完成的工作数量、质量以及协同配合程度、综合成效评估、体系建设与区域统筹等情况，支付一定的委托工作经费。

第十五条　省级粮食交易中心可根据业务发展需要，建立健全本省业务开展收入分配和工作经费分配管理制度，具体分配比例要重点向基层分支服务网点倾斜。

第十六条　省级粮食交易中心和特色品种交易中心在国家粮食电子交易平台上开展交易收取的手续费，应按政府有关部门文件规定执行，或与委托方协商参照所在地具体情况按市场调节价格执行，既要保持合理水平，也要尽量减轻企业负担。

第十七条　国家粮食交易中心体系要建立上下协同工作沟通机制，充分利用信息化优化业务流程，推动平台系统统一、交易规则统一、数据互联互通、信息资源共享。

第十八条　国家粮食交易平台体系要运用大数据、云计算、物联网、区块链、人工智能等新技术，创新信息引导，提升供应链综合服务水平。

第十九条　国家粮食交易平台体系要突出主业，丰富粮食交易品种，创新交易模式，引领和促进粮食交易，提高交易效率和服务水平，服务粮食宏观调控和依法管粮。

第二十条　国家粮食交易中心体系要加强交易活动风险控制，制定风险防控措施和应急预案，加强风险预警工作。当发生突发事件时，应当立即启动应急预案。要及时提醒和制止交易过程中的违法违规行为，维护交易者的合法权益。保守商业秘密，加强保密管理。

第五章　责任义务

第二十一条　省级粮食交易中心和特色品种交易中心承办主体要按照公开、公平、公正和诚实信用的原则，依法依规组织交易活动。存在下列行为之一的，将取消其挂牌资格，对存在违规违纪违法行为的，移交有关部门处理：

（一）损害国家利益、社会公共利益、行业利益和会员利益的；

（二）从事或参与有损平台公信力和破坏平台公益性的经营活动的；

（三）开展法律法规以及《国务院关于清理整顿各类交易场所切实防范金融风险的决定》禁止的交易活动的；

（四）违规以集中交易方式进行标准化合约交易的；

（五）非法组织期货交易或擅自违规从事期货业务的；

（六）诱导不具备风险承受能力的会员企业参与交易的。

第二十二条 建立国家粮食交易中心体系诚信档案机制，发现省级和特色品种交易中心承办主体有下列行为的，经核实后，作为不良信用记录保存，同时将不良信用记录纳入全国粮食行业信用监督管理体系进行失信惩戒。视情节轻重，扣减相应委托工作经费，并给予警告、暂停交易资格、取消挂牌资格处罚；对存在违规违纪违法行为的，移交有关部门处理。

（一）拒绝承担国家粮食调控和应急保供任务的；

（二）恶意串通损害国家利益或交易者合法权益的；

（三）泄露交易双方商业秘密的；

（四）未按国家有关规定报送信息数据和有关情况的；

（五）挤占挪用交易者资金或不按规定及时结算的；

（六）拒绝、逃避、阻挠有关部门和单位依法开展业务指导和监督检查活动的；

（七）擅自篡改、销毁相关信息和资料的；

（八）存在违法违规行为并受到行政处罚的；

（九）捏造、散布虚假信息误导交易者或其他扰乱市场秩序行为的；

（十）未按规定整合建立健全统一的国家粮食电子交易平台的；

（十一）未按要求履行职责、拒绝执行或违反国家粮食交易平台规章制度的。

第二十三条 省级粮食交易中心和特色品种交易中心承办主体原隶属关系不变，人、财、物管理关系不变。

省级粮食交易中心和特色品种交易中心在国家粮食电子交易平台开展的各项业务、单位自主开展的其他经营活动、签订的各项业务合同（协议）文本、财务收支均独立对外接受审计、纪检、司法等相关部门监督审查，自行承担责任和义务。

第六章 附则

第二十四条 本办法所称政策性粮食，包括中央事权粮食和地方事权粮食。

本办法所称贸易粮，是指粮食经营者在粮食经营活动中自主购销、自负盈亏的粮食。

第二十五条 本办法自 2020 年 3 月 2 日起施行。

第二十六条 本办法由国家粮食和物资储备局负责解释。

关于印发主动公开基本目录的通知

国粮办发〔2020〕68 号

各司局、直属单位、联系单位：

为认真落实新修订的《中华人民共和国政府信息公开条例》，进一步提高我局主动公开的标准化、规范化水平，切实做好政府信息公开工作，经局领导同意，现将《国家粮食和物资储备局主动公开基本目录》印发你们，请按要求做好贯彻执行。

国家粮食和物资储备局办公室

2020 年 3 月 6 日

国家粮食和物资储备局主动公开基本目录

一、概述

为认真贯彻落实新修订的《中华人民共和国政府信息公开条例》（以下简称《条例》）以及《关于全面推进政务公开工作的意见》（中办发〔2016〕8号）、《〈关于全面推进政务公开工作的意见〉实施细则》（国办发〔2016〕80号）有关要求，进一步提高我局主动公开的标准化、规范化水平，切实做好政府信息公开工作，特制定本目录。凡列入本目录的公开事项，除《条例》第十四条、第十五条、第十六条规定明确可不予公开之外，均应按要求主动公开。

（一）公开事项和内容

重点公开政策法规、机构信息、规划信息、统计信息、行政许可、行政处罚、财务信息、项目信息、扶贫信息、应急管理、监督检查、人事人才、标准质量、综合信息等14类28项。

（二）公开时限

公开时限为自相关政府信息形成或变更之日起20个工作日内（法律法规、政策文件对公开期限另有规定的，从其规定）。

（三）公开方式

主要是通过局政府网站主动公开，也可以通过新闻发布会、微信微博、公开出版物等载体主动公开。

（四）责任主体

各司局单位根据职责分工负责（详见主动公开事项表），办公室负责推进、指导、协调、监督。

（五）监督渠道

办公室负责受理公民、法人和其他组织对我局主动公开工作的意见和建议。通讯地址：北京市西城区木樨地北里甲11号国宏大厦C座，邮编：100038，电话：010—63906084。

二、主动公开事项表

栏目	序号	子栏目	内容说明	责任单位
一、政策法规	1	法规、规章	行政法规、部门规章内容	各起草司局
	2	规范性文件	规范性文件内容	各起草司局
	3	政策解读	政策解读、政策图解	各起草司局
二、机构信息	4	基本信息	办公地址、办公电话（值班室）、办公时间	办公室
	5	局领导信息	局长、副局长等领导同志的姓名、照片、职务、分管工作、简历	办公室、人事司
	6	局机关职能	局机关主要职能、机构设置	人事司
	7	直属联系单位	直属联系单位机构设置及其职能	人事司
	8	垂直管理单位	垂直管理单位机构设置及其职能	人事司
三、规划信息	9	粮食和物资储备规划	规划内容和相关政策等	规划建设司牵头，有关司局单位负责
四、统计信息	10	统计监测信息	粮食收购交易数据、购销政策等信息	粮食储备司、粮食交易协调中心
五、行政许可	11	办事指南	行政许可事项名称、依据、条件、程序、时限等	法规体改司
	12	审批结果	中央储备粮代储资格认定结果（目前已公告暂停）	安全仓储与科技司
六、行政处罚	13	行政处罚	行政处罚的依据、条件、程序及结果等	执法督查局
七、财务信息	14	部门预决算	局本级预算、决算和“三公”经费使用情况	财务审计司
	15	政府集中采购	政府集中采购有关情况〔主要包括招标公告、中标（成交）结果公告、政府采购合同公告、电子验收单等〕	财务审计司牵头，有关司局单位负责
八、项目信息	16	重大项目建设	重大项目有关政策、批准、实施信息	规划建设司牵头，有关司局单位负责
九、扶贫信息	17	扶贫支援	扶贫支援政策、措施以及实施情况	规划建设司
十、应急管理	18	应急管理信息	突发事件应急预案、预警信息及应对情况	安全仓储与科技司负责，有关司局单位配合
十一、监督检查	19	执法督查	粮食和物资储备执法督查、粮食考核督查情况	执法督查局
	20	安全检查	行业安全检查	安全仓储与科技司
十二、人事人才	21	公务员招考、录用信息	公务员招考公告、面试公告、录用结果	人事司
	22	直属单位招考、录用信息	直属单位公开招聘信息	人事司牵头，有关单位负责
十三、标准质量	23	标准化	粮食和物资储备标准、解读及有关技术指标说明等	标准质量中心
	24	质量调查	新收获粮食质量调查品质测报结果	标准质量中心
十四、综合信息	25	建议提案答复	由我局答复的、应当公开的全国人大代表建议复文和全国政协委员提案复文	办公室
	26	法治政府建设	我局上一年度推进法治政府建设情况和下一年度主要安排	法规体改司
	27	公开制度年报	政府信息公开规定、指南、年度报告	办公室
	28	舆论回应	新闻发布会、在线访谈、回应社会关切情况	办公室

关于 2019 年度全国粮食质量安全工作考核情况的通报

国粮办发〔2020〕96 号

各省、自治区、直辖市及新疆生产建设兵团粮食和物资储备局（粮食局）：

2019 年，各地粮食和储备部门认真贯彻落实国家食品安全战略和粮食安全战略部署，贯彻国务院食品安全委员会第一次全体会议和全国粮食和物资储备工作会议精神，按照《2019 年食品安全重点工作安排》（食安委〔2019〕2 号）、《2019 年全国粮食和物资储备改革发展工作要点》（国粮发〔2019〕3 号）等有关要求，加快推进粮食质量安全工作深化改革转型发展，不断健全粮食质量安全管控制度，深入推进优质粮食工程质检体系建设，提升粮食质量安全监测监管能力，高质量完成全国政策性粮食库存质量大清查工作，完善粮食质量安全标准体系，在守护百姓“舌尖上的安全”底线，建设粮食产业强国等方面做了大量工作，成效显著。

为推动粮食质量安全工作更好地开展，按照《国家粮食和物资储备局办公室关于 2019 年粮食质量安全工作评估考核的通知》（国粮办发〔2020〕22 号）要求，对 2019 年各省（区、市）粮食质量安全工作进行了考评，现将优秀单位和优秀个人结果予以公布（见附件）。希望各地区、各单位以优秀单位和优秀个人为榜样，认真落实习近平总书记“四个最严”要求，按照国务院食品安全委员会第二次全体会议要求和 2020 年全国粮食和物资储备工作会议的总体部署，全力推动深化改革、转型发展，坚持以守牢质量安全底线和促进粮食产业高质量发展为目标，进一步提升粮食质量安全治理能力和水平。

附件：2019 年度全国粮食质量安全工作优秀单位和优秀个人名单

国家粮食和物资储备局办公室

2020 年 3 月 26 日

附件

2019年度全国粮食质量安全工作优秀单位和优秀个人名单

一、优秀单位

黑龙江省粮食局
吉林省粮食和物资储备局
安徽省粮食和物资储备局
湖北省粮食局
山东省粮食和物资储备局
福建省粮食和物资储备局
河南省粮食和物资储备局
陕西省粮食和物资储备局
广东省粮食和物资储备局
江苏省粮食和物资储备局
重庆市发展和改革委员会（重庆市粮食局）
湖南省粮食和物资储备局
贵州省粮食和物资储备局
浙江省粮食和物资储备局
四川省粮食和物资储备局

二、优秀个人

刘小青　北京市粮食和物资储备局
李　荃　天津市粮油质量检测中心
罗文学　河北省粮食和物资储备局
高　赟　山西省粮食和物资储备局
邱庆丰　内蒙古自治区粮油质量检测中心
闵国春　辽宁省农产品及兽药饲料产品检验检测院
丛　铎　吉林省粮油卫生检验监测站
闫大伟　长春市粮油卫生检验监测站
尹延涛　黑龙江省粮食局
季澜洋　黑龙江省粮食质量安全监测中心
王　南　上海市粮食和物资储备局
张　祎　江苏省粮食局粮油质量监测所

荒　萌　浙江省粮食和物资储备局
陶　昕　安徽省粮食和物资储备局
毛永荣　安徽省粮油产品质量监督检测站
谢建斌　福建省粮食和物资储备局
彭志兵　江西省粮油质量监督检验中心
王亚萍　烟台市粮油质量检测中心
杨本书　河南省粮油饲料产品质量监督检验中心
田国军　湖北省粮油食品质量监督检测中心
张　欣　武汉市粮油食品中心检验站
龙湖浩　湖南省粮油产品质量监测中心
李发启　常德市粮油食品质量监督管理办公室
徐　菱　广东省粮食和物资储备局
曾彩虹　广东省粮食科学研究所
吴　思　海口市发展和改革委员会（粮食和物资储备局）
谭　漪　广西壮族自治区粮食和物资储备局
张　涛　四川省粮油中心监测站
石良成　广元市粮油质量监测站
张　萍　重庆市发展和改革委员会（重庆市粮食局）
丁晓萌　贵州省粮油产品质量监督检验站
杨为民　铜仁市粮油产品质量检验检测站
董凡卓　保山市粮油产品质量监督检验站
刘　旭　陕西省粮油产品质量监督检验中心
谭　龙　嘉峪关市粮食质量安全检验监测站
张新宁　青海省粮油检测防治所
芦　香　宁夏回族自治区粮食和物资储备局
刘向民　新疆维吾尔自治区粮食和物资储备局

关于印发粮食行政执法“双随机”抽查事项清单等 6 项粮食行政执法制度的通知

国粮办执法〔2020〕124 号

各司局、直属单位、联系单位：

《国家粮食和物资储备局粮食行政执法“双随机”抽查事项清单》等 6 项粮食行政执法制度已经 2020 年 4 月 2 日第 42 次局长办公会审议通过。现印发给你们，请认真遵照执行。

附件：1. 国家粮食和物资储备局粮食行政执法“双随机”抽查事项清单（略）

2. 国家粮食和物资储备局粮食行政执法音像记录设备使用管理规定

3. 国家粮食和物资储备局粮食行政执法统计年报制度

4. 国家粮食和物资储备局粮食行政执法规范用语

5. 国家粮食和物资储备局粮食行政执法记录信息资料调阅使用管理办法

6. 粮食行政执法监督检查流程图示（略）

国家粮食和物资储备局办公室

2020 年 4 月 20 日

附件 2

国家粮食和物资储备局粮食行政执法音像记录设备使用管理规定

第一条 为进一步规范粮食行政执法音像记录设备的使用、管理和监督，加强执法全过程监督，维护当事人和执法人员合法权益，依据《中华人民共和国档案法》等法律法规制度规定，结合工作实际，制定本规定。

第二条 本规定所称音像记录设备，是指国家粮食和物资储备局本级司局单位及其执法督查工作人员（以下简称“执法人员”），记录执法行为全过程，所使用的照相机、录音笔、摄像机、执法记录仪、手持执法终端和视频监控等音像记录设备。

第三条 执法人员在执法检查过程中，应当使用音像记录设备进行录音录像。

第四条 执法人员在执法检查前，应当对音像记录设备的电池容量、内存空间、系统日期和时间等进行检查，确保音像记录设备能够正常使用。

第五条 音像记录设备应当手持或佩戴在有利于取得最佳音像效果的位置。

第六条 执法人员在执法过程中应当规范用语，主动亮明身份，录音录像记录过程应当包括时间、地点、人物、事件等基本要素。

第七条 音像记录设备所记录的音像资料，应当配备专门的电脑、专用移动硬盘等存储介质，进行统一采集、存储，实行专人保管。涉密音像资料，严格遵照国家有关保密规定保管和使用音像资料，严禁对外泄露涉及国家秘密、商业秘密及个人隐私的音像材料。

第八条 执法人员在每次执法活动结束后，应当在 24 小时之内将音像记录设备记录的原始音像资料下载，并注明音像资料的制作时间、制作人、简要内容等。严禁随意删减、修改原始音像资料。发现音像记录设备丢失、被窃等情况，须 12 小时内向本司局单位主要负责同志报告。有关司局单位要及时采取必要补救措施。

第九条 有关单位应当指定专人管理下载的原始音像资料，并在 7 个工作日内整理形成需要归档的音像资料。按照《数码照片归档与管理规范》(DA/T50-2014)《磁性载体档案管理与保护规范》(DA/T15-1995）要求对原始音像资料进行整理、归档、著录、存储、保管和利用。按规定移交国家粮食和物资储备局档案部门。

第十条 遇有下列情形之一的，应当采取刻录只读光盘、磁盘等方式长期保存音像记录设备记录的音像资料：

（一）行政执法相对人对执法人员现场执法有异议，可能投诉、上访的；

（二）行政执法相对人逃避、拒绝、阻碍执法人员依法执行公务或者谩骂、侮辱、殴打执法人员的；

（三）其他重大、敏感情况有备份保存必要的。

刻录只读光盘、磁盘保存的，应当制作一式两份，在光盘、磁盘标签或封套上标明制作单位、制作人、制作时间、执法活动名称等主要信息。

第十一条 执法人员应当严格遵守有关规定，妥善保管和维护音像记录设备，不得擅自转借他人使用。音像记录设备损坏需要进行维修的，应当在发现损坏 24 小时内通过专门维修机构进行维修，严禁私自拆卸或送往非专门机构维修。对于因达到使用寿命年限或损坏无法修复的音像记录设备应当统一登记后报废销毁。

第十二条　在行政执法中遇有因其他不可抗力因素无法使用音像记录设备的，执法人员应当在执法结束后及时报告，写明无法使用的原因，报本单位主要领导审核后，一并备案存档。

第十三条　执法人员使用音像记录设备时，有下列行为之一，予以批评教育；情节严重的，按照有关规定处理，同时追究有关人员的责任：

（一）在执法督查过程中不按规定佩戴、使用音像记录设备记录的；

（二）对执法督查信息随意进行删减、修改、弄虚作假的；

（三）滥用、私用音像记录设备的；

（四）私自复制、保存或者传播、泄露执法音像信息，造成严重后果的；

（五）故意毁坏音像记录设备或者音像资料存储设备的；

（六）有其他严重违反音像记录设备使用管理规定行为的。

第十四条　本制度自印发之日起施行，由国家粮食和物资储备局负责解释。

附件 3

国家粮食和物资储备局粮食行政执法统计年报制度

第一条　为认真贯彻落实《国务院办公厅关于全面推行行政执法公示制度执法全过程记录制度重大执法决定法制审核制度的指导意见》（国办发〔2018〕118 号）精神，及时、准确地公开我局年度行政执法总体情况，结合我局实际，制定本制度。

第二条　本制度所称粮食行政执法，是指国家粮食和物资储备局有关司局单位，根据授权，依照法定职权和程序，所作出的行政检查、行政处罚、行政许可等行为。

第三条　行政执法统计范围包括综合检查以及专项检查（粮油库存检查、粮食收购资格核查、政策性粮食收购检查、市场化收购检查、政策性粮食销售出库检查、粮食流通统计制度执行情况检查、粮食质量检查等）和案件核查的情况，行政许可情况，以及在上述行政执法中作出的处罚决定情况。

第四条　国家粮食和物资储备局有关司局单位应当在每年 1 月 10 日前向执法督查局报送上年度行政执法情况（见附表）。执法督查局汇总报局领导审定后，每年 4 月 1 日前公布本级行政执法总体情况有关数据。

第五条　行政执法统计工作坚持实事求是原则，各单位须如实填报，不得瞒报、漏报、多报、迟报。统计报表应经本单位主要负责同志审签后报送。

第六条　对不按规定报送统计数据的单位和个人，按规定追究相关工作人员责任。

第七条　本制度自印发之日起施行，由国家粮食和物资储备局负责解释。

附表：1. 年度粮食行政执法工作开展情况统计表（略）

2. 年度粮食执法督查行政处罚处理情况统计表（略）

3. 年度粮食执法案件情况统计表（略）

附件 4

国家粮食和物资储备局粮食行政执法规范用语

一、基本原则

执法用语应当坚持平和文明、有的放矢、准确到位、合法规范的原则。

二、适用范围

以下规范用语适用于国家粮食和物资储备局开展行政检查、行政处罚等执法活动。

三、现场执法规范用语

1. 向当事人表明身份：您好，我们是 ×× 单位的行政执法人员 ×××、×××，这是我们的执法证件（出示证件）。根据 ××，今天要对 ×× 进行执法检查。现正在执行公务，请配合。

2. 告知当事人录音 / 摄像：为了保证执法的公正性，我们将进行录音 / 摄像。

3. 询问当事人、证人：您好，我们是 ×× 单位的行政执法人员 ×××、×××，现就 ×× 问题向您询问，请您如实回答。说假话、作伪证，将会承担相应的法律责任。

4. 要求当事人提供相关资料：请出示 ×× 证明材料 / 资料。

5. 核对询问、检查、调查笔录：请您核对询问 / 检查 / 调查笔录，如无误，请您签署确认意见和您的名字，确认以上笔录内容已看过，并与您表述一致。如有误，我们将予以更正。

6. 对证据采取保全措施：为了进一步查清 ×× 线索，依照《××》第 × 条第 × 款关于 ×× 规定，我们将对 ×× 物品进行先行登记保存 / 扣押，这是相关凭证，请您核对，如无误，请签字，我们将在 × 日内作出处理决定，谢谢您的配合。

7. 告知当事人违法事实：您的行为违反了《××》第 × 条第 × 款关于 ×× 规定。

8. 告知当事人处罚决定：根据《××》第 × 条第 × 款规定，现对您作出 ×× 行政处罚。

9. 告知当事人权利：若您对拟作出的处罚决定有异议，您可以进行陈述和申辩。依照法律规定，您也可以在 × 日内向我机关申请听证，逾期则视为放弃听证。若您对已作出的处罚决定有异议，可以申请复议，对复议决定不服的，再向人民法院提起诉讼；也可以直接向人民法院提起诉讼。

10. 送达行政处罚决定书：这是《行政处罚决定书》，请您收好并在送达回证上签字。

11. 行政处罚对象拒绝签收：依照法律规定，这是 ×××，我们将请他作为见证人，通过留置送达方式进行送达。

12. 遭遇当事人谩骂或有过激举动：我们在依法执行公务，请您 / 你们保持克制和冷静。

13. 执法人员工作出现失误：对不起，由于我方原因造成错误，我们立即改正，请您原谅。

14. 工作结束：感谢您的配合。

附件 5

国家粮食和物资储备局粮食行政执法记录信息资料调阅使用管理办法

为进一步规范粮食行政执法记录信息资料（以下简称“信息资料”）调阅使用程序，强化信息资料管理的真实有效性、及时性，维护信息资料的保密性、完整性，防止泄密和丢失，便于高效有序调阅使用，依据国家档案管理的有关规定，制定本办法。

第一条　本办法适用于国家粮食和物资储备局机关工作人员调阅使用粮食行政执法过程中形成的文字、音像等信息资料。

非本单位公民、法人、其他组织或部门进行行政复议等事项时申请信息资料调阅时，按照《中华人民共和国政府信息公开条例》和有关规定执行。

第二条　信息资料管理人员应当主动向调阅人员了解调阅用途，报请所在司局单位负责人和分管局领导同意后，积极协助查找，并及时登记。

第三条　本单位人员调阅信息资料，须经其所在司局单位负责人同意后申请调阅，同时办理调阅手续。

第四条　调阅信息资料须先填写《粮食行政执法记录信息资料调阅登记表》（见附表），办理相关手续后调阅。

第五条　调阅人员须严格遵守保密制度，对所调阅信息资料负责，原则上不得擅自拍照、扫描、复印、丢弃、上传网络，不得擅自扩大查阅范围。确需复印的，经本单位主要负责人审批后，按照有关程序办理。

第六条　本办法自印发之日起施行，由国家粮食和物资储备局负责解释。

附表：1. 粮食行政执法记录信息资料调阅审批单（略）

2. 粮食行政执法记录信息资料调阅登记表（略）

关于开展粮油产品企业标准“领跑者”活动的通知

国粮办发〔2020〕134 号

各省、自治区、直辖市及新疆生产建设兵团粮食和物资储备局（粮食局），有关单位：

为贯彻落实党中央、国务院关于开展质量提升行动的决策部署，按照市场监管总局、国家发展改革委等八部门《关于实施企业标准“领跑者”制度的意见》（国市监标准〔2018〕84 号）和《国家粮食和物资储备局国家标准化管理委员会关于改革粮食和物资储备标准化工作推动高质量发展的意见》（国粮发〔2019〕273 号）的有关要求，着力提升粮食产品和服务质量，推动粮食产业高质量发展，经研究决定，在粮油产品领域开展企业标准“领跑者”活动，现就有关事项通知如下。

一 总体目标

强化标准意识，进一步激发粮食市场活力，发挥粮油企业标准引领作用，形成企业标准“领跑者”名单，树立行业标杆，提升粮油行业产品质量和品牌美誉度，以高标准推动和引领粮食产业高质量发展。

二 活动范围

服务人民群众美好生活需求，选取米、面、油、杂粮等粮油产品领域，组织开展 2020 年粮油产品企业标准“领跑者”活动。

三 组织实施

（一）实施企业标准自我声明公开

参加活动的粮油产品加工企业要参照现行国家标准、行业标准制定企业标准，并在同行业可比范围内，企业自我声明公开的产品标准中核心指标应处于行业领先水平，严于或高于国家标准和行业标准对应指标要求。参加 2020 年粮油产品企业标准“领跑者”活动的企业，必须于 7 月 10 日前将制定并执行的企业标准在企业标准信息公共服务平台（www.qybz.org.cn）上进行登记公开。

（二）建立第三方评估机制

征集并委托检测机构、科研机构、行业协会、学会、认证机构、咨询服务机构等，作为第三方评估机构；基于不同产品的特点，选取核心评估指标，编制“领跑者”评估方案。由开展活动的协调机构（国家粮食和物资储备局标准质量中心）组织评审确定评估机构。征集工作另行通知。

（三）形成企业标准“领跑者”名单

第三方评估机构基于公共服务平台中的企业标准数据，以自我声明的企业标准中涉及的消费者高度关注、消费升级急需的指标为核心指标，综合开展评估，定期形成企业标准“领跑者”入围名单，入围所涉及的具体产品应为量产的产品。对于入围企业，评估机构依据“领跑者”评估方案和企业提供的标准符合性报告，初步确定粮油产品企业标准“领跑者”建议名单。国家粮食和物资储备局标准质量中心组织粮油标准研究验证测试机构对建议名单中产品进行全覆盖抽检复核，不合格的从建议名单中剔除。

（四）发布企业标准“领跑者”名单

企业标准“领跑者”名单经公示后，由评估机构提出企业标准“领跑者”名单，并经国家粮食和物资储备局标准质量中心同意后在企业标准领跑者统一信息平台（www.cpbz360.org）公开。国家粮食和物资储备局标准质量中心将组织在相关媒体和活动上宣传、推广和展示。

（五）建立“领跑者”退出机制

获得“领跑者”称号的企业，如果出现企业生产装备、工艺等发生重大变化且严重影响产品性能，以及企业标准发生更新且核心指标水平出现降低等问题情况，将取消其“领跑者”称号。

四 激励措施

（一）在标准制修订项目上给予支持；支持“领跑者”企业主导或参与制定国际标准、国家标准、行业标准；支持“领跑者”企业标准转化为国家标准、行业标准；在标准化试点示范项目上给予支持。

（二）鼓励各省（区、市）在实施优质粮食工程时，对获得企业标准“领跑者”称号的企业，在资金安排上给予一定的支持。积极向有关金融机构推荐，支持“领跑者”企业贷款融资。

（三）推荐参评国家标准创新贡献奖、粮油科学技术奖等奖项；鼓励在省级的评奖、品牌评价中采信企业标准“领跑者”名单。

（四）利用粮食科技活动周、质量安全宣传周、世界粮食日等活动契机，积极向消费者宣传推广企业标准“领跑者”产品。

五 相关要求

（一）各省级粮食和储备部门要以此次活动为契机，积极组织粮油产品加工企业参与活动，在新闻和网络媒体上多渠道、多角度、多形式开展动员宣传，大力营造“生产看领跑、消费选领跑”的氛围。

（二）第三方评估机构开展评估要遵循公平、公正、公开的原则，不得向企业收取评估费用，接受各方监督。对于在评估过程中弄虚作假的机构，将取消其评估资格，并依据相关法规严肃问责。

（三）参加活动的企业要确保所公开的企业标准合法合规、真实可靠、科学合理，不得弄虚作假。

入围“领跑者”的企业，要提供企业标准中所涉及的产品检测报告、质量承诺书、企业信用承诺书及其他证明材料。

附件：粮油产品企业标准“领跑者”实施方案

国家粮食和物资储备局办公室
2020 年 4 月 23 日

附件

粮油产品企业标准“领跑者”实施方案

为进一步激发市场活力，助力粮食流通领域深化改革、转型发展，按照《国家粮食和物资储备局国家标准化管理委员会关于改革粮食和物资储备标准化工作推动高质量发展的意见》(国粮发〔2019〕273 号）有关要求，强化企业标准引领，树立行业标杆，推动建立企业标准“领跑者”制度，促进粮食产业高质量发展，制定本实施方案。

一、总体要求

遵循需求导向、公开公平、创新驱动、企业主体和规范引导的原则；以企业产品和服务标准自我声明公开为基础，发挥市场主导作用，委托第三方评估机构（以下简称评估机构）开展企业标准水平评估，确定企业标准领跑者；构建统一的评价程序、服务平台，加强事中事后监管；建立激励机制，促进企业标准提档升级，引导产品质量全面提升，为广大消费者提供更好的产品和服务。

二、工作职责

（一）协调机构

国家粮食和物资储备局标准质量中心作为粮油产品企业标准“领跑者”协调机构，负责组织粮油产品企业标准“领跑者”活动。公开征集企业标准“领跑者”评估机构和评估方案；组织专家评审评估机构和评估方案以及抽检复核；研究激励措施与监督机制。

（二）评估机构

评估机构应是在我国境内注册并具有独立法人资格的科研机构、检测机构、行业协会、学会、认证机构、咨询服务机构等，具有较高的技术支撑和评估能力，充分了解行业情况和相关标准化工作。评估机构承担企业标准“领跑者”评估具体工作，工作内容包括基于不同产品的特点编制“领跑者”评估方案，依据评估方案开展企业标准“领跑者”评估，并提出企业标准“领跑者”名单。评估机构在开展相关评估工作时应公平、公正、公开，不符合相关评估要求或者弄虚作假的评估机构将取消评估资格，且不再纳入“领跑者”评估机构。

（三）技术支持机构

由中国标准化研究院协助开展对评估机构的培训；协助制定评估方案；协助在企业标准领跑者统一信息平台上公示和发布“领跑者”名单。

三、实施程序

（一）评估方案和机构征集

1. 广泛征集。协调机构面向有关专业技术机构，公开征集评估方案，由专家依据所征集的方案确定评估机构。评估机构应结合自身优势，根据粮油产品特点，以企业标准自我声明的相关信息为基础，合理确定领跑者核心指标，建立科学“领跑者”评估方法，编制评估方案。“领跑者”评估方案应包括但不限于：评估目的、产品和服务范围、评估核心指标、评估方法及周期、企业相关信息、企业标准领跑者确定机制和实施目标等。评估机构综合考虑便于消费者选择、产业发展水平、公开标准数量等因素，合理评估并确定“领跑者”数量。

2. 方案评审。协调机构组织对征集的评估方案和评估机构进行评审工作，评审包括形式审查和专家审核。协调机构负责评估方案的形式审查，并形成初审意见。未通过形式审查的不再进行专家审核。评审专家组根据产品所属领域，按照企业标准“领跑者”评估方案评审要求，从产品类别可行性、指标选取科学性、评估方法和程序公正性、评估机构及人员权威性等方面开展具体评审，并形成评审意见。

3. 方案公示和公布。协调机构公示通过评审的评估方案和评估机构，进行为期 10 个工作日的公开征求意见。公示期间无异议的，由协调机构公布评估方案及评估机构名单。

（二）企业标准“领跑者”评估

1. 评估对象。在企业标准信息公共服务平台（www.qybz.org.cn）中声明公开的粮油产品标准。

2. 形成领跑者名单。评估机构基于公共服务平台中的企业标准数据，遵循公平、公正、公开的原则，以自我声明的企业标准中涉及的消费者高度关注、消费升级急需的指标为核心指标，综合开展评估，定期形成企业标准“领跑者”入围名单，入围的应为格式规范的企业标准，指标要求应严于或高于国家标准和行业标准，所涉及的具体产品应为量产的产品。评估机构应在入围名单基础上，依据“领跑者”评估方案和企业提供的标准符合性报告，并结合便于消费者选择、产业发展水平、公开标准数量等因素，合理确定“领跑者”数量和建议名单。协调机构组织粮油标准研究验证测试机构对建议名单中产品进行全覆盖抽检复核，检测费用由协调机构承担，不合格的从建议名单中剔除。

3. 公示和发布。评估机构按照时限要求将企业标准“领跑者”评估结果提交给协调机构汇总。协调机构对评估结果进行形式审查并公示，公示时间一般不少于 10 个工作日。公示无异议，由评估机构提出企业标准“领跑者”确认名单，并报协调机构同意后，由评估机构发布企业标准“领跑者”名单，并在国家粮食和物资储备局政府网站和国家标准委企业标准领跑者统一信息平台（www.cpbz360.org）公开。评估机构同步在其他网络平台及渠道发布企业标准“领跑者”评估结果。

（三）建立“领跑者”退出机制

获得“领跑者”称号的企业出现下列情况之一的，协调机构要求评估机构取消其“领跑者”称号。

1. 企业生产装备、工艺等发生重大变化且严重影响产品性能的；

2. 企业标准发生更新且核心指标水平出现降低的；

3. 出现重大环保安全事故和产品质量问题的；

4. 产品抽检发现达不到公开标准水平的；

5. 发生侵犯知识产权行为的；

6. 通过弄虚作假入选企业标准“领跑者”或存在其他诚信问题的；

7. 由于其他原因须退出领跑者榜单的。

四、宣传推广

推动形成优势互补、多方协作的企业标准“领跑者”的宣传机制。协调机构、评估机构等相关方利用电视、纸媒、网络及新媒体等资源，宣传普及企业标准“领跑者”制度相关知识，营造良好的企业标准化工作氛围。充分利用展览、网络等平台，积极推广企业标准“领跑者”产品。在粮食科技活动周、质量安全宣传周、世界粮食日等活动周期间，举办企业标准“领跑者”宣传活动。定期发布企业标准水平提升分析报告，增强消费者对企业标准“领跑者”的认可度和满意度。

关于做好 2020 年全国防灾减灾日有关工作的通知

国粮办仓〔2020〕151 号

各垂直管理局：

今年 5 月 12 日是我国第 12 个全国防灾减灾日。为深入学习贯彻习近平总书记关于防灾减灾救灾等应急管理重要论述精神，认真落实国家减灾委员会办公室、应急管理部《关于加强基层应急能力建设做好 2020 年全国防灾减灾日有关工作的通知》（国减办明电〔2020〕1 号）要求，统筹推进新冠肺炎疫情防控和应急物资储备管理工作开展，加强应急能力建设，现将有关要求通知如下。

一 提高认识，积极开展防灾减灾活动

当前，全国正处于统筹推进新冠肺炎疫情防控和经济社会发展的关键时期，部分地区陆续进入汛期，多重风险因素叠加，防灾减灾救灾形势严峻。各单位要以习近平新时代中国特色社会主义思想为指导，深入学习贯彻习近平总书记关于防灾减灾救灾等应急管理重要论述精神，聚焦今年全国防灾减灾日“提升基层应急能力，筑牢防灾减灾救灾的人民防线”主题，结合工作实际，切实抓好中央战略应急物资储备管理和监管工作。要深入挖掘推广防灾减灾救灾好经验、好做法，加大宣传教育力度，切实加强基层应急能力建设。积极组织广大干部职工普及防灾减灾救灾专业知识和防范应对基本技能，参观防灾减灾教育基地、博物馆等公益开放场所，增强防灾减灾救灾能力和水平。努力从源头上防范化解安全风险，真正把问题解决在萌芽中、成灾前，筑牢防灾减灾救灾的人民防线。

二 落实责任，加强灾害隐患排查整治

各单位要进一步落实好对中央事权物资的监管责任，加强灾害风险网格化管理，推进灾害事故隐患排查治理，加强业务培训和先进技术装备推广应用，提高识别灾害风险隐患的能力。总结近年来防灾减灾救灾工作和当前新冠肺炎疫情防控工作中的宝贵经验和深刻教训，开展全面系统的灾害事故隐患排查。压实各储备仓库防灾减灾主体责任，重点针对库区塌方、泥石流等风险，及时疏通排水系统，加强设施设备维护，对易发生灾害的地段、部位等薄弱环节重点监控，认真组织开展安全隐患排查治理，发现隐患立行立改，不能立即整改的要严格落实管控措施，对存在重大风险、不符合安全生产条件的，必须守牢关口，实施动态监控，坚决杜绝设施设备带病运行，尽最大可能减轻灾害事故风险。

三 快速反应，增强应急处置保障能力

各单位要树牢防大汛、抢大险、救大灾的意识，加强与气象、地震、水利、消防部门协同联动，及时掌握大风、雷电、暴雨等灾害性天气及地质灾害、森林火险预测预报信息，提早加强风险防范措施。进一步加强值班值守工作，严格执行领导带班和24小时值班制度，认真履行职责，科学有效应对，确保灾害事故发生后物资保障到位。保持临战状态，坚决克服松懈麻痹思想，进一步修订完善应急预案，注重提高应急预案的针对性、实用性和可操作性，有针对性地开展多种形式的演练活动，促进广大干部职工熟悉灾害事故预警信号和应急疏散路径，不断提升应对重大灾害和突发事件的能力和水平。进一步加强物资仓储管理，认真做好物资入库验收和出库调运等工作，确保中央应急物资拿得出、调得快、用得上。

请各单位要高度重视、精心组织，广泛开展全国防灾减灾日活动，并将总结报告于2020年7月10日前报送我局安全仓储与科技司。

联系人及联系方式：杨林，国家粮食和物资储备局安全仓储与科技司；电话：010-63906062、64276047，邮箱：aqcczonghe@lswz.gov.cn。

国家粮食和物资储备局办公室

2020年5月11日

关于开展省级“好粮油”产品遴选工作的通知

国粮办规〔2020〕175 号

各省、自治区、直辖市及新疆生产建设兵团粮食和物资储备局（粮食局）：

为认真贯彻落实财政部、粮食和储备局《关于深入实施“优质粮食工程”的意见》（财建〔2019〕287 号）和《国家粮食和物资储备局关于印发“优质粮食工程”各子项实施指南的通知》（国粮规〔2019〕183 号）要求，扎实推进“中国好粮油”行动计划，现就开展省级“好粮油”产品遴选工作通知如下。

一　遴选原则

按照《“中国好粮油”行动计划实施指南》要求，坚持客观、公平、公正原则，根据“中国好粮油”标准或地方“好粮油”标准或团体标准，把品牌影响力、市场占有率、消费认同度和企业经营年限等作为重要指标，注重产品品质、饮食文化和传统特色，按程序组织实施遴选工作。

二　遴选主体

为确保遴选工作合法合规、遴选结果公平公正，经研究确定由中国粮油学会作为“中国好粮油”产品遴选的实施主体，粮油质检研究分会作为承担机构具体组织实施，国家粮食和物资储备局科学研究院提供技术支持。各地要根据本省份实际，选定适合的社团组织作为省级“好粮油”产品遴选实施主体，并于 6 月初将社团组织名称、联系人、联系电话等基本信息报送国家粮食和物资储备局规划建设司备案。

三　有关要求

（一）各地要加强组织和监督指导，积极稳妥做好产品遴选准备工作，并根据实际情况，给予遴选实施主体必要的遴选工作费用。各省份遴选实施主体于 6 月底前制定省级“好粮油”产品遴选和管理办法，并于 9 月底前完成省级“好粮油”产品遴选工作。

（二）各遴选实施主体要严格工作标准，扎实推进遴选工作，切实做到公平公正，确保遴选结果真实可靠，遴选出符合标准和要求的省级“好粮油”产品。各遴选实施主体在组织开展省级“好粮油”产品遴选过程中，不得向企业收取任何费用。要严格规范管理，自觉接受监督，切实严禁任何影响遴选工作质量和效果的违纪违法行为发生。防范廉洁风险，杜绝各种形式的腐败。

（三）各遴选实施主体要按程序公示遴选结果，公示无异议后报送中国粮油学会粮油质检研究分会备案；并在省级“好粮油”遴选结果的基础上，择优推荐“中国好粮油”参选产品，于10月上旬将申报材料报至中国粮油学会粮油质检研究分会。申报材料的相关要求，将由中国粮油学会另行通知。准备申报材料产生的检验检测等相关费用，由企业自行支付。

（四）“中国好粮油”产品遴选将于10月中旬开展，并于12月底公布遴选结果。

联系人：吴万胜、刘洁

联系方式：010-58523740

电子邮箱：zghly @ chinagrain.org

地址：北京市西城区百万庄大街11号粮科大厦

国家粮食和物资储备局办公室

2020年5月24日

关于做好 2020 年秋粮收购监督检查工作的通知

国粮办执法〔2020〕383 号

各省、自治区、直辖市及新疆生产建设兵团粮食和物资储备局（粮食局），各垂直管理局，中国储备粮管理集团有限公司：

为认真贯彻落实党中央、国务院关于统筹推进疫情防控和经济社会发展决策部署，扎实做好“六稳”工作，全面落实“六保”任务，保障国家粮食收购政策落实到位，保护种粮农民利益，现就做好 2020 年秋粮收购监督检查工作通知如下：

一 检查对象

辖区内从事粮食收购活动的各类主体（含确定政策性收储库点的管理单位、粮食企业和库点），其中，政策性粮食委托收储库点和租赁库点为重点检查对象。

二 检查内容

各地各单位要结合 2019 年全国政策性粮食库存数量和质量大清查、中央储备粮棉管理和中央事权粮食政策执行情况年度考核、涉粮问题整改“回头看”专项行动现场督导检查、12325 监管热线举报线索和往年秋粮收购督导检查发现的突出问题，结合今年秋粮收购形势特点，认真分析研判辖区内秋粮收购中存在的风险隐患，积极适应收储制度改革深入推进和市场化收购比重不断提高的新形势，突出抓好政策性收储和市场化收购两个市场的监督检查。

（一）加强对政策性粮食收购的监督检查

各地各单位要积极适应收购市场监督检查形势变化，强化对最低收购价粮食收购各环节，特别是定点、收购验收环节的监督检查。

1. 定点环节。一是检查在政策性粮食收购定点过程中，是否存在违反程序、审核不严、弄虚作假等不符合定点要求的行为，排查定点企业是否存在不良信用记录、财务资金状态、虚假持股骗取收储资格等；二是检查国家政策性粮食收储库点确定流程是否合理合规，是否存在违规租仓或委托储粮、启用未经报批和现场审核的仓房、启用存在安全隐患或已涉粮案件的企业仓房储粮等违规行为，排查企业涉讼涉案、涉粮债务纠纷等行为，防范政策性粮食被盗卖等储粮安全风险。

2. 收购环节。一是检查空仓验收制度执行情况。排查是否按规定对拟定收储企业库存粮食进行登记封存，是否锁定已验收的空仓仓号，相关影像资料留存是否完整。二是检查收购入库流程和业务管理情况。排查收购业务流程是否规范，是否严格执行粮食收购入库质量安全检验制度以及国家相关质量和食品安全标准，是否严格执行国家增扣量规定，是否存在抬级抬价、压级压价、拖欠粮款，是否存在“以次充好”“先收后转”“转圈粮”“以陈顶新”“拒收合格粮食”等违法违规行为。三是核查收购资金和利息费用补贴拨付结算情况。是否存在区域性“卖粮难”风险，是否存在克扣补贴、“打白条”或拖欠农民售粮款等违法违规行为。四是检查收购业务公平公正公开和留痕情况。是否规范使用政策性粮食收储“一卡通”系统，粮食出库凭证、影像资料、车辆出入库记录等资料是否妥善保管，是否价格上墙、标准上榜、样品上台；收购定等定质、扣水扣杂是否公开。五是切实加强粮食入库验收环节的监督检查。重点检查是否存在入库验收走过场，虚假验收现象，是否对发现的质量不达标、食品安全指标不合格入库粮食及时退出政策性收购并妥善处置，是否建立规范严格的数量、质量管理档案，是否对验收发现的通过填埋杂质等外来物质方式充抵库存行为进行严肃处理。

（二）加强对市场化粮食收购的监督检查

各地要依法依规加大对粮食收购市场秩序的监督检查，积极引导多元主体入市收购，监督指导粮食收储企业严格遵守“五要五不准”收购守则。核查收储企业是否在收购场所显著位置公布粮食收购品种、质量要求、量（价）折扣规则、12325 粮食监管热线等相关信息，强化为农服务意识，满足售粮农民需要，让农民交“明白粮”“放心粮”“舒心粮”；重点加强粮食收购活动现场监督检查，排查是否存在拖欠售粮款、压级压价、坑农害农等行为。

（三）加强对利用计量设备设施作弊非法获利的违法违规现象的监督检查

在秋粮收储过程中，各地各单位要加强对称重地磅等设备的检查力度，防范利用电子干扰方式谋取非法利益等行为。重点检查用于粮食收购的地磅使用前是否经当地计量部门（国家授权的鉴定部门）鉴定，如发现未申请鉴定、鉴定不合格或鉴定结论超过有效期的，均不能投入使用。收储企业应定期校验地磅等称重设备，排查是否超出规定重量误差范围；定期检查是否存在收粮地磅控制台非法安装遥控干扰器，内外串通，虚增粮食数量，套取收购资金等行为。同时进一步加强智能化、信息化建设投入，提高主动防范作假能力。加强案件和问题线索查处，对采用作弊手段，特别是干扰计量设备设施，虚假销售粮食获取非法收入的，一经发现，立即严肃查处，涉嫌诈骗等违法违规行为的，及时移送司法机关处置并上报有关部门。

同时，要加强对容重器、水分测定仪等质量检验仪器设备检查，确保入库质量把关准确无误，坚决杜绝弄虚作假等行为。

三　检查时间

秋粮收购监督检查工作自本通知印发之日起开始，至 2021 年 3 月底前结束。国家粮食和物资储备局将适时派出工作组对重点地区、重点企业进行巡查，对各地开展秋粮收购监督检查工作进行督导。

四　检查文件依据

（一）《粮食流通管理条例》。

（二）《关于印发小麦和稻谷最低收购价执行预案的通知》（国粮发〔2018〕99 号）。

（三）《租赁社会粮食仓储设施收储国家政策性粮食的指导意见（试行）》（国粮发〔2016〕106 号）。

（四）《关于切实加强国家政策性粮食收储和销售出库监管的意见》（国粮发〔2018〕264 号）。

（五）《关于切实做好 2020 年秋粮收购工作的通知》（国粮粮〔2020〕243 号）。

（六）《粮食质量安全监管办法》（国家发展和改革委员会第 42 号令）。

（七）与检查有关的其他文件。

五 工作要求

（一）加强组织领导

各地各单位要进一步提高政治站位，把秋粮收购监督检查工作作为贯彻落实党中央、国务院重要指示，强化行政监管，确保国家粮食安全的重要手段，抓好抓实，不走过场，不流于形式。坚持结果导向、问题导向，认真制定具体检查方案，统筹选派精干力量，把握重点，明确责任分工，高质量开展监督检查，认真排查风险隐患、督促企业认真整改，做到早发现、早报告、早处置。对秋粮收购出现的区域性、群体性、典型性、苗头性、趋势性问题，要立即上报国家粮食和物资储备局。

（二）分清压实各方责任

各地各单位要按照粮食安全省长责任制和《关于切实加强国家政策性粮食收储和销售出库监管的意见》（国粮发〔2018〕264 号）要求，严格落实具体收储企业的直接责任、中储粮集团公司的政策执行主体责任、地方行政监管和属地监管责任。对组织工作不到位、监管责任不落实，导致出现农民“卖粮难”或其他重大损害种粮农民利益引起不良社会影响的，要严肃追究有关部门单位和个人的责任。

（三）强化社会宣传和监督

各地各单位要广泛宣传国家收购政策，引导收储企业主动守法、诚信经营，引导种粮农民提高利用法律武器维护自身合法权益的能力。要畅通诉求渠道，用好 12325 粮食监管热线，主动接受社会监督。要强化舆论宣传和引导，及时回应社会关切，相关检查情况要以适当方式向社会公布。切实树立“检查一个企业，震慑一片区域”的执法理念，提高检查威慑力。对检查发现的情节严重、性质恶劣的典型案件要以适当的方式予以通报，以案示警，以案促改，努力营造良好氛围。

（四）创新监督检查方式

要坚决落实“双随机、一公开”要求，充分利用双随机抽查应用平台，规范执法督查行为，实现全程留痕、可追溯。采取定期检查和随机抽查相结合、明查和暗访相结合的方式，通过听取汇报、检查收购凭证、走访售粮群众、现场测量收购数量、随机抽样进行质量检验等多种方法，全面掌握粮食收购执行情况。将严格依法检查与督促完善收购政策制度、加强内部收购管理、建立有效监督检查机制等结合起来，不断规范政策性粮食收购行为，促进强农惠农政策落地生根。

（五）有效形成监管合力

粮食和储备部门要在地方政府领导下，做好秋粮收购的监督检查，要主动向当地政府汇报检查情况，及时有效处理解决检查发现问题。要加强与纪检监察、财政、审计、农发行等相关职能部门的沟通协调，注重建立长效监管机制，提升监管效能。对检查发现的不属于粮食和储备部门管辖的问题，要根据管辖权限及时移交相关部门。各垂直管理局要积极配合所在地粮食和储备部门做好秋粮收购监督检查各项工作，为开展中央储备粮棉管理和中央事权粮食政策执行情况年度考核奠定基础。

有关省级粮食和储备部门请于2021年4月5日前将工作总结以及3个以上典型案例，书面报送国家粮食和物资储备局执法督查局。

联系电话：010-64276086/6085（传真）

电子邮箱：jiancha2@lswz.gov.cn

附件：2020年秋粮收购检查典型案例登记表（略）

国家粮食和物资储备局办公室

2020年11月4日

关于开展政策性粮食入库质量抽检复核工作的通知

国粮办执法〔2020〕400 号

江苏、安徽、江西、河南、湖北、湖南、四川省粮食和物资储备局（粮食局），中国储备粮管理集团有限公司，安徽、江西、河南、湖北、湖南、四川、江苏局：

根据国家发展改革委、国家粮食和物资储备局等部门《关于切实做好 2020 年夏季粮油收购工作的通知》（国粮粮〔2020〕107 号）要求，为有效防范化解源头质量风险，强化政策性粮食监督管理，经国家局领导同志同意，决定选取江苏、安徽、江西、河南、湖北、湖南、四川等七省，组织开展新入库最低收购价小麦、稻谷质量抽检复核工作。现就有关事项通知如下：

一 目标任务

深入贯彻习近平总书记关于国家粮食安全的重要讲话和指示批示精神，坚持问题导向，突出重点，兼顾全面，及时摸排发现和纠正政策性粮食入库质量检验中存在的问题，研判质量安全风险隐患，推动落实中储粮集团公司政策执行主体责任、地方粮食和储备部门监管责任，为堵塞管理漏洞、完善监管制度提供决策依据，促进政策性粮食数量真实、质量良好、储存安全。

二 组织方式

本次抽检复核工作由国家粮食和物资储备局委托江苏、安徽、江西、河南、湖北、湖南、四川垂直管理局具体组织实施。相关垂直管理局要会同所在地省级粮食和储备部门、中储粮分公司，根据当地最低收购价粮食库存的分布、库存量、储存条件等实际情况，坚持点面结合，重点和一般相结合，制定扦样方案，落实扦样库点，细化扦样计划，重点选取最低收购价粮食收储量大、问题集中多发的库点进行扦样；根据扦样任务实际需要，组成扦样工作组，组长由相关垂直管理局有关负责同志担任，组员从国家粮油库存检查专业人才库抽调；委托相关检验机构开展质量检验。国家粮食和物资储备局适时派出工作组，对抽检复核工作进行督导。

三 抽检复核主要内容

（一）政策性粮食收储企业执行《粮食质量安全监管办法》相关制度情况。对政策性粮食收储企业质量检验人员和检化验设施配置、执行粮食入库质量检验制度、质量档案管理等情况进行全面抽检，将企业执行政策性粮食入库质量安全检验制度作为本次抽检重点。检查有关单位是否严格执行《小麦和稻谷最低收购价执行预案》（国粮发〔2018〕99号）关于最低收购价粮食验收检验和不达标粮食处置的规定，是否切实履行质量验收制度。

（二）库存粮食质量安全情况。查验已入库最低收购价小麦、稻谷的质量指标、主要食品安全指标。

四 扦样、送样安排

（一）扦样计划

计划扦样总份数800份，其中，小麦580份，稻谷220份，分省分品种的扦样指导计划和检验安排见附件。

（二）扦样时间

扦样工作原则上在本省份最低收购价小麦、稻谷入库验收结束后启动，2020年12月10日前完成。12月15日前将所扦样品采取铁路快递或专人送递方式送指定承检机构。具体时间视工作开展情况适时调整。

（三）扦样方法

按照《中央储备粮油质量检查扦样检验管理办法》（国粮发〔2010〕190号）和《关于〈中央储备粮油质量检查扦样检验管理办法〉有关条款的解释》（质检办便函〔2011〕5号）的有关规定执行。扦样人员可适当调整扦样点，防止收储企业存在事前埋样等弄虚作假行为。扦样过程如发现涉嫌亏库、以杂质等冲抵库存等违规行为的，应立即形成专案移交所在省粮食和储备部门严肃查处，并立即报告国家粮食和物资储备局。扦样、分样、封样实行全程录像，录像资料由有关垂直管理局统一保管。

五 检验安排

本次抽检复核包括质量指标和主要食品安全指标，具体食品安全指标项目依据收储企业所在省份出台的粮食收购（入库）必检项目规定执行。承检机构应按有关规定认真做好样品检验、数据汇总和检验结果上报等工作，加强质量控制，确保检验数据准确、可靠。承检机构对检验结果承担保密责任。承检机构自接到样品起，应在15个工作日内完成样品检验、数据汇总和结果上报等工作。检验结果的纸质文件（含刻录光盘）报送至有关垂直管理局。

六 费用安排

本次质量抽检复核工作，在扦样计划内所发生的差旅费、扦样费、送样费、检验费，由国家粮食和物资储备局给予适当补助，专款专用。

七 工作要求

（一）加强组织领导

有关垂直管理局、省级粮食和储备部门要高度重视此次政策性粮食新入库质量抽检复核工作，加强对质量抽检复核工作的领导，强化技术培训，切实做好各项工作的衔接和协调。中储粮集团公司及有关分公司、直属企业要予以积极配合。具体收储企业派员协助开展扦样，并提供相关便利条件。此次质量抽检复核结果，作为中央储备粮棉管理和中央事权粮食政策执行年度考核的重要依据。

（二）严格各环节责任追究，确保抽检复核效果

要切实落实抽检复核责任制和责任追究制，依法依纪严肃追究抽检复核工作重大的失职渎职责任。扦样人员对样品的代表性、真实性负责，要严格按照规定的方法、程序扦取样品，准确、全面填写样品信息，确保样品转运过程中不掉包、不破损、不变质。承检机构对检验结果的准确性、可靠性负责，要严格按照规定的检验项目、检验方法、判定原则进行检验和判定，对临界和超标样品要认真复核，确保检验数据准确、可靠。要如实报送检验结果，不得弄虚作假。

（三）严格遵守工作纪律

抽检复核工作不接受媒体采访，不进行新闻报道，稳慎有效开展工作。严格落实中央八项规定精神，不接受收储企业提供的食宿和车辆服务等，不干预企业正常工作；严格遵守保密纪律。

有关垂直管理局要及时对抽检复核工作进行汇总，于 2020 年 12 月 31 日前将总结报告报送国家粮食和物资储备局执法督查局。

附件：抽检复核扦样计划和集中检验安排表

国家粮食和物资储备局办公室

2020 年 11 月 16 日

附件

抽检复核扦样计划和集中检验安排表

序号	省份	扦样份数			承检单位
		总数	小麦	稻谷	
总计		800	580	220	
1	江苏	320	290	30	浙江国家粮食质量监测中心
2	安徽	250	190	60	北京国家粮食质量监测中心
3	江西	65		65	
4	河南	70	50	20	国家粮食和物资储备局科学研究院质量监测中心
5	湖北	60	50	10	
6	湖南	20		20	
7	四川	15		15	

关于进一步加强粮食储备协同监管的通知

国粮办执法〔2020〕407 号

各省、自治区、直辖市及新疆生产建设兵团粮食和物资储备局（粮食局），各垂直管理局：

为认真贯彻落实党中央、国务院关于改革完善体制机制加强粮食储备安全管理的重大决策部署，持续改进优化储备监管方式，提高监管效能，充分发挥粮食储备“压舱石”作用，全面提升粮食安全保障能力，现就加强粮食储备协同监管有关事项通知如下：

一　提高站位，充分认识协同监管重要性

习近平总书记高度重视国有粮库监管工作，作出重要指示，为做好粮食储备协同监管指明了正确方向，提供了根本遵循。中办、国办关于改革完善体制机制加强粮食储备安全管理有关文件，明确提出了创新储备协同监管，不断强化监管合力的改革内容。《国务院关于加强和规范事中事后监管的指导意见》（国发〔2019〕18 号）指出，要进一步转变和改进传统监管方式，构建协同监管格局，不断提高综合治理能力与水平。国家局综合施策，不断完善相关法规制度和政策措施，强化人才队伍建设，组织开展问题整改“回头看”专项行动，严肃查处涉粮违法违规案件。特别是新一轮机构改革后，国家局垂直管理局的职能实现系统性、整体性重构，地方各级粮食和储备部门相关职能也进行了整合优化，初步构建了上下贯通、职责清晰、协同联动的监管体系，为加强粮食储备协同监管打下坚实基础。但是，我们应清醒认识到，随着粮食流通和政策性粮食库存管理形势变化，个别地区、企业和重点环节问题多发频发，重大案件时有发生，说明了粮食储备管理中还存在制度性系统性风险隐患，迫切需要运用综合协同监管手段，久久为功，持续加以解决。通过建立国家局、垂直管理局与地方粮食和储备部门相结合，日常业务检查与执法督查相结合，全面检查与随机抽查、专项检查相结合，本部门独立监管与跨部门、跨区域执法监管相结合，创新完善协同高效的储备监管方式，强化监管效能，严查速办违规违纪违法案件，让党中央、国务院和广大人民群众放心满意。

二　明晰分工，进一步强化协同监管责任

（一）进一步强化各垂直管理局与地方粮食和储备部门的协同监管

中央储备粮行政监管、中央储备粮棉管理情况和中央事权粮食政策执行情况年度考核，以垂直管理局为主，地方粮食和储备部门配合实施；其他中央事权粮食以地方粮食和储备部门属地监管为主，垂直管理局配合实施。同时，各地粮食和储备部门要按照地方人民政府要求，做好本区域内地方储备粮和粮食流通的行政监管，依法依职责履行食品安全属地管理责任。各垂直管理局要充分总结运用中

储粮年度考核、全国政策性粮食库存数量和质量大清查中行之有效的经验做法，不断加强中央储备监管体系和监管能力建设，充分发挥在地监管作用。各地粮食和储备部门要切实履行好属地监管职责，针对本辖区监管重点难点，加强对重点环节、重点企业的监督检查，牢牢守住储备粮食库存数量真实、质量良好、储存安全和运作合规的底线。

（二）进一步强化日常业务与执法督查的协同监管

各地粮食和储备部门、各垂直管理局要按职责做好承储企业轮换计划执行、信息统计报送、仓储管理、质量管理、安全生产等各项政策制度落实情况的日常监管。要结合承储企业定期检查（春秋普查）、收储轮换、销售出库等业务环节，进一步加大对日常经营管理活动的监督与检查力度，对苗头性倾向性问题及时预警、及时通报，抓早抓小、防微杜渐，并做好问题整改处置，做到监管重心下移、监管关口前移。要进一步强化开展综合性监督检查、专项检查、随机检查等执法监管工作，严肃查办违法违规案件线索。要建立信息共享机制，互通数据信息，定期会商日常监管工作与案件查办情况，加强综合研判，不断完善业务管理机构事前事中监管和执法督查机构事后行政执法相结合的工作机制。

（三）进一步强化区域协同监管

要坚持统一领导、分级负责工作机制，全面强化监管责任落实。要争取地方党委、政府支持，加强与其他部门的会商和联合执法监管，形成工作合力，不断增强本辖区内的跨部门协同执法监管力量。要发挥粮食安全省长责任制考核“指挥棒”作用，抓细任务分解，抓实考核约束，一级对一级负责，让执法监管工作有抓手、能落地。要充分发挥综合执法机构对粮食储备执法监管作用，确保监管无盲区、全覆盖。进一步充实基层执法督查队伍，规范执法监管程序，逐渐形成分级负责、各有侧重、齐抓共管的区域协同监管局面。

（四）进一步强化跨区域协同监管

要不断建立健全跨区域联合执法、联动响应和协作机制，推动产销合作区、业务关联地区、毗邻地区、监管重点难点相似区域建立执法监管协作机制。学习借鉴京津冀地区，江苏、安徽、山东、河南四省协同执法监管等做法经验，通过签订执法督查合作协议、召开区域执法督查联席会议、联合开展跨区域检查等方式，不断强化跨区域协同监管，提升执法能力水平；加大对违法违规责任主体的惩戒力度，探索实行联合惩戒措施，逐步实现违法线索互联、标准互通、结果依法互认，始终保持打击粮食储备违法违规行为的高压态势。

（五）进一步强化粮食和储备部门与其他部门单位的协同监管

在按规定履行自身职责的同时，要主动加强与发展改革、财政、农业农村、市场监管、应急管理等相关部门的沟通衔接，形成粮食储存、流通、加工等环节的监管合力，实现多维度、全流程的粮食储备安全监管。要加强行政监管与司法的有效衔接，建立向司法机关、纪检监察机关的案件移送机制，严格涉粮违规违纪违法案件的查处，强化监督问责，建立重大问题快速处置响应机制，严防发生群体性事件。

三 多管齐下，开创协同监管新局面

（一）加强组织领导，切实强化使命担当

要以认真贯彻落实习近平总书记对国有粮库监管工作的重要指示为遵循，切实强化粮食储备协同监管组织领导。各地粮食和储备部门、各垂直管理局主要负责同志是第一责任人，要从以实际行动保障国家粮食储备安全的高度出发，牢固树立守土有责、守土尽责意识，强化顶层设计，亲自部署，亲自协调，亲自推动；分管负责同志要集中精力抓落实，把粮食储备协同监管作为提高监管效能的一项重要举措抓实抓好，确保思想到位、力量到位、措施到位、保障到位。

（二）抓住重点难点，盯紧储备关键环节

政府储备从入库到出库是一个不可分割、相互关联的整体。要在全面协同监管防范系统性和区域性风险前提下，根据本辖区重点难点问题，强化重点环节监管。根据政策性粮食库存性质、储粮形态、库点布局、国家粮食购销政策执行等情况，围绕国家粮食宏观调控重点任务和粮食安全省长责任制要求，突出政府储备入库、储存、出库、轮换操作、粮食质量安全、储粮安全和安全生产等方面的监管检查，加大对重点品种、重点地区、重点环节、重点企业的检查力度，增强储备监管的针对性。同时，要对发现的突出问题进行系统分析，找准问题多发环节和常见表现形式，法律法规、制度规定中的堵点盲区，不断优化调整监管方式手段，提升执法督查能力水平。

（三）创新监管方法，全面提升监管效能

要加大信息化手段在库存监管中的运用，实现监管实时化常态化。加快承储企业基础设施改造升级，健全储备库点信息监控网络，提高信息收集处理技术水平，逐步实现粮食库存远程动态监管、在线监控，充分发挥信息技术在确保库存真实、防止管理失职和查处违纪违法行为等方面的重要作用。要大力推行信用监管，对有不良信用记录、风险等级较高的地区和企业进行重点关注，加大检查抽查力度，对企业严重违法失信行为进行公示，建立失信企业个人“黑名单”，探索实行多部门联合惩戒。要按照“双随机、一公开”原则，有计划、有层次、有重点地全面深入推进储备监管。要充分发挥12325 全国粮食监管热线作用，自觉接受群众监督，必须统一对外公布 12325 举报热线电话，进一步畅通投诉举报渠道。要加强案件核查力度，切实把案件线索核查作为粮食储备协同监管重要抓手，不断提高核查效率质量，为严肃查处违纪违规违法案件打牢基础。

（四）加强队伍建设，培养执法中坚力量

要不断加强执法督查人才队伍建设，打造一支高素质、专业化的粮食和物资储备执法督查队伍。优先选派政治素质过硬、业务精通、敢于斗争的干部充实到执法监管机构，把具有专业资格和执法经验的干部充实到执法监管一线。结合近年库存检查情况和机构改革实际，在原有粮油库存检查专业人才库的基础上，建立完善粮食和物资储备执法监管专业人才库。坚持每年举办执法监管业务培训班，开展专题培训、轮岗交流、“传帮带”，不断提高干部的政策水平和业务技能。

国家粮食和物资储备局办公室

2020 年 11 月 19 日

国家粮食和物资储备局文件公告

2020 年第 1 号公告

为优化中央储备棉结构，确保质量良好，增强中央储备调控能力，2020 年将对部分中央储备棉进行轮换。现将有关事项公告如下：

一 轮出安排

（一）时间。2020 年 7 月 1 日至 2020 年 9 月 30 日期间的国家法定工作日。

（二）数量。总量安排 50 万吨左右。实行均衡投放，原则上每工作日挂牌销售 0.8 万吨左右。

（三）价格。挂牌销售底价随行就市动态确定，原则上与国内外棉花现货价格挂钩联动，由国内市场棉花现货价格指数和国际市场棉花现货价格指数各按 50%的权重计算确定，每周调整一次。轮出期间，当国内市场棉花现货价格指数低于 11500 元 / 吨时，下个工作日起暂停交易；当国内市场棉花现货价格指数连续三个工作日超过 11500 元 / 吨时，下个工作日重新启动交易。（具体计算公式见附件）

（四）方式。通过全国棉花交易市场公开竞价挂牌销售。

（五）公证检验。轮出的储备棉由中国纤维质量监测中心组织对质量和重量进行全面公证检验。

二 轮入安排

根据储备棉实际轮出情况和棉花市场供需情况，国家有关部门择机安排轮入，具体安排将尽快另行公告。

三 相关规定

（一）为做好中央储备棉轮换工作，中国储备粮管理集团有限公司、全国棉花交易市场和中国纤维质量监测中心将制定储备棉出入库、竞价交易、公证检验等方面的实施细则，并通过各自官网和全国棉花交易市场网站（www.cnce.cn）对外公布。

（二）在中央储备棉轮换过程中，如国内外棉花市场发生重大变化，根据市场调控等需要，国家粮食和物资储备局将会同国家发展改革委、财政部对轮换安排作必要调整，届时另行公布。

特此公告。

附件：中央储备棉轮出销售底价计算公式（略）

国家粮食和物资储备局　　财政部

2020 年 6 月 30 日

2020 年第 2 号公告

为加强中央储备棉管理，进一步优化储备结构、提高储备质量，决定轮入部分新疆棉。现就有关事项公告如下：

一 轮入时间

2020 年 12 月 1 日至 2021 年 3 月 31 日的国家法定工作日。

二 数量安排

总量 50 万吨左右，每日挂牌竞买 7000 吨左右。

三 轮入方式

轮入工作由中国储备粮管理集团有限公司（以下简称“中储粮集团公司”）具体实施，通过全国棉花交易市场公开竞价交易。

四 轮入价格

轮入竞买最高限价（到库价格）随行就市动态确定，原则上与国内棉花现货价格挂钩联动并上浮一定比例，每周调整一次。轮入期间，当内外棉价差连续 3 个工作日超过 800 元 / 吨时，暂停交易；当内外棉价差回落到 800 元 / 吨以内时，重新启动交易。由中储粮集团公司会同全国棉花交易市场统一公布轮入竞买最高限价和内外棉价差数据。（具体计算公式见附件）

五 质量要求

轮入的棉花为 2020/2021 年度生产加工且已纳入新疆棉花专业监管的锯齿细绒棉，要求颜色级白棉 3 级及以上、长度级 28mm 及以上、马克隆值级 B 级及以上的比例均不得低于 80%，具体质量要求由中储粮集团公司另行公布。棉花包装应采用棉布外捆扎，且符合棉花包装国家标准（GB6975-2013）。

六 相关规定

1. 新疆棉送到储备库点后，由中国纤维质量监测中心组织开展公证检验，采取现场扦样、100%检验（即包包检）方式，出具品质和重量检验证书。公检结果不符合入储要求的不得作为中央储备棉入储。

2. 中储粮集团公司会同全国棉花交易市场、中国纤维质量监测中心制定储备棉轮入、竞价交易、公证检验等方面的实施细则并对外公布。

3. 在新疆棉轮入过程中，如国内外棉花市场发生重大变化，根据市场调控等需要，国家粮食和物资储备局将会同有关部门对轮入安排作必要调整。

特此公告。

附件：中央储备棉轮入价格等计算公式（略）

国家粮食和物资储备局　　财政部
2020 年 10 月 19 日

国家粮食和物资储备局文件通告

国粮通〔2020〕1号

根据《中华人民共和国标准化法》规定，现发布《磷化氢熏蒸技术规程》等7项推荐性行业标准，其编号和名称如下：

LS/T 1201—2020《磷化氢熏蒸技术规程》

LS/T 1220—2020《平房仓横向通风技术规程》

LS/T 3266—2020《米粉条用稻米》

LS/T 3319—2020《漆树籽饼粕》

LS/T 6137—2020《米粉条食用品质感官评价方法》

LS/T 6138—2020《粮油检验粮食中黄曲霉毒素的测定免疫磁珠净化超高效液相色谱法》

LS/T 6139—2020《粮油检验粮食及其制品中有机磷类和氨基甲酸酯类农药残留的快速定性检测》

以上行业标准自2020年7月21日起实施。

特此通告。

国家粮食和物资储备局

2020年1月21日

国粮通〔2020〕2 号

依据党和国家机构改革方案，按部门职责分工，现将商务部管理的《中央储备糖储存库资质条件》（SB/T 10385—2004）行业标准调整为国家粮食和物资储备局管理。上述标准代号、标准顺序号和批准年号暂不调整，后续调整以国家粮食和物资储备局有关文件为准。本通告自公布之日起施行。

特此通告。

国家粮食和物资储备局　　商务部

2020 年 10 月 30 日

国粮通〔2020〕3号

根据《中华人民共和国标准化法》的规定，决定对现行的39项粮食行业标准予以废止，其编号和名称如下：

LS/T 1204—2002《谷物冷却机低温储粮技术规程》

LS/T 1208—1992《植物油生产工艺测定规程》

LS/T 3101—1985《大麦》

LS/T 3102—1985《燕麦》

LS/T 3103—1985《菜豆、缸豆、精米豆、扁豆》

LS/T 3105—1985《甘薯片》

LS/T 3222—1994《可可粉》

LS/T 3223—1994《可可脂》

LS/T 3224—1994《可可液块》

LS/T 3225—1990《食品添加剂改性大豆磷脂》

LS/T 3402—1992《瘦肉型生长肥育猪配合饲料》

LS/T 3409—1996《奶牛精料补充料》

LS/T 3410—1996《生长鸭、产蛋鸭、肉用仔鸭配合饲料》

LS/T 3501.10—1993《粮油加工机械通用技术条件表面涂漆》

LS/T 3502—1995《粮油饲料机械产品型号编制方法》

LS/T 3504—1988《鼠笼初清筛》

LS/T 3505—1988《自衡振动筛》

LS/T 3506—1988《网带初清筛》

LS/T 3510—1993《重力分级去石机》

LS/T 3513—1993《磨辊》

LS/T 3514—1992《粮食斗式提升机》

LS/T 3519—1988《粮食初清筛试验方法》

LS/T 3521—1995《高速除稗筛通用技术条件》

LS/T 3522—1995《砂辊碾米机通用技术条件》

LS/T 3526—1995《液压磨光拉丝机》

LS/T 3527—1995《高方平筛》

LS/T 3528—1995《平面回转筛》

LS/T 3534—1988《弹簧轧胚机》

LS/T 3536—1985《螺旋榨油机试验方法》

LS/T 3538—1992《浸出粕立式脱溶机》

LS/T 3539—1992《混合油层碟式降膜汽提塔》

LS/T 3541—1992《YZYX10 螺旋榨油机技术条件》

LS/T 3614—1989《饲料加工设备图形符号》

LS/T 3701—1993《HGT-1000 型谷物容重器》

LS/T 3702—1993《检验用谷物选筛》

LS/T 3703—1995《小麦粉面筋测定仪》

LS/T 6101—2002《谷物粘度测定快速粘度测定法》

LS/T 6104—2012《粮油检验稻谷整精米率测定图像分析法》

SB/T 10274—1996《饲料显微镜检查图谱》

上述标准自 2021 年 4 月 1 日起停止施行。

特此通告。

国家粮食和物资储备局

2020 年 10 月 31 日

国粮通〔2020〕4号

国家粮食和物资储备局批准《早籼米加工精度标准样品》等16项行业标准样品（见附件），现予以公布。

特此通告。

附件：1.2020年粮食标准样品目录

2.2020年粮食标准样品行业标准研制单位

3.2020年粮食标准样品制作单位联系方式（略）

国家粮食和物资储备局

2020年11月19日

附件 1

2020 年粮食标准样品目录

序号	标准样品名称		标准号	特征描述及参考值	适用标准	有效期
1	早籼米加工精度标准样品	精碾	LS/T 15121.1—2020	精碾：背沟基本无皮、或有皮不成线，米胚和粒面皮层去净的占 80%—90%；或留皮度在 2.0%以下。 适碾：背沟有皮，粒面皮层残留不超过 1/5 的占 75%—85%，其中粳米、优质粳米中有胚的米粒在 20%以下；或留皮度为 2.0%—7.0%。	GB/T 1354-2018	1 年
2		适碾	LS/T 15121.2—2020			1 年
3	晚籼米加工精度标准样品	精碾	LS/T 15122.1—2020			1 年
4		适碾	LS/T 15122.2—2020			1 年
5	粳米加工精度标准样品	精碾	LS/T 15123.1—2020			1 年
6		适碾	LS/T 15123.2—2020			1 年
7	南方小麦粉加工精度标准样品	特制一等	LS/T 15111.1—2020	麸星含量：1.38±0.40， L*：91.98±0.98， a*：-1.00±0.08，b*：7.55±0.50		1 年
8		特制二等	LS/T 15111.2—2020	麸星含量：1.76±0.37， L*：91.57±0.29， a*：-0.91±0.08， b*：7.62±1.22		1 年
9		标准粉	LS/T 15111.3—2020	麸星含量：2.94±0.44， L*：91.13±0.28， a*：-0.85±0.10， b*：7.90±1.16		1 年
10	北方小麦粉加工精度标准样品	特制一等	LS/T 15112.1—2020	麸星含量：1.42±0.26， L*：92.14±0.27， a*：-0.99±0.06， b*：7.71±1.02	GB/T 1355-1986 GB/T 1355-1986	1 年
11		特制二等	LS/T 15112.2—2020	麸星含量：1.85±0.36， L*：91.69±0.96， a*：-0.91±0.10， b*：7.66±0.89		1 年
12		标准粉	LS/T 15112.3—2020	麸星含量：3.10±0.50， L*：91.08±0.83， a*：-0.81±0.05， b*：7.69±1.06		1 年
13	籼稻整精米率标准样品		LS/T 15321—2020	籼稻整精米率：46.6， 不确定度：1.0	GB/T 21719-2008	1 年
14	粳稻整精米率标准样品		LS/T 15322—2020	粳稻整精米率：55.7， 不确定度：0.8	GB/T 21719-2008	1 年

续表

序号	标准样品名称	标准号	特征描述及参考值	适用标准	有效期
15	粳米品尝评分参考样品	LS/T 1534—2020	综合评分 78 分， 不确定度：±2 其中： 气味 16 分；颜色 6 分；光泽度 6 分；完整性 4 分；粘性 7 分；弹性 7 分；硬度 8 分；滋味 21 分；冷饭质地 3 分。	GB/T 15682-2008	1 年
16	籼米品尝评分参考样品	LS/T 1535—2020	综合评分 79 分， 不确定度：±2 其中： 气味 16 分；颜色 6 分；光泽度 6 分；完整性 4 分；粘性 7 分；弹性 8 分；硬度 8 分；滋味 21 分；冷饭质地 3 分。	GB/T 15682-2008	1 年

注：小麦粉加工精度标准样品特征参考值按照 GB/T 27628—2011 的要求，采用小麦粉加工精度测定仪测定。

附件 2

2020 年粮食标准样品行业标准研制单位

早籼米、晚籼米加工精度标准样品研制单位：

安徽国家粮食质量监测中心 胡 斌 季一顺 毛永荣 张黎利

宜兴市粮油集团大米有限公司 黄道德 周宏亮

粳米加工精度标准样品研制单位：

吉林国家粮食质量监测中心 郭晓君 颜庭辉 吴 岩 李伟航 石家源

苏州市绿世纪粮油有限公司 夏正萍

南方、北方小麦粉加工精度标准样品研制单位：

江苏国家粮食质量监测中心 张 祎 黄熙荣 莫晓嵩 刘珊珊

丹阳市同乐面粉有限公司 张燕萍 洪 芸

粳稻整精米率标准样品研制单位：

辽宁国家粮食质量监测中心 闵国春 范艺凡 宁阳阳 季宏波 朱旭东

籼稻整精米率标准样品研制单位：

湖北国家粮食质量监测中心 熊 宁 倪姗姗 陈 轲 吴莉莉 李 琦

粳米品尝评分参考样品研制单位：

国家粮食和物资储备局科学研究院 孙 辉 段晓亮 商 博 洪 宇

籼米品尝评分参考样品研制单位：

国家粮食和物资储备局科学研究院 孙 辉 段晓亮 商 博 洪 宇

国粮通〔2020〕5 号

根据《中华人民共和国标准化法》规定，现发布《储粮害虫在线监测技术规程》等 9 项行业标准，其编号和名称如下：

1. LS/T 1221—2020《储粮害虫在线监测技术规程》
2. LS/T 1222—2020《粮食干燥机系统工艺设计技术规范》
3. LS/T 1223—2020《应急储备大米储藏技术规程》
4. LS/T 3106—2020《马铃薯》
5. LS/T 3125—2020《翅果》
6. LS/T 3267—2020《糯性黍（稷）米粉》
7. LS/T 3268—2020《辣木叶粉》
8. LS/T 3269—2020《油用米糠》
9. LS/T 3320—2020《米糠粕》

以上行业标准自 2021 年 5 月 19 日起实施。

特此通告。

国家粮食和物资储备局

2020 年 11 月 19 日

附　录

2020年大事记

一月

1月6日至7日，为贯彻落实国务院关于做好北粮南运切实保障玉米等饲料粮供应的重要决策部署，促进玉米南北方产销衔接，更好地服务粮食市场流通，全国公益性饲料粮专场交易会在吉林省长春市举行。卢景波同志出席。据统计，本次交易会共组织粮源2045万吨，成交871.2万吨，成交金额155.4亿元。

1月6日至7日，全国保密工作会议在北京召开。会议对40个全国保密工作先进集体和24名先进工作者进行了表彰，国家粮食和物资储备局办公室秘书保密处获得“全国保密工作先进集体”称号。

1月7日，国家粮食和物资储备局举行2020年离退休干部新春茶话会。张务锋同志出席茶话会并发表新春致辞，曾丽瑛、黄炜、韩卫江、梁彦同志，中国储备粮管理集团有限公司董事、党组副书记宋致远，白美清、聂振邦等老领导出席茶话会。

1月8日，国家粮食和物资储备局召开垂管局新任职领导干部集体谈话会。张务锋同志出席会议并讲话，曾丽瑛同志主持会议，卢景波、黄炜、韩卫江、梁彦、宋红旭同志和中央纪委国家监委驻国家发展改革委纪检监察组有关负责同志出席会议。

1月8日，国家粮食和物资储备局举行各垂管局新任职领导干部宪法宣誓仪式。张务锋同志监誓，曾丽瑛同志主持，卢景波、黄炜、韩卫江、梁彦、宋红旭同志出席，各垂管局新任职领导干部依法进行宪法宣誓。

1月9日至10日，全国粮食和物资储备工作会议在北京召开。会议以习近平新时代中国特色社会主义思想为指导，认真落实中央经济工作会议和中央农村工作会议精神，按照全国发展和改革工作会议部署，总结2019年工作，安排2020年任务，加快推动粮食和物资储备改革发展。会议认真传达贯彻了李克强总理和韩正副总理、胡春华副总理的重要批示。国家发展和改革委员会党组书记、主任何立峰出席会议并讲话，张务锋同志作工作报告，曾丽瑛同志作会议总结，卢景波、黄炜、韩卫江、梁彦、宋红旭同志出席会议。

1月14日至19日，张务锋、梁彦、宋红旭同志分别带队赴天津、河北、山西等地开展安全生产督导检查，并看望慰问粮食和物资储备系统困难职工。

1月15日，国家粮食和物资储备局召开各司局、直属联系单位2019年度集中述职述廉会议。张务锋、曾丽瑛、卢景波、黄炜、韩卫江、梁彦同志出席会议。

1月27日，国家粮食和物资储备局成立应对新型冠状病毒感染肺炎疫情工作领导小组，张务锋同志担任组长，局负责同志担任副组长，各司局和直属联系单位主要负责同志为成员，下设应急保供组、局内防控组。

1月30日，国家粮食和物资储备局召开应对疫情做好粮油市场保供稳价工作视频会议，传达贯彻习近平总书记重要指示和中共中央通知精神，对认真落实粮食安全省长责任制、进一步做好粮油市场保供稳价工作作出安排部署。张务锋同志出席会议并讲话，卢景波、韩卫江、梁彦同志出席会议。

二月

2月5日，张务锋同志主持召开专题会议，传达国务院第80次常务会议精神，研究部署粮油保供稳价和储备改革有关工作。卢景波、黄炜、梁彦同志出席会议。

2月15日，韩卫江同志会见北京市西城区区委副书记、区长孙硕一行，就坚决落实习近平总书记重要指示批示精神和李克强总理批示要求，进一步强化责任落实做好新型冠状病毒感染肺炎疫情防控等工作进行会商。

2月19日，国家粮食和物资储备局党组围绕"健全国家储备体系、提升储备效能"主题，召开理论学习中心组扩大会。深入学习贯彻习近平总书记在2月3日中央政治局常委会会议、2月14日中央全面深化改革委员会会议上的重要讲话精神，研究谋划贯彻落实的思路举措。张务锋同志主持学习并作总结讲话，曾丽瑛、卢景波、黄炜、韩卫江、梁彦、宋红旭同志参加学习。

2月23日，中央统筹推进新冠肺炎疫情防控和经济社会发展工作部署电视电话会议在京召开。张务锋、曾丽瑛、卢景波、黄炜、韩卫江、梁彦同志在局分会场参加。会后，张务锋同志就认真学习贯彻落实习近平总书记重要讲话和会议精神作了安排部署。

2月28日，国家发展和改革委员会会同国家粮食和物资储备局等五部门共同发布《关于公布2020年稻谷最低收购价格的通知》（发改价格〔2020〕290号），明确2020年生产的早籼稻（三等）、中晚籼稻和粳稻最低收购价分别为每50公斤121元、127元和130元，较2019年略有上涨。

三月

3月2日，张务锋同志主持召开深入推进优质粮食工程专题会，听取第一轮优质粮食工程实施情况、全国现场经验交流会筹备方案、深入推进优质粮食工程的总体方案等工作汇报，研究部署下一步工作。梁彦同志参加会议。

3月10日，张务锋、曾丽瑛、卢景波、黄炜、韩卫江、梁彦同志出席国家粮食和物资储备局党组与中央纪委国家监委驻国家发展改革委纪检监察组专题研究全面从严治党工作会商会。

3月17日，国家粮食和物资储备局召开扶贫工作领导小组2020年第一次全体会议，进一步学习领会和贯彻落实习近平总书记在决战决胜脱贫攻坚座谈会上的重要讲话精神，认真落实胡春华副总理在积极应对新冠肺炎疫情决战脱贫攻坚电视电话会议以及国务院扶贫开发领导小组全体会议上的讲话要求，审议《国家粮食和物资储备局2020年定点扶贫工作计划》，研究部署2020年定点扶贫任务。张务锋同志主持会议并讲话，局扶贫工作领导小组全体成员，中央纪委国家监委驻国家发展改革委纪检监察组有关负责同志参加会议。

3月20日，国家粮食和物资储备局召开局机关2019年度工作总结表彰会议。张务锋同志代表局党组讲话，曾丽瑛同志主持会议并宣读表彰决定，卢景波、黄炜、韩卫江、梁彦、宋红旭同志出席会议。

3 月 24 日，张务锋、卢景波、黄炜同志到农业农村部会商《粮食安全保障法》立法和粮食安全省长责任制考核有关事宜。

3 月 25 日，中国国际贸易促进委员会粮食行业分会成立大会在北京召开。曾丽瑛同志主持会议。

四月

4 月 8 日，国家粮食和物资储备局党组召开第二轮巡视工作动员会，部署对 9 个直属、联系单位党组织进行巡视。张务锋同志出席会议并作动员讲话，曾丽瑛同志主持会议，贾骞同志、中央纪委国家监委驻国家发展改革委纪检监察组副组长徐建国出席会议。

4 月 13 日，张务锋同志主持召开局党组（扩大）会议，宣布中央关于曾丽瑛、韩卫江、贾骞同志的任免决定。曾丽瑛、卢景波、黄炜、韩卫江、梁彦、贾骞同志出席会议。

4 月 21 日，国家粮食和物资储备局党组召开机关新任处级干部集体谈话会。张务锋同志出席会议并讲话，卢景波同志主持会议，贾骞同志出席会议，新任处级干部和机关各司局主要负责同志参加会议，4 名新任职干部代表作表态发言。

4 月 21 日，国家粮食和物资储备局召开夏粮收购准备工作督导调度视频会议，分析研判夏粮收购形势，督导调度各地收购准备情况，安排部署下步工作。卢景波同志出席会议并讲话。

4 月 24 日，梁彦同志赴中化集团调研优质粮食工程、粮食产业扶贫等工作，与中化集团主要负责人交流座谈。

4 月 25 日，国家发展和改革委员会、农业农村部、国家粮食和物资储备局等 11 个部门联合印发《关于 2020 年度认真落实粮食安全省长责任制的通知》，要求各地按照“抓重点、补短板、强弱项”要求，认真制定 2020 年度落实粮食安全省长责任制工作方案，明确任务分工和时间表、路线图，确保各项重点任务落细落实。

4 月 29 日，国家粮食和物资储备局召开全系统安全生产视频会议，认真贯彻落实习近平总书记关于安全生产的重要指示精神，李克强总理的重要批示，以及国务院安委会全体会议、全国安全生产电视电话会议精神，分析安全生产形势，部署当前和今后一个时期安全生产工作，进一步强化安全生产责任和安全防范措施落实。张务锋同志出席会议并讲话，卢景波、黄炜、梁彦、贾骞、宋红旭同志出席会议。

五月

5 月 7 日，国家粮食和物资储备局召开构建新型粮食市场监测预警体系视频工作会议，安排部署推进粮食市场监测预警工作。卢景波同志出席会议并讲话。

5 月 13 日，全国政策性粮食库存数量和质量大清查总结视频会议在北京召开，深入学习贯彻习近平总书记关于确保粮食安全的重要指示精神，认真学习李克强总理关于全国政策性粮食库存数量和质量大清查工作的重要批示，传达学习韩正副总理关于大清查工作的批示要求。国家发展和改革委员会党组书记、主任何立峰出席会议并讲话，国家发展和改革委员会党组成员、副主任张勇主持会议，财政部党组成员、副部长余蔚平和张务锋同志等大清查部际协调机制成员在主会场参加会议。会议通报了大清查结果和有关情况，表扬了大清查先进单位和先进个人，吉林、福建、江西、山东、湖南、四川等六省作了典型发言。

5 月 19 日，国家粮食和物资储备局召开全国夏粮收购工作视频会议，深入贯彻习近平总书记重要指示精神，认真落实党中央、国务院决策部署，分析研判今年夏粮收购形势，安排部署收购工作。张务锋同志主持会议并讲话，卢景波同志出席会议。江苏、江西、河南、湖南、四川等五省和中储粮集团公司作了交流发言。

5 月 20 日，张务锋同志主持召开局“十四五”规划编制领导小组会议。卢景波、梁彦同志出席会议。

六月

6 月 1 日，国家粮食和物资储备局召开局长办公会议，认真传达学习习近平总书记在全国“两会”期间的重要讲话和“两会”精神，认真传达国务院第 95 次常务会议精神和关于认真落实《政府工作报告》重点任务分工的部署要求。会议要求，把深入学习贯彻习近平总书记重要讲话和全国“两会”精神作为当前和今后一个时期的重要政治任务；全面推进《政府工作报告》涉及国家粮食和物资储备局的重点工作；高度重视人大建议、政协提案办理工作。

6 月 3 日，国家粮食和物资储备局在中储粮集团公司召开动员视频会议，对 2019 年度中央储备粮棉管理和中央事权粮食政策执行情况考核工作作出安排部署。张务锋、卢景波同志和中储粮集团公司有关负责同志出席会议。

6 月 4 日，张务锋同志主持召开国家战略应急物资储备大清查部际协调机制第一次会议。卢景波同志出席会议。

6 月 5 日，张务锋同志主持召开国家战略应急物资储备大清查暨国家粮食和物资储备局垂管系统 2020 年国有资产清查动员视频会议。卢景波同志出席会议。

6 月 11 日，张务锋同志与国家能源局主要负责同志共同主持召开专题会议，研究国家石油储备基地建设和运行管理有关工作。梁彦同志出席会议。

6 月 12 日，梁彦同志主持召开国家石油储备项目建设推进专题会，研究推进国家石油储备基地项目建设和运行管理相关工作。

6 月 19 日，国家粮食和物资储备局召开北京粮油市场保供稳价情况调度视频会议，认真落实党中央、国务院决策部署，根据国务院应对疫情联防联控工作机制生活物资保障组要求，进一步安排部署北京市粮油市场保供稳价工作。张务锋同志出席会议并讲话，卢景波同志主持会议。

6 月 30 日，为优化中央储备粮棉结构，确保质量良好，增强中央储备调节能力，国家粮食和物资储备局和财政部联合发布 2020 年第 1 号公告，明确 2020 年对部分中央储备棉轮换有关事项。

七月

7 月 1 日，张务锋同志以《坚持以党的政治建设为统领，走好第一方阵、创建模范机关》为题，为全系统党员干部讲党课。卢景波、黄炜、梁彦、贾骞同志出席，中央纪委国家监委驻国家发展改革委纪检监察组副组长徐建国应邀到会指导。

7 月 6 日，张务锋同志参加国家粮食和物资储备局机关党委人事司党支部“不忘初心、弘扬优良家风”主题党日活动，与党员干部进行深入交流并讲话。贾骞同志参加活动。

7 月 6 日，国家粮食和物资储备局召开深入推进优质粮食工程中央企业座谈会，听取意见建议，会商下步推动举措，要求中化、中粮等大型龙头企业进一步发挥示范带动作用，以优质粮食工程为抓手，更好助力脱贫攻坚。梁彦同志出席会议并讲话。

7 月 7 日，卢景波同志主持召开粮食监测预警委员会第一次全体会议。

7 月 13 日，国家粮食和物资储备局在北京召开“强化政治机关意识旗帜鲜明讲政治”青年干部理论学习研讨座谈会暨第一届青年学习标兵表彰会。张务锋同志出席并讲话，卢景波同志就加强青年干部理论学习作出安排部署，提出明确要求，贾骞同志出席。

7 月 14 日，国家粮食和物资储备局召开国家粮食安全省长责任制考核工作组办公室成员会议。张务锋、卢景波同志出席。

7 月 16 日，国家粮食和物资储备局召开《国家粮食应急预案》专家论证会。张务锋、贾骞同志出席，卢景波同志主持会议。

7 月 17 日，国家粮食和物资储备局召开网络安全和信息化工作领导小组会议。张务锋同志主持会议，卢景波、黄炜、梁彦、贾骞同志出席会议。

7 月 17 日，国家粮食和物资储备局召开国家储备仓库安全综合整治三年行动项目建设调度视频会，对做好疫情常态化防控和防汛抗灾、压茬推进各类项目、确保质量进度等作出部署要求。梁彦同志出席会议并讲话。

7 月 21 日，国家粮食和物资储备局召开垂管系统防汛救灾和汛期安全生产视频调度会议，认真贯彻落实 7 月 17 日中共中央政治局常务委员会议精神和习近平总书记关于做好防汛救灾工作的重要指示、批示，听取垂管系统上半年安全生产形势和防汛救灾情况汇报，进一步部署落实垂管系统防汛救灾和汛期安全生产工作。贾骞同志出席会议并讲话。

7 月 27 日，国家粮食安全省长责任制考核工作组第五次联席会议在北京召开。会议深入学习贯彻习近平总书记关于粮食安全重要指示批示精神，认真分析研判当前粮食安全工作面临的新形势新任务，安排部署 2020 年度考核工作。考核工作组副组长，国家发展和改革委员会党组副书记、副主任唐登杰主持会议并作总结讲话，考核工作组副组长张务锋同志通报了 2019 年度考核进展情况和部门抽查有关安排，考核工作组成员兼办公室主任卢景波同志通报了 2020 年度粮食安全省长责任制考核方案等情况。

7 月 27 日，全国粮食安全省长责任制考核工作动员部署视频会议召开。张务锋、卢景波、梁彦同志出席会议。

7 月 28 日，国家粮食和物资储备局召开战略应急物资储备安全管理改革座谈会。张务锋同志主持会议，卢景波、黄炜、梁彦、贾骞同志出席会议。

7 月 29 日，国家粮食和物资储备局党组召开垂管系统党的建设暨党风廉政建设工作会议，深入学习贯彻习近平总书记关于全面从严治党的重要论述，认真落实十九届中央纪委四次全会和国务院第三次廉政工作会议精神，总结党和国家机构改革以来全系统党的建设工作，持续落实全面从严治党主体责任，推动党建工作高质量发展。国家发展和改革委员会党组成员、中央纪委国家监委驻国家发展改革委纪检监察组组长孙怀新和张务锋同志出席会议并讲话，卢景波、黄炜、梁彦、贾骞、翟江临、颜波、李成毅同志出席会议，国家发展和改革委员会直属机关党委常务副书记文步高应邀出席会议。

7 月 30 日，全国粮食和物资储备系统“双先”表彰暨经验交流视频会在北京召开。会议认真贯彻落实习近平总书记重要指示批示精神和党中央、国务院决策部署；隆重表彰全国粮食和物资储备系统先进集体、先进工作者和劳动模范，国家粮食和物资储备局“干事创业好团队”、“担当作为好干部”；回顾总结上半年工作，分析研判当前形势，部署下半年重点任务。张务锋同志认真传达了国家发展和改革委员会党组书记、主任何立峰同志的重要批示。人力资源和社会保障部党组成员、副部长张义全和黄炜、梁彦同志分别宣读了有关表彰决定。卢景波同志主持会议，贾骞、宋红旭、翟江临、颜波、李成毅同志出席会议。

八月

8 月 14 日至 15 日，张务锋同志带队赴河北省就地方储备粮管理和国有粮库监管情况开展专题调研，卢景波同志参加调研。

8 月 17 日至 18 日，国家粮食和物资储备局召开深入推进优质粮食工程座谈会。会议认真贯彻习近平总书记关于深入推进优质粮食工程的重要指示精神和李克强总理关于建设粮食产业强国的重要批示要求，调度各地优质粮食工程进展情况，并对下步深入推进作出安排部署。张务锋同志出席会议并讲话，梁彦、翟江临同志出席会议。

8 月 20 日，国家粮食和物资储备局举行司处级干部学习贯彻党的十九届四中全会精神培训班开班仪式。卢景波同志出席并讲话。

8 月 21 日，国家粮食和物资储备局党组与中央纪委国家监委驻国家发展改革委纪检监察组专题会商全面从严治党工作。中央纪委国家监委驻国家发展改革委纪检监察组组长孙怀新，张务锋、卢景波、黄炜、梁彦、贾骞同志出席会议。

8 月 25 日，国家粮食和物资储备局与江西省人民政府在南昌签署共同保障国家粮食安全推进粮食和物资储备事业高质量发展战略合作协议。江西省委副书记、省长易炼红，张务锋同志出席签约仪式并见证签约；江西省委常委、常务副省长殷美根与贾骞同志代表双方签约；翟江临同志出席签约仪式；江西省政府秘书长张小平主持签约仪式。

8 月 25 日，2020 年全国粮食和物资储备科技活动周启动仪式在江西南昌举行。江西省委副书记、省长易炼红，张务锋同志出席启动仪式并致辞；江西省委常委、常务副省长殷美根出席启动仪式；易炼红、张务锋、殷美根共同启动科技活动周，并向创新中心依托单位授牌，向科技特派员小分队授旗；贾骞同志主持启动仪式；翟江临同志、江西省政府秘书长张小平出席启动仪式。

8 月 25 日，2020 年全国科技和人才兴粮兴储工作经验交流会在江西南昌召开。会议以习近平新时代中国特色社会主义思想为指导，认真落实创新驱动发展战略，认清形势、交流经验，守正创新、久久为功，推动科技和人才兴粮兴储再上新水平。张务锋同志出席会议并讲话，卢景波同志主持会议，贾骞同志通报有关情况，翟江临同志出席会议。

8月26日至27日，全国粮食和物资储备执法督查工作会议在江西南昌召开。会议的主要任务是，以习近平新时代中国特色社会主义思想为指导，深入贯彻习近平总书记等中央领导同志重要指示批示精神，认真落实党中央、国务院决策部署，分析形势，明确任务，压实责任，不断提高执法监管效能，全力保障国家粮食安全和战略应急物资储备安全。张务锋同志讲话，江西省委常委、常务副省长殷美根致辞，卢景波同志作工作报告。期间，张务锋、卢景波同志赴江西省南良荆山粮库调研。

8月27日至28日，卢景波同志带队赴江西省就早稻收购、中央储备粮棉管理和中央事权粮食政策执行情况考核进行督导调研。

8月28日，张务锋同志带队赴上海期货交易所和上海石油天然气交易中心就油气市场化改革和油气供应保障情况进行调研考察。黄炜同志参加调研。

8月29日，国家粮食和物资储备局在江苏常州召开粮食立法修规工作座谈会，通报粮食立法修规工作进展情况，交流地方粮食立法经验，听取对《粮食储备安全管理条例》的修改完善意见。张务锋同志出席会议并讲话，黄炜同志主持会议。

8月30日，国家粮食和物资储备局江苏局举行挂牌仪式。张务锋、黄炜同志，江苏省委常委、常务副省长樊金龙出席。挂牌仪式结束后，张务锋、樊金龙、黄炜等同志共同见证了国家粮食和物资储备局江苏局与江苏省粮食和物资储备局工作协作机制签约。随后，出席南京财经大学粮食和物资学院挂牌仪式。

九月

9月3日，张务锋同志会见吉林省人民政府副省长李悦一行，就认真贯彻落实习近平总书记考察调研吉林重要讲话、重要指示精神，深入实施东北振兴战略，统筹推进吉林粮食和物资储备工作高质量发展进行座谈会商。卢景波、贾骞及相关司局单位主要负责同志，吉林省、长春市政府有关负责同志参加座谈会。

9月5日，中国粮食行业协会第六届会员代表大会在北京举行。大会选举产生了以栾日成同志为会长、以任智同志为秘书长和以尚金锁同志为监事长的新一届理事会成员。卢景波同志出席并讲话。

9月7日，2020年中国国际服务贸易交易会“粮食现代供应链发展及投资国际论坛”在北京举行，张务锋同志应邀出席并致辞。

9月7日，国家粮食和物资储备局党组召开第三轮巡视工作动员会，部署对国家粮食和物资储备局河北局、山西局、黑龙江局、山东局、广东局、上海局和浙江局分党组开展常规巡视。张务锋同志出席会议并作动员讲话，卢景波同志主持会议，贾骞同志和中央纪委国家监委驻国家发展改革委纪检监察组副局级纪检监察员陈良同志出席会议。

9月8日，全国抗击新冠肺炎疫情表彰大会在北京人民大会堂隆重举行。中共中央总书记、国家主席、中央军委主席习近平向国家勋章和国家荣誉称号获得者颁授勋章奖章并发表重要讲话。国家粮食和物资储备局安全仓储与科技司党支部应急管理处党小组荣获全国抗击新冠肺炎疫情先进集体。国家粮食和物资储备局湖北局三三七处胡钢同志荣获全国抗击新冠肺炎疫情先进个人。

9月8日，国家粮食和物资储备局召开推进OA系统上线运行工作会。黄炜同志出席会议，梁彦同志主持会议。

9月9日，张务锋同志会见广西壮族自治区人民政府副主席刘宏武一行，就认真贯彻落实习近平总书记考察调研广西重要讲话重要指示精神，夯实粮食安全基础，扎实推进广西粮食和物资储备工作高质量发展进行座谈会商。梁彦、贾骞及相关司局单位主要负责同志参加座谈会。

9月9日，国家粮食和物资储备局召开局党组会议，认真传达贯彻习近平总书记在纪念中国人民抗日战争暨世界反法西斯战争胜利75周年座谈会上的重要讲话精神和在全国抗击新冠肺炎疫情表彰大会上的重要讲话精神。

9月11日，国家粮食和物资储备局会同国家发展和改革委员会、财政部、交通运输部、农业农村部、人民银行、银保监会、国铁集团等部门单位联合印发《关于切实做好2020年秋粮收购工作的通知》，对2020年秋粮收购工作作出全面安排部署。

9月11日，国家粮食和物资储备局发出《关于创新举措加大力度进一步做好节粮减损工作的通知》，要求各级粮食和物资储备部门以习近平新时代中国特色社会主义思想为指导，深入落实总体国家安全观，扛稳粮食安全重任，着力推进节粮减损反对粮食浪费，全力保障国家粮食安全。

9月11日，由中国粮油学会主办、江南大学承办的中国粮油学会第十届学术年会暨第七届全谷物与健康食品国际研讨会在江苏省无锡市召开。贾骞同志出席并讲话。

9月15日，国家粮食和物资储备局在吉林省长春市召开全国秋粮收购工作会议，传达张务锋同志批示要求，学习秋粮收购有关政策和文件，分析研判收购形势，安排部署收购工作。卢景波同志出席会议并讲话。

9月17日，卢景波同志带队赴中国储备粮管理集团有限公司开展2019年度中央储备粮棉管理和中央事权粮食政策执行情况考核。

9月21日、22日，国家粮食和物资储备局党组理论学习中心组开展2020年第三季度集体学习，围绕“学习贯彻《习近平谈治国理政》第三卷，推动粮食和物资储备深化改革转型发展”主题，中心组成员领读领学《习近平谈治国理政》第三卷有关专题，深入进行交流研讨。张务锋同志主持学习并作总结讲话；卢景波、黄炜、梁彦、贾骞、宋红旭、翟江临、颜波、李成毅同志参加学习。黄炜、梁彦、李成毅同志结合分管工作作重点发言，相关司局单位主要负责同志作交流发言。

9月22日，国家粮食和物资储备局召开抗击新冠肺炎疫情表彰大会，认真学习贯彻习近平总书记在全国抗击新冠肺炎疫情表彰大会上的重要讲话精神，对抗击新冠疫情表现突出的全国粮食和物资储备系统先进集体和先进个人予以通报表扬，国家粮食和物资储备局先进集体和先进个人予以表彰。张务锋同志出席会议并讲话，卢景波同志主持会议，黄炜同志传达全国抗击新冠肺炎疫情表彰大会精神，梁彦同志宣读先进集体、先进个人表扬通报和表彰决定，贾骞、宋红旭、翟江临、颜波、李成毅同志出席会议。

9月23日至27日，国家粮食和物资储备局举办第一届公文展。张务锋、卢景波、黄炜、梁彦、贾骞、宋红旭、翟江临、颜波、李成毅同志出席开幕式，国家发展和改革委员会办公厅主任张世昕、中国经济导报社社长徐强应邀出席指导。各司局单位主要负责同志参加。

9月24日，张务锋同志带队赴安徽省阜南县开展定点扶贫专题调研，慰问曹集镇庄台贫困群众，考察阜南粮食食品产业园、现代农技服务中心、扶贫车间等帮扶项目，并与安徽省委常委、常务副省长邓向阳，副省长、阜阳市委书记杨光荣，中化集团党组书记、董事长宁高宁同阜南县、有关企业等负责人进行座谈。梁彦、翟江临同志参加调研。

9 月 26 日，国家粮食和物资储备局在浙江省湖州市组织召开“深入推进优质粮食工程加快粮食产业高质量发展”专家咨询会。张务锋、梁彦、翟江临、颜波同志出席咨询会，国家粮食安全政策专家咨询委员会主任委员张晓强主持会议，赵中权副主任委员等 8 位专家委员出席咨询会。

9 月 27 日，国家粮食和物资储备局在浙江省湖州市组织召开“深入推进优质粮食工程加快粮食产业高质量发展”报告会。张务锋同志出席会议，梁彦同志主持会议。

9 月 28 日，张务锋同志带队对北京市中秋国庆“两节”期间粮油市场供应工作进行检查调研。北京市副市长杨晋柏陪同调研，卢景波同志参加调研。

9 月 28 日，由国家粮食和物资储备局科学研究院与人民网联合主办的 2020 年“深入推进优质粮食工程”系列活动在北京举行发布会。张务锋同志出席并讲话，梁彦同志出席。

十月

10 月 11 日，第三届山东粮油产业博览会在临沂开幕。张务锋同志，山东省委常委、常务副省长王书坚出席开幕式并讲话。

10 月 14 日，国家粮食和物资储备局召开粮食监测预警委员会全体会议。张务锋同志出席，卢景波同志主持会议。

10 月 16 日，国家粮食和物资储备局、农业农村部、教育部、科技部、全国妇联，福建省人民政府以及联合国粮农组织在厦门大学联合举办 2020 年世界粮食日和全国粮食安全宣传周主会场活动。张务锋同志讲话，福建省委常委、常务副省长赵龙，农业农村部对外经济合作中心副主任胡延安，厦门大学党委书记张彦，联合国粮农组织驻华代理代表欧敏行分别致辞；全国妇联书记处书记章冬梅，黄炜同志，国家市场监管总局、科技部有关负责同志，中国贸促会粮食行业分会会长曾丽瑛，联合国世界粮食计划署驻华代表屈四喜出席活动。

10 月 17 日至 18 日，张务锋同志到福建省漳州市、龙岩市，就认真学习贯彻习近平总书记重要指示精神，大力弘扬革命传统，守住管好“天下粮仓”，扛稳国家粮食安全重任进行调研。

10 月 18 日，国家粮食和物资储备局与福建省人民政府在福州签署共同保障国家粮食安全推进粮食和物资储备事业高质量发展战略合作协议。福建省委书记、省人大常委会主任于伟国，省委副书记、省长王宁和张务锋同志见证签约，并进行座谈会商，达成高度共识；贾骞同志与福建省委常委、常务副省长赵龙代表双方签约；参加第三届中国粮食交易大会的部分嘉宾出席座谈并共同见证。

10 月 19 日，第三届中国粮食交易大会在福州开幕。福建省委书记、省人大常委会主任于伟国出席开幕式，福建省委副书记、省长王宁和张务锋同志共同为交易大会启动开幕并致辞。贾骞同志出席。

10 月 19 日，第二届全国贫困地区优质特色粮油产品展销会暨中央和国家机关定点扶贫县农副产品产销对接活动在福州市举办。福建省委书记、省人大常委会主任于伟国，省委副书记、省长王宁和张务锋同志参观并看望贫困地区参展代表。

10 月 22 日，张务锋同志主持召开“十四五”规划专题会议，听取关于粮食和物资储备领域“十四五”规划编制工作进展情况的汇报，研究部署下步工作。黄炜、贾骞同志出席会议。

10 月 22 日至 26 日，卢景波同志带队，先后赴黑龙江、辽宁两省，对秋粮收购工作、涉粮问题整改“回头看”情况进行现场督导检查。

10 月 23 日，国家粮食和物资储备局召开 2020 年离退休干部粮食和物资储备工作情况通报会。张务锋同志向离退休老同志致以诚挚的问候并通报工作情况，黄炜同志主持会议，贾骞、翟江临、李成毅同志出席会议。

10 月 23 日，国家粮食和物资储备局召开 2020 年预算执行推进视频会议。贾骞同志出席会议并讲话。

10 月 29 日，国家发展和改革委员会会同国家粮食和物资储备局等五部门共同发布《关于公布 2021 年小麦最低收购价格的通知》（发改价格〔2020〕1647 号），明确 2021 年生产的小麦（三等）最低收购价为每 50 公斤 113 元，较 2020 年上涨 1 元。

10 月 29 日，国家粮食和物资储备局召开秋粮收购工作督导调度视频会议，分析研判秋粮收购形势，调度收购进展情况，安排部署下一步工作。卢景波同志出席会议并讲话。

10 月 30 日，国家粮食和物资储备局召开局党组会议，认真传达学习党的十九届五中全会精神。会议要求，全局全系统各级党组织要迅速组织传达学习，切实把思想和行动高度统一到党中央决策部署上来。要增强“四个意识”、坚定“四个自信”、做到“两个维护”，把学习宣传习近平总书记重要讲话和五中全会精神作为当前和今后一个时期的重大政治任务。紧密联系工作实际，深入学、系统学、反复学，真正吃透精髓、把握实质，认真组织宣传解读，细化措施抓好落实，加快构建更高层次、更高质量、更有效率、更可持续的国家粮食安全和战略物资储备安全保障体系。

10 月 30 日，国家粮食和物资储备局和商务部联合发布通告（国粮通〔2020〕2 号），宣布将商务部管理的《中央储备糖储存库资质条件》（SB/T 10385-2004）行业标准调整为国家粮食和物资储备局管理。

十一月

11 月 11 日，中共中央政治局常委、全国政协主席汪洋主持召开全国政协常委会学习讲座，张务锋同志应邀作了题为“解决好中国人自己的‘饭碗’问题——我国粮食生产与粮食安全”的学习报告。卢景波同志列席讲座。

11 月 15 日至 16 日，全国粮食和物资储备系统办公室工作会议暨信访工作经验交流会、全国粮食和物资储备期刊宣传工作会议在江苏南京召开。会议以习近平新时代中国特色社会主义思想为指导，总结交流经验、全面分析形势、凝聚共识行动，提升能力水平，推动办公室工作、信访工作和期刊宣传工作取得新的更大进步。张务锋同志对会议作出批示，黄炜同志出席会议并讲话，办公室主要负责同志作工作报告。

11 月 17 日，张务锋同志会见湖南省人民政府副省长隋忠诚一行，就认真贯彻落实习近平总书记考察调研湖南重要讲话重要指示精神，扛稳粮食安全重任，稳步提升粮食产能，推动粮食和物资储备产业高质量发展进行了座谈会商。卢景波、贾骞及相关司局单位主要负责同志参加座谈会。

11 月 18 日，国家粮食和物资储备局召开对口支援江西省于都县工作座谈会。张务锋同志会见于都县委县政府领导同志，贾骞、翟江临同志出席会议。

11 月 20 日，国家粮食和物资储备局开展第四季度党组理论学习中心组集体学习，邀请国家发展和改革委员会宏观经济研究院院长、教授王昌林作学习贯彻党的十九届五中全会精神专题辅导报告。

张务锋同志出席，卢景波同志主持，局党组理论学习中心组成员，局总工程师、督查专员参加学习。

11 月 20 日，国家发展和改革委员会、国家粮食和物资储备局等 4 个部门联合印发《关于“人才兴储”的实施意见》，激励广大干部职工守正创新、敢于担当、善谋实干、锐意进取，充分适应粮食和物资储备深化改革转型发展的新形势新任务新要求。

11 月 27 日，国家粮食和物资储备局党组召开巡视工作领导小组会议。张务锋同志主持会议，听取局党组第三轮巡视工作有关情况的汇报。卢景波、贾骞同志出席会议。

11 月 27 日，张务锋同志以“认真学习贯彻党的十九届五中全会精神、奋力推进‘十四五’粮食和物资储备改革发展”为题，通过视频会议方式为全局全系统党员干部讲专题党课。卢景波、黄炜、梁彦、贾骞、宋红旭、翟江临、颜波、李成毅同志出席，中央纪委国家监委驻国家发展改革委纪检监察组相关负责同志应邀出席指导。

十二月

12 月 1 日，国家粮食和物资储备局召开垂管局新任职领导干部集体谈话会。张务锋同志出席会议并讲话，卢景波同志主持会议，贾骞同志宣布任职决定。

12 月 2 日，梁彦同志带队赴河北省邢台市就深入推进优质粮食工程开展调研。李成毅同志参加调研。

12 月 8 日至 9 日，卢景波同志带队赴广西柳州调研粮食产业经济，并在广西局四七九处开展党建专题调研。

12 月 14 日，张务锋同志会见青海省委副书记、省长信长星一行，就全面贯彻党的十九届五中全会精神，认真落实粮食安全省长责任制，坚决守住管好“天下粮仓”，推动粮食和物资储备高质量发展等工作进行座谈会商。青海省委常委、常务副省长李杰翔，卢景波、黄炜、贾骞及相关司局单位主要负责同志参加座谈会。

12 月 15 日，国家粮食和物资储备局召开模范机关创建工作现场会，通报前期落实中央巡视新要求开展整改“回头看”和模范机关创建工作督导检查情况，总结工作成效，交流经验做法，对标先进、互学互鉴、破解难题，推动模范机关创建工作再上新台阶。卢景波同志出席会议并讲话。

12 月 21 日，国家粮食和物资储备局召开局党组会议，认真传达贯彻中央经济工作会议精神、习近平总书记在中央政治局第二十六次集体学习时的重要讲话精神及全国发展和改革工作会议精神，研究部署贯彻落实的具体措施。

12 月 23 日至 25 日，张务锋同志赴吉林调研粮食和物资储备工作，梁彦、贾骞同志参加调研。调研期间，张务锋同志一行与吉林省委书记景俊海，省委副书记、代省长韩俊等领导同志就共同保障国家粮食和战略物资储备安全等进行会商，并见证国家粮食和物资储备局吉林局与长春市政府签订国家战略应急物资东北基地项目框架协议。

12 月 30 日，国家粮食和物资储备局召开局党组会议，认真传达贯彻中央农村工作会议精神，研究部署贯彻落实的具体措施。

（撰稿单位：国家粮食和物资储备局办公室；撰稿人：智振华、周彭英；审稿人：方进）

统计资料

表 1 全国主要粮食及油料播种面积（1978—2020 年）

单位：千公顷

年份	粮食	稻谷	小麦	玉米	大豆	油料
1978	120587	34421	29183	19961	7144	6222
1979	119263	33873	29357	20133	7247	7051
1980	117234	33878	28844	20087	7226	7928
1981	114958	33295	28307	19425	8024	9134
1982	113462	33071	27955	18543	8419	9343
1983	114047	33136	29050	18824	7567	8390
1984	112884	33178	29576	18537	7286	8678
1985	108845	32070	29218	17694	7718	11800
1986	110933	32266	29616	19124	8295	11415
1987	111268	32193	28798	20212	8445	11181
1988	110123	31987	28785	19692	8120	10619
1989	112205	32700	29841	20353	8057	10504
1990	113466	33064	30753	21401	7560	10900
1991	112314	32590	30948	21574	7041	11530
1992	110560	32090	30496	21044	7221	11489
1993	110509	30355	30235	20694	9454	11142
1994	109544	30171	28981	21152	9222	12081
1995	110060	30744	28860	22776	8127	13102
1996	112548	31407	29611	24498	7471	12555
1997	112912	31765	30057	23775	8346	12381
1998	113787	31214	29774	25239	8500	12919
1999	113161	31283	28855	25904	7962	13906
2000	108463	29962	26653	23056	9307	15400
2001	106080	28812	24664	24282	9482	14631
2002	103891	28202	23908	24634	8720	14766
2003	99410	26508	21997	24068	9313	14990
2004	101606	28379	21626	25446	9589	14431
2005	104278	28847	22793	26358	9591	14318
2006	104958	28938	23613	28463	9304	11738
2007	105999	28973	23762	30024	8801	12344
2008	107545	29350	23704	30981	9225	13232
2009	110255	29793	24425	32948	9339	13445
2010	111695	30097	24442	34977	8700	13695
2011	112980	30338	24507	36767	8103	13471
2012	114368	30476	24551	39109	7405	13435
2013	115908	30710	24440	41299	7050	13438
2014	117455	30765	24443	42997	7098	13395
2015	118963	30784	24567	44968	6827	13314
2016	119230	30746	24666	44178	7599	13191
2017	117989	30747	24478	42399	8245	13223
2018	117038	30189	24266	42130	8413	12872
2019	116064	29694	23728	41284	9332	12925
2020	116768	30076	23380	41264	9882	13129

注：2007—2017 年粮食及油料数据根据 2016 年第三次农业普查情况做了相应衔接修订。

数据来源：国家统计局统计资料。

表 2 全国主要粮食及油料产量（1978—2020 年）

单位：万吨

年份	粮食	稻谷	小麦	玉米	大豆	油料
1978	30477	13693	5384	5595	757	522
1979	33212	14375	6273	6004	746	644
1980	32056	13991	5521	6260	794	769
1981	32502	14396	5964	5921	933	1021
1982	35450	16160	6847	6056	903	1182
1983	38728	16887	8139	6821	976	1055
1984	40731	17826	8782	7341	970	1191
1985	37911	16857	8581	6383	1050	1578
1986	39151	17222	9004	7086	1161	1474
1987	40473	17442	8777	7982	1218	1528
1988	39408	16911	8543	7735	1165	1320
1989	40755	18013	9081	7893	1023	1295
1990	44624	18933	9823	9682	1100	1613
1991	43529	18381	9595	9877	971	1638
1992	44266	18622	10159	9538	1030	1641
1993	45649	17751	10639	10270	1531	1804
1994	44510	17593	9930	9928	1600	1990
1995	46662	18523	10221	11199	1350	2250
1996	50454	19510	11057	12747	1322	2211
1997	49417	20073	12329	10431	1473	2157
1998	51230	19871	10973	13295	1515	2314
1999	50839	19849	11388	12809	1425	2601
2000	46218	18791	9964	10600	1541	2955
2001	45264	17758	9387	11409	1541	2865
2002	45706	17454	9029	12131	1651	2897
2003	43070	16066	8649	11583	1539	2811
2004	46947	17909	9195	13029	1740	3066
2005	48402	18059	9745	13937	1635	3077
2006	49804	18172	10847	15160	1508	2640
2007	50414	18638	10949	15512	1279	2787
2008	53434	19261	11290	17212	1571	3037
2009	53941	19620	11580	17326	1522	3139
2010	55911	19723	11609	19075	1541	3157
2011	58849	20288	11857	21132	1488	3213
2012	61223	20653	12247	22956	1344	3286
2013	63048	20629	12364	24845	1241	3348
2014	63965	20961	12824	24976	1269	3372
2015	66060	21214	13256	26499	1237	3390
2016	66044	21109	13319	26361	1360	3400
2017	66161	21268	13424	25907	1528	3475
2018	65789	21213	13144	25717	1597	3433
2019	66384	20961	13360	26078	1809	3493
2020	66949	21186	13425	26067	1960	3586

注：2007—2017 年粮食及油料数据根据 2016 年第三次农业普查情况做了相应衔接修订。

数据来源：国家统计局统计资料。

表 3 全国主要粮食及油料单位面积产量（1978—2020 年）

单位：公斤 / 公顷

年份	粮食					油料
		稻谷	小麦	玉米	大豆	
1978	2527	3978	1845	2803	1059	839
1979	2785	4244	2137	2982	1029	913
1980	2734	4130	1914	3116	1099	970
1981	2827	4324	2107	3048	1162	1117
1982	3124	4886	2449	3266	1073	1265
1983	3396	5096	2802	3623	1290	1257
1984	3608	5373	2969	3960	1331	1372
1985	3483	5256	2937	3607	1361	1338
1986	3529	5338	3040	3705	1400	1291
1987	3637	5418	3048	3949	1443	1366
1988	3579	5287	2968	3928	1434	1243
1989	3632	5508	3043	3878	1269	1233
1990	3933	5726	3194	4524	1455	1480
1991	3876	5640	3100	4578	1379	1421
1992	4004	5803	3331	4533	1427	1428
1993	4131	5848	3519	4963	1619	1619
1994	4063	5831	3426	4693	1735	1647
1995	4240	6025	3541	4917	1661	1718
1996	4483	6212	3734	5203	1770	1761
1997	4377	6319	4102	4387	1765	1742
1998	4502	6366	3685	5268	1783	1791
1999	4493	6345	3947	4945	1789	1871
2000	4261	6272	3738	4597	1656	1919
2001	4267	6163	3806	4698	1625	1958
2002	4399	6189	3777	4924	1893	1962
2003	4332	6061	3932	4813	1653	1875
2004	4620	6311	4252	5120	1815	2125
2005	4642	6260	4275	5287	1705	2149
2006	4745	6280	4593	5326	1621	2249
2007	4756	6433	4608	5167	1454	2258
2008	4969	6563	4763	5556	1703	2295
2009	4892	6585	4741	5258	1630	2335
2010	5006	6553	4750	5454	1771	2305
2011	5209	6687	4838	5748	1836	2385
2012	5353	6777	4989	5870	1814	2446
2013	5440	6717	5059	6016	1760	2491
2014	5446	6813	5246	5809	1787	2517
2015	5553	6891	5396	5893	1811	2546
2016	5539	6866	5400	5967	1789	2578
2017	5607	6917	5484	6110	1854	2628
2018	5621	7027	5417	6104	1898	2667
2019	5720	7059	5630	6317	1939	2702
2020	5734	7044	5742	6317	1983	2732

注：2007—2017 年粮食及油料数据根据 2016 年第三次农业普查情况做了相应衔接修订。

数据来源：国家统计局统计资料。

表 4 全国粮食和油料作物播种面积（2019—2020 年）

单位：千公顷

	2019 年	2020 年	2020 年比 2019 年增加	
			绝对数	%
一、粮食	116063.6	116768.2	704.6	0.6
其中：夏收粮食	26354.1	26172.5	-181.6	-0.7
（一）谷物	97847.0	97964.2	117.2	0.1
1. 稻谷	29693.5	30075.5	382.0	1.3
（1）早稻	4450.0	4750.7	300.7	6.8
（2）中稻和一季晚稻	20269.4	20147.3	-122.0	-0.6
（3）双季晚稻	4974.1	5177.5	203.4	4.1
2. 小麦	23727.7	23380.0	-347.7	-1.5
（1）冬小麦	22374.3	22157.2	-217.0	-1.0
（2）春小麦	1353.4	1222.8	-130.6	-9.7
3. 玉米	41284.1	41264.3	-19.8	0.0
4. 其它谷物	3141.8	3244.4	102.7	3.3
其中：谷子	830.6	905.8	75.2	9.0
高粱	640.4	634.7	-5.7	-0.9
大麦	248.3	226.9	-21.4	-8.6
（二）豆类	11074.7	11593.5	518.8	4.7
其中：大豆	9331.7	9882.5	550.8	5.9
绿豆	435.2	383.8	-51.4	-11.8
红小豆	159.2	134.7	-24.5	-15.4
（三）薯类	7141.9	7210.5	68.6	1.0
其中：马铃薯	4673.0	4656.1	-16.9	-0.4
二、油料作物	12925.4	13129.1	203.7	1.6
其中：花生	4633.5	4730.8	97.3	2.1
油菜籽	6583.1	6764.7	181.6	2.8
芝麻	282.9	292.1	9.2	3.3
胡麻籽	224.8	191.4	-33.4	-14.9
葵花籽	915.3	872.7	-42.6	-4.7

数据来源：国家统计局统计资料。

表 5 全国粮食和油料作物产量（2019—2020 年）

单位：万吨

	2019 年	2020 年	2020 年比 2019 年增加	
			绝对数	%
一、粮食	66384.3	66949.2	564.8	0.9
其中：夏收粮食	14160.2	14285.6	125.4	0.9
（一）谷物	61369.7	61674.3	304.6	0.5
1. 稻谷	20961.4	21186.0	224.6	1.1
（1）早稻	2626.5	2729.3	102.8	3.9
（2）中稻和一季晚稻	15326.1	15350.1	24.0	0.2
（3）双季晚稻	3008.7	3106.5	97.8	3.3
2. 小麦	13359.6	13425.4	65.8	0.5
（1）冬小麦	12773.2	12887.6	114.5	0.9
（2）春小麦	586.5	537.8	-48.7	-8.3
3. 玉米	26077.9	26066.5	-11.4	0.0
4. 其它谷物	970.8	996.4	25.6	2.6
其中：谷子	254.0	280.7	26.7	10.5
高粱	313.7	297.0	-16.7	-5.3
大麦	90.8	88.4	-2.4	-2.6
（二）豆类	2131.9	2287.5	155.6	7.3
其中：大豆	1809.2	1960.2	151.0	8.3
绿豆	57.3	50.8	-6.6	-11.5
红小豆	24.0	20.8	-3.2	-13.2
（三）薯类	2882.7	2987.4	104.7	3.6
其中：马铃薯	1777.9	1798.3	20.4	1.1
二、油料作物	3493.0	3586.4	93.4	2.7
其中：花生	1752.0	1799.3	47.3	2.7
油菜籽	1348.5	1404.9	56.4	4.2
芝麻	46.7	45.7	-1.0	-2.2
胡麻籽	33.2	28.4	-4.8	-14.3
葵花籽	266.4	257.0	-9.3	-3.5

数据来源：国家统计局统计资料。

表 6 全国粮食和油料作物单位面积产量（2019—2020 年）

单位：公斤 / 公顷

	2019 年	2020 年	2020 年比 2019 年增加	
			绝对数	%
一、粮食	5719.7	5733.5	13.9	0.2
其中：夏收粮食	5373.1	5458.3	85.2	1.6
（一）谷物	6272.0	6295.6	23.6	0.4
1. 稻谷	7059.2	7044.3	-15.0	-0.2
（1）早稻	5902.3	5745.1	-157.3	-2.7
（2）中稻和一季晚稻	7561.2	7618.9	57.7	0.8
（3）双季晚稻	6048.7	6000.0	-48.7	-0.8
2. 小麦	5630.4	5742.3	111.9	2.0
（1）冬小麦	5708.9	5816.4	107.6	1.9
（2）春小麦	4333.3	4398.0	64.7	1.5
3. 玉米	6316.7	6317.0	0.3	0.0
4. 其它谷物	3090.0	3071.1	-18.9	-0.6
其中：谷子	3058.0	3098.5	40.6	1.3
高粱	4898.5	4679.2	-219.2	-4.5
大麦	3657.7	3896.0	238.4	6.5
（二）豆类	1925.0	1973.1	48.0	2.5
其中：大豆	1938.7	1983.5	44.7	2.3
绿豆	1317.8	1322.9	5.0	0.4
红小豆	1508.6	1547.6	39.0	2.6
（三）薯类	4036.3	4143.1	106.8	2.6
其中：马铃薯	3804.7	3862.3	57.6	1.5
二、油料作物	2702.4	2731.6	29.2	1.1
其中：花生	3781.1	3803.3	22.2	0.6
油菜籽	2048.4	2076.8	28.4	1.4
芝麻	1651.1	1564.3	-86.8	-5.3
胡麻籽	1475.8	1485.0	9.3	0.6
葵花籽	2910.0	2945.3	35.2	1.2

数据来源：国家统计局统计资料。

表 7 各地区粮食播种面积（2019—2020 年）

单位：千公顷

地 区	2019 年	2020 年	2020 年比 2019 年增加	
			绝对数	%
全国总计	116063.6	116768.2	704.6	0.6
东部地区	24899.8	24892.6	-7.2	0.0
中部地区	34037.8	34330.7	292.9	0.9
西部地区	33654.2	33897.5	243.3	0.7
东北地区	23471.8	23647.3	175.6	0.7
北 京	46.5	48.9	2.4	5.1
天 津	339.3	350.2	10.9	3.2
河 北	6469.2	6388.8	-80.4	-1.2
山 西	3126.2	3130.0	3.9	0.1
内蒙古	6827.5	6833.2	5.7	0.1
辽 宁	3488.7	3527.2	38.4	1.1
吉 林	5644.9	5681.8	36.9	0.7
黑龙江	14338.1	14438.4	100.3	0.7
上 海	117.4	114.3	-3.1	-2.6
江 苏	5381.5	5405.6	24.2	0.4
浙 江	977.4	993.4	16.0	1.6
安 徽	7287.0	7289.5	2.5	0.0
福 建	822.4	834.4	12.0	1.5
江 西	3665.1	3772.4	107.2	2.9
山 东	8312.8	8281.5	-31.3	-0.4
河 南	10734.5	10738.8	4.2	0.0
湖 北	4608.6	4645.3	36.7	0.8
湖 南	4616.4	4754.8	138.4	3.0
广 东	2160.6	2204.7	44.0	2.0
广 西	2747.0	2806.1	59.1	2.2
海 南	272.6	270.7	-1.9	-0.7
重 庆	1999.3	2003.1	3.8	0.2
四 川	6279.3	6312.6	33.3	0.5
贵 州	2709.4	2754.1	44.7	1.7
云 南	4165.8	4167.4	1.6	0.0
西 藏	184.8	182.3	-2.5	-1.3
陕 西	2998.9	3001.0	2.1	0.1
甘 肃	2581.1	2638.3	57.2	2.2
青 海	280.2	290.0	9.8	3.5
宁 夏	677.4	679.2	1.8	0.3
新 疆	2203.6	2230.2	26.6	1.2

注：东部地区包括：北京、天津、河北、上海、江苏、浙江、福建、山东、广东、海南等 10 省市；中部地区包括：山西、安徽、江西、河南、湖北、湖南等 6 省；西部地区包括：重庆、四川、贵州、云南、西藏、陕西、甘肃、青海、宁夏、新疆、内蒙古、广西等 12 省区市；东北地区包括：辽宁、吉林、黑龙江等 3 省。

数据来源：国家统计局统计资料。

表 8 各地区粮食总产量（2019—2020 年）

单位：万吨

地 区	2019 年	2020 年	2020 年比 2019 年增加	
			绝对数	%
全国总计	66384.3	66949.2	564.8	0.9
东部地区	15622.2	15843.0	220.8	1.4
中部地区	19968.4	20175.7	207.3	1.0
西部地区	16982.9	17247.7	264.8	1.6
东北地区	13810.9	13682.8	-128.1	-0.9
北 京	28.8	30.5	1.8	6.2
天 津	223.3	228.2	4.9	2.2
河 北	3739.2	3795.9	56.7	1.5
山 西	1361.8	1424.3	62.5	4.6
内蒙古	3652.5	3664.1	11.6	0.3
辽 宁	2430.0	2338.8	-91.1	-3.7
吉 林	3877.9	3803.2	-74.8	-1.9
黑龙江	7503.0	7540.8	37.8	0.5
上 海	95.9	91.4	-4.5	-4.6
江 苏	3706.2	3729.1	22.9	0.6
浙 江	592.1	605.7	13.6	2.3
安 徽	4054.0	4019.2	-34.8	-0.9
福 建	493.9	502.3	8.4	1.7
江 西	2157.5	2163.9	6.4	0.3
山 东	5357.0	5446.8	89.8	1.7
河 南	6695.4	6825.8	130.4	1.9
湖 北	2725.0	2727.4	2.4	0.1
湖 南	2974.8	3015.1	40.3	1.4
广 东	1240.8	1267.6	26.8	2.2
广 西	1332.0	1370.0	38.0	2.9
海 南	145.0	145.5	0.5	0.3
重 庆	1075.2	1081.4	6.3	0.6
四 川	3498.5	3527.4	28.9	0.8
贵 州	1051.2	1057.6	6.4	0.6
云 南	1870.0	1895.9	25.8	1.4
西 藏	103.9	102.9	-1.0	-1.0
陕 西	1231.1	1274.8	43.7	3.6
甘 肃	1162.6	1202.2	39.6	3.4
青 海	105.5	107.4	1.9	1.8
宁 夏	373.2	380.5	7.3	2.0
新 疆	1527.1	1583.4	56.3	3.7

注：东部地区包括：北京、天津、河北、上海、江苏、浙江、福建、山东、广东、海南等 10 省市；中部地区包括：山西、安徽、江西、河南、湖北、湖南等 6 省；西部地区包括：重庆、四川、贵州、云南、西藏、陕西、甘肃、青海、宁夏、新疆、内蒙古、广西等 12 省区市；东北地区包括：辽宁、吉林、黑龙江等 3 省。

数据来源：国家统计局统计资料。

表 9 各地区粮食单位面积产量（2019—2020 年）

单位：公斤 / 公顷

地　区	2019 年	2020 年	2020 年比 2019 年增加	
			绝对数	%
全国总计	5719.7	5733.5	13.9	0.2
东部地区	6274.0	6364.5	90.5	1.4
中部地区	5866.5	5876.9	10.3	0.2
西部地区	5046.3	5088.2	41.9	0.8
东北地区	5884.0	5786.2	-97.9	-1.7
北　京	6183.1	6243.9	60.8	1.0
天　津	6580.4	6515.7	-64.7	-1.0
河　北	5780.1	5941.5	161.4	2.8
山　西	4356.1	4550.4	194.2	4.5
内蒙古	5349.8	5362.2	12.5	0.2
辽　宁	6965.2	6630.9	-334.2	-4.8
吉　林	6869.8	6693.6	-176.1	-2.6
黑龙江	5232.9	5222.7	-10.2	-0.2
上　海	8170.4	8002.6	-167.7	-2.1
江　苏	6887.0	6898.5	11.5	0.2
浙　江	6058.2	6097.2	39.1	0.6
安　徽	5563.3	5513.7	-49.6	-0.9
福　建	6005.4	6019.9	14.5	0.2
江　西	5886.4	5736.1	-150.3	-2.6
山　东	6444.3	6577.1	132.8	2.1
河　南	6237.2	6356.2	119.0	1.9
湖　北	5912.8	5871.4	-41.4	-0.7
湖　南	6444.1	6341.3	-102.8	-1.6
广　东	5742.7	5749.4	6.6	0.1
广　西	4848.9	4882.3	33.4	0.7
海　南	5316.9	5373.2	56.3	1.1
重　庆	5377.7	5398.8	21.1	0.4
四　川	5571.5	5587.9	16.4	0.3
贵　州	3880.0	3840.2	-39.8	-1.0
云　南	4489.1	4549.3	60.2	1.3
西　藏	5624.2	5642.7	18.4	0.3
陕　西	4105.2	4248.0	142.7	3.5
甘　肃	4504.2	4556.8	52.6	1.2
青　海	3766.6	3703.8	-62.8	-1.7
宁　夏	5508.9	5602.2	93.3	1.7
新　疆	6929.9	7099.8	170.0	2.5

注：东部地区包括：北京、天津、河北、上海、江苏、浙江、福建、山东、广东、海南等 10 省市；中部地区包括：山西、安徽、江西、河南、湖北、湖南等 6 省；西部地区包括：重庆、四川、贵州、云南、西藏、陕西、甘肃、青海、宁夏、新疆、内蒙古、广西等 12 省区市；东北地区包括：辽宁、吉林、黑龙江等 3 省。

数据来源：国家统计局统计资料。

表 10 2020 年各地区粮食及油料播种面积和产量（一）

单位：千公顷，万吨，公斤 / 公顷

地 区	粮食			稻谷		
	播种面积	总产量	每公顷产量	播种面积	总产量	每公顷产量
全国总计	116768.2	66949.2	5733.5	30075.5	21186.0	7044.3
东部地区	24892.6	15843.0	6364.5	5851.5	4331.1	7401.8
中部地区	34330.7	20175.7	5876.9	12848.0	8630.4	6717.3
西部地区	33897.5	17247.7	5088.2	6146.5	4216.3	6859.7
东北地区	23647.3	13682.8	5786.2	5229.6	4008.1	7664.3
北 京	48.9	30.5	6243.9	0.2	0.1	6701.0
天 津	350.2	228.2	6515.7	53.4	50.2	9400.8
河 北	6388.8	3795.9	5941.5	78.7	48.9	6216.1
山 西	3130.0	1424.3	4550.4	2.4	1.7	6985.5
内蒙古	6833.2	3664.1	5362.2	160.9	123.1	7655.1
辽 宁	3527.2	2338.8	6630.9	520.4	446.5	8580.5
吉 林	5681.8	3803.2	6693.6	837.1	665.4	7948.8
黑龙江	14438.4	7540.8	5222.7	3872.0	2896.2	7479.7
上 海	114.3	91.4	8002.6	104.1	84.7	8135.2
江 苏	5405.6	3729.1	6898.5	2202.8	1965.7	8923.5
浙 江	993.4	605.7	6097.2	636.0	465.1	7313.0
安 徽	7289.5	4019.2	5513.7	2512.1	1560.5	6212.0
福 建	834.4	502.3	6019.9	601.7	391.7	6510.5
江 西	3772.4	2163.9	5736.1	3441.8	2051.2	5959.6
山 东	8281.5	5446.8	6577.1	112.5	98.8	8781.0
河 南	10738.8	6825.8	6356.2	617.1	513.7	8325.0
湖 北	4645.3	2727.4	5871.4	2280.7	1864.3	8174.3
湖 南	4754.8	3015.1	6341.3	3993.9	2638.9	6607.5
广 东	2204.7	1267.6	5749.4	1834.4	1099.6	5994.1
广 西	2806.1	1370.0	4882.3	1760.1	1013.7	5759.5
海 南	270.7	145.5	5373.2	227.5	126.3	5548.7
重 庆	2003.1	1081.4	5398.8	657.3	489.19	7442.8
四 川	6312.6	3527.4	5587.9	1866.3	1475.3	7905.0
贵 州	2754.1	1057.6	3840.2	665.1	416.0	6254.2
云 南	4167.4	1895.9	4549.3	818.9	524.9	6409.7
西 藏	182.3	102.9	5642.7	0.9	0.5	5594.1
陕 西	3001.0	1274.8	4248.0	105.1	80.5	7662.3
甘 肃	2638.3	1202.2	4556.8	3.4	1.7	4967.6
青 海	290.0	107.4	3703.8	/	/	/
宁 夏	679.2	380.5	5602.2	60.8	49.4	8120.7
新 疆	2230.2	1583.4	7099.8	47.6	41.9	8790.7

注：东部地区包括：北京、天津、河北、上海、江苏、浙江、福建、山东、广东、海南等 10 省市；中部地区包括：山西、安徽、江西、河南、湖北、湖南等 6 省；西部地区包括：重庆、四川、贵州、云南、西藏、陕西、甘肃、青海、宁夏、新疆、内蒙古、广西等 12 省区市；东北地区包括：辽宁、吉林、黑龙江等 3 省。

数据来源：国家统计局统计资料。

表 10 2020 年各地区粮食及油料播种面积和产量（二）

单位：千公顷，万吨，公斤 / 公顷

地　区	小麦			玉米		
	播种面积	总产量	每公顷产量	播种面积	总产量	每公顷产量
全国总计	23380.0	13425.4	5742.3	41264.3	26066.5	6317.0
东部地区	8703.9	5455.7	6268.1	8233.2	5189.1	6302.6
中部地区	10103.8	6073.1	6010.7	7979.0	4541.0	5691.2
西部地区	4515.7	1874.5	4151.1	12584.9	7922.5	6295.3
东北地区	56.6	22.1	3897.4	12467.2	8413.9	6748.8
北　京	8.4	4.6	5504.0	35.6	24.2	6785.1
天　津	104.0	62.9	6046.9	178.9	109.7	6133.3
河　北	2216.9	1439.3	6492.3	3417.1	2051.8	6004.6
山　西	535.9	236.5	4413.2	1742.2	979.9	5624.7
内蒙古	479.0	170.8	3565.7	3823.9	2742.7	7172.6
辽　宁	3.1	1.7	5410.8	2699.3	1793.9	6645.6
吉　林	4.8	1.7	3513.8	4287.2	2973.4	6935.6
黑龙江	48.7	18.7	3839.4	5480.7	3646.6	6653.6
上　海	7.5	5.3	7002.6	1.2	0.9	6897.4
江　苏	2338.9	1333.9	5703.0	509.8	308.3	6048.0
浙　江	93.4	40.8	4369.5	63.3	25.9	4093.6
安　徽	2825.2	1671.7	5917.2	1234.8	663.2	5371.5
福　建	0.1	0.0	2648.5	33.1	14.8	4465.0
江　西	14.4	3.3	2291.7	47.6	20.7	4340.3
山　东	3934.4	2568.9	6529.2	3871.1	2595.4	6704.6
河　南	5673.7	3753.1	6615.0	3818.0	2342.4	6135.1
湖　北	1031.4	400.7	3884.7	752.0	311.5	4142.9
湖　南	23.3	7.8	3341.9	384.4	223.2	5808.0
广　东	0.4	0.1	3684.2	123.1	58.2	4722.3
广　西	3.9	0.6	1617.6	597.0	273.3	4578.6
海　南	/	/	/	/	/	/
重　庆	18.5	6.1	3286.8	440.9	251.1	5695.4
四　川	596.8	246.7	4134.2	1839.4	1065.0	5790.0
贵　州	138.1	33.4	2417.2	501.5	220.3	4394.0
云　南	320.0	69.7	2178.1	1802.5	938.0	5204.0
西　藏	29.9	17.6	5909.2	4.4	2.8	6210.7
陕　西	964.2	413.2	4286.0	1179.4	620.2	5258.1
甘　肃	708.7	268.9	3793.9	1000.8	616.8	6163.3
青　海	94.8	37.6	3963.5	21.4	14.8	6920.9
宁　夏	92.9	27.8	2990.7	322.7	249.1	7717.6
新　疆	1069.0	582.1	5445.1	1051.1	928.4	8833.4

注：东部地区包括：北京、天津、河北、上海、江苏、浙江、福建、山东、广东、海南等 10 省市；中部地区包括：山西、安徽、江西、河南、湖北、湖南等 6 省；西部地区包括：重庆、四川、贵州、云南、西藏、陕西、甘肃、青海、宁夏、新疆、内蒙古、广西等 12 省区市；东北地区包括：辽宁、吉林、黑龙江等 3 省。

数据来源：国家统计局统计资料。

表 10 2020 年各地区粮食及油料播种面积和产量（三）

单位：千公顷，万吨，公斤 / 公顷

地 区	大豆			油料		
	播种面积	总产量	每公顷产量	播种面积	总产量	每公顷产量
全国总计	9882.5	1960.2	1983.5	13129.1	3586.4	2731.6
东部地区	633.0	172.4	2722.7	1907.4	680.9	3569.5
中部地区	1547.7	301.6	1948.6	5717.2	1577.2	2758.7
西部地区	2445.4	477.8	1953.9	4896.8	1135.0	2317.8
东北地区	5256.4	1008.4	1918.5	607.8	193.4	3182.3
北 京	1.2	0.3	2093.8	1.2	0.3	2670.4
天 津	4.1	0.8	2063.4	0.8	0.3	3646.8
河 北	89.5	22.3	2493.5	355.4	119.5	3363.2
山 西	119.6	20.8	1737.5	88.3	14.3	1620.8
内蒙古	1201.7	234.7	1953.5	909.5	217.3	2388.8
辽 宁	103.2	23.9	2317.0	309.6	99.7	3218.8
吉 林	321.1	64.2	2000.3	256.3	81.4	3175.8
黑龙江	4832.1	920.3	1904.5	41.8	12.3	2951.1
上 海	0.5	0.1	2781.5	2.4	0.7	3001.7
江 苏	196.4	51.9	2644.5	278.7	93.0	3337.6
浙 江	82.8	21.7	2628.2	137.3	32.1	2337.8
安 徽	605.1	92.9	1536.0	521.4	162.5	3115.8
福 建	34.4	9.5	2756.4	79.3	22.7	2866.2
江 西	113.5	27.8	2444.9	678.4	122.7	1808.6
山 东	188.7	55.5	2941.3	666.4	290.9	4365.9
河 南	375.2	93.4	2490.1	1597.5	672.6	4210.0
湖 北	219.7	35.5	1617.4	1377.9	344.5	2499.8
湖 南	114.7	31.2	2717.6	1453.5	260.7	1793.4
广 东	32.6	9.1	2790.6	355.3	113.5	3195.1
广 西	96.4	15.4	1601.2	262.2	73.9	2817.8
海 南	2.9	1.0	3586.5	30.7	7.7	2508.4
重 庆	98.1	20.2	2060.4	333.9	67.1	2008.8
四 川	432.7	101.3	2340.1	1583.9	392.9	2480.7
贵 州	211.8	22.4	1055.4	579.4	103.4	1784.6
云 南	186.6	46.4	2486.6	311.2	63.1	2027.1
西 藏	0.0	0.0	2474.6	20.2	5.1	2520.4
陕 西	151.3	23.6	1562.0	266.7	59.1	2216.2
甘 肃	47.0	8.2	1738.1	276.1	61.4	2226.0
青 海	/	/	/	143.6	30.2	2104.2
宁 夏	3.5	0.4	1130.4	33.0	6.7	2016.2
新 疆	16.4	5.2	3192.7	177.2	54.9	3095.2

注：东部地区包括：北京、天津、河北、上海、江苏、浙江、福建、山东、广东、海南等 10 省市；中部地区包括：山西、安徽、江西、河南、湖北、湖南等 6 省；西部地区包括：重庆、四川、贵州、云南、西藏、陕西、甘肃、青海、宁夏、新疆、内蒙古、广西等 12 省区市；东北地区包括：辽宁、吉林、黑龙江等 3 省。

数据来源：国家统计局统计资料。

表 11 2020 年各地区分季粮食播种面积和产量（一）

单位：千公顷，万吨，公斤 / 公顷

地　区	全年粮食总计			1. 夏收粮食		
	播种面积	总产量	每公顷产量	播种面积	总产量	每公顷产量
全国总计	116768.2	66949.2	5733.5	26172.5	14285.6	5458.3
东部地区	24892.6	15843.0	6364.5	9095.8	5623.6	6182.6
中部地区	34330.7	20175.7	5876.9	10491.5	6201.5	5911.0
西部地区	33897.5	17247.7	5088.2	6585.1	2460.4	3736.4
东北地区	23647.3	13682.8	5786.2	/	/	/
北　京	48.9	30.5	6243.9	8.5	4.6	5473.7
天　津	350.2	228.2	6515.7	104.0	62.9	6046.9
河　北	6388.8	3795.9	5941.5	2243.2	1453.9	6481.5
山　西	3130.0	1424.3	4550.4	536.5	236.8	4413.9
内蒙古	6833.2	3664.1	5362.2	/	/	/
辽　宁	3527.2	2338.8	6630.9	/	/	/
吉　林	5681.8	3803.2	6693.6	/	/	/
黑龙江	14438.4	7540.8	5222.7	/	/	/
上　海	114.3	91.4	8002.6	8.0	5.6	6913.2
江　苏	5405.6	3729.1	6898.5	2444.2	1373.8	5620.7
浙　江	993.4	605.7	6097.2	138.6	55.7	4015.1
安　徽	7289.5	4019.2	5513.7	2826.0	1671.9	5916.1
福　建	834.4	502.3	6019.9	55.3	24.2	4382.3
江　西	3772.4	2163.9	5736.1	70.4	24.0	3412.8
山　东	8281.5	5446.8	6577.1	3935.4	2569.2	6528.5
河　南	10738.8	6825.8	6356.2	5676.3	3753.8	6613.0
湖　北	4645.3	2727.4	5871.4	1276.1	472.0	3698.5
湖　南	4754.8	3015.1	6341.3	106.3	43.1	4057.0
广　东	2204.7	1267.6	5749.4	136.6	64.2	4700.8
广　西	2806.1	1370.0	4882.3	113.6	26.0	2287.1
海　南	270.7	145.5	5373.2	22.1	9.6	4329.9
重　庆	2003.1	1081.4	5398.8	370.3	119.6	3230.8
四　川	6312.6	3527.4	5587.9	1095.0	426.3	3893.1
贵　州	2754.1	1057.6	3840.2	883.2	251.7	2849.7
云　南	4167.4	1895.9	4549.3	967.8	249.5	2578.4
西　藏	182.3	102.9	5642.7	/	/	/
陕　西	3001.0	1274.8	4248.0	1103.7	453.5	4109.0
甘　肃	2638.3	1202.2	4556.8	876.9	321.3	3663.7
青　海	290.0	107.4	3703.8	/	/	/
宁　夏	679.2	380.5	5602.2	102.3	29.1	2841.1
新　疆	2230.2	1583.4	7099.8	1072.5	583.5	5440.7

注：东部地区包括：北京、天津、河北、上海、江苏、浙江、福建、山东、广东、海南等 10 省市；中部地区包括：山西、安徽、江西、河南、湖北、湖南等 6 省；西部地区包括：重庆、四川、贵州、云南、西藏、陕西、甘肃、青海、宁夏、新疆、内蒙古、广西等 12 省区市；东北地区包括：辽宁、吉林、黑龙江等 3 省。

数据来源：国家统计局统计资料。

表 11 2020 年各地区分季粮食播种面积和产量（二）

单位：千公顷，万吨，公斤 / 公顷

地 区	2. 早稻			3. 秋粮		
	播种面积	总产量	每公顷产量	播种面积	总产量	每公顷产量
全国总计	4750.7	2729.3	5745.1	85845.0	49934.2	5816.8
东部地区	1178.0	709.3	6021.4	14618.8	9510.0	6505.3
中部地区	2736.0	1524.9	5573.6	21103.2	12449.2	5899.2
西部地区	836.7	495.1	5916.7	26475.7	14292.2	5398.2
东北地区	/	/	/	23647.3	13682.8	5786.2
北 京	/	/	/	40.4	25.9	6405.6
天 津	/	/	/	246.2	165.3	6713.6
河 北	/	/	/	4145.6	2342.0	5649.3
山 西	/	/	/	2593.6	1187.5	4578.6
内蒙古	/	/	/	6833.2	3664.1	5362.2
辽 宁	/	/	/	3527.2	2338.8	6630.9
吉 林	/	/	/	5681.8	3803.2	6693.6
黑龙江	/	/	/	14438.4	7540.8	5222.7
上 海	/	/	/	106.2	85.9	8084.9
江 苏	/	/	/	2961.5	2355.3	7953.0
浙 江	101.2	62.8	6202.0	753.6	487.3	6466.2
安 徽	170.3	91.2	5355.3	4293.2	2256.1	5255.1
福 建	97.7	62.2	6362.4	681.4	415.9	6103.7
江 西	1217.5	646.7	5311.6	2484.5	1493.2	6010.0
山 东	/	/	/	4346.2	2877.6	6621.1
河 南	/	/	/	5062.5	3072.1	6068.2
湖 北	122.4	68.3	5578.5	3246.8	2187.2	6736.4
湖 南	1225.7	718.7	5863.7	3422.7	2253.3	6583.3
广 东	869.1	518.5	5966.0	1199.0	684.9	5711.8
广 西	805.2	476.8	5921.0	1887.3	867.3	4595.4
海 南	110.0	65.9	5990.0	138.7	70.0	5050.5
重 庆	/	/	/	1632.8	961.8	5890.5
四 川	/	/	/	5217.6	3101.1	5943.6
贵 州	/	/	/	1871.0	806.0	4307.7
云 南	31.5	18.3	5806.9	3168.1	1628.0	5138.8
西 藏	/	/	/	182.3	102.9	5642.7
陕 西	/	/	/	1897.4	821.3	4328.8
甘 肃	/	/	/	1761.4	880.9	5001.4
青 海	/	/	/	290.0	107.4	3703.8
宁 夏	/	/	/	576.9	351.4	6091.6
新 疆	/	/	/	1157.7	999.9	8636.7

注：东部地区包括：北京、天津、河北、上海、江苏、浙江、福建、山东、广东、海南等 10 省市；中部地区包括：山西、安徽、江西、河南、湖北、湖南等 6 省；西部地区包括：重庆、四川、贵州、云南、西藏、陕西、甘肃、青海、宁夏、新疆、内蒙古、广西等 12 省区市；东北地区包括：辽宁、吉林、黑龙江等 3 省。

数据来源：国家统计局统计资料。

表12 2020年各地区粮油产量及人均占有量排序

单位：万吨，公斤

地区	粮食产量		粮食人均占有量		油料产量		油料人均占有量	
	绝对数	位次	绝对数	位次	绝对数	位次	绝对数	位次
全国总计	66949.2		474.4		3586.4		25.4	
北京	30.5	31	13.9	31	0.3	30	0.1	31
天津	228.2	26	164.6	25	0.3	31	0.2	30
河北	3795.9	6	509.1	10	119.5	9	16.0	16
山西	1424.3	16	407.7	17	14.3	24	4.1	27
内蒙古	3664.1	8	1521.0	3	217.3	6	90.2	1
辽宁	2338.8	12	548.3	7	99.7	12	23.4	13
吉林	3803.2	5	1569.3	2	81.4	14	33.6	7
黑龙江	7540.8	1	2347.0	1	12.3	25	3.8	28
上海	91.4	30	36.8	30	0.7	29	0.3	29
江苏	3729.1	7	440.1	15	93.0	13	11.0	21
浙江	605.7	23	94.3	29	32.1	21	5.0	26
安徽	4019.2	4	659.1	5	162.5	7	26.6	11
福建	502.3	24	121.1	27	22.7	23	5.5	25
江西	2163.9	13	479.0	12	122.7	8	27.2	9
山东	5446.8	3	537.4	8	290.9	4	28.7	8
河南	6825.8	2	688.0	4	672.6	1	67.8	2
湖北	2727.4	11	467.3	13	344.5	3	59.0	3
湖南	3015.1	10	453.9	14	260.7	5	39.2	6
广东	1267.6	19	100.9	28	113.5	10	9.0	23
广西	1370.0	17	274.0	23	73.9	15	14.8	18
海南	145.5	27	145.0	26	7.7	26	7.7	24
重庆	1081.4	21	338.1	19	67.1	16	21.0	15
四川	3527.4	9	421.9	16	392.9	2	47.0	5
贵州	1057.6	22	274.5	22	103.4	11	26.8	10
云南	1895.9	14	401.8	18	63.1	17	13.4	20
西藏	102.9	29	283.0	21	5.1	28	14.0	19
陕西	1274.8	18	322.8	20	59.1	19	15.0	17
甘肃	1202.2	20	479.9	11	61.4	18	24.5	12
青海	107.4	28	181.6	24	30.2	22	51.1	4
宁夏	380.5	25	529.2	9	6.7	27	9.3	22
新疆	1583.4	15	615.0	6	54.9	20	21.3	14

数据来源：国家统计局统计资料。

表 13 2020年各地区人均粮食占有量

单位：公斤 / 人

地 区	粮食	其中：谷物				大豆
			稻谷	小麦	玉米	
全国总计	474.4	437.1	150.1	95.1	184.7	13.9
北 京	13.9	13.4	0.1	2.1	11.0	0.1
天 津	164.6	163.3	36.3	45.4	79.1	0.6
河 北	509.1	485.2	6.6	193.1	275.2	3.0
山 西	407.7	381.1	0.5	67.7	280.5	5.9
内蒙古	1521.0	1362.2	51.1	70.9	1138.5	97.4
辽 宁	548.3	535.3	104.7	0.4	420.5	5.6
吉 林	1569.3	1526.1	274.6	0.7	1226.9	26.5
黑龙江	2347.0	2047.0	901.4	5.8	1135.0	286.4
上 海	36.8	36.7	34.1	2.1	0.3	0.1
江 苏	440.1	428.6	232.0	157.4	36.4	6.1
浙 江	94.3	83.5	72.4	6.4	4.0	3.4
安 徽	659.1	639.8	255.9	274.1	108.8	15.2
福 建	121.1	98.4	94.4	0.0	3.6	2.3
江 西	479.0	459.6	454.1	0.7	4.6	6.1
山 东	537.4	520.6	9.7	253.5	256.1	5.5
河 南	688.0	668.5	51.8	378.3	236.1	9.4
湖 北	467.3	442.3	319.5	68.7	53.4	6.1
湖 南	453.9	433.1	397.3	1.2	33.6	4.7
广 东	100.9	92.3	87.6	0.0	4.6	0.7
广 西	274.0	258.1	202.7	0.1	54.7	3.1
海 南	145.0	125.8	125.8	/	/	1.0
重 庆	338.1	235.7	152.9	1.9	78.5	6.3
四 川	421.9	339.3	176.5	29.5	127.4	12.1
贵 州	274.5	182.8	108.0	8.7	57.2	5.8
云 南	401.8	336.5	111.3	14.8	198.8	9.8
西 藏	283.0	277.1	1.5	48.5	7.6	0.0
陕 西	322.8	291.2	20.4	104.6	157.0	6.0
甘 肃	479.9	376.1	0.7	107.3	246.2	3.3
青 海	181.6	121.8	/	63.5	25.0	/
宁 夏	529.2	469.1	68.7	38.7	346.4	0.5
新 疆	615.0	604.9	16.3	226.1	360.6	2.0

数据来源：国家统计局统计资料。

表 14 2020 年各地区人均农产品占有量

单位：公斤 / 人

地 区	粮食	棉花	油料	糖料	水果	水产品
全国总计	474.4	4.2	25.4	85.1	203.3	46.4
北 京	13.9	0.0	0.1	/	24.6	1.0
天 津	164.6	0.7	0.2	0.0	40.7	20.5
河 北	509.1	2.8	16.0	8.5	191.0	13.5
山 西	407.7	0.0	4.1	0.0	260.4	1.3
内蒙古	1521.0	0.0	90.2	257.7	99.1	4.9
辽 宁	548.3	0.0	23.4	2.1	199.6	108.4
吉 林	1569.3	/	33.6	1.7	60.5	10.1
黑龙江	2347.0	/	3.8	4.4	52.9	21.0
上 海	36.8	0.0	0.3	0.1	17.7	9.8
江 苏	440.1	0.1	11.0	0.8	115.0	57.9
浙 江	94.3	0.1	5.0	7.2	117.6	91.8
安 徽	659.1	0.7	26.6	1.8	121.6	38.1
福 建	121.1	0.0	5.5	6.5	184.3	200.8
江 西	479.0	1.2	27.2	13.5	157.8	58.1
山 东	537.4	1.8	28.7	0.0	290.0	81.8
河 南	688.0	0.2	67.8	1.1	258.4	9.9
湖 北	467.3	1.8	59.0	4.8	182.8	80.2
湖 南	453.9	1.1	39.2	5.3	173.2	39.0
广 东	100.9	/	9.0	108.9	149.9	69.7
广 西	274.0	0.0	14.8	1482.3	557.1	69.2
海 南	145.0	/	7.7	105.5	493.9	164.1
重 庆	338.1	/	21.0	2.6	161.0	16.4
四 川	421.9	0.0	47.0	4.5	146.1	19.2
贵 州	274.5	0.0	26.8	16.0	142.3	6.5
云 南	401.8	0.0	13.4	338.5	203.8	13.6
西 藏	283.0	/	14.0	/	5.9	0.3
陕 西	322.8	0.0	15.0	0.2	524.3	4.3
甘 肃	479.9	1.2	24.5	9.0	311.0	0.6
青 海	181.6	/	51.1	/	4.9	3.1
宁 夏	529.2	/	9.3	0.0	284.4	22.5
新 疆	615.0	200.5	21.3	179.5	644.9	6.3

数据来源：国家统计局统计资料。

表 15 农产品生产者价格指数（2010—2020 年）

（上年＝100）

指 标	2010 年	2011 年	2012 年	2013 年	2014 年	2015 年	2016 年	2017 年	2018 年	2019 年	2020 年
农产品生产者价格指数	110.9	116.5	102.7	103.2	99.8	101.7	103.4	96.5	99.1	114.5	115.0
农业产品	116.6	107.8	104.8	104.3	101.8	99.2	97.0	99.5	101.2	100.8	102.8
谷物	112.8	109.7	104.8	103.1	102.7	98.7	92.2	100.5	102.3	100.3	104.1
小麦	107.9	105.2	102.9	106.7	105.1	99.2	94.1	104.4	100.1	100.1	100.5
稻谷	112.8	113.3	104.1	102.2	102.2	101.6	98.8	100.7	99.7	96.5	100.8
玉米	116.1	109.9	106.6	100.2	101.7	96.5	86.8	97.1	105.1	102.0	107.6
大豆	107.9	106.3	105.7	105.7	101.8	99.0	97.6	97.7	97.9	100.1	105.5
油料	112.1	112.1	105.2	102.4	99.9	100.8	101.1	100.5	99.1	105.2	107.9
棉花	157.7	79.5	98.1	103.9	87.1	87.5	118.4	100.8	97.9	97.8	98.5
糖料	106.0	125.5	105.0	98.9	99.7	98.8	106.5	106.3	98.8	97.7	103.1
蔬菜	116.8	103.4	109.9	106.9	98.5	104.6	107.0	95.6	103.6	101.2	105.2
水果	118.9	106.2	103.9	106.2	106.4	99.7	92.5	104.8	101.1	103.6	95.3
林业产品	122.8	114.9	101.2	99.1	99.4	97.9	96.1	104.9	98.9	100.1	100.7
畜牧产品	103.0	126.2	99.7	102.4	97.1	104.2	110.4	90.8	95.6	133.5	132.4
猪（毛重）	98.3	137.0	95.9	99.3	92.2	108.9	119.4	86.0	85.6	150.5	155.7
牛（毛重）	104.7	108.1	116.8	113.1	104.4	99.1	98.7	98.8	104.9	112.5	110.5
羊（毛重）	108.7	115.7	107.8	109.1	100.8	89.4	93.6	107.1	114.7	114.3	110.4
家禽（毛重）	107.0	112.0	103.8	103.2	104.4	101.3	99.6	96.7	107.7	107.8	92.9
蛋类	107.5	112.6	100.5	105.8	105.7	96.9	94.3	92.8	117.6	102.1	85.9
奶类	115.3	108.1	103.9	111.0	107.9	92.2	96.2	100.0	101.3	105.6	101.5
渔业产品	107.6	110.0	106.2	104.3	103.1	102.5	103.4	104.9	102.6	99.4	100.2
海水养殖产品	/	111.5	101.0	100.7	101.9	101.0	104.1	107.9	101.4	97.2	96.3
海水捕捞产品	/	111.2	110.9	107.7	103.1	106.0	106.2	103.1	104.7	100.6	99.6
淡水养殖产品	/	109.5	106.8	104.7	103.8	102.1	102.0	102.4	102.2	99.8	102.0
淡水捕捞产品	/	103.7	107.2	103.5	101.5	/	/	/	/	/	/

数据来源：国家统计局统计资料。

表 16 分地区农产品生产者价格指数（2010—2020 年）

（上年 =100）

地　区	2010 年	2011 年	2012 年	2013 年	2014 年	2015 年	2016 年	2017 年	2018 年	2019 年	2020 年
全　国	110.9	116.5	102.7	103.2	99.8	101.7	103.4	96.5	99.1	114.5	115.0
北　京	106.5	110.7	104.7	104.7	99.7	99.8	99.7	96.2	103.6	109.9	110.9
天　津	110.2	105.0	105.3	105.4	102.9	100.7	103.0	95.5	104.2	108.8	114.9
河　北	115.1	110.9	100.7	105.1	100.2	97.5	96.8	96.2	104.7	107.1	111.5
山　西	110.2	111.0	101.3	106.1	101.5	95.8	95.2	95.9	104.7	115.2	109.4
内蒙古	111.4	112.8	104.7	103.3	102.7	98.0	95.1	95.6	102.0	105.6	111.0
辽　宁	110.6	114.2	106.6	101.1	101.7	99.5	100.7	93.6	103.7	107.6	108.1
吉　林	111.8	116.8	105.1	100.4	102.9	100.6	93.1	89.5	106.1	108.7	117.1
黑龙江	109.2	116.5	105.9	101.0	101.0	98.7	93.6	95.1	100.8	106.2	118.5
上　海	107.1	110.9	101.4	104.1	99.5	102.4	106.6	98.4	100.5	105.6	106.7
江　苏	108.8	112.1	103.7	103.4	101.3	102.3	104.0	97.9	100.9	109.3	107.5
浙　江	114.8	113.6	104.3	103.0	99.5	102.0	104.5	99.1	100.8	109.9	107.3
安　徽	110.8	112.8	102.9	103.7	100.2	99.8	101.0	98.4	99.0	109.3	115.6
福　建	111.5	113.3	102.7	103.0	100.3	101.2	108.3	98.9	102.6	106.9	102.3
江　西	107.5	114.3	103.5	102.3	100.3	103.7	104.1	97.3	97.4	113.2	111.0
山　东	118.8	109.7	102.5	105.9	100.5	100.1	102.8	98.6	100.5	112.2	108.7
河　南	112.5	111.5	102.9	102.6	97.5	100.7	103.2	94.9	97.9	119.9	116.8
湖　北	112.3	111.7	103.3	101.8	100.0	99.5	106.2	99.3	96.6	110.1	118.1
湖　南	109.9	121.9	100.2	102.1	98.6	104.1	104.7	98.0	95.4	118.0	123.3
广　东	107.6	112.4	103.4	103.5	102.2	102.3	106.5	99.4	101.3	107.3	104.7
广　西	107.6	124.5	99.4	102.5	98.1	102.0	106.1	98.2	97.3	115.5	115.5
海　南	107.9	115.3	103.3	100.0	105.6	99.1	106.7	101.9	97.3	109.2	112.8
重　庆	103.2	120.2	104.6	103.0	100.2	102.4	109.8	96.8	99.7	112.1	113.6
四　川	105.9	117.8	104.0	102.6	99.9	103.3	105.6	97.8	100.2	115.6	116.1
贵　州	106.7	120.3	104.3	102.4	99.5	104.6	108.7	96.7	92.6	116.2	122.6
云　南	112.5	117.9	110.7	104.9	100.6	101.3	103.9	98.7	96.9	109.6	120.2
西　藏	/	/	/	/	/	/	/	/	/	/	/
陕　西	121.7	113.8	102.6	107.4	102.1	96.3	98.0	98.4	100.9	107.7	112.3
甘　肃	113.8	111.3	105.9	105.9	102.1	99.8	99.2	99.1	101.7	109.9	106.6
青　海	124.3	117.3	108.2	110.4	100.0	96.1	104.5	101.0	100.3	109.6	122.6
宁　夏	117.0	111.3	103.6	106.7	98.3	98.4	98.7	99.3	105.0	106.4	113.1
新　疆	131.5	103.7	103.2	108.5	97.8	90.4	107.6	100.7	106.3	99.6	111.0

数据来源：国家统计局统计资料。

表 17 粮食成本收益变化情况表（1991—2020 年）

单位：元

年份	每 50 公斤平均出售价格				每亩总成本				每亩净利润			
	粮食平均	稻谷	小麦	玉米	粮食平均	稻谷	小麦	玉米	粮食平均	稻谷	小麦	玉米
1991	26.1	28.5	30.0	21.1	153.9	188.4	138.4	135.3	34.3	62.4	6.3	34.0
1992	28.4	29.3	33.1	24.3	163.8	192.3	149.3	150.6	44.0	67.7	21.2	42.3
1993	35.8	40.4	36.5	30.2	178.6	211.2	169.8	155.2	92.3	145.1	35.6	95.8
1994	59.4	71.2	56.5	48.2	239.4	298.1	213.2	206.7	190.7	316.7	82.3	173.3
1995	75.1	82.1	75.4	67.0	321.8	391.4	281.7	292.2	223.9	311.1	130.5	230.1
1996	72.3	80.6	81.0	57.2	388.7	458.3	359.5	351.2	155.7	247.5	92.9	123.8
1997	65.1	69.4	70.1	55.8	386.1	450.2	349.5	358.4	105.4	171.8	74.8	69.8
1998	62.1	66.9	66.6	53.8	383.9	437.4	357.5	356.6	79.3	155.9	-6.2	88.2
1999	53.0	56.6	60.4	43.7	370.7	425.2	351.5	337.2	25.6	75.8	-12.1	11.2
2000	48.4	51.7	52.9	42.8	356.2	401.7	352.5	330.6	-3.2	50.1	-28.8	-6.9
2001	51.5	53.7	52.5	48.3	350.6	400.5	323.6	327.9	39.4	81.4	-27.5	64.3
2002	49.2	51.4	51.3	45.6	370.4	415.8	342.7	351.6	4.9	37.6	-52.7	30.8
2003	56.5	60.1	56.4	52.7	368.3	419.1	339.6	347.6	42.9	94.9	-30.3	62.8
2004	70.7	79.8	74.5	58.1	395.5	454.6	355.9	375.7	196.5	285.1	169.6	134.9
2005	67.4	77.7	69.0	55.5	425.0	493.3	389.6	392.3	122.6	192.7	79.4	95.5
2006	72.0	80.6	71.6	63.4	444.9	518.2	404.8	411.8	155.0	202.4	117.7	144.8
2007	78.8	85.2	75.6	74.8	481.1	555.2	438.6	449.7	185.2	229.1	125.3	200.8
2008	83.5	95.1	82.8	72.5	562.4	665.1	498.6	523.5	186.4	235.6	164.5	159.2
2009	91.3	99.1	92.4	82.0	630.3	716.7	592.0	582.3	162.4	217.6	125.5	144.2
2010	103.8	118.0	99.0	93.6	672.7	766.6	618.6	632.6	227.2	309.8	132.2	239.7
2011	115.4	134.5	104.0	106.1	791.2	897.0	712.3	764.2	250.8	371.3	117.9	263.1
2012	119.9	138.1	108.3	111.1	936.4	1055.1	830.4	924.2	168.4	285.7	21.3	197.7
2013	121.1	136.5	117.8	108.8	1026.2	1151.1	914.7	1012.0	72.9	154.8	-12.8	77.5
2014	124.4	140.6	120.6	111.9	1068.6	1176.6	965.1	1063.9	124.8	204.8	87.8	81.8
2015	116.3	138.0	116.4	94.2	1090.0	1202.1	984.3	1083.7	19.6	175.4	17.4	-134.2
2016	108.4	136.8	111.6	77.0	1093.6	1201.8	1012.5	1065.6	-80.3	142.0	-82.2	-299.7
2017	111.6	137.9	116.6	82.2	1081.6	1210.2	1007.6	1026.5	-12.5	132.6	6.1	-175.8
2018	109.7	129.4	112.2	87.8	1093.8	1223.6	1012.9	1044.8	-85.6	65.9	-159.4	-163.3
2019	109.4	127.2	112.3	89.6	1108.9	1241.8	1028.9	1055.7	-30.5	20.4	15.1	-126.8
2020	122.5	137.5	114.2	115.6	1120.3	1253.8	1026.5	1080.7	46.5	48.7	-16.6	107.2

数据来源：国家发展和改革委员会统计资料。

表 18 2020 年粮食收购价格分月情况表

单位：元 /50 公斤

月份	三种粮食平均	稻谷平均	早籼稻	晚籼稻	粳稻	小麦	玉米	大豆
1 月	108.75	125.21	119.07	125.49	131.06	116.36	84.67	173.90
2 月	109.07	125.29	119.15	125.66	131.06	116.65	85.26	175.36
3 月	109.54	125.62	119.26	126.28	131.33	116.81	86.19	180.54
4 月	112.40	127.72	120.10	127.32	135.74	118.49	90.98	206.87
5 月	113.93	129.09	120.46	128.08	138.72	118.29	94.43	226.51
6 月	113.02	128.96	120.50	128.05	138.34	114.18	95.91	230.80
7 月	114.51	129.37	121.43	128.56	138.12	114.85	99.30	238.10
8 月	116.91	130.16	123.04	129.19	138.23	116.90	103.67	238.16
9 月	117.22	130.90	124.42	130.37	137.91	117.96	102.81	235.46
10 月	118.20	131.53	125.01	131.77	137.81	119.14	103.95	225.58
11 月	120.76	133.25	125.11	135.73	138.91	120.23	108.79	236.75
12 月	122.05	134.08	125.08	137.02	140.13	119.91	112.17	248.76
全年平均	114.70	129.26	121.89	129.46	136.45	117.48	97.34	218.07

数据来源：国家发展和改革委员会统计资料。

表 19 2020 年成品粮零售价格分月情况表

单位：元 /500 克

月份	标一晚籼米	标一粳米	标准粉	富强粉
1 月	2.70	2.86	2.46	2.78
2 月	2.72	2.87	2.47	2.78
3 月	2.73	2.87	2.47	2.75
4 月	2.74	2.90	2.46	2.72
5 月	2.74	2.90	2.45	2.72
6 月	2.74	2.90	2.45	2.72
7 月	2.74	2.88	2.45	2.72
8 月	2.74	2.88	2.44	2.73
9 月	2.74	2.89	2.47	2.74
10 月	2.72	2.90	2.46	2.73
11 月	2.74	2.91	2.47	2.74
12 月	2.75	2.92	2.47	2.76
全年平均	2.73	2.89	2.46	2.74

数据来源：国家发展和改革委员会统计资料。

表 20 2020 年粮食主要品种批发市场价格表

单位：元 / 吨

月份	三等白小麦	二等黄玉米	标一早籼米	标一晚籼米	标一粳米	三等大豆
1 月	2395	1865	3526	3863	4207	3863
2 月	2415	1914	3526	3861	4244	4059
3 月	2407	1910	3526	3875	4274	4276
4 月	2433	2000	3526	3976	4379	5190
5 月	2421	2117	3526	4027	4542	5244
6 月	2323	2131	3526	4013	4542	5263
7 月	2350	2244	3526	3996	4453	5607
8 月	2404	2354	3560	3995	4427	5410
9 月	2408	2279	3712	4001	4478	5214
10 月	2463	2393	3736	4066	4494	4885
11 月	2475	2472	3744	4174	4516	5261
12 月	2468	2545	3744	4201	4564	5553
全年平均	2413	2185	3598	4004	4427	4985

数据来源：国家发展和改革委员会统计资料。

表 21 2020 年国内期货市场小麦、玉米、早籼稻、大豆、白糖、棉花分月价格表

单位：元 / 吨

月份	强筋小麦	普通小麦	玉米	早籼稻	国产大豆	进口大豆	白糖	棉花
1 月	2300	2199	1912	/	4060	3100	5622	13440
2 月	2527	2255	1922	2615	4078	2947	5664	12180
3 月	2664	2381	2038	2687	4866	3219	5503	10540
4 月	2497	2223	2074	2690	4549	2956	5015	11650
5 月	2481	2181	2078	2581	4551	2990	4937	11480
6 月	2522	2208	2090	2587	4871	3014	5011	11675
7 月	2531	2279	2323	2606	4761	3354	5036	12010
8 月	2455	2410	2262	2721	4424	3455	5189	13125
9 月	2609	2379	2468	2902	4360	3512	5081	12795
10 月	2699	2413	2621	/	5061	3662	5203	14505
11 月	2630	2361	2601	/	5639	3797	5117	14565
12 月	2592	2375	2742	2788	5774	4173	5215	15060

注：1. 玉米为大连商品交易所玉米。
2. 早籼稻为郑州商品交易所早籼稻。
3. 国产大豆为大连商品交易所黄大豆 1 号，进口大豆为大连商品交易所黄大豆 2 号。
4. 均为最近主力合约月末收盘价格，按四舍五入计算。

数据来源：国家粮油信息中心统计资料。

表 22 2020 年美国芝加哥商品交易所谷物和大豆分月价格

单位：美元 / 吨

月份	小麦	玉米	稻米	大豆
1 月	211	152	263	342
2 月	200	149	262	328
3 月	183	140	268	303
4 月	199	129	280	309
5 月	184	126	314	308
6 月	185	130	238	320
7 月	203	128	235	325
8 月	184	133	234	330
9 月	198	144	239	365
10 月	191	159	247	390
11 月	220	164	242	424
12 月	221	167	243	436

注：1. 各品种均为美国芝加哥商品交易所标准品。
2. 按美元整数四舍五入计算。
3. 均为最近主力合约每月中旬收盘价格。

数据来源：国家粮油信息中心统计资料。

表 23 国有粮食企业主要粮食品种收购量（2005—2020 年）

单位：原粮，万吨

年份	合计	小麦	稻谷	玉米	大豆	其他
2005	12617.45	3745.20	3695.95	4529.90	506.00	140.40
2006	13199.30	6039.95	3096.25	3424.70	492.20	146.20
2007	11039.30	4733.15	2856.95	3008.30	321.45	119.45
2008	17008.00	6712.70	5142.10	4754.20	313.40	85.60
2009	16386.50	6833.95	3800.95	4988.45	653.00	110.15
2010	13352.15	6177.70	3082.10	3333.65	648.80	109.90
2011	12672.05	4650.40	4028.70	3428.10	465.65	99.20
2012	13498.40	4871.40	3709.30	4260.90	563.90	92.90
2013	18630.90	4023.80	5722.90	8472.70	317.20	94.30
2014	20656.75	5779.05	5497.55	8995.50	317.05	67.60
2015	26122.90	5095.30	5787.10	15046.60	140.10	53.80
2016	22514.25	5939.75	6114.80	10331.50	66.55	61.65
2017	16397.40	5250.15	5144.25	5801.65	145.65	55.70
2018	12594.50	3119.25	5011.30	4218.10	175.35	70.50
2019	14872.47	5234.86	4286.22	5126.93	151.68	72.78
2020	13853.48	3690.14	4134.98	5879.84	80.46	68.06

数据来源：国家粮食和物资储备局统计资料。

表 24 国有粮食企业主要粮食品种销售量（2005—2020 年）

单位：原粮，万吨

年份	合计	小麦	稻谷	玉米	大豆	其他
2005	13275.10	4276.90	3693.55	4348.75	841.70	114.20
2006	13209.30	4246.10	3846.50	4133.20	847.60	135.90
2007	14230.60	5104.00	4168.35	3890.35	892.75	175.15
2008	16635.80	7352.90	4430.90	3985.40	755.90	110.70
2009	17974.45	7094.20	4335.35	5261.40	1145.75	137.75
2010	20280.35	7569.00	4416.85	6454.75	1662.95	176.80
2011	20513.80	7342.20	5200.80	5839.05	1992.20	139.55
2012	18154.70	6929.95	4296.05	4548.00	2188.10	192.60
2013	20814.20	7623.60	4435.80	6179.65	2418.00	157.15
2014	22860.05	6124.95	5586.30	8226.25	2618.10	304.45
2015	20400.50	5616.00	5717.30	5639.40	2704.60	723.20
2016	26906.30	5957.70	6867.90	10523.15	2950.60	606.95
2017	33269.60	6769.25	7374.95	14270.95	4210.55	643.90
2018	40183.00	6687.50	7863.05	20953.95	4144.95	1883.55
2019	35121.09	6695.43	8554.58	14673.83	4782.98	414.26
2020	45054.45	8886.73	9674.32	20073.64	5627.96	791.80

数据来源：国家粮食和物资储备局统计资料。

表 25 2020 年国有粮食企业分品种收购情况表

单位：万吨

项目	国有粮食企业收购				
	原粮合计	小麦	稻谷	玉米	大豆
全　国	13853.5	3690.1	4135.0	5879.8	80.5
北　京	982.2	161.9	59.3	759.4	1.4
天　津	19.0	9.8	8.7	0.5	／
河　北	490.6	263.2	2.7	224.1	0.1
山　西	165.4	60.1	／	97.6	0.3
内蒙古	562.1	16.5	22.8	509.3	9.9
辽　宁	778.8	10.2	129.4	632.9	3.8
吉　林	1333.0	0.3	153.1	1174.0	1.4
黑龙江	3142.5	16.7	1571.8	1489.2	54.5
上　海	91.2	13.7	69.7	7.8	／
江　苏	1549.4	917.2	583.0	43.3	1.7
浙　江	153.4	13.0	139.2	1.1	／
安　徽	670.8	348.9	241.9	78.2	／
福　建	51.2	／	51.2	／	／
江　西	308.9	／	307.8	1.1	／
山　东	813.9	614.2	9.3	190.4	／
河　南	686.1	537.0	23.8	117.2	7.2
湖　北	229.5	51.9	177.3	0.3	／
湖　南	259.7	／	259.4	0.2	／
广　东	98.2	25.6	44.5	28.1	／
广　西	95.7	／	95.5	0.2	／
海　南	3.2	／	3.2	／	／
重　庆	36.1	2.8	28.6	4.1	／
四　川	162.5	63.2	83.2	11.6	／
贵　州	29.5	6.6	7.2	0.5	／
云　南	62.8	3.3	22.5	36.4	／
西　藏	2.6	0.7	／	／	／
陕　西	493.5	249.4	5.0	237.6	／
甘　肃	120.7	42.9	8.9	64.0	／
青　海	2.3	／	／	／	／
宁　夏	85.3	9.2	17.4	58.8	／
新　疆	373.4	251.8	8.5	112.0	／

数据来源：国家粮食和物资储备局统计资料。

表 26 2020 年国有粮食企业分品种销售情况表

单位：万吨

项目	国有粮食企业销售				
	原粮合计	小麦	稻谷	玉米	大豆
全 国	45054.5	8886.7	9674.3	20073.6	5628.0
北 京	4022.1	1102.4	180.5	2382.7	241.3
天 津	807.0	249.8	48.3	101.1	337.2
河 北	1240.5	565.9	27.4	505.7	137.6
山 西	268.7	133.8	9.5	116.9	1.6
内蒙古	1843.8	64.2	29.5	1706.9	35.0
辽 宁	2519.8	28.3	193.7	1802.1	486.3
吉 林	2960.8	0.2	187.3	2537.7	230.5
黑龙江	7421.8	35.8	1906.9	5315.8	155.9
上 海	1144.4	128.1	332.5	397.6	237.7
江 苏	5041.9	1434.6	1090.1	404.5	2075.8
浙 江	1579.2	271.4	807.8	291.7	197.3
安 徽	1478.7	491.9	847.8	127.9	0.3
福 建	2004.9	106.5	221.0	1138.9	218.0
江 西	791.1	2.8	783.1	4.1	1.0
山 东	1933.0	966.5	17.1	690.4	257.7
河 南	1773.1	1211.9	276.1	200.1	84.5
湖 北	872.2	182.0	512.8	145.7	30.7
湖 南	526.3	11.7	450.2	57.5	6.9
广 东	2017.7	560.5	437.5	773.0	191.6
广 西	777.9	8.6	228.4	131.1	409.7
海 南	88.3	14.7	12.1	59.2	1.5
重 庆	170.5	51.3	88.2	19.2	0.4
四 川	1126.5	181.1	377.3	404.8	131.1
贵 州	361.5	72.8	216.2	43.4	15.0
云 南	650.3	40.3	253.8	216.1	139.4
西 藏	17.5	7.2	6.5	/	/
陕 西	709.5	347.8	85.4	271.7	3.5
甘 肃	227.9	152.4	10.5	54.9	0.2
青 海	41.8	31.3	7.0	/	/
宁 夏	110.4	23.3	21.6	65.3	0.1
新 疆	525.2	407.7	8.2	107.3	0.1

数据来源：国家粮食和物资储备局统计资料。

表 27 2020年分地区粮食产业企业数量表

单位：个

项目类别	成品粮油加工企业			饲料企业	养殖企业	食品及副食酿造企业	粮食深加工企业			粮油机械制造企业
	小麦粉加工企业	大米加工企业	食用植物油加工企业				制酒企业	酒精企业	淀粉企业	
全国总计	2566	9867	1637	3710	409	2561	710	94	215	200
北 京	7	14	4	31	1	41	6	/	/	/
天 津	15	19	10	34	/	14	1	1	/	/
河 北	187	59	24	194	21	19	10	4	21	3
山 西	152	1	17	75	21	77	15	3	3	1
内蒙古	61	38	39	85	11	28	21	4	12	/
辽 宁	7	542	21	295	36	53	31	1	2	/
吉 林	2	518	20	116	9	9	4	10	12	/
黑龙江	45	1547	96	163	19	89	34	22	20	/
上 海	3	25	14	22	1	50	4	/	/	1
江 苏	164	791	99	173	9	113	22	6	9	29
浙 江	8	194	45	110	18	181	64	/	4	25
安 徽	222	864	136	166	19	253	46	5	11	39
福 建	25	189	28	85	9	43	8	/	/	/
江 西	5	1099	78	150	12	44	12	2	4	3
山 东	502	40	100	565	22	143	42	2	42	2
河 南	600	160	115	238	60	492	77	18	37	37
湖 北	79	1180	156	162	24	221	51	1	9	49
湖 南	6	973	151	199	8	173	21	/	1	5
广 东	23	395	43	247	13	81	17	2	1	/
广 西	7	291	17	114	11	20	8	4	/	/
海 南	1	22	4	16	2	/	/	/	/	/
重 庆	5	120	17	44	5	23	8	/	/	/
四 川	38	341	118	181	14	156	88	3	1	3
贵 州	14	126	51	25	1	31	14	/	/	/
云 南	36	166	27	94	30	94	58	3	2	/
西 藏	5	/	6	3	1	9	7	/	/	/
陕 西	94	59	49	49	19	45	15	1	8	1
甘 肃	73	3	20	26	9	25	18	1	5	/
青 海	12	/	22	5	/	3	3	/	/	/
宁 夏	34	64	34	16	3	10	/	/	10	1
新 疆	134	27	76	27	1	21	5	1	1	1

数据来源：国家粮食和物资储备局统计资料。

表 28 2020年分地区粮食产业主要经济指标情况表

单位：亿元

项目	工业总产值	销售收入	利润总额
全国总计	31800.0	33072.0	2768.2
北　京	313.2	392.4	33.1
天　津	459.9	529.7	21.4
河　北	1162.1	1169.6	52.6
山　西	345.0	369.7	58.6
内蒙古	440.9	465.7	29.3
辽　宁	989.8	1002.3	38.9
吉　林	573.0	593.1	7.4
黑龙江	1348.1	1378.1	30.9
上　海	263.0	345.2	22.8
江　苏	2862.4	2870.4	234.0
浙　江	688.0	723.1	37.2
安　徽	2602.2	2441.9	140.6
福　建	764.3	779.6	45.7
江　西	944.6	911.5	32.9
山　东	4364.8	4762.9	170.0
河　南	2264.3	2205.3	194.4
湖　北	1664.3	1544.6	77.6
湖　南	1497.7	1349.3	61.5
广　东	2269.9	2489.4	136.2
广　西	862.8	939.6	33.8
海　南	84.4	94.8	2.2
重　庆	308.5	320.3	18.8
四　川	1985.2	2477.6	438.1
贵　州	1350.9	1390.3	763.7
云　南	266.4	379.0	18.8
西　藏	9.0	10.6	1.8
陕　西	485.9	448.5	27.2
甘　肃	148.1	141.4	12.6
青　海	14.8	17.8	-0.1
宁　夏	107.4	115.7	4.1
新　疆	359.1	412.6	22.1

数据来源：国家粮食和物资储备局统计资料。

表 29　2020 年分地区粮食产业生产能力汇总表

单位：万吨

项目	年处理小麦	年处理稻谷	年处理玉米	年处理油料	年精炼油脂	年生产饲料
全国总计	20423.2	37786.8	2207.8	17342.6	6815.4	37932.0
北　京	116.5	101.3	/	8.4	6.3	273.9
天　津	128.1	73.3	15.3	538.9	242.7	317.8
河　北	1994.2	260.8	71.6	585.0	230.6	1247.6
山　西	347.7	2.1	18.1	11.8	4.9	1207.4
内蒙古	255.5	175.0	61.4	237.8	53.6	809.2
辽　宁	100.0	1781.5	126.2	814.3	132.5	2386.9
吉　林	18.0	1861.9	95.5	178.4	55.1	848.9
黑龙江	217.0	6957.1	399.8	836.7	184.8	1223.2
上　海	45.0	144.9	/	62.7	115.7	168.9
江　苏	1580.5	3478.8	760.5	2482.3	1014.7	2017.2
浙　江	138.9	653.7	23.9	413.3	140.9	722.6
安　徽	1903.7	4458.5	75.4	454.4	259.6	1806.9
福　建	259.2	704.6	4.8	560.4	240.7	1430.2
江　西	29.4	3666.8	12.0	141.3	184.8	2031.4
山　东	4575.9	247.7	152.4	2568.8	740.8	5096.4
河　南	5454.6	1073.0	201.3	838.5	337.6	2352.5
湖　北	628.4	5077.7	92.9	1180.7	562.5	1653.2
湖　南	42.8	3148.8	10.4	461.5	382.2	2114.0
广　东	531.9	815.1	26.0	1557.2	662.7	3826.7
广　西	21.8	600.7	/	1592.8	348.1	2023.8
海　南	10.0	22.2	/	0.1	0.9	326.6
重　庆	49.5	329.5	/	174.3	97.3	423.8
四　川	227.0	1110.7	3.8	637.5	338.5	1862.3
贵　州	3.7	285.2	1.4	103.1	40.2	192.3
云　南	68.3	310.0	8.1	51.9	39.7	538.3
西　藏	3.6	/	/	1.7	0.9	1.8
陕　西	529.9	130.2	40.9	215.6	121.0	359.2
甘　肃	314.1	/	1.5	32.4	33.0	176.5
青　海	24.9	2.0	0.3	113.8	44.3	22.6
宁　夏	148.3	241.1	1.8	36.9	27.3	176.4
新　疆	655.1	72.8	2.7	450.2	171.7	293.5

数据来源：国家粮食和物资储备局统计资料。

表 30 2020 年分地区粮食产业主要产品产量汇总表

单位：万吨，万台（套）

项目	小麦粉	大米	食用植物油	商品淀粉	酒精	饲料	粮机设备
全国总计	7472.8	8614.1	3535.5	2626.8	885.9	22113.2	61.0
北 京	66.6	28.0	0.4	/	/	150.7	/
天 津	50.4	13.5	195.3	/	/	155.6	/
河 北	1178.1	50.7	102.8	292.8	10.8	862.8	0.5
山 西	53.9	0.3	1.8	45.5	5.2	308.7	/
内蒙古	40.6	15.9	9.9	230.2	33.6	375.8	/
辽 宁	47.0	417.0	109.5	51.4	25.0	1497.5	/
吉 林	0.7	293.5	35.1	206.5	214.4	403.8	/
黑龙江	41.3	1432.3	38.0	429.8	267.3	440.1	0.0
上 海	16.6	25.1	77.8	/	/	95.8	/
江 苏	544.5	981.5	653.2	23.4	27.0	1114.5	10.4
浙 江	81.1	182.9	84.3	1.3	/	441.1	23.0
安 徽	781.4	1432.3	86.0	35.7	93.6	985.0	7.0
福 建	111.8	216.1	134.8	/	/	642.7	/
江 西	0.0	806.4	53.9	0.8	4.0	1033.3	0.2
山 东	1654.4	35.5	512.6	1101.4	39.7	3691.8	/
河 南	1735.2	172.2	88.4	40.5	94.1	1121.7	2.1
湖 北	107.4	888.3	83.0	21.7	4.4	1009.9	17.0
湖 南	2.9	775.6	209.9	0.1	/	996.1	0.5
广 东	265.5	321.0	455.7	10.4	11.7	2589.5	/
广 西	7.5	114.1	213.7	/	19.9	1356.6	/
海 南	1.8	4.3	/	/	/	270.0	/
重 庆	5.8	59.1	83.0	/	/	292.9	/
四 川	85.7	179.4	95.3	0.4	29.0	990.2	0.1
贵 州	0.1	46.5	12.8	/	/	158.6	/
云 南	22.7	47.7	38.2	0.1	1.0	419.8	/
西 藏	0.0	/	0.2	0.2	/	4.6	/
陕 西	246.5	22.5	105.2	121.7	/	208.2	0.2
甘 肃	80.9	0.0	1.1	3.3	0.5	148.8	/
青 海	2.9	0.3	2.3	/	/	4.1	/
宁 夏	24.4	41.7	3.9	3.6	/	73.6	0.0
新 疆	214.8	10.8	47.4	6.0	4.7	269.1	0.0

注：大米产量为含二次加工产量，食用植物油产量为精炼产量。
数据来源：国家粮食和物资储备局统计资料。

表 31 全国粮油进口情况表（2001—2020 年）

单位：万吨

年份	粮食	谷物					大豆	食用植物油				
			小麦	大米	玉米	大麦			豆油	菜籽油	棕榈油	花生油
2001	1950.4	344.3	73.9	26.9	3.9	236.8	1393.9	149.2	7.0	4.9	136.0	0.9
2002	1605.1	284.9	63.2	23.6	0.8	190.7	1131.4	266.3	87.0	7.8	169.5	0.4
2003	2525.8	208.0	44.7	25.7	0.1	136.3	2074.1	441.2	188.4	15.2	232.8	0.7
2004	3351.5	974.5	725.8	75.6	0.2	170.7	2023.0	529.1	251.6	35.3	239.0	0.0
2005	3647.0	627.1	353.9	51.4	0.4	217.9	2659.0	471.9	169.4	17.8	283.8	0.0
2006	3713.8	358.2	61.3	71.9	6.5	213.1	2823.7	581.3	154.3	4.4	418.7	0.0
2007	3731.0	155.5	10.1	48.8	3.5	91.3	3081.7	767.5	282.3	37.5	438.7	1.1
2008	4130.6	154.0	4.3	33.0	5.0	107.6	3743.6	752.8	258.6	27.0	464.7	0.6
2009	5223.1	315.0	90.4	35.7	8.4	173.8	4255.1	816.2	239.1	46.8	511.4	2.1
2010	6695.4	570.7	123.1	38.8	157.3	236.7	5479.8	687.2	134.1	98.5	431.4	6.8
2011	6390.0	544.6	125.8	59.8	175.4	177.6	5263.7	656.8	114.3	55.1	470.1	6.1
2012	8024.6	1398.2	370.1	236.9	520.8	252.8	5838.4	845.1	182.6	117.6	523.0	6.3
2013	8645.2	1458.1	553.5	227.1	326.6	233.5	6337.5	809.8	115.8	152.7	487.4	6.1
2014	10042.4	1951.0	300.4	257.9	259.9	541.3	7139.9	650.2	113.5	81.0	396.9	9.4
2015	12477.5	3270.4	300.6	337.7	473.0	1073.2	8169.2	676.5	81.8	81.5	431.2	12.8
2016	11467.6	2198.9	341.2	356.2	316.8	500.5	8391.3	552.8	56.0	70.0	315.7	10.7
2017	13061.5	2559.2	442.2	402.6	282.7	886.3	9552.6	577.3	65.3	75.7	346.5	10.8
2018	11554.8	1649.6	309.9	305.8	352.4	681.5	8803.1	629.0	54.9	129.5	357.2	12.8
2019	11144.4	1785.1	348.8	254.6	479.3	592.9	8851.1	953.3	82.6	161.5	561.2	19.4
2020	14262.1	3573.6	837.6	294.3	1129.6	807.9	10032.7	983.1	96.3	193.2	465.6	26.9

数据来源：国家发展和改革委员会根据《海关统计》整理。

表 32 全国粮油出口情况表（2001—2020 年）

单位：万吨

年份	粮食	谷物				大豆	食用植物油		
			小麦	大米	玉米			豆油	菜籽油
2001	991.2	875.6	71.3	185.9	600.0	24.8	13.5	6.0	5.4
2002	1619.6	1482.2	97.7	198.2	1167.5	27.6	9.7	4.7	1.8
2003	2354.6	2194.7	251.4	260.5	1640.1	26.7	6.0	1.1	0.5
2004	620.4	473.4	108.9	89.8	232.4	33.5	6.5	1.9	0.5
2005	1182.3	1013.7	60.5	67.4	864.2	39.6	22.5	6.3	3.1
2006	774.4	605.2	151.0	124.0	309.9	37.9	39.9	11.8	14.5
2007	1169.5	986.7	307.3	134.3	492.1	45.6	16.6	6.6	2.2
2008	378.9	181.2	31.0	97.2	27.3	46.5	24.8	13.4	0.7
2009	328.3	131.7	24.5	78.0	13.0	34.6	11.4	6.9	0.9
2010	275.1	119.9	27.7	62.2	12.7	16.4	9.2	5.9	0.4
2011	287.5	116.4	32.8	51.6	13.6	20.8	12.2	5.1	0.3
2012	276.6	96.0	28.5	27.9	25.7	32.0	10.0	6.5	0.7
2013	243.1	94.7	27.8	47.8	7.8	20.9	11.5	9.0	0.6
2014	211.4	70.9	19.0	41.9	2.0	20.7	13.4	10.0	0.7
2015	163.5	47.8	12.2	28.7	1.1	13.4	13.5	10.4	0.5
2016	190.1	58.1	11.3	39.5	0.4	12.7	11.3	8.0	0.5
2017	280.2	155.7	18.3	119.7	8.6	11.2	20.0	13.3	2.1
2018	365.9	238.7	28.6	208.9	1.2	13.4	29.5	21.8	1.5
2019	434.5	318.0	31.3	274.8	2.6	11.4	26.7	19.7	1.1
2020	354.5	254.4	18.1	230.5	0.3	8.0	17.1	10.8	0.3

数据来源：国家发展和改革委员会根据《海关统计》整理。

表 33 2020 年 6 省区早籼稻收获质量情况调查表

单位：个，%

地区	年份	样品数	覆盖市数	出糙率	等级比例							整精米率								不完善粒含量
					三等以上	一等	二等	三等	四等	五等	等外	平均值	其中							
													≥ 44	≥ 50	50—47	47—44	44—41	41—38	＜ 38	
合计	2020	597	59 市	76.5	85	14	28	43	11	2	2	52.9	89	53	7	29	3	4	4	5.9
安徽	2020	22	4 市	75.2	59	5	18	36	32	0	9	55.1	90	77	13	0	0	5	5	8.2
江西	2020	160	11 市	75.3	83	0	0	83	10	5	2	45.4	95	0	3	92	2	2	1	5.5
湖北	2020	40	8 市	76.7	92.5	7.5	37.5	47.5	5	0	2.5	56.9	95	85	8	2	2	0	3	5.5
湖南	2020	160	11 市	77.2	84	23	41	20	13	1	2	52.0	80	69	6	5	5	11	4	5.7
广东	2020	105	11 市	77.5	90	28	33	29	10	0	0	52.3	83	63	10	10	6	3	8	3.8
广西	2020	110	14 市	76.8	87	13	40	34	9	1	3	55.8	97	82	10	5	0	0	3	6.7

数据来源：国家粮食和物资储备局标准质量中心统计资料。

表 34 2020 年 9 省夏收小麦质量情况调查表

单位：个，%

地区	年份	样品数	覆盖市数	千粒重	容重	等级比例							不完善粒率
						中等以上	一等	二等	三等	四等	五等	等外	
合计	2020	2367	93 市	44.4	795	96.2	65.5	21.8	8.9	2.6	0.8	0.4	3.0
河北	2020	245	8 市	42.3	806	100.0	86.5	13.1	0.4	0.0	0.0	0.0	2.9
山西	2020	42	4 市	45.0	791	92.8	59.5	26.2	7.1	4.8	2.4	0.0	1.2
江苏	2020	220	13 市	44.8	800	98.6	75.6	16.8	6.4	0.5	0.9	0.0	3.0
安徽	2020	480	8 市	45.5	792	95.0	62.5	22.7	9.8	2.9	1.3	0.8	2.6
山东	2020	410	16 市	42.0	796	97.3	65.9	23.7	7.8	2.2	0.2	0.2	2.8
河南	2020	610	18 市	45.0	799	98.2	72.3	18.2	7.7	1.6	0.2	0.0	3.3
湖北	2020	95	12 市	42.5	774	91.6	24.2	46.3	21.1	4.2	1.1	3.1	6.2
四川	2020	85	9 市	46.9	769	77.6	24.7	28.2	24.7	12.9	7.1	2.4	2.8
陕西	2020	180	5 市	46.3	788	93.3	51.1	28.9	13.3	6.1	0.6	0.0	2.3

数据来源：国家粮食和物资储备局标准质量中心统计资料。

表 35 2020 年全国中晚稻、粳稻收获质量情况调查表

单位：个，%

种类	省份	年份	样品数	覆盖市数	出糙率	等级比例							整精米率							黄粒米	谷外糙米率
						中等以上	一等	二等	三等	四等	五等	等外	中等以上	其中							
														一等	二等	三等	四等	五等	等外		
中晚籼稻	合计	2020	3425	104 市	77.6	92.1	24.9	45.6	21.6	4.9	2.3	0.8	93.4	83.6	5.9	3.9	1.8	1.2	3.5	98.5	96.9
	安徽	2020	465	13 市	76.6	85.6	6.7	41.1	37.8	9.2	4.3	0.9	97.8	92.7	4.1	1.1	1.1	0.6	0.4	100.0	97.4
	江西	2020	220	11 市	77.3	91.8	20.0	47.3	24.5	5.5	2.7	0.0	96.4	93.2	1.4	1.8	1.4	0.9	1.4	100.0	98.6
	河南	2020	90	1 市	77.4	96.7	7.8	62.2	26.7	3.3	0.0	0.0	100.0	97.8	1.1	0.0	0.0	0.0	0.0	100.0	96.7
	湖北	2020	1062	16 市	77.5	94.5	17.4	54.1	23.0	3.5	1.6	0.4	96.1	84.5	7.1	4.6	1.5	1.2	1.1	99.8	97.4
	湖南	2020	750	14 市	77.3	87.2	21.5	42.9	22.8	7.1	3.7	2.0	82.9	67.2	8.1	7.6	3.9	2.8	10.4	98.1	95.5
	广西	2020	279	14 市	79.2	98.2	57.3	36.2	4.7	1.1	0.4	0.4	98.9	96.8	1.1	1.1	0.7	0.0	0.4	99.6	95.0
	广东	2020	259	16 市	79.2	98.4	56.3	34.0	8.1	0.8	0.8	0.0	99.6	96.5	1.9	1.2	0.0	0.4	0.0	100.0	97.7
	四川	2020	300	19 市	78.2	93.3	39.3	41.7	12.3	4.3	1.3	1.0	89.0	72.7	12.0	4.3	1.7	1.0	0.0	100.0	97.3
粳稻	合计	2020	4413	58 市	79.8	92.9	29.5	39.3	24.1	5.4	1.4	0.3	95.8	74.5	12.3	9.0	2.1	1.2	1.0	100.0	88.3
	辽宁	2020	1023	12 市	80.2	96.2	37.8	43.9	14.5	2.5	0.9	0.4	99.3	93.8	4.5	1.0	0.3	0.1	0.3	100.0	94.0
	吉林	2020	599	9 市	79.3	93.7	25.7	42.4	25.6	4.9	1.3	0.1	97.0	62.2	16.3	18.5	1.8	0.8	0.4	100.0	93.8
	黑龙江	2020	1921	13 市	78.9	88.8	5.1	46.3	37.5	8.9	1.9	0.3	94.0	62.2	19.1	12.7	3.2	1.9	1.0	100.0	96.5
	江苏	2020	400	13 市	82.7	99.5	89.8	9.0	0.7	0.5	0.0	0.0	99.8	98.8	0.75	0.25	0.25	0.0	0.0	100.0	73.8
	安徽	2020	170	7 市	79.9	87.6	45.9	25.3	16.4	6.5	4.7	1.2	84.7	72.4	4.1	8.2	4.7	2.9	7.7	100.0	81.0
	宁夏	2020	300	4 市	81.7	99.7	75.7	20.7	3.3	0.0	0.3	0.0	93.6	80.0	8.3	5.3	2.7	1.7	2.0	100.0	93.0

数据来源：国家粮食和物资储备局标准质量中心统计资料。

表 36 2020 年 9 省区新收获玉米质量情况调查表

单位：个，%

地区	年份	样品数	覆盖市数	容重（g/L）	等级比例							不完善粒率		淀粉	粗蛋白	粗脂肪
					三等以上	一等	二等	三等	四等	五等	等外	≤8.0	其中霉变粒≤2.0			
9 省区合计	2020	2616	111 市	728.0	95.9	71.4	15.9	8.6	3.6	0.5	0.0	92.3	97.9	71.5	9.1	4.2
河南	2020	325	17 市	732	100.0	81.2	16.0	2.8	0.0	0.0	0.0	81.2	100.0	72.5	9.3	3.6
山东	2020	385	16 市	736	99.7	83.4	16.1	0.3	0.3	0.0	0.0	89.6	91.7	70.9	10.9	6.0
吉林	2020	360	9 市	736	100.0	85.0	13.1	1.9	0.0	0.0	0.0	99.7	100.0	72.2	8.6	4.0
辽宁	2020	190	14 市	745	100.0	92.2	7.3	0.5	0.0	0.0	0.0	99.7	99.7	72.5	9.1	4.2
黑龙江	2020	450	12 市	679	76.9	3.8	36.2	36.9	20.2	2.9	0.0	87.1	97.3	69.9	7.5	3.7
内蒙古	2020	270	8 市	730	99.6	85.0	2.6	12.2	0.2	0.0	0.0	97.0	100.0	71.8	8.4	4.1
陕西	2020	216	11 市	738	99.1	75.0	21.3	2.8	0.5	0.0	0.5	97.7	100.0	70.6	9.5	3.8
山西	2020	130	11 市	749	100.0	95.4	4.6	0.0	0.0	0.0	0.0	96.2	100.0	73.0	9.4	3.7
河北	2020	290	13 市	749	99.7	92.8	6.2	0.7	0.3	0.0	0.0	92.4	96.9	72.0	9.7	3.9

数据来源：国家粮食和物资储备局标准质量中心统计资料。

表 37 2020 年 3 省区大豆质量情况调查表

单位：个，%

地区	年份	样品数	涉及市数	完整粒率								粗蛋白（干基）		粗脂肪（干基）	
				平均值	一等（≥95）	二等（≥90）	三等（≥85）	四等（≥80）	五等（≥75）	等外（＜75）	三等以上	平均值	达标高蛋白大豆比例	平均值	达标高油大豆比例
合计	2020	270	17 市（盟）	88.6	16.3	33.0	35.6	10.4	3.0	1.9	84.8	40.4	56.3	20.2	44.4
内蒙古	2020	40	2 市（盟）	89.5	0.0	55.0	42.5	2.5	0.0	0.0	97.5	40.2	47.5	19.4	5.0
黑龙江	2020	200	11 市	88.4	6.0	30.0	44.5	15.0	3.0	1.5	80.5	40.7	60.5	20.1	46.5
吉林	2020	30	4 市	88.7	43.3	16.7	20.0	13.3	6.7	0.0	80.0	38.5	40.0	22.1	83.3

数据来源：国家粮食和物资储备局标准质量中心统计资料。

表38 2020年发布粮油国家标准和行业标准统计表

序号	标准名称	执行标准代号
1	储粮害虫防治技术应用评价方法	GB/T38773-2020
2	磷化氢熏蒸技术规程	LS/T1201—2020
3	平房仓横向通风技术规程	LS/T1220—2020
4	米粉条用稻米	LS/T3266—2020
5	漆树籽饼粕	LS/T3319—2020
6	米粉条食用品质感官评价方法	LS/T6137—2020
7	粮油检验粮食中黄曲霉毒素的测定免疫磁珠净化超高效液相色谱法	LS/T6138—2020
8	粮油检验粮食及其制品中有机磷类和氨基甲酸酯类农药残留的快速定性检测	LS/T6139—2020
9	储粮害虫在线监测技术规程	LS/T1221-2020
10	粮食干燥机系统工艺设计技术规范	LS/T1222-2020
11	应急储备大米储藏技术规程	LS/T1223-2020
12	马铃薯	LS/T3106-2020
13	翅果	LS/T3125-2020
14	糯性黍（稷）米粉	LS/T3267-2020
15	辣木叶粉	LS/T3268-2020
16	油用米糠	LS/T3269-2020
17	米糠粕	LS/T3320-2020
18	南方小麦粉加工精度标准样品特制一等	LS/T15111.1-2020
19	南方小麦粉加工精度标准样品特制二等	LS/T15111.2-2020
20	南方小麦粉加工精度标准样品标准粉	LS/T15111.3-2020
21	北方小麦粉加工精度标准样品特制一等	LS/T15112.1-2020
22	北方小麦粉加工精度标准样品特制二等	LS/T15112.2-2020
23	北方小麦粉加工精度标准样品标准粉	LS/T15112.3-2020
24	早籼米加工精度标准样品精碾	LS/T15121.1-2020
25	早籼米加工精度标准样品适碾	LS/T15121.2-2020
26	晚籼米加工精度标准样品精碾	LS/T15122.1-2020
27	晚籼米加工精度标准样品适碾	LS/T15122.2-2020
28	粳米加工精度标准样品精碾	LS/T15123.1-2020
29	粳米加工精度标准样品适碾	LS/T15123.2-2020
30	籼稻整精米率标准样品	LS/T15321-2020
31	粳稻整精米率标准样品	LS/T15322-2020
32	粳米品尝评分参数样品	LS/T1534-2020
33	籼米品尝评分参考样品	LS/T1535-2020

数据来源：国家粮食和物资储备局标准质量中心统计资料。

表 39 2020 年粮食行业单位与从业人员情况总表

单位：个，人

项目	单位总数	从业人员																	
		从业人员总数								长期职工按学历划分					长期职工按年龄划分				
		小计	女	少数民族	中共党员	在岗职工			其他从业人员	研究生	大学本科	大学专科	中专	高中及以下	35 岁及以下	36 岁至 45 岁	46 岁至 54 岁	55 岁及以上
						小计	长期职工	临时职工											
全国总计	52701	1937364	634246	69110	240127	1910840	1723954	186886	26528	24331	224532	346426	274684	853979	590123	578364	427407	128058
一、行政机关	2533	35423	9924	3415	24793	34985	33780	1205	438	2254	16247	10469	2389	2421	5990	9050	11577	7163
二、事业单位	1864	29641	11387	1979	16439	29058	28040	1018	583	5663	10907	7009	1902	2559	6831	8495	8503	4211
其中：参公管理事业单位	422	7519	2571	418	4219	7509	7349	160	10	1513	2651	2196	487	502	1401	2404	2401	1143
三、企业	48304	1872300	612935	63716	198895	1846793	1662132	184661	25507	16414	197378	328948	270393	848999	577302	560819	407327	116684
其中：国有及国有控股企业	13056	484997	140316	19207	123220	472783	450422	22361	12214	6036	72922	106368	73733	191363	124794	135520	139151	50957

数据来源：国家粮食和物资储备局统计资料。

表 40 2020 年粮食行业取得国家职业资格证书人员统计表

单位：人

省份	合计	（粮油）仓储管理员					农产品食品检验员					制米工					制粉工					制油工				
		初级	中级	高级	技师	高级技师	初级	中级	高级	技师	高级技师	初级	中级	高级	技师	高级技师	初级	中级	高级	技师	高级技师	初级	中级	高级	技师	高级技师
共计	6188	2216	1357	198	133	46	1140	880	80	36	76	0	0	0	0	0	0	0	4	0	0	2	20	0	0	0
				3950					2212					0					4					22		
北京	21	15					6																			
天津	0																									
河北	361	102	189					70																		
山西	147	90					57																			
内蒙古	0																									
辽宁	0																									
吉林	103	64						39																		
黑龙江	0																									
上海	95	38	20				26															2	9			
江苏	369		195	29			87	58																		
浙江	347	145	85	7	32		62			16																
安徽	739	379	56	13			194	66	20														11			
福建	162	68	49	45																						
江西	189	28	25				14	120	2																	
山东	512	171	97				115	129																		
河南	924	503	50	7	16		286	39	19										4							
湖北	0																									
湖南	203	31	63	11			55	38	5																	

续表

单位：人

省份	合计	（粮油）仓储管理员					农产品食品检验员					制米工					制粉工					制油工				
		初级	中级	高级	技师	高级技师	初级	中级	高级	技师	高级技师	初级	中级	高级	技师	高级技师	初级	中级	高级	技师	高级技师	初级	中级	高级	技师	高级技师
广东	491	229	83	43			66	70																		
广西	93	37	34	6			9	7																		
海南	67		37					30																		
四川	198	138					60																			
重庆	0																									
贵州	63	22	28	4			9																			
云南	227	119	28				63	17																		
西藏	0																									
陕西	40		27					13																		
甘肃	72		40	10				19	3																	
宁夏	34	28	6																							
青海	23	8	8				5		2																	
新疆（含兵团）	0																									
中储粮集团	483		230		71			143			39															
中粮集团	51			7	2	1	21	9	6	5																
国家局鉴定中心	174	1	7	16	12	45	5	13	23	15	37															

数据来源：中国粮食研究培训中心（国家粮食和物资储备局职业技能鉴定指导中心）统计资料。

表 41 2020 年度国家粮食和物资储备局软科学课题评价结果统计表

序号	完成单位	题目	评定等级
1	国家粮食和物资储备局规划建设司	“十四五”时期粮食物流通道布局优化研究	较高学术水平和实用价值
2	国家粮食安全政策专家咨询委员会秘书处	基于全球粮食安全格局变化用好两个市场两种资源研究	较高学术水平和实用价值
3	国家粮油信息中心	中长期我国粮食供需趋势预测研究	较高学术水平和实用价值
4	国家粮食和物资储备局粮食交易协调中心	国家粮食交易平台粮食交易价格指数应用研究	较高学术水平和实用价值
5	国家粮食和物资储备局科学研究院	“中国好粮油”行动计划实施效果评价及政策优化研究	较高学术水平和实用价值
6	国家石油储备中心	加强国家石油储备和原油期货联动研究	较高学术水平和实用价值
7	国家粮食和物资储备局储备安全和应急物资保障中心	国家粮食应急区域联动机制研究	较高学术水平和实用价值
8	北京市粮食和物资储备局	北京市重要商品和应急物资储备发展与现状研究	较高学术水平和实用价值
9	天津市粮食和物资储备局	加强法规制度建设，保障粮食储备安全研究	较高学术水平和实用价值
10	上海市粮食和物资储备局	上海市粮油主要质量安全风险因素摸排及防控研究	较高学术水平和实用价值
11	浙江省粮食和物资储备局	浙江省粮食安全保障体制机制改革研究	较高学术水平和实用价值
12	山东省粮食和物资储备局	基于山东视角的粮食储备体制机制研究	较高学术水平和实用价值
13	河南省粮食和物资储备局	河南省粮食安全保障立法需要解决的主要问题和制度安排研究	较高学术水平和实用价值
14	四川省粮食和物资储备局	建设成渝地区双城经济圈粮油产业高质量发展示范区研究	较高学术水平和实用价值
15	宁夏回族自治区粮食和物资储备局	地方粮食安全保障立法若干问题研究——以宁夏为视角	较高学术水平和实用价值
16	新疆维吾尔自治区粮食和物资储备局	新疆粮食和物资储备应急保障体系建设研究	较高学术水平和实用价值
17	国家粮食和物资储备局山西局	健全应急物资储备保障体系提高储备效能研究——区域性综合储备视角	较高学术水平和实用价值
18	国家粮食和物资储备局内蒙古局	完善国家战略物资和应急救灾物资储备体系提升储备效能有关问题研究	较高学术水平和实用价值
19	国家粮食和物资储备局黑龙江局、国家粮食和物资储备局陕西局	中央储备粮监管有关问题研究	较高学术水平和实用价值
20	国家粮食和物资储备局山东局	黄河流域生态保护和高质量发展战略下粮食产业高质量发展研究	较高学术水平和实用价值
21	国家粮食和物资储备局湖北局、湖北国储物流股份有限公司	推进政事企分开改革完善事企法人治理结构和规范经营研究——以湖北局为例	较高学术水平和实用价值

续表

序号	完成单位	题目	评定等级
22	国家粮食和物资储备局湖南局	发挥国家物资储备系统优势，加快完善国家应急物资储备体系研究	较高学术水平和实用价值
23	河南省粮食和物资储备局（特约调研员）	国有粮食企业转型升级实践探索和发展模式研究——以河南省为例	较高学术水平和实用价值
24	国家粮食和物资储备局陕西局、陕西省粮食和物资储备局（特约调研员）	粮食和物资储备监管协作机制实践与思考	较高学术水平和实用价值
25	中国石油经济技术研究院（中国石油国家高端智库研究中心）	国家石油储备及应急能力建设研究	较高学术水平和实用价值
26	河南工业大学	产购储加销“五优联动”推进措施研究	较高学术水平和实用价值
27	南京财经大学	提升我国粮食产业国际竞争力的对策研究	较高学术水平和实用价值
28	武汉轻工大学	战“疫”背景下中国粮食进口供应链网络风险评估及优化路径研究	较高学术水平和实用价值
29	江南大学	优质粮食工程建设中的区域品牌建设及政策设计研究	较高学术水平和实用价值
30	中国农业科学院农业信息研究所	稻米产业网络大数据分析挖掘与风险应对研究	较高学术水平和实用价值
31	国家粮食和物资储备局信息化推进办公室	充分发挥信息化优势助力创新储备监管方式研究	一定学术水平和实用价值
32	国家粮食和物资储备局标准质量中心	激发粮食企业创新提质，实施标准“领跑者”策略研究	一定学术水平和实用价值
33	中国粮食研究培训中心	提升国家物资储备应急保供效能研究	一定学术水平和实用价值
34	国家粮食和物资储备局职业技能鉴定指导中心	加快粮食行业技能人才培养，服务粮食产业高质量发展研究	一定学术水平和实用价值
35	山西省粮食和物资储备局	以粮食品牌建设推动粮食产业提质增效研究	一定学术水平和实用价值
36	吉林省粮食和物资储备局	新时代吉林省粮食行业创新人才培养机制、促进行业转型发展研究	一定学术水平和实用价值
37	江苏省粮食和物资储备局	新时代健全江苏省物资储备体系，提升应急保障效能对策研究	一定学术水平和实用价值
38	江西省粮食和物资储备局	深入推进江西省优质粮食工程项目建设研究	一定学术水平和实用价值
39	湖北省粮食局	湖北粮食安全保障立法研究	一定学术水平和实用价值
40	湖南省粮食和物资储备局	基于高档优质稻品种的稻米产业链高质量发展模式研究	一定学术水平和实用价值
41	广西壮族自治区粮食和物资储备局	深入推进优质粮食工程——关于确保广西口粮绝对安全的对策与思考	一定学术水平和实用价值
42	海南省粮食和物资储备局	海南自由贸易港科技兴粮兴储体制机制研究	一定学术水平和实用价值

续表

序号	完成单位	题目	评定等级
43	云南省粮食和物资储备局	云南省重要物资储备体系补齐短板提升效能路径研究	一定学术水平和实用价值
44	甘肃省粮食和物资储备局、甘肃省救灾物资储备管理中心	国家物资储备治理现代化研究	一定学术水平和实用价值
45	青海省粮食局	坚持以高质量发展为目标，加快推进青海现代粮食产业建设研究	一定学术水平和实用价值
46	国家粮食和物资储备局贵州局	在健全国家储备体系进程中加快提升贵州储备效能对策研究	一定学术水平和实用价值
47	国家粮食和物资储备局云南局	战略物资储备基地建设研究——以天然橡胶为例	一定学术水平和实用价值
48	国家粮食和物资储备局陕西局	战略物资储备仓库全天候智能监测与控制研究	一定学术水平和实用价值
49	国家粮食和物资储备局甘肃局	成品油储备库安全风险辨识与防控研究	一定学术水平和实用价值
50	国家粮食和物资储备局新疆局	新疆南疆储备基地建设研究	一定学术水平和实用价值
51	国家粮食和物资储备局上海局	创新橡胶收储轮换机制研究	一定学术水平和实用价值
52	沈阳师范大学、辽宁省锦州市农业综合监察支队（特约调研员）	疫情防控下我国粮食产后服务体系建设与运营对策研究	一定学术水平和实用价值
53	江苏省淮安市发展和改革委员会（特约调研员）	基于长三角区域一体化背景下优化粮食产销衔接联动机制研究	一定学术水平和实用价值
54	江苏省南通市通州区发展和改革委员会（特约调研员）	高质量建设粮食产后服务中心路径研究	一定学术水平和实用价值
55	菏泽市粮食产业商会（特约调研员）	健全储备体系、创新监管方式研究	一定学术水平和实用价值
56	滨州市粮食和物资储备局（特约调研员）	粮食产业助力乡村振兴战略实施现状及路径研究	一定学术水平和实用价值
57	国贸食品科技（北京）有限公司（国家副食品质量监督检验中心）	新形势下国家政策性储备物资应急高质量保供对策研究——以中粮集团为例	一定学术水平和实用价值
58	东北财经大学	面向重大突发事件的我国应急物资储备体系建设研究	一定学术水平和实用价值

注：部分 2020 年度国家粮食和物资储备局软科学课题研究成果未予列示。
数据来源：中国粮食研究培训中心统计资料。

表42 2020年度中国粮油学会科学技术奖获奖项目目录

序号	登记号	项目名称	主要完成单位	主要完成人	推荐单位
特等奖					
1	13	葵花籽油精准适度加工与品质提升关键技术研发应用	佳格投资（中国）有限公司、河南工业大学	刘昌树、刘玉兰、马宇翔、曹博睿、魏安池、王赛、郑绣 、迟华忠、林敬甄、曾媛媛、刘建国、蒋孟如	中国粮油学会油脂分会
一等奖					
2	3	籼稻加工增值关键技术创制及应用	长沙理工大学、中国农业科学院农产品加工研究所、国粮武汉科学研究设计院有限公司、金健米业股份有限公司、中粮营养健康研究院有限公司、江苏瑞牧生物科技有限公司、江西省春丝食品有限公司	易翠平、佟立涛、李向红、谢天、王发祥、林利忠、谢定、李志方、莫西亚、刘龙成、全珂、刘艳兰	中国粮油学会食品分会
3	22	基于云物联和人工智能的第三代分选技术	安徽捷迅光电技术有限公司	高小荣、路巍、高春、李友一、章孟兵、蒋德忠	中国粮油学会食品分会
4	24	基于近红外联网管控的饲料精准制造技术研发与应用	中粮饲料有限公司、中粮营养健康研究院有限公司	姜训鹏、王勇生、李勇、焦鹏、陈铁群、唐诗、许秀美、李洁、李维、孙铁虎、陈志华、梁小燕	中粮营养健康研究院有限公司
5	37	薯类主食加工关键技术研发及应用	中国农业科学院农产品加工研究所、北京市海乐达食品有限公司、中国包装和食品机械有限公司、郑州精华实业有限公司、东台市食品机械厂有限公司、四川光友薯业有限公司、内蒙古娃姐食品有限公司	木泰华、孙红男、何海龙、张苗、周海军、马梦梅、陈井旺、邹光友、王彦波、何贤用、高娃、陈大贵	中国粮油学会玉米深加工分会
6	26	内环流控温储粮技术	中国储备粮管理集团有限公司、中储粮成都储藏研究院有限公司、南京财经大学	张克明、巩福生、王华、张乃建、徐晓涛、唐洁、兰延坤、唐开梁、盛强、万忠民、付鹏程、赵小军	中国粮油学会储藏分会
7	35	高品质花生蛋白及素肉制品生产关键技术创新与应用	青岛长寿食品有限公司、中国农业科学院农产品加工研究所、青岛农业大学、广东真美食品股份有限公司、北京庆丰万兴食品科技研发有限公司、青岛远飞宠物食品有限公司	曲广坤、孙庆杰、刘丽、安骏、胡晖、郑加佐、郭芹、张雨、陈楚锐、路大勇、王邦宜、代蕾	中国粮油学会花生食品分会
二等奖					
8	30	健康谷物营养品质提升及安全控制关键技术研究与应用	中粮营养健康研究院有限公司、北京农学院	李慧、亓盛敏、陈文波、吕莹、谢天、陈蔚、鞠栋、焦勇、朱漫梅	中粮营养健康研究院有限公司

续表

序号	登记号	项目名称	主要完成单位	主要完成人	推荐单位
9	34	高效环保平房仓粮食集中清理工艺及关键装备研发与产业化	郑州中粮科研设计院有限公司、中央储备粮新港直属库有限公司	宗洋、朱金林、付鹏程、唐洁、孙奇辉、蒋士勇、高兰、夏朝勇、张峻岭	郑州中粮科研设计院有限公司
10	41	全谷物小麦石磨制粉及制品保藏技术与装备	河南工业大学、河南省大程粮油集团股份有限公司、郑州大学	屈凌波、刘威、吴立根、吴拥军、刘跃进、徐雪萌、周海燕、战晖、王涛	河南工业大学
11	39	储粮粮情云图指纹分析技术研究与应用	国家粮食和物资储备局科学研究院、吉林大学、天津市明伦电子技术股份公司、山东金钟科技集团股份有限公司、航天信息股份有限公司	张忠杰、吴文福、尹君、吴晓明、高绍和、陈召安、韩峰、刘哲、王伟	国家粮食和物资储备局科学研究院
12	28	花生加工副产物的高值化利用技术开发及产业化应用	山东金胜粮油食品有限公司、山东农业大学	王文涛、高冠勇、宋立里、孙志娜、冯彦祥、陈宁、费晓伟、王一路、贾召鹏	中国粮油学会花生食品分会
13	42	中储粮东北综合产业基地粮食仓储物流重大工程示范	国贸工程设计院	胡小中、杜军、胡爱军、秦栋涛、冯英、曹国寻、柳春阳、冯攀屹、李东泽	国贸工程设计院
14	4	基于物联网的粮食质量安全溯源监测系统	四川省粮油中心监测站、成都荣为信息技术有限公司、宜宾市粮油质量监测站	杨军、张世和、于加乾、唐永剑、牟钧、李贵友、袁道波	四川省粮食和物资储备局
15	48	脱臭馏出物制取维生素 E 和植物甾醇的关键技术及产业化	江苏科肅生物制品有限公司、江南大学、南京工业大学、南京师范大学	吴正章、常明、陈其林、王小三、胡 、张幸、李之、邵维龙、郭春荣	中国粮油学会油脂分会
16	43	基于仿生味觉传感的粮食品质检测评价技术研究与应用	河南工业大学、嘉兴学院	牛群峰、胡红生、汪显博、李珍、王娟、王莉、王瞧、周潼	中国粮油学会信息与自动化分会
17	40	传统特色谷物食品加工关键技术研究与应用	河南省农业科学院农副产品加工研究中心、河南工业大学、河南亿德制粉工程技术有限公司、郑州思念食品有限公司、淮阳县金农实业有限公司	张康逸、陈志成、何梦影、肖亚冬、温青玉、王严、高玲玲、范雯、李天义	河南省农业科学院农副产品加工研究中心
18	31	GB/T17891-2017《优质稻谷》	国家粮食和物资储备局标准质量中心、湖北省粮油食品质量监督检测中心	唐瑞明、龙伶俐、朱之光、熊宁、余敦年、刘利、刘勇	湖北省粮食局
		三等奖			
19	32	粮果类生物活性成分及特膳营养食品的研究与开发	武汉轻工大学、武汉华康臣生物科技有限公司、青鼎木（武汉）生物科技有限公司	刘志伟、祝振洲、何丽丽、李明、宋佩、高延辉	武汉轻工大学
20	23	面粉加工精度测定仪的关键技术研发与应用	河南工业大学、珠海市博恩科技有限公司	田双起、蒋衍恩、陈志成、刘芳、陈晓楠、赵焕丽	河南工业大学

续表

序号	登记号	项目名称	主要完成单位	主要完成人	推荐单位
21	38	全麦粉加工和品质调控关键技术研究及产业化应用	江苏三零面粉海安有限公司、江南大学	周惠明、彭伟、陈小沛、季虎、徐文芹	江苏省粮食和物资储备局
22	6	功能营养型豆乳粉新型制造关键技术开发与应用	黑龙江省北大荒绿色健康食品有限责任公司、黑龙江冰泉多多保健食品有限责任公司、黑龙江多多进出口贸易有限公司	范志军、李杨、王冬梅、周麟依、罗义、黄雨洋	黑龙江省粮食局
23	12	基于微服务的粮食供应链电子商务云平台关键技术的研究及应用	郑州华粮科技股份有限公司	胡东、刘斌、魏宝光、朱建峰、陈磊、汪洋	中国粮油学会信息与自动化分会
24	15	大豆蛋白增值化生产与绿色减废关键技术创新与应用	山东禹王生态食业有限公司、东北农业大学、临邑禹王植物蛋白有限公司	刘军、郭增旺、刘锡潜、王洪彩、李柏良、李顺秀	山东禹王生态食业有限公司
25	25	基于多粮情传感器的智能储粮系统	山东金钟科技集团股份有限公司	梁明阳、刘哲、蒋玉滨	中国粮油学会信息与自动化分会
26	27	基于工业互联网的粮食收购自动在线检验、样品检验自动传输与管理系统	阿贝力特科技（北京）有限公司、国投生物能源（铁岭）有限公司	邓立康、白崇民、商宇光、曲娟、王凯、王赫	中国粮油学会食品分会

注：以上特、一、二、三等奖各获奖项目的“主要完成单位”和“主要完成人”按照申报材料提供的信息，依据贡献大小按照从左到右、从上到下的顺序依次排序，其中特等奖和一等奖单项授奖人数不超过 12 人，单位不超过 7 个；二等奖单项授奖人数不超过 9 人，单位不超过 5 个；三等奖单项授奖人数不超过 6 人、单位不超过 3 个。

数据来源：中国粮油学会统计资料。

表 43 2020 年国民经济与社会发展速度指标（一）

指标	2020 年为下列各年（%）				平均每年增长（%）		
	1978 年	1990 年	2000 年	2019 年	1979-2020 年	1991-2020 年	2001-2020 年
人口							
年末总人口	146.7	123.5	111.4	100.1	0.9	0.7	0.5
城镇人口	523.0	298.7	196.5	102.0	4.0	3.7	3.4
乡村人口	64.5	60.6	63.1	97.0	-1.0	-1.7	-2.3
国民经济核算							
国内生产总值	4015.4	1424.2	528.2	102.3	9.2	9.3	8.7
第一产业	590.2	309.5	214.3	103.0	4.3	3.8	3.9
第二产业	6009.5	1985.0	560.3	102.6	10.2	10.5	9.0
第三产业	5810.7	1607.1	606.1	102.1	10.2	9.7	9.4
就业和失业							
就业人员	186.9	115.9	104.1	99.5	1.5	0.5	0.2
# 城镇就业人员	486.3	271.5	199.9	102.3	3.8	3.4	3.5
城镇登记失业人员	218.9	302.7	195.0	122.8	1.9	3.8	3.4
能源							
一次能源生产总量	650.7	393.0	294.8	102.8	4.6	4.7	5.6
能源消费总量	871.9	504.8	339.0	102.2	5.3	5.5	6.3
固定资产投资							
全社会固定资产投资总额		11673.0	1601.8	102.7		19.1	17.1
# 房地产开发		55840.1	2837.9	107.0		26.0	20.8
对外贸易和实际利用外资							
货物进出口总额	90579.4	5783.3	818.8	101.9	17.6	14.5	11.1
出口额	106996.6	6005.9	869.1	104.0	18.1	14.6	11.4
进口额	75896.8	5525.1	763.1	99.3	17.1	14.3	10.7
外商直接投资		4140.2	354.6	104.5		13.2	6.5
主要农业、工业产品产量							
粮食	219.7	150.0	144.9	100.9	1.9	1.4	1.9
棉花	272.8	131.1	133.8	100.4	2.4	0.9	1.5
油料	687.3	222.3	121.4	102.7	4.7	2.7	1.0
肉类	821.7	271.2	128.8	99.9	5.1	3.4	1.3
原煤	631.3	361.3	281.9	101.4	4.5	4.4	5.3
原油	187.2	140.8	119.5	101.6	1.5	1.1	0.9
水泥	3670.8	1142.0	401.1	102.2	9.0	8.5	7.2
粗钢	3350.4	1604.8	828.6	107.0	8.7	9.7	11.2
发电量	3032.2	1252.3	573.8	103.7	8.5	8.8	9.1

数据来源：国家统计局统计资料。

表 43 2020 年国民经济与社会发展速度指标（二）

指标	2020 年为下列各年（%）				平均每年增长（%）		
	1978 年	1990 年	2000 年	2019 年	1979-2020 年	1991-2020 年	2001-2020 年
建筑业							
建筑业总产值		19624.3	2112.0	106.2		19.2	16.5
消费品零售							
社会消费品零售总额	25149.5	4722.6	1019.5	96.1	14.1	13.7	12.3
运输和邮电							
客运量	380.5	125.1	65.4	54.9	3.2	0.7	-2.1
货运量	1482.5	487.9	348.5	100.5	6.6	5.4	6.4
移动电话用户		8855946.1	1885.7	99.5		46.2	15.8
固定电话用户	9447.6	2655.5	125.6	95.2	11.4	11.6	1.1
科技、教育、卫生、文化							
研究与试验发展经费支出			2727.2	110.3			18.0
技术市场成交额			4341.5	126.1			20.7
在校学生数							
# 普通本专科	3838.0	1592.5	590.8	108.4	9.1	9.7	9.3
普通高中	160.6	347.8	207.6	103.3	1.1	4.2	3.7
初中	98.4	125.5	78.5	101.8	0.0	0.8	-1.2
普通小学	73.3	87.6	82.4	101.6	-0.7	-0.4	-1.0
医院数	376.6	243.4	214.5	101.9	3.2	3.0	3.9
医院床位数	648.5	381.7	329.2	103.9	4.6	4.6	6.1
执业（助理）医师	417.4	231.5	196.6	105.6	3.5	2.8	3.4

注：1. 国内生产总值按可比价格计算，固定资产投资总额平均每年增长速度按累计法计算，其他价值量指标按当年价格计算。
2. 能源生产和消费总量、固定资产投资 2020 年比上年速度按可比口径计算。

数据来源：国家统计局统计资料。

表 44 国民经济与社会发展总量指标（1978—2020 年）（一）

指标	单位	1978 年	1990 年	2000 年	2019 年	2020 年
人口						
年末总人口	万人	96259	114333	126743	141008	141178
城镇人口	万人	17245	30195	45906	88426	90199
乡村人口	万人	79014	84138	80837	52582	50979
国民经济核算						
国内生产总值	亿元	3678.7	18872.9	100280.1	986515.2	1015986.2
第一产业	亿元	1018.5	5017.2	14717.4	70473.6	77754.1
第二产业	亿元	1755.1	7744.1	45663.7	380670.6	384255.3
第三产业	亿元	905.1	6111.6	39899.1	535371.0	553976.8
人均国内生产总值	元	385	1663	7942	70328	72000
就业和失业						
就业人员	万人	40152	64749	72085	75447	75064
# 城镇就业人员	万人	9514	17041	23151	45249	46271
城镇登记失业人员	万人	530	383	595	945	1160
居民收入						
全国居民人均可支配收入	元	171	904	3721	30733	32189
城镇居民人均可支配收入	元	343	1510	6256	42359	43834
农村居民人均可支配收入	元	134	686	2282	16021	17131
财政						
一般公共预算收入	亿元	1132.3	2937.1	13395.2	190390.1	182894.9
一般公共预算支出	亿元	1122.1	3083.6	15886.5	238858.4	245588.0
能源						
一次能源生产总量	万吨标准煤	62770	103922	138570	397317	408000
能源消费总量	万吨标准煤	57144	98703	146964	487488	498000
固定资产投资						
全社会固定资产投资总额	亿元		4517.0	32917.7	513608.3	527270.3
# 房地产开发	亿元		253.3	4984.1	132194.3	141442.9
对外贸易和实际利用外资						
货物进出口总额	亿元	355.0	5560.1	39273.3	315627.3	321556.9
出口额	亿元	167.6	2985.8	20634.4	172373.6	179326.4
进口额	亿元	187.4	2574.3	18638.8	143253.7	142230.6
外商直接投资	亿美元		34.9	407.2	1381.4	1443.7
主要农业、工业产品产量						
粮食	万吨	30477	44624	46218	66384	66949
棉花	万吨	217	451	442	589	591
油料	万吨	522	1613	2955	3493	3586
肉类	万吨	943	2857	6014	7759	7748
原煤	亿吨	6.18	10.80	13.84	38.46	39.02
原油	万吨	10405	13831	16300	19163	19477
水泥	万吨	6524	20971	59700	234431	239484
粗钢	万吨	3178	6635	12850	99542	106477
发电量	亿千瓦小时	2566	6212	13556	75034	77791

注：2019 年人口数据根据第七次全国人口普查结果进行了修订，2020 年人口数据为普查时点（2020 年 11 月 1 日零时）数。2019 年就业人员和城镇就业人员数据根据第七次全国人口普查结果进行了修订。

数据来源：国家统计局统计资料。

表 44 国民经济与社会发展总量指标（1978—2020 年）（二）

指标	单位	1978 年	1990 年	2000 年	2019 年	2020 年
建筑业						
建筑业总产值	亿元		1345	12498	248443	263947
消费品零售和旅游						
社会消费品零售总额	亿元	1559	8300	38447	408017	391981
入境游客	万人次	181	2746	8344	14531	
国际旅游收入	亿美元	2.6	22.2	162.2	1312.5	
运输和邮电						
客运量	万人	253993	772682	1478573	1760436	966540
货运量	万吨	319431	970602	1358682	4713624	4735564
邮政业务总量	亿元	14.9	46.0	232.8	16229.6	21053.2
电信业务总量	亿元	19.2	109.6	4559.9	106810.7	136758.3
移动电话用户	万户		1.8	8453	160134	159407
固定电话用户	万户	193	685	14483	19103	18191
金融						
金融机构人民币各项存款余额	亿元	1155	13943	123804	1928785	2125721
金融机构人民币各项贷款余额	亿元	1890	17511	99371	1531123	1727452
科技、教育、卫生、文化						
研究与试验发展经费支出	亿元			896	22144	24426
技术市场成交额	亿元			651	22398	28252
在校学生数						
# 普通本、专科	万人	86	206	556	3032	3285
普通高中	万人	1553	717	1201	2414	2494
初中	万人	4995	3917	6256	4827	4914
普通小学	万人	14624	12241	13013	10561	10725
医院数	万个	0.93	1.44	1.63	3.44	3.50
医院床位数	万张	110	187	217	687	713
执业（助理）医师	万人	98	176	208	387	408
社会保障						
参加基本养老保险人数	万人		6166	13617	96754	99882
参加基本医疗保险人数	万人			3787	135407	136100
参加失业保险人数	万人			10408	20543	21689
参加工伤保险人数	万人			4350	25478	26770
参加生育保险人数	万人			3002	21417	23546
社会保险基金收入	亿元		187	2645	83550	74826

注：1. 2000 年、2019 年社会消费品零售总额根据第四次全国经济普查结果及有关制度规定进行了修订。
2. 本表价值量指标中，邮政、电信业务总量 2000 年及以前按 1990 年不变价格计算，2019-2020 年邮政业务总量按 2010 年不变价格计算、电信业务总量按 2015 年不变价格计算；其余指标按当年价格计算。
3. 2020 年社会保障数据为快报数。2017 年及以后大部分省份参加新兴农村合作医疗的人员并入城乡居民基本医疗保险参保人数中；2016 年及以前主要为城镇基本医疗保险参保人数。
数据来源：国家统计局统计资料。

策　　划：王　彤
责任编辑：刘敬文

图书在版编目（CIP）数据

2021 中国粮食和物资储备年鉴 / 国家粮食和物资储备局 主编 . —北京：人民出版社，2021.12
ISBN 978 – 7 – 01 – 024340 – 5

I. ① 2… II. ①国… III. ①粮食 – 国家储备 – 中国 –2021– 年鉴②国家物资储备 – 中国 –2021– 年鉴
IV. ① F324.9–54 ② F259.21–54

中国版本图书馆 CIP 数据核字（2021）第 254266 号

2021 中国粮食和物资储备年鉴
2021 ZHONGGUO LIANGSHI HE WUZI CHUBEI NIANJIAN

国家粮食和物资储备局 主编

人民出版社 出版发行
（100706 北京市东城区隆福寺街 99 号）

北京华联印刷有限公司 新华书店经销

2021 年 12 月第 1 版 2021 年 12 月北京第 1 次印刷
开本：889 毫米 ×1194 毫米 1/16 印张：41.25
字数：1254 千字

ISBN 978 – 7 – 01 – 024340 – 5 定价：380.00 元

邮购地址 100706 北京市东城区隆福寺街 99 号
人民东方图书销售中心 电话：（010）65250042 65289539